Harald Kirschninck

Gebt uns vier Jahre Zeit!

Elmshorn im Nationalsozialismus

im Spiegel der Elmshorner Zeitungen

1933 – 1936

Band 2

FSC
www.fsc.org
MIX
Papier aus verantwortungsvollen Quellen
Paper from responsible sources
FSC® C105338

Bibliografische Information der Deutschen Nationalbibliothek:
Die Deutsche Nationalbibliothek verzeichnet diese Publikation in der Deutschen Nationalbibliografie; detaillierte bibliografische Daten sind im Internet über http://dnb.dnb.de abrufbar.

Verlag: BoD · Books on Demand GmbH, In de Tarpen 42, 22848 Norderstedt, bod@bod.de
Druck: Libri Plureos GmbH, Friedensallee 273, 22763 Hamburg

ISBN: 978-3-7693-5553-6

Inhaltsverzeichnis

Vorwort

„Gebt uns vier Jahre Zeit“ forderte Adolf Hitler in seiner ersten Rundfunkansprache am 1. Februar 1933. Er benötigte diese vier Jahre nicht. Innerhalb weniger Monate installierte er in Deutschland eine Diktatur, die tief in das private Leben eindrang. Schon am 11. Juli 1933 erklärte Reichsinnenminister Wilhelm Frick (NSDAP) die „Revolution“ für beendet. Die „gesetzmäßige Aufbauarbeit“ werde gefährdet, wenn „weiterhin noch von einer Fortsetzung der Revolution oder von einer zweiten Revolution geredet würde“. Am 1.August 1934 erfolgte die Zusammenlegung der Ämter des Reichskanzlers und des Reichspräsidenten in der Person Hitlers. Am 2. August 1934 starb Reichspräsident Paul von Hindenburg. Jetzt hatte Hitler alle Macht in seinen Händen.

In diesem Buch wird die Zeit des Nationalsozialismus in Elmshorn von der „Machtergreifung“ bis zum Ende des Jahres 1936 anhand von Quellen aus Archiven, Polizeiakten, Zeitungsauschnitten aus den „Elmshorner Nachrichten“ (EN) und der „Elmshorner Zeitung“(EZ) beschrieben, wobei chronologisch vorgegangen wurde. Durch die chronologische Aufführung wird die Geschwindigkeit des Umbaues einer Demokratie in eine Diktatur verdeutlicht. Gerade in der heutigen Zeit ist es wichtig, dass einem die Mechanismen der Umwandlung von Demokratie zu Diktatur bewusst werden, damit man aus der Vergangenheit lernt und die Demokratie verteidigen und den Umbau eines Staates hin zu einer Diktatur verhindern kann. Diese Bände sollen hierzu beitragen.

Bestimmte Themen und Aspekte sind ausführlich in weiteren Büchern des Autors veröffentlicht, z. B. die Judenpolitik und die Geschichte der Hitlerjugend.

Dieser Band ist das zweite Buch in der Reihe „Elmshorn im Nationalsozialismus“. Im ersten Band „Kampf um Elmshorn. 1920 – 1933“ wurde die Zeitspanne von der Gründung der NSDAP Elmshorn bis zur „Machtergreifung“ am 30. Januar 1933 geschildert. Der noch in Arbeit befindliche dritte Band bearbeitet die Zeit von 1937 – 1945.

Diese Bücher verstehen sich auch als eine Quellensammlung zur selbstständigen Erarbeitung und Vertiefung des Themas. Die Orthografie in den Quellen wurde hinsichtlich „ß“ und „ss“ auf den heutigen Stand gebracht, die anderen

Schreibweisen wegen der Authentizität in den Quellen beibehalten. Die Qualität der Zeitungsabbildungen ist wegen dem zum Teil schlechten Zustand der Originale und demzufolge der Scans sehr unterschiedlich.

Dieses Buch zeigt Symbole, die von nationalsozialistischen oder anderen in der Bundesrepublik Deutschland wegen Verfassungswidrigkeit verbotenen Organisationen verwendet wurden. Die Verwendung dieser Symbole in der Öffentlichkeit ist in der Bundesrepublik Deutschland verboten (§ 86a StGB). Ebenfalls strafbar ist die Verbreitung von Propagandamitteln verfassungswidriger Organisationen (§ 86 StGB). Die Strafbarkeit ist ausgeschlossen, wenn die Verwendung oder Verbreitung der staatsbürgerlichen Aufklärung, der Abwehr verfassungswidriger Bestrebungen, der Kunst oder der Wissenschaft, der Forschung oder der Lehre, der Berichterstattung über Vorgänge des Zeitgeschehens oder der Geschichte oder ähnlichen Zwecken dient (§ 86 Abs. 3 StGB).

Januar - März 1933 Machtergreifung

Elmshorner Nachrichten
„Pinneberger Kreisblatt"
Der Bezugspreis
Sonderbeilagen:
Druck und Verlag von Emil Koch, Elmshorn.
Anzeigenpreis
82. Jahrgang. Montag, den 30. Januar 1933. Nr. 25.
/Hitler Reichskanzler! Das neue Kabinet gebildet!/
Eine Harzburger Front!/Nationalsozialisten, Deutschnationale und Stahlhelm./

EN vom 30.1.1933

Am 30. Januar 1933 kam Adolf Hitler mit der „Nationalsozialistischen Arbeiterpartei" (NSDAP) an die Macht. Nach Bekanntwerden der Regierungsübernahme durch Hitler hissten einige Häuser in Elmshorn Hakenkreuzfahnen. (1) Dennoch fiel der Jubel noch etwas verhalten aus.

„Auf der einen Seite Jubel, auf der anderen Seite Protest!

Das ist das Bild des Regierungswechsels in Elmshorn. Als erste waren die Kommunisten auf dem Plan. Sie hatten gleich, als die Berufung Hitlers zum Reichskanzler bekannt wurde, Flugblätter herausgegeben, worin sie zum Generalstreik und zum „Massenprotest" aufriefen. Gegen 5 Uhr am Montagnachmittag zog eine verhältnismäßig kleine Schar vom Neuen Marktplatz. Mit den Worten „Nieder" und „Hunger"-Rufen bedachten die Kommunisten diesmal besonders reichlich die Königstraße. Im Anschluss an die Demonstration hielten sie im „Klosterhof" eine Versammlung ab.

Gegen 9 Uhr machte die Elmshorner SA und SS zu Ehren des neuen Reichskanzlers einen Marsch durch Elmshorn. Mit Musik ging es vom Gasthof Stüben,

Norderstraße, durch die innere Stadt nach Tychsen, wo der Obergruppenleiter eine kurze Ansprache hielt.

Heute früh um 6 Uhr waren die Kommunisten bereits wieder auf den Beinen. Sie wollten ihrer Aufforderung zum Massenstreik dadurch mehr Nachdruck verleihen, dass sie versuchten, die Arbeitswilligen von den Betrieben fernzuhalten. Sie fanden aber bei der Arbeiterschaft keine Gegenliebe. Auch sorgte die Polizei dafür, dass es vor den größeren Betrieben, wie z.B. vor den Lederfabriken Knecht und Metzger, nicht zu Zusammenstößen kam. In Trupps durchzogen anschließend die Kommunisten die Stadt und weckten die Bewohner mit ihren „Nieder"- Rufen aus dem Schlaf." (2)

Schon Stunden nach der Machtübernahme wurde seitens der NSDAP klargestellt, dass es den bürgerlichen Parteien nicht gelingen würde, Hitler „einzurahmen" und damit zu kontrollieren. Man vereinbarte zu diesem Zweck eine Koalitionsregierung aus Deutschnationalen und NSDAP, der außer Hitler nur zwei weitere Nationalsozialisten, nämlich Wilhelm Frick als Innenminister und Hermann Göring als Minister ohne Geschäftsbereich (und kommissarischer preußischer Innenminister), angehören sollten. Hitler aber wollte die alleinige Macht und sollte sie letztendlich auch bekommen.

Die EN schrieb am 30. Januar 1933 und stellte klar:

„Die Nationalsozialisten verlangen ohne Einschränkung die Führung in diesem neuen Kabinett. Für sie ist nur ein Kanzler Hitler annehmbar. Jeder andere würde abgelehnt werden. Die Hoffnungen einzelner Kreise, dass sie sich mit dem Reichswehrministerium und dem Reichsinnenministerium begnügen würden, hat sich als abwegig erwiesen. Die nationalsozialistische Richtschnur wird von der NSDAP dahin gekennzeichnet, „dass die Nationalsozialisten ihre verantwortliche Mitarbeit nicht verweigern, wenn ihr die Stellung eingeräumt wird, die ihrer Stärke und Bedeutung zukommt." Das bedeutet in erster Linie die Forderung nach der Kanzlerschaft Hitlers. Darüber hinaus legen die Nationalsozialisten Wert darauf, dass einem Reichskanzler Hitler absolute Freiheit gegeben wird, die Richtlinie der Politik der neuen Regierung zu bestimmen. Alle Bindungen sachlicher oder personeller Art müsse der Reichskanzler Hitler ablehnen." (3)

Der Zeitzeuge A.B. (4) aus Elmshorn schrieb über die Zeit des Machtwechsels:

„(...) Am 30. Januar 1933 kamen die Nationalsozialisten ganz legal an die Macht. Hindenburg hatte Hitler zum neuen Reichskanzler berufen. Ich sehe noch, wie sich am Vorabend ein kilometerlanger Demonstrationszug von Arbeitern und Reichsbannerleuten durch die Straßen der Stadt bewegte. Rechts und links von ihnen marschierten Schupos mit geschulterten Karabinern, aber es gab keine Zwischenfälle. Am nächsten Morgen musste die gesamte Schülerschaft im offenen Viereck vor der Bismarckschule antreten. Die Lehrer standen an einem Flügel. Unser Direktor hielt eine kurze Ansprache. Dann wurde die Hakenkreuzfahne hochgezogen und der Turnlehrer O. (5) sprang mit wutverzerrtem, dem Direktor zugewandtem Gesicht vor die Front, hob die Hand zum Hitlergruß und brachte ein dreifaches "Sieg Heil" aus. Wir alle mussten die Hand zum Gruße erheben. Diese Szene ist sogar in einem meiner Fotos festgehalten. Ich erkenne deutlich unseren Juden Horst Karlick, der wie alle anderen die Hand zum Gruß erhebt.

Bismarckschule am 31. Januar 1933. Fotos: Archiv Christiane Orgis

Am 31. Januar endete für den Elmshorner Bürgermeister Dr. Jurk seine Dienstzeit. Sein Vertreter wurde der Beigeordnete Stadtrat Fritz Petersen. (6) Dieser wurde vom preußischen Staatsministerium aber nicht bestätigt. (7)

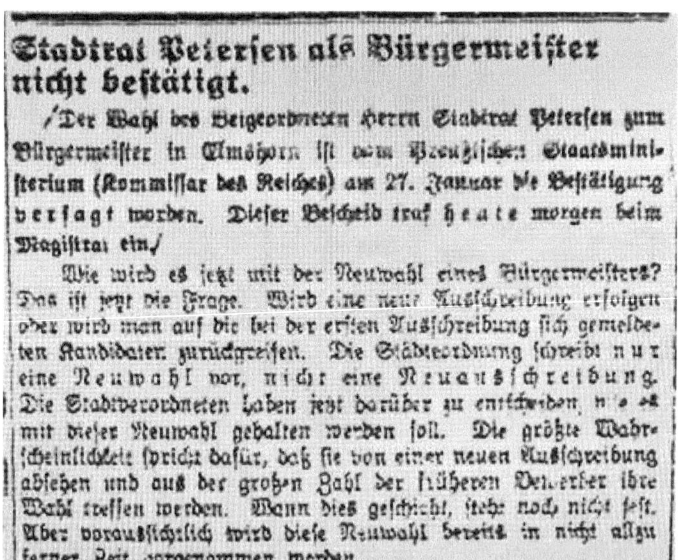

Stadtrat Petersen als Bürgermeister nicht bestätigt.

/Der Wahl des Beigeordneten Herrn Stadtrat Petersen zum Bürgermeister in Elmshorn ist vom Preußischen Staatsministerium (Kommissar des Reiches) am 27. Januar die Bestätigung versagt worden. Dieser Bescheid traf heute morgen beim Magistrat ein./

Wie wird es jetzt mit der Neuwahl eines Bürgermeisters? Das ist jetzt die Frage. Wird eine neue Ausschreibung erfolgen oder wird man auf die bei der ersten Ausschreibung sich gemeldeten Kandidaten zurückgreifen. Die Städteordnung schreibt nur eine Neuwahl vor, nicht eine Neuausschreibung. Die Stadtverordneten haben jetzt darüber zu entscheiden, wie es mit dieser Neuwahl gehalten werden soll. Die größte Wahrscheinlichkeit spricht dafür, daß sie von einer neuen Ausschreibung absehen und aus der großen Zahl der früheren Bewerber ihre Wahl treffen werden. Wann dies geschicht, steht noch nicht fest. Aber voraussichtlich wird diese Neuwahl bereits in nicht allzu ferner Zeit vorgenommen werden.

EN vom 2. Februar 1933

Die Nationalsozialisten gingen nicht unvorbereitet in ihre Regierungszeit. Die Zielrichtung und das Vorgehen waren im vornherein geplant, wurde aber durch das Vorgehen der NSDAP-Anhänger und SA-Mitglieder, denen die „Revolution“ noch zu langsam vor sich ging, durch eigenmächtiges Handeln und Vorpreschen immer wieder beschleunigt. Es wurden durch diese Handlungen, die Chaos auslösen sollten, eine ordnende Hand wichtig, die durch entsprechende Gesetzgebung und Verordnungen das Vorgehen der SA im Nachhinein „legalisierte“. Die Deutschen wollten nach den Unruhen in der Weimarer Republik, gerade der letzten zwei bis drei Jahre, *„Ruhe und Ordnung“*. Die Weimarer Politiker und die junge Demokratie hatten in vielen Augen versagt. Neben für die Nationalsozialisten günstigen Zufällen und der schlechten wirtschaftlichen Lage, der Arbeitslosigkeit und damit verbundenen schlechten persönlichen finanziellen Situation, waren auch das Gefühl der Ungerechtigkeit über die Folgen des I. Weltkriegs, Versailles, die Reparationen und die Isolierung von Deutschland, das radikale und rücksichtslose Auftreten der Nationalsozialisten und eine weit verbreitete Ablehnung des Kommunismus und auch ein offener, aber auch latenter, Antisemitismus ein Motor und mit damit verantwortlich, dass es Hitler und seinen Gefolgsleuten gelang, in atemberaubender Geschwindigkeit von einem halben Jahr die Macht nicht nur zu behalten, sondern auszubauen und zu festigen. Weitere Hilfen für Hitler waren, das konsequente Ausnutzen der noch jungen Technologien, wie Rundfunk und Flugzeug, die allgegenwärtige Propaganda, die schon seit Februar eine fast „göttliche“ Verehrung für seine Person auslöste, die sich in Forderungen nach Doktortitel, nach Straßenumbenennungen, in Hitlergruß und Darstellungen des Hakenkreuzes zu Reklamezwecken niederschlug. Die Nationalsozialisten haben sehr früh erkannt, dass die *„Jugend, die Garanten der Zukunft“* seien und die daher schnell in den Mittelpunkt rückte und umworben wurde. Einen sehr großen Anteil an der schnellen Machtsicherung hatten die permanenten Terrormaßnahmen seitens der Kampfverbände der NSDAP und ihre publizistische Ausschlachtung in den Medien, die Mobilisierung der Massen durch Umzüge und Aufmärsche, Kundgebungen und inszenierten Festakte. Sofort nach der Machtergreifung wurde ganz Deutschland konsequent nach dem Führerprinzip „gleichgeschaltet“, der Beamtenapparat, die Arbeiter und Angestellten, die Ärzteschaft, Schulen und Universitäten, die Presse und die Gerichte, die Verbände und Vereine, die häufig von allein vorangingen und den „Arierparagraphen“ einführten. Die langsam spürbare Verringerung der Arbeitslosigkeit, das Wohlfahrtsystem halfen den Nationalsozialisten ebenfalls, ihre Macht in diesem hohen Tempo in nur einem halben Jahr zu sichern. Hitler brauchte nicht einmal die von ihm in seiner ersten Reichstagsrede geforderten *„Gebt uns vier Jahre Zeit!“*.

Am 31. Januar 1933 protestierten die Kommunisten in Elmshorn gegen die Regierungsübernahme Adolf Hitlers:

„Einen Umzug veranstalteten gestern Nachmittag um 5 Uhr die Kommunisten durch verschiedene Straßen der Stadt. Sammelpunkt war der neue Marktplatz. Von dort ging es durch die Kaiserstraße, Holstenstraße, Schulstraße, den Flammweg, Marktstraße Markt, Kaiser5straße, Ollnsstraße, Margarethenstraße, Weberstraße nach dem „Klosterhof“. Es hat den Anschein, als sei der Schreck den Kommunisten in die Glieder gefahren, dass sie sich nicht darüber beruhigen können, dass Adolf Hitler Reichskanzler geworden ist.“ (8)

Wie sich schon in den nächsten Tagen herausstellen sollte, waren die Befürchtungen der Kommunisten nicht unbegründet.

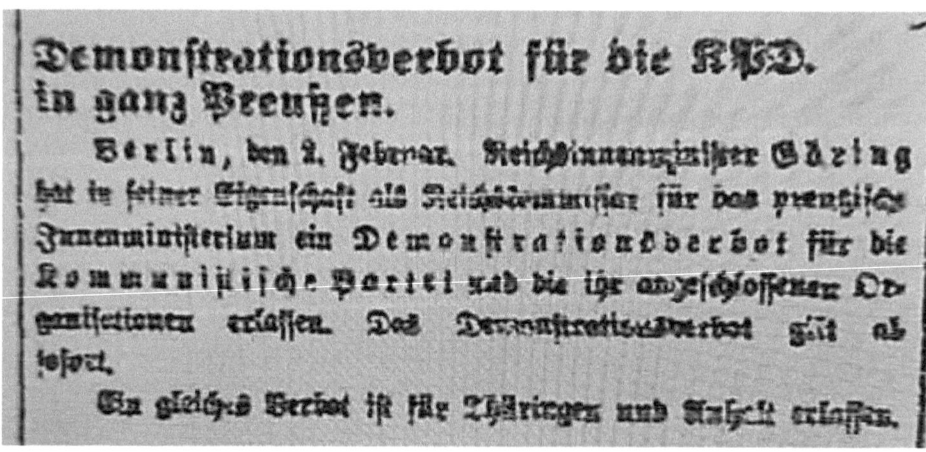

Demonstrationsverbot für die KPD. in ganz Preußen.

Berlin, den 2. Februar. [illegible] Göring hat in seiner Eigenschaft als Reichskommissar für das preußische Innenministerium ein Demonstrationsverbot für die Kommunistische Partei und die ihr angeschlossenen Organisationen erlassen. Das Demonstrationsverbot gilt ab sofort.

Ein gleiches Verbot ist für Thüringen und Anhalt erlassen.

EN vom 2.2.1933

Noch am Tag der Machtergreifung richtete der Gruppenführer Schoene, Führer der SA Nordmark in Itzehoe, einen Aufruf an seine SA-Leute:

„SA-Männer Schleswig-Holsteins!

Unser Oberster Führer Adolf Hitler ist Kanzler des Deutschen Reiches. Damit ist ein Teilziel unseres jahrzehntelangen Kampfes um die politische Erneuerung unseres deutschen Volkes erreicht.

SA-Männer, es ist mir als Führer der SA-Gruppe Nordmark an diesem Tage Herzensbedürfnis, allen denen zu danken, die in aufopferungsvoller Arbeit für unsere Bewegung und für unser Deutschland gekämpft, gelitten und geblutet haben.

Wir wollen aber auch an diesem Tage der Freude und des Jubels nicht vergessen, dass noch eine gewaltige Arbeitsleistung zu vollbringen ist, und ich erwarte daher von jedem SA-Mann Schleswig Holsteins, dass er mehr noch als bisher seine Pflicht tut, damit die Zeit der Feigheit und Schande endgültig vorüber und entstehe ein Deutschland der Freiheit und Ehre.

Itzehoe, den 30. Januar 1933

Der Führer der Gruppe Nordmark.

Schoene. Gruppenführer.

Die Neuaufnahme in die SA ist übrigens mit sofortiger Wirkung bis auf weiteres gesperrt. - Der Führer der Gruppe Nordmark." (9)

Am 1. Februar 1933 sprach Hitler im Rundfunk über alle Sender und stellte sein Regierungsprogramm für die ersten vier Jahre vor. In einem Rückblick aus seiner Sicht über die vergangenen 14 Jahre und Angriffen gegen den Kommunismus, kam er zu dem Schluß,

„14 Jahre Marxismus haben Deutschland ruiniert, ein Jahr Bolschewismus würden Deutschland vernichten."

Er fuhr weiter fort:

„(...) So wird es die nationale Regierung als ihre oberste und erste Aufgabe ansehen, die geistige und willensmäßige Einheit unseres Volkes wiederherzustellen. Sie wird die Fundamente wahren und verteidigen, auf denen die Kraft unserer Nation beruht. Sie wird das Christentum als Grundlage unserer gesamten Moral, die Familie als Keimzelle unseres Volks-und Staatskörpers in ihren festen Schutz nehmen. Sie wird über Stände und Klassen hinweg unser Volk wieder zum Bewußtsein seiner völkischen und politischen Einheit und der daraus entspringenden Pflichten bringen. Sie will die Ehrfurcht vor unserer großen Vergangenheit, den Stolz auf unsere alten Traditionen zur Grundlage machen für die Erziehung unserer Jugend, sie wird damit der geistigen, politischen und kulturellen Nivellierung einen unbarmherzigen Krieg ansagen. Deutschland darf nicht im anarchischen Kommunismus versinken. Sie wird anstelle turbulenter Instinkte wieder die nationale Disziplin zum Herrscher unseres Lebens erheben. Sie wird dabei all der Einrichtungen in höchster Sorgfalt gedenken, die die wahren Bürgen der Kraft und Stärke unserer Nation sind. (...)

Die nationale Regierung will das große Werk des Wiederaufbaues unseres Volkes mit zwei großen Vierjahresplänen lösen; Rettung des deutschen Bauern zur Erhaltung der Ernährung und damit der Lebensgrundlage der Nation, Rettung des deutschen Arbeiters durch einen gewaltigen und umfassenden Angriff gegen die Arbeitslosigkeit.

In den 14 Jahren haben die Novemberparteien den deutschen Bauernstand ruiniert. In 14 Jahren haben sie eine Armee von Millionen Arbeitslosen geschaffen. Die nationale Regierung wird mit eisernster Entschlossenheit und ernster Ausdauer folgenden Plan verwirklichen:

Binnen vier Jahren muss der deutsche Bauer der Verelendung entrissen sein, binnen vier Jahren muss die Arbeitslosigkeit endgültig überwunden sein. Gleichlaufend damit ergeben sich die Voraussetzungen für das Aufblühen der übrigen Wirtschaft.

Mit der gigantischen Aufgabe der Sanierung unserer Wirtschaft wird die nationale Regierung verbinden die Aufgabe und Durchführung einer

Sanierung des Reiches, der Länder und Gemeinden

in verwaltungsmäßiger und steuertechnischer Hinsicht. Damit erst wird der Gedanke der föderativen Erhaltung des Reiches blut-und lebensvolle Wirklichkeit. Zu den Grundpfeilern dieses Programms gehört der Gedanke der Arbeitsdienstpflicht und der Siedlungspolitik. Die Sorge für das tägliche Brot wird aber ebenso die Sorge sein wie die für die Erfüllung des sozialen Pflichten bei Krankheit und Alter.

In der Sparsamkeit ihre Verwaltung, der Förderung der Arbeit, der Haltung unseres Bauerntums sowie der Nutzbarmachung der Initiative des Einzelnen liegt zugleich die beste Gewähr für das Vermeiden jedes Experimentes der Gefährdung unserer Währung.

(...) Außenpolitisch, fuhr der Kanzler fort, wird die nationale Regierung ihre höchste Mission in der Wahrung der Lebensrechte und damit der Wiedererringung der Freiheit unseres Volkes sehen. (...)"

Hitler forderte weiter in seinem Vortrag: *„Gebt uns 4 Jahre Zeit!"* (10)

Das Demonstrationsverbot vom 2. Februar war nur ein erster Schritt für die Nationalsozialisten in der Verfolgung der Kommunisten. Es folgten in schneller Folge immer weiterführende Einschränkungen und beinahe tägliche Berichte von Hausdurchsuchungen und Verhaftungen.

„Schärferes Vorgehen gegen die Kommunisten.

Berlin, den 2. Februar. Der kommissarische preußische Innenminister Göring hat einen Erlass an alle Regierungspräsidenten gerichtet, der durch Polizeifunk den nachgeordneten Stellen übermittelt wurde. Der Erlass betont, dass ein schärferes Vorgehen gegen kommunistische Unruhestiftung notwendig sei. Außer dem Versammlungsverbot unter freiem Himmel wird weiter angeordnet, dass eine Aufforderung zum Streik oder zu „sonstigen hochverräterischen Unternehmungen" in geschlossenen Versammlungen sofort mit Auflösung beantwortet wird. Der Erlass empfiehlt besondere Beobachtung der kommunistischen Sportvereinigungen, namentlich soweit in diesen Sportvereinigungen Schießübungen veranstaltet werden. Er verlangt, dass etwaiges Waffenmaterial dieser Vereinigungen sichergestellt werde. Diese Maßnahmen des Reichskommissars im preußischen Innenministerium Göring gegen die kommunistischen Terrorakte sind der Beginn einer planmäßigen Aktion gegen den Kommunismus. Sie sind der Beginn eines Kampfes, an dessen Ende nach den Worten Hitlers die „Niederbrechung des kommunistischen Terrors“ stehen soll. In der Bekämpfung des Terrors der Kommunistischen Partei und ihrer verschiedensten Organisationen wird die preußische Staatsregierung keine Milde walten lassen. Die preußische Staatsregierung steht auf dem Standpunkt, dass der Wille, den kommunistischen Terror unter allen Umständen zu unterdrücken, Hand in Hand geht mit dem Willen, den aufbaubereiten Kräften des nationalen Deutschlands die Demonstrations- und Wahlfreiheit zu sichern, auch dort, wo bisher die Marxisten das Feld für sich in Anspruch genommen haben. (...)“ (11)

Am 5. Februar 1933 ordnete das preußische Staatsministerium die Auflösung aller Gemeindevertretungen und die Neuwahl aller Stadt- und Gemeindevertretungen am 12. März an. Der Landtag wurde am 6. Februar aufgelöst.

„In den Verordnungen heißt es: Es werden sämtliche Provinziallandtage, die Kreistage, die Gemeindevertretungen der Stadt- und Landgemeinden aufgelöst.“ (12)

In Elmshorn hatten daraufhin bis zur Neuwahl des Stadtverordneten-Kollegiums nur der Bürgermeister und der Magistrat etwas zu bestimmen. Die Wahlliste zur Neuwahl enthielt noch alle Parteien. (13) Da in Elmshorn Stadtrat Petersen nicht als Bürgermeister bestätigt worden war, blieb dieses Amt noch vakant.

Am 6. Februar wurde die *„Notverordnung zum Schutze des deutschen Volkes“* veröffentlicht:

„Die Notverordnung zum Schutze des deutschen Volkes wird heute veröffentlicht.

Die Hauptbestimmungen lauten:

Öffentliche politische Versammlungen sowie alle Versammlungen und Aufzüge unter freiem Himmel sind spätestens 48 Stunden vorher unter Angabe des Ortes, der Zeit und des Verhandlungsgegenstandes der Ortspolizei anzumelden.

Sie können im Einzelfall verboten werden, wenn nach den Umständen eine unmittelbare Gefahr für die öffentliche Sicherheit zu besorgen ist.

Ausgenommen sind Versammlungen nichtpolitischer Art.

Öffentliche politische Versammlungen sowie Versammlungen und Aufzüge unter freiem Himmel können aufgelöst werden,

1. *wenn in ihnen zum Ungehorsam gegen Gesetze oder rechtsgültige Verordnungen oder die innerhalb ihrer Zuständigkeit getroffenen Anordnungen der verfassungsmäßigen Regierung oder der Behörden aufgefordert oder angereizt wird oder*
2. *wenn in ihnen Organe, Einrichtungen, Behörden oder leitende Beamte des Staates beschimpft oder böswillig verächtlich gemacht werden oder*
3. *wenn in ihnen eine Religionsgesellschaft des öffentlichen Rechtes, ihrer Einrichtungen, Gebräuche oder Gegenstände ihrer religiöser Verehrung beschimpft oder böswillig verächtlich gemacht werden oder*
4. *wenn in ihnen zu einer Gewalttat gegen eine bestimmte Person oder allgemein zu Gewalttätigkeiten gegen Personen oder Sachen aufgefordert oder angereizt wird,*
5. *wenn sie nicht angemeldet oder wenn sie verboten sind oder wenn von den Angaben der Anmeldung absichtlich abgewichen oder wenn einer Auflage zuwidergehandelt wird.*

Der Reichsminister des Innern kann allgemein oder mit Einschränkungen für das ganze Reichsgebiet oder einzelne Teile Versammlungen unter freiem Himmel und Aufzüge sowie das Tragen einheitlicher Kleidung, die die Zugehörigkeit zu einer politischen Vereinigung kennzeichnet, verbieten und für Zuwiderhandlungen Gefängnisstrafe oder Geldstrafe allein oder nebeneinander androhen.

Versammlungen unter freiem Himmel und Aufzüge dürfen von den Landesbehörden wegen unmittelbarer Gefahr für die öffentliche Sicherheit verboten werden.

Druckschriften, deren Inhalt geeignet ist, die öffentliche Sicherheit und Ordnung zu gefährden, können polizeilich beschlagnahmt oder eingezogen werden.

Periodische Druckschriften können verboten werden, wenn in ihnen zum Ungehorsam, Gewalttätigkeiten, zu einem Generalstreik aufgefordert oder angereizt wird, wenn in ihnen Organe, Einrichtungen, Behörden oder leitende Beamte des Staates beschimpft oder böswillig verächtlich gemacht werden, wenn in ihnen offensichtlich unrichtige Nachrichten enthalten sind, deren Verbreitung geeignet ist, lebenswichtige Interessen des Staates zu gefährden." (14)

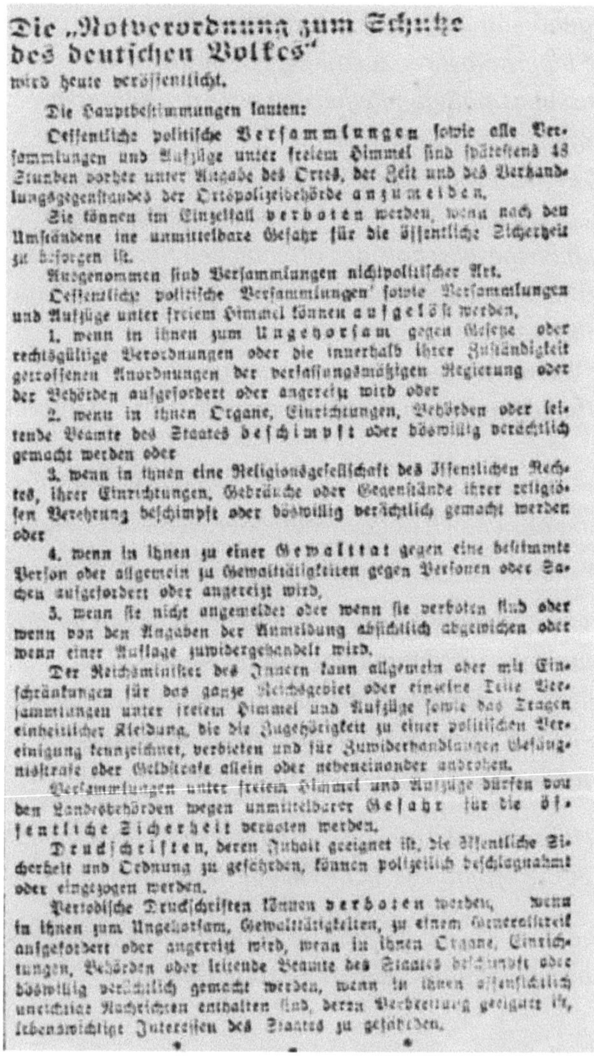

Die „Notverordnung zum Schutze des deutschen Volkes"

wird heute veröffentlicht.

Die Hauptbestimmungen lauten:

Oeffentliche politische **Versammlungen** sowie alle Versammlungen und Aufzüge unter freiem Himmel sind spätestens 48 Stunden vorher unter Angabe des Ortes, der Zeit und des Verhandlungsgegenstandes der Ortspolizeibehörde **anzumelden**.

Sie können im Einzelfall **verboten** werden, wenn nach den Umständene ine unmittelbare Gefahr für die öffentliche Sicherheit zu besorgen ist.

Ausgenommen sind Versammlungen nichtpolitischer Art.

Oeffentliche politische Versammlungen sowie Versammlungen und Aufzüge unter freiem Himmel können **aufgelöst** werden,

1. wenn in ihnen zum **Ungehorsam** gegen Gesetze oder rechtsgültige Verordnungen oder die innerhalb ihrer Zuständigkeit getroffenen Anordnungen der verfassungsmäßigen Regierung oder der Behörden aufgefordert oder angereizt wird oder

2. wenn in ihnen Organe, Einrichtungen, Behörden oder leitende Beamte des Staates **beschimpft** oder böswillig verächtlich gemacht werden oder

3. wenn in ihnen eine Religionsgesellschaft des öffentlichen Rechtes, ihrer Einrichtungen, Gebräuche oder Gegenstände ihrer religiösen Verehrung beschimpft oder böswillig verächtlich gemacht werden oder

4. wenn in ihnen zu einer **Gewalttat** gegen eine bestimmte Person oder allgemein zu Gewalttätigkeiten gegen Personen oder Sachen aufgefordert oder angereizt wird,

5. wenn sie nicht angemeldet oder wenn sie verboten sind oder wenn von den Angaben der Anmeldung absichtlich abgewichen oder wenn einer Auflage zuwidergehandelt wird.

Der Reichsminister des Innern kann allgemein oder mit Einschränkungen für das ganze Reichsgebiet oder einzelne Teile Versammlungen unter freiem Himmel und Aufzüge sowie das Tragen einheitlicher Kleidung, die die Zugehörigkeit zu einer politischen Vereinigung kennzeichnet, verbieten und für Zuwiderhandlungen Gefängnisstrafe oder Geldstrafe allein oder nebeneinander androhen.

Versammlungen unter freiem Himmel und Aufzüge dürfen von den Landesbehörden wegen unmittelbarer **Gefahr** für die **öffentliche Sicherheit** verboten werden.

Druckschriften, deren Inhalt geeignet ist, die öffentliche Sicherheit und Ordnung zu gefährden, können polizeilich beschlagnahmt oder eingezogen werden.

Periodische Druckschriften können **verboten** werden, wenn in ihnen zum Ungehorsam, Gewalttätigkeiten, zu einem Generalstreik aufgefordert oder angereizt wird, wenn in ihnen Organe, Einrichtungen, Behörden oder leitende Beamte des Staates beschimpft oder böswillig verächtlich gemacht werden, wenn in ihnen offensichtlich unrichtige Nachrichten enthalten sind, deren Verbreitung geeignet ist, lebenswichtige Interessen des Staates zu gefährden.

EN vom 6.2.1933

Elmshorner Nachrichten
„Pinneberger Kreisblatt"
82. Jahrgang
Dienstag, den 7. Februar 1933

Der preußische Landtag aufgelöst. — Neuwahl, wie zum Reichstag, am 5. März.
Weshalb die Beseitigung Braun-Severings notwendig war. — Die Abgesetzten rufen den Staatsgerichtshof an.
Große nationale Fackelzug-Kundgebung in Hamburg. — Eroberung Jehols durch Japaner bis 20. Februar?

EN vom 7.2.1933

Die „Rote Hilfe Deutschlands" (RHD) war eine deutsche politische Hilfsorganisation, die der KPD nahestand und von 1924 bis 1936 bestand. 1933 wurde die RHD im Zuge der Reichstagsbrandverordnung verboten. (15)

Im Februar 1933 versuchte die „Rote Hilfe" in Elmshorn eine Geldsammlung durchzuführen, die aber verboten wurde. Die Polizeibeamten wurden angewiesen, gegen die Sammler einzuschreiten, das gesammelte Geld zu beschlagnahmen und die Sammellisten für ein Strafverfahren einzuziehen. Nicht versäumt wurde auch der Hinweis, dass verbotene Sammlungen bei der Kriminalpolizei angezeigt werden können. (16)

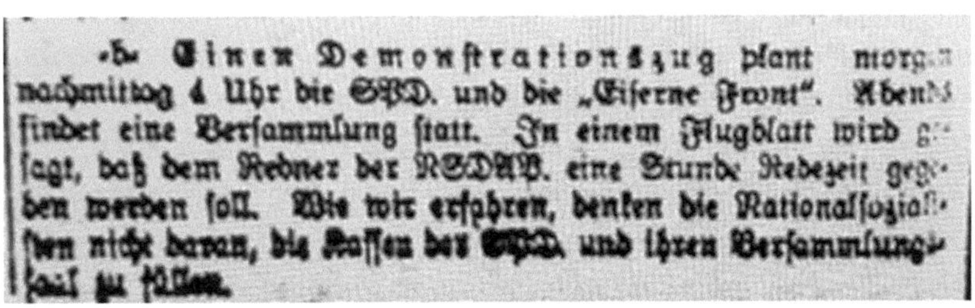
Einen Demonstrationszug plant morgen nachmittag 4 Uhr die SPD. und die „Eiserne Front". Abends findet eine Versammlung statt. In einem Flugblatt wird gesagt, daß dem Redner der NSDAP. eine Stunde Redezeit gegeben werden soll. Wie wir erfahren, denken die Nationalsozialisten nicht daran, die Massen der SPD. und ihren Versammlungssaal zu füllen.

EN vom 9.2.1933

Der Zeitzeuge A.B. (17) schilderte die Zeit des Umbruches in seinem Tagebuch:

„Mit dem Tage (Anm. Verf.: der Machtergreifung) *begann ein neues Kapitel unserer Schulgeschichte* (Anm. Verf.: der Bismarckschule). *Das mit dem neuen Kapitel der Schulgeschichte ließ sich zunächst gemächlich an. Der Turnlehrer O. ließ uns häufiger, wenn er keine Lust zur Aufsicht beim Turnen hatte, rund um alle Ecken des Schulhofes in Viererreihe marschieren, und es wurde dann mit Vorliebe das Lied "Wie lieb ich dich mein Vaterland .... " gesungen. Beim Antreten zu Beginn der Turnstunde richteten wir uns nach dem Flügelmann aus, einer kommandierte: "Augen gerade aus, Augen rechts!" und meldete, dass die Klasse U 11 angetreten sei. Die Lehrer betraten die Klasse und hoben die Hand zum "deutschen Gruß". Manche murmelten nun ein "Heil Hitler", wenige unterdrückten es ganz, andere schmetterten es forsch heraus. Wir antworteten im Chor. An besonderen Tagen hingen jetzt die Leute oft Hakenkreuzflaggen aus dem Haus heraus, daneben sah man aber auch schwarz-weiß-rote Fahnen, so bei uns. Andere hatten in die schwarz-weiß-rote Fahne ein rundes Mittelfeld mit Hakenkreuz hineingenäht. In unserer kleinen Stadt wurde die Polizei durch eine Hilfspolizei verstärkt, die sich aus SA-Männern rekrutierte. Sie waren an einer weißen Armbinde mit dem Aufdruck "Hilfspolizei" zu erkennen und durften wie die Polizisten Waffen tragen. In Elmshorn kam es vereinzelt zu Verhaftungen. Man sagte, die Verhafteten kämen zur Umerziehung in ein Lager. Bald tauchte der Name "Konzentrationslager" auf. Die Nationalsozialistische Arbeiterpartei hatte plötzlich einen starken Zulauf, ebenso die Gliederungen der Partei, die SA und SS. Es waren viele Beamte dabei, natürlich auch Lehrer. Wir amüsierten uns königlich, wenn unsere weniger beliebten Lehrer, so wie der Mathematik-Studienrat A. (18), SA-Dienst machen mussten und zwischen einfachen Handwerkern und Arbeitern im Glied standen, vor allem, wenn sie exerzierten und "geschliffen" wurden. Alle, die nach 1933 eintraten, nannte man spöttisch "die Märzgefallenen". Wer vorher in der SA oder SS gewesen war, durfte sich ein "V" auf den Oberarm heften. Wir nannten es das "Gefreitenabzeichen", aber es bedeutete natürlich "vorher". Es gab sogar besondere SA-Zigaretten Marke „Trommler". Die cleveren Fabrikanten erwiesen sich wie viele andere als Trittbrettfahrer. Diejenigen, denen diese Parteiorganisationen suspekt waren, schlupften beim "Stahlhelm" unter, so auch mein Bruder K. (19) Aber schon ein halbes Jahr später wurde der Stahlhelm in die SA überführt. K. trat in die harmloseste SA-Gruppierung, den sogenannten Reitersturm ein.*

Durch den Eintritt in eine Parteiorganisation war man schwerer angreifbar geworden. Die Diktatur, in die wir immer stärker hineinschlitterten, erzeugte ein Denunziantentum." (20)

Die Elmshorner Nachrichten berichteten am 14. Februar über die bevorstehenden Wahlen:

Die drei Wahlen am 12. März.

Elmshorn, den 14. Februar.

Nur eine Woche nach den Reichstagswahlen am 5. März müssen wir wieder zur Wahlurne schreiten, um die neuen Abgeordneten für das Stadtverordnetenkollegium, für den Kreistag und für den Provinziallandtag zu wählen. Die Zeit, die für den Wahlkampf für diese Körperschaften übrig bleibt, ist also sehr kurz; auch scheint es so, als ob sich dieser Wahlkampf in verhältnismäßig ruhigen Formen abspielen wird, da die Parteien naturgemäß ihre ganze Schlagkraft bei den Reichs- und Landtagswahlen einsetzen müssen.

Die letzten Kommunalwahlen waren am 17. November 1929. Die Amtsperiode der einzelnen kommunalen Körperschaften wäre also sowieso im Herbst dieses Jahres abgelaufen gewesen.

Das Elmshorner Stadtverordnetenkollegium besteht in seiner jetzigen Zusammensetzung aus 20 Mitgliedern, die sich aus acht Sozialdemokraten, einem Kommunisten, einem Beamtenvertreter und zehn der Wirtschaftlichen Einheitsliste zusammensetzen. Leider haben wir jedoch mehrfach die Erfahrung machen müssen, daß der Stadtverordnete Schmidt mehr zu den Sozialdemokraten als zu der Wirtschaftlichen Einheitsliste hinneigt, so daß praktisch zehn sozialistischen Stimmen zehn bürgerliche gegenüberstehen. Da lange Zeit der Stadtverordnete Lemphert Stadtverordnetenvorsteher war, hatte bei entscheidenden Abstimmungen die Linke mehrfach dadurch die Ueberlegenheit, daß bei Stimmengleichheit die Stimme des Vorstehers den Ausschlag gab. Seit der letzten Stadtverordnetensitzung hat sich das Verhältnis dadurch zu gunsten der Bürgerlichen verschoben, daß Herr Grimm zum Stadtverordnetenvorsteher gewählt worden ist.

Am 12. März haben wir jetzt ein neues Kollegium zu wählen, und mit Spannung erwartet man in diesen Tagen den Aufmarsch der Parteien in unserer Stadt. Wie jetzt bekannt wird, werden die Nationalsozialisten auf Anordnung ihrer übergeordneten Stellen überall eigene Listen aufstellen. Wie wir aus Hausbesitzerkreisen erfahren, ist der Haus- und Grundeigentümer-Verein in Elmshorn von den Verbänden, die bisher hinter der wirtschaftlichen Einheitsliste gestanden haben, aufgefordert worden, wieder eine Einheitsliste unter den Wirtschaftsverbänden zustande zu bringen. Am Mittwoch werden die Handwerker in einer erweiterten Vorstandssitzung zu diesen Einigungsbestrebungen Stellung nehmen, am Donnerstag die Haus- und Grundbesitzer. Freitag wird dann voraussichtlich eine gemeinsame Sitzung der interessierten Kreise abgehalten werden, in der man über eine Liste der nicht parteipolitisch-gebundenen Wähler beraten wird. Von seiten der Haus- und Grundeigentümer ist Herr Stadtrat Hinz ermächtigt worden, die Verhandlungen zu führen.

Der Kreistag des Kreises Pinneberg setzt sich aus 29 Abgeordneten zusammen, die sich auf folgende Fraktionen verteilen: Sozialdemokraten 11, Heimat und Wirtschaft 7, Deutschnationale 3, Nationalsozialisten 3, Haus- und Grundbesitzer 2, Demokraten 2, Beamtenliste 1. Die Listen Heimat und Wirtschaft, Deutschnationale, Nationalsozialisten, Haus- und Grundbesitzer und Beamten waren zu einer bürgerlichen Arbeitsgemeinschaft zusammengeschlossen, die im Kreistag die absolute Mehrheit hatte. Der Kreisausschuß bestand aus 3 Bürgerlichen, 2 Sozialdemokraten und einem Demokraten, als Kreisdeputierte fungierten 1 Bürgerlicher und 1 Sozialdemokrat.

In den Provinziallandtag waren am 17. November 1929 58 Abgeordnete gewählt worden. Sie setzten sich aus folgenden Parteien und Gruppen zusammen: Heimat und Wirtschaft 16, Nationalsozialisten 7, Wirtschaftspartei 4, Volkswohl 3, Demokraten 3, Sozialdemokraten 20, Kommunisten 5.

Die Gesamtzahl der zu wählenden Abgeordneten bleibt in allen drei Wahlen in ihrer bisherigen Höhe bestehen.

Wahlberechtigt sind für die Stadtverordnetenwahl nur diejenigen Einwohner, die am 12. März das 20. Lebensjahr vollendet und ihren Wohnsitz seit 6 Monaten in Elmshorn haben. Die Verteilung der Sitze geschieht bei diesen Wahlen etwas anders als bei den Reichs- und Landtagswahlen, bei denen auf je 60 000 bezw. je 60 000 Stimmen ein Mandat entfällt. Bei den Kommunalwahlen wird die Zahl der Sitze nach dem sogenannten d'Hondtschen System berechnet. Dieses System kommt überall zur Anwendung, wo die Zahl der Abgeordneten von vornherein festgelegt ist.

Bei der Wichtigkeit der Kommunalwahlen für unsere Stadt und unsere engere Heimat ist es selbstverständliche Pflicht jedes Wahlberechtigten, sein Wahlrecht auszuüben.

EN vom 14.2.1933

N.S.
D.A.P.

Ortsgruppe
Elmshorn

Am Sonntag, dem 19. Februar, nachm. 2 Uhr, im Elmshorner Stadttheater Vorführung der neuesten N. S.-Filme: „Hitler über Deutschland“
Ein Großfilm v. Siegeszug Adolf Hitlers durch Deutschland
Der Ton- und Sprechfilm: „Deutschlands Jugend marschiert“ Das Hitlerjugendtreffen in Potsdam
Der Reichsführer **Baldur v. Schirach** spricht. Adolf Hitler spricht in großer programmatischer Rede
Vorführungsdauer der Filme über 2 Stunden
Eintrittspr.: Im Vorverk. 0.60 an der Kasse 0.80 RM
Erwerbslose 0.30, Kinder 0.20 RM nur an der Kasse

Der Ortsgruppenleiter

N.S.D.
A.P.

Ortsgruppe
Elmshorn

Gr. öffentl. Wahlkundgebung

am Dienstag, 21. Febr. 1933, abds. 8.30 Uhr, im

Elmshorner Stadttheater

Es spricht: Pg. Benz, M. d. R., Darmstadt
Eintritt 0.30 Erwerbslose u. Rentner 0,15

Der Ortsgruppenleiter

N.S.D.
A.P.

Ortsgruppe
Bevern

Am Sonnabend, dem 25. Februar:

Deutscher Abend

im Lokale des Pg. H. Humburg — Anfang 8 Uhr
Militärkonzert, ausgeführt von der Sturmbannkapelle II/31. Redner: Pg. Lodiges, Itzehoe
Anschließend Deutscher Tanz

Der Ortsgruppenleiter

EN vom 18.2.1933

Am 17. Februar fand eine Versammlung der Liste „Nationale Wirtschaft“ statt, einberufen vom „Haus- und Grundeigentümerverein“, in der Wirtschaft, Industrie, Handel, Landwirtschaft, die Frauenorganisationen, die Haus- und Grundeigentümer, die Angestellten-Verbände, der Stahlhelm und die in Frage kommenden politischen Parteien vertreten waren. Diese Liste wollte für die Wahlen im März neben der NSDAP eine eigene nationale Liste „Nationale Wirtschaft“ aufstellen. Einig seien sie im Kampf gegen die Kommunisten und Sozialdemokraten mit der NSDAP:

„Wenn hier auch zwei Kampftruppen getrennt marschieren, sie haben das eine Ziel: den einzigen Gegner, den es für sie gibt, der links steht, am 12. März entscheidend zu schlagen!“ (21)

Weitere Partei- oder Listengründungen wären aus ihrer Sicht überflüssig und würden nur dem Marxismus helfen.

In einem Runderlass vom 18. Februar wurde den Polizeibeamten vom Innenministerium erlaubt, an politischen Veranstaltungen von Verbänden und Parteien teilzunehmen, sofern diese hinter der „nationalen Bewegung“ ständen. (22)

In einem weiteren Erlass an alle Polizeibehörden verpflichtete die Regierung am 20. Februar 1933 die Polizei, die nationale Bewegung zu fördern. Sie sollte auf Seiten der Nationalsozialisten verschärft gegen die staatsgefährdenden Organisationen vorgehen, womit die SPD und die Kommunisten gemeint waren. Ausdrücklich dürfte die Polizei von der Schusswaffe gegen diese Personen Gebrauch machen, sie würden ausdrücklich von Göring gedeckt.

Elmshorner Nachrichten

„Pinneberger Kreisblatt“

82. Jahrgang. Dienstag, den 21. Februar 1933. Nr. 44.

Regierungserlaß an alle Polizeibehörden: Förderung der nationalen Bewegung.

Scharfes Durchgreifen gegen staatsgefährdende Organisationen. – Austritt Japans aus dem Völkerbund.

Der Kampf um Jehol entbrannt. – 80 Jahre Zuchthaus für den Roosevelt-Attentäter Zangara. – Amerika endgültig „naß“.

EN vom 21.2.1933

„Der kommissarische preußische Innenminister Göring hat in einem Erlass an die Polizeibehörden angeordnet, dass eine Verfolgung der nationalen Verbände zu vermeiden sei.

Ich glaube, so heißt es in dem Rundschreiben, mir einen besonderen Hinweis darauf ersparen zu können, dass die Polizei auch nur den Anschein einer feindseligen Haltung oder gar den Eindruck einer Verfolgung der nationalen Verbände (SA, SS und Stahlhelm) und nationalen Parteien unter allen Umständen zu vermeiden hat. Ich erwarte vielmehr von sämtlichen Polizeibehörden, dass sie zu diesen Organisationen, in deren Kreisen die wichtigsten staatsaufbauenden Kräfte enthalten sind, das beste Einvernehmen herstellen und unterhalten.

Darüber hinaus ist jede Betätigung für nationale Zwecke und die nationale Propaganda mit allen Kräften zu unterstützen. Von polizeilichen Beschränkungen und Auflagen darf insoweit nur in dringendsten Fällen Gebrauch gemacht werden. Dafür ist dem Treiben staatsfeindlicher Organisationen mit den schärfsten Mitteln entgegenzutreten.

Gegen kommunistische Demonstrationen ist mit aller Schärfe vorzugehen und, wenn nötig, rücksichtslos von der Waffe Gebrauch zu machen. Polizeibeamte, die in Ausübung dieser Pflichten von der Schusswaffe Gebrauch machen, werden ohne Rücksicht auf die Folgen des Schusswaffengebrauchs von mir gedeckt werden. Wer hingegen in falscher Rücksichtnahme versagt, hat dienststrafrechtliche Folgen zu gewärtigen.

Der Schutz der immer wieder in ihrer Betätigung eingeengten nationalen Bevölkerung erfordert die schärfste Handhabung der gesetzlichen Bestimmungen gegen verbotene Demonstrationen, unerlaubte Versammlungen, Plünderungen, Aufforderung zum Hoch- und Landesverrat, Massenstreik, Aufruhr, Pressedelikte und das sonstige strafbare Treiben der Ordnungsstörer.

Jeder Beamte hat sich stets vor Augen zu halten, dass die Unterlassung einer Maßnahme schwerer wiegt als begangene Fehler in der Ausübung. Ich erwarte und hoffe, dass alle Beamten sich mit mir einfühlen in dem Ziel, durch die Stärkung und Zusammenfassung aller nationalen Kräfte unser Vaterland vor dem drohenden Verfall zu retten. (...)

Dazu wird aus Berlin geschrieben:

Dieser Erlass des preußischen Innenministers Göring wird in allen nationalen Kreisen aufs Wärmste begrüßt werden. Er schafft endlich die einwandfreie erforderliche Klarheit für das Verhalten der Polizei. Es ist besonders begrüßenswert, dass ein ganz klarer und einwandfreier Unterschied gemacht wird zwischen den Kreisen der nationalen Verbände und den staatsfeindlichen Organisationen.

Selbstverständlich stellt der Erlass in keiner Weise einen Freibrief für die nationalen Verbände dar. (...)" (23)

Nach nur drei Wochen an der Regierung haben die Nationalsozialisten die Polizei als Waffe gegen andere Parteien in Stellung gebracht. Die EN begrüßte diesen gefährlichen Erlass, in dem sie folgende Stellungnahme veröffentlichte:

„Der Erlass des preußischen Innenministers Göring an die preußische Polizei ist aus mehr als einem Grunde zu begrüßen. Zunächst wird mit der bisherigen Übung gebrochen, dass die Polizei die staatlichen Machtmittel einseitig gegen die nationalen Kreise einsetzt, während z. B. die Kommunisten, die sich offen als Staatsfeinde bekennen, als die „politischen Kinder" des Herrn Severing mit Handschuhen angefasst werden. Vierzehn Jahre lang war es ein Verbrechen an Deutschland national zu sein, nicht der Staat, sondern die Partei oder die Parteikoalition nahm die staatlichen Machtmittel für ihre Zwecke in Anspruch, und dann wunderte man sich, dass die Staatsautorität mehr und mehr dahinschwand. Mit dieser Übung soll jetzt Schluss gemacht werden. Die Polizei wird mit ihrer Front um 180 Grad gedreht, sie soll nicht mehr das nationale Deutschland bekämpfen, sondern die Feinde des Staates, deren letztes Ziel die Vernichtung des heutigen Deutschen Reiches ist. Ferner war es höchste Zeit, dass die Polizei, die in ständigem persönlichem Abwehrkampf steht, die stündlich ihr Leben aufs Spiel setzen muss, von ihrer Waffe dann Gebrauch machen soll, wenn es notwendig ist. Bisher durfte sie ihre Waffe erst dann gebrauchen, wenn es zu spät war. Jeder Verbrecher war dem Polizeibeamten, der sich streng an seine Vorschriften hielt, weit überlegen, und mancher brave Polizeibeamte musste sein Leben lassen, um nur die Herren Verbrecher zu schonen. Es ist überaus erfreulich, dass der preußische Innenminister erklärt, dass er notwendigen rücksichtslosen Waffengebrauch der Polizeibeamten

unter allen Umständen decken wird, dass dagegen falsche Rücksichtnahme dienststrafrechtlich geahndet werden soll. Das ist die einzige richtige Auffassung: das Leben eines Polizeibeamten ist wertvoller als das Leben von 100 Verbrechern. Niemals hätte das Verbrechertum in Deutschland einen derartigen Umfang annehmen können, wenn nicht jahrelange missverstandene Humanität an den maßgebenden Stellen obgewaltet hätte. Seltsam war, dass diese „Humanität", die man der Polizei dem Verbrechertum und den Staatsfeinden gegenüber zur Pflicht machte, den nationalen Kreisen gegenüber nicht galt. Das hat eine ganz gefährliche Geistesverfassung in unserem öffentlichen Leben hochgezüchtet, die jetzt hoffentlich überwunden ist." (24)

Am 21. Februar veröffentlichte die NSDAP Elmshorn ihre Kandidatenliste für die Märzwahl:

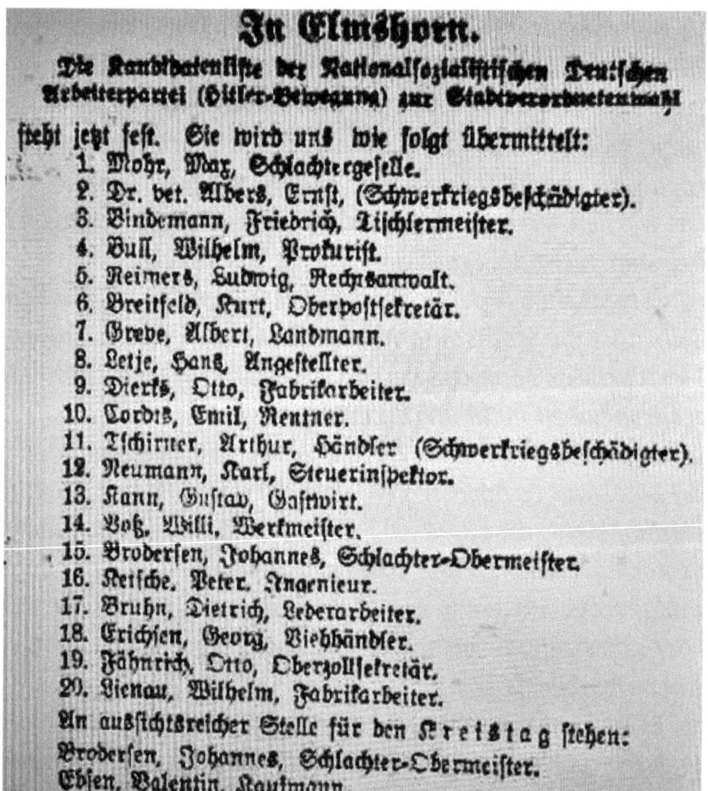

In Elmshorn.

Die Kandidatenliste der Nationalsozialistischen Deutschen Arbeiterpartei (Hitler-Bewegung) zur Stadtverordnetenwahl steht jetzt fest. Sie wird uns wie folgt übermittelt:

1. Mohr, Max, Schlachtergeselle.
2. Dr. vet. Albers, Ernst, (Schwerkriegsbeschädigter).
3. Bindemann, Friedrich, Tischlermeister.
4. Bull, Wilhelm, Prokurist.
5. Reimers, Ludwig, Rechtsanwalt.
6. Breitfeld, Kurt, Oberpostsekretär.
7. Grewe, Albert, Landmann.
8. Letje, Hans, Angestellter.
9. Dierks, Otto, Fabrikarbeiter.
10. Cordts, Emil, Rentner.
11. Tschirner, Arthur, Händler (Schwerkriegsbeschädigter).
12. Neumann, Karl, Steuerinspektor.
13. Kann, Gustav, Gastwirt.
14. Voß, Willi, Werkmeister.
15. Brodersen, Johannes, Schlachter-Obermeister.
16. Retsche, Peter, Ingenieur.
17. Bruhn, Dietrich, Lederarbeiter.
18. Erichsen, Georg, Viehhändler.
19. Fähnrich, Otto, Oberzollsekretär.
20. Lienau, Wilhelm, Fabrikarbeiter.

An aussichtsreicher Stelle für den **Kreistag** stehen:
Brodersen, Johannes, Schlachter-Obermeister.
Ebsen, Valentin, Kaufmann.

EN vom 21.2.1933

2. Jahrgang. Mittwoch, den 22. Februar 1933. Nr. 45.

Säuberung bei der Schulverwaltung und den Krankenkassen.

Die Krankenscheingebühr wird beseitigt. — Dem Mittelstand wird geholfen: ein Mittelstandskommissar bestellt.
Papen über die wahre Revolution des 20. Jahrhunderts. — Oesterreich lehnt ab. — Kommunistischer Doppelmord in Hamburg.

EN vom 22.2.1933

Die Nationalsozialisten erkannten sehr früh, wie wichtig die Jugend für die Erhaltung und Durchsetzung ihrer Ideologie war. Daher waren die Schulverwaltung und die Lehrer ein sehr frühes Ziel zur Gleichschaltung der Gesellschaft. Es fanden schon im Februar die ersten Entlassungen in der Verwaltung und im Lehrkörper statt.

„Diese Maßnahme bedeutet eine seit langem von allen nationalen Kreisen erwartete Säuberung der rein marxistischen Domänen der preußischen Kulturpolitik. In völlig traditionsloser Freiheit wurden dort die Schüler „erzogen", d.h. es wurde ihnen der Hass gegen die große deutsche Vergangenheit eingeimpft und dafür schon fest im Geiste Moskaus ein intellektueller Kommunismus großgezüchtet. Mit dem bisher dort herrschenden neupreußischen Erziehungskurs soll jetzt endgültig aufgeräumt werden. Man wird zurückkehren zu den alten einfachen Erziehungsregeln, damit wird wieder Zucht und Ordnung auch für die höheren Schulen Geltung gewinnen." (25)

Am 21. Februar fand im Stadttheater eine große öffentliche Wahlkundgebung der NSDAP statt. Dr. Albers eröffnete die Versammlung und wies darauf hin, dass diese Wahl eine sehr große Bedeutung habe, *„da es wohl vorerst keine Wahlen wieder geben werde."* Der Referent des Abends war ein Herr Lenz, der die NSDAP mit einem Regiment verglich, welches an die Front marschiere, durch Widrigkeiten hindurch. Jetzt könne die NSDAP erst die positive Arbeit des Aufbaues beginnen.

„Als Deutschland die Demokratie gegeben wurde, sei der Todeskeim in die politische und wirtschaftliche Freiheit hineingelegt worden. Es sei fremden geistigen Mächten untertan geworden. Der innere Zusammenbruch Deutschlands sei lange Jahrzehnte vor dem Krieg gekommen. Nachdem das Volk innerlich machtlos geworden sei, habe der Marxismus die Herrschaft angetreten. Als 1918 die Demokratie erklärt wurde, sei sie schon tot gewesen.

In Wirklichkeit hätten wir die Diktatur des Geldsacks gehabt. (...)

Der Nationalsozialismus werde die Auseinandersetzung, die kommen müsse, durchkämpfen, aber am Leben bleibe der Marxismus dabei nicht.

Die Tore der Partei würden jetzt nicht geschlossen, aber diejenigen, die jetzt zu der NSDAP kämen, müssten, ehe sie mitsprechen könnten, erst ein Teil der Opfer nachholen, die die Nationalsozialisten in den letzten Jahren gebracht hätten. Der entscheidende Faktor im Leben eines Volkes sei nicht die Wirtschaft. Unser Schicksal sei unser Blut und unser Charakter. (...)" (26)

Elmshorner Nachrichten

„Pinneberger Kreisblatt"

82. Jahrgang. Donnerstag, den 23. Februar 1933. Nr. 46.

Hitler und Göring gegen Provokateure und Spitzel.

Gegen das Gift des Kulturbolschewismus: Abbau der weltlichen Schulen, Religion in den Berufsschulen.

Neuer Beamtenschub in Preußen. — Weniger Arbeitslose als im Vorjahr. — Siegreicher japanischer Vormarsch.

EN vom 23.2.193

Hitler rief am 22. Februar seine Parteigenossen zur Zurückhaltung auf. Er versuchte, die Aktionen zu bündeln:

„Nationalsozialisten! Provokatorische Elemente versuchen unter dem Deckmantel der Partei durch Störung oder Sprengung insbesondere von Zentrumsversammlungen die nationalsozialistische Bewegung zu belasten. Ich erwarte, dass alle Nationalsozialisten sich in äußerster Disziplin gegen die Absichten wenden. Der Feind, der am 5. März niedergerungen werden muss, ist der Marxismus. Auf ihn hat sich die gesamte Propaganda und damit der gesamte Wahlkampf zu konzentrieren. Wenn das Zentrum in diesem Kampf durch Angriffe gegen unsere Bewegung den Marxismus unterstützt, so werde ich selbst von Fall zu Fall mich mit dem Zentrum auseinandersetzen, diese Angriffe zurückweisen und damit erledigen.

Im Übrigen: Besucht keine gegnerischen Versammlungen, sondern sorgt dafür, dass unsere eigenen Versammlungen zu gewaltigen Kundgebungen der erwachenden Nation werden. Nationalsozialisten! Ihr habt seit vierzehn Jahren die deutsche Erhebung vorbereitet. Ihr müsst sie heute vollenden." (27)

82. Jahrgang. Freitag, den 24. Februar 1933 Nr. 47.

Hilfspolizei in Preußen. – Der Wahlkampf verschärft sich.

Bedeutsame Ausführungen der Führer Hitler, Seldte, Frick. – Antwort des Reichs auf Brauns Klage.

Bayern droht dem Reich mit Ausrufung der Monarchie. Echo Genf: Deutsche Truppen im Rheinland soll Kriegsgrund sein.

EN vom 24.2.1933

Der preußische Innenminister Göring ließ am 23. Februar Hilfskräfte für die Polizei einstellen. Diese Hilfspolizisten sollten aus den Verbänden der SA, SS und dem Stahlhelm aufgestellt werden. Damit bekamen Mitglieder dieser Verbände polizeiliche und Hoheitliche Aufgaben und jeder Widerstand gegen diese Personen konnte als Widerstand gegen die Staatsgewalt ausgelegt werden. (28)

Elmshorner Nachrichten

„Pinneberger Kreisblatt"

Der Bezugspreis

Sonderbeilagen:

Anzeigenpreis

Jahrgang. Sonnabend (Sonntagsausgabe), den 25. Februar 1933. Nr. 48.

Anordnung über Einberufung und Verwendung preußischer Hilfspolizei.

Hitler gegen die bayrischen Zentrumshetzer; für Reichseinheit. – Abrechnung Papens mit dem Zentrum.

Unnötige Aufregung im Staatsrat. – Japan verläßt den Völkerbund.

EN vom 25.2.1933

Die preußische Hilfspolizei; ihre Einberufung und Verwendung.

Ehrenhafte, wahlberechtigte nationale Deutsche werden die Polizei unterstützen

Berlin, den 25. Februar. Der Amtliche Preußische Pressedienst teilt mit: Ueber die Einberufung und Verwendung von [illegible]lizei ist unter dem 22. Februar 1933 vom Kommissar des [illegible] für das preußische Ministerium des Innern folgender [illegible] ergangen:

„Die zunehmenden Ausschreitungen von linksradikaler, insbesondere kommunistischer Seite, haben zu einer unerträglichen [stä]ndigen Bedrohung der öffentlichen Sicherheit wie des Lebens [un]d Eigentums der staatsbewußten Bevölkerung geführt. Die [vor]handenen Polizeikräfte, deren ausreichende Vermehrung zur [Ze]it nicht angängig ist, werden seit langem über ihr Leistungs[ver]mögen beansprucht und durch die häufige Notwendigkeit des [Ei]nsatzes außerhalb der Dienstorte ihrem eigentlichen Tätigkeits[ge]biet oft zur Unzeit entzogen. Auf die freiwillige Unterstützung [ge]eigneter als Hilfspolizeibeamte zu verwendender Helfer kann [da]her im Notfall nicht mehr verzichtet werden.

Aufgabe der nur unter Führung der ordentlichen Polizei [ei]nzusetzenden Hilfspolizei wird insbesondere sein:

1. Die Entlastung der ordentlichen Polizei

a) durch Unterstützung bei dem Schutz politischer Versammlungen und Aufzüge sowie

b) bei der Sicherung von Lokalen und anderen Einrichtungen politischer Organisationen,

c) bei Absperrungen und Unterstützung der Landjägereistreifen.

2. Im Falle von Unruhen oder eines anderen polizeilichen [Not]standes

a) die allgemeine Unterstützung der ordentlichen Polizei,

b) die Uebernahme des Schutzes lebenswichtiger Betriebe sowie wichtiger im öffentlichen Eigentum stehende oder dem öffentlichen Nutzen dienende Gebäude, Einrichtungen und Anlagen."

Ergänzend sei noch bemerkt, daß zu Hilfspolizeibeamten nur [eh]renhafte, wahlberechtigte, auf nationalem Boden stehende [De]utsche verpflichtet werden dürfen. Die Hilfspolizeibeamten [fü]hren einen polizeilichen Ausweis und tragen an ihrer eigenen [Kle]idung, die auch die Uniform von Verbänden sein kann, als [illegible]chen eine weiße amtlich gestempelte Armbinde mit dem Auf[druck] „Hilfspolizei". Sie stehen unter Führung von Polizeioffi[zieren] und haben während der Dauer ihres Dienstes die Befugnisse und Pflichten von planmäßigen Polizei- und Landjägereibeamten.

Die Bestellung von Hilfspolizeibeamten bedarf — mit Ausnahme von Berlin, wo der Minister des Innern entscheidet — der Bestätigung des Regierungspräsidenten.

* * *

Dieser Erlaß läßt erkennen, daß die preußische Regierung sich dadurch der Gefahr einer ständig wachsenden Bedrohung der öffentlichen Sicherheit durch den Bolschewismus bewußt ist und entschlossen ist, diesen Bolschewismus in jeder Beziehung auszurotten. Der Erlaß Görings ist die Anpassung an die seit langem beobachtete kommunistische Taktik, die dahin ging, die Polizeikräfte zu zersplittern, um dann plötzlich an irgend einem Punkt mit terroristischer Uebermacht vorzugehen.

Man geht nicht fehl in der Annahme, daß nach dem Vorbilde der früheren preußischen Regierung, die sich in solchen Fällen des Reichsbanners bediente, jetzt in erster Linie die geschulten Kräfte der SA., SS. und des Stahlhelms zu einer solchen Ehrenpflicht herangezogen werden.

Jedenfalls läßt der Erlaß erkennen, daß der preußische Innenminister entschlossen ist, mit allen Mitteln und unter Einsatz freiwilliger Kräfte Ruhe und Ordnung, Leben und Eigentum des Bürgers sicherzustellen.

Sauberkeit hält Einzug.

Berlin, den 24. Februar. Der Berliner Polizeipräsident, Konteradmiral a. D. v. Levetzow, hat sich zu einigen Vertretern der Presse über das hinaus, was er bisher über seine zukünftigen Absichten gesagt hat, geäußert. Zunächst wiederholte er noch einmal, daß es ihm unter allen Umständen darauf ankäme, Ruhe, Ordnung, Zucht und Sitte in der Reichshauptstadt sicherzustellen. Neben dieser ersten und wichtigsten Aufgabe habe ich aber, so fuhr er fort, weitere Aufgaben zu erfüllen, die auf kulturellem und sozialem Gebiet liegen. Hier ist es zunächst der Kampf gegen den Kulturbolschewismus, wobei ich an die Auswüchse in Theatern, Kabaretts, Nachtveranstaltungen, bei der Prostitution und dergleichen andere Dinge denke.

EN vom 25.2.1933

„Die zunehmenden Ausschreitungen von linksradikaler, insbesondere kommunistischer Seite, haben zu einer unerträglichen ständigen Bedrohung der öffentlichen Sicherheit wie des Lebens und Eigentums der staatsbewussten Bevölkerung geführt. Die vorhandenen Polizeikräfte, deren ausreichende Vermehrung zur Zeit nicht angängig ist, werden seit langem über ihr Leistungsvermögen beansprucht und durch die häufige Notwendigkeit des Einsatzes außerhalb der Dienstorte ihrem eigentlichen Tätigkeitsgebiet oft zur Unzeit entzogen. Auf die freiwillige Unterstützung geeigneter als Hilfspolizeibeamte zu verwendende Helfer kann daher im Notfall nicht mehr verzichtet werden.

Aufgabe der nur unter Führung der ordentlichen Polizei einzusetzenden Hilfspolizei wird insbesondere sein:

1. *Die Entlastung der ordentlichen Polizei*
   a) *durch Unterstützung bei dem Schutz politischer Versammlungen und Aufzüge sowie*
   b) *bei der Sicherung von Lokalen und anderen Einrichtungen politischer Organisationen,*
   c) *bei Absperrungen und Unterstützung der Landjägereistreifen.*
2. *Im Falle von Unruhen oder eines anderen polizeilichen Umstandes*
   a) *die allgemeine Unterstützung der ordentlichen Polizei,*
   b) *die Übernahme des Schutzes lebenswichtiger Betriebe sowie wichtiger im öffentlichen Eigentum stehende oder dem öffentlichen Nutzen dienende Gebäude, Einrichtungen und Anlagen."*

Ergänzend sei noch bemerkt, dass zu Hilfspolizeibeamten nur ehrenhafte, wahlberechtigte, auf nationalem Boden stehende Deutsche verpflichtet werden dürfen. Die Hilfspolizeibeamten führen einen polizeilichen Ausweis und tragen an ihrer eigenen Kleidung, die auch die Uniform von Verbänden sein kann, als Abzeichen eine weiße amtlich gestempelte Armbinde mit dem Aufdruck „Hilfspolizei". Sie stehen unter Führung von Polizeioffizieren und haben während der Dauer ihres Dienstes die Befugnisse und Pflichten von planmäßigen Polizei- und Landjägereibeamten.

Die Bestellung von Hilfspolizeibeamten bedarf - mit Ausnahme von Berlin, wo der Minister des Innern entscheidet - der Bestätigung des Regierungspräsidenten. Dieser Erlass lässt erkennen, dass die preußische Regierung sich dadurch der Gefahr einer ständig wachsenden Bedrohung der öffentlichen Sicherheit durch den Bolschewismus bewusst ist und entschlossen ist, diesen Bolschewismus in jeder Beziehung auszurotten. Der Erlass Görings ist die Anpassung an die seit langem beobachtete kommunistische Taktik, die dahin ging, die Polizeikräfte zu zersplittern, um dann plötzlich an irgendeinem Punkt mit terroristischer Übermacht vorzugehen. Man geht nicht fehl in der Annahme, dass nach dem Vorbild der früheren preußischen Regierung, die sich in solchen Fällen des Reichsbanners bediente, jetzt in erster Linie die geschulten Kräfte der SA, SS und des Stahlhelms zu einer solchen Ehrenpflicht herangezogen werden.

Jedenfalls lässt der Erlass erkennen, dass der preußische Innenminister entschlossen ist, mit allen Mitteln und unter Einsatz freiwilliger Kräfte Ruhe und Ordnung, Leben und Eigentum des Bürgers sicherzustellen." (29)

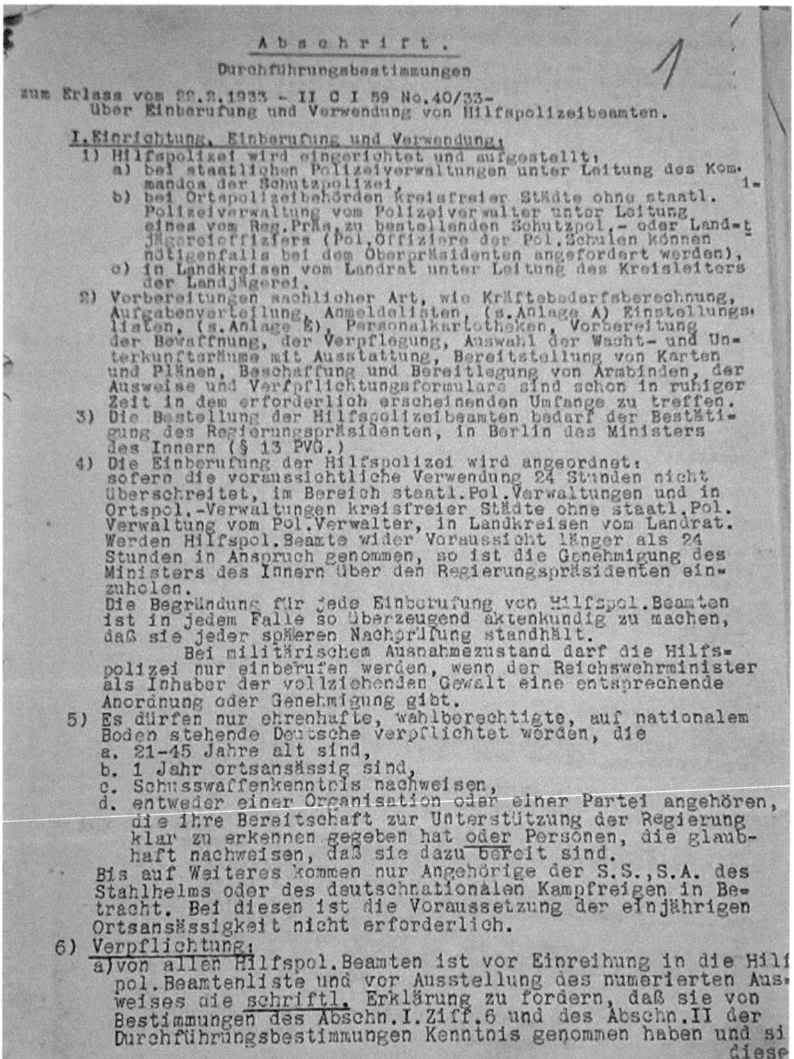

A b s c h r i f t .

Durchführungsbestimmungen

zum Erlass vom 22.2.1933 - II C I 59 No.40/33-
über Einberufung und Verwendung von Hilfspolizeibeamten.

1

I. Einrichtung, Einberufung und Verwendung:

1) Hilfspolizei wird eingerichtet und aufgestellt:
a) bei staatlichen Polizeiverwaltungen unter Leitung des Kommandos der Schutzpolizei,
b) bei Ortspolizeibehörden kreisfreier Städte ohne staatl. Polizeiverwaltung vom Polizeiverwalter unter Leitung eines vom Reg.Präs. zu bestellenden Schutzpol.- oder Landjägereioffiziers (Pol.Offiziere der Pol.Schulen können nötigenfalls bei dem Oberpräsidenten angefordert werden),
c) in Landkreisen vom Landrat unter Leitung des Kreisleiters der Landjägerei.

2) Vorbereitungen sachlicher Art, wie Kräftebedarfsberechnung, Aufgabenverteilung, Anmeldelisten, (s.Anlage A) Einstellungslisten, (s.Anlage B), Personalkartotheken, Vorbereitung der Bewaffnung, der Verpflegung, Auswahl der Wacht- und Unterkunftsräume mit Ausstattung, Bereitstellung von Karten und Plänen, Beschaffung und Bereitlegung von Armbinden, der Ausweise und Verpflichtungsformulare sind schon in ruhiger Zeit in dem erforderlich erscheinenden Umfange zu treffen.

3) Die Bestellung der Hilfspolizeibeamten bedarf der Bestätigung des Regierungspräsidenten, in Berlin des Ministers des Innern (§ 13 PVG.)

4) Die Einberufung der Hilfspolizei wird angeordnet: sofern die voraussichtliche Verwendung 24 Stunden nicht überschreitet, im Bereich staatl.Pol.Verwaltungen und in Ortspol.-Verwaltungen kreisfreier Städte ohne staatl.Pol. Verwaltung vom Pol.Verwalter, in Landkreisen vom Landrat. Werden Hilfspol.Beamte wider Voraussicht länger als 24 Stunden in Anspruch genommen, so ist die Genehmigung des Ministers des Innern über den Regierungspräsidenten einzuholen.
Die Begründung für jede Einberufung von Hilfspol.Beamten ist in jedem Falle so überzeugend aktenkundig zu machen, daß sie jeder späteren Nachprüfung standhält.
Bei militärischem Ausnahmezustand darf die Hilfspolizei nur einberufen werden, wenn der Reichswehrminister als Inhaber der vollziehenden Gewalt eine entsprechende Anordnung oder Genehmigung gibt.

5) Es dürfen nur ehrenhafte, wahlberechtigte, auf nationalem Boden stehende Deutsche verpflichtet werden, die
a. 21-45 Jahre alt sind,
b. 1 Jahr ortsansässig sind,
c. Schusswaffenkenntnis nachweisen,
d. entweder einer Organisation oder einer Partei angehören, die ihre Bereitschaft zur Unterstützung der Regierung klar zu erkennen gegeben hat oder Personen, die glaubhaft nachweisen, daß sie dazu bereit sind.

Bis auf Weiteres kommen nur Angehörige der S.S., S.A. des Stahlhelms oder des deutschnationalen Kampfreigen in Betracht. Bei diesen ist die Voraussetzung der einjährigen Ortsansässigkeit nicht erforderlich.

6) Verpflichtung:
a) von allen Hilfspol.Beamten ist vor Einreihung in die Hilf pol.Beamtenliste und vor Ausstellung des numerierten Ausweises die schriftl. Erklärung zu fordern, daß sie von Bestimmungen des Abschn.I.Ziff.6 und des Abschn.II der Durchführungsbestimmungen Kenntnis genommen haben und si

diese

21

diesen unterwerfen. Diese Erklärung ist abzuschliessen mit
folgendem Wortlaut:
„Ich .... versichere feierlich, daß ich nach bestem"Wissen und Gewissen meine Aufgaben als Hilfspol.Beam-
ter nach den Gesetzen wahrnehmen will. Ich verpflichte
mich, alle Kräfte zur Wahrung der öffentl.Sicherheit und
zum Schutze von Leben und Eigentum meiner Mitbürger einzusetzen und meinen pol.Vorgesetzten Gehorsam zu leisten!
Sie ist gegenüber einem Vertreter der Behörde durch Handschlag feierlich zu bekräftigen.

b) Berufungen. Gegen abgelehnte Einreihung in die Hilfspolizei sind ausgeschlossen.

c) jeder auf Grund dieser Bestimmungen verpflichtete Pol.
Beamte kann jederzeit ohne Angabe von Gründen vom Dienst
enthoben oder entlassen werden.

d) Jeder Hilfspol.Beamte kann auf sein Amt verzichten,wenn
er den Austritt 8 Tage vorher schriftlich der aufstellenden Pol.Behörde gegenüber erklärt.

e) Die Aufwandsentschädigung darf ganz oder zum Teil durch
die einberufende Pol.Behörde zurückbehalten werden, wenn
der Hilfspol.Beamte sich schlecht geführt oder seine
Pflichten vernachlässigt oder Dienstgegenstände nicht
zurückgegeben hat.

7) Die Zahl der einberufenen Hilfspol.Beamten darf in
Bezirken mit staatl.Pol.Verwaltung die Etatstärke der
Schutzpolizei, bei Kommandos der Schutzpolizei der
Schutzpolizei, bei Gemeindeverwaltungen 10% der Etat-
stärke nicht überschreiten. Im Übrigen bestimmt der Reg.
Präsident auf Antrag der Kreispol.Behörde die Zahl der
Hilfspol.Beamten. Darüber hinaus kann der Reg.Präsident
besondere Hilfspolizeigruppen bereitstellen.

8) Abzeichen, Ausweise.
a) deutliche Kennzeichen sind für Hilfspol.Beamte aus
polizeirechtlichen Gründen und zur Hebung des Selbst-
vertrauens erforderlich.

Abzeichen: Weisse Armbinde mit schwarzem Aufdruck „Hilfs-
polizei" und dem Dienststempel der aufstellenden Pol.
Behörde. Armbinden der Verbände und a.Art dürfen im
Hilfspolizeidienst nicht getragen werden.

Ausweise: Form und Text wie bei der uniformierten Polizei,
aber weisse Farbe und mit der Bezeichnung als Hilfs-
pol.Beamter mit Lichtbild.

Ausweise und Abzeichen sind erst bei Antritt des Dienstes
auszugeben und nach Beendigung des Dienstes bei der aufstellenden Pol.Dienststelle abzugeben.

9) Hilfspol.Beamte, die nicht einzeln für Sonderaufgaben
bestimmten Polizeidienststellen zugeteilt werden (z.B.
der Kraftfahrer), sind in Hilfspol.Gruppen unter Führung
besonders geeigneter Polizei- oder Landjäger-Offiziere
zusammenzufassen.
Auch kleinere zu Sonderaufträgen eingesetzte Grup-
penteile sind unter Führung von Polizei- oder Landjägereibeamten zu stellen.

10) Bewaffnung. Mit eigenen Waffen (mit Waffenschein) oder
nach Bedarf aus verfügbaren Beständen der Polizei (ein-
schl.Asservatenkammer) und zwar:
a) in der Regel mit Pol.Knüppel und Pistole,
b) bei Unruhen nach Bedarf auch ~~Seitengewehre~~ mit Seiten-
gewehr, Karabiner oder Gewehr.
Dienstwaffen dürfen nicht in die Wohnung genommen werden,
sie werden nur für die Dauer des Dienstes bei Dienstan-
tritt ausgegeben werden und sind nach Beendung des Tages-
dienstes wieder abzuliefern.
Ausnahmsweise kann die Bewaffnung mit Pistolen der Ka-
rabinertragenden Revier-oder Landjägereibeamten erfolgen.

11)

11) Neben den zur freien Verwendung an Stellen polizeilichen Notstandes vorgesehenen Hilfspolizeieinrichtungen kann die Einrichtung eines bewaffneten „Haus und Werkschutzes" zum Schutz der eigenen Gebäude und Anlagen aus Personal der Behörden, Industriewerke, Wirtschafts- und Landwirtschaftsunternehmen durch die Pol.Behörden und unter ihrer Leitung gefördert werden.

Als eine solche Einrichtung ist auch der freiwillige Postschutz der Reichspostbehörden anzusehen.

Für den Bahnschutz gelten besondere Bestimmungen.

Es ist von Fall zu Fall zu prüfen, wie weit die Bestellung als Hilfspolizeibeamter für die Dauer der Einrichtung eines „Haus- und Werkschutzes" erforderlich ist, oder wie weit das Notwehrrecht jeden Staatsbürgers bei Ausstellung eines Waffenscheins in Verbindung mit dem im § 127 ST.P.O. jedem Staatsbürger zugebilligten Festnahmerechtes ausreicht.

Stadtarchiv 001.03.31.50.01.44 Hilfspolizei

„Die Organisation der Hilfspolizei. Berlin, den 26. Februar. In Ergänzung der von uns am Sonnabend veröffentlichten Richtlinien des Ministers Göring über die Hilfspolizei erfahren wir, dass die Hilfspolizisten nicht in ein dauerndes Dienstverhältnis zur Polizei treten. Sie erhalten eine tägliche Aufwandsentschädigung von 3 RM. Die Bewaffnung der Hilfspolizei wird mit Gummiknüppeln und Pistolen erfolgen, die nach Beendigung des Dienstes abgegeben werden müssen. Die Verpflichtung der Hilfspolizisten erfolgt durch Handschlag. Vorgesetztenstellungen werden Hilfspolizisten nicht eingeräumt werden. Für eine ordnungsgemäße Ausbildung wird laufend vorbereitend Sorge getragen werden. Die Größe der Hilfspolizei richtet sich nach den jeweiligen örtlichen Verhältnissen." (30)

Die Durchführungsbestimmungen für die Aufstellung der „Hilfspolizei" wurden sehr ausführlich am 21. April durch „Ergänzende Durchführungsbestimmungen" ergänzt. (31) Diese Ergänzung wurde durch den kommissarischen Landrat am 5. Mai 1933 an die Ortspolizeibehörde Elmshorn weitergeleitet. (32)

In Elmshorn wurden 37 Hilfspolizisten eingestellt, die zum Teil vorher arbeitslos waren. Diese wurden am 23. März, 28. März und 4. April vom kommissarischen Bürgermeister namentlich ans Arbeitsamt Elmshorn gemeldet. (33)

Am 24. Mai bat die „Hilfspolizei“ in Elmshorn über den Bürgermeister den Polizeipräsidenten in Berlin um Übungshandgranaten und Munition:

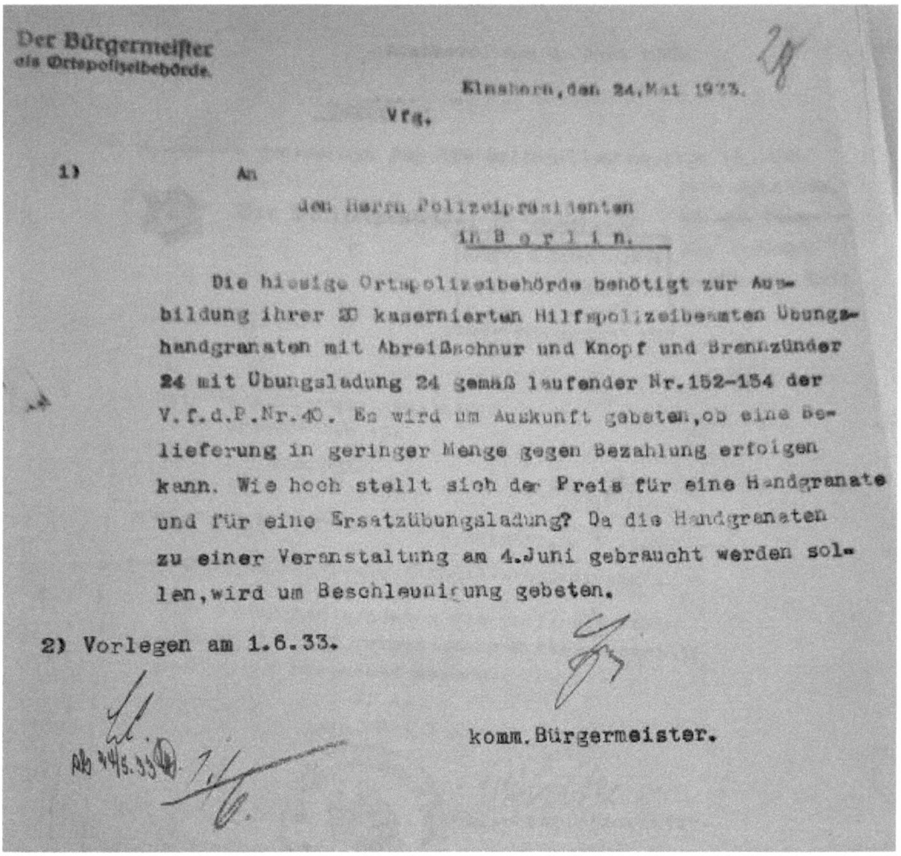

Der Bürgermeister
als Ortspolizeibehörde.

Elmshorn, den 24.Mai 1933.

Vfg.

1) An

den Herrn Polizeipräsidenten
in Berlin.

Die hiesige Ortspolizeibehörde benötigt zur Ausbildung ihrer 20 kasernierten Hilfspolizeibeamten Übungshandgranaten mit Abreißschnur und Knopf und Brennzünder 24 mit Übungsladung 24 gemäß laufender Nr.152-154 der V.f.d.P.Nr.40. Es wird um Auskunft gebeten, ob eine Belieferung in geringer Menge gegen Bezahlung erfolgen kann. Wie hoch stellt sich der Preis für eine Handgranate und für eine Ersatzübungsladung? Da die Handgranaten zu einer Veranstaltung am 4.Juni gebraucht werden sollen, wird um Beschleunigung gebeten.

2) Vorlegen am 1.6.33.

komm. Bürgermeister.

Stadtarchiv 001.03.31.50.01.44

Diese Bitte wurde am 24. Mai abgelehnt.

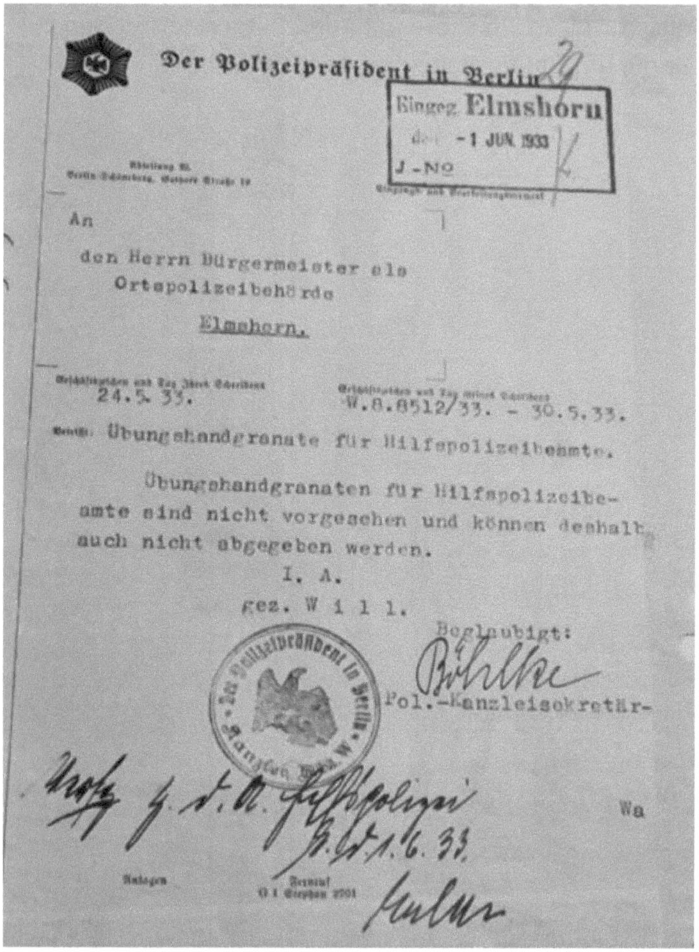

Der Polizeipräsident in Berlin

Eingeg. Elmshorn
den -1 JUN. 1933
J.-No

An

den Herrn Bürgermeister als
Ortspolizeibehörde
Elmshorn.

24.5.33. W.8.8512/33. - 30.5.33.

Betr.: Übungshandgranate für Hilfspolizeibeamte.

Übungshandgranaten für Hilfspolizeibeamte sind nicht vorgesehen und können deshalb auch nicht abgegeben werden.

I. A.
gez. Will.

Beglaubigt:
Böhlke
Pol.-Kanzleisekretär-

Wa

Stadtarchiv 001.03.31.50.01.44 Hilfspolizei

Der Landrat des Kreises Pinneberg schrieb am 9. Juni 1933 an die Ortspolizeibehörden und Landjägerei im Kreise Pinneberg einen Brief, in dem er andeutete, dass die Polizei bei der Vernehmung von politischen Gefangenen nicht effektiv genug sei und dass es deshalb befürworte, wenn die Polizei diese Gefangenen an die SA und SS zur Vernehmung ausliefere. Damit wurden die polizeilichen Befugnisse zum Teil abgegeben und den parteiamtlichen Organisationen übergeben.

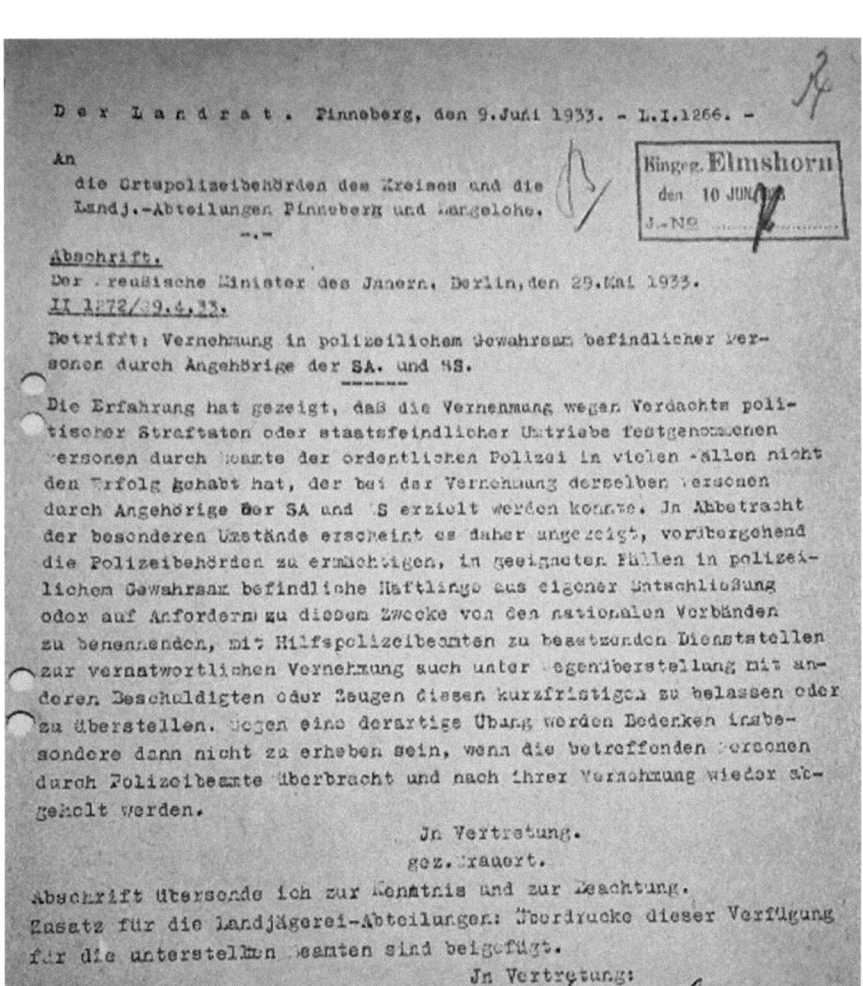

Der Landrat. Pinneberg, den 9.Juni 1933. - L.I.1266. -

An
die Ortspolizeibehörden des Kreises und die
Landj.-Abteilungen Pinneberg und Langelohe.
-.-

Abschrift.
Der Preußische Minister des Innern. Berlin, den 29.Mai 1933.
II 1272/29.4.33.

Betrifft: Vernehmung in polizeilichem Gewahrsam befindlicher Personen durch Angehörige der SA. und SS.

Die Erfahrung hat gezeigt, daß die Vernehmung wegen Verdachts politischer Straftaten oder staatsfeindlicher Umtriebe festgenommenen Personen durch Beamte der ordentlichen Polizei in vielen Fällen nicht den Erfolg gehabt hat, der bei der Vernehmung derselben Personen durch Angehörige der SA und SS erzielt werden konnte. Jn Anbetracht der besonderen Umstände erscheint es daher angezeigt, vorübergehend die Polizeibehörden zu ermächtigen, in geeigneten Fällen in polizeilichem Gewahrsam befindliche Häftlinge aus eigener Entschließung oder auf Anfordern zu diesem Zwecke von den nationalen Verbänden zu benennenden, mit Hilfspolizeibeamten zu besetzenden Dienststellen zur verantwortlichen Vernehmung auch unter Gegenüberstellung mit anderen Beschuldigten oder Zeugen diesen kurzfristigen zu belassen oder zu überstellen. Gegen eine derartige Übung werden Bedenken insbesondere dann nicht zu erheben sein, wenn die betreffenden Personen durch Polizeibeamte überbracht und nach ihrer Vernehmung wieder abgeholt werden.

Jn Vertretung.
gez. Grauert.

Abschrift übersende ich zur Kenntnis und zur Beachtung.
Zusatz für die Landjägerei-Abteilungen: Abdrucke dieser Verfügung für die unterstellten Beamten sind beigefügt.

Jn Vertretung:
[illegible]

Eingeg. Elmshorn
den 10 JUNI
J.-Nr.

Stadtarchiv 001.03.31.50.01.44 Hilfspolizei

Wohin diese Abtretung der polizeilichen Befugnisse führte, zeigt folgendes Schreiben des Bürgermeisters an den Führer der „Hilfspolizei", dem Sturmführer Waldemar Stüben, vom 26. Juli 1933:

Der Bürgermeister Vfg.
als Ortspolizeibehörde.

Elmshorn, den 26. Juli 1933.

38

1\. An

den Führer der Hilfspolizei,
Herrn Sturmführer Waldemar Stüben .

h i e r .

Von den in Schutzhaft genommenen politischen Gegnern des Nationalsozialismus ist darüber Klage geführt worden, daß sie bei ihrer Verhaftung, ohne daß sie sich wehren konnten, in erheblicher Weise verprügelt worden seien. Es ist eine ganze Reihe von Beschwerden eingebracht worden, von deren Weiterverfolgung bisher allerdings in allen Fällen die Beschwerdeführer abgehalten werden konnten. Wenn ich in diesem Sinne auf die Beschwerdeführer eingewirkt habe, so geschah das aus der Erwägung heraus, daß eine verständliche Erregung und in einigen Fällen wohl auch jugendliche Unbesonnenheit die Motive für die Tat gewesen sind.

Nachdem nunmehr aber der umseitig aufgeklebte Erlaß des stellvertretenden Führers der NSDAP, Rudolf Heß, herausgekommen ist,und die Einstellung des nationalsozialistischen Staates zu Mißhandlungen politischer Gegner damit eindeutig festgelegt ist, werde auch ich in Zukunft Beschwerden der obengenannten Art verfolgen, indem ich die Täter aus der Hilfspolizei ausschließe und sie der strafrechtlichen Verfolgung übergebe.

Ich ersuche Sie, den umstehend aufgeklebten Erlaß Ihren Leuten umgehend mitzuteilen und sie im Sinne der vorstehenden Ausführungen zu unterrichten.

Weiter bitte ich, mit einer gebotenen Vorsicht

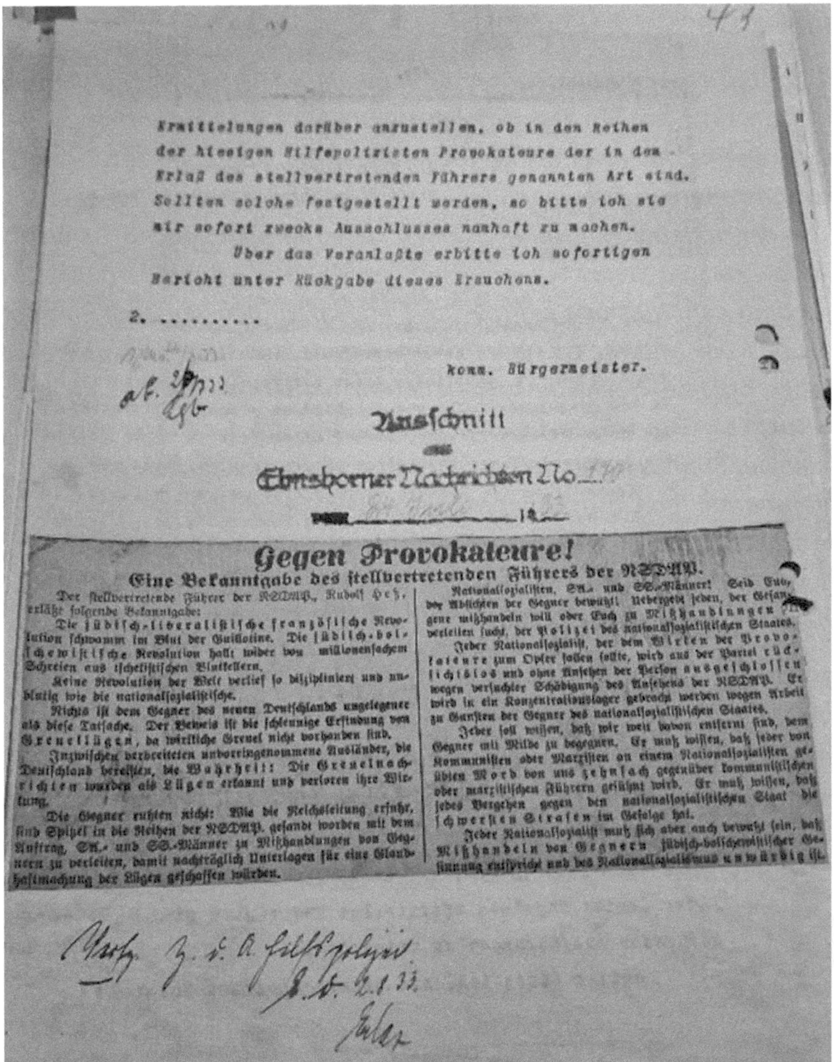

Ermittelungen darüber anzustellen, ob in den Reihen der hiesigen Hilfspolizisten Provokateure der in dem Erlaß des stellvertretenden Führers genannten Art sind. Sollten solche festgestellt werden, so bitte ich sie mir sofort zwecks Ausschlusses namhaft zu machen.

Über das Veranlaßte erbitte ich sofortigen Bericht unter Rückgabe dieses Ersuchens.

2. ....

komm. Bürgermeister.

Ausschnitt aus

Elmshorner Nachrichten No. ……

…… 19…

Gegen Provokateure!

Eine Bekanntgabe des stellvertretenden Führers der NSDAP.

Der stellvertretende Führer der NSDAP., Rudolf Heß, erläßt folgende Bekanntgabe:

Die jüdisch-liberalistische französische Revolution schwamm im Blut der Guillotine. Die jüdisch-bolschewistische Revolution hallt wider von millionenfachem Schreien aus tschekistischen Blutkellern.

Keine Revolution der Welt verlief so diszipliniert und unblutig wie die nationalsozialistische.

Nichts ist dem Gegner des neuen Deutschlands ungelegener als diese Tatsache. Der Beweis ist die schleunige Erfindung von Greuellügen, da wirkliche Greuel nicht vorhanden sind.

Inzwischen verbreiteten unvoreingenommene Ausländer, die Deutschland bereisten, die Wahrheit: Die Greuelnachrichten wurden als Lügen erkannt und verloren ihre Wirkung.

Die Gegner ruhten nicht: Wie die Reichsleitung erfuhr, sind Spitzel in die Reihen der NSDAP. gesandt worden mit dem Auftrag, SA.- und SS.-Männer zu Mißhandlungen von Gegnern zu verleiten, damit nachträglich Unterlagen für eine Glaubhaftmachung der Lügen geschaffen würden.

Nationalsozialisten, SA.- und SS.-Männer! Seid Euch der Absichten der Gegner bewußt! Uebergebt jeden, der Gefangene mißhandeln will oder Euch zu Mißhandlungen zu verleiten sucht, der Polizei des nationalsozialistischen Staates.

Jeder Nationalsozialist, der dem Wirken der Provokateure zum Opfer fallen sollte, wird aus der Partei rücksichtslos und ohne Ansehen der Person ausgeschlossen wegen versuchter Schädigung des Ansehens der NSDAP. Er wird in ein Konzentrationslager gebracht werden wegen Arbeit zu Gunsten der Gegner des nationalsozialistischen Staates.

Jeder soll wissen, daß wir weit davon entfernt sind, dem Gegner mit Milde zu begegnen. Er muß wissen, daß jeder von Kommunisten oder Marxisten an einem Nationalsozialisten geübten Mord von uns zehnfach gegenüber kommunistischen oder marxistischen Führern gesühnt wird. Er muß wissen, daß jedes Vergehen gegen den nationalsozialistischen Staat die schwersten Strafen im Gefolge hat.

Jeder Nationalsozialist muß sich aber auch bewußt sein, daß Mißhandeln von Gegnern jüdisch-bolschewistischer Gesinnung entspricht und des Nationalsozialismus unwürdig ist.

Stadtarchiv 001.03.31.50.01.44 Hilfspolizei

Am 2. August 1933 wurde die „Hilfspolizei" vom preußischen Innenminister in einem Erlaß mit Wirkung vom 15. August aufgelöst.

„Auflösung der Hilfspolizei in Elmshorn.

Mit dem 15.8.33 ist die Hilfspolizei auf Anordnung des Ministers Göring für ganz Deutschland aufgelöst worden. Demzufolge musste auch die Elmshorner Hilfspolizei, deren Bestand zuletzt noch 37 Mann betrug, aufgehoben werden. Der Magistrat veranstaltete in Anerkennung der Verdienste der Hilfspolizei bei Durchführung der nationalen Revolution einen Kameradschaftsabend, an welchem sämtliche Magistratsmitglieder teilnahmen. Bürgermeister Krumbeck dankte es den Hilfspolizeibeamten im Auftrage des Ministers und im Namen der Stadt Elmshorn für ihre wirkungsvolle Mitarbeit. Er bezeichnete das Verdienst der Hilfspolizei als ein Geschichtliches, dass sie Wache gestanden hatten, als der Grundstein zum Aufbau des dritten Reiches gelegt wurde. Etwaige weitere Angriffe des Marxismus und der Reaktion kann der Staat mit den ordentlichen Polizeiorganen abwehren. Die Bereitschaft für erneuten Einsatz aber müsse bleiben. Der Bürgermeister überreichte schließlich jedem Hilfspolizeibeamten eine kleine Abschiedsspende des Magistrats, wobei er betonte, dass der Dank wegen der bitteren Notzeit im Wesentlichen ein ideeller bleiben müsse.

Im Laufe des Abends sprach auch noch der Ortsgruppenleiter der NSDAP, der Stadtrat Max Mohr, zu den scheidenden Kameraden. Er rief ihnen die Zeit des Kampfes ins Gedächtnis. Es habe schwere Stunden gegeben. Diese würden aber in der Erinnerung die schönsten sein. Alsdann entwickelte der Ortsgruppenleiter den Begriff des Nationalsozialismus als Weltanschauung und sprach den Wunsch und die Gewissheit aus, dass die im Kampfe für die heilige Idee gestählten Kameraden, die nun an die grauen Werktagsarbeit gingen, allzeit treu zu ihrem Werk ständen. - Der Abend verlief in bestem kameradschaftlichem Geiste. Die alten Kampflieder wechselten mit frohen Soldaten-und Volksliedern und verschafften allen Teilnehmern einige Stunden reinsten Genusses." (34)

Nähere Auflösungsanordnungen wurden von Wilhelm Grezesch erteilt. Diejenigen „Hilfspolizisten", die in Elmshorn keine Unterkunft hatten und bisher in der Katharinenstraße gewohnt hatten, durften bis zum 10. September dort unentgeldlich wohnen bleiben. Krumbeck schrieb in einer Notiz weiter:

„Die Stadt Elmshorn dankt jedem einzelnen von ihnen für die treuen, in schwerster Notzeit geleisteten Dienste, welche wesentlich mit dazu beitrugen, den nationalsozialistischen Gedanken in dem früher roten Elmshorn zu verankern.“ (35)

In einem Geheimerlass vom preußischen Innenministerium wurde die „Hilfspolizei“ aber unter der Hand weitergeführt:

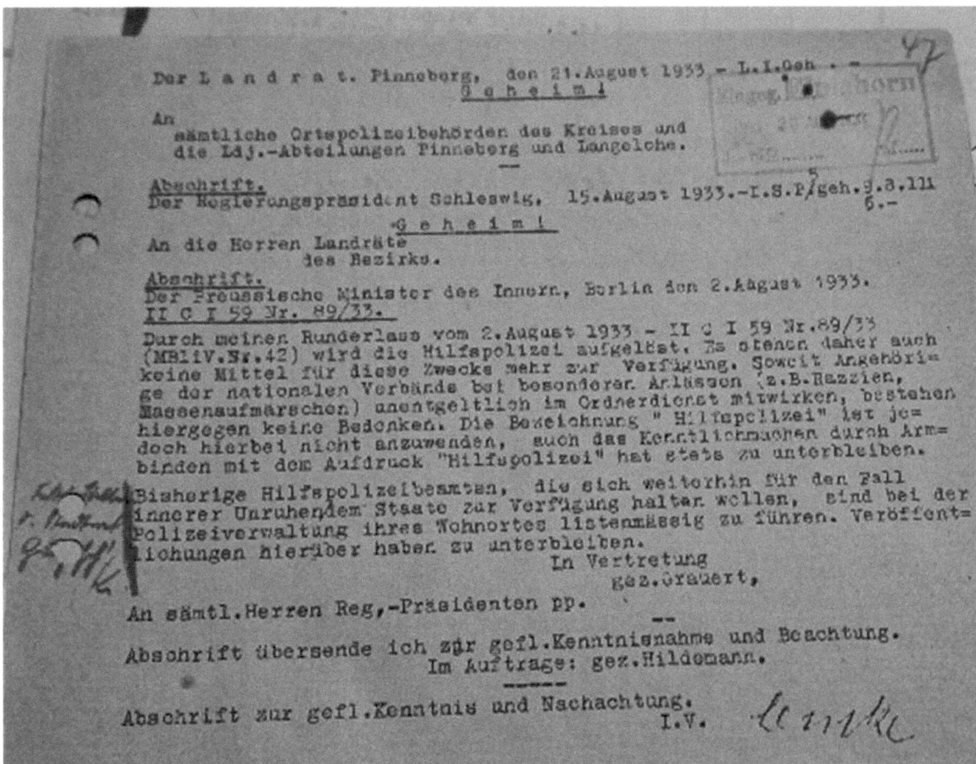

Der L a n d r a t. Pinneberg, den 21.August 1933 - L.I.Geh. -

G e h e i m !

An
sämtliche Ortspolizeibehörden des Kreises und
die Ldj.-Abteilungen Pinneberg und Langelohe.

—

Abschrift.
Der Regierungspräsident Schleswig. 15.August 1933.-I.S.P/geh.9.8.111
6.-

G e h e i m !

An die Herren Landräte
des Bezirks.

Abschrift.
Der Preussische Minister des Innern, Berlin den 2.August 1933.
II C I 59 Nr. 89/33.

Durch meinen Runderlass vom 2.August 1933 - II C I 59 Nr.89/33
(MBliV.Nr.42) wird die Hilfspolizei aufgelöst. Es stehen daher auch
keine Mittel für diese Zwecke mehr zur Verfügung. Soweit Angehöri=
ge der nationalen Verbände bei besonderen Anlässen (z.B.Razzien,
Massenaufmärschen) unentgeltlich im Ordnerdienst mitwirken, bestehen
hiergegen keine Bedenken. Die Bezeichnung " Hilfspolizei" ist je=
doch hierbei nicht anzuwenden, auch das Kenntlichmachen durch Arm=
binden mit dem Aufdruck "Hilfspolizei" hat stets zu unterbleiben.

Bisherige Hilfspolizeibeamten, die sich weiterhin für den Fall
innerer Unruhen dem Staate zur Verfügung halten wollen, sind bei der
Polizeiverwaltung ihres Wohnortes listenmässig zu führen. Veröffent=
lichungen hierüber haben zu unterbleiben.

In Vertretung
gez.Grauert,

An sämtl.Herren Reg,-Präsidenten pp.

--

Abschrift übersende ich zur gefl.Kenntnisnahme und Beachtung.
Im Auftrage: gez.Hildemann.

Abschrift zur gefl.Kenntnis und Nachachtung.
I.V.

Stadtarchiv 001.03.31.50.01.44 Hilfspolizei

Zu einer großen Propagandafahrt mit 200 Privatfahrzeugen rief der Motorsturm 3/31 der SA für den 26. Februar auf. Die Elmshorner Beteiligten sammelten sich auf dem Marktplatz und sollten danach in Tornesch mit den Teilnehmern aus Altona und anderen Orten des Kreises zusammentreffen, um über Uetersen, Elmshorn und Barmstedt (wo sie gefilmt würden), Hemdingen, Quickborn, Bönningstedt nach Altona fahren, wo sie an einem großen Aufmarsch teilnehmen sollten. Zwischen den Teilnehmern der SA sollten auch weitere Hundertschaften der Sipo (Sicherheitspolizei) marschieren. (36) Damit wurde nicht nur die Anzahl der Teilnehmer und der optische Eindruck verstärkt, es fand auch die Vermischung und Legitimation mit staatlichen Organen statt.

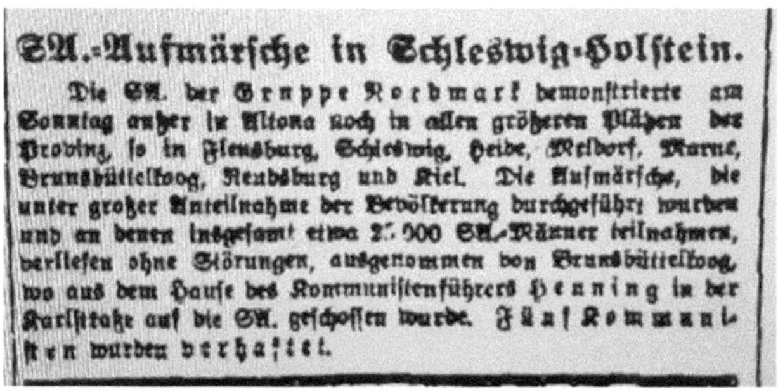

SA.-Aufmärsche in Schleswig-Holstein.

Die SA. der Gruppe Nordmark demonstrierte am Sonntag außer in Altona noch in allen größeren Plätzen der Provinz, so in Flensburg, Schleswig, Heide, Meldorf, Marne, Brunsbüttelkoog, Rendsburg und Kiel. Die Aufmärsche, die unter großer Anteilnahme der Bevölkerung durchgeführt wurden und an denen insgesamt etwa 2[illegible]000 SA.-Männer teilnahmen, verliefen ohne Störungen, ausgenommen von Brunsbüttelkoog, wo aus dem Hause des Kommunistenführers Henning in der Karlstraße auf die SA. geschossen wurde. Fünf Kommunisten wurden verhaftet.

EN vom 28.2.1933

N.S.D. A.P. Ortsgruppe Siethwende

Deutscher Abend

am Freitag, dem 3. März, abends 7½ Uhr, im Lokale von Karl Harder, Siethwende. Konzert und Uebertragung der Rundfunkrede aus Hamburg des Reichskanzlers Adolf Hitler. Theateraufführg. „De Krisenstüer" anschl. Deutscher Tanz
Eintritt: Vorverkauf 0.90 RM, Abendkasse 1.— RM
Erwerbslose 0.50 RM
Der Ortsgruppenleiter

N.S. D.A.P. Ortsgruppe Elmshorn

Große öffentliche Wahlkundgebung

am Dienstag, 28.2.1933, abends 8.30 Uhr, im Elmshorner Stadttheater
Es spricht: M. d. R. [illegible], Kandid. Schlesw.-Holst. Spitzenkandidat
Außerdem: Musikalische Darbietungen
Voranzeige! Nicht am kommenden Sonntag, sondern am 5. März „Filmvorführung" Das blutende Deutschland
Wählt Liste 1 Der Ortsgruppenleiter

EN vom 25.2.1933

Elmshorner Nachrichten

„Pinneberger Kreisblatt"

Der Bezugspreis

Sonderbeilagen:

82. Jahrgang. Dienstag, den 28. Februar 1933. Nr. 50.

/ Reichstag in Flammen / Kommunistische Brandstiftung! /

Der Reichstags-Mittelbau ausgebrannt / Der Täter, ein holländischer Kommunist, gefaßt / Die kommunistischen Abgeordneten in Schutzhaft.
Die marxistische Presse verboten. – Notverordnung gegen den roten Terror. – Todesstrafe für Landesverrat.

EN vom 28.2.1933

In der Nacht vom 27. auf den 28. Februar 1933 wurde durch Brandstiftung der Reichstagsbrand ausgelöst. Festgenommen und später zum Tode verurteilt wurde Marinus van der Lubbe, der bis zu seiner Hinrichtung behauptete, Alleintäter gewesen zu sein. Schon während der NS-Zeit kursierten je nach politischer Einstellung drei Versionen für einen möglichen Tathergang. Zum einen die mögliche Tatbeteiligung der Kommunisten (Version der NSDAP), die Beteiligung der NSDAP (Version der KPD und SPD) oder die tatsächliche Alleintäterschaft van der Lubbes.

Im Dezember 2007 wurde das Urteil auf der Grundlage des *„Gesetzes zur Aufhebung nationalsozialistischer Unrechtsurteile in der Strafrechtspflege"* von 1998 endgültig aufgehoben. (37)

Den Nationalsozialisten kam der Reichstagsbrand sehr gelegen. Nach dem Bericht des Chefs der preußischen politischen Polizei, Rudolf Diels, äußerte sich Göring noch am Tatort:

„Das ist der Beginn des kommunistischen Aufstandes, sie werden jetzt losschlagen! Es darf keine Minute versäumt werden!" (38)

Hitler sagte am Tatort nach diesem Bericht:

„Es gibt jetzt kein Erbarmen; wer sich uns in den Weg stellt, wird niedergemacht. Das deutsche Volk wird für Milde kein Verständnis haben. Jeder kommunistische Funktionär wird erschossen, wo er angetroffen wird. Die kommunistischen Abgeordneten müssen noch in dieser Nacht aufgehängt werden. Alles ist

festzusetzen, was mit den Kommunisten im Bunde steht. Auch gegen Sozialdemokraten und Reichsbanner gibt es jetzt keine Schonung mehr." (39)

Diels äußerte die Überzeugung, dass es sich nach Meinung der Polizei um einen verrückten Einzeltäter handele. Damit stieß er bei den führenden Nationalsozialisten auf Ablehnung, die auf die Ausrufung des Ausnahmezustandes und Verhaftung von sozialdemokratischen und kommunistischen Funktionären drängten. (40)

Die Nationalsozialisten nutzten diesen Brand sofort aus und erließen noch am 28. Februar die Notverordnung *„Zum Schutz von Volk und Staat"*.

Damit wurden die Grundrechte der Weimarer Verfassung außer Kraft gesetzt und der Weg freigeräumt für die legalisierte Verfolgung der politischen Gegner der NSDAP durch Polizei und SA. Der Polizei und ihren Hilfsorganen war es nunmehr möglich, Verhaftungen ohne Nennung von Gründen vorzunehmen und den Betroffenen jeden Rechtsschutz zu verweigern. Weder die Unversehrtheit der Wohnung noch des Eigentums waren mehr gewährleistet. Das Post- und Fernmeldegeheimnis war ebenso aufgehoben wie die Meinungs-, Presse- und Vereinsfreiheit. Gleichzeitig waren darin stärkere Eingriffsmöglichkeiten des Reiches in die Angelegenheiten der Länder enthalten. Für verschiedene Terrordelikte wie auch für Brandstiftung wurde rückwirkend die Todesstrafe eingeführt. Diese Verordnung war gleichbedeutend mit dem Ende des Rechtsstaates in der bisherigen Form. Die Verordnung blieb bis zum Ende des Dritten Reiches in Kraft und war die Grundlage für ein Regime des permanenten Ausnahmezustandes.

Elmshorner Nachrichten
„Pinneberger Kreisblatt"
82. Jahrgang. Mittwoch, den 1. März 1933. Nr. 51.
Verordnung zum Schutze von Volk und Staat.
...ernes Durchgreifen der Regierung: Todesstrafe für Terror, für Hochverräter, Mordbrenner und Giftmischer. – Polizei auf dem Posten.
Wie die Kommunisten wüten wollten. – Grauenhafte Verwüstungen im Reichstag.

EN vom 1.3.1933

Reichsgesetzblatt

Teil I

1933	Ausgegeben zu Berlin, den 28. Februar 1933	Nr. 17

Verordnung des Reichspräsidenten zum Schutz von Volk und Staat. Vom 28. Februar 1933.

Auf Grund des Artikels 48 Abs. 2 der Reichsverfassung wird zur Abwehr kommunistischer staatsgefährdender Gewaltakte folgendes verordnet:

§ 1

Die Artikel 114, 115, 117, 118, 123, 124 und 153 der Verfassung des Deutschen Reichs werden bis auf weiteres außer Kraft gesetzt. Es sind daher Beschränkungen der persönlichen Freiheit, des Rechts der freien Meinungsäußerung, einschließlich der Pressefreiheit, des Vereins- und Versammlungsrechts, Eingriffe in das Brief-, Post-, Telegraphen- und Fernsprechgeheimnis, Anordnungen von Haussuchungen und von Beschlagnahmen sowie Beschränkungen des Eigentums auch außerhalb der sonst hierfür bestimmten gesetzlichen Grenzen zulässig.

§ 2

Werden in einem Lande die zur Wiederherstellung der öffentlichen Sicherheit und Ordnung nötigen Maßnahmen nicht getroffen, so kann die Reichsregierung insoweit die Befugnisse der obersten Landesbehörde vorübergehend wahrnehmen.

§ 3

Die Behörden der Länder und Gemeinden (Gemeindeverbände) haben den auf Grund des § 2 erlassenen Anordnungen der Reichsregierung im Rahmen ihrer Zuständigkeit Folge zu leisten.

§ 4

Wer den von den obersten Landesbehörden oder den ihnen nachgeordneten Behörden zur Durchführung dieser Verordnung erlassenen Anordnungen oder den von der Reichsregierung gemäß § 2 erlassenen Anordnungen zuwiderhandelt oder wer zu solcher Zuwiderhandlung auffordert oder anreizt, wird, soweit nicht die Tat nach anderen Vorschriften mit einer schwereren Strafe bedroht ist, mit Gefängnis nicht unter einem Monat oder mit Geldstrafe von 150 bis zu 15 000 Reichsmark bestraft.

Wer durch Zuwiderhandlung nach Abs. 1 eine gemeine Gefahr für Menschenleben herbeiführt, wird mit Zuchthaus, bei mildernden Umständen mit Gefängnis nicht unter sechs Monaten und, wenn die Zuwiderhandlung den Tod eines Menschen verursacht, mit dem Tode, bei mildernden Umständen mit Zuchthaus nicht unter zwei Jahren bestraft. Daneben kann auf Vermögenseinziehung erkannt werden.

Wer zu einer gemeingefährlichen Zuwiderhandlung (Abs. 2) auffordert oder anreizt, wird mit Zuchthaus, bei mildernden Umständen mit Gefängnis nicht unter drei Monaten bestraft.

§ 5

Mit dem Tode sind die Verbrechen zu bestrafen, die das Strafgesetzbuch in den §§ 81 (Hochverrat), 229 (Giftbeibringung), 307 (Brandstiftung), 311 (Explosion), 312 (Überschwemmung), 315 Abs. 2 (Beschädigung von Eisenbahnanlagen), 324 (gemeingefährliche Vergiftung) mit lebenslangem Zuchthaus bedroht.

Mit dem Tode oder, soweit nicht bisher eine schwerere Strafe angedroht ist, mit lebenslangem Zuchthaus oder mit Zuchthaus bis zu 15 Jahren wird bestraft:

1. Wer es unternimmt, den Reichspräsidenten oder ein Mitglied oder einen Kommissar der Reichsregierung oder einer Landesregierung zu töten oder wer zu einer solchen Tötung auffordert, sich erbietet, ein solches Erbieten annimmt oder eine solche Tötung mit einem anderen verabredet;
2. wer in den Fällen des § 115 Abs. 2 des Strafgesetzbuchs (schwerer Aufruhr) oder des § 125 Abs. 2 des Strafgesetzbuchs (schwerer Landfriedensbruch) die Tat mit Waffen oder in bewußtem und gewolltem Zusammenwirken mit einem Bewaffneten begeht;
3. wer eine Freiheitsberaubung (§ 239) des Strafgesetzbuchs in der Absicht begeht, sich des der Freiheit Beraubten als Geisel im politischen Kampfe zu bedienen.

§ 6

Diese Verordnung tritt mit dem Tage der Verkündung in Kraft.

Berlin, den 28. Februar 1933.

Der Reichspräsident
von Hindenburg

Der Reichskanzler
Adolf Hitler

Der Reichsminister des Innern
Frick

Der Reichsminister der Justiz
Dr. Gürtner

Herausgegeben vom Reichsministerium des Innern. — Gedruckt in der Reichsdruckerei, Berlin.

Reichsgesetzblatt (RBGl) I 1933 p.33, Gemeinfrei, https://commons.wikimedia.org/w/index.php?curid=8470228

Göring erläuterte in einem Bericht vom 28.2.1933:

„Aus dem Bericht geht hervor, dass die Kommunisten systematisch eine ungeheure Terroraktion vorbereitet haben. Man hat ganz ungeheuerliche Pläne gefunden: Zunächst war die Verhaftung von Geiseln vorgesehen, wobei es die Kommunisten in erster Linie abgesehen hatten auf Frauen und Kinder bestimmter Persönlichkeiten des politischen und wirtschaftlichen Lebens. Daneben hat man genaue Anweisungen über Anlegung von Brandstiftungen an öffentlichen Gebäuden usw. gefunden. Schließlich wollte man in großem Umfange ganze Kreise der Bevölkerung vergiften. Man wollte Überschwemmungen anzetteln, Sprengungen der Verkehrsmittel vornehmen.

Dass auch schwere Aufruhr künftig mit dem Tode geahndet werden kann, liegt mit im Zuge der Maßnahmen, deren Zweck es ist, die bolschewistische Gefahr mit den härtesten Mitteln zu bekämpfen.

Daneben musste es Sorge der Reichsregierung sein, die lückenlose Durchführung dieser Maßnahmen im ganzen Reichsgebiet sicherzustellen. Diesem Zweck dient die Bestimmung des § 2 der Verordnung, nach der die Reichsregierung in den Stand gesetzt wird, notfalls die Befugnisse der Landesbehörden vorübergehend wahrzunehmen, wenn diese nicht die notwendigen Maßnahmen gegen den kommunistischen Terror treffen sollten. (...)“ (41)

Die letzte Wahlkundgebung der NSDAP vor der Wahl am 5. März 1933 fand am 28. Februar 1933 im Stadttheater Elmshorn mit dem Redner Matthießen aus Aukrug statt. Matthießen wies in seiner Rede darauf hin, bei der jetzigen Wahl gehe es um zwei Dinge: Um das, was vor dem 20. Januar war und um das, was jetzt kommen solle. Es werde am 5. März das letzte Mal gewählt, es sei ein Volksentscheid für oder gegen Adolf Hitler.

„Hitler wolle in vier Jahren versuchen das gut zu machen, was andere in vierzehn Jahren verdorben hätten. Da dürfe er nicht über die Zwirnsfäden der Verfassung stolpern. Bekämen die Nationalsozialisten am 5. März die 51 Prozent Stimmen für sich, dann würde parlamentarisch regiert, wenn nicht, würde autoritär regiert. (Beifall). (...)“ (42)

Die grauenhaften Bürgerkriegspläne der KPD.

Aufruhr — Sprengungen — Gift — Geiseln. — Görings Gegenaktion: Ausrottung des Bolschewismus.

Berlin, den 1. März. Der Reichskommissar für das preußische Innenministerium, Reichsminister Göring, machte am Mittwochabend im Rundfunk im Auftrag der Reichsregierung Mitteilung von den Gründen, die den Erlaß der Notverordnung zum Schutz von Volk und Staat erforderlich machten. Die Rede wurde auf alle deutschen Sender übertragen.

Minister Göring erklärte einleitend, daß der Inhalt dieser Verordnung dem gesamten Volk wohl mit einem Schlag klar gemacht haben werde, in welch einer schweren Gefahr sich Deutschland befinde.

Die Reichsregierung sei sich bewußt gewesen, daß der Brand im Reichstag nur als das erste Zeichen einer längeren Folge von Gewalttaten zu deuten sei.

Keine Notverordnung habe klar und scharf genug sein können, um dieser gewaltigen Gefahr Herr zu werden. An Hand umfangreichen Materials, das der Polizei in der letzten Zeit in die Hände gefallen ist, wies der Minister darauf hin, daß die kommunistischen Funktionäre seit Anfang Februar an allen Orten regste Tätigkeit entfalteten.

Es habe festgestellt werden können, daß diese Aktivität eingestandenermaßen auf die

Entfesselung eines Aufstandes

hinzielen sollte. Es wurden, so fuhr Göring fort, durch Handzettel und Auflagescheine wehrfähige Arbeiter für einen roten „Massenselbstschutz" geworben. Diese Einrichtung hat mit einem Selbstschutz nicht das geringste zu tun, da weder die Sozialdemokraten noch auch die Kommunisten bedroht waren, so lange sie sich in legalen Formen hielten. Diese Einrichtung war

eine Vertarnung, um die Massen der revolutionären Kommunisten mobil zu machen und sie im Kampf gegen Volk und Staat einzusetzen. Ich möchte es offen aussprechen, so hob der Minister hervor, daß wir nicht einen Abwehrkampf führen, sondern auf der ganzen Front zum Angriff übergehen wollen. Es wird meine vornehmste Aufgabe sein, den Kommunismus aus unserem Volke auszurotten.

Deshalb haben auch wir diejenigen Kräfte des nationalen Deutschlands mobil gemacht, deren Hauptaufgabe es sein muß, den Kommunismus zu überwinden.

Göring teilte mit, daß gewisse Teile des Materials, das man im Liebknecht-Haus vorgefunden habe, aus Gründen der Staatssicherheit zunächst nicht der Oeffentlichkeit übergeben werden könne, aber selbst das Material, dessen Veröffentlichung angängig sei, werde erweisen, wie notwendig die neue Notverordnung gewesen sei.

Falsche Uniformen — falsche Befehle.

Am 15. Februar d. J. sei festgestellt worden, daß die KPD. mit der Bildung von Terrorgruppen in Stärke bis zu 200 Mann beschäftigt sei. Diese Gruppen, so erklärte Göring, hatten die Aufgabe, sich SA.-Uniform anzuziehen und dann auf Autos, Warenhäuser, Läden usw. Ueberfälle zu unternehmen. Auch auf den Stahlhelm und nationale Parteien sollten solche Ueberfälle ausgeführt werden. Man wollte damit die Einheit der nationalen Bewegung stören. Auf der anderen Seite sollten Terrorgruppen in Stahlhelmuniform ähnliche Taten ausführen. Bei der Verhaftung sollten falsche Ausweise vorgezeigt werden. Ferner wurden zahlreiche gefälschte Befehle von SA.- und Stahlhelmführern gefunden, in denen die SA. in geheimnisvoller Weise aufgefordert wurde, sich für die Nacht zum 6. März bereitzuhalten, um Berlin zu besetzen, und zwar unter rücksichtslosem Waffengebrauch, Niederschlagung aller Widerstände usw. Diese gefälschten Befehle würden dann an Behörden und Bürger verbreitet, um das Schreckgespenst eines nationalsozialistischen Staatsputsches hervorzurufen und die Arbeiterschaft in die notwendige Verwirrung zu bringen.

Auch Polizeibefehle wurden gefälscht,

wonach Panzerwagen auszuliefern waren. In einer Sitzung der KPD. am 18. Februar war von einem ausdrücklichen Angriffsakt der vereinigten Proletarier gegen die Bourgeoisie und den faschistischen Staat die Rede. Am gleichen Tage wird der Führer einer Brückensprengkolonne, der sich durch Stehlen größerer Mengen Sprengstoff verdächtig gemacht hatte, festgenommen. Bald danach wird eine Organisation der KPD. aufgedeckt, die

mit Gift vorgehen

sollte. Durch die Aufdeckung eines solchen Giftdiebstahls in Köln wurde offenbar, daß das Gift in Gemeinschaftsspeisungen der SA. wie auch des Stahlhelms verwendet werden sollte. Eine andere Unterlage beweist, daß nicht nur Frauen und Kinder führender Persönlichkeiten als Geiseln festgesetzt werden sollten, sondern auch Frauen und Kinder von Polizeibeamten, die man als lebendigen Schutzwall bei den Demonstrationen vorschieben wollte. Deshalb haben wir in der Notverordnung die schwerste Strafe für die Festsetzung von Geiseln zu politischen Zwecken angesetzt. Am 23. Februar wurde vom Zentralkomitee die Parole zur

Bewaffnung der Arbeiterschaft

ausgegeben. In der entsprechenden Anweisung heißt es: „Zur Anwendung des Terrors ist jedes Werkzeug und jede Waffe zu benutzen." Massenstreiks wurden angeordnet, Solidaritätsstreiks sollten vorbereitet werden. Es sollten alle Leute gemeldet werden, die mit der Waffe umzugehen verstehen. Alles habe sich auf die Illegalität umzustellen.

Der Minister kam dann auf

die Brandstiftung im Reichstag

zu sprechen und verwies auf die Feststellung aller Beteiligten, daß an der Vorbereitung dieses Brandattentats mindestens sechs bis acht Personen beteiligt gewesen sein müssen. Wären wir nicht, so erklärte er, noch am selben Abend mit eiserner Energie und mit allen Machtmitteln des Staates vorgegangen und hätten wir nicht sofort gezeigt, daß dieser Staat nicht eine Minute mit sich spielen läßt, so würde vielleicht heute noch manch anderer Brand und manch anderes Attentat zu verzeichnen sein. Trotzdem ist die Gefahr keineswegs überwunden. Es ist nur ein erster Schreck durch die Führung der KPD. gegangen. Jetzt will man den illegalen Druck von Blockzeitungen außerhalb Berlins vornehmen.

Der Minister gab dann einige Auszüge aus dem großen

Organisationsplan zum bewaffneten Aufstand,

betitelt „Die Kunst des bewaffneten Aufstandes". Dort ist davon die Rede, daß der bewaffnete Aufstand die erste Phase des Bürgerkrieges ist. Es werden Anweisungen über den Einsatz kleinerer Terrorgruppen gegeben, über Anlegung von Bränden an Tausenden und aber Tausenden von Orten. Zweck dieser Aktionen sei es dann, Polizei und Wehrmacht auf das flache Land zu locken und in den entblößten Städten den Aufruhr anzublasen. Der Staat hat die Pflicht, so rief der Minister aus, solche Pläne im Keime zu ersticken. Was würde geschehen, wenn diese kommunistische Pest auch nur 24 Stunden Zeit hätte, um über unser armes Deutschland dahinrasen zu können? Wer vermöchte ihr dann noch Einhalt zu gebieten? Die Notverordnung will mit ihren eisernen und drakonischen Strafen von der Begehung dieser Taten abhalten.

Der Minister führte dann noch Beispiele für die

Verwendung von Geiseln

an, wobei man sich von keinerlei Humanität leiten lassen dürfe, und für die gewaltsame Niederwerfung aller Kräfte die sich dem Aufstande entgegenwerfen. Wir haben keine Lust, so schloß Göring, durch die kommunistische Bestie das Volk zerfleischen zu lassen. Wenn mir als Reichskommissar die Hauptaufgabe dieses Kampfes zufällt, so nehme ich diese Aufgabe gern auf meine Schultern, weil ich weiß, daß sie zum Besten meines Volkes notwendig ist. Den Kommunisten darf ich sagen: Meine Nerven sind bisher noch nicht durchgegangen, und ich fühle mich stark genug, ihrem verbrecherischen Treiben entgegenzutreten.

•

Der letzte Sturmangriff auf Mitteleuropa stehe bevor, und das Ausland täte gut daran, die Maßnahme der deutschen und preußischen Regierung nicht absichtlich falsch und tendenziös auszulegen, sondern dankbar anzuerkennen, daß in Deutschland die rote Flut eingedeicht wird. Polen, die baltischen Staaten und die Staaten in Mitteleuropa sind innerlich so schwach geworden, daß es nur eines kleinen Anstoßes bedarf, um sie dem Bolschewismus zuzuführen. Steht Deutschland dann nicht auf der Wacht, dann ist allerdings der Untergang des Abendlandes da. Die Stunde ist ernst, sehr ernst sogar, und die schärfsten Mittel reichen gerade aus, um die Gefahr zu bannen.

EN vom 1.3.1933

Verordnung, betr. das Verbot kommunistischer Sammlungen.

Auf Grund des § 14 Abs. 1 der Verordnung des Reichspräsidenten zum Schutze des deutschen Volkes vom 4. Februar 1933 (Reichsgesetzblatt I, S. 35) in Verbindung mit § 2 Ziffer 4 der preußischen Ausführungsverordnung vom 6. Februar 1933 (GS. 23) wird hiermit das Einsammeln von Geld- oder Sachspenden für Zwecke der Kommunistischen Partei Deutschlands oder ihrer Hilfs- und Nebenorganisationen oder zur Verwendung durch die Kommunistische Partei Deutschlands oder ihre Hilfs- und Nebenorganisationen von Haus zu Haus, auf Straßen oder Plätzen, in Gast- oder Vergnügungsstätten oder an anderen öffentlichen Orten im Bereich des Regierungsbezirks Schleswig verboten. Das Verbot erstreckt sich nicht auf Sammlungen von Haus zu Haus, die sich auf Mitglieder der genannten Organisationen beschränken.

Vorsätzliche Zuwiderhandlungen werden nach § 19 der Verordnung zum Schutze des deutschen Volkes vom 4. Februar 1933 (Reichsgesetzblatt I, S. 35) mit Gefängnis bis zu 6 Monaten oder mit Geldstrafe bestraft.

Schleswig, den 22. Februar 1933.

I P P 62. Der Regierungspräsident.

EN vom 1.3.1933

82. Jahrgang. Donnerstag, den 2. März 1933. Nr. 52.

öring enthüllt die Pläne kommunistischer Schreckensherrschaft.

ler, Papen, Hugenberg, Seldte: Schärfste Kampfansage an die Kommunisten. Nicht nur Abwehr, sondern Ausrottung des Bolschewismus. Verschärfte Strafen gegen Landesverräter. – Fackelzug der SA. in Hamburg beschossen. – Reform des Krankenkassenwesens.

Die grauenhaften Bürgerkriegspläne der KPD.

Aufruhr – Sprengungen – Gift – Geiseln. – Görings Gegenaktion: Ausrottung des Bolschewismus.

Kurze Nachrichten.

EN vom 1.3.1933

Verbot kommunistischer Versammlungen.

Auch die Länderregierungen sollen arbeiten.

Der Reichsminister des Innern hat auf Grund der Verordnung des Reichspräsidenten zum Schutze von Volk und Staat vom 28. Februar sämtliche Landesregierungen ersucht, alle kommunistischen periodischen Druckschriften bis auf weiteres zu verbieten, ebenso alle Versammlungen und Aufzüge der KPD., auch Versammlungen in geschlossenen Räumen. Er hat ferner die Landesregierungen ersucht, alle kommunistischen Druckschriften einschließlich Flugblätter und Plakate sofort zu beschlagnahmen und einzuziehen.

EN vom 2.3.1933

Todesstrafe für vorsätzliche Brandstiftung

nach § 307 St.G.B.

Im Anschluß an § 5 Absatz 1 der Verordnung des Herrn Reichspräsidenten zum Schutze von Volk und Staat vom 28. Februar 1933, wonach die vorsätzliche Brandstiftung nach § 307 des Reichsstrafgesetzbuches mit dem Tode bestraft wird, macht die Landesbrandkasse im Anzeigenteil dieser Nummer auf die **Auslobung von 5000 Reichsmark Belohnung** für die Ueberführung eines vorsätzlichen Brandstifters gemäß ihrer Bekanntmachung vom 1. Mai 1929 aufmerksam.

EN vom 2.3.1933

Der Fackelzug in Elmshorn.

Die große nationale Kundgebung „Tag der erwachenden Nation" wird für Elmshorn ein packendes Schauspiel werden. An dem Fackelzug haben außer den SA.- und SS.-Formationen bisher folgende Vereine ihre Beteiligung zugesagt: Gardekorps-Verein, Stahlhelm, B.d.J., Krieger-Verein, Elmshorn, Marine-Verein, Husaren 15, 13er Dragoner, Krieger-Verein Hainholz-Langelohe-Lieth, Elmshorner Schützengilde und Gesangverein Lyra. Die Vereine treten mit ihren Fahnen am Sonnabend um 19.30 Uhr im „Holsteinischen Hofe" an.

Marschiert wird dann zum Schützenplatz, wo von 8.00 bis 9.30 Uhr die Rede Adolf Hitlers gehört und ein Freiheitsfeuer entzündet wird. Darauf nimmt der Fackelzug folgenden Weg: Sandberg, Flammweg, Gärtner-, Norder-, Schul-, Holsten-, Königstraße zum Neuen Marktplatz. Hier werden die Fackeln zusammengeworfen. — Zwei SA.-Stürme aus Elmshorn nahmen gestern an dem Fackelzug in Uetersen teil.

EN vom 2.3.1933

Der Tag der erwachenden Nation

wird, wie schon gemeldet, hier in Elmshorn durch einen Fackelzug aller vaterländischen Verbände begangen. Es beteiligen sich folgende Verbände und Vereine: SA. und SS. der NSDAP., Hitlerjugend, Stahlhelm, B. d. J., Elmshorner Männer-Turnverein, Schützengilde, Kriegerverein, Marineverein, Gardeverein, Husarenverein, Dragonerverein, Gesangverein „Lyra". Der Weg des Fackelzuges ist jetzt wie folgt **geändert** worden: Sandberg, Flammweg, Gärtnerstraße, Norderstraße, Schulstraße, Friedensstraße, Amandastraße, Roonstraße, Kaltenweide, Mühlendamm, Mühlenstraße, Königstraße, Kaiserstraße, nach dem neuen Marktplatz. Aeltere Leute, die den Anstrengungen eines langen Herumstehens nicht gewachsen sind, haben in der Schützenhalle während der Rede des Reichskanzlers Adolf Hitler Gelegenheit, sich auszuruhen.

Von den Vaterländischen Verbänden und Nationalsozialisten wird uns geschrieben:

„Der Tag der erwachenden Nation" ist gekommen. Er bildet den Auftakt für die endgültige Abrechnung mit dem Marxismus. Wie überall in deutschen Landen soll dieser Tag der Aufbruch der gesamten Nation werden, wie er uns durch die Geschichte der Befreiungskriege bekannt ist. Auch in Elmshorn haben sich die Wehrorganisationen der SA., SS. und des „Stahlhelms" zusammengefunden mit allen Vereinen und Verbänden, die auf bürgerlicher Grundlage stehen, um gemeinsam diesen Tag mit einem Fackelzug würdig zu begehen. Freiheitsfeuer werden hier wie überall in Deutschland gen Himmel lodern als Zeichen des Befreiungskampfes gegen Schmach und rote Willkürherrschaft. Da ergeht auch der Ruf an die gesamte Bevölkerung Elmshorns, dem festlichen Zuge einen festlichen Empfang zu bereiten. Lasset Freiheitsfahnen wehen! Wie lange ist uns dies verwehrt worden! Schmückt die Fronten eurer Häuser, indem ihr Lichter vor die Fenster stellt, auf daß die Verbundenheit zwischen den marschierenden Kolonnen und den Daheimgebliebenen offenbar werde! Deutschland bricht die Ketten des Marxismus, wer will sich da ausschließen!

Das **ganze** Deutschland **muß** es sein!

EN vom 3.3.1933

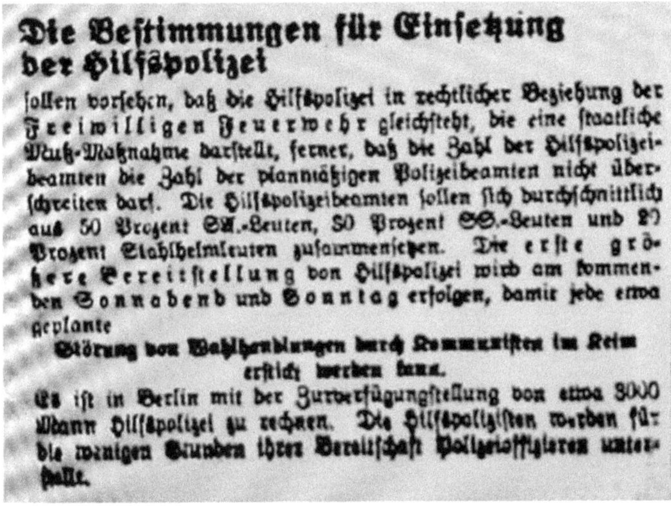

Die Bestimmungen für Einsetzung der Hilfspolizei

sollen vorsehen, daß die Hilfspolizei in rechtlicher Beziehung der Freiwilligen Feuerwehr gleichsteht, die eine staatliche Not-Maßnahme darstellt, ferner, daß die Zahl der Hilfspolizeibeamten die Zahl der planmäßigen Polizeibeamten nicht überschreiten darf. Die Hilfspolizeibeamten sollen sich durchschnittlich aus 50 Prozent SA.-Leuten, 30 Prozent SS.-Leuten und 20 Prozent Stahlhelmleuten zusammensetzen. Die erste größere Bereitstellung von Hilfspolizei wird am kommenden Sonnabend und Sonntag erfolgen, damit jede etwa geplante

Störung von Wahlhandlungen durch Kommunisten im Keim erstickt werden kann.

Es ist in Berlin mit der Zurverfügungstellung von etwa 3000 Mann Hilfspolizei zu rechnen. Die Hilfspolizisten werden für die wenigen Stunden ihrer Bereitschaft Polizeioffizieren unterstellt.

EN vom 2.3.1933

Eine geplante Versammlung der Kommunisten im Stadttheater und eine Versammlung der Erwerbslosen im „Klosterhof" wurde verboten. (43)

Die bevorstehende Wahl zog auch im privaten Bereich Auseinandersetzungen nach sich. Von einer solchen berichtete die EN am 2. März:

„Politische Auseinandersetzungen in der Familie kommen überall vor, seltener ist jedoch, dass sie so heftig geführt werden, dass auch Freunde und gute Nachbarn Augen-bzw. Ohrenzeugen werden. Am Dienstagabend versuchte sich ein in einer Straße des östlichen Stadtteils wohnendes Ehepaar gegenseitig zu „bekehren". Da er aber Nationalsozialist und sie Kommunistin ist, ließ sich keine geeignete Verhandlungsbasis finden. Friedlich zwischen beiden Parteien lag ein Bückling, der den Abendtisch der politisch sehr tätigen Familie zieren sollte. Im Krieg ist jedoch jedes Mittel recht. Warum soll man also nicht einen Fisch als Wurfgeschoss verwenden, wenn man damit seinen Zweck, die Bekehrung des politischen Gegners, zu erreichen hofft! Gesagt getan. Ein Griff, ein Wurf, ein Klatschen, und der Bückling klebte als besondere Zierde an der Wand. Wie es mit der „Bekehrung" des Gegners geworden ist, verrät die Chronik nicht." (44)

In alter Treue zu den Farben Schwarz-Weiß-Rot wählt die Liste Papen-Hugenberg-Seldte

Am 5. März das Kreuz für Reichstag und Landtag hinter

Liste 5

Genossenschafts-Meierei, e.G.m.u.H., zu Dauenhof

Bilanz per 31. Dezember 1932

Gemäß § 5 Absatz 1 der Verordnung des Herrn Reichspräsidenten zum Schutze von Volk und Staat vom 28. Februar 1933 wird

die vorsätzliche Brandstiftung

nach § 307 des Reichsstrafgesetzbuches

mit dem Tode bestraft!

Landesbrandkasse

5000 Reichsmark Belohnung

Englert-Rum der Qualitätsgrog!

Stadttheater

Paul Heidemann, Fritz Kampers, Paul Hörbiger

3 von der Kavallerie

EN vom 2.3.1933

Der kommissarische Bürgermeister Krumbeck schrieb in der Chronik „10 Jahre NSDAP Elmshorn“ im Jahre 1935 über die erste Zeit nach der Machtergreifung:

„(...) Auch politische Erwägungen erforderten personelle Eingriffe schwerwiegender Art. Eine Reihe von Beamten, Angestellten und Arbeitern hatten in dem politischen Machtkampfe so hemmungs- und vorbehaltlos den Nationalsozialismus bekämpft, dass sie für den neuen Staat untragbar waren. Allein von der Polizeiverwaltung fielen der Polizeikommissar und 4 Hauptwachtmeister dem Abbau nach dem Gesetz zur Wiederherstellung des Berufsbeamtentums zum Opfer, weil sie in gehässiger und parteiischer Weise den Kämpfern für das Dritte Reich entgegengetreten waren. Der politische und kriminelle Aderlass, verbunden mit der aufsteigenden Entwicklung, hatten zur Folge, dass von der Stadtverwaltung (einschließlich der Spar- und Leihkasse) 45 alte Kämpfer für das Dritte Reich neu eingestellt werden konnten. Diese Blutauffrischung des Verwaltungskörpers war einer der wesentlichsten Faktoren für seine beschleunigte Umwandlung in eine

kameradschaftliche Arbeitsgemeinschaft, die in ihrer Gesamtheit freudig ihre Pflichten gegenüber dem neuen Staat erfüllt.

Die Ortsgruppe setzte für die Kommunalarbeit eine Reihe ihrer bewährtesten Leute ein. Allen voran war der Ortsgruppenleiter Max Mohr in seiner neuen Stellung als Stadtrat unermüdlich tätig, um das nationalsozialistische Gedankengut in die städtische Verwaltung hineinzutragen. Er wurde dabei unterstützt von seinen treuen Mitkämpfern, Stadträten Wilhelm Bull (jetzt Mühlheim), der die verantwortliche Stellung eines stellvertretenden Bürgermeisters und Stadtkämmerers übernahm, Friedrich Bindemann, der sich außerordentliche Verdienste um die Wiederherstellung der Moral im städtischen Vergebungswesen erwarb, SA-Sturmbannführer Kurt Breitfeld, der als Reichsbeamter bei Inkrafttreten des preußischen Gemeindeverfassungsgesetzes ausscheiden musste, Otto Dierks, Friedrich Rohwedder und dem stellvertretenden Ortsgruppenleiter Dr. Albers, welch letzterer bis zur Beseitigung der Magistratsverfassung durch das preußische Gemeindeverfassungsgesetz das Stadtverordnetenvorsteheramt führte. Es sei an dieser Stelle dankbar festgestellt und ich weiß, dass ich da auch im Sinne meines unmittelbaren Vorgängers, jetzigen Oberstaatsanwalts Spieler, spreche, der von der Machtübernahme bis zu meiner kommissarischen Berufung am 6. Juli 1933 als Bürgermeister für die Geschicke der Stadt Elmshorn die Verantwortung trug, dass ein nationalsozialistischer Gemeindeleiter sich keinen geschlosseneren und arbeitsfreudigeren Stoßtrupp wünschen konnte, als sie der neue Magistrat darstellte bzw. die jetzigen Beigeordneten darstellen. In diesem Zusammenhange soll auch festgestellt werden, dass der einzige aus der liberalistischen Zeit übernommene Stadtrat Wilhelm Knecht in positiver Weise mitgearbeitet hat. Kein Beschluss wurde gefasst, kein Rat erteilt, der nicht in der Überlegung wurzelt, wie der Gemeinschaft am besten genutzt werden kann.

Unter dem gleichen Zeichen standen die Beratungen des durch die Wahlen vom 12. März 1933 berufenen Stadtverordnetenkollegiums mit nationalsozialistischer Mehrheit und des aufgrund des preußischen Gemeindeverfassungsgesetzes berufenen Gemeinderates, desgleichen der Beiräte, die in angemessener Beschränkung an die Stelle der früheren zahlreichen Ausschüsse traten. Für die Stadt Elmshorn kann im Hinblick auf die durch das preußische

Gemeindeverfassungsgesetz und neuerdings durch die Deutsche Gemeindeordnung normierten Grundsätze nationalsozialistischer Selbstverwaltung festgestellt werden, dass diese sich praktisch bereits während der anhaltenden Gültigkeit, der aus der liberalistischen Zeit übernommenen Verwaltungsgesetze eingeführt hatten. Der frische Geist der Zeit sprengte die alten Formen. (...)

Aus dem neuen Geiste der Verwaltung erwuchs als etwas Natürliches die neue Geschäftsordnung, welche den Verwaltungsgang im nationalsozialistischen Geiste regelt. Einleitend heißt es dort:

„Für die Beamten und Angestellten ist der Kameradschaftsgeist der SA vorbildlich, der Geist des Aufeinanderangewiesenseins und der Geist gemeinschaftsbewusster kämpferischer Arbeit.

Es gibt nicht Vorgesetzte und Untergebene, sondern nur Führer und Gefolgschaft. Strenge Disziplin gegenüber dem jeweils verantwortlichen Leiter ist selbstverständlich. Das ist nicht gleichbedeutend mit kriecherischer Unterwürfigkeit und katzbuckelndem Schleichertum. Nur die in sich selbst sichere Persönlichkeit, die auch dem übergeordneten Leiter gegenüber offen, ehrlich mit dem Mut zu eigener Meinung auftritt, wird Anerkennung finden.

Ein Leiter gibt nichts auf Anschwärzereien. Er verlangt von seiner Gefolgschaft - wie von sich - viel, wenn es sein muss, alles; aber er schikaniert nicht.

Neid und Missgunst gibt es im Kameradenkreise nicht. Da das Leistungsprinzip herrscht, freut man sich über Beförderungen und Auszeichnungen eines Kollegen. Der Dienst bedeutet eine sich immer erneuernde Freude, gilt er doch unmittelbar dem Aufbau des Dritten Reiches.

Diese Freude bestimmt das Wesen des Beamten und Angestellten. Er ist nicht muffig und missvergnügt, sondern gleichbleibend heiter und froh. Das Publikum soll sich nicht daran ärgern, dass der Mann hinter dem Schreibtisch ihm mit toten Paragraphen und mit lebensfremder Anmaßung entgegentritt. Das Publikum soll vielmehr die frohe Gewissheit mit nach Hause nehmen, dass es mit einem gegenwartsfrohen Menschen zu tun gehabt hat, der ihn verstanden oder jedenfalls versucht hat, ihn zu verstehen." (...)

In Elmshorn war - wie anderswo - die Beschäftigungsziffer bis Ende des Jahres 1932 beständig gesunken. Für den 1. Februar 1933 verzeichnen die amtlichen Listen einen Tiefststand mit 2460 Erwerbslosen. Bis Mitte des Jahres 1934 gelang es, diese Zahl auf 450 zu ermäßigen. Auf diesem Stande konnte mit geringen Schwankungen nach oben und unten die Zahl gehalten werden, obwohl verschiedene auf das Ausland angewiesene Industriezweige infolge Rohstoffverknappung und Absatzschwierigkeiten Entlassungen vornahmen." (45)

EN vom 3.3.1933

EN vom 3.3.1933

Der Spitzenkandidat der Deutschen Volkspartei für den Reichstag und den Landtag

Dr. Christiansen sagt:

„Als erbitterter Feind der marxistischen Revolution stelle ich mich in sachlich-kritischer Mitarbeit hinter die von Hindenburg berufene nationale Regierung. Ich fordere von ihr eine vernünftige Staatspolitik unter strengstem Schutz des bewährten Berufsbeamtentums, eine Wirtschafts- und Sozialpolitik, die den sachlichen Erfordernissen aller Stände und Berufe entspricht und die uneingeschränkte Gewissensfreiheit.

Mit Hindenburg unter Schwarz-Weiß-Rot für ein nationales Deutschland!"

Liste 7

Wählt Deutsche Volkspartei

EN vom 3.3.1933

Die Deutsche Volkspartei

ist zu positiver Mitarbeit in der nationalen Front entschlossen. — Darum unterstützt sie die von Hindenburg gebildete nationale Regierung. Sie stellt sich unter ihren alten Farben

schwarz-weiß-rot

kämpfend an die Seite des „Schwarz-weiß-roten Kampfblockes". Ziel dieses gemeinsamen Kampfes ist, durch Erfassung aller nationalen Kreise das Vaterland zu retten

Darum wählt Deutsche Volkspartei! Spitzenkandidat Dr. Christiansen

Liste 7

N.S. D.A.P.

Ortsgruppe Elmshorn

Deutsches Volk

heraus z. Tag der erwachenden Nation!

Unter Beteiligung der nationalen Verbände wird morgen, Sonnabend, abends 8 Uhr, eine Kundgebung der nationalen Bevölkerung Elmshorns auf dem Schützenplatz stattfinden. Während des Abbrennens eines Freiheitsfeuers wird die Rede des Reichskanzlers Adolf Hitlers aus Königsberg durch Riesenlautsprecher übertragen. Anschließend werden sich die Teilnehmer zu einem Fackelzug formieren

Fahnen heraus!

Der Ortsgruppenleiter

Sandberg, Flamweg, Gärtnerstr., Norderstr., Friedenstr., Roonstr., Kaltenweide, Mühlenstr., Königstr., Neuer Markt Auflösung

Evangelische!!

Zum Reichstag und Landtag

Liste 8

Jede Stimme gesichert!

Christlich-sozialer Volksdienst

Stimmzettel

für die Gemeindewahl

liefert schnell, vorschriftsmäßig und preiswert

die Druckerei des

Amtlichen Pinneberger Kreisblattes

Emil Koch, Elmshorn

„Elmshorner Nachrichten"

Kampffront Schwarz-Weiß-Rot

In öffentlicher Versammlung spricht

am Sonnabend, dem 4. März, abends 7½ Uhr

in Sielbwende b. Karl Harte

Max Soth, Spitzenkandidat z. Pr. Landtag

Freie Aussprache — Eintritt 30 ₰, Erwerbslose u. Rentner 10 ₰

Zum Südpol!

Tanz

Claus v. Royern

Eintritt frei!

Nachm. ab 4 Uhr

Familienkränzchen

Tanzabonnement von 4—8 Uhr 50 Pfg.

„Zum Klosterhof"

Am Sonntag, dem 5. März

Kränzchen

Anfang 4 Uhr

Es ladet freundl. ein Joh. Lüdemann

Wahlergebnisse werden hier bekanntgegeben

Groß-Nordender Liedertafel

Am Sonnabend, den 4. März

EN vom 3.3.1933

N.S. D.A.P.

Deutsches Volk

heraus z. Tag der erwachenden Nation!

Fahnen heraus!

Der Ortsgruppenleiter

„Tag der erwachenden Nation“

Große nationale Kundgebung Sonnabend, 4. März

Gardekorps-Verein
Stahlhelm B. d. F.
Krieger-Verein für das Kirchspiel Elmshorn
Marine-Verein von Elmshorn und Umg.
Husaren 15
15er Dragoner
Elmshorner Männer-Turnverein

Für Staatsbürgerliche Rechte und Geistesfreiheit,
Gegen Gewaltherrschaft und Geistesknechtung,
Für Volksversöhnung,
Gegen Bruderhaß und Volksverhetzung,
Für Erhaltung des Berufsbeamtentums,
Gegen Parteibuchherrschaft,

wählt

Deutsche Staatspartei

Reichstag: Liste 9 Landtag: Liste 9
Spitzenkandidat: Ernst Lemmer Spitzenkandidat: Dr. Friedr. Koch

Provinziallandtag: Liste: „Deutsche Staatspartei u. Zentrum“

Durch das technische Wahlabkommen ist die volle Sicherheit gegeben, daß jede staatsparteiliche Stimme zur Anrechnung kommt, aber nur für die Liste der Staatspartei gezählt wird.

Für jede im ganzen Deutschen Reich abgegebenen 60 000 Stimmen (in Preußen 50 000) erhält sie einen Abgeordneten

Landesverband Schlesw.-Holstein der Deutschen Staatspartei

EN vom 4.3.1933

EN vom 3.3.1933

Am 3. März 1933 wurden die amtlichen Stimmzettel in den EN veröffentlicht. Darin stand als Kommentar der EN:

„Euer Stimmkreuz gehört nur hinter die Listen, wo die nationale Front marschiert, wo die Regierung steht, die den erbitterten Entscheidungs-Kampf führt gegen den Marxismus!“ (46)

82. Jahrgang. Sonnabend (Sonntagsausgabe), den 4. März 1933. Nr. 54.

Zum letzten Sturm und Sieg gegen die rote Zwingburg!

Vorwärts zur endgültigen Vernichtung der roten marxistisch-bolschewistischen Brandstifter, Giftmischer, Totschläger, das Volk zerreißenden Klassenhetzer. — Geschlossen hinter der Regierung der nationalen Erhebung zur Erringung alle umfassender Volkseinheit und deutscher Freiheit!

EN vom 3.3.1933

Die grausigen, unmenschlichen Umsturzpläne der Kommunisten werden nicht Wahrheit

wenn Ihr Euren Abscheu dadurch kund gebt, daß Ihr einmütig Eure Stimme gebt der Befreiungsfro[nt]

Hitler-Papen-Hugenberg-Seldte,

sie sind Eure Retter, die Retter des Vaterlandes!

EN vom 4.3.193

Deutsche Arbeiter!

Hört nicht mehr auf die alten und falschen [illegible]! Reiht Euch ein in die Kampffront für ein [illegible], nicht mehr den [illegible] Klassenkampf predigendes Deutschland! Kämpft mit für das neue, freie, bessere Vaterland der Zukunft!

Stimmt für die Listen der nationalen Regierung!

Hier findet ihr eine bessere Heimat, als bei den international vaterlandslosen Marxisten.

Wir wollen ein Volk sein und werden!

Ein Aufruf an Hamburg.

EN vom 4.3.1933

Sieg der Nationalen Front auf der ganzen Linie!

Absolute Mehrheit im Reich und in Preußen für die Kampfgemeinschaft NSDAP. und Schwarz-Weiß-Rot. 341 gegen 307 Sitze. Unabhängig vom Zentrum und den Splitterparteien.

EN vom 6.3.1933

Die Reichstagswahl.

Nationalsozialisten	17 265 823	288 Sitze	(196 Nov. 1932)
Sozialdemokraten	7 176 505	119 "	(121)
Kommunisten	4 845 379	81 "	(100)
Zentrum	4 423 161	73 "	(70)
Schwarz-Weiß-Rot	3 132 595	53 "	(53)
Bayrische Volkspartei	1 072 893	19 "	(20)
Deutsche Volkspartei	432 105		
Hannoveraner	47 723	8 "	(20)
Christlich-Soziale	384 116		
Deutsche Bauernpartei	114 233		
Staatspartei	333 487	6 "	(2)
Thüringischer Landbund	83 828	1 "	
Sozialistische Kampfgemeinschaft	3 909		
Arbeiter und Bauern	1 118		
		648 Sitze	(582)

Abgegebene Stimmen 39 316 873
/ Wahlbeteiligung etwa 90 Prozent/

Die Landtagswahl.

Nationalsozialisten	10 309 483	211 Sitze	(162 April 1932)
Vaterländische Verbände	206 209		
Sozialdemokraten	3 961 264	83 "	(93)
Staatspartei	164 772		
Kommunisten	3 135 936	63 "	(57)
Zentrum	3 368 020	68 "	(67)
Schwarz-Weiß-Rot	2 109 546	43 "	(31)
Radikaler Mittelstand	23 889		
Deutsche Volkspartei	242 610		
Christlich-Soziale	215 293	6 "	(9)
Deutsch-Hannoveraner	51 072		
		474	(419)

[...]ten Stimmen aber keinen Sitz: Landw., Haus- und Grundbesitzer 10 977, Radik. Sozialisten 161, Polen 34 554, [...], Deutsche Einheitsliste für Volksrecht 577, Arbeiter und Bauern 630, Sozialistische Kampfgemeinschaft 367.
Abgegebene Stimmen im ganzen 23 850 429.

EN vom 6.3.1933

Für Elmshorn lautete das Ergebnis der Reichs- und Landtagswahl vom 5. März 1933:

Nr.	Gemeinde		Nat.-Soz. Deutsche Arb.-Partei R.-T.-Wahl März 1933	Nat.-Soz. Deutsche Arb.-Partei R.-T.-W. Nov. 1932	Sozialdem. Partei Deutschlands R.-T.-Wahl März 1933	Sozialdem. Partei Deutschlands R.-T.-W. Nov. 1932	Kommunist. Partei Deutschlands R.-T.-Wahl März 1933	Kommunist. Partei Deutschlands R.-T.-W. Nov. 1932	Zentrum R.-T.-Wahl März 1933	Kampffront Schwarz-Weiß-Rot R.-T.-Wahl März 1933	Kampffront Schwarz-Weiß-Rot R.-T.-W. Nov. 1932	Deutsche Volkspartei R.-T.-Wahl März 1933	Deutsche Volkspartei R.-T.-W. Nov. 1932	Christl.-Soz. Volksdienst R.-T.-Wahl März 1933	Christl.-Soz. Volksdienst R.-T.-W. Nov. 1932	Deutsche Staatspartei R.-T.-Wahl März 1933	Deutsche Staatspartei R.-T.-W. Nov. 1932	Deutsche Bauernp.	[illegible]
1	Barmstedt	Städte	1610	1423	542	663	303	321	17	358	294	22	72	131	90	28	42	1	—
2	Elmshorn		4919	3888	2714	2752	1819	1811	85	1041	1137	230	296	200	207	124	182	6	2
3	Pinneberg		3448	2660	1495	1587	1151	1273	85	502	482	73	186	54	51	42	58	1	2
4	Uetersen		2363	2037	1476	1480	479	573	22	259	269	37	45	112	130	16	48	1	2
5	Wedel		2097	1707	1452	1487	721	850	[illegible]	[illegible]	[illegible]	[illegible]	[illegible]	[illegible]	[illegible]	[illegible]	[illegible]	[illegible]	[illegible]

Nr.	Gemeinde	Nat.-Soz. Deutsche Arb.-Partei L.-T.-Wahl März 1933	Nat.-Soz. Deutsche Arb.-Partei L.-T.-W. April 1932	[illegible]	Sozialdem. Partei Deutschlands L.-T.-Wahl März 1933	Sozialdem. Partei Deutschlands L.-T.-W. April 1932	Kommunist. Partei Deutschlands L.-T.-Wahl März 1933	Kommunist. Partei Deutschlands L.-T.-W. April 1932	Zentrum L.-T.-Wahl März 1933	Kampffront Schwarz-Weiß-Rot L.-T.-Wahl März 1933	Kampffront Schwarz-Weiß-Rot L.-T.-W. April 1932	[illegible]	Deutsche Volkspartei L.-T.-Wahl März 1933	Deutsche Volkspartei L.-T.-W. April 1932	[illegible] L.-T.-Wahl März 1933	[illegible] L.-T.-Wahl März 1933	[illegible]
1	Barmstedt	1564	1425	51	517	707	292	240	15	322	158	—	24	64	133	24	3
2	Elmshorn	4804	4623	186	2544	2921	1792	1439	73	986	547	6	231	357	195	130	6
3	Pinneberg	3342	2846	101	1430	1728	1127	894	82	482	261	2	78	141	52	42	—
4	Uetersen	2311	2144	86	1398	1676	481	345	20	241	191	3	38	49	104	13	1

EN vom 6.3.1933

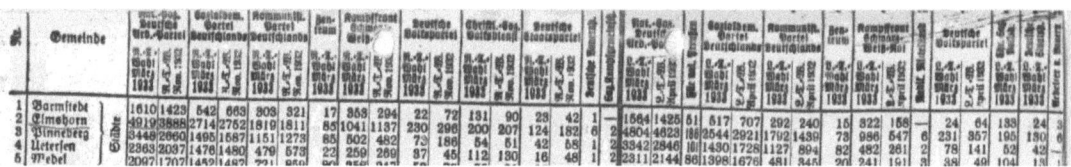

Die EN jubelte am 6. März:

„Ein neuer Morgen tagt!

Elmshorn, den 6. März 1933. Die Morgensonne bricht aus dunkelsten Wolken. Ihre Strahlen leuchten heute über einem neuen Deutschland. Der 5. März 1933 wird ein historischer Gedenktag in der deutschen Geschichte bleiben. Die Nationale Front hat auf der ganzen Linie gesiegt. Die braunen Sturmtrupps Hitlers, die grauen Kolonnen des „Stahlhelms" und die treuen deutschen Mannen der Kampffront Schwarz-Weiß-Rot, die hinter Papen, Hugenberg und Seldte marschieren, sie haben die Entscheidungsschlacht, Schulter an Schulter, gewonnen gegen den Marxismus und auch gegen die schwarzen Truppen des Zentrums.

Sie allein können jetzt die parlamentarische Mehrheit im Deutschen Reichstag bilden. Sie brauchen nicht mehr zu fragen nach den Roten und nach den Schwarzen.

Der größte Teil des deutschen Volkes steht hinter ihnen.

Die nationale Mehrheit im Reichstag ist gesichert.

Der Umsturz und Verrat, der Meineid von 1918, ist nach fast 15 Jahren durch das erwachte neue Deutschland wieder gutgemacht. Die alte siegreiche Fahne des Deutschen Reiches flattert wieder rein und fleckenlos über einem nationalen Vaterland, sie weht neben der Fahne mit dem Hakenkreuz frei und stolz über deutsche Lande. Jetzt kann, ohne Partei- und Parlamentshemmungen, ohne

Kuhhandel, rein und klar deutsch regiert werden. Die Ziffern der Reichstagswahl sprechen für die Gegner der Nationalen Front eine für sie niederschmetternde vernichtende Sprache. Unsere Leser finden Sie nebenstehend.

Das Wesentliche, das Endergebnis ist, dass im Reichstag 341 Abgeordnete der Nationalsozialisten und der Kampffront Schwarz-Weiß-Rot gegen 307 aller übrigen Parteien stehen, eingerechnet sogar die auf nationalem Boden stehenden Mittelparteien.

Im Landtag ist das Verhältnis ähnlich. Hier schlägt die Nationale Front mit 254 Sitzen 220 aller übrigen Parteien.

Im Deutschen Reich und in Preußen ist eine absolute Mehrheit der Kampfgemeinschaft NSDAP und Schwarz-Weiß-Rot vorhanden. Das deutsche Volk hat, mit einem Bismarck Wort zu reden, gestern den „nationalen Gedanken leuchten lassen vor Europa." (47)

Foto aus: Am Wahltag. Chronik, a.a.O., S. 31

„(…) Über den Verlauf des Wahltages in Elmshorn sei weiter gesagt: Hier und da, besonders in Langelohe, gab es kleinere Meinungsverschiedenheiten; die Polizei brauchte aber nirgends in Tätigkeit zu treten. In den Straßen herrschte der übliche Wahlbetrieb; viele Einwohner ließen am Sonntag noch die Freiheitsfahnen wehen,

die auch am heutigen Montag noch als Siegesfahnen im Winde flattern. Von morgens an sah man die Schlepperautos fahren. Besonders von den rechtsstehenden Kreisen wurde alles getan, um auch den letzten Mann an die Wahlurne zu bringen. Die SA- und SS-Formationen fuhren auf Lastwagen durch die Straßen, sangen ihre Kampflieder und ermahnten so die Wähler an ihre Pflicht. Die Lastwagen waren mit Fahnen und Plakaten geschmückt. Ein Wagen verkündete in großen Lettern, das Herr Braun feige den besseren Teil der Tapferkeit gewählt hat und nach der Schweiz entflohen ist.

Die Wahlergebnisse gingen dieses Mal später ein als gewöhnlich, da doppelte Zählarbeit für Reichstag und Landtag zu leisten war. Vor unseren Fenstern drängte sich eine gespannte Menge, die geduldig ausharrte, bis das Endergebnis von Elmshorn heraus war. Bis in die frühen Morgenstunden waren unsere Fenster der Anziehungspunkt aller Vorübergehenden, da sie die neuesten Wahlergebnisse aus dem Reich erfahren konnten." (48)

Am Abend fand der große Fackelzug in Elmshorn statt. Waren die Bürger am 30. Januar noch zurückhaltend, wurden hier der große Teil der Menschen mobilisiert:

„Fackelzug der Nationalsozialisten und der vaterländischen Verbände.

Elmshorn, den 6. März. Der Tag der erwachenden Nation wurde auch in Elmshorn am Sonnabend festlich eingeleitet. Die Nationalsozialisten und vaterländischen Verbände waren zu einem Fackelzug angetreten, der an Wuchtigkeit nicht zu wünschen übrigließ. Es waren wohl 1000 Mann, die da marschierten nach den Klängen der alten Märsche unserer einst stolzen Armee. Es hätten noch mehr sein können, wenn es den Menschen nicht an Bekennermut mangeln würde. Die Straßen, durch die der Fackelzug marschierte, waren umsäumt von einer Menschenmauer. So viele Menschen hat Elmshorn wohl lange nicht auf einmal in den Straßen gesehen. Und die Zuschauer hielten aus bis zum Schluss, sie begleiteten die einzelnen Verbände sogar in ihre Unterkünfte.

Die vaterländischen Verbände versammelten sich um 7:30 Uhr im Garten des „Holsteinischen Hofes" und marschierten geschlossen nach dem Schützenplatz. Hier waren die Formationen der Nationalsozialisten schon aufgestellt. Mitten auf dem Schützenplatz war ein großer Buschhaufen aufgetürmt, der als Freiheitsfeuer weit in die Nacht leuchtete. Während das Freiheitsfeuer brannte, hörten die Teilnehmer an dem Fackelzug und die zusammengeströmten Zuschauer die durch Lautsprecher übertragene Rede des Reichskanzlers Adolf Hitler aus Königsberg. Nachdem die Rede beendet und der letzte Vers des Niederländischen Dankgebetes verklungen war, hielt der Ortsgruppenleiter der NSDAP, Herr Mohr, eine Ansprache. Es war leider keine erfreuliche Nachricht, die er den Versammelten mitteilen konnte Er gab bekannt, dass er soeben die Nachricht erhalten hatte, dass der am Nachmittag auf der Pinneberger Chaussee überfahrene 16-jährige Ludwig Heesch, der der Hitlerjugend angehörte, seinen Verletzungen erlegen sei. Das Andenken dieses jungen Kämpfers der Freiheitsbewegung wurde durch eine Minute Schweigen geehrt. Danach ging Herr Mohr in längerer Rede auf das Wirken Adolf Hitlers ein. Nach der Ansprache setzte sich der Fackelzug in Bewegung. Die Spitze bildete die SA mit der SA-Kapelle. Dann folgten die vereinigten vaterländischen Verbände unter Leitung des Gardekorpsvereins. Den Schluss des Zuges bildeten die SS-Formationen. Es war ein langer Weg, den der Fackelzug zurückzulegen hatte. Er zog durch den Sandberg, Flammweg, Lornsen-, Adolf-, Gärtner-, Norder-, Schul-, Holsten-, König-, Mühlenstraße, Mühlendamm, Kaltenweide, Roonstraße, Amanda-, Frieden-, Panje-, Königstraße nach dem neuen Marktplatz. In fast allen Straßen sah man mit Fahnen geschmückte Häuser. Vor den Fenstern standen Lichter in großer Zahl. Einige Häuser waren bis in den Giebel illuminiert. Aber nicht nur Bürgerhäuser standen im Lichterschmuck, sondern auch Arbeiterwohnungen in den Mietshäusern waren festlich beleuchtet. Auf dem Marktplatz marschierten alle Formationen geschlossen auf. Der Kreisführer des „Stahlhelm", Kamerad B. Piening, hielt die Schlussrede, die in ein „Frontheil" auf den Reichspräsidenten von Hindenburg ausklang. Danach marschierten die Verbände geschlossen in ihre Quartiere ab. Der Fackelzug war beendet und nur langsam leerten sich die Straßen. Die Zuschauer waren alle so begeistert von dem Aufmarsch, dass sie noch lange an dieses Schauspiel zurückdenken werden.

Hohe Anerkennung muss man der Elmshorn Polizei und den zur Unterstützung hinzugezogenen Landjägern zollen. Sie hatten alle Sicherheitsmaßnahmen getroffen, damit der Fackelzug ohne Störung verlaufen konnte. Das Gelände hinter dem Schützenplatz wurde dauernd mit dem Scheinwerfer abgeleuchtet. Auch in der Stadt wurden verschiedene Gebäude beim Vorbeimarsch des Fackelzuges unter Scheinwerferlicht genommen.

Der Fackelzug hat gezeigt, dass Elmshorn auch noch wehrhafte und wehrwillige Männer in seinen Mauern beherbergt, die bereit sind, wenn es nötig ist, ihr Leben für das deutsche Volk und Vaterland einzusetzen. Aus diesem Wehrgeist heraus sind uns die Männer erstanden, die den Grund zum Neubau des Reiches legten. Mögen sie Erfolg haben mit ihrer Arbeit zum Segen des deutschen Volkes." (49)

Im hoffnungsvollen Alter von 16 Jahren wurde unser lieber Kamerad

Ludwig Heesch

durch einen Unglücksfall aus unserer Kampffront gerissen.

Sein Geist wird immer bei uns bleiben

Hitlerjugend

Schar 16 Elmshorn

Bund deutscher Mädel Jungvolk

Wir werden ihm in unserem braunen Ehrenkleide, in dem er stets an unserer Seite gekämpft hat, die letzte Ehre erweisen

EN vom 7.3.1933

Die Beerdigung fand unter Beisein von einer Abordnung der SS und 250 Hitlerjungen und Jungvolk und zahlreichen Zuschauern am 8. März statt. (50)

Hissung der Hakenkreuzfahne auf dem Elmshorner Rathaus.

Foto aus: Chronik, a.a.O., S. 31

Am 5. März wurde auf dem Elmshorner Rathaus die Hakenkreuzfahne gehisst. Auf Anordnung der Polizei musste sie wieder heruntergenommen werden. (51) Einen Tag später am 6. März durfte sie hängenbleiben.

„In feierlicher Weise wurde heute Nachmittag 5 ½ Uhr die Hakenkreuzfahne auf dem Elmshorner Rathaus gehisst. Feierlich in erhebender Weise ertönte das Niederländische Dankgebet. Als die Fahne sich entrollte, erklang das „Horst-Wessel-Lied „Die Straße frei, den braunen Bataillonen ...“

Der Ortsgruppenführer, Herr Max Mohr, hielt eine Ansprache.

Nachdem zogen die SS und SA nach dem Polizeigebäude, wo an dem einen Flaggenmast ebenfalls in feierlicher Form die Hakenkreuzfahne gehisst wurde.“ (52)

Der Wahltag wurde neben Polizeikräften auch von sechs Hilfspolizisten aus SA und SS gesichert. (53)

-b.- Eine Schlägerei entwickelte sich am Sonnabend auf der Holster Chaussee in der Nähe des „Pfahlkrug." Hier erwischte ein Hausbesitzer eine Klebekolonne von der NSDAP., als sie sein Haus mit einem Plakat zieren wollte. Da er aber von der „anderen Fraktion" war, mochte er das mit einem Hafenkreuz geschmückte Plakat nicht leiden und wollte das Ankleben verhindern. Hierbei kam es zu einer Auseinandersetzung, die in Tätlichkeiten endete. Bei der Balgerei geriet die Gesellschaft in den Chausseegraben. Bald lag der eine unten, bald der andere. Aus dem Knäuel im Graben konnte keiner mehr klug werden. Die Frau des Hausbesitzers stand ihrem Mann tapfer zur Seite. Mit einem Besen bewaffnet erschien sie auf dem Kampffeld. Es gab etwas Blutverlust und einige Beulen und Schrammen bei diesem „Grabenkrieg."

EN vom 6.3.1933

Am Freitag, den 3. März fuhren die Primen und einige Obersekundaner in die Arbeitslager nach Barmstedt und Tornesch, um sich ein Bild über die Lager zu machen. Hierbei wurde ihnen auch die Bedeutung des Freiwilligen Arbeitsdienstes erläutert. (54)

Eine Woche nach den Reichstags- und Landtagswahlen fand die Wahl zum Stadtverordnetenkollegium statt. Als Kandidaten der NSDAP traten an:

Stadtverordnetenwahl am Sonntag, dem 12. März

hat der Wahlausschuß in der öffentlichen Sitzung am 1. d. Mts. folgende Wahlvorschläge festgesetzt, die hiermit gemäß § 49 der Wahlordnung ortsüblich bekannt gemacht werden.

Wahlvorschlag 1. Nationalsozialistische Deutsche Arbeiterpartei (Hitler-Bewegung).

1. Mohr, Max, Schlachtergeselle, Norderstraße 15,
2. Albers, Dr. Ernst, Tierarzt, Ansgarstraße 31,
3. Lindemann, Friedrich, Tischlermeister, Flammweg 30,
4. Bull, Wilhelm, Prokurist, Papenhöhe 7,
5. Reimers, Ludwig, Rechtsanwalt, Flammweg 125,
6. Breitfeld, Kurt, Oberpostsekretär, Jahnstraße 11,
7. Greve, Albert, Landmann, Wilhelmstraße 10,
8. Letje, Hans, Angestellter, Stubbenhuk 13,
9. Dierks, Otto, Fabrikarbeiter, Parallelstraße 1,
10. Cordts, Emil, Rentner, Gärtnerstraße 78,
11. Tschirner, Arthur, Händler, Kaltenhof 5,
12. Neumann, Karl, Steuerinspektor, Kaltenweide 71,
13. Mann, Gustav, Gastwirt, Peterstraße 15,
14. Voß, Willy, Werkmeister, Adolfstraße 8,
15. Brodersen, Johannes, Schlachtermeister, Flammweg 20,
16. Retsche, Peter, Ingenieur, Kirchenstraße 39,
17. Bruhn, Diedrich, Bodenarbeiter, Köhnholz 25,
18. Erichsen, Georg, Viehhändler, Flammweg 66,
19. Fähnrich, Otto, Oberzollsekretär, Kaiserstraße 16,
20. Bienau, Wilhelm, Fabrikarbeiter, Kaltenhof 7.

EN vom 7.3.1933

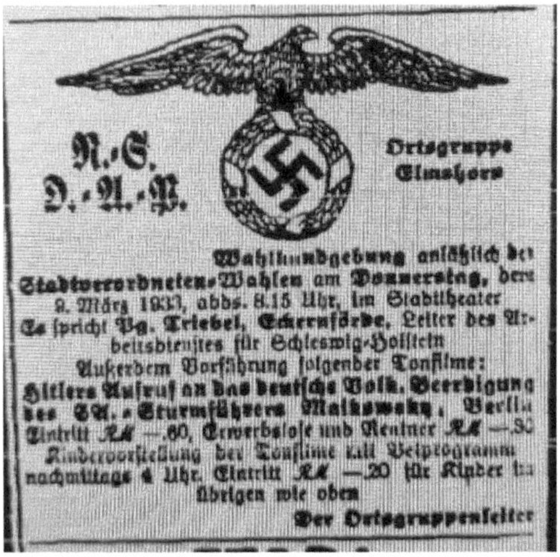

N.-S. D.-A.-P.

Ortsgruppe Elmshorn

Wahlkundgebung anläßlich der Stadtverordneten-Wahlen am Donnerstag, den 9. März 1933, abds. 8.15 Uhr, im Stadttheater

Es spricht Pg. Triebel, Eckernförde, Leiter des Arbeitsdienstes für Schleswig-Holstein

Außerdem Vorführung folgender Tonfilme:

Hitlers Aufruf an das deutsche Volk. Beerdigung des SA.-Sturmführers Maikowsky, Berlin

Eintritt RM —.60, Erwerbslose und Rentner RM —.30

Kindervorstellung der Tonfilme mit Beiprogramm nachmittags 4 Uhr. Eintritt RM —.20 für Kinder im übrigen wie oben

Der Ortsgruppenleiter

EN vom 7.3.1933

„Hakenkreuz und Schwarz-Weiß-Rot wehen vor der Bismarckschule.

Nebelverhangenen war der Vormittag, als die Schüler der Bismarckschule sich im weiten Quadrat vor ihrer Schule versammelten. Unter der bundbemützten Jugend sah man viele Jungens im braunen Hemd. Zahlreiche Zuschauer füllten den Platz vor der Schule und die Promenade. Ein festlicher Tag war für die Schulgemeinde angebrochen, sollte doch ein lange gehegter heimlicher Wunsch Wirklichkeit werden und die alten ruhmreichen Farben Schwarz-Weiß-Rot zusammen mit dem Hakenkreuzbanner wieder vor der Schule flattern. Außerdem war schulfrei zur Feier des nationalen Wahlsieges. Es war also kein Wunder, dass auf den Gesichtern der Schüler Begeisterung und Freude lagen.

Punkt 9 Uhr hörte man in der Ferne flotten Marschgesang. Je eine Gruppe SA und SS marschierte heran, eingeholt von dem Spielmannszug der Bismarckschule. Die Feier begann mit dem Niederländischen Dankgebet, dass entblößten Hauptes angehört wurde. Während der letzten Strophe wurde gemeinsam von Schülern und SA-Leuten die Flaggen gehisst. Tausende von Händen streckten sich grüßend den Symbolen der neuen Zeit entgegen.

Anschließend nahm Herr Studiendirektor Dr. Humpf das Wort: Als gestern auf dem Dache der Schule heimlich die Hakenkreuzfahne befestigt worden sei, habe er dies bedauert. Eine solche Fahne habe es nicht nötig, Schleichwege zu gehen, auch entspräche diese Tat nicht den Männern, die hinter dieser Fahne ständen und die auf legalem Wege gesiegt hätten. Er begrüße den nationalen Wahlsieg und den heutigen Tag, wo in würdiger Weise die Fahne entfaltet werden könne, und es gereiche ihm zur besonderen Freude, das neben dem Hakenkreuzbanner die Fahne Schwarz-Weiß-Rot flattere, unter der unsere Söhne und Brüder in Kampf und Tod gegangen seien. Es scheine, als ob endlich das Wirklichkeit werden solle, was bisher noch nie gelungen sei, dass wir ein einig Volk von Brüdern würden. Mit einem Hoch auf Deutschland schloss die Ansprache. Darauf wurde die erste Strophe des Deutschlandliedes gesungen.

Als Zweiter sprach Herr Oberschullehrer Oberhoff: Lasst uns auch heute des Mannes gedenken, dem es gelungen ist, das halbe Deutschland hinter sich zu bringen, Adolf Hitler. Wir wollen Gott auf den Knien danken, dass er uns diesen Führer geschenkt hat. Liebe Bismarckschüler, schwört diesem Führer, der es vom einfachen Frontsoldaten mit dem Eisernen Kreuz I. Klasse zum Führer und Retter des Vaterlandes gebracht hat, heiße Vaterlandsliebe, Opferbereitschaft und straffe Manneszucht. Unserm Adolf Hitler ein dreifaches „Sieg Heil". Mit dem Horst Wessel-Lied schloss die würdige Feier.

Unter Vorantritt des Spielmannszuges und der Sohrbeckschen Kapelle ging es zum SA-Lokal in der Norderstraße, wo der Zug aufgelöst wurde. Der Spielmannszug und zahlreiche Schüler machten daraufhin noch einen kurzem Ummarsch durch die Stadt." (55)

Am 9. März kehrten die geflohenen Bombenwerfer, drei Nationalsozialisten, zwei aus Elmshorn und einer aus dem Umland, nach Elmshorn zurück und wurden am Bahnhof durch einen SA- und einen SS-Sturm aus Elmshorn, ihren Eltern sowie einem SS-Sturm aus dem Umland feierlich empfangen. Vom Bahnhof aus sollten sie zum SA-Lokal marschieren. (56)

Die NSDAP beschwerte sich in einem Leserbrief über das Verhalten zweier Polizeibeamten, die einem Nationalsozialisten die Hilfeleistung verweigerten:

Eingesandt.

Die Schutzstaffel von Elmshorn versah am Sonntagabend im Wahllokal von Hainholz Wahldienst. Nach Beendigung des Dienstes hatte der SS.-Mann Wähling aus Hainholz von einem Hainholzer Bürger zu hören bekommen, die Kommunisten hätten sich geäußert, Wähling solle auf dem Heimweg nach seiner Wohnung aufgepaßt werden. Wähling ging daraufhin gegen 1 Uhr nachts zur Polizeiwache und bat den Wachtmeister Thielert unter Hinweis auf die kommunistische Absicht um polizeiliche Begleitung. Wachtmeister Thielert verweigerte in einem barschen Ton den polizeilichen Schutz worauf Wähling dem Wachtmeister wörtlich erklärte: „Nun gut, dann tragen Sie aber die Verantwortung für das, was passiert". Wähling wurde in der Wasserstraße tatsächlich von 3 unbekannten Männern überfallen und erhielt mit Totschlägern mehrere Schläge über Schulter und Hände. Ihm wurden bei diesem hinterhältigen Ueberfall 2 Finger der linken Hand abgeschlagen, außerdem verspürt er in der Schulter heftige Schmerzen. Nach kräftiger Gegenwehr ergriff das feige Gesindel eiligst die Flucht. Wähling ging am Montag zur Polizeiwache und meldete dem Polizeikommissar Erlat den Vorfall und erklärte, er würde sich über das Verhalten des Wachtmeisters Thielert bei einer höheren Instanz beschweren. Statt daß nun der Kommissar Erlat den Wachtmeister Thielert zur Rechenschaft gezogen hätte, gab er Wähling den Rat, von einer Meldung Abstand zu nehmen. Somit haben sich der Kommissar Erlat und Wachtmeister Thielert einer schweren Unterlassung und Dienstvergehen schuldig gemacht. Für diese Herren scheint der Erlaß des Ministers Göring Schutz für Angehörige nationaler Verbände überhaupt nicht zu existieren. Wir Nationalsozialisten verlangen die sofortige Dienstenthebung dieser Exponenten des alten Systems. Eine entsprechende Meldung ist bereits an das Preußische Innenministerium ergangen.

NSDAP., Ortsgruppe Elmshorn.

EN vom 8.3.1933

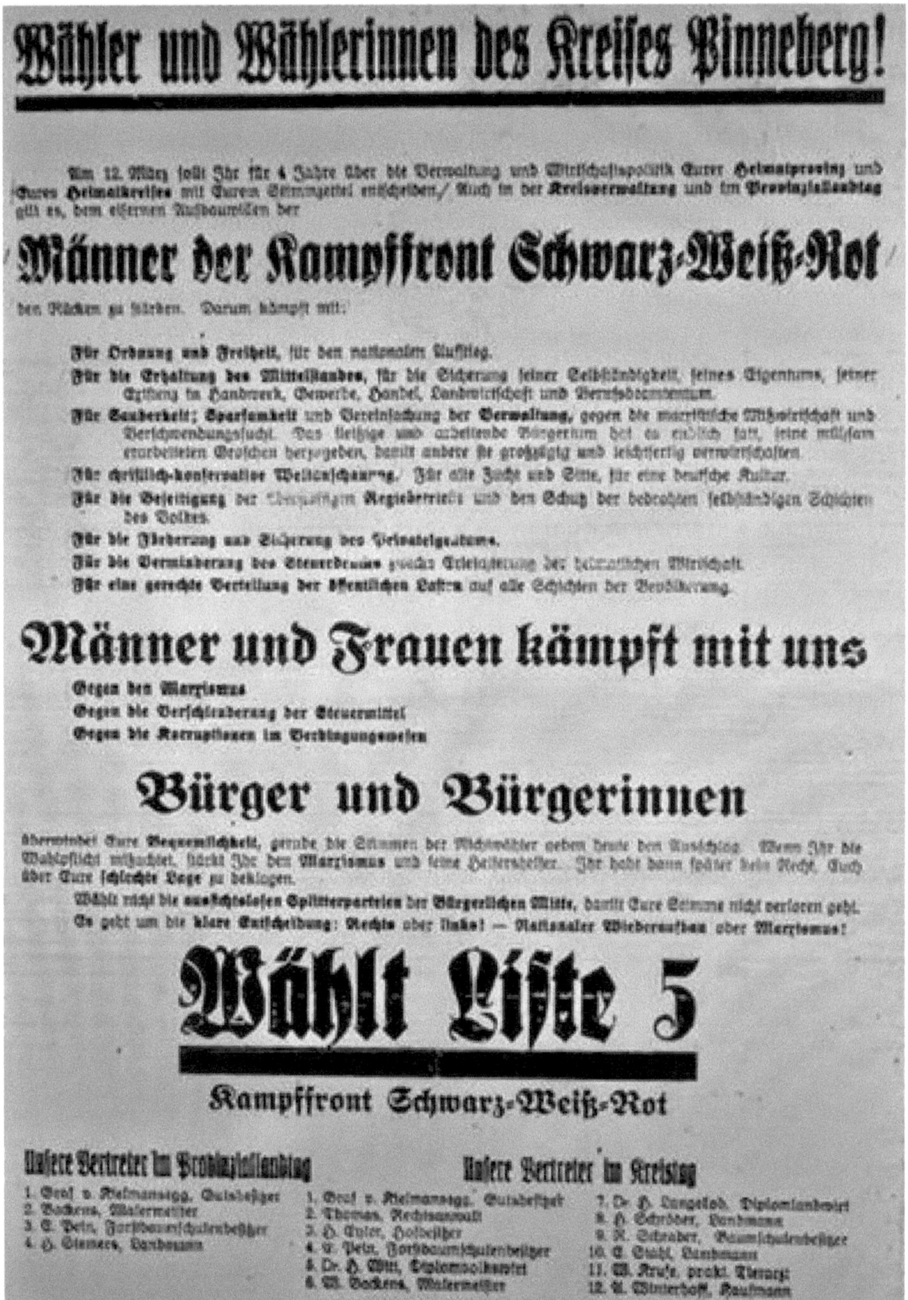

Wähler und Wählerinnen des Kreises Pinneberg!

Am 12. März sollt Ihr für 4 Jahre über die Verwaltung und Wirtschaftspolitik Eurer **Heimatprovinz** und Eures **Heimatkreises** mit Eurem Stimmzettel entscheiden. Auch in der **Kreisverwaltung** und im **Provinziallandtag** gilt es, dem eisernen Aufbauwillen der

Männer der Kampffront Schwarz-Weiß-Rot

den Rücken zu stärken. Darum kämpft mit:

Für Ordnung und Freiheit, für den nationalen Aufstieg.

Für die Erhaltung des Mittelstandes, für die Sicherung seiner Selbständigkeit, seines Eigentums, seiner Existenz in Handwerk, Gewerbe, Handel, Landwirtschaft und Berufsbeamtentum.

Für Sauberkeit; Sparsamkeit und Vereinfachung der **Verwaltung**, gegen die marxistische Mißwirtschaft und Verschwendungssucht. Das fleißige und arbeitende Bürgertum hat es endlich satt, seine mühsam erarbeiteten Groschen herzugeben, damit andere sie großzügig und leichtfertig verwirtschaften.

Für christlich-konservative Weltanschauung. Für alte Zucht und Sitte, für eine deutsche Kultur.

Für die Beseitigung der überflüssigen **Regiebetriebe** und den **Schutz** der bedrohten selbständigen Schichten des Volkes.

Für die Förderung und Sicherung des Privateigentums.

Für die Verminderung des Steuerdrucks durch Erleichterung der heimatlichen Wirtschaft.

Für eine gerechte Verteilung der öffentlichen Lasten auf alle Schichten der Bevölkerung.

Männer und Frauen kämpft mit uns

Gegen den Marxismus
Gegen die Verschleuderung der Steuermittel
Gegen die Korruptionen im Verdingungswesen

Bürger und Bürgerinnen

überwindet Eure **Bequemlichkeit**, gerade die Stimmen der Nichtwähler geben heute den Ausschlag. Wenn Ihr die Wahlpflicht mißachtet, stärkt Ihr den **Marxismus** und seine Helfershelfer. Ihr habt dann später kein Recht, Euch über Eure **schlechte Lage** zu beklagen.

Wählt nicht die **aussichtslosen Splitterparteien** der **Bürgerlichen Mitte**, damit Eure Stimme nicht verloren geht.
Es geht um die **klare Entscheidung: Rechts** oder **links! — Nationaler Wiederaufbau** oder **Marxismus!**

Wählt Liste 5

Kampffront Schwarz-Weiß-Rot

Unsere Vertreter im Provinziallandtag

1. Graf v. Kielmansegg, Gutsbesitzer
2. Backens, Malermeister
3. E. Pein, Forstbaumschulenbesitzer
4. H. Siemers, Landmann

Unsere Vertreter im Kreistag

1. Graf v. Kielmansegg, Gutsbesitzer
2. Thomas, Rechtsanwalt
3. H. Euler, Hofbesitzer
4. E. Pein, Forstbaumschulenbesitzer
5. Dr. H. Witt, Diplomvolkswirt
6. W. Backens, Malermeister
7. Dr. H. Langeloh, Diplomlandwirt
8. H. Schröder, Landmann
9. R. Schrader, Baumschulenbesitzer
10. E. Stahl, Landmann
11. W. Kruse, prakt. Tierarzt
12. A. Winterhoff, Kaufmann

EN vom 9.3.1933

In einem Runderlass an alle Polizeibehörden führte Reichsminister Göring aus, dass vor allem ein selbstständiger Entschluss, Umsicht und Fähigkeit des einzelnen Polizeibeamten bei der Verfolgung von Spuren bis zur Aufklärung von politischen Vergehen Straftaten eine verdiente Anerkennung finden sollten. Diese sollte sich nicht nur in der öffentlichen Belobigung, im Tagesbefehl und Nachrichtenblättern mit Aufnahme in die Personalakten erschöpfen. In geeigneten Fällen seien dienstfreie Tage außerhalb der Reihe, Sonderurlaub, Geldbelohnungen, bevorzugte Einberufung zu Beförderungslehrgängen und in besonderen Fällen, zum Beispiel, wenn eine erhebliche Lebensgefahr vorlag, auch Beförderung außerhalb der Reihe angebracht. Zur Frage der Einstellung als Polizeianwärter in die preußische Schutzpolizei hat sich Göring ebenfalls geäußert. Er machte deutlich darauf aufmerksam, dass für die Einstellung als Polizeianwärter in erster Linie nationalgesinnte Bewerber in Frage kämen. Um Fehlgriffe zu vermeiden, sollten die Dienststellen die Mitarbeit der nationalen Verbände, vor allem auch der Gauleiter und Landesführer der SA, SS und Stahlhelm suchen. (57)

Am 10. März 1933 fand in Elmshorn die Durchsuchung des Gewerkschaftshauses in Elmshorn statt. Die EN brachte einen Artikel darüber, der mit Spott darüber berichtete:

Gewerkschaftshaus in der Schulstraße. Aus: https://www.spurensuche-kreis-pinneberg.de/wp-content/uploads/2013/02/ehemaliges-Gewerkschaftshaus-1024x660.jpg

„Heute Morgen um 8 Uhr herrschte lebhafter Verkehr in der Schulstraße. Die Ursache war, dass ein Lastauto mit Hilfspolizei, ein Aufgebot von Landjägern und die Elmshorner Polizei dem Gewerkschaftshaus einen Besuch abstatteten und alle Räumlichkeiten genau besichtigten. Mit Blitzesschnelle waren alle Ausgänge des Gewerkschaftshauses, der Hof und die Nebengebäude besetzt. Man fahndete hauptsächlich nach Waffen und verbotenen Schriften. Im Keller und in verschiedenen Zimmern wurden kurze Knüppel, einige mit schwarz-rot-gelben Fähnchen geziert, andere, so wie sie aus dem Knick geschnitten waren, gefunden. Zum Kuchenausrollen oder zum Massieren waren sie jedenfalls nicht geeignet, dazu waren sie zu hart oder zu eckig. Zwischen einer doppelten Decke wurden vier Kleinkalibergewehre gefunden und mehrere Schachteln dazugehöriger Munition. Auch wurde Infanterie-Munition für Gewehre, Modell 88 und 98 gefunden. In einem Schuppen hinter dem Gewerkschaftshaus fand man zwei Pakete Flugzettel und mehrere Packen „Echo" älteren Datums. Die Sachen wurden in die Polizeiautos gepackt und nach der Elmshorner Polizeiwache gebracht. Um 9.35 Uhr war die Durchsuchung beendet. - Anschließend wurden in Lieth die Wohnungen von zwei Kommunisten durchsucht. Man fand hier nur Schriften. Die Landjäger und die Hilfspolizei fuhren wieder nach Pinneberg zurück. Die Elmshorner Polizei, von der einige Beamte einen Dienst von gestern Abend um 6 Uhr bis heute morgen hinter sich hatten, blieben vorläufig auf der Wache." (58)

Dieses war nur der erste Schritt, der nächste sollte Anfang Mai erfolgen.

„Für die NS-Führung stellte die deutsche Arbeiterschaft ein ernstes politisches und organisatorisches Problem dar. Nicht nur war sie größtenteils sozialdemokratisch oder kommunistisch orientiert, sondern auch in ihren Gewerkschaften fest verankert. Nach Hitlers Machtübernahme erhielt nun das Ziel der Zerschlagung der Gewerkschaften und der Gleichschaltung der Arbeiter unter nationalsozialistischer Kontrolle höchste Priorität. In den ersten Wochen erfuhren Gewerkschaftsführer ähnliche willkürliche Gewalt und Unterdrückung wie andere politische Gegner des Regimes. Um die Integrität des ADGB zu wahren, erklärte Vorsitzender Theodor Leipart die politische Neutralität seiner Organisation, die sich nun von der SPD abwandte und mit dem NS-Regime zu kooperieren versuchte. Leipart und einige Leiter der christlichen und liberalen Gewerkschaften unterstützten die

nationalsozialistische Feier zum 1. Mai. Für die nahe Zukunft sahen sie vor, sich zu einem einzigen nationalen Gewerkschaftsbund zusammenzuschließen. Dabei wurde ihre vollständige Ausschaltung schon seit Anfang April von Robert Leys „Aktionskomitee zum Schutz der Deutschen Arbeit" geplant. In einer landesweiten Aktion besetzten am 2. Mai 1933 Mitglieder der SA, der SS und der NSBO (Nationalsozialistische Betriebszellenorganisation) die Gebäude und Büros aller ADGB-angehörigen Organisationen, beschlagnahmten deren Vermögen und nahmen Funktionäre in „Schutzhaft". Am 4. Mai übergaben alle anderen Gewerkschaften die Kontrolle an NSBO-Kommissare. Am 10. Mai wurde die Deutsche Arbeiterfront (DAF) als nationalsozialistischer Einheitsverband von Arbeitnehmern und Arbeitgebern unter Robert Ley gegründet." (59)

Nachdem Göring mit Einverständnis von Hindenburg eine baldige Regelung der Flaggenfahne ankündigte (60), machte der Stahlhelm in Kooperation mit einem SA-Sturm in Elmshorn einen Vorstoß in dieser Frage, in dem sie die schwarz-weiß-rote Reichsflagge auf den öffentlichen und staatlichen Gebäuden der Stadt hißte. Die Flagge mit drei waagerechten, gleich breiten Streifen in den Farben Schwarz-Weiß-Rot war von 1867 bis 1871 Kennzeichen für Handels- und Kriegsschiffe des Norddeutschen Bundes, von 1871 bis 1919 die Nationalflagge (offiziell festgelegt 1892) des Deutschen Reichs in der Kaiserzeit und von 1933 bis 1935 übergangsweise zusätzlich die Flagge des „Dritten Reichs", ehe die Hakenkreuzflagge als alleinige Nationalflagge eingeführt wurde. (61)

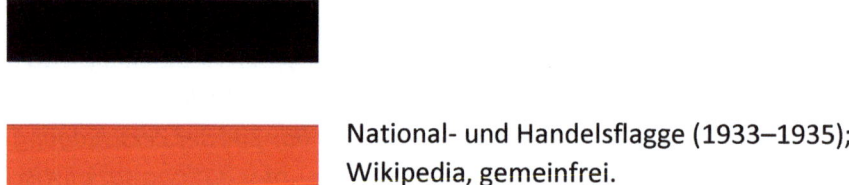

National- und Handelsflagge (1933–1935); Wikipedia, gemeinfrei.

„Gestern Nachmittag hisste der Stahlhelm in Verbindung mit einem Sturm SA die alten ruhmreichen Farben schwarz-weiß-rot, unter denen man 1914 in den Krieg gezogen war und fürs Vaterland geblutet hatte, auf den staatlichen Gebäuden in der Stadt Elmshorn. Im Garten des „Holsteinischen Hofes" versammelten sich die

Teilnehmer an dem Umzug. Unter Vorantritt des Städtischen Orchesters marschierte der Zug zuerst nach dem Bahnhof. Der Kreisführer des Stahlhelm, Kamerad B. Piening, hielt eine kurze Ansprache, in der er aufzählte, was alles die Macher der Revolution im November 1918 dem Volke versprochen hatten. Anstatt Freiheit, Friede und Brot hätten sie uns Knechtschaft und Hunger gebracht. Jetzt hätten Frontsoldaten und Nationalsozialisten die Zügel der Regierung in die Hand genommen, um zu bessern, was noch zu bessern sei. Nach einigen kurzen Kommandos stieg die Flagge am Mast hoch. Der Präsentiermarsch erklang, während die Kameraden die Flagge mit „Stillgestanden" ehrten. Die SA grüßte die Flagge mit dem Hitlergruß. Danach erklang das Deutschlandlied, das von den Zuschauern entblößten Hauptes mitgesungen wurde.

Vom Bahnhof ging es nach der Reichspost in der Königstraße. Auch hier wurde die gleiche Handlung vorgenommen und in militärischer Kürze erledigt. Die Menschenmenge, die diesem Vorgang interessiert folgte, schwoll immer mehr an. Auch viele „andersgläubige" Zuschauer waren erschienen. Zu Störungen ist es aber an keiner Stelle gekommen. Außer auf dem Bahnhofs- und Postgebäude wurde die alte Reichsflagge in gleicher feierlicher Weise auf der Reichsbank, dem Amtsgericht, dem Mast vor dem Arbeitsamt und dem Zollamt gehisst. Dann ging es zurück nach dem „Holsteinischen Hof". Hier wurde der Zug aufgelöst.

Die Bürger Elmshorns seien an dieser Stelle nochmals gebeten, dem Stahlhelm zum 12. März noch einige schwarz-weiß-rote Flaggen leihweise zur Verfügung zu stellen, damit alle städtischen und staatlichen Gebäude für diesen Tag, der dem Andenken der Gefallenen geweiht ist, mit den alten Reichsfahnen geschmückt werden können. Jeder Stahlhelmkamerad nimmt die Flaggen gerne entgegen und wird sie auch unbeschädigt dem Eigentümer wieder aushändigen." (62)

Nach dem 30. Januar erlebte die NSDAP einen großen Anstieg an Mitgliederzahlen. Dabei traten nicht nur Bürger, die vorher keiner Partei angehörten, ein, sondern auch Parteiangehörige anderer Parteien:

„Feine Seelen!

Sogar die Linkspresse muss mitteilen, dass es die Gewalt der schwarz-weiß-roten Tatsachen mit sich brachten, dass die Helden der ehemaligen Weimarer Front und des Marxismus recht klein und hässlich geworden sind. Kommunistische Reichstagsabgeordnete haben sich zum Übertritt in die nationalsozialistische Partei plötzlich veranlasst gesehen; und es gefällt, dass sie von den fraglichen nationalsozialistischen Stellen, bei denen sie sich meldeten, zur Belohnung für solche Gesinnungslumperei kurz und bündig eingelocht wurden. Auch Zentrumsführer von Namen, die gerne hohe Ämter behalten wollen, haben plötzlich ihr nationalsozialistisches Herz entdeckt. Freilich, wie mitgeteilt wird, ohne den sichtbaren Erfolg, dass sie nun bei Hitler und seinen Unterführern gern gesehen und darum aufgenommen wurden. Überhaupt darf man es sich versagen, in dieser Zeit deutschen Hochgeistes auf die geborstenen Säulen der Faustgewalten eisernen Front hinzublicken. Es könnte fast die Siegesfreude trüben, zu erkennen, wie geringwertig der politische Gegner ist, der sich aber aufblähte, als er noch in Amt und Würden war. Und leider, leider auch unter dem deutschen Bürgertum viele Gläubige fand. Bis die Reinigungsmaschine der nationalen Konzentration einsetzte, deren letztes Werk am Sonntag bei den Kommunalwahlen vollendet werden muss.“ (63)

„Jubelnder Empfang der heimgekehrten Nationalsozialisten.

Gestern Abend marschierten die SS und SA unter Vorantritt der Sturmbannkapelle und des Spielmann-Zuges zum Bahnhof, um die s. Zt. geflüchteten Kameraden Duhrwoldt, Adler, Bengtson und Dechob feierlich zu empfangen. Der Bahnhofsplatz war von einer ungeheuer großen Menschenmenge gefüllt; seit 1914 hat der Platz solche Massen nicht mehr gesehen, die in stürmischer Art die heimkehrenden Nationalsozialisten feierten. Sturmführer Grezesch begrüßte in bewegten Worten die Kameraden. Alsdann setzte sich der große Zug zum Sturmlokal in Bewegung. Tausende folgten dem Zug. Nachdem die Kameraden die Front abgeschritten und jedem SS- und SA-Mann in herzlicher Verbundenheit und Treue die Hand geschüttelt hatten, richtete der Ortsgruppenleiter Mohr Worte des Dankes an die eingetroffenen Kameraden. Auch sie hätten nur in dem Glauben an Deutschlands

Befreiung gehandelt. Nach Absingen des Deutschland-Liedes und des Liedes: „O, Deutschland hoch in Ehren“ wurden die Stürme entlassen.

Heute Nachmittag um 4 Uhr holten ein Sturm SS und ein Sturm SA ihre Kameraden ab, die aus dem Zuchthaus in Rendsburg entlassen worden waren, wo sie eine Strafe wegen Beteiligung an den Handgranatenwürfen zu verbüßen hatten. Es waren dies die SS-Leute Keller, Zeeb und Thormählen. Viele Zuschauer hatten sich wieder eingefunden, die die Zurückgekommenen mit Begeisterung begrüßten. Blumen wurden ihnen überreicht. Unter Vorantritt der Sohrbeckschen Kapelle ging es durch die Königstraße, Holsten- und Schulstraße zum SS-Lokal in der Norderstraße.“ (64)

Am 9. März fand die NSDAP-Wahlkundgebung zur Stadtverordnetenwahl im Stadttheater statt. Ortsgruppenleiter Mohr begrüßte die Besucher und freute sich, dass durch die gewonnene absolute Mehrheit für die Nationalsozialisten und die Kampffront Schwarz-Weiß-Rot das Zentrum seine Mehrheit verloren habe. Die Regierung habe jetzt in den Ländern, die gegen sie gearbeitet habe, Reichskommissare eingesetzt, „die dem Willen der Regierung Geltung verschaffen würden.“ Es wurden nach der Ansprache zwei Filme vorgeführt, die Rede Hitlers im Sportpalast und der Film „*Blutendes Deutschland*“.

Der Redner des Abends war Herr Triebel aus Eckernförde, der ausführte,

„dass er beim Sehen des Filmes an die Zeit erinnert worden sei, wo die kleine Schar der Nationalsozialisten als Pioniere durch das Land gezogen seien, an die Zeit, die einzig und allein dem Aufbruch der Nation gewidmet gewesen sei. Jetzt habe sich alles geändert. Kein Polizist überwache die Versammlungen der Nationalsozialisten mehr, kein Kommunist sei in der Versammlung, der mit Stuhlbeinen um sich schlage, kein Überfallkommando sei da, dass die „Verbrecher“ aus der Versammlung abführe. Eine Schlacht liege hinter uns, wie sie selten geschlagen sei im Leben des Parlamentarismus. Kein anderer als Adolf Hitler habe diese Schlacht gewonnen. Deshalb gebühre ihm allein die Ehre und keinem anderen. Er habe nicht gerastet, sondern seine Person wieder eingesetzt für das Volk. Wenn man frage, wer dem Führer den Reichskanzlerposten frei gemacht habe, so müsse man sagen: die SA und SS. Diesen sei es zu danken, dass sie die Straße freigemacht hätten. Wo

wäre Hitler wohl geblieben, wenn die SA am 13. August gemeutert hätte? Schleicher, der alle Reichskriegs nach Kriegskabinette torpediert hätte, habe sich selber torpediert. Der Glaube an den Führer habe die Bewegung zusammengehalten. Wer glaube, Hitler lasse sich im Kabinett an die Wand drücken, dem könne man sagen: O du Kleingläubiger! Es gebe keinen Menschen, von dem der Führer sich in seinem Tun beeinflussen lasse. Man solle dort oben nicht so viele Gesamtnamen nennen. Es stehe über Deutschland nur ein Name: Adolf Hitler!

Auf die Kommunalwahlen eingehend, erklärte der Redner, dass es ihm ein Rätsel sei, dass man sich hier in Elmshorn vom Stahlhelm bis zur Staatspartei auf eine Liste geeinigt habe. Hier habe man den Nationalsozialismus noch nicht begriffen. Der Nationalsozialismus sei die Fraktion, die das Volk verschmelzen wollen. Die Abgeordneten, auch in den Stadtparlamenten, seien Gesandte Adolf Hitlers, um seine Gedanken in diesen Körperschaften zu verkünden. Es seien die Pioniere, die ihrem obersten Führer die Stadt reif machen sollen. Es werde bestimmt sauber regiert. Sollte sich in diesem Staat eine Sumpfpflanze breit machen, dann gäbe es keinen langen Prozess, sondern einen kurzen Strick. Wer sich am Volke vergangen habe, müsse es büßen. Es solle ein ehrlicher und sauberer Staat geschaffen werden. Die Arbeitsdienstpflicht werde schneller eingeführt als mancher sich denke. Dabei gebe es kein Einjährigenzeugnis oder Abitur. Es gebe nur zwei Jahre Arbeit. Es könne sich auch keiner von der Arbeitsdienstpflicht freikaufen. Es sollen alle jungen Leute zum Arbeitsdienst eingezogen werden, damit die alten Leute wieder in Arbeit kommen. Der Jude brauche nicht zum Arbeitsdienst. Dafür soll er aber bis zu seinem 50. Lebensjahr dreifache Steuern bezahlen. Die jungen Leute aus der Großstadt sollen aufs Land gebracht werden, damit sie den Wert der Arbeit und der Scholle wieder kennenlernen. Durch den Arbeitsdienst solle das Volk wieder zusammengeführt werden in seinen Schichten.

Deutschland gehe nicht zugrunde, weil der Nationalsozialismus es nicht wolle.

In Genf bekomme man Deutschland nicht unter die Räder, weil der Nationalsozialismus es nicht wolle. Um die Zukunft unseres Volkes brauche man nicht bange sein." (65)

Zur Stadtverordneten-Wahl!

Am 12. März fällt die Entscheidung über Elmshorns Zukunft

Wählt einmütig nur Liste 23

Nationale Wirtschaft

Die Spitzenkandidaten — Knecht — Grimm — Hinz — sind altbewährte Kräfte
Sie bürgen für gesunde, sparsame Finanzwirtschaft
Sie haben in erster Linie dazu beigetragen, daß Elmshorn unter Schleswig-Holsteins Städten auch in schwerster Notzeit am besten durchgehalten hat — Sie waren stets die

schärfsten Bekämpfer des Marxismus im Elmshorner Stadtparlament!

EN vom 10.3.1933

Ob Stadtverordnetenwahl
ob Gemeindevertreterwahl
ob Kreistagswahl
ob Provinziallandtagswahl
überall muß
National *gewählt werden*

EN vom 11.3.1933

Deutsche Männer! Deutsche Frauen!

Am 5. März seid Ihr Zeuge eines überwältigenden Bekenntnisses des Deutschen Volkes zur nationalen Einheit geworden

Was kaum jemand für möglich hielt, ist seit einigen Tagen Wirklichkeit. Das Volk selbst hat durch seine Stimme mit allem bisherigen gebrochen. Der Marxismus wurde an die Wand gedrückt. Die Parteien der goldenen Mitte, die stets die Interessen des internationalen Finanzkapitals vertraten, wurden aufgerieben, und selbst das scheinbar Unmögliche wurde verwirklicht: Die Entfernung des Zentrums aus seiner Schlüsselstellung. Die Bewegung hat ihrem langjährigen Kampf den Sieg folgen lassen. Ihr, Deutsche Männer und Frauen, habt Euer Teil dazu beigetragen und durch Euer Vertrauen die nationale Erhebung des Volkes möglich gemacht.

Nun gilt es am kommenden Sonntag den 2. Schlag zu tun.

Die Gemeinden, einst die Glanzstätten deutscher Arbeit, heute aber die Tummelplätze marxistischer Korruption und bürgerlicher Interessenpolitik, müssen dem Volke wieder erobert werden. Es geht nicht an, daß Ihr Eure Stimme den Parteien und Gruppen gebt, die irgendwelche Sonderinteressen vertreten; sondern

der 12. März muß abermals ein Fanal der Wiedererstehung des deutschen Volkes sein.

Durch Eure Stimme habt Ihr zu beweisen, daß Ihr gewillt seid, mit allem bisherigen zu brechen und es möglich zu machen, daß ein eiserner Besen die Kommunen säubern wird zum Wohle der Gesamtheit. Sorgt dafür, daß Klassenkampf und Klassendünkel verschwinden. Die Herrschaft der Marxisten und Freimaurer muß gebrochen werden. Wir brachten im Kampf Opfer über Opfer, Ihr gabt Euer Vertrauen. Beides machte den Sieg der Nation möglich. So rufen wir Euch heute zu: **Rastlos werden wir den Kampf für Deutschlands Befreiung fortführen und werden weder Mühe noch Opfermut scheuen, zum Wohle der Gesamtheit zu arbeiten. Aber auch Ihr habt Euer Teil dazu beizutragen und durch Eure Stimme Euer Vertrauen zu bekunden.**

Gemeinnutz geht vor Eigennutz

so lautet unsere Parole. Sie kann nur durch Eure Stimme verwirklicht werden.

Treue um Treue!

Tretet daher bei der Wahl des Provinziallandtages, des Kreistages und der Stadtvertretung geschlossen für die

Liste 1 ein.

NSDAP.
Ortsgruppe Elmshorn.

EN vom 11.3.1933

In einem Aufruf vom 10. März an die Nationalsozialisten warnte Hitler vor Provakateuren:

„SA- und SS-Männer! Ihr müsst solche Kreaturen sofort selbst stellen und zur Verantwortung ziehen. Ihr müsst sie weiter unverzüglich der Polizei übergeben, ganz gleich, wer sie auch sein mögen. Mit dem heutigen Tage hat in ganz Deutschland die nationale Regierung die vollziehbare Gewalt in den Händen. Dann wird der weitere Vollzug der nationalen Erhebung ein von oben geleiteter, planmäßiger sein.

Nur dort, wo diesen Anordnungen Widerstand entgegengesetzt wird, oder wo aus dem Hinterhalt, wie früher, Angriffe auf einzelne Männer oder marschierende Kolonnen erfolgen, ist dieser Widerstand sofort und gründlich zu brechen. Belästigungen einzelner Personen, Behinderungen von Autos oder Störungen des Geschäftslebens haben grundsätzlich zu unterbleiben.

Ihr müsst, meine Kameraden, dafür sorgen, dass die nationale Revolution 1933 nicht in der Geschichte verglichen werden kann mit der Revolution der Rucksackspartakisten im Jahre 1918. Im Übrigen lasst euch in keiner Sekunde von unserer Parole wegbringen! Sie heißt: Vernichtung des Marxismus!“ (66)

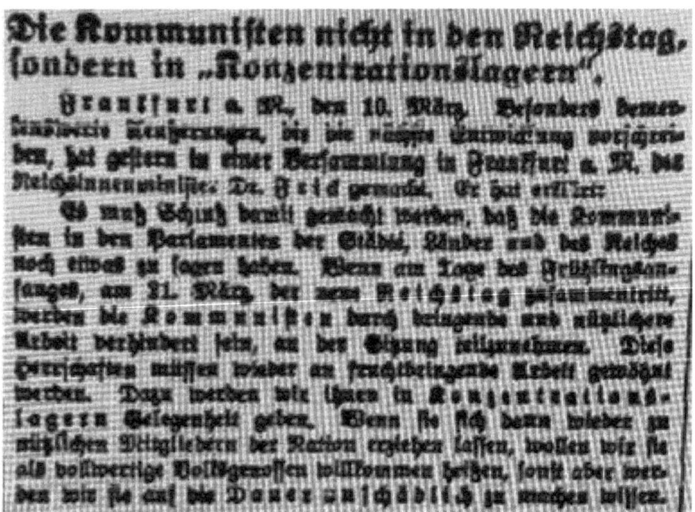

Die Kommunisten nicht in den Reichstag, sondern in „Konzentrationslagern“.

Frankfurt a. M., den 10. März. Besonders bemerkenswerte Äußerungen, die die nächste Entwicklung vorzeichnen, hat gestern in einer Versammlung in Frankfurt a. M. der Reichsinnenminister Dr. Frick gemacht. Er hat erklärt:

Es muß Schluß damit gemacht werden, daß die Kommunisten in den Parlamenten der Städte, Länder und des Reiches noch etwas zu sagen haben. Wenn am Tage des Frühlingsanfanges, am 21. März, der neue Reichstag zusammentritt, werden die Kommunisten durch dringende und nützlichere Arbeit verhindert sein, an der Sitzung teilzunehmen. Diese Herrschaften müssen wieder an fruchtbringende Arbeit gewöhnt werden. Dazu werden wir ihnen in Konzentrationslagern Gelegenheit geben. Wenn sie sich dann wieder zu nützlichen Mitgliedern der Nation erziehen lassen, wollen wir sie als vollwertige Volksgenossen willkommen heißen, sonst aber werden wir sie auf die Dauer unschädlich zu machen wissen.

EN vom 10.3.1933

Reichsinnenminister Frick ließ am 10. März in Frankfurt wieder alle Masken fallen:

„Es muss Schluss damit gemacht werden, dass die Kommunisten in den Parlamenten der Städte, Länder und des Reiches noch etwas zu sagen haben. Wenn am Tage des Frühlingsanfanges, am 21. März, der neue Reichstag zusammentritt, werden die Kommunisten durch dringende und nützlichere Arbeit verhindert sein, an der Sitzung teilzunehmen. Diese Herrschaften müssen wieder an fruchtbringende Arbeit gewöhnt werden. Dazu werden wir ihnen in Konzentrationslager Gelegenheit geben. Wenn sie sich dann wieder zu nützlichen Mitgliedern der Nation erziehen lassen, wollen wir sie als vollwertige Volksgenossen willkommen heißen, sonst aber werden wir sie auf die Dauer unschädlich zu machen wissen." (67)

Am nächsten Tag ergänzten die EN, dass Frick nicht nur die Kommunisten in die Konzentrationslager schicken wolle, sondern auch die Sozialdemokraten:

„Nicht nur die Kommunisten müssten verschwinden, sondern auch ihre roten Genossen von der Sozialdemokratie, denn die Sozialdemokratie sei die Wurzel, die den Kommunismus hervorgebracht habe. Das sei Adolf Hitlers Ziel und wer Hitler in den vergangenen 14 Jahren verstehen gelernt habe, der wisse, dass er dieses Ziel auch erreichen wird." (68)

Am 11. März wurden an allen Elmshorner Schulen die Hakenkreuz- und die schwarz-weiß-rote Fahne in einer feierlichen Zeremonie unter Beisein der Schüler, Lehrer und SA gehisst. (69) Die schwarz-weiß-rote Flagge an der Schule Hafenstraße wurde in der Nacht gestohlen. An ihrer Stelle wurde die kommunistische Fahne mit Hammer und Sichel gehisst, die wiederum durch eine neue schwarz-weiß-rote Fahne ersetzt wurde. (70)

In der Schule Lindenstraße wurde eine schwarz-rot-gelbe Fahne (Die Weimarer Republik erklärte in ihrer Verfassung vom 11. August 1919 Schwarz-Rot-Gold zu den Reichsfarben) gefunden. Ein Lehrer übergab diese dem SS-Sturm mit den Worten, sie könnten mit der Fahne machen, was sie wollten. Diese Fahne der Schmach gehöre nicht mehr auf ein deutsches Schulhaus. Die Fahne wurde verbrannt. (71)

2\. Jahrgang. Montag, den 13. März 1933. Nr. 61.

Flaggen-Erlaß Hindenburgs: Schwarz-weiß-rot und Hakenkreuz sind die Reichsfahnen./

Nationaler Sieg bei den preußischen Kommunalwahlen.

Elmshorn absolute nationale Mehrheit. Kreistag Pinneberg und Provinziallandtag Schleswig-Holstein absolut nationalsozialistisch.

Flaggenerlaß Hindenburgs: Schwarz-Weiß-Rot und Hakenkreuzflagge amtlich.

Kurze Nachrichten.

EN vom 13.3.1933

Am 12. März erließ Hindenburg den Flaggenerlass, in dem er festlegte, dass nicht mehr die schwarz-rot-goldene, sondern die schwarz-rot-weiße und die Hakenkreuzfahne gemeinsam die neuen amtlichen staatlichen Fahnen seien.

Hitler hielt nach dem Flaggenerlass eine Ansprache, in der er sagte:

„(…) Mit diesem Erlass hat der Herr Reichspräsident bis zur endgültigen Regelung von sich aus verfügt, dass die Fahne der nationalen Erhebung nunmehr auf den Staats- und öffentlichen Gebäuden neben unserer unvergesslichen ehrwürdigen Traditionsfahne des alten Deutschen Reiches künftig zu wehen hat. Nationalsozialisten, die ihr in dieser Stunde mithört! SA- und SS-Männer! Damit ist auch nach außen hin sichtbar durch diese Vermählung der Sieg der nationalen Revolution gekennzeichnet.

Uns alle muss in dieser historischen Stunde, die wir eben zurückkehren von den Feiern für unsere toten Kameraden, neben dem Gefühl der tiefen Dankbarkeit für den hochherzigen Entschluss des Generalfeldmarschalls eine stolze Befriedigung erfüllen. Ein 14jähriger Kampf um die Macht hat nunmehr seinen symbolischen Abschluss gefunden. Es ist aber nunmehr an uns selbst, dafür zu sorgen, dass diese Macht von jetzt ab durch nichts mehr erschüttert wird. Als euer Führer und im Namen der Regierung der nationalen Revolution fordere ich euch daher auf, die Ehre und damit aber auch die Würde des neuen Regiments so zu vertreten, dass es vor der deutschen Geschichte dereinst auch in Ehren und Würden zu bestehen vermag. Mit dem heutigen Tag, da nun auch symbolisch die gesamte vollziehende Gewalt in die Hände des nationalen Deutschlands gelegt ist, beginnt der zweite Abschnitt unseres Ringens. Von nun ab wird der Kampf der Säuberung und Inordnungbringung des Reiches ein planmäßiger und von oben geleisteter sein. Ich befehle euch daher von jetzt ab strengste und blindeste Disziplin. Alle Einzelaktionen haben von jetzt ab zu unterbleiben. Nur dort, wo die Feinde der nationalen Erhebung sich unseren gesetzlichen Anordnungen mit Gewalt widersetzen, oder wo sie einzelne unserer Männer oder marschierende Kolonnen überfallen, ist der Widerstand dieser Elemente sofort und gründlichst zu brechen.

Im Übrigen aber ist es nun unsere Aufgabe, dem ganzen deutschen Volke und vor allem auch unserer Wirtschaft das Gefühl der unbedingten Sicherheit zu geben. Wer es von jetzt ab versucht, durch Einzelaktionen Störungen unseres Verwaltungs- oder des geschäftlichen Lebens herbeizuführen, handelt bewusst gegen die nationale Regierung. Denn heute sind wir für das Reich verantwortlich, weil es in unserer Hand gegeben ist. (...)

Sollten die Feinde der nationalen Erhebung irgendeinen Widerstand versuchen, dann wird der Wille der Regierung der nationalen Revolution sie blitzschnell niederzwingen, und ihr werdet die Befehle erhalten. Hütet euch aber vor Provokationen und Spitzeln, die, wie wir heute durch die Belege wissen, von der Kommunistischen Partei in unsere Formationen entsandt worden sind. Wir werden sie dank unseres heutigen Einblicks in das Treiben dieser Verbrecherorganisation in kürzester Zeit ohnehin entfernt haben. (...)" (72)

Am Wahltag waren viele Häuser Elmshorns geschmückt mit schwarz-weiß-roten und Hakenkreuzfahnen, die wegen des Volkstrauertages auf halbmast hingen.

„Es war eine einmütige Huldigung für die gefallenen deutschen Helden. Doch dies nicht allein: es war auch ein Bekenntnis zu dem jüngst vollzogenen Umschwung, der mit Sturmgebraus Zermorschtes hinweggefegt und neues, junges zukunftsstarkes Deutschtum heraufgeführt hat. Als Symbole großer Vergangenheit, erhabener deutscher Erneuerung erprangten die jedem deutschen Herzen teueren Farben Schwarz-Weiß-Rot. Ehrfürchtige Trauer und stolze Freude zugleich erfüllte die Herzen. Im Zeichen von Schwarz-Weiß-Rot tat das deutschbewusste Elmshorn seine Wahlpflicht für die Reinigung des Gemeindelebens.

Die Elmshorner Polizei war in höchster Alarmbereitschaft. Es war Hilfspolizei, bestehend aus SS und Stahlhelm, zur Verstärkung herangezogen worden, aber sie brauchte erfreulicherweise nicht in einem einzigen Fall in Tätigkeit treten. Der

Wahltag ist in Elmshorn vollständig ruhig verlaufen. Das Wahlgeschäft war diesmal durch die Abgabe von drei Stimmscheinen etwas langwieriger. Zwei Wahlzellen mussten von jedem Wähler aufgesucht werden. Dadurch verzögerte sich das Wahlgeschäft und es musste häufig bei starkem Andrang Schlange gestanden werden. Vor den Wahllokalen waren die üblichen Wahlplakate aufgestellt. (…)“ (73)

Stadtverordnetenwahl in Elmshorn.

Vergleichsziffern von der Reichstagswahl am 5. März 1933.

Nr.	Wahlbezirk	Nat.-Soz. Deutsche Arb.-Partei St.-V. Wahl März 1933	Nat.-Soz. Deutsche Arb.-Partei R.-T.-W. März 1933	Sozialdem. Partei Deutschlands St.-V. Wahl März 1933	Sozialdem. Partei Deutschlands R.-T.-W. März 1933	Kommunist. Partei Deutschlands St.-V. Wahl März 1933	Kommunist. Partei Deutschlands R.-T.-W. März 1933	Sozialist. Kampfgemeinschaft St.-V. Wahl März 1933	Sozialist. Kampfgemeinschaft R.-T.-W. März 1933	[illegible] St.-V. Wahl März 1933	[illegible] R.-T.-W. März 1933	[illegible] R.-T.-W. März 1933	[illegible] R.-T.-W. März 1933	[illegible] R.-T.-W. März 1933	Zentrum R.-T.-W. März 1933	[illegible] R.-T.-W. März 1933
1	Landwirtschaftl. Schule	481	556	223	232	92	123	—	—	223	132	42	16	29	9	—
2	Schule Lindenstraße	351	434	306	289	123	181	1	—	103	68	11	1	20	7	1
3	Schule Lindenstraße	463	539	222	202	116	172	3	—	178	114	32	15	25	6	—
4	Knabenschule Schulstraße	656	719	125	123	85	114	5	2	275	195	30	20	24	8	1
5	Berufsschule "	354	413	205	186	71	99	1	—	192	58	31	6	14	11	—
6	Mädchenschule "	480	525	309	311	157	226	—	—	112	70	18	25	9	8	1
7	Mädchenschule "	392	463	281	276	81	109	4	—	191	131	18	16	20	5	—
8	Knabenschule Hafenstraße	390	444	325	295	180	244	4	—	142	87	16	7	22	7	3
9	Knabenschule "	295	345	466	455	242	336	2	—	120	81	7	9	15	13	—
10	Mädchenschule "	375	448	308	322	141	187	3	—	176	101	25	9	13	10	—
11	Krankenhaus	25	31	21	23	10	19	—	—	7	4	—	—	9	1	—
	Gesamt-Elmshorn	4262	4919	2791	2714	1[illegible]98	1819	23	2	1664	1041	230	124	200	85	6

EN vom 13.3.1933

Die Nationalsozialisten erreichten mit 9 Sitzen, zusammen mit den Nationalen Wirtschaft mit 3 Sitzen, insgesamt 12 Sitze und damit die absolute Mehrheit. Die Sozialdemokraten erzielten 6 Sitze, die Kommunisten 2 Sitze.

Auf zum Sturm! Die letzten roten Bastionen in den Gemeinden müssen fallen!
Stoßt nach! Der Sieg vom 5. März muß am 12. März vollendet werden.
Elmshorn muß jeden marxistischen Einfluß ausschalten! Freie Bahn für eine reine, klare, stärkste nationale Mehrheit in Elmshorns Stadtvertretung.

EN vom 11.3.1933

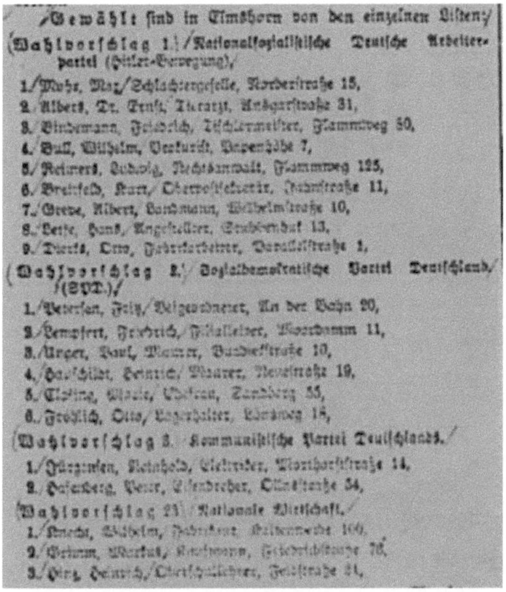

Gewählt sind in Elmshorn von den einzelnen Listen:

Wahlvorschlag 1: Nationalsozialistische Deutsche Arbeiterpartei (Hitler-Bewegung),

1. Mohr, Max, Schlachtergeselle, Norderstraße 15,
2. Albers, Dr. Ernst, Tierarzt, Ansgarstraße 31,
3. Lindemann, Friedrich, Tischlermeister, Flammweg 50,
4. Bull, Wilhelm, Prokurist, [illegible] 7,
5. Reimers, Ludwig, Rechtsanwalt, Flammweg 125,
6. Breitfeld, Kurt, Oberpostsekretär, Jahnstraße 11,
7. Grewe, Albert, Landmann, Wilhelmstraße 10,
8. [illegible], Hans, Angestellter, [illegible] 13,
9. Dierks, Otto, Fabrikarbeiter, [illegible] 1,

Wahlvorschlag 2: Sozialdemokratische Partei Deutschland (SPD.)

1. Petersen, Fritz, Beigeordneter, An der Bahn 20,
2. Kempfert, Friedrich, Filialleiter, Moordamm 11,
3. Unger, Paul, Maurer, Bundesstraße 10,
4. [illegible], Heinrich, Maurer, Neuestraße 19,
5. [illegible], Marie, Ehefrau, Sandberg 55,
6. Fröhlich, Otto, Lagerhalter, [illegible] 18,

Wahlvorschlag 3: Kommunistische Partei Deutschlands.

1. Jürgensen, Reinhold, Elektriker, [illegible] 14,
2. [illegible], Peter, Eisendreher, [illegible] 34,

Wahlvorschlag 23: Nationale Wirtschaft.

1. Knecht, Wilhelm, Fabrikant, [illegible] 100,
2. Grimm, Markus, Kaufmann, Friedrichstraße 76,
3. [illegible], Heinrich, Oberschullehrer, Feldstraße 31,

EN vom 15.3.1933

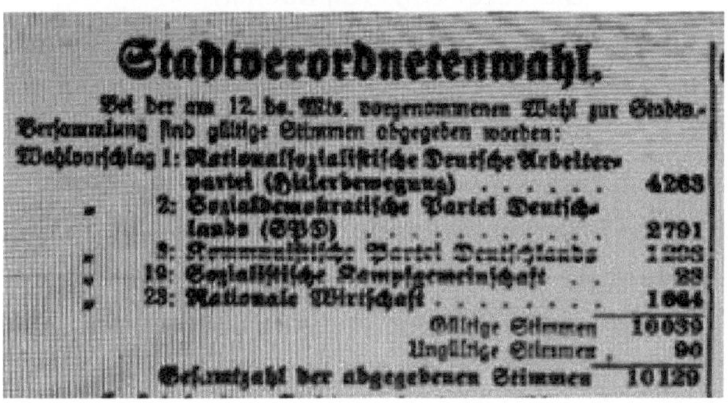

Stadtverordnetenwahl.

Bei der am 12. ds. Mts. vorgenommenen Wahl zur Stadtv.-Versammlung sind gültige Stimmen abgegeben worden:

Wahlvorschlag 1:	Nationalsozialistische Deutsche Arbeiterpartei (Hitlerbewegung)	4263
" 2:	Sozialdemokratische Partei Deutschlands (SPD)	2791
" 3:	Kommunistische Partei Deutschlands	1208
" 19:	Sozialistische Kampfgemeinschaft	23
" 23:	Nationale Wirtschaft	1664
	Gültige Stimmen	10039
	Ungültige Stimmen	90
	Gesamtzahl der abgegebenen Stimmen	10129

EN vom 15.3.1933

In Elmshorn wurden vom 13. März bis zum 15. März die schwarz-weiß-rote und die Hakrenkreuzfahne auf allen öffentlichen Gebäuden gehisst. Auch die Bevölkerung sollte diesem Beispiel folgen. (74)

Elmshorner Nachrichten

„Pinneberger Kreisblatt“

Der Bezugspreis

Sonderbeilagen:

Anzeigenpreis

82. Jahrgang. Donnerstag, den 16. März 1933. Nr. 64.

Die nationalen Kämpfer werden begnadigt.

Die Polen noch auf der Westerplatte. — Baldige Reichstagsvertagung bis zum Herbst. — Heute Rücktritt Luthers? Große Razzia bei Berliner „Edelkommunisten“. — Oesterreich in Krämpfen. — Neuer englischer Abrüstungsentwurf.

EN vom 16.3.1933

„Im Kampfe für die nationale Erhebung des deutschen Volkes sind Straftaten begangen worden, die zu rechtskräftiger Verurteilung oder zur Einleitung von Strafverfahren geführt haben, in denen die Täter zum Teil auch in Untersuchungshaft genommen worden sind. In Würdigung der vaterländischen Beweggründe der Täter haben die Kommissare des Reiches in ihrer heutigen Sitzung den kommissarischen Justizminister ermächtigt, eine Nachprüfung dieser Fälle zur beschleunigten Durchführung von Gnadenakten zu veranlassen. Nach Möglichkeit sollen Strafvollstreckungen bald unterbrochen, ergangene Haftbefehle aufgehoben oder die Beschuldigten mit der Untersuchungshaft verschont werden. Die Nachprüfung wird von den Strafverfolgungsbehörden von Amtswegen beschleunigt durchgeführt, so dass sich Einzelanträge erübrigen.

Hierzu wird aber besonders hervorgehoben: Nachdem die nationale Revolution sich siegreich durchgesetzt hat und die Sicherheit dafür besteht, dass der Wille der nationalen Regierung von sämtlichen Behörden vollstreckt wird, kann keine strafbare Handlung mehr entschuldigt und geduldet werden.“ (75)

Für den 21. März 1933 wurde in einem *„Aufruf an das Volk“* die Beflaggung der Stadt Elmshorn gefordert. (76) Ein Fackelzug sollte aber zunächst nicht stattfinden (77), wurde aber einen Tag später dennoch angekündigt.

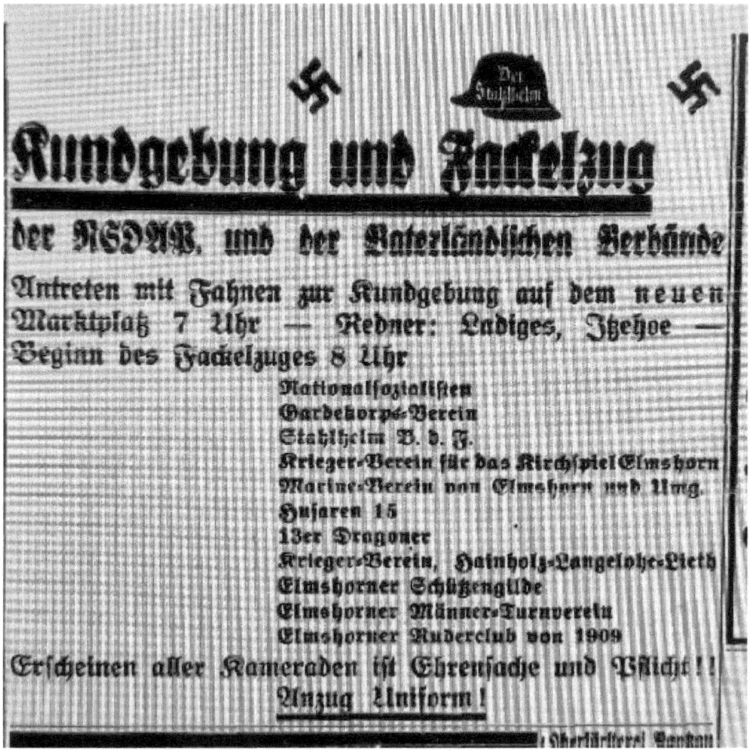
Der Stahlhelm

Kundgebung und Fackelzug

der NSDAP. und der Vaterländischen Verbände

Antreten mit Fahnen zur Kundgebung auf dem neuen Marktplatz 7 Uhr — Redner: Ladiges, Itzehoe — Beginn des Fackelzuges 8 Uhr

Nationalsozialisten
Gardekorps-Verein
Stahlhelm B. d. F.
Krieger-Verein für das Kirchspiel Elmshorn
Marine-Verein von Elmshorn und Umg.
Husaren 15
13er Dragoner
Krieger-Verein, Hainholz-Langelohe-Lieth
Elmshorner Schützengilde
Elmshorner Männer-Turnverein
Elmshorner Ruderclub von 1909

Erscheinen aller Kameraden ist Ehrensache und Pflicht!!
Anzug Uniform!

EN vom 21.3.1933

Jahrgang. Dienstag, den 21. März 1933. Nr. 68.

Der denkwürdige, geschichtliche Tag von Potsdam.

EN vom 21.3.1933

Der am 5. März neu gewählte Reichstag trat am 21. März, dem „Tag von Potsdam", begleitet von großen Feierlichkeiten zum ersten Male zusammen. Ihr Höhepunkt war ein Staatsakt in der Garnisonkirche. Beteiligt waren der Reichspräsident Paul von Hindenburg, der Reichskanzler Adolf Hitler, die Mitglieder seiner Regierung und die Reichstagsabgeordneten mit Ausnahme der Abgeordneten der SPD und der KPD sowie geladene Gäste aus dem öffentlichen Leben, der Wirtschaft und der Reichswehr. Die eigentliche konstituierende Sitzung des Reichstags folgte am

Nachmittag in der Berliner Kroll-Oper, die seit dem Reichstagsbrand einen knappen Monat zuvor als Ersatz für das Reichstagsgebäude diente.

Hier beschloss das neu zusammengetretene Kabinett die *„Verordnung zur Abwehr heimtückischer Diskreditierung der nationalen Regierung"*, die vom Reichspräsidenten Paul von Hindenburg unterzeichnet wurde.

„Auf Grund des Artikels 48 Abs. 2 der Reichsverfassung wird folgendes verordnet:

§ 1

(1) Wer eine Uniform eines Verbandes, der hinter der Regierung der nationalen Erhebung steht, in Besitz hat, ohne dazu als Mitglied des Verbandes oder sonstwie befugt zu sein, wird mit Gefängnis bis zu zwei Jahren bestraft.

(2) Wer die Uniform oder ein die Mitgliedschaft kennzeichnendes Abzeichen eines Verbandes der im Abs. 1 bezeichneten Art, ohne Mitglied des Verbandes zu sein, trägt, wird mit Gefängnis nicht unter einem Monat bestraft.

§ 2

(1) Wer eine strafbare Handlung gegen Personen oder Sachen begeht oder androht und dabei, ohne Mitglied des Verbandes zu sein, die Uniform oder ein die Mitgliedschaft kennzeichnendes Abzeichen eines Verbandes der im § 1 Abs. 1 bezeichneten Art trägt oder mit sich führt, wird mit Zuchthaus, bei mildernden Umständen mit Gefängnis nicht unter sechs Monaten bestraft.

(2) Ist die Tat in der Absicht begangen, einen Aufruhr oder in der Bevölkerung Angst oder Schrecken zu erregen oder dem Deutschen Reich außenpolitische Schwierigkeiten zu bereiten, so ist die Strafe Zuchthaus nicht unter drei Jahren oder lebenslanges Zuchthaus. In besonders schweren Fällen kann auf Todesstrafe erkannt werden.

(3) Nach diesen Vorschriften kann ein Deutscher auch dann verfolgt werden, wenn er die Tat im Ausland begangen hat.

§ 3

(1) Wer vorsätzlich eine unwahre oder gröblich entstellte Behauptung tatsächlicher Art aufstellt oder verbreitet, die geeignet ist, das Wohl des Reichs oder eines Landes oder das Ansehen der Reichsregierung oder einer Landesregierung oder der hinter

diesen Regierungen stehenden Parteien oder Verbänden schwer zu schädigen, wird, soweit nicht in anderen Vorschriften eine schwere Strafe angedroht ist, mit Gefängnis bis zu zwei Jahren und, wenn er die Behauptung öffentlich aufstellt oder verbreitet, mit Gefängnis nicht unter drei Monaten bestraft.

(2) Ist durch die Tat ein schwerer Schaden für das Reich oder ein Land entstanden, so kann auf Zuchthausstrafe erkannt werden.

(3) Wer die Tat grob fahrlässig begeht, wird mit Gefängnis bis zu drei Monaten oder mit Geldstrafe bestraft.

§ 4

Wer die Mitgliedschaft eines Verbandes erschlichen hat, gilt für die Anwendung dieser Verordnung als Nichtmitglied.

§ 5

Diese Verordnung tritt mit dem auf die Verkündigung folgenden Tage in Kraft.

Berlin, den 21. März 1933" (78)

Für das Aufstellen oder Verbreiten „unwahrer" oder „gröblich entstellter" Behauptungen, die *„geeignet waren, das Ansehen der Reichsregierung oder der hinter der Reichsregierung stehenden Parteien schwer zu schädigen"*, drohten bis zu mehrjährige Gefängnis- oder Zuchthausstrafen.

Diese *„Heimtückeverordnung"* mündete am 20. Dezember 1934 in das *Heimtückegesetz*.

Am selben Tag wurden mit einer weiteren Verordnung Sondergerichte gebildet, die für die Aburteilung zuständig sein sollten. (79)

Am 20. März wurden in Elmshorn Hausdurchsuchungen bei Kommunisten am Sandberg und in der Friedensallee durchgeführt und zwei Kommunisten verhaftet, die Flugblätter verteilt hatten. (80)

In der Bismarckschule.

Die Stunde der nationalen Wende und Wiedergeburt des deutschen Volkes verlebten die Lehrer und Schüler der Bismarckschule heute gemeinsam in ihrem mit der Hakenkreuz-, der schwarz-weiß-roten und den Schulfahnen gezierten Festraum. Ehe die Rundfunkübertragung begann, wies der Leiter der Anstalt, Herr Studiendirektor Dr. Humpf, in markigen und kernigen Worten hin auf die Größe und die einzigartige Bedeutung dieses weihevollen Augenblicks. Am Schluß der Wiedergabe, der auch der kleinste Schüler mit starker innerer Anteilnahme folgte, wurde gemeinsam das Deutschlandlied gesungen. Heute abend beteiligt sich die Schule geschlossen an der großen nationalen Kundgebung der vaterländischen Verbände.

In den Volksschulen.

Zur Eröffnung des neugewählten Reichstages fand heute in der Mädchenschule Propstenfeld eine Feier statt. Die fünf Klassen der Oberstufe feierten gemeinsam in der Aula der Schule. Der Schulleiter wies in seiner Ansprache auf die Bedeutung des Tages hin, der in der deutschen Geschichte den Anbruch einer neuen Zeit bedeute. Ein neues, nationales Deutschland sei im Entstehen und Werden. Die ganze Feier war von vaterländischen Liedern umrahmt und eingefaßt. — Die Klassen der Grundschule feierten je zwei Klassen gemeinsam in einem Klassenraum. Auch hierbei wurde der Bedeutung des Tages in einer Ansprache gedacht. Damit auch diese Klassen an der Feier in Potsdam durch Rundf-

EN vom 13.3.1933

Heimatliche Rundschau.

Elmshorn, den 21. März.

Der Tag von Potsdam in Elmshorn.

-b- Fahnen wehen in allen Straßen Elmshorns. Wohin man sieht, Fahnen. Nicht nur auf Bürgerhäusern, sondern auch auf Fabriken und Mühlen, vom Kirchturm und von den staatlichen und städtischen Gebäuden wehen die Flaggen schwarz-weiß-rot und die Hakenkreuzfahne. In den Straßen wechseln schwarz-weiß-rote, blau-weiß-rote und Hakenkreuzfahnen in bunter Folge ab. Die ganze Stadt, selbst in den entlegensten Winkeln, ist in ein Festkleid von Fahnen getaucht. Alle Kreise der Bevölkerung nehmen teil an dem nationalen Feiertag. Einige größere Betriebe haben in der Mittagszeit ihre Arbeiter nach Hause geschickt, damit sie die nationale Feierstunde am Rundfunk miterleben konnten. Während der Feierstunde in Potsdam war beim „Holsteinischen Hof" ein Lautsprecher aufgestellt. Viele Menschen folgten hier aufmerksam den Ereignissen in Potsdam.

Heute abend Fackelzug aller vaterländischen Verbände.

Der nationale Feiertag wird auch in Elmshorn würdig begangen werden. Dem Führer des „Stahlhelm" ist es doch noch gelungen, zu heute abend die nötigen Fackeln zu beschaffen. Freiheitsfackeln sollen am nationalen Feiertag auch in Elmshorn lodern. An dem Fackelzug nehmen teil: „Stahlhelm", NSDAP. mit SA. und SS., Elmshorner Männer-Turnverein, Kriegerverein, Elmshorner Schützengilde, Marineverein, Gardekorpsverein usw. Auch die Schüler werden nicht fehlen. Man kann sagen, daß ganz Elmshorn sich beteiligen wird. An die Einwohnerschaft ergeht die Bitte, ihre Häuser zu illuminieren. Ganz Elmshorn muß heute am nationalen Feiertag im Lichterglanz erstrahlen. — Der Fackelzug nimmt um 8 Uhr seinen Anfang auf dem neuen Marktplatz. Folgende Straßen werden berührt: Ab Marktplatz, Kaiserstraße, Friedrichstraße, Margarethenstraße, Ollnsstraße, Reichenstraße, Austraße, Mühlenstraße, Mühlendamm, Bauerweg, Schulstraße, Peterstraße, Gärtnerstraße, Kirchenstraße, Schulstraße, Flamweg, Markt, Königstraße.

EN vom 21.3.1933

N.-S. D.-A.-P.

Ortsgruppe Elmshorn

Kundgebung zum nationalen Feiertag

am Dienstag, dem 21. März, abds. 8 Uhr, im Holst. Hof

Militärkonzert

ausgeführt von der Sturmkapelle II 31

Redner Pg. Rechtsanwalt Spieler, Wesselburen

Eintritt —.50, Erwerbslose —.20

Der Ortsgruppenleiter

Hinweis: Am Freitag, dem 24. d. Mts., abends 8 Uhr, wird in der Aula der Bismarckschule eine Schleswig-Holsteinische Erhebungsfeier veranstaltet

EN vom 20.3.1933

Einen sehr ausführlichen und sehr pathetischen Bericht lieferte die EN von den Feierlichkeiten in Elmshorn:

le Tools Bearbeiten Konvertieren Signieren

Der nationale Feiertag in Elmshorn-. - Deutschland ist erwacht!

„ Der nationale Feiertag in Elmshorn -. -Deutschland ist erwacht!

Der Tag von Potsdam hat auch in Elmshorn seinen stärksten Widerhall gefunden. Ein Gang durch die Straßen zeigte bereits in den Vormittagsstunden bei herrlichem Frühlingssonnenschein prächtigen Flaggenschmuck. Nicht nur die öffentlichen Gebäude hatten außer Schwarz-Weiß-Rot das Hakenkreuz gehisst, auch die privaten Gebäude wetteiferten in der Beflaggung der Fenster und Dächer. Im Straßenbild herrschte feiertägliche Stimmung.

Die nationalen Verbände hatten dann noch in letzter Stunde zu einem Fackelzug aufgerufen. Der Erfolg war, dass so viele Teilnehmer erschienen waren, wie wohl keiner es erwartet hatte. Einen großen Teil der Teilnehmer stellte die Jugend. Schüler und Schülerinnen der Elmshorner Schulen waren von ihren Lehrern eingeladen, an dem Fackelzug teilzunehmen. Die Teilnahme war freiwillig. Man will keine Kinder zwingen. Es gibt ja noch Eltern, die anders eingestellt sind, und die daher ihren Kindern die Teilnahme wohl nicht erlaubt hätten. Wer aber die freudigen Gesichter der Kinder in dem Fackelzug gesehen hat, der muss sich sagen, dass man den Kindern keine größere Freude hätte machen können. Während des ganzen Marsches durch die Stadt sangen sie Marschlieder und das Horst Wessel-Lied. Und wie war es bei den Erwachsenen? Man sah es manchem alten SA-Mann und manchem Frontsoldaten an, das innere Freude und Hoffnung sie durchglühte. Die 14 langen Jahre der Not und des Kampfes um ein besseres Deutschland haben ihre Gesichter hart gemacht. Jetzt beim Beginn des deutschen Volks-Frühlings kommt ein Hoffnungsschimmer auch in ihre Gesichter. Die Rede des Herrn Ladiges, die er kurz vor Beginn des Fackelzuges hielt, klingt noch in ihrem Herzen nach und hat neue Hoffnung auf bessere Zukunft geweckt. So marschierten sie einer neuen und besseren Zeit entgegen.

Dass der Fackelzug so überwältigend werden würde, hatte wohl anfangs niemand geglaubt. Um 7 Uhr wollte die NSDAP auf dem Marktplatz eine Kundgebung veranstalten, an die sich der Fackelzug anschließen sollte. Wer aber um 7 Uhr auf dem Marktplatz war, wurde doch etwas enttäuscht. Man sah nur, wie ein großes Lastauto vor der Markthalle auffuhr. Dieses Auto wurde mit einer großen Hakenkreuzfahne an seiner Längsseite, die zur Straße zeigte, geschmückt. Es war die Rednertribüne. Aus der Ferne ertönt dann aber Musik von einem Spielmannszug. Unter den Klängen eines schneidigen Marsches marschiert der Jungsturm 225 heran und hält.. Es folgt die Bismarckschule, ebenfalls mit ihrem Spielmannszug. Die Volksschulen rücken mit Gesang auf den Platz. Unter flotter Marschmusik ihres Spielmannszuges kommt die SA anmarschiert. Es füllt sich der Platz. Verein auf Verein kommt mit Fahne. Der Stahlhelmführer verteilt die Fackeln vor dem Zollamt.

Mit einer solch großen Teilnehmerzahl hatte man nicht gerechnet. Man muss sparsam mit den Fackeln umgehen. Aber die Frage wird zur Zufriedenheit aller Teilnehmer gelöst. Nachdem alle Vereine versammelt waren, hält Herr Ladiges aus Itzehoe eine kurze Ansprache. Er weist auf die Bedeutung des 21. März 1933 hin. Der 21. März 1933 soll die Schmach des 9. November 1918 wieder auslöschen. Er ist der Beginn einer neuen Zeit. Dann weist er auf die Opfer der SA hin, die die SA in der Zeit der Unterdrückung Deutschlands gebracht hat. Es sei der Verdienst der SA und ihres Führers Adolf Hitler, dass die Zeitenwende eingetreten sei in Deutschland. Mit einem „Sieg-Heil" auf den Reichspräsidenten, den Reichskanzler und auf Deutschland schloss er seine Rede.

Nach der Rede marschiert die Spitze des Fackelzuges ab. Vorher, als die Kolonnen noch geschlossen auf dem Platz standen, bot der Marktplatz das Bild eines Flammenmeeres. Dies Meer löst sich langsam in eine Feuerschlange auf. Ein schöner, glanzvoller Anblick. Am Anfang des Zuges marschiert die SA, dann folgt die Schule Hafenstraße und die Hitlerjugend, anschließend die Reitergruppe des Elmshorner Reitervereins mit Standarte und die Schüler der Reit- und Fahrschule. Es folgt die Bismarckschule und die Volksschulen vom Probstenfeld und der Schulstraße. Dann die einzelnen vaterländischen Vereine und Verbände, die Schützen in ihrer schneidigen Uniform, Marineverein, Kriegerverein, Ruderklub, Jungsturm, Christliche Pfadfinder in Ihrer Tracht, die graue Kolonne des Stahlhelm, Bund der Frontsoldaten, am Schluss des Zuges die SS.

Die Straßen waren von Zuschauern schwarz umsäumt, die gute Disziplin übten. Die Polizei hatte wenig zu tun, um die Ordnung zu halten. Der Verkehr wickelte sich glatt ab. Niemals hat Elmshorn soviel flatterndes Fahnentuch, solch Lichtermeer einer Illumination gesehen.

Die ganze Einwohnerschaft feierte aus freudigem Herzen und bewegtem Gemüt den großen Tag von Potsdam.

Selten hatte Elmshorn ein solches Bild bewegten Lebens gesehen, als am Abend dieses 21. März 1933. War schon der Tag der erwachenden Nation ein Erlebnis, wie viele es noch nicht hatten, so dürfen wir ruhig feststellen, dass gestern jenes Erleben noch überstieg und es sich steigern liess zu einer aus dem tiefsten Inneren jedes

Einzelnen kommenden Begeisterung, die erkennen lässt, wie tief und wie stark deutsches Denken und Fühlen, trotz all der schweren Jahre, und vielleicht gerade dieser Jahre wegen, in der deutschen Seele verankert ruht. Sind auch die Fackeln verloschen, das Feuer, das an diesem Abend in unserem Herzen entzündet wurde, wird weiter leuchten, auch dann, wenn uns die kommenden Tage vor schwerste Pflichten stellen. Denn nun heißt es: „An die Arbeit."

Viele Hausbesitzer, die ihre Häuser schön geschmückt hatten, wurden enttäuscht, denn der Fackelzug nahm einen anderen Weg, als vorher vorgesehen war. In Zukunft muss die Presse genauer über den Weg, den ein Fest- oder Fackelzug nehmen soll, unterrichtet werden, damit den Hausbesitzern Kosten und Enttäuschungen erspart werden.

Im Anschluss an den Fackelzug veranstaltete die NSDAP, Ortsgruppe Elmshorn, im „Holsteinischen Hof" ein Militärkonzert.

Als der Zug sich durch die Königstraße bewegte, war der große Saal des „Holsteinischen Hofes" schon gedrängt voll. Für die Teilnehmer des Zuges suchte man an den Seiten, vor der Bühne und in der Veranda neuen Platz zu schaffen. Die im Saal Wartenden wurden bis zum Beginn des Militärkonzertes mit Lautsprecher-Musik unterhalten. Etwa um 9. 30 Uhr traf die SA-Kapelle ein, und jetzt erfolgte auch der feierliche Einzug der Fahnen, die mit erhobener Hand von den Anwesenden begrüßt wurden. Flotte Militärmärsche und Potpourris gelangten zum Vortrag, die die Zeit schnell verstreichen ließen und im Saal eine freudig-gehobene Stimmung verbreiteten. Der Ortsgruppenleiter, Herr Mohr, stellte in der Konzertpause den neuen kommissarischen Bürgermeister von Elmshorn, Herrn Rechtsanwalt Spieler, Wesselburen, vor, worauf sich im Saal lauter, tosender Beifall erhob. Als der Redner des Abends, Herr Rechtsanwalt Spieler, in brauner SA-Uniform das Rednerpult betrat, durchbrauste neuer Beifall den Saal. Herr Spieler führte u.a. folgendes aus:

Das Dritte Reich ist da, der Tag der erwachten Nation neigt sich seinem Ende zu. Es war der erhebendste Tag seit den Augusttagen 1914, ein Tag, an dem man alle nationalen Kräfte einmütig zusammen marschieren sah. Die fast unmenschlichen Anstrengungen der SS und SA sind nicht umsonst gewesen. Der Glaube an Deutschland und an die Berufung Hitlers hat endlich zum Erfolg geführt.

Zahlreiche Wahlschlachten liegen hinter uns, doch diese Zeit dünkt uns heute nur noch ein böser Traum, der mit dem Erwachen vorbei ist.

Jetzt stehen Männer an der Spitze, die den Marxismus mit Stumpf und Stiel ausrotten wollen (Bravo!).

In jedem Arbeiter sehen wir unseren Volksgenossen, den wir durch unsere Taten in unsere Reihen zurückführen wollen (Bravo), aber die Verführer der Arbeiter werden wir strafen, sofern sie es nicht vorgezogen haben, rechtzeitig Deutschland den Rücken zu kehren.

Die Zeit der Korruption ist vorbei, ein neuer Geist, der Geist von Potsdam, ist eingetreten.

Mit Trauer gedenken wir derer, die im Kampf um die Freiheit ihr Leben dahingaben: der Toten des Weltkrieges und der Toten der braunen Armee und des Stahlhelms, die von Bruderhand gemordet worden sind. Von ihnen haben wir gelernt, dass nur höchste Opferbereitschaft das Volk retten kann. Trotz aller Anstrengungen wäre diese Rettung aber nicht gekommen, wenn nicht Adolf Hitler mit sicherem Instinkt und zäher Arbeit den Weg gewiesen hätte. Die blutigen Absichten der Kommunisten fürchten wir nicht.

Eine geistige Bewegung lässt sich nicht mit Feuer und Blut vernichten.

Die Flammen des Reichstages haben das deutsche Volk nur zusammengeschmiedet.

Es erfüllt mich mit Genugtuung, dass ich heute am Ehrentage des Vaterlandes mit der kommissarischen Verwaltung des Elmshorner Bürgermeisterpostens betraut worden bin. Die Übernahme dieses Amtes ist mir nicht leicht geworden, hatte ich doch schon am ersten Tage gemerkt, dass an mich als Bürgermeister hohe Ansprüche gestellt werden. Als aber der Ruf des Führers mich auf diesen Posten rief, musste ich ihm folgen, das war meine Pflicht. Jetzt soll auch in Elmshorn die Polizeigewalt vom Geiste Hitlers und Görings erfüllt werden. Ich bitte Sie alle, helfen Sie mit, dass die Erneuerung Deutschlands auch in Elmshorn durchgeführt wird zum Wohle unseres deutschen Vaterlandes, des Deutschlands Hindenburgs und Hitlers. Mit dem heutigen Tage soll es wieder aufwärts gehen. Wir alle geloben:

Wir wollen sein ein einzig Volk von Brüdern,

in keiner Not uns trennen und Gefahr!

Wir wollen frei sein, wie die Väter waren,

eher den Tod, als in der Knechtschaft leben!

Wir wollen trauen auf den höchsten Gott

und uns nicht fürchten vor der Macht der Menschen!

Unser Wollen und Denken sei Deutschland, nichts als Deutschland.

Anschließend sangen die Versammelten das Horst Wessel-Lied.

Darauf wurde das Militärkonzert fortgesetzt. (...)

Nach einigen Märschen, auch unter Mitwirkung des Spielmannszuges, sprach der Ortsgruppenführer Mohr die Schlussworte. Er betonte, man auch jetzt im neuen Reich jedem Ruf des Führers folgen werde, wenn es für Deutschland gelte. Die Rede klang aus in einem dreifachen „Sieg-Heil" auf Deutschland. Stehend wurde darauf die erste Strophe des Deutschland-Liedes gesungen. Damit war die Versammlung beendet. Freudig wurde das Ende nicht begrüßt, denn man hätte gerne noch weiter die flotten Weisen der Kapelle gehört, die ins Blut gehen und die den ganzen inneren und oft auch äußeren Menschen zum Mitschwingen bringen. Die Auflösung der Versammlung vollzog sich mustergültiger Ruhe und Ordnung." (81)

Am 20. März wurde das erste deutsche Konzentrationslager in Dachau bei München mit einem Fassungsvermögen von 5000 Menschen eröffnet. Hier würden laut Münchener Polizeipräsident Heinrich Himmler die gesamten kommunistischen, Reichsbanner- und sonstigen marxistischen Funktionäre zusammen gezogen. Bei den kommunistischen Funktionären könne man nicht an eine Freilassung denken, weil sie sonst weiter hetzen würden. (82)

Am 22. März fanden weitere Hausdurchsuchungen bei Kommunisten auf dem Sandberg statt, bei denen nach dem Bericht der EN selbsthergestellte

Schlagwerkzeuge gefunden wurden. An den Durchsuchungen nahm auch die „Hilfspolizei“ statt, die jetzt auch für den Nachtdienst aufgestellt werden sollte. (83)

Am 21. März war der Jurist und SS-Sturmbannführer Christian Spieler aus Wesselburen vom Regierungspräsidenten in Schleswig als kommissarischer Bürgermeister in Elmshorn eingesetzt worden. Dieser wurde den Elmshornern am 23. März in den EN vorgestellt:

„Herr Spieler wurde am 3. Juli 1902 in Berlin geboren. Eltern und Großeltern stammen aus Flensburg. Er ist somit auch Schleswig-Holsteiner. Bis zum Jahre 1921 besuchte er die Oberrealschule in Kiel und machte dort sein Abitur. Dann erlernte er zweieinhalb Jahre das Bankfach. Nebenbei hörte er volkswirtschaftliche Vorträge. Später studierte er in Kiel Jura und Volkswirtschaft. Er war Vorsitzender des Amtes für Leibesübungen und des Hochschulringes deutscher Art. Im Jahre 1926 bestand er sein Referendar-Examen. In Elmshorn wirkte er als Referendar im Jahre 1929 und hatte die Vertretung von Herrn Rechtsanwalt Reimers. Im April 1930 legte er sein Assessor-Examen ab. Danach war er ein halbes Jahr Rechtsanwalt in Rendsburg. Er verließ Rendsburg, weil man ihm, dem Führer der Ortsgruppe der Nationalsozialisten, das Notariat verweigerte. Er siedelte nach Wesselburen über, wo er bis jetzt als Rechtsanwalt tätig war. - Herr Rechtsanwalt Spieler ist in Elmshorn nicht unbekannt. Er bearbeitete die Sache des Zusammenstoßes Grezesch - Polizei Elmshorn, die sich ereignete, als Grezesch im vorigen Jahr aus dem Gefängnis entlassen wurde. Diese Sache ist niedergeschlagen. Auch verteidigte er die „Bombenwerfer“ aus Elmshorn. - Im Jahre 1924 diente Herr Rechtsanwalt Spieler während der Sommerferien bei der Reichswehr.“ (84)

Kommissarischer Bürgermeister von Elmshorn Christian Spieler. Foto: EN

Christian Spieler: geb. 3. Juli 1902 in Berlin, gest. 8.8.1973 in Elmshorn.

3. Juli 1902	Geburt in Berlin
	Studium der Rechtswissenschaften
	Angehöriger der Organisation Wiking
1921 – 1924	Mitglied der Brigade Erhardt
Okt. 1930	Eintritt in die SA
Nov. 1930	Eintritt in die NSDAP
	NSDAP-Ortsgruppenleiter in Rendsburg bei Kiel
	Rechtsanwalt in Elmshorn
März 1933	kommissarischer Bürgermeister von Elmshorn
Juni 1933	Ernennung zum Oberstaatsanwalt in Schweidnitz Aufbau des “Gemeinschaftslagers Hanns Kerrl” für Referendare in Jüterbog
Juli 1933 – Dez. 1934	Lagerkommandant des “Gemeinschaftslagers Hanns Kerrl” für Referendare in Jüterbog
	Tätigkeit beim Kammergericht und als Vernehmungsrichter beim Polizeipräsidium Berlin Rechtsreferent der SA-Standarte „Feldherrnhalle“
Juli 1939	Berufung ins Reichsministerium für Volksaufklärung und Propaganda (RMVP), Referent in Goebbels’ Ministerbüro
Aug. 1939	Einberufung zum Regiment General Göring als Oberleutnant der Reserve
Juli 1940	Rückkehr ins RMVP, Ernennung zum Ministerialrat
1942	Kriegsdienst bei der Wehrmacht, u.a. in Afrika
Mai 1943	amerikanische Kriegsgefangenschaft
um 1950	wohnhaft in Elmshorn-Pinneberg
8. August 1973	Verstorben in Elmshorn

Tabelle Spieler nach:

BArch Berlin-Lichterfelde, R 55/22799; R 3001/76894, 76895; R 3001/84324; R 9361-I/3460; R 9361-II/957747; R 9361-V/10550; R 9361-III/569533; R 43/4543.

BArch Freiburg: PERS 6/217196.

https://ns-reichsministerien.de/2020/05/14/christian-spieler/

Sterbedatum nach Todesanzeige

Hanns Kerrl (Mitte) 1933 beim Besuch des später nach ihm benannten Lagers für Justiz-Referendare in Jüterbog. Links neben ihm Christian Spieler. Foto: Bundesarchiv, Bild 102-14899 / Georg Pahl / CC-BY-SA 3.0

Als kommissarischer Beigeordneter wurde am 23. März der Prokurist Wilhelm Bull vom Regierungspräsidenten in Schleswig bestellt. (85)

Zum 24. März, dem Erhebungstag der Schleswig-Holsteiner 1848, wurde in Elmshorn Flaggenschmuck angeordnet. (86)

Keine Kommunisten im Stadtparlament.

-b- Nicht angenommen hat die Wahl zum Stadtverordneten der auf der Liste der KPD. gewählte Herr Hasenberg. Die Stellung eines Ersatzmannes erübrigt sich, da nach einer Verfügung der Regierung die Abgeordneten der KPD. nicht zu den Sitzungen eingeladen werden.

* * *

Die Einführung der am 12. März gewählten Stadtverordneten erfolgt in einer Kollegien-Sitzung am Freitag, dem 31. März.

Neuer Stadtverordneter.

Durch die Mandatsniederlegung des auf der Liste „Nationale Wirtschaft" gewählten Herrn Oberschullehrers Stadtrat Hinz mußten sich die Unterzeichner des Wahlvorschlages gestern abend mit der Frage der Aufrückung eines Kandidaten für den Ausscheidenden beschäftigen. Sie beschlossen einstimmig, davon Abstand zu nehmen, in der Reihenfolge der Aufrückung eine Aenderung vorzunehmen. Nach den gesetzlichen Bestimmungen tritt somit der vierte Kandidat der Liste „Nationale Wirtschaft", Herr Walter Klappstein, der Kandidat des „Stahlhelm", an die Stelle des Herrn Oberschullehrers Hinz.

Die Polizeibeamten stellen sich hinter die nationale Regierung.

Die Polizeibeamten der Kreisgruppe Pinneberg fanden sich am 22. März 1933, 18 Uhr, in Elmshorn, Mühlenstraße Nr. 11, bei Fehrs zusammen, um Stellung zu nehmen zu der durch die Nationale Revolution entstandenen neuen Lage hinsichtlich des Aufbaues ihrer gewerkschaftlichen Organisation.

Die Versammlung zeigte einen erfreulich starken Besuch. Nach Bekanntgabe eingegangener letzter Rundschreiben nahm die Versammlung Stellung zur Zusammensetzung ihres neuen Vorstandes. Es wurde in der Aussprache einstimmig zum Ausdruck gebracht, daß nur Personen in den Vorstand gewählt werden könnten, die ihre nationale Gesinnung bekunden und politisch bisher unbeschwert dastanden.

Die Neubesetzung des Vorstandes erbrachte die einstimmige Wahl der folgenden Kollegen: 1. Vorsitzender: Pol.-Hauptwachtmeister Brehm-Elmshorn, 2. Vorsitzender: Pol.-Meister Martens-Pinneberg, 1. Schriftführer: Pol.-Hauptwachtmeister Schütz-Elmshorn, 2. Schriftführer: Pol.-Hauptwachtmeister Christiansen-Wedel, 1. Kassenführer: Pol.-Hauptwachtmeister Degen-Elmshorn, 2. Kassenführer: Krim.-Bez.-Sekr. Drews-Elmshorn.

Als Kassenprüfer wurden bestimmt: 1. Pol.-Hauptwachtmeister Fröhlich-Pinneberg und Pol.-Hauptwachtmeister Koopmann-Langelohe.

Am Schluß der Vorstandswahl wurde von dem Vorsitzenden der Wunsch ausgesprochen, daß der Vorstand gedeihlich und zum Nutzen der Mitglieder arbeiten möge. Folgende Resolution wurde einstiming beschlossen:

„Die am 22. März 1933, abends, in Elmshorn versammelten Polizeibeamten des Kreises Pinneberg begrüßen alle Maßnahmen des Hauptvorstandes, die dahin zielen, nicht nur den Verband zu erhalten, sondern darüber hinaus die Zersplitterung im Organisationswesen zu bezwingen und die Organisation in die nationale Bewegung einzuschalten. Weiter begrüßen wir das Vorgehen des Hauptvorstandes, den Verband Preußischer Polizeibeamte das sein zu lassen, was er staatspolitisch nur sein kann und sein soll: nämlich ein Mittel, die Polizei zu einem willigen, zuverlässigen und schlagfertigen Schlaginstrument in der Hand der nationalen Regierung zu machen. Wir selbst geloben, in strengster Pflichterfüllung mit ganzer Kraft und ganzem Willen am Wiederaufbau von Volk und Vaterland mitzuarbeiten."

Nach einmütigem Verlauf fand die Versammlung um 20.30 Uhr ihren Abschluß.

EN vom 23.3.1933

Am 23. März stellte Hitler das zur Abstimmung anstehende Ermächtigungsgesetz und das nationale Programm dem Reichstag in einer Rede vor:

„(...) Die vielen Wahlen werden aufhören. Eine Verfassung soll konstruiert werden, die die Volksidee in wahrer Größe enthält. Alle die Elemente werden ferngehalten werden, die bewusst die Gesetze negieren. Die Gleichheit vor dem Gesetz gilt nur für die, die sich hinter die Regierung stellen, nicht für die Staatsfeinde. Die Regierung will Deutschland vor namenlosem Elend durch den Kommunismus bewahren. Die monarchische Frage ist heute undiskutabel. Ein Lösungsversuch dieser Frage in anderen Ländern wird verhindert werden. Schule, Theater, Presse, Film, Rundfunk werden alle der Erhaltung der im Sinne unseres Volkstums liegenden Werte dienen.

Weltbürgertum gibt es nicht. Die Nationale soll durch alle diese staatlichen und öffentlichen Einrichtungen gefördert werden. Ehrfurcht vor deutschen Männern soll der Jugend wieder eingehämmert werden. So werden die Voraussetzungen für ein wirklich tiefes, geistiges und religiöses Leben geschaffen. Die beiden christlichen Konfessionen sind wichtige Teile des Volkes. Der Staat verlangt aber von den Konfessionen das gleiche ihnen zugestanden Recht. Die nationale Regierung wird in Schule und Erziehung den beiden Konfessionen ihren gebührenden Einfluss sicherstellen.

Landes- und Volksverrat sollen mit barbarischer Rücksichtslosigkeit ausgerottet werden. (Beifall) Die Unabsetzlichkeit der Richter soll gewahrt werden. Hüten müsse man sich jedoch vor einer zu starren Auslegung des Rechts.

Das Kapital dient der Wirtschaft und die Wirtschaft dem Volk. Keine staatliche Wirtschaftsbürokratie, Anerkennung der Privatinitiative grundsätzlich. Sparsame Verwaltung, Reform des Steuerwesens, Vereinfachung, Verminderung der öffentlichen Lasten, Entbürokratisierung, Währungsexperimente werden vermieden. Rettung des deutschen Bauern muss unter allen Umständen durchgeführt werden. (Bravo!) Ohne das Gegengewicht des deutschen Bauerntums hätte der kommunistische Wahnsinn schon Deutschland überrannt. Deutschland verdankt dem deutschen Bauern unendlich viel.

Die Arbeitslosenarmee soll wieder eingeführt werden in den Wirtschaftsprozess. Arbeitsbeschaffung und Arbeitsdienstpflicht sind nur Einzelmaßnahmen in dieser Beziehung. Auch der deutsche Mittelstand soll gestützt und gefördert werden. Als Kanzler und Nationalsozialist fühle ich mich ihm als Gefährten meiner Jugend verbunden. (Bravo!) Die geographische Lage Deutschlands lässt keine Autarkie zu. Der Außenhandel muss aber in einem gesunden Leistungsaustausch bestehen. Solange man uns keine Regelung der Auslandsschulden zubilligt, sind wir weiter zur Aufrechterhaltung der Devisen-Zwangswirtschaft gezwungen.

Die Förderung des Verkehrs ist notwendig: Verminderung der Kraftfahrzeugsteuer, Zurückführung der Reichsbahn in den Besitz des Reiches (Bravo!), und Pflege des Luftverkehrs sind die ersten Aufgaben in dieser Beziehung.

Die Regierung bedarf zu ihrer Arbeit der Treue des Berufsbeamtentums.

Schutz der Grenzen des Reiches liegt bei der Reichswehr, auf die wir stolz sein dürfen. (Beifall) In seinem Geiste ist sie der Träger der besten soldatischen Tradition. (Bravo!) Deutschland wartet seit Jahren auf die Abrüstung der Andern.

Nur wenn die andere Welt radikal abrüstet, nur dann kann Deutschland von einer Aufrüstung absehen. (Tosender Beifall)

Die Ideale der Freiheit, der Ehre, der Armee und der Nation müssen dem deutschen Volke wieder heilig werden. Deutschland verlangt vollkommene Gleichberechtigung, damit es nicht mehr Sieger und Besiegte gibt. Folgende Grundsätze stellt die Regierung für ihre Führung auf:

1. *unbedingte Autorität der politischen Führung.*
2. *Sicherstellung des Friedens auf lange Sicht.*
3. *Endgültiger Sieg der Vernunft in der Führung der Wirtschaft und Fortfall der Reparationen und unmöglicher Zinsverpflichtungen.*

(...) Die Lösung aller Aufgaben kann nur durch ein weitgestecktes Ermächtigungsgesetz geschehen. Der Reichstag soll dabei nicht aufgelöst und ausgeschaltet werden. Eine längere Tagung des Reichstages ist heute unmöglich. Es ist keine Revolution so unblutig verlaufen wie die jetzige. Auch für die Zukunft soll es

so weitergehen. Die Regierung muss daher alle Macht haben, jedes Blutvergießen und jede Störung der rührigen Entwicklung zu verhindern.

Die Regierung besteht auf eine Verabschiedung des Gesetzes. Sie ist auch bereit, eine Ablehnung entgegenzunehmen. Mögen Sie, meine Herren, jetzt die Entscheidung treffen über Krieg oder Frieden. (Bravo und Heilrufe) Anschließend wurde das Deutschlandlied gespielt.“ (87)

Der Reichstag wurde zur Verabschiedung des Gesetzes nicht nur zeitlich unter Druck gesetzt, ihm wurde mit den Worten „Krieg oder Frieden“ auch gedroht und die Pistole auf die Brust gesetzt. Nach nur dreistündiger Sitzungspause wurde das Gesetz am gleichen Tage in dritter Lesung verabschiedet. (88)

Hiermit wurde der Regierung die absolute Macht gegeben. Das Ermächtigungsgesetz diente nicht dazu, die Republik handlungsfähig zu machen, sondern sie abzuschaffen. Zusammen mit der *„Reichstagsbrandverordnung“* galt es als rechtliche Grundlage der nationalsozialistischen Diktatur, weil damit das Prinzip der Gewaltenteilung durchbrochen wurde.

Hitlers Regierung konnte nach dem *„Ermächtigungsgesetz“* nicht nur Verordnungen, sondern auch Gesetze und auch Verträge mit dem Ausland beschließen. Die so beschlossenen Gesetze konnten von der Verfassung abweichen. Die Regelung sollte vier Jahre dauern.

Weder ein Reichstagsausschuss noch der Reichsrat konnten die Kontrolle ausüben bzw. nachträglich die Aufhebung fordern. Somit erhielt die Exekutive auch die legislative Gewalt.

Elmshorner Nachrichten
„Pinneberger Kreisblatt“
82. Jahrgang. Freitag, den 24. März 1933 Nr. 71.
Ermächtigungsgesetz mit 441 gegen 94 Stimmen angenommen.
Eine große zweite Reichstagsrede Adolf Hitlers: Vernichtende Abrechnung mit den November-Verbrechern.
Zahlreiche Verhaftungen: Karl Severing, Dr. Gereke, [illegible] Ministerpräsident a. D. Hirsch, Dr. Weber. – Befreiung der Gewerkschaften vom Marxismus

EN vom 24.3.1933

Reichsgesetzblatt

Teil I

1933	Ausgegeben zu Berlin, den 24. März 1933	Nr. 25

Gesetz zur Behebung der Not von Volk und Reich. Vom 24. März 1933.

Der Reichstag hat das folgende Gesetz beschlossen, das mit Zustimmung des Reichsrats hiermit verkündet wird, nachdem festgestellt ist, daß die Erfordernisse verfassungändernder Gesetzgebung erfüllt sind:

Artikel 1

Reichsgesetze können außer in dem in der Reichsverfassung vorgesehenen Verfahren auch durch die Reichsregierung beschlossen werden. Dies gilt auch für die in den Artikeln 85 Abs. 2 und 87 der Reichsverfassung bezeichneten Gesetze.

Artikel 2

Die von der Reichsregierung beschlossenen Reichsgesetze können von der Reichsverfassung abweichen, soweit sie nicht die Einrichtung des Reichstags und des Reichsrats als solche zum Gegenstand haben. Die Rechte des Reichspräsidenten bleiben unberührt.

Artikel 3

Die von der Reichsregierung beschlossenen Reichsgesetze werden vom Reichskanzler ausgefertigt und im Reichsgesetzblatt verkündet. Sie treten, soweit sie nichts anderes bestimmen, mit dem auf die Verkündung folgenden Tage in Kraft. Die Artikel 68 bis 77 der Reichsverfassung finden auf die von der Reichsregierung beschlossenen Gesetze keine Anwendung.

Artikel 4

Verträge des Reichs mit fremden Staaten, die sich auf Gegenstände der Reichsgesetzgebung beziehen, bedürfen nicht der Zustimmung der an der Gesetzgebung beteiligten Körperschaften. Die Reichsregierung erläßt die zur Durchführung dieser Verträge erforderlichen Vorschriften.

Artikel 5

Dieses Gesetz tritt mit dem Tage seiner Verkündung in Kraft. Es tritt mit dem 1. April 1937 außer Kraft; es tritt ferner außer Kraft, wenn die gegenwärtige Reichsregierung durch eine andere abgelöst wird.

Berlin, den 24. März 1933.

Der Reichspräsident
von Hindenburg

Der Reichskanzler
Adolf Hitler

Der Reichsminister des Innern
Frick

Der Reichsminister des Auswärtigen
Freiherr von Neurath

Der Reichsminister der Finanzen
Graf Schwerin von Krosigk

Das Reichsgesetzblatt erscheint in zwei gesonderten Teilen — Teil I und Teil II —.
Fortlaufender Bezug nur durch die Postanstalten. Bezugspreis vierteljährlich für Teil I = 1,10 RM, für Teil II = 1,50 RM. Einzelbezug jeder (auch jeder älteren) Nummer nur vom Reichsverlagsamt, Berlin NW 40, Scharnhorststr. 4 (Postscheckkonto: Berlin 96 200). Preis für den achtseitigen Bogen 15 Rpf, aus abgelaufenen Jahrgängen 10 Rpf ausschließlich der Postdrucksachengebühr. Bei größeren Bestellungen 10 bis 40 v. H. Preisermäßigung.
Herausgegeben vom Reichsministerium des Innern. — Gedruckt in der Reichsdruckerei, Berlin.

(Vierzehnter Tag nach Ablauf des Ausgabetags: 7. April 1933.

Gesetz zur Behebung der Not von Volk und Reich 1933.jpg, Reichsgesetzbl. 1933 I S. 141

Am 20. März wurde das erste deutsche Konzentrationslager in Dachau bei München mit einem Fassungsvermögen von 5000 Menschen eröffnet. Bereits in der Nacht des Reichstagsbrandes vom 27. Februar 1933 begannen die Nationalsozialisten mit der Inhaftierung ihrer politischen Gegner. Viele Reichstagsabgeordnete, Landtagsabgeordnete, Kommunisten, Sozialdemokraten, Gewerkschafter, Konservative, Liberale und Monarchisten wurden verhaftet. Die Häftlinge wurden an verschiedenen Orten in „wilden“ frühen Konzentrationslagern untergebracht. Es waren meist improvisierte Haftstätten. Drei Wochen nach dem Reichstagsbrand entstand das Lager Dachau. Am 13. März 1933 veranlasste Himmler, seit einer Woche als kommissarischer Polizeipräsident von München im Amt, die Errichtung eines politischen Konzentrationslagers bei Dachau und gab dies eine Woche später, am 20. März 1933, bei einer Pressekonferenz im Münchner Polizeipräsidium gegenüber Journalisten bayerischer Zeitungen bekannt. Schon am 22. März wurden etwa 150 Häftlinge aus der Justizvollzugsanstalt Landsberg, der Strafanstalt Neudeck und der Strafanstalt Stadelheim auf das Gelände der stillgelegten Königlichen Pulver- und Munitionsfabrik Dachau gebracht. (89)

EN vom 24.3.1933

Nachdem zunächst nur politische Gefangene in den Konzentrationslagern festgehalten und gequält wurden, erweiterten die Nationalsozialisten sehr schnell die „Schutzhaft"gründe. Später wurden auch Kriminelle, Bibelforscher, Homosexuelle, Asoziale und gescheiterte Emigranten und andere unter dem Vorwand der „Schutzhaft" interniert.

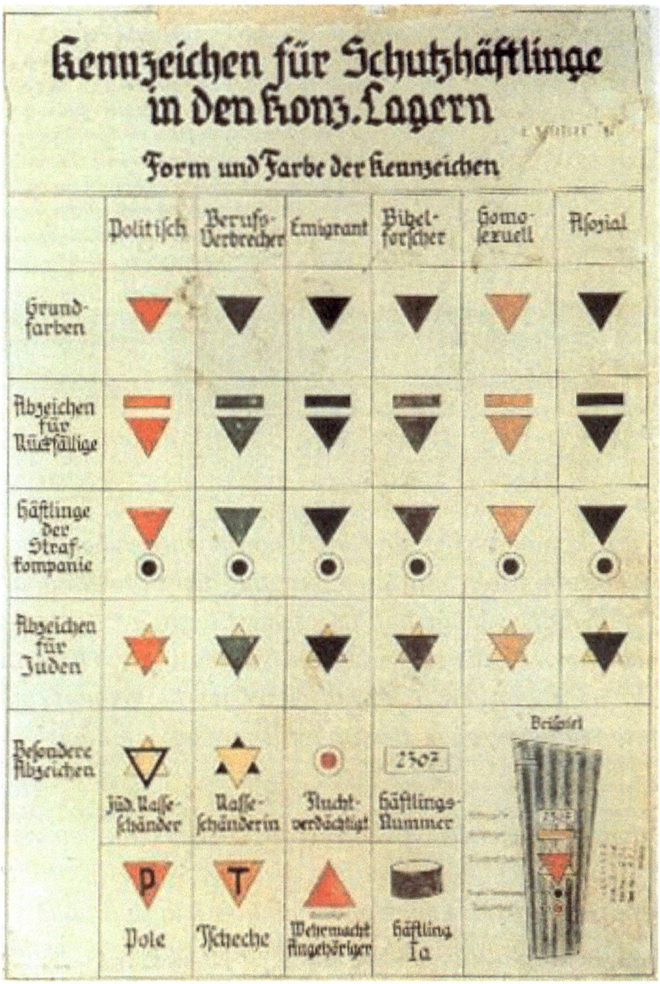

Kennzeichen für Schutzhäftlinge in den Konzentrationslagern.jpg. Autor/-in unbekannt - United States Holocaust Memorial Museum, Washington, Gemeinfrei, https://de.wikipedia.org/wiki/KZ_Dachau

Nur wenige Tage später entstand nach dem Konzentrationslager (KL) Dachau ein zweites in Heuberg in Württemberg. Dieses Lager befand sich auf dem Gelände der in Elmshorn sehr bekannten Kinderheimkolonie Heuberg. Jedes Jahr waren aus Elmshorn Kinder zur Erholung in das Schwarzwalddorf gebracht worden. (90) Im November 1933 wurde dieses Lager wieder aufgelöst.

Elmshorner Nachrichten
„Pinneberger Kreisblatt"
Der Bezugspreis
Sonderbeilagen:
Anzeigenpreis
82. Jahrgang. Sonnabend (Sonntagsausgabe), den 25. März 1933. Nr. 72.
Einschneidende Fett- und Margarine-Verordnung. — Die Neuordnung der Gewerkschaften.
Gemeine Lügen im Ausland über Hinrichtungen und Judenverfolgungen in Deutschland. — Politische Verbrecher sollen gehängt werden? — Verschärfte Bestimmungen für Hochschulstudium.
Die Gereke-Verfehlungen der Staatsanwaltschaft übergeben. — Severing wieder frei.

EN vom 25.3.1933

„Zahlreiche Verhaftungen von kommunistischen Funktionären wurden heute vorgenommen. Man nahm Kommunisten vom Sandberg, aus den Notwohnungen am Gerlingsweg und aus Langelohe in Schutzhaft und zwar z.T. unter Beisein des komm. Bürgermeisters Rechtsanwalt Spieler. Verbotene Flugblätter und Broschüren wurden beschlagnahmt. Um 5 Uhr wurden 16 Verhaftete in geschlossenem Zuge, scharf bewacht von SS-Leuten und Polizei, nach dem Amtsgerichtsgefängnis überführt." (91)

„Verhaftet wurden am Sonnabend, wie wir unseren Lesern bereits mitteilen konnten, zahlreiche Kommunisten. Schließlich wurden es im Ganzen 31. Darunter befanden sich 22 aus Elmshorn und 9 aus Langelohe, Hainholz und Lieth. Alle wurden aufgrund der Verordnung des Herrn Reichspräsidenten zum Schutze des deutschen Volkes in Polizeigewahrsam genommen. - Wie wir hören, sind jetzt das Gerichtsgefängnis und das Polizeigefängnis besetzt, so dass „Wohnungsmangel" herrscht.

Die Instrumente der kommunistischen Schalmeienkapelle beschlagnahmt.

Die Elmshorner Polizei fuhr heute Nachmittag mit mehreren Autos zu den Mitgliedern der kommunistischen Schalmeienkapelle, um ihre Instrumente zu beschlagnahmen. Auch mehrere Trommeln und eine Bassgeige wurden sichergestellt.“ (92)

S. A. S. S. H. J.
Bekleidung und Zubehör
sämtl. Abzeichen
Paul Fr. Wendorff, Holstenstr. 19

EN vom 25.3.1933

Elmshorner Nachrichten
„Pinneberger Kreisblatt“

82. Jahrgang. Montag, den 27. März 1933. Nr. 73.

Hinrich Lohse neuer Oberpräsident von Schleswig-Holstein.

Zahlreiche Personalveränderungen in Preußen. – Neue Länder- und Gemeindevertretungen ohne Wahl. – Aufsicht über die Krankenkassen. Deutschenverfolgung in London. – Die Arbeitsdienstpflicht kommt. – Krieg oder Frieden, sagt Paul-Boncour. – 14 Tote bei einem Flugzeugabsturz.

EN vom 27.3.1933

Im Zuge der Gleichschaltung der Landes-, Regionalregierungen bis hin zu den Gemeindevertretungen wurden nicht selten Personen entlassen, die für ihre Gemeinden bis dahin sehr wertvolle Arbeit geleistet haben. Eine dieser Personen war der Elmshorner Stadtrat Knecht. Für diesen machte sich am 30. März 1933 ein anonymer Leserbriefschreiber stark:

„Die Wahlen liegen hinter uns, und auf einige Jahre hat das deutsche Volk nun erstmal wieder Ruhe vor Wahlkämpfen mit ihren oft unerfreulichen

Begleiterscheinungen. Es kann hier nicht meine Aufgabe sein, etwa ihren Ausgang zu begrüßen oder zu bedauern, aber etwas anderes betrachte ich als meine Pflicht: auf ihre Folgen in Elmshorn, in dem von allen Parlamenten den Bürgern am meisten angehenden Stadtparlament hinzuweisen.

Ohne jegliche Rücksicht auf parteipolitische Gesichtspunkte erfordern die allerprimitivsten Lebensbedürfnisse der Stadt, dass der Stadtrat Knecht wieder in den Magistrat gewählt wird. Darauf muss mit allen Kräften hingearbeitet werden; denn die Fähigkeiten dieses Mannes sind schlechterdings nicht zu entbehren. Das ist für jeden verständigen Mitbürger einfach undenkbar: denn damit würde sich die Stadt einer Persönlichkeit berauben, die auf Gedeih und Verderb mit ihrem wirtschaftlichen Geschick verbunden ist.

Man überlege sich doch nur einmal, was alles Herr Stadtrat Knecht für die Stadt geleistet und erreicht hat. Ihm in erster Linie ist es zu verdanken, wenn die städtischen Finanzen noch nicht so ruiniert sind, wie das in vielen anderen Orten der Fall ist, dass die Stadt nicht die Betriebswerke verpfänden musste, um den stillliegenden Bau der Kläranlage wieder aufnehmen und sie überhaupt der Inbetriebnahme zuführen zu können, um also nicht schon aufgewendete immense Gelder völlig nutzlos im Boden liegen zu lassen. Ihm, nur ihm und seinen wertvollen Beziehungen, seiner Tatkraft und Tüchtigkeit dankt es Elmshorn, dass es bei eben diesem Bau „à fonds perdu" (93) *300000 RM bekommen hat. Ja er ist sogar drauf und dran, noch weitere 200000 RM - diese nun freilich als Darlehen gegen einen ganz geringen Zinssatz - für die Stadt herauszuholen.*

Geradezu verheerend könnten die Folgen sein, wenn diese Verbindungsfäden plötzlich zerrissen, die feingesponnenen Beziehungen zerstört werden würden, weil naturgemäß jeder Nachfolger sich erst einarbeiten müsste, somit wertvolle Zeit verlieren und vielfach die Dinge doch nicht so übersehen würde, wie einer, der nun schon jahrelang fast selbstlos seine Fähigkeiten in den Dienst der Stadt gestellt hat.

Ich könnte noch spaltenlang in der Aufzählung der Verdienste dieses Mannes fortfahren, ich erinnere nur noch an die Sanierung der Spar- und Leihkasse, die Neupflasterung der Chaussee nach Barmstedt und darüber hinaus bis zur Altona-Kieler Chaussee, aber ich will mich darauf beschränken zusammenfassend zu betonen, dass die Stadt keinen besseren Kenner ihrer Wirtschafts- und Lebensfragen zum Stadtrat machen könnte. Darum sollte man - über alle Parteikämpfe hinaus - sich darin einig sein, dass es gilt, eine solche Kraft der Stadt zu erhalten.

Nun wird vielleicht gesagt werden können, Herr Knecht sei ein Kapitalist und deshalb in manchen Volkskreisen unbeliebt. Dem möchte ich entgegenhalten, dass das letztere einfach nicht wahr und Stadtrat Knecht, wenn schon Kapitalist, nicht raffender, sondern schaffender Kapitalist ist, wie es in der nationalsozialistischen Programmsprache heißt. Zudem ist Herr Knecht als aus einer Proletarierfamilie stammend bestimmt ein Mensch, der auch für die Arbeiterschaft und die Lebensnotwendigkeiten ihres Standes das genügende Verständnis hat.

Doch alles rein Persönliche muss hier unerwähnt bleiben, sollen meine Zeilen nicht als Lobhudelei missverstanden und folglich unwirksam werden.

Den kommunalen Politikern wie jedem einzelnen Leser empfehle ich aber nochmals, die aufgeworfene Frage ehrlich zu prüfen, damit man von morgen ab wieder den Mann im Magistrat sehen kann, den Elmshorns Wirtschaft darin nicht entbehren kann.

Einer für viele." (94)

Am 31. März 1933 erließ die Regierung das „Gesetz zur Gleichschaltung der Länder und Gemeinden". Hiermit wurden die Machtverhältnisse im Reich auf die Länder und Kommunen übertragen. Die Landesparlamente erhielten in ihrem Landesgebiet eine neue Zusammensetzung nach dem Ergebnis der Reichstagswahl vom 5. März 1933, so dass Nationalsozialisten und Deutschnationale gegenüber den rechtmäßigen, älteren Landtagswahlergebnissen erheblich gestärkt wurden. Das Gleiche geschah in den kommunalen Selbstverwaltungen. Außerdem erhielten die Landesregierungen, wie die Reichsregierung durch ein entsprechendes Ermächtigungsgesetz, das Recht, Gesetze ohne Mitwirkung der Parlamente zu beschließen. (95)

Schon am 7. April folgte das zweite Gesetz, durch das Reichsstatthalter eingeführt wurden. Jeder Reichsstatthalter konnte in seinem Land die Landesregierung ernennen und entlassen und durfte das Landesparlament auflösen. Im Freistaat Preußen setzte Adolf Hitler Hermann Göring ein. (96)

Zum 1. April 1933 erschienen in den EN zwei „Aprilscherze", die an Geschmacklosigkeit nichts zu wünschen übrig ließen:

„Rote Häuser. Damit die Bevölkerung weiß, wo die Marxisten wohnen,sollen in Deutschland alle Wohnungen von Sozialdemokraten und Kommunisten rot angestrichen werden. Ein entsprechender Gesetzentwurf ist in Vorbereitung."

„Ein Konzentrationslager in Elmshorn. Wie wir hören, soll die frühere Streckersche Fabrik, jetzt Burg „Schreckenstein" genannt, als Konzentrationslager für politische Gefangene eingerichtet werden.Die Lagerinsassen sollen damit beschäftigt werden, den Rost von der Eisernen Front abzukratzen." (97)

Dass diese „Aprilscherze" sehr schnell Wirklichkeit werden, sollte die Bevölkerung bald erkennen. Das Kennzeichnen von Wohnungen konnte man später an den Schmierereien „Jude!" oder „Deutsche, kauft nicht bei Juden!" und ähnlichem sehen.

Drei Tage vorher schrieb Bürgermeister Spieler an den Oberpräsidenten von Schleswig-Holstein, Hinrich Lohse:

"Auf meine Veranlassung sind in Elmshorn in den letzten Tagen rund 32 Angehörige der KPD in ihrer Eigenschaft als Funktionäre in Haft genommen worden. Die zur Haftaufnahme geeigneten Räume sind restlos belegt und ferner fehlen der Stadt auch die Mittel für die Verpflegung der Verhafteten.

Es wird deshalb angeregt, ob nicht für Schleswig-Holstein die Schaffung eines Konzentrationslagers möglich ist, in welchem die in Schleswig-Holstein insgesamt Verhafteten untergebracht werden können. Außerdem könnten die betreffenden Personen dort gleich zur regelmäßigen Arbeit erzogen werden (...)" (98)

Hiermit trug Spieler auch zur Schaffung des KZ in Glückstadt bei. Das Landesfürsorgeheim Glückstadt war eine Einrichtung für die Heimerziehung von 1949 bis 1974. Das Gebäude befand sich „Am Jungfernstieg" in Glückstadt. Zuvor wurde die Einrichtung unter anderem als frühes Konzentrationslager und Arbeitsanstalt genutzt. Nach der Machtübergabe an die Nationalsozialisten diente der Bau ab April 1933 als Arbeitslager für politische Häftlinge aus Schleswig-Holstein und Hamburg. In diesem frühen Konzentrationslager wurden zunächst 150 politische Gegner des Polizeipräsidiums Altona im Rahmen der Schutzhaft willkürlich inhaftiert und durch Polizeibeamte und Hilfspolizisten von der SA bewacht. Die „Schutzhäftlinge“ wurden von den Arbeitshaushäftlingen separiert und waren in einem eigenen Stockwerk untergebracht. Sie trugen jedoch die gleiche Kleidung und verrichteten neben Tätigkeiten in der Landwirtschaft teils dieselben Arbeiten (u. a. auch Tütenkleben und Herstellung von Fußmatten). Im Gegensatz zu anderen frühen Konzentrationslagern kam es in Glückstadt nur sehr selten zu Repressalien und Misshandlungen. Die meisten Schutzhäftlinge wurden Weihnachten 1933 entlassen. Ab Juni 1933 wurden gruppenweise Häftlinge in die Emslandlager, das KZ Oranienburg und in das KZ Kuhlen verlegt. Insgesamt durchliefen 731 Schutzhäftlinge das Lager. Am 26. Februar 1934 wurde das Lager Glückstadt durch den örtlich zuständigen Landrat aufgelöst. (99)

In Elmshorn wurde die *„Hilfspolizei“* Ende März wegen des bevorstehenden Boykotts der jüdischen Geschäfte um 20 Mann verstärkt. Sie wurden in der Fabrik von Heinrich Schwarz in der Catharinenstraße kaserniert. (100)

Der Bürgermeister
als Ortspolizeibehörde.

Elmshorn, den 29. März 1933.

Ober-Pr[illegible] Kiel
30. MRZ. 1933
B.-Nr. 625

IV

An
den Oberpräsidenten von
Schleswig-Holstein,
Herrn Hinrich Lohse,
Kiel.

Auf meine Veranlassung sind in Elmshorn in den letzten Tagen rund 32 Angehörige der KPD in ihrer Eigenschaft als Funktionäre in Haft genommen worden.

Die zur Haftaufnahme geeigneten Räume sind restlos belegt und ferner fehlen der Stadt auch die Mittel für die Verpflegung der Verhafteten.

Es wird deshalb angeregt, ob nicht für Schleswig-Holstein die Schaffung eines Konzentrationslagers möglich ist, in welchem die in Schleswig-Holstein insgesamt Verhafteten untergebracht werden können. Außerdem könnten die betreffenden Personen dort gleich zur regelmäßigen Arbeit erzogen werden. In Wesselburen sind z.B. meiner Kenntnis nach auch gut 20 Angehörige der KPD verhaftet worden. Oder besteht bereits ein Konzentrationslager in Schleswig-Holstein?

Ich sehe mich aus dem Grunde insbesondere zu diesem Schreiben veranlaßt, da Elmshorn infolge der gesetzlichen teilweisen Stillegung der Margarinefabrikation vor große Schwierigkeiten gestellt ist in finanzieller Hinsicht. Eine Freilassung der Verhafteten kann z.Z. aber nicht in Frage kommen.

kom. Bürgermeister.

Schreiben vom kommiss. Bürgermeister Spieler in Elmshorn an Oberpräsidenten Lohse mit der Bitte um ein Konzentrationslager für Schleswig-Holstein. LAS Abt. 309 Nr. 22930.

Boykott jüdischer Geschäfte, Ärzte und Rechtsanwälte

Nach der Machtergreifung Adolf Hitlers am 30. Januar 1933 kam es überall im Reich zu „spontanen Aktionen" gegen jüdische Geschäftsinhaber, Rechtsanwälte, Richter, Ärzte und Privatpersonen. (1) In Berlin fanden am 6. März 1933 die ersten Übergriffe gegenüber Juden statt, in Chemnitz wurden dabei mehrere Bürger erschossen. Die ersten Juden, die den Angriffen ausgesetzt waren, waren jüdische Richter und Anwälte. Der Vorgang spielte sich immer gleich ab. Immer drang eine „erregte Menschenmenge" in laufende Gerichtsprozesse ein, an denen jüdische Richter bzw. Anwälte teilnahmen. Die Verhandlungen mussten vertagt oder sogar abgebrochen werden. Die „nichtarischen" Richter und Anwälte wurden aufgefordert, kurzfristig Urlaub zu nehmen, damit die Gerichte weiterarbeiten konnten.

Am 13. März kam es in Breslau zu einem Überfall auf das Amts- und Landgericht. Die jüdischen Staatsanwälte, Rechtsanwälte und Richter wurden regelrecht aus den Gerichtsverhandlungen herausgeprügelt. Die Polizei blieb dabei untätig, da sie Befehle erhalten hatte, den hilfesuchenden Juden nicht beizustehen.

Bemerkenswert war hierbei das Verhalten der „arischen" Kollegen. Es wurde als Protest auf diesen Überfall für alle Gerichte in Breslau ein Stillstand der Rechtspflege verhängt. Die Breslauer Richter streikten! Am 16. März gab die Justizverwaltung jedoch auf und beschränkte die Zahl der an den Breslauer Gerichten auftretenden Juden auf 17. (2)

Auch die ersten Synagogenschändungen fanden im März in den Städten Göttingen und Dresden statt. (3) Dieses waren nur wenige Beispiele früher Übergriffe der Nationalsozialisten gegenüber Juden. Die Aggression richtete sich außerdem gegen die Geschäfte jüdischer Bürger, die teils geplündert, demoliert oder auch boykottiert wurden. Diese Aktionen wurden zwar von der Regierung geduldet, ließen aber keine Mitwirkung oder gar Planung der führenden Personen im Reich erkennen. Sie waren geplant und durchgeführt von den örtlichen Parteistellen. Während in Berlin, Magdeburg, Kassel, Breslau und anderen Städten des Reichs SA-Stürme die Eingänge der jüdischen Warenhäuser blockierten und Kaufwillige vertrieben, sagte Göring in einer Unterredung mit Vertretern des „Centralvereins deutscher Staatsbürger jüdischen Glaubens", die Sicherheit des Lebens und des

Eigentums der jüdischen Bürger, die sich der Regierung gegenüber loyal verhielten, sei gesetzlich gewährleistet. (4)

Weshalb kam es zu diesen Widersprüchen zwischen dem Willen der Reichsregierung und der lokalen Parteiorganisationen? Es gab hierfür eine ganze Reihe von Gründen. Bis zur Reichstagswahl am 5. März 1933 hielt sich die Regierung mit der Durchsetzung ihres Parteiprogrammes (5) zurück. Dieses widersprach den Überzeugungen vieler Parteigenossen, denen die „Revolution" zu langsam vor sich ging. Ein weiterer Grund mochte darin liegen, dass viele der neu eingetretenen Parteimitglieder, die sich nicht in der „Kampfzeit" bewährt hatten, mit der Beteiligung an solchen Aktionen zeigen wollten, dass sie „hundertfünfzigprozentige" Nationalsozialisten seien.

„Dem Umschwung von oben begegnete eine Revolution von unten. Sogenannte „spontane Aktionen", deren Anstöße mehrheitlich den politischen Absichten der zahlreichen Machtträger innerhalb der Partei, der SA und SS entsprangen, schufen im Vorfeld der politischen Entscheidungen De-Facto-Verhältnisse, erzeugten eine politische Atmosphäre der latenten Bedrohung und dynamisierten das Wechselspiel von Volkswillen und Staatsführung. Der vielerorts tobende Terror war sowohl Selbstzweck als Mittel zum Zweck. Er war Selbstzweck, als er eine der NSDAP innewohnende Ideologie vom Wesen der Gewalt ausdrückte, er diente als zweckdienliches Mittel, um politische Entscheidungen vorzubereiten oder voranzutreiben." (6)

Die nationalsozialistischen Übergriffe blieben der Weltöffentlichkeit nicht verborgen und es kam zu Kundgebungen gegen das Naziregime. Die USA, England, Frankreich, Belgien, Holland, Polen und verschiedene andere Länder leiteten Boykottmaßnahmen gegen deutsche Waren ein. Die deutschen Juden glaubten indes an Görings Versprechen und wandten sich in Berichten und Aufrufen gegen die „Gräuelpropaganda" des Auslandes.

So schrieb der „Reichsbund jüdischer Frontsoldaten" (7) an die Botschaft der USA in Berlin:

„Wir legen Wert auf die Feststellung, dass die Behörden in allen uns bekanntgewordenen Fällen energisch gegen Ausschreitungen vorgegangen sind, wo immer die Möglichkeit des Einschreitens vorlag." (8)

Interessant an diesem von der Propaganda als Beweis für die „Gräuellügen" herausgestellten Brief ist, dass darin die Ausschreitungen überhaupt nicht bestritten werden. Dieser Brief bestätigte im Grunde die Meldungen der Auslandspresse.

Am 26. März 1933 wandte sich Göring, während der Boykott schon vorbereitet wurde, an die Öffentlichkeit, wobei er unterstrich, dass der jüdische Geschäftsmann in Ruhe seinem Geschäft nachgehen könne. Jüdische Beamte seien nur abgebaut worden, weil sie Sozialdemokraten wären. Es seien ja schließlich auch noch eine Anzahl von Juden in Staatsstellungen. (9)

Seit dem 29. März beherrschte der bevorstehende Boykott der jüdischen Geschäfte und Ärzte die Schlagzeilen auf den Titelseiten der Tageszeitungen. Die Hetzkampagnen steigerten sich hin bis zu Folgender:

„Es ist bezeichnend, dass die jüdische Ärzteschaft versucht, durch Drohungen ihre Geschäftspraxis zu erhalten, indem verschiedene jüdische Ärzte erklärten, sie würden, falls der Boykott am Sonnabend einsetze, sofort jede ärztliche Hilfeleistung für deutsche Patienten, die sich in ihrer Wohnung befinden, einstellen. Das heißt also, ein Patient, der Sonnabend um 10 Uhr gerade unglücklicherweise von einem jüdischen Arzt operiert wird, muss unter dem Messer verbluten." (10)

Das Ziel des Boykotts war es, dass die jüdischen Geschäftsinhaber, Ärzte und Juristen am 1. April ihre Geschäfte und Praxen schließen. Befolgte der jüdische Arzt die Befehle der Nationalsozialisten nicht, so lief er Gefahr, verhaftet und eventuell misshandelt zu werden. Gehorchte er ihnen dagegen, konnte er wegen unterlassener Hilfeleistung angeklagt werden.

Am 29. März veröffentlichten die „Elmshorner Nachrichten" auf ihrer Titelseite die *„Richtlinien für die Abwehraktion"*:

„München, den 28. März. Die Nationalsozialistische Korrespondenz veröffentlicht außer dem Aufruf zur Abwehr der Greuelpropaganda und des Boykotts im Ausland elf Programmpunkte, durch die die Gegenwirkung innerhalb Deutschlands organisiert werden soll:

1) In jeder Ortsgruppe und Organisationsgliederung sind sofort Aktionskomitees zu bilden zur praktischen planmäßigen Durchführung des Boykotts jüdischer Geschäfte, jüdischer Waren, jüdischer Ärzte und jüdischer Rechtsanwälte.

2) Die Aktionskomitees sind verantwortlich für den höchsten Schutz aller Ausländer ohne Ansehen ihrer Konfession, ihrer Herkunft oder Rasse. Der Boykott ist reine Abwehrmaßnahme, die sich ausschließlich gegen das deutsche Judentum wendet.

3) Die Aktionskomitees haben sofort durch Propaganda und Aufklärung den Boykott zu popularisieren. Grundsatz: Kein Deutscher kauft noch bei einem Juden, oder lässt sich von ihm und seinen Hintermännern Waren anpreisen. Der Boykott muss ein allgemeiner sein.

4) In Zweifelsfällen soll von einer Boykottierung solcher Geschäfte abgesehen werden, bis vom Zentralkomittee in München eine andere bestimmte Anweisung erfolgt. Vorsitzender des Zentralkomitees ist Parteigenosse Streicher.

5) Die Aktionskomitees überwachen auf das schärfste die Zeitungen, inwieweit sie sich an dem Aufklärungsfeldzug des deutschen Volkes gegen die jüdische Greuelhetze im Ausland beteiligen. Tun Zeitungen dies nicht, so ist darauf zu sehen, dass sie aus jedem Hause sofort entfernt werden. Kein deutscher Mann und kein deutsches Geschäft soll in solchen Zeitungen noch Annoncen aufgeben. Sie müssen der öffentlichen Verachtung verfallen, geschrieben für die jüdischen Rassegenossen, aber nicht für das deutsche Volk.

6) Die Aktionskomitees müssen in Verbindung mit den Betriebszellenorganisationen der Partei die Propaganda der Aufklärung über die Folgen der jüdischen Greuelhetze für die deutsche Arbeit und damit für den deutschen Arbeiter in die Betriebe hineintragen.

7) Die Aktionskomitees müssen bis in das kleinste Bauerndorf hinein vorgetrieben werden.

8) Der Boykott setzt nicht verzettelt ein, sondern schlagartig. In dem Sinne sind augenblicklich alle Vorarbeiten zu treffen. Der Boykottbeginn ist durch Plakatanschlag und durch die Presse, durch Flugblätter usw. bekanntzugeben. Der Boykott setzt schlagartig am Sonnabend, dem 1. April, Punkt 10 Uhr vormittags, ein. Er wird fortgeführt so lange, bis eine Anordnung der Parteileitung die Aufhebung befiehlt.

9) Die Aktionskomitees propagieren sofort in Zehntausenden von Massenversammlungen, die bis in das kleinste Dorf hineinzureichen haben, die Forderung nach Einführung einer relativen Zahl für die Beschäftigung der Juden in allen Berufen, entsprechend ihrer Beteiligung an der deutschen Volkszahl. Um die Stoßkraft der Aktion zu erhöhen, ist diese Forderung zunächst auf drei Gebiete zu beschränken:

a) auf den Besuch an den deutschen Mittel- und Hochschulen;

b) für den Beruf der Ärzte;

c) für den Beruf der Rechtsanwälte.

10) *Die Aktionskomitees haben weiterhin die Aufgabe, dafür zu sorgen, dass jeder Deutsche, der irgendeine Verbindung zum Ausland besitzt, diese verwendet, um aufklärend die Wahrheit zu verbreiten, dass in Deutschland Ruhe und Ordnung herrscht.*

11) *Die Aktionskomitees sind dafür verantwortlich, dass sich dieser gesamte Kampf in vollster Ruhe und größter Disziplin vollzieht. Krümmt auch weiterhin keinem Juden auch nur ein Haar! Wir werden mit dieser Hetze fertig, einfach durch die einschneidende Wucht dieser Maßnahmen."* (11)

Nähere Anweisungen gab Julius Streicher am 31. März 1933:

„Aufruf des Abwehr-Komitees der NSDAP"
(...)

2. *Die Aktionskomitees (deren Mitglieder keinerlei Bindung mit Juden haben dürfen) stellen sofort fest, welche Geschäfte, Warenhäuser, Kanzleien usw. sich in Judenhänden befinden.*
3. *Es handelt sich bei dieser Feststellung selbstverständlich um Geschäfte, die sich in den Händen von Angehörigen der jüdischen Rasse befinden. Die Religion spielt keine Rolle. Katholisch oder protestantisch getaufte Geschäftsleute oder Dissidenten jüdischer Rasse sind im Sinne dieser Anordnung ebenfalls Juden. (...)*

5. *Ist der Ehegatte einer nichtjüdischen Geschäftsinhaberin Jude, so gilt das Geschäft als jüdisch. Das gleiche ist der Fall, wenn die Inhaberin Jüdin, der Ehemann dagegen Nichtjude ist. (...)*

7. *Die Aktionskomitees übergeben das Verzeichnis der festgestellten jüdischen Geschäfte der SA und SS, damit diese am Sonnabend, dem 1. April 1933, vormittags Punkt 10 Uhr, die Wachen abstellen können.*

8. *Die Wachen haben die Aufgabe, dem Publikum bekannt zu geben, dass das von ihnen überwachte Geschäft jüdisch ist. Sie haben vor dem Einkauf in diesem*

Geschäft zu warnen. Tätlich vorzugehen ist ihnen verboten. Verboten ist auch, die Geschäfte zu schließen, die Fensterscheiben zu zertrümmern oder sonstigen Sachschaden anzurichten.

9. *Zur Kenntlichmachung jüdischer Geschäfte sind an deren Eingangstüren Plakate oder Tafeln mit gelbem Fleck auf schwarzem Grunde anzubringen. (...)*

11. *Die Aktionskomitees veranstalten am Freitag, dem 31. März 1933 abends, in allen Orten im Einvernehmen mit den politischen Leitungen große Massenkundgebungen und Demonstrationszüge. Dabei sind Transparente zu tragen mit folgender Aufschrift:*

    a) „Zur Abwehr der jüdischen Greuel- und Boykotthetze."

    b) „Boykottiert ab morgen, vormittags 10 Uhr, alle jüdischen Geschäfte."

    In Großstädten sind die Kundgebungen auf möglichst vielen öffentlichen Plätzen abzuhalten.

12. *Am Samstag vormittag sind bis spätestens 10 Uhr die Plakate mit dem Boykottaufruf an allen Anschlagstellen in Städten und Dörfern anzubringen. Zu gleicher Zeit sind an Lastautos oder noch besser an Möbelwagen folgende Transparente in hier angegebener Reihenfolge durch die Straßen zu fahren:*

    „Zur Abwehr der jüdischen Greuel- und Boykotthetze.",

    „Boykottiert alle jüdischen Geschäfte",

    „Kauft nicht in jüdischen Warenhäusern",

    „Geht nicht zu jüdischen Rechtsanwälten",

    „Meidet jüdische Ärzte",

    „Die Juden sind unser Unglück". (...)" (12)

Wilhelm Grezesch.
Aus: 10 Jahre NSDAP
Elmshorn, a.a.O.

Paul Heymann. Bild aus
Kennkarte. Stadtarchiv
Elmshorn. Privatarchiv Harald
Kirschninck

Blick vom Flamweg auf die Epa (=Vorläufer der Kepa; an der Ecke Marktstraße/Flamweg (Postkarte)

Zur Abwehr!

Am 30. Januar 1933 wurde **Adolf Hitler**, der Führer der deutschen Freiheitsbewegung, zum Kanzler des Deutschen Reiches ernannt. Am 5. März 1933 bekannte sich das deutsche Volk in einer wunderbaren Erhebung zu ihm und zu seinem Befreiungswerk. Die

nationale Revolution

schlug das alte System in Trümmer, der Marxismus liegt zerschmettert am Boden, Deutschland geht einem neuen Aufstieg entgegen.

Dieser grandiose deutsche Freiheitskampf erfüllt den

internationalen Weltjuden

mit Haß und Grimm. Er sieht, daß es mit seiner Macht in Deutschland zu Ende geht. Er sieht, aus **diesem** Deutschland kann er keine sowjetjüdische Verbrecherkolonie mehr machen. Jetzt handelt er nach dem Programm, das der jüdische Zionistenführer **Theodor Herzl** im Jahre 1897 in Basel bei einem großen Judenkongreß feierlich verkündete = (Auszug aus der 7. Sitzung):

„Sobald ein nichtjüdischer Staat es wagt, uns Juden Widerstand zu leisten, müssen wir in der Lage sein, seine Nachbarn **zum Kriege gegen ihn** zu veranlassen.... Als Mittel dazu werden wir die **öffentliche Meinung** verschätzen. Diese werden wir vorher durch die sogenannte „achte Großmacht", **die Presse** in unserem Sinne bearbeiten. Mit ganz wenig Ausnahmen, die überhaupt nicht in Frage kommen, liegt die ganze Presse der Welt in unseren Händen."

Nach einem großangelegten Plan hat in diesen Tagen der Jude die öffentliche Weltmeinung gegen Deutschland aufgehetzt. Er bedient sich dazu der **Presse**, durch die er eine ungeheure Lügenflut über die Welt ergießt. Kein Verbrechen, keine Schandtat ist ihm zu niederträchtig, er beschuldigt die **Deutschen** damit.

Der Jude lügt, in Deutschland würden Angehörige des jüdischen Volkes grausam zu Tode gefoltert.

Der Jude lügt, es würden diesen Juden die Augen ausgebrannt, die Hände abgehackt, Ohren und Nasen abgeschnitten, ja, selbst die Leichen würden noch zerstückelt.

Der Jude lügt, es würden in Deutschland selbst jüdische Frauen in grauenvoller Weise getötet und jüdische Mädchen vor den Augen ihrer Eltern vergewaltigt.

Der Jude verbreitet diese Lügen in derselben Weise und zu demselben Zwecke, wie er das auch während des Krieges getan hatte. Er will die Welt gegen Deutschland aufwiegeln.

Darüber hinaus fordert er zum

Boykott deutscher Erzeugnisse

auf. Er will damit das Elend der Arbeitslosigkeit in Deutschland noch vergrößern, er will den deutschen Export ruinieren.

Deutsche Volksgenossen! Deutsche Volksgenossinnen!

Die Schuldigen an diesem wahnwitzigen Verbrechen, an dieser niederträchtigen Greuel- und Boykott-Hetze sind die

Juden in Deutschland

Sie haben ihre Rassegenossen im Ausland zum Kampf gegen das deutsche Volk aufgerufen. Sie haben die Lügen und Verleumdungen hinausgemeldet. Darum hat die Reichsleitung der deutschen Freiheitsbewegung beschlossen, in Abwehr der verbrecherischen Hetze

ab Samstag, den 1. April 1933 vormittags 10 Uhr

über alle jüdischen Geschäfte, Warenhäuser, Kanzleien usw.

den **Boykott** zu verhängen.

Dieser [illegible] Folge zu leisten, dazu rufen wir Euch, deutsche Frauen und Männer, auf!

Kauft nichts in jüdischen Geschäften und Warenhäusern!

Geht nicht zu jüdischen Rechtsanwälten! Meidet jüdische Aerzte!

Zeigt den Juden, daß sie nicht ungestraft Deutschland in seiner Ehre herabwürdigen und beschmutzen können.

Wer gegen diese Aufforderung handelt, beweist damit, daß er auf der Seite der Feinde Deutschlands steht.

Es lebe der ehrwürdige Generalfeldmarschall aus dem großen Kriege, der Reichspräsident **Paul von Hindenburg!**

Es lebe der Führer und Reichskanzler **Adolf Hitler!**

Es lebe das **Deutsche Volk** und das heilige **Deutsche Vaterland!**

Plakat Nr. 1

Zentral-Komitee zur Abwehr der jüdischen Greuel- und Boykotthetze.

gez. Streicher.

V/4

Flugblatt mit Boykottaufruf. Aus: Freimark/Kopitzsch a.a.O., S. 86.

Ehemaliges Wohnhaus und Geschäft von Irma und Georg Rosenberg. Aufnahme 2.1.2025 Harald Kirschninck

„EPA“: Außen- und Innenansicht. Die „EPA“ (Einheits-Preis-Artikel) wurde nach dem Krieg zur „Kepa“. Die Bilder sind nach der Währungsreform aufgenommen worden. Bilder von: Per Koopmann, Beiträge, a.a.O.

In Elmshorn wurde für den 1. April die Polizei durch 20 „Hilfspolizisten“ verstärkt, die in der Fabrik von H. Schwarz in der Catharinenstraße kaserniert wurden. (13)

Die neuen Kräfte wurden ausschließlich aus der SS und SA rekrutiert. Jeder Widerstand gegen diese SA- und SS-Angehörigen konnte fortan als Widerstand gegen die Staatsgewalt ausgelegt werden.

Wie verlief nun der Boykott in Elmshorn?

Die „Elmshorner Nachrichten berichteten darüber am 1. April:

„Der Abwehrkampf gegen die Greuelhetze in Elmshorn“

„Keinen Pfennig für die Juden!“ Unter dieser Parole wird der Abwehrkampf gegen die Greuelpropaganda der Juden im Ausland hier in Elmshorn geführt. Schon von 8 Uhr an sah man Streifen der SA und SS in der Stadt. Um 10 Uhr standen die Posten der SS vor den jüdischen Geschäften. An den Schaufenstern prangten gelbe Zettel mit der Aufschrift „Jude“. In Elmshorn wurden folgende Geschäfte von dem Boykott betroffen: „Produktion“ mit ihren sämtlichen Geschäftsstellen; Irma Rosenberg, Königstraße; Max Meyer, Schulstraße und die „Epa“ (14). Die „Epa“ hielt ihre Räume heute geschlossen. Das eiserne Gitter zeigte schon jedem, der hier Einkäufe machen wollte, dass der Gang vergeblich gewesen war.

Vor der „Epa" hatte sich gegen 10 Uhr eine große Menschenmenge versammelt, die sich aber ruhig verhielt. Durch die Ansammlung wurde der Verkehr an dieser sehr belebten Straßenkreuzung (15) stark behindert. Der Überfallwagen war sofort zur Stelle. Polizeibeamte und Hilfspolizei zerstreuten die Menge schnell. Die Leitung der Säuberungsaktion hatte der kommissarische Bürgermeister, Herr Rechtsanwalt Spieler. Er setzte in der Marktstraße Streifen der Hilfspolizei ein, die die Menge in Bewegung hielt. Dann fuhr er mit dem Überfallwagen nach anderen Plätzen, wo jüdische Geschäfte waren, und sah nach dem Rechten. –

Auch das Abwehr-Komitee gegen jüdische Greuel- und Boykotthetze unter der Führung des SS-Führers Herrn W. Grezesch (16), fuhr zur Kontrolle mit einem Auto die Straßen ab. Zur Aufklärung der Bevölkerung wurden Flugblätter mit verschiedenem Inhalt verteilt. Die Firmen Max Meyer und Irma Rosenberg haben heute ihr Geschäft freiwillig geschlossen. Die Posten der SA wurden daher eingezogen. Auch bei der „Produktion" wurden die Posten zurückgezogen, da nach neueren Meldungen kein jüdisches Kapital in diesem Betriebe investiert ist. - Verhaftet wurden heute morgen von Hilfspolizisten zwei Personen. Ein Mann hatte einen SA-Mann, der Posten stand, belästigt. Er wurde kurzerhand festgenommen. Ein anderer Mann hatte versucht, ein Judenplakat abzureißen. Auch er kam in Staatspension". (17)

Die jüdischen Geschäftsinhaber haben reagiert und ihre Geschäfte geschlossen. Diesem Umstand war es vermutlich zu verdanken, dass es zu keinen größeren Ausschreitungen kam. Misshandlungen oder Hausdurchsuchungen wie in anderen Städten (18) sind in Elmshorn nicht bekannt geworden.

Die Fabriken wurden nicht boykottiert. (19) Lediglich vor der Gerberei von Paul Heymann, Kaltenweide, soll es zu einem Zwischenfall gekommen sein. Vor der Gerberei hatte sich eine Gruppe von Parteiangehörigen versammelt und ein Schild mit der Aufschrift: „Dies ist ein jüdisches Unternehmen" aufgestellt. Daraufhin kam Paul Heymann in Uniform, mit seinem im I. Weltkrieg erworbenen Eisernen Kreuz I. Klasse auf der Brust, heraus und stellte sich demonstrativ vor das Haus. Dieses war den Nationalsozialisten vermutlich doch zu peinlich, denn sie zogen mit ihrem Schild wieder ab. (20)

Drei getreue SA-Reservemänner.

„Hilfspolizisten“ aus der SA und SS in Elmshorn. Aus: 10 Jahre NSDAP Elmshorn. A.a.O.

Oben: SA-Boykott vor dem Kaufhaus „Union“ in Itzehoe am 1.4.1933. Aus: Paul et al., Menora und Hakenkreuz, a.a.O.

Unten: Boykott-Posten vor dem Haus Grindelallee 79 in Hamburg. Aus: Bruhns et al, a.a.O.

Die Bevölkerung verhielt sich zum größten Teil passiv. Dieses entsprach auch den Berichten aus anderen Teilen des Reiches. (21) Ob die zwei in dem Bericht der Zeitung genannten Verhaftungen die einzigen dieses Tages gewesen waren, ließ sich nicht ermitteln, da die Polizeiberichte jener Zeit nicht mehr vorliegen. Kurz vor dem Einmarsch der Alliierten wurden in Elmshorn auf dem Hof des alten Polizeigebäudes von der Gestapo viele Akten vernichtet. Unter diesen befanden sich auch Polizei- und Judenakten! Nur wenige Menschen wagten es, offenen Widerstand zu leisten. Dazu gehörte auch die Familie B. Am Boykott-Tag kamen sie mit ihrem Schäferhund in das Haus des Kultusbeamten der jüdischen Gemeinde, David Baum, Flamweg 45, und boten ihre Hilfe an: *„Verlassen Sie sich darauf, wir werden Sie beschützen!“* Besonders von Seiten der Sozialdemokraten, die selbst verfolgt wurden, sollen Sympathiebeweise erfolgt sein. (22)

Das Ergebnis des Boykotts war für die Nationalsozialisten nicht befriedigend. Viele ließen sich nicht einschüchtern. Die Absicht lag wohl vielmehr bei einer Machtdemonstration. Die Gegner sollten durch den Straßenterror eingeschüchtert, die Anhänger mobilisiert und fanatisiert werden.

„Auf der einen Seite sollte der Boykott eine großangelegte Ablenkungsdemagogie, auf der anderen aber zugleich ein erster Testfall, wie weit die Voraussetzungen für weitere und schärfere Verfolgungsmaßnahmen gegen die Juden herangereift waren.“ (23)

Die Zeit war jedoch noch nicht reif! Breite Teile der Bevölkerung reagierten mit Passivität und Ablehnung. (24) Die Nationalsozialisten hatten aber einen Zustand geschaffen, der einer gesetzlichen Regelung bedurfte, d.h. die Voraussetzungen für bereits geplante staatliche Maßnahmen geschaffen. Durch die dauernden, von den Parteistellen initiierten, Aktionen ergab sich der Zwang, die bestehenden Zustände nachträglich zu sanktionieren. (25)

Der zunächst auf mehrere Tage angelegte Boykott wurde von der Regierung nach dem ersten Tage abgebrochen. Als Ziel des Boykotts war die *„Abwehr der ausländischen Gräuelhetze“* angegeben worden. Hierfür war der Boykott selbstverständlich das denkbar ungeeignetste Mittel. Es konnte damit nur erreicht werden, dass sich die Weltbevölkerung voll Abscheu über diese Aktion äußerte und in Zukunft die Judenpolitik in Deutschland noch aufmerksamer verfolgte.

Die Wirkung des Boykotts auf die deutschen Juden dagegen war sehr groß. Hierbei kann man nicht den materiellen Schaden sehen, denn der war nicht sehr groß. Anders verhielt es sich mit dem psychischen Schaden!

„Unermesslich groß ist der Schaden, der durch die Zusammenballung des Judenhasses an einem Tag, durch seine Legitimierung in Befehlen und Reden der Staatsführer, sowie durch eine Propaganda bewirkt wurde, die auch die unpolitischen, der Öffentlichkeit abgewandten und stumpfen Menschen nicht übersehen konnten (...). Der zivilisatorische Stand der deutschen Juden ist zu hoch, ihr Patriotismus war zu tief begründet gewesen, sie glaubten zu stark an ihre unlösbare Verbundenheit mit Deutschland, für die im Weltkrieg zwölftausend Juden ihr Leben hingegeben hatten, als dass die Schmach, die ihnen angetan wurde, nicht ihren Stolz zutiefst getroffen hätte.“ (26)

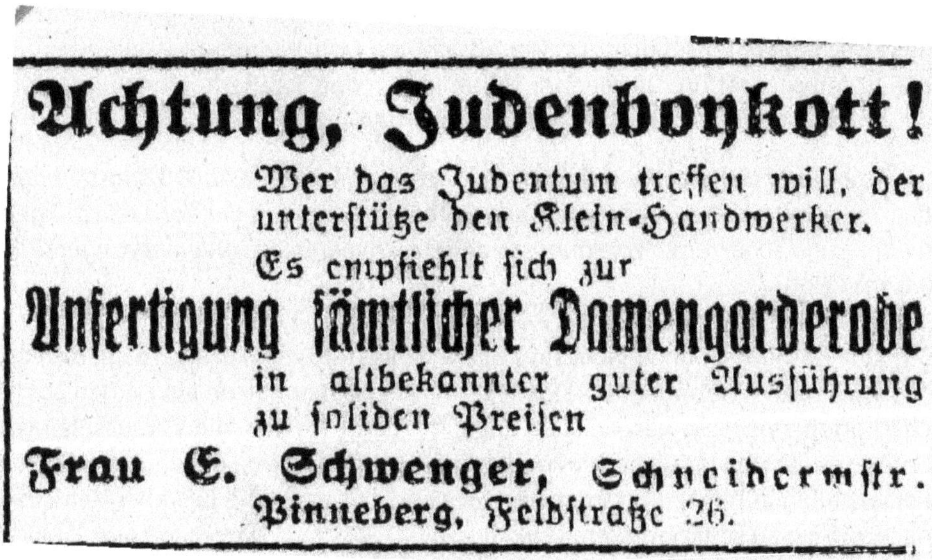

Anzeige zum Boykott. Pinneberger Tageblatt, 1.4.1933

Gemeindeblatt der Deutsch-Israelitischen Gemeinde zu Hamburg, Nr. 4, 24. 5. 1933, S. 1f

GEMEINDEBLATT

der Deutsch-Israelitischen Gemeinde zu Hamburg

Nummer 4 — Hamburg, 19. Mai 1933 — 9. Jahrgang

zu Berlin.

An unsere Mitglieder!

Eine Zeit der Not und damit der Prüfung ist über uns deutsche Juden gekommen. Die Fundamente unserer wir-

Eine Zeit der Not und damit der Prüfung ist über uns deutsche Juden gekommen. Die Fundamente unserer wirtschaftlichen und staatsbürgerlichen Existenz sind ins Wanken geraten. Wir versinken, wenn wir Wirtschaft und Staat als die alleinige Lebensgrundlage betrachten, wir bleiben aufrecht - trotz allem - wenn wir auf jenes Fundament uns besinnen, das in geheimnisvollen Tiefen der Seele verankert, unserer kampf- und sturmerprobten Gemeinschaft immer wieder segnende Kräfte spendet: unser Judentum.

In der verwirrenden Fülle schmerzlicher Geschehnisse, die in diesen Wochen auf uns einstürmen, ist es eines, was uns tröstet, die von Tag zu Tag sich verstärkende seelische Haltung des aufrechten Juden. Wir fühlen, unser Judentum ruft, Gott ruft. Wir müssen Antwort geben, die Antwort, die allein das Judentum anerkennt, und die jener Satz uns weist, der unserem stolzen Bekenntnis, dem Sch'ma Jisroel, unmittelbar folgt:

> Mit deinem ganzen Herzen, mit deiner ganzen Seele,
> mit deiner ganzen Kraft.

Die hebräische Sprache hat bezeichnenderweise für "Bekennen" und "Danken" das gleiche Wort. Es gibt nur einen wahren Dank an die Väter, die das Beste unseres Wesens, unseren Geist, unsere Seele gestaltet haben: Das Bekenntnis zu ihrem Ideal - ihrer Anspruchslosigkeit, ihrer Opferwilligkeit, ihrer Frömmigkeit.

Bekennen ist schwer. Der einzelne vermag es nur, wenn er sich an die Gemeinschaft lehnt, wenn er den Bund verspürt mit den Lebenden, mit den Toten, den Bund verspürt mit Gott, dem Hort und Hüter Israels.

Mit drei Worten begegnet ein moderner jüdischer Dichter der Frage nach der Dauer des Juden in der Welt trotz Jahrhunderte altem Leid: Kraft, Stolz, Geduld.

Seien wir Juden.

Vorstand der Deutsch-Israelitischen Gemeinde

Abb.: Erklärung der Deutsch-Israelitischen Gemeinde Hamburg nach dem Boykott vom 1.April 1933. Aus: Projekt, a.a.O.

April – Juli 1933 - Gleichschaltung und der Weg in die Diktatur

Die erste öffentliche Sitzung des neu gewählten Stadtparlaments fand am 1. April unter Sicherheitsvorkehrungen im Zeichensaal der Bismarckschule statt. Es wurden im Vorwege Einlasskarten ausgegeben und der Eingang zur Bismarckschule scharf kontrolliert. Die neugewählten NSDAP-Stadtverordneten erschienen in brauner Uniform. Der Stadtverordnete Bull versuchte sich mit einem Scherz, der doch sehr misslungen war, wenn man die Umstände in jener Zeit berücksichtigt:

„Mag man im Anfang auch mal danebenhauen, so schadet das nichts, meinte der Beigeordnete Bull humorvoll, die Hauptsache sei, dass gehauen werde, gemeint war hierbei natürlich nur die formale Geschäftsführung."

Die Sozialdemokraten waren wieder mit sechs Stadtverordneten vertreten, die Kommunisten waren zur Versammlung nicht eingeladen worden und fehlten. Bei der Wahl zum Stadtverordnetenvorsteher und seinem Stellvertreter wurden Dr. Albers und Stadtverordneter Grimm von den zwölf Nationalsozialisten gewählt. Die Magistratswahlen sollten am 2. April erfolgen. Ein weiterer Punkt in der Sitzung war ein Antrag für die Umbenennung der Schulstraße in Adolf-Hitler-Straße. (1)

Der Kleine Kreisturntag des Turnkreises 4 „Norden" beschloss am 3. April 1933:

„Der Turnkreis 4 „Norden" vertritt die Auffassung, dass die Zugehörigkeit von Marxisten zur Deutschen Turnerschaft mit dem Paragraphen 2 der Satzungen der D.T. unvereinbar ist.

Ihre Stellung zur Judenfrage fand schließlich ihren Niederschlag in nachstehender Erklärung:

Der Kreisvertreter wird vom Kleinen Kreisturntag beauftragt, beim Hauptausschuss der D.T. für die Einführung eines Arierparagraphen einzutreten." (2)

Der Antrag für die Umbenennung der Schulstraße in Adolf-Hitler-Straße fand nicht bei jedem Bürger Verständnis. Obgleich auch von nationalsozialistischer Seite einige skeptische Anmerkungen erfolgten, nicht wegen der Absicht, eine Straße nach Hitler zu benennen, als vielmehr die Umwandlung einer historischen Straßenbenennung. Interessant ist, dass die Widersprüche in anonymisierten Leserbriefen geäußert wurden. Dieses zeigt die aufsteigende Angst vor den Folgen einer offenen Diskussion. (3) Auch der „Alte Markt" war ein Vorschlag. (4)

Ein anderer Leserbrief bittet darum, die Namensgebung für den Marktplatz in „Hindenburg-Platz" zu überdenken. Dieser war nicht anonymisiert:

„In der ersten Sitzung des neuen Stadtparlaments wurde von Herrn Stadtv. Mohr unter anderem auch der Antrag eingebracht: Umbenennung des neuen Marktplatzes in Hindenburgplatz. Ich rechne es Herrn Mohr hoch an, dass er gewillt ist, unsere verehrten Führer dadurch zu ehren, dass Straßen und Plätze nach ihnen benannt werden. Aber, Herr Mohr, haben Sie es sich richtig überlegt? Ist es mit der Ehre unseres Herrn Reichspräsidenten zu vereinbaren, einen Platz, wie den neuen Marktplatz, den Namen unseres großen Führers in Krieg und Frieden zu geben? Schon die ganze Lage des Platzes ist mit dem Namen nicht in Einklang zu bringen. Die in der Nähe befindliche Müllabladestelle mit den vielen Kakerlaken, die schöne Aussicht auf das berühmte Schloss Schreckenstein, das Handeln und Feilschen von Jahr- und Wochenmarkttagen stimmt gewiss nicht mit dem Namen Hindenburg überein. Ferner soll man nie vergessen die vielen kommunistischen und marxistischen Hetzreden, die dort von den Bonzen des endlich verschwundenen Systems gehalten wurden und die vielen Hetzlieder, die unter Begleitung der urdeutschen Schalmeienmusik von den KPD- und SPD-Genossen dort gesungen wurden. Und so eine Stätte soll den Namen Hindenburgplatz tragen? Wenn wir schon unseren allverehrten Herrn Reichspräsidenten durch die Benennung eines Platzes ehren wollen, dann aber auch an richtiger Stelle. Es gibt doch noch andere Plätze in Elmshorn. Ich denke z.B. an den wunderbaren Platz in den Anlagen beim Wasserfall und Springbrunnen im Liether Gehölz. Vielleicht wäre es angebracht, die ganze Anlage Hindenburgpark zu nennen, da der Park rechts von der Chaussee ja auch seinen alten Namen Kaiser-Wilhelm-Park wieder erhalten soll. Dann würde der Name Hindenburg an würdiger Stelle vertreten sein." (5)

Die neuen Stadträte.

Heute abend sollen in einer Sitzung des Stadtverordnetenkollegiums die neuen Stadträte gewählt werden. Es ist die erfreuliche Tatsache festzustellen, daß zwischen den beiden Fraktionen der nationalen Front, zwischen den Nationalsozialisten und der Liste „Nationale Wirtschaft" die Vereinbarung zustande gekommen ist, einen gemeinsamen Wahlvorschlag einzureichen. Die beiden Fraktionen verfügen demnach über 12 Stimmen, die ihnen gegenüberstehende Sozialdemokratie über 6. Nach dem Verhältnis-Wahlsystem kann jetzt für den gemeinsamen Wahlvorschlag mit drei sicheren Stadtratsmandaten gerechnet werden, bei den Sozialdemokraten mit einem sicheren Sitz. Der dann noch strittige fünfte Stadtratsposten kann der vereinigten Liste oder den Sozialdemokraten zufallen. Nach dem gemeinsamen Wahlvorschlag sind als sicher gewählt zu betrachten:

1. Stadtverordneter Schlachter Max Mohr,
2. Stadtverordneter Tischlermeister Friedrich Bindemann,
3. Fabrikant Wilhelm Knecht.

An 4. noch strittiger Stelle steht Stadtverordneter Oberpostsekretär Kurt Breitfeld.

Zum Beigeordneten wird, wie schon gemeldet, Prokurist Bull in einem besonderen Wahlgang gewählt.

Wie es heißt, werden die Sozialdemokraten als Stadträte in Vorschlag bringen die Stadtverordneten Fritz Petersen und Friedrich Lempfert.

Neuer Stadtverordneter.

Die Liste „Nationale Wirtschaft" mußte sich gestern abend mit der Frage der Nachfolge für den ausgeschiedenen Fabrikanten Wilhelm Knecht beschäftigen. Die gesetzlich erforderliche Mehrheit der Unterzeichner des Wahlvorschlages beschloß, an die Stelle des Ausgeschiedenen, den Bahnhofsinspektor Ernst Winteler treten zu lassen. Die Unterzeichner des Wahlvorschlages haben danach von dem ihnen zustehenden Recht, auch außerhalb der Reihenfolge der Liste einen Stadtverordneten zu bestimmen, Gebrauch gemacht.

EN vom 3.4.1933

Der neue Elmshorner Magistrat

ist gestern gewählt worden. Er besteht aus folgenden Herren: Kommissarischer Bürgermeister Spieler (Nat.-Soz.), Beigeordneter Stadtrat Bull (Nat.-Soz.), Stadtrat Mohr (Nat.-Soz.), Stadtrat Bindemann (Nat.-Soz.), Stadtrat Knecht (Nat. Wirtsch.), Stadtrat Petersen (Soz.) und Stadtrat Lempfert (Soz.). Wie aus dieser Aufstellung hervorgeht, hat die Rechte im Magistrat die absolute Mehrheit, auch die Nationalsozialisten allein. Ebenso wird sich dies Verhältnis natürlich bei den demnächst zu wählenden Kommissionen auswirken.

Für die Stadträte Mohr und Bindemann werden, falls man keine Umstellung in der Reihenfolge der nationalsozialistischen Kandidatenliste vornimmt, Händler Arthur Tschirner und Steuerinspektor Karl Neumann in das Stadtverordneten-Kollegium einziehen.

EN vom 5.4.1933

NSDAP., Ortsgr. Elmshorn
NS. Frauenschaft

Deutscher Abend

am Freitag, dem 7. April, 20½ Uhr (pünktlich), „Holsteinischer Hof“
Rednerin: Frl. Hedwig Schmalmack, Gauleiterin, Altona

Aufführungen, Tombola
Deutscher Tanz

Eintritt 0.50, Erwerbslose 0.25 (nur an der Kasse)

EN vom 4.4.1933

Elmshorner Nachrichten

„Pinneberger Kreisblatt“

Ausdehnung der Todesstrafe auf versuchte Terrorakte. — Kampf der Korruption.

Riesenluftschiff „Akron“ verloren; zweites amerikanisches Luftschiff abgestürzt; Amerika stellt Zeppelinbau ein.

Wichtige Beschlüsse des Reichskabinetts.

EN vom 5.4.1933

N.S. B.O.

Am Dienstag, dem 4. April, abends 8½ Uhr, im „Holsteinischen Hof“

Große öffentliche Versammlung

der NSBO.

Thema: Was wird mit den Gewerkschaften und dem Margarinekontingent?
Redner: Pg. Richter, Hamburg
Eintritt 30 Pfg. Erwerbslose 10 Pfg.
Kopf- und Hand-Arbeiter erscheint in Massen!
Der Ortsgruppen-Betriebswart.

EN vom 3.4.1933

Die „Nationalsozialistische Betriebszellenorganisation“ (NSBO) war eine betriebsbezogene Organisationsform der Arbeitnehmer. Sie war als Gegenmodell zu den freien Gewerkschaften konstruiert. In Elmshorn fand am 4. April ihre erste Versammlung statt. Als Redner war Herr Richter mit dem Vortrag *„Was wird mit* *den Gewerkschaften und dem Margarinekontingent?"* Der Ortsgruppen-Betriebswart Voß eröffnete die Sitzung, die von Arbeitern gut besucht war.

Der Referent Richter aus Hamburg führte nach einer kurzen Einleitung eine Hetzrede auf die Juden aus, die alle Parteien übernommen hätten und Grund allen Übels seien. Er endete mit den Worten: *„Der Nationalsozialismus werde für das deutsche Volk noch einmal eine Religion werden."* (6)

Nach den Wahlen am 5. März 1933 schufen die Nationalsozialisten das Reichsministerium für Volksaufklärung und Propaganda (RMVP) unter Minister Joseph Goebbels. Die Aufgabe des Ministeriums war die vollständige Kontrolle des kulturellen Lebens und der Medien im Sinne der nationalsozialistischen Weltanschauung. Kunst und Literatur, vor allem aber die Massenmedien Rundfunk, Film und Presse dienten nun der Indoktrinierung der Bevölkerung. (7)

In einem Leitaufsatz des Führers der nationalsozialistischen Fraktion des Dresdener Rates wurde die Verleihung der Doktorwürde an Adolf Hitler gefordert:

„Unsere Arbeit gilt der sozialen Gerechtigkeit, der Gewinnung des deutschen Handarbeiters. Der Führer dieses Kampfes ist unser Volkskanzler, der einzige und wahre Anwalt des Deutschen Reiches, und der einzige, der die Ehrenwürde des Dr. jur., des Doktors der Gerechtigkeit, wirklich verdient, denn er hat durch die Tat, durch den Aufbau seiner Volksbewegung, mehr geleistet, als in Tausenden von Dissertationen geleistet werden konnte. Seine Dissertation ist die politische Führertat, und darum würde die Landesuniversität nur einer Ehrenpflicht genügen, wenn sie den Führer des deutschen Volkes bitten würde, seine Promotion zum Dr. jur., zum Doktor der sozialen Gerechtigkeit, anzunehmen, und zwar nicht honoris causa, wie es mit manchen Novemberlingen geschehen ist, sondern de facto, weil er in der Tat ein wahrer Hüter der Gerechtigkeit gewesen ist und bleiben wird." (8)

Durchgreifende Reichsreform: Reichsstatthalter in den Ländern.
Orden und Titel wieder eingeführt.— Der 1. Mai gesetzlicher Feiertag.— Sparmaßnahmen in Preußen.
Die große Rede Schachts: „Die Währung bleibt fest".— Zwei Nationalsozialisten in Breslau erschossen.

EN vom 8.4.1933

Das *„Gesetz zur Wiederherstellung des Berufsbeamtentums"* wurde am 7. April 1933 erlassen. Es diente dem Ziel, Juden, Menschen jüdischer Herkunft und politisch unerwünschte Personen aus dem Staatsdienst zu entfernen. Nach dem § 4 konnten politische Gegner des Nationalsozialismus in den Ruhestand versetzt oder aus dem Dienst entlassen werden.

§ 3 war ein *„Arierparagraph"*. Als *„Beamte nicht arischer Abstammung"* galten nach dem § 3 Absatz 1 der *„Ersten Verordnung zur Durchführung des Gesetzes zur Wiederherstellung des Berufsbeamtentums"* schon diejenigen, die nur einen jüdischen Großelternteil im Stammbaum hatten. Sie konnten nunmehr entlassen oder vorzeitig in den Ruhestand versetzt werden. Nach § 3 Absatz 2 sollten jedoch „nicht arische" Beamte im Dienst belassen werden, wenn sie schon vor August 1914 verbeamtet worden waren (Altbeamtenregel), oder die im Weltkrieg an der Front für das Deutsche Reich oder für seine Verbündeten gekämpft haben oder deren Vater oder Söhne im Weltkrieg gefallen sind. Die Ausnahmeregelung für Frontkämpfer wurde als „Frontkämpferprivileg" bezeichnet. Diese Klausel hatte der Reichspräsident Paul von Hindenburg in einem Schreiben an Adolf Hitler als Ausnahmeregelung eingefordert. Alle im Beamtenstatus befindlichen Personen mussten von nun an den sogenannten Ariernachweis erbringen, der belegen sollte, dass der Beamte keine Vorfahren jüdischer Religionszugehörigkeit hatte. Als Dokumente vorzulegen waren: die Geburtsurkunde, die Geburts- oder Taufurkunden der Eltern und Großeltern, die Heirats- oder Trauurkunden der Eltern und Großeltern sowie gegebenenfalls Militärpapiere. Diese Unterlagen mussten die Beamten binnen 14 Tagen beim Behördenleiter einreichen. Konnte der Beamte die erforderlichen Urkunden nicht beibringen, dann musste er versichern, dass er alle Mittel und Wege versucht hatte, und zum Beweis alle Antwortschreiben der von ihm angeschriebenen Standes- und Pfarrämter beifügen.

Nach § 6 des Gesetzes konnten Beamte außerdem *„zur Vereinfachung der Verwaltung"* ohne Angabe von Gründen in den Ruhestand versetzt werden. Die freiwerdenden Planstellen sollten nicht wieder besetzt werden. (9)

Aufruf!!

Heraus zum Eintritt in den freiwilligen Arbeitsdienst!

Zur Durchführung volkswirtschaftlicher Aufbauarbeiten ist es vaterländische Pflicht eines jeden jungen Volksgenossen, im Alter von 20–25 Jahren, sich sofort in die Front des freiwilligen Arbeitsdienstes einzureihen.

Das Vaterland ruft, wer will da zurückstehen!

Tausende junge Leute können noch bei der Aufbauarbeit an Staat und Volk untergebracht werden.

Deshalb Eltern, Stadtväter, Gemeindevorstände helft mit, die Arbeitslosigkeit zu beseitigen, indem Ihr alle jungen Kräfte uns zur Meldung zuweist und damit die noch von jungen Leuten besetzten Arbeitsplätze für Familienväter freigemacht werden. — Es ist aller Pflicht auch Familienväter einzureihen und wieder in Arbeit und Brot zu bringen.

Meldestelle für den Kreis Pinneberg
E. Runge, Bauingenieur
Langelohe, Pinneberger Chaussee 75

EN vom 13.4.1933

Im April1933 bekam auch Elmshorn sein erstes NS-Arbeitsdienstlager. Es befand sich im ehemaligen Pflegeheim. Die Aufgabe der Arbeiter bestand in der Reinigung der Schottersteine für den Bahndamm der Kieler Eisenbahnstrecke. Dafür hatte die Bahn eine Siebanlage errichtet, an der die „Freiwilligen Arbeitsdienstler" arbeiteten. (10)

Die „Adolf-Hitler-Freiplatzspende" war eine 1933 ins Leben gerufene soziale Einrichtung der NSDAP. Sie sollte verdienten *„Alten Kämpfern"* einen kostenlosen Erholungsurlaub in Form eines Freiplatzes ermöglichen. Der Reichslandbund bat in einem Artikel am 8. April die Landbevölkerung um Spenden. Der „Reichslandbund" (RLB) war seit 1921 der bedeutendste Interessenverband der deutschen Landwirtschaft während der Weimarer Republik.

„Hitler-Spende des Reichslandbundes! Hilfswerk deutscher Bauern! Kameraden der braunen Scholle! Reichskanzler Adolf Hitler hat das erwachende deutsche Volk zur Aufbauarbeit aufgerufen. Geld hat kein Landmann, aber eine Stube und Kost für ein, zwei, drei oder vier Wochen für einen deutschen Blutsbruder aus dumpfen, rauchenden Stadtmauern, der im Kampfe um das neue Deutschland immer sein Leben einsetzte.

Dies soll unsere Spende werden, die es dem Bauernkanzler Adolf Hitler ermöglicht, vielen eine Erholung und ein seelisches Neuerstarken in freier Natur zu geben. Gleichzeitig ist es ein Dank des Landes an die Mitkämpfer in den großen Städten, die im Ringen um die Wiedergewinnung der verführten Volksseele schwerste Arbeit hatten.

Landbundkameraden, jeder stelle sich zur Verfügung und melde über seine Ortsgruppe an den Reichslandbund seine Hilfsbereitschaft, damit die Landwirtschaft unserem Führer ein Hilfswerk in die Hand gibt, welches mit Geld nicht aufzuwiegen ist." (11)

Die Ortsgruppe der „NS-Frauenschaft" hielt mit der Referentin Frl. Schmalmack, Gauleiterin der NS-Frauenschaft Schleswig-Holstein, einen „Deutschen Abend" ab, der sehr gut besucht war. Frl. Schmalmack referierte zum Thema *„Aufgaben der Frau im nationalsozialistischen Staat"* und führte u.a. folgendes aus:

„Die Frau war unter den früheren Regierungen der letzten Jahre zu sehr ins Berufsleben eingegliedert, so dass sie ihrer natürlichen Bestimmung als Frau und Mutter und aller seelisch wertvollen Kulturaufgaben verloren ging; das Volk kam in Not. Dr. Goebbels hat in der Ausstellung „Die Frau" in Berlin gesagt: Männer machen die Geschichte, aber die Frau erzieht den Knaben! Die Werte, die die eigene Mutter ihrem Kinde gibt, bilden das Volk, die Frau ist die Trägerin der Kultur und Rasse. Wenn Adolf Hitler ferner gesagt hat, das erste Denkmal im 3. Reiche gehört der Frau des SA-Mannes, als der Heldin des deutschen Volkes, so besagt dies, dass die Frau ihre frühere geachtete Stellung als Frau und Mutter voll wieder erhält." (12)

Im April wurde die „Deutsche Turnerschaft“ gleichgeschaltet. Neben dem Ausschluss von Marxisten führte sie den „Arierparagraphen“ ein. Jetzt konnte kein Jude mehr Mitglied sein. (13)

Am 9. April wurde die „Schulstraße“ offiziell in „Adolf-Hitler-Straße“ umbenannt. (14) Am 8. April fand die Generalversammlung der Elmshorner Feuerwehr im Beisein der Ehrenmitglieder statt. Auch das jüdische Ehrenmitglied Louis Mendel nahm an der Versammlung teil. Der „Arierparagraph“ spielte in dieser Veranstaltung noch keine Rolle. (15) Der Alte Markt wurde in Hindenburgplatz umbenannt. (16)

Unterdessen gingen die Hausdurchsuchungen und Verhaftungen weiter. (17)

2. Jahrgang. Mittwoch, den 12. April 1933. Nr. 87.

Ernennung Görings zum Ministerpräsidenten von Preußen.

Die Verhandlungen deutscher Staatsmänner in Rom. – Tiefe Eingriffe bei den Krankenkassen. – Die Deutschnationalen im neuen Reich. Verbilligung preußischer Gemeindeverwaltung. – Tarif- und Arbeitsfrieden. – Nordschleswig will heim ins Reich.

EN vom 12.4.1933

Ein Reich, ein Volk!

EN vom 12.4.1933

In der Stadtverordnetenversammlung vom 11. April wurde der bisherige kommissarische Bürgermeister Spieler für die Wahl zum Bürgermeister in der nächsten Versammlung vorgeschlagen. Man verzichtete auf eine Ausschreibung und der Antrag wurde angenommen. (18)

Oberpräsident Hinrich Lohse eröffnete am 11. April den Provinziallandtag. In seiner Rede sagte er u.a.:

„(...) Der neue Provinziallandtag tritt in einer Zeit zusammen, die eine restlose Umgestaltung unseres gesamten völkischen Lebens bedeutet. Die nationale Revolution ist keineswegs beendet. Sie ist völlig im Fluss. Die Gleichschaltung aller Lebensgrundlagen der Nation ist noch nicht vollzogen.

Wenn es uns auch verhältnismäßig schnell gelungen ist, den Bolschewismus, der kurz vor der Machtübernahme in Deutschland stand, auszuschalten und zu besiegen, so ist er dennoch keineswegs vernichtet. Seine restlose Ausrottung aber gibt erst die Gewähr für den nötigen und steten Aufstieg des neuen Deutschlands.

Der machtpolitischen Gleichschaltung der Länder mit dem Reich, der Provinzen, Kreise und Gemeinden mit dem Staat muss nun auch die geistige Gleichschaltung von oben bis unten folgen. Die Staatsregierung lässt keinen Zweifel darüber, dass sie rücksichtslos durchgreifen wird, wenn dieser geistigen und willensmäßigen Gleichschaltung Widerstand entgegengesetzt werden sollte.

Sie, meine Herren, übernehmen hier ein schweres Erbe. Wie überall sind auch hier die Provinzialfinanzen zerrüttet. Nachdem auch das Provinzialparlament gleichgeschaltet ist, muss auch die Verwaltung weitgehendst gleichgeschaltet werden. Wer daran mitarbeiten will und kann, soll willkommen sein, - wer Widerstand leistet, wird entfernt werden. (…)" (19)

Die Nationalsozialisten schworen am 10. April 1933 die deutschen Erzieherverbände und den nationalsozialistischen Lehrerbund auf die zukünftige Arbeit ein. So sprach Kultusminister Schemm, dass ein wirklich guter Lehrer gleichzeitig Offizier sein müsse. Auch ein Offizier tauge nichts, wenn er nicht Erzieher sei. Nicht von der Verwaltung sei der Lehrer angestellt, sondern vom Schicksal berufen, auf den ersten Platz im Staate, verantwortlich Gott und Volk. Das sei das große Ethos der Erziehung, größer als die Frage nach Gehalt, Klasse und Titel. Die Versammlung wurde mit dem Schwur auf Hitler geschlossen. (20)

Am 11. April 1933 wurde in Elmshorn der „Bund Deutscher Mädel" (BDM) gegründet. Schon vorher gab es kleine BDM-Gruppen in der Stadt, die vermutlich aber zu umliegenden Orten gehörten, aber an Veranstaltungen in Elmshorn teilnahmen.

„Die Gründung des Bundes Deutscher Mädel fand gestern Abend in der Gastwirtschaft Stüben, Norderstraße, statt. Die Bezirksführerin Helene Schlüter, Elmshorn, Flammweg 87, erklärte, welchen Verpflichtungen ein jedes Mädel nachkommen müsse und schloss mit dem bekannten Fichte-Wort: „Du sollst an Deutschlands Zukunft glauben." Es sind sehr viele Mädels eingetreten. Die Führung wurde Anneliese Grelck, Elmshorn, Neuestraße 33, übergeben. Es wird die Hoffnung und der Wunsch ausgesprochen, dass sich hier in Elmshorn noch mehr deutsche Mädels dem Bund anschließen." (21)

Ebenfalls am 12. April trafen fünfzig junge Leute aus dem Ruhrgebiet in Elmshorn ein und wurden als Landhelfer auf die umliegenden landwirtschaftlichen Betriebe verteilt. (22)

82. Jahrgang. Donnerstag, den 13. April 1933. Nr. 88.

Aufruf zu einer Hitler-Geburtstagsspende. — Aufruf Röhms an SA. und SS.

Oesterreich-Krise auf dem Höhepunkt. — Göring und Papen beim Papst. — Die Bedeutung des 1. Mai. Besprechungen zwischen Hitler und Seldte. — Verschmelzungsbestrebungen Stahlhelm-SA. — Drei Kommunisten auf der Flucht erschossen.

EN vom 13.4.1933

Zu Hitlers Geburtstag wurde zu einer Spende für die bedürftige Bevölkerung aufgerufen.

„Der Geburtstag des Reichskanzlers Adolf Hitler am 20. April wird dem Wunsche des Führers entsprechend ohne prunkvolle Festlichkeiten begangen, die dem Charakter seiner nationalsozialistischen Bewegung und der Not des deutschen Volkes nicht entsprächen. Im Sinne des Führers aber ruft die Nationalsozialistische Deutsche Arbeiterpartei alle besitzenden Schichten, insonderheit alle Arbeitgeber, Arbeitnehmer, Landwirte, Geschäftsleute usw. zum freudigen Geben. Am 20. April muss jeder Besitzende in Deutschland nach bestem Können Not lindern. Es soll das deutsche Volk der Welt den Sozialismus der Tat zeigen.“

Unter Leitung der NSDAP werden Sammelstellen eingerichtet, die Lebensmittel und Geld in Empfang nehmen.“ (23)

N.-S.
D.-A.-P.

Ortsgruppe
Elmshorn

Aufruf!

Deutsche Volksgenossen!

Am heutigen Tage begeht das deutsche Volk den Geburtstag seines Führers. Die Bewegung führt aus diesem Grunde eine

große Sammlung für alle Notleidenden und Hilfsbedürftigen

durch. **Das Sammellager der Stadt Elmshorn befindet sich in der Katharinenstraße in der Hilfspolizeiwache.** Dieselbe ist geöffnet am Freitag und Sonnabend, von 10 bis 18 Uhr

Für Geldspenden ist auf der Sparkasse ein Konto unter dem Kennwort: „Adol; Hitler Nothilfe" eingerichtet

Die Verteilung der Spenden wird durch die städtische Behörde vorgenommen

Der Ortsgruppenleiter: Mohr

EN vom 20.4.1933

Die schon längst stattfindende Gleichschaltung der Beamtenschaft wurde in einem Bericht der EN am 15. April 1933 erläutert und ein Gesetz für den 1. Oktober 1933 angekündigt:

„Nur durch eine rücksichtslose Säuberung der Beamtenschaft von den Nutznießern des marxistischen Umsturzes von 1918 sowie von allen artfremden Elementen könne wieder eine nationale Beamtenschaft geschaffen werden, die ihr höchstes Ziel in restloser, opfervoller Pflichterfüllung sehe.

Das Kernstück zur Wiederherstellung des Berufsbeamtentums seien die Paragraphen, die sich auf die sogenannten Parteibuchbeamten, die Beamten jüdischer Abstammung und politisch unzuverlässige Beamte bezögen.

Wer Beamter geworden sei lediglich auf Grund seines Parteibuches, habe im nationalen Staat nichts zu suchen und werde kurzerhand aus dem Dienst entlassen.(...)

Das deutsche Beamtenrecht werde vom 1. Oktober 1933 ab in allen seinen Teilen wiederhergestellt." (24)

Seit der Machtergreifung strömten viele Deutsche in die Parteistellen und beantragten die Mitgliedschaft in der NSDAP oder ihrer Organisationen. Was auf der einen Seite erwünscht war (*„Einbruch in die marxistische Front"*), schuf auf der anderen Seite Befürchtungen um ein Verwässern oder gar *„marxistische Verseuchung"* nationaler Organisationen. Was auf der einen Seite gut ist, um Stimmen für die Wahlen zu generieren, muss noch lange nicht gut sein, um als Kämpfer für die nationale Sache zu dienen. Dieses wurde am 15. April in den EN erörtert. Neben dem steigenden Misstrauen gegenüber den neuen Mitgliedern, gab es auch Probleme, um organisatorisch den Massenansturm zu bewältigen. Ein weiterer Grund für die aufkommende Skepsis war sicherlich auch der Umstand, dass die *„alten Kämpfer"* in der Masse der Neumitglieder untergehen würde und ihre Bedeutung schrumpfen würde. (25)

Ironisch berichtete die Tageszeitung von einer Wohnungsdurchsuchung bei einem Kommunisten in der Ollnsstraße:

„Je später der Abend, je schöner die Gäste!" so sagt ein altes Sprichwort. Man weiß nicht, ob unsere Polizei nach diesem Sprichwort gegangen ist, als sie, unterstützt von der Hilfspolizei, am Ostersonntag, abends 11 Uhr, einem Kommunisten in der Ollnsstraße noch einen Besuch abstattete, um seine Wohnung zu besichtigen. Freudig war das Gesicht des Hausherrn jedenfalls nicht, als er seine Festtagsbesucher sah. Aber als höflicher Mann ließ er seine Gäste ein und kam ihrem Wunsche nach. Sogar die Werkstelle, wo er sonst die Transparente für die Kommunistische Partei erstellte, zeigte er bereitwilligst. Der Bruder des Hausbesitzers, der gesucht wurde, hatte einen Ausflug angetreten und war nicht aufzufinden." (26)

Weitere Hausdurchsuchungen wurden ebenfalls in der Ollnsstraße, am Sandberg,und am Lönsweg vorgenommen. Beschlagnahmt wurden hierbei verbotene Broschüren, zwei Schlagwaffen und eine Trompete, die dem Führer im Spartakusbund gehörte. (27)

„Die in Schutzhaft genommenen Kommunisten befinden sich, wie wir erfahren, noch immer in den Gefängnissen Elmshorns. Sie sind bisher noch nicht nach einem Konzentrationslager abtransportiert worden. Der Kommunist Jürgensen, der bekanntlich Reichstagsabgeordneter ist, sitzt im Zuchthaus in Glückstadt. Alle kommunistischen Reichstagsabgeordneten befinden sich in strenger Haft, da jeder Abgeordnete im Verdacht der Mittäterschaft am Reichstagsbrand steht." (28)

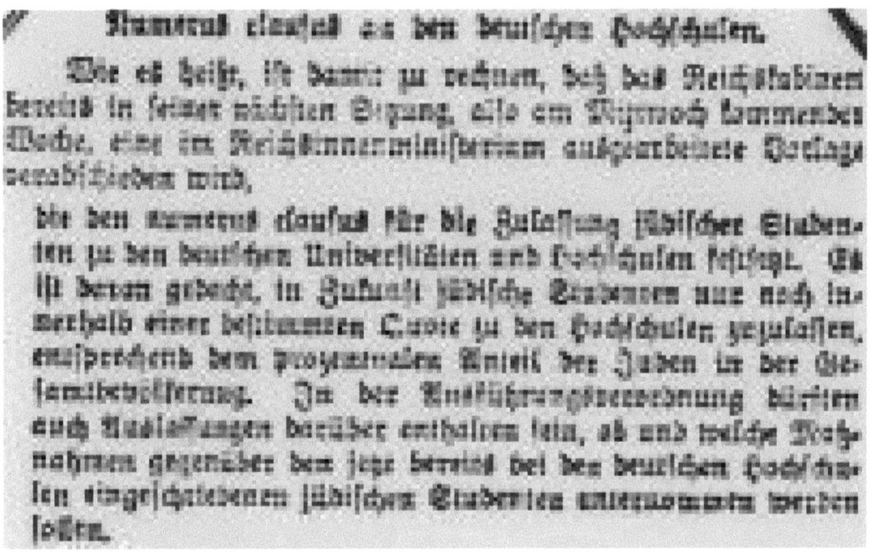

Numerus clausus an den deutschen Hochschulen.

Wie es heißt, ist damit zu rechnen, daß das Reichskabinett bereits in seiner nächsten Sitzung, also am Mittwoch kommender Woche, eine im Reichsinnenministerium ausgearbeitete Vorlage verabschieden wird,

die den numerus clausus für die Zulassung jüdischer Studenten an den deutschen Universitäten und Hochschulen festlegt. Es ist daran gedacht, in Zukunft jüdische Studenten nur noch innerhalb einer bestimmten Quote zu den Hochschulen zuzulassen, entsprechend dem prozentualen Anteil der Juden an der Gesamtbevölkerung. In der Ausführungsverordnung dürften auch Auslassungen darüber enthalten sein, ob und welche Maßnahmen gegenüber den jetzt bereits bei den deutschen Hochschulen eingeschriebenen jüdischen Studenten unternommen werden sollen.

EN vom 25.4.1933

Bürgermeister
Ortspolizeibehörde

Elmshorn, den 5.April 1933.

. Verfg.

1. In der letzten Nacht sind innerhalb des St gebietes eine größere Anzahl kommunistische Flugblätter m aufreizendem Inhalt verbreitet worden, ohne daß die Täter ermittelt werden konnten. Es wird zur Abwehr dieser straf- baren Handlung angeordnet, daß die Streifen des Nachtdien- stes bis auf weiteres jeden Kommunisten oder als Kommunist Verdächtigten anhalten und nach Flugblättern und Waffen durchsuchen. Werden Flugblätter, wenn auch nur in einzelne Exemplaren, gefunden, so ist die betreffende Person in Pol zeihaft zu nehmen. Im Erfolgsfalle bin ich sofort zu benac richtigen. Wird des Nachts festgestellt, daß in Wohnungen von Kommunisten noch spät Licht brennt, dann sind sofort darüber Ermittelungen anzustellen. Wer befindet sich in de Wohnung, zu welchem Zweck wird noch das Licht gebrannt? Gegen angeführte Auswüchse ist rücksichtslos einzuschreiten mit Festnahmen in solchen Fällen ist nicht zurückzuhalten.

2. Hans Hachmann und der Zigeuner Gerson Winter- stein sind sofort festzunehmen, wenn sie betroffen werden. Gegen beide soll bis auf weiteres Polizeihaft verhängt werden

3. Personen,die Greuelnachrichten verbreiten oder sich sonst verächtlich über die nationale Regierung und die vaterländischen Verbände auslassen, sind ebenfalls XX sofort in Polizeihaft zu nehmen.

4. Gemäß Funkspruch aus Berlin sollen folgende Personen festgenommen werden:

Kurtzmann,Hermann,geb.4.2.86 Mühldorf-Scharni
Hornick,Paul,geb.18.9.98 Forst-Lausitz.

Bei Durchsicht der Fremdenzettel ist nach diesen Personen zu fahnden.

5. Allen Herren Polizeibeamten und Hilfspolizei-

Brief Bürgermeister an Ortspolizeidienststelle, Stadtarchiv Elmshorn

EN vom 15.4.1933

Ende März wurden die Vorbereitungen für die Einführung des 1. Mai als nationalen Feiertag begonnen.

„Der Feiertag der nationalen Arbeit am 1. Mai soll Zeugnis davon ablegen, dass der Gedanke des Klassenkampfes, von dem der Marxismus gelebt hat und der in den Köpfen der deutschen Arbeiterschaft unheilvolle Verwüstungen angerichtet hat, durch ein neues staatspolitisches Ethos der Arbeit überwunden wird. Das Ziel der nationalen Regierung ist, die Arbeit nicht mehr als eine Ware gelten zu lassen, die der Arbeiter an den Unternehmer möglichst teuer verkauft, sondern ihr den inneren Sinn einer sittlichen Verpflichtung zu geben, bei der arbeitende Mensch ein volles Anrecht auf die entsprechende Wertung hat."

In der gleichen Ausgabe stellten die EN klar, dass die Ausführungsbestimmungen zu dem Gesetz über den Feiertag der nationalen Arbeit auch die Fragen der Lohnzahlung am 1. Mai regeln. Für den 1. Mai werde auch für die Arbeiter, die im Stundenlohn beschäftigt sind, der volle Lohn gezahlt werden. (29)

„Am Ostermontag fand in der Kieler Universitätsaula ein sehr stark besuchter außerordentlicher Ärztetag statt, auf dem die schleswig-holsteinische Ärzteschaft ein begeistertes Treuebekenntnis zur nationalen Regierung ablegte. Es wurde folgende Entschließung gefasst: „Die schleswig-holsteinische Ärzteschaft, von jeher eine geschlossene Einheit von entschieden nationaler Einstellung, tritt rückhaltlos hinter die Regierung der nationalen Revolution. Getragen von der mächtigen Welle neuerwachenden Volksbewusstseins reicht sie freudig der nationalsozialistischen Führung die Hand und bekundet dabei, dass die Ziele der Regierung und ihrer Organe auch die ihren sind." (30)

Zur bevorstehenden Bürgermeisterwahl, auf der der bisherige kommissarische Bürgermeister Spieler zum neuen Bürgermeister gewählt wurde, brachten die EN am 18. April einen anonymen Leserbrief, der Spieler außerordentlich lobte:

„Wer die Dinge unter dem neuen Regime, insbesondere aber die letzten Stadtverordneten-Versammlungen, aufmerksam verfolgt hat, der hat feststellen müssen, dass der komm. Bürgermeister Herr Spieler sich geschickt den Verhältnissen in Elmshorn angepasst hat. Klares Denken, ruhige, sachliche und schnelle Arbeit zeichnen diesen Mann aus, der nach dem Willen seiner Fraktion, der NSDAP, Bürgermeister von Elmshorn werden soll. Und dass er es wird, wer wollte bei dem numerischen Übergewicht der Stadtverordneten der NSDAP und der nationalen Wirtschaft daran zweifeln? Aber die politische Einstellung soll hier nicht maßgebend sein, sondern die Fähigkeit, und diese hat Bürgermeister Spieler sicher. Elmshorn dürfte mit der Wahl dieses Mannes einen guten Griff tun; denn Tüchtigkeit, vornehme Denkungsart seinen politischen Gegnern gegenüber und freundliches Wesen zu allen denen, die mit ihm dienstlich in Berührung kamen, haben Bürgermeister Spieler viele Sympathien in weitesten Teilen der Bevölkerung erworben. Hinzu kommt noch, dass der komm. Bürgermeister den Jahren nach noch jung ist, so dass nach menschlicher Voraussicht unsere Stadt im Falle der Wahl lange Jahre einen tüchtigen Mann an ihrer Seite hat. Zu einer endgültigen Wahl des komm. Bürgermeisters Spieler als Bürgermeister kann man aus den angeführten Gründen unsere Vaterstadt nur beglückwünschen. Und weshalb sind diese Zeilen geschrieben? - Damit nicht noch andere Gedanken und Absichten auftauchen vor

der endgültigen Entscheidung. Es können doch keine besseren sein. Deshalb daran festhalten." (31)

Ein großer Teil der Elmshorner Bevölkerung dürften diese Ansichten des Leserbriefschreibers nicht geteilt haben.

N.-S. D.-A.-P.

Ortsgruppe Elmshorn

Anläßlich des Geburtstages unseres Führers findet am Donnerstag, dem 20. April, im Lokal „Tychsen", Friedensstraße, abds. 8½ Uhr, eine Mitgliederversammlung statt. Mitglieder des Opferringes und der NSBO. haben Zutritt.

Der Ortsgruppenleiter

EN vom 18. 4.1933

Donnerstag, den 20. April 1933

Deutschland feiert und ehrt seinen Kanzler.

Hitlers 44. Geburtstag.

EN vom 20. 4.1933

Adolf Hitlers Geburtstag am 20. April wurde im ganzen deutschen Reich mit Veranstaltungen und Flaggenschmuck an den Privathäusern ausgiebig gefeiert.

Auch in Elmshorn wurde der Geburtstag gefeiert. Öffentliche Hitler-Feiern hatte sich Hitler 1933 verbeten, was aber die NSDAP in Elmshorn nicht daran hinderte, in einer Mitgliederversammlung diesen Tag zu würdigen. Um die Beflaggung der öffentlichen Gebäude kam es zunächst zu einem Durcheinander. Nachdem Bürgermeister Spieler die Anordnung zur Beflaggung gegeben hatte, kam am Vortag die Anordnung, nicht zu flaggen. Im letzten Augenblick kam dann doch der Befehl, die Flaggen zu setzen. Viele Privathäuser setzten ebenfalls diese Flaggen. An der Bismarckschule fand eine gemeinsame Feier für alle Schulen statt. Gemeinsam hörten die Schüler das vom Deutschlandsender übertragene Hörspiel „Adolf Hitler" von Wolfgang Möller. In einem Artikel der EN wird diese Feier mit Worten beschrieben, die Hitler fast als ein göttliches Wesen hinstellten:

„Wie wir stets von dem Bewusstsein überwältigt werden, fast übermenschlicher Größe, vor Erhabenem zu stehen, wenn wir Hitlers gigantische Leistung zu begreifen versuchen, so wurden wir auch durch das Hörspiel wieder einmal vor das unfassbare, das Wunder gestellt, wie ein einzelner Mann, getrieben von heißer Liebe zum Deutschtum und von felsenfestem Glauben an den Wert und das Gelingen seines Werkes erfüllt, mit eisernem, durch nichts beeinflussbaren Willen, allen feindlichen Mächten und Tücken trotzend, sie alle überwindend, ein völlig zerrissenes, zersplittertes, von Natur aus uneiniges Volk zu einem einheitlichen, selbstbewussten Volkskörper, einen fast völlig neuen Organismus zusammenschweißen, zu einem Volkswesen, dem ein neuer Odem, neues Leben, dem ein neuer Geist eingehaucht wird. Dies neue deutsche Volk hat seinen Glauben an sich selber wiedergewonnen, und wie der Glaube des Führers trotz Festung und Verbote nie wankend wurde, so wird auch das neue Deutschland an diesem Vorbilde seinen Glauben an sich selbst stets wieder stählen und stärken können; dies sichere Bewusstsein, diese feste Zuversicht ist durch die Feier in der Bismarckschule frisch belebt und gestärkt worden.

Zum Schluss stimmt die Zuhörerschaft begeistert in das dreifache „Sieg-Heil" ein, mit dem Herr Studiendirektor Dr. Humpf diese ergreifende Feier schloss." (32)

Am 20. April berichteten die EN vom *„neuen nationalen Geist"* in Elmshorn. Die Schulleiter wurden hiernach angewiesen, noch vorhandene Friedrich-Ebert-Bilder aus den Schulräumen zu entfernen. Ersetzt werden sollten diese durch Adolf-Hitler-Bilder. (33) Aus Anlaß des Geburtstages von Hitler wurde die Knabenschule in der Schulstraße in *„Adolf-Hitler-Schule"* umbenannt. (34)

Am 19. April 1933 hielt die NSBO, die *„Nationalsozialistische Betriebszellen-Organisation"*, eine Mitgliederversammlung im Lokal „Tychsen" in der Friedenstraße ab. Hier wurde vom Ortsgruppen-Betriebswart die Festabfolge für den die Feierlichkeiten am 1. Mai bekanntgegeben. Es wurden etwa 60 Vereine und

Verbände eingeladen. (35) Am 24. April wurde der Veranstaltungsplan mit noch weiteren Details von der NSBO in den EN veröffentlicht. (36)

„In der heutigen unsicheren Zeit reichte der polizeiliche Schutz nicht aus. Es ist daher in Elmshorn eine Hilfspolizei in Stärke von 20 Mann geschaffen worden, die es ermöglicht, eine größtmöglichste Sicherheit von Leib und Leben, sowie des Eigentums der Elmshorner Bevölkerung zu gewährleisten. Mehrere Firmen und Einwohner unserer Stadt haben für die Unterhaltung der Hilfspolizei Spenden an Ware und Geld gegeben. Um auch einer größeren Zahl von Firmen und Einwohnern unseres Ortes Gelegenheit zu geben, sich an den Spenden für die Hilfspolizei zu beteiligen, ist bei der Spar- und Leihkasse ein Spendenkonto mit der Bezeichnung „Städtische Hilfspolizei" eingerichtet worden. Industrie, Handel und Gewerbe sowie die gesamte Einwohnerschaft werden gebeten, sich durch Einzahlung von Spenden auf das genannte Konto an der guten Einrichtung der Hilfspolizei zu betätigen." (37)

In den „*Ergänzende Durchführungsbestimmungen für die Hilfspolizei*" vom 21. April 1933 wurden im Detail die gesundheitlichen Voraussetzungen, die ärztliche Versorgung, Ausbildung, Bezahlung und Bewaffnung der „Hilfspolizisten" dargestellt. (38)

Am 24. Mai bat der komm. Bürgermeister Spieler den Polizeipräsidenten in Berlin um Übungshandgranaten und Übungsmunition für die Hilfspolizei, was dieser am 30. Mai 1933 ablehnte. (39)

Abschrift.

Der Preussische
Minister des Innern.
II C I 59 Nr. 46/33

Berlin, den 21. April 1933 –

Betrifft. Hilfspolizei.
Bezug: Erl. v. 22. Februar 1933 – II C I 59 Nr. 40/33 –

" Ergänzende Durchführungsbestimmungen."

Die mir vorgelegten Erfahrungsberichte geben Veranlassung zu nachstehenden Feststellungen:

1.) Die Einrichtung der Hilfspolizei hat sich überall dank der Opferwilligkeit und Disziplin der nationalen Verbände einerseits und der verständnisvollen Arbeit der Polizeibehörden andererseits reibungslos vollzogen. Ungeachtet ihres behelfsmäßigen Charakters hat sich die Hilfspolizei unter schwierigen Verhältnissen als wertvolle Unterstützung der ordentlichen Polizei bewährt. An den durch vorbezeichneten Erlass gegebenen Anordnungen ist daher grundsätzlich festzuhalten.

2.) Stärke der Hilfspolizei.
Die finanzielle Auswirkung der nunmehr gemäß Ziffer 9 während der Dienstzeit – soweit Aufwandsentschädigung nicht zusteht – zu gewährenden freien Verpflegung macht Beschränkung in der Verwendung von Hilfspolizei erforderlich:

a) der Dauer nach:
Durch kürzere Dienstschichten und planmäßige Ablösung wird eine ununterbrochene Einberufung von Hilfspolizeibeamten über 24 Stunden hinaus regelmäßig vermeidbar sein.
Den diesbezüglichen Anträgen kann in Zukunft nur in Ausnahmefällen entsprochen werden. Bereits erteilte Genehmigungen treten ausnahmslos mit Ablauf des 30. April 1933 ausser Kraft, soweit sie nicht bereits im Einzelfalle kürzer befristet waren. Zur Verlängerung bedarf es eingehender Begründung unter Angabe, warum Schichtwechsel nicht durchführbar ist.

b) der Zahl nach:
Die Einberufung von Hilfspolizeibeamten zum Dienst muß sich auf die unabweisbare Notwendigkeit beschränken. Als solche ist auch die Ausbildung in dem unter Ziff. 5 umrissenen Umfange anzusehen. In Ergänzung der Ziffer 7 der "Durchführungsbestimmungen" wird

die

Ausschnitt „Ergänzende Durchführungsbestimmungen für die Hilfspolizei“, Stadtarchiv 001.03.31.50.01.44 Hilfspolizei

Der Bürgermeister
als Ortspolizeibehörde.

Elmshorn, den 24. Mai 1933.

Vfg.

1) An

den Herrn Polizeipräsidenten
in Berlin.

Die hiesige Ortspolizeibehörde benötigt zur Ausbildung ihrer 20 kasernierten Hilfspolizeibeamten Übungshandgranaten mit Abreißschnur und Knopf und Brennzünder 24 mit Übungsladung 24 gemäß laufender Nr. 152-154 der V.f.d.P.Nr.40. Es wird um Auskunft gebeten, ob eine Belieferung in geringer Menge gegen Bezahlung erfolgen kann. Wie hoch stellt sich der Preis für eine Handgranate und für eine Ersatzübungsladung? Da die Handgranaten zu einer Veranstaltung am 4. Juni gebraucht werden sollen, wird um Beschleunigung gebeten.

2) Vorlegen am 1.6.33.

komm. Bürgermeister.

Stadtarchiv 001.03.31.50.01.44 Hilfspolizei

Der Polizeipräsident in Berlin

Eingeg. Elmshorn
-1 JUN 1933
J.-Nr.

An

den Herrn Bürgermeister als
Ortspolizeibehörde

Elmshorn.

24.5.33.

W.8.8512/33. – 30.5.33.

Übungshandgranate für Hilfspolizeibeamte.

Übungshandgranaten für Hilfspolizeibeamte sind nicht vorgesehen und können deshalb auch nicht abgegeben werden.

I. A.

gez. Will.

Beglaubigt:

Pol.-Kanzleisekretär.

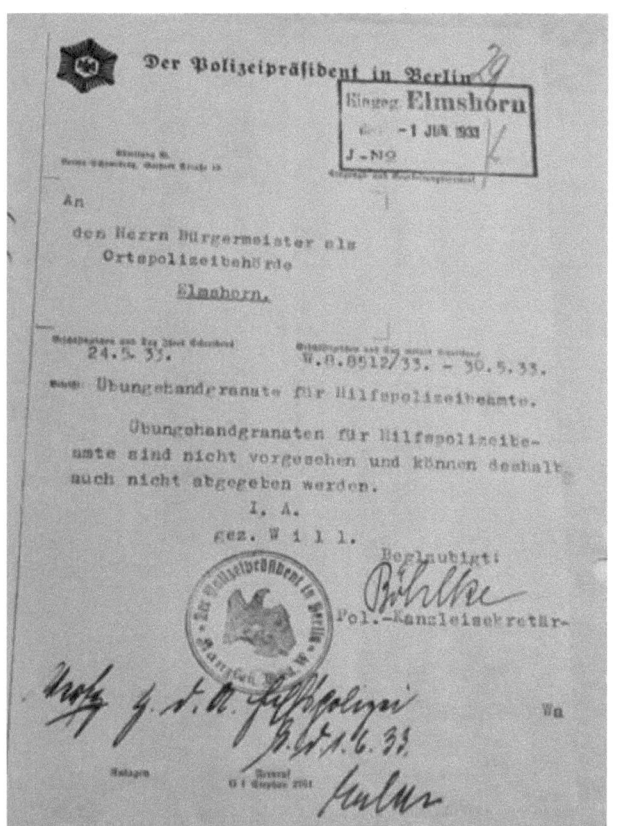

Stadtarchiv 001.03.31.50.01.44
Hilfspolizei

Die Unterkunft der Hilfspolizei

in der Katharinenstraße ist jetzt fertiggestellt. Aus dem einen großen Raum an der Straße hat man drei Räume geschaffen. Zuerst kommt man von der Straße aus in den Tagesraum. Hier halten die Mannschaften sich während der Tagesstunden auf, nehmen ihre Mahlzeiten ein usw. An den Tagesraum grenzt das Geschäftszimmer. Hier waltet Herr Waldemar [illegible] als Obmann der Hilfspolizei seines Amtes. Er regelt den Dienst der Mannschaften, sorgt für gerechte Verteilung des Essens und für Ordnung. Ein kleiner Raum gilt als Vorratsraum für Lebensmittel. Nach der Hofseite liegt ein großer Schlafraum. Die Betten sind, wie früher beim „Kommiß" übereinander in drei Stockwerken. Matratzen und Wolldecken sind die Hauptbestandteile. Ein an der Tafel im Tagesraum kenntlich gemachter Hilfspolizist hat Stubendienst. Er hat für die Reinlichkeit der Unterkunft während seiner Dienststunden zu sorgen. Die Unterkunft der Elmshorner Hilfspolizei ist mustergültig angelegt, sie kann sich in dieser Beschaffenheit nach jeder Richtung sehen lassen. -b.-

EN vom 25.4.1933

82. Jahrgang. Sonnabend (Sonntagsausgabe), den 22. April 1933. Nr. 94.

Ministerpräsident Göring übernimmt die Geschäfte. Preußische Minister ernannt.

Ursprungsstätten der Hetz- und Greuelpropaganda entdeckt. – Der Strafvollzug soll schärfer werden. – Die Reichsmark bleibt stabil.

Bürgermeister Spieler endgültig Bürgermeister von Elmshorn.

Greuelpropaganda-Nester ausgehoben

In wenigen Zeilen.

EN vom 22.4.1933

In der Kollegiensitzung vom 21. April wurde Herr Spieler offiziell als Bürgermeister mit einem Monatsgehalt von 600 RM und einer Aufwandsentschädigung von jährlich 500 RM gewählt. Da kein Gegenvorschlag gekommen ist, verzichtete man bei der Wahl auf Wahlzettel. (40)

Der Vorsitzende Rechtsanwalt Timm gab auf der Sitzung des Hauptausschusses des Elmshorner Männerturnvereins (EMTV) am Freitag, den 21. April bekannt,

„dass die Satzungen der Deutschen Turnerschaft dahin geändert sind, dass Marxisten und jüdische Personen von den Vereinen der Deutschen Turnerschaft nicht mehr aufgenommen werden dürfen. (…)

Einmütig bekannte sich der H.A. zu diesen im Einvernehmen mit der nationalen Regierung bis ins kleinste ausgearbeiteten Grundsätzen und gab dazu folgende Erklärungen ab:

„Getreu den alten, ehrwürdigen Traditionen der D.T. und getreu dem im Paragraphen 1 der Satzung festgelegten Grundsatz, den Mitgliedern Gelegenheit und Anleitung zu geregelten Leibesübungen zu geben, als eines Mittels zu körperlicher und sittlicher Kräftigung sowie der Pflege deutschen Volksbewusstseins und vaterländischer Gesinnung, begrüßt der EMTV die nationale Revolution und die dadurch beendete 14jährige Herrschaft eigennütziger volksfremder Elemente im deutschen Vaterland. Mit allen Kräften, mit freudigem Herzen stellt sich der EMTV

hinter die nationale Regierung und gelobt ihr treue Gefolgschaft. Wie die D.T. im deutschen Vaterland, so ist der EMTV in der Stadt Elmshorn der größte und älteste Verein, der Leibesübungen betreibt. Als solcher Verein haben wir gemäß den Richtlinien des neuen Führers der D.T. nicht nur den Ehrgeiz, nein, auch die Pflicht, neben die braune SA und die grauen Stahlhelmer, die Turner im neuen blauen Kleid zu stellen. Wir wollen den Kameraden in der SA und im Stahlhelm nicht nachstehen, weder an vaterländischer Zielklarheit, noch an soldatischem Geist, noch an Wehrtüchtigkeit. Wir wissen, was unsere Turner in früheren Zeiten und Jahren für die Gestaltung deutscher Geschichte geleistet haben. In diesem Sinne wollen wir arbeiten zum Segen des deutschen Volkes und aller seiner Glieder.*" (41)

Es wurde in der Zukunft an der Einführung des „Arierparagraphen" gearbeitet.

2. Jahrgang. Montag, den 24. April 1933. Nr. 95.

Geplantes Attentat auf Adolf Hitler.

Große Hitler-Rede auf der Führertagung in München: deutsche Politik des Friedens. — Ein jüdisches Ultimatum an Hitler?
ichspressechef über Aufgaben der deutschen Presse. – Eine bündische evangelische Kirche. – Keine Auflösung der Deutschen Volkspartei.

EN vom 24.4.1933

Der Reichspressechef der NSDAP Dr. Dietrich sprach am 23. April auf einer Versammlung des „Reichsverbandes für deutsche Kultur" über die Aufgaben der deutschen Presse.

„Er wies einleitend auf die von Reichskanzler Hitler und vom Reichspropagandaminister Dr. Goebbels vor der Presse gemachten Erklärungen hin, wonach die Regierung die Freiheit der Presse achten und ihr weitester Raum gewähren werde, wenn die Presse ihrerseits bereit sei, dem Staate zu geben, was des Staates ist.

Wir wollen uns der Ehre, in vorderster Front des Lebenskampfes der Nation stehen zu dürfen, würdig erweisen und die deutsche Presse in Zukunft zu einer scharf geschliffenen Waffe deutscher Politik und damit des deutschen Volkes werden lassen.

Im Zeitalter des Nationalsozialismus darf in der deutschen Presse die Rücksicht auf das rein finanzielle Moment nicht mehr schwerer wiegen als der schöpferische Geist, der die Zeitung geschaffen hat und sie trägt.

Der deutsche Redakteur, dem die große und hehre Aufgabe nationaler Volkserziehung zufällt wie kaum einer anderen Berufsgruppe, soll in Zukunft in seiner redaktionellen geistigen Tätigkeit frei und nur noch seinem deutschen Gewissen und seinem Volke verantwortlich sein. Deutsche Politik und deutsche Kultur kann nur von Deutschen öffentlich in der Presse vertreten werden. Es bedarf zu der großen Aufgabe, die der Presse im neuen Deutschland gestellt ist, statt müder Resignation eines neuen zukunftsbejahenden, idealistischen Schwunges im deutschen Journalismus." (42)

Es wurde von dem Reichspressechef Dietrich deutlich gesagt, dass die Presse nur dann frei berichten kann, wenn sie der Linie der Partei folgen und für diese *„eine scharfgeschliffene Waffe"* darstellen würde. Die Presse galt fortan als ein offiziell bekanntgegebenes Werkzeug der Propaganda.

Am 25. April erließ die nationalsozialistische Regierung ein *„Gesetz gegen die Überfremdung an höheren Schulen und Hochschulen"*. Zunächst sollten an Hochschulen nur soviele Studenten aufgenommen werden, die später in den Berufen untergebracht werden konnten. Bei der Auswahl von Schülern sollte nach dem Beamtengesetz verfahren werden:

„Bei der Auswahl der Schüler soll bei Nichtariern nach den Grundsätzen des Beamtengesetzes verfahren werden. Im Übrigen sollen Nichtarier nur soweit auf den mittleren und höheren Schulen als Schüler zugelassen werden, als es dem Anteil der Nichtarier an der deutschen Bevölkerung entspricht. Hierfür wird einheitlich für das ganze Reich eine Schlüsselzahl festgesetzt werden. Des Weiteren bestimmt das Gesetz, dass die Bestimmungen über die Nichtarier bei Kindern aus gemischter Ehe keine Anwendung finden, sofern diese Ehe vor dem Inkrafttreten des Gesetzes geschlossen worden ist.

Ausgeschlossen von den Schulen sind Kinder solcher Eltern, die nach dem 1. August 1914 aus dem Osten eingewandert sind." (43)

Am 26. April wurde der Jugendherbergsverband in Elmshorn gleichgeschaltet. Hierbei musste der bisherige erste Vorsitzende, Herr Fröhlich, auf Anordnung des Kultusministers Rust sein Amt niederlegen und es wurde unter Anwesenheit von Bürgermeister Spieler, des Geschäftsführers Herr Seemann, der Leiterin des BDM, Frl. Grelck, des Geschäftsführers der HJ, Herrn Ries eine Versammlung zwecks Neuwahl des Vorstandes einberufen. (44)

Seit Wochen wurde auf die Feierlichkeiten des „Tages der nationalen Arbeit" hingearbeitet. Der Tag wurde minutiös von der NSBO vorbereitet und geplant.

Das Abzeichen des „Tages der deutschen Arbeit".

Das offizielle Festabzeichen des 1. Mai, des „Tages der deutschen Arbeit", das zu einem Preise von 25 Pfg. erstanden werden kann.

Das von uns gestern im Abdruck verbreitete Abzeichen erweist sich bedauerlicherweise als eine Plakette, die von unbefugter Seite herausgegeben wurde.

EN vom 26.4.1933

Der „Tag der nationalen Arbeit" in Elmshorn.

Elmshorn, den 27. April 1933.

Gestern abend fand bei dem Pg. Gastwirt Kann eine Besprechung über das Programm des 1. Mai und eine Festlegung der Veranstaltungen statt. Der Ortsgruppenbetriebswart der NSBO. Voß eröffnete die Sitzung und erklärte kurz, daß man die Festfolge umlegen müsse, weil sich Aenderungen für das schon vor einigen Tagen bekannt gemachte Programm ergeben hätten. Der von der Reichsregierung für den 1. Mai geplante „Tag der nationalen Arbeit" werde in seinem grundsätzlichen Teil vom Geist des deutschen Sozialismus getragen sein. Dieser Tag bringe das Bekenntnis des gesamten schaffenden Volkes zum nationalen Staat und sei gleichzeitig der Beginn des ersten Jahres planmäßiger Aufbauarbeit unter Führung des Reichskanzlers Adolf Hitler.

In Elmshorn wird der Tag eingeleitet mit einem

großen Wecken

morgens um 6 Uhr. Ausgeführt wird das Wecken auf der Nordseite der Krückau vom Spielmannszug der SA. und auf der Südseite vom Trommler- und Pfeiferkorps des CVJM. In der Zeit des Weckens von 6—7.30 Uhr werden auf allen Fabriken Elmshorns die schwarzweiß-rote und die Hakenkreuzfahne wehen. Alle NSBO.-Mitglieder treten 7.45 Uhr in der Norderstraße an und haben am Tag nur bei der NSBO. zu marschieren.

8.30 bis 9.15 Uhr: Gottesdienst in der Kirche.

Die Predigt hält Pastor Fengler. Die Lieder, die während des Gottesdienstes gesungen werden, brachten wir bereits gestern. 9.30 bis 10.30 Uhr findet bei der Bismarckschule die

Weihe der NSBO.-Fahne

durch Bürgermeister Spieler statt. Zu der Fahnenweihe singen die in der Marschaufstellung angeführten Gesangvereine zwei Lieder und zwar „Freiheit, die ich meine" und „Horch, die alten Eichen rauschen".

10.30 Uhr: Radioübertragung bei der Bismarckschule der Berliner Lustgarten-Kundgebung.

Es spricht Reichsbetriebszellenleiter Schuhmann, M.d.R., anschließend folgen eine Botschaft des Reichspräsidenten und eine Ansprache des Reichsministers Goebbels. Ausklingen wird die Kundgebung mit dem Deutschlandlied und dem Horst Wessel-Lied. Von 13.30 bis 14.30 Uhr ist

auf dem Propstenfeld ein Platzkonzert,

ausgeführt von der Sturmbannkapelle II/31. Um 3 Uhr treten alle Vereine und Verbände an ihren Standorten an zum strahlenförmigen Anmarsch nach dem neuen Marktplatz. 15.30 Uhr müssen alle Vereine auf dem Marktplatz sein. Von hier aus setzt sich der

Fest-Umzug

in Bewegung und zwar durch nachfolgende Straßen: Kaiserstraße, Friedrichstraße, Eiche, Weberstraße, Peterstraße, Hafen, Kaiserstraße, Hindenburgplatz, Marktstraße, Flamweg, Gärtnerstraße, Norderstraße, Adolf Hitlerstraße, Königstraße, Tunnel, Mühlenstraße, Mühlendamm, Bauerweg, Jahnstraße, Tunnel, Königstraße, Kirchenstraße, Adolf Hitlerstraße, Peterstraße, Bismarckstraße und Bismarckschule. Bei der Bismarckschule wird von 18 bis 18.30 Uhr der „Empfang von Arbeiter-Abordnungen aus allen deutschen Ländern durch den Reichskanzler" übertragen. 19.30 Uhr: Beginn der

großen Abendveranstaltung

in den Lokalen „Holsteinischer Hof", „Elmshorner Stadttheater", „Karlstal" und „Freudenheim". In diesen Lokalen wird dann auch um 19.30 Uhr die Feier auf dem Tempelhofer Feld aus Berlin übertragen, u. a. Eröffnung durch Reichsminister Goebbels, Gesang, Pflanzung der jungen Eiche und als Höhepunkt

das Manifest des Reichskanzlers (1. Jahresplan).

An das Manifest schließt sich das Deutschlandlied und der Zapfenstreich. Die Ansprachen und Reden der Regierungsmitglieder durch den Rundfunk werden den Höhepunkt der Kundgebung bilden. — — Alle Uebertragungen der Berliner Veranstaltungen übernimmt der Pg. Kröger, Adolf Hitlerstraße.

Die

Aufstellung zu dem Festumzug

erfolgt auf dem neuen Marktplatz und zwar wird der Zug in 10 Säulen geteilt. Die freien Gewerkschaften können in Elmshorn mitmarschieren. In Hamburg hat man wegen der geplanten Gegenaktion ein Verbot für die Teilnahme ausgesprochen. Elmshorn schließt die Gewerkschaften nicht aus, hat dagegen zur Bedingung gemacht, daß sie ohne Fahnen marschieren.

Der Umzug wird wie folgt Aufstellung nehmen:

Säule 1 und 2: NSBO., Eisenbahner, Gewerkschaften im NSBO.

Säule 3: Nationaler Arbeitsdienst, Elmshorner Schützengilde, Arbeiter-Schützenverein, Freiwillige Feuerwehr, Gardekorpsverein, Kriegerverein.

Säule 4: SA., HJ., Stahlhelm, Jungsturm, Bismarckschule, Arbeitgeberverband.

Säule 5: Nordd. Handwerkerbund, Klempner-, Bäcker-, Friseur-, Maler-, Schuhmacher-, Schneider-, Schlachter-, Tischlerinnung, Baugilde.

Säule 6: CVJM., Sport- und Spielverein, Freie Turnerschaft, Seglerverein, Ruderklub, Marineverein.

Säule 7: Ehemalige Kriegsgefangene, Kriegsbeschädigte, Schleswig-Holsteiner-Bund, Haus- und Grundbesitzer, Postbeamte, Telegraphenbeamte und -Arbeiter, städt. Behörden und Reichsbehörden

Säule 8: NS.-Beamtenabteilung, Mitglieder der NSDAP., Lehrerverein, DHV., GDA., Kombo, Liedertafel „Schleswig-Holstein", „Concordia", „Aler", „Eintracht".

Säule 9: Obst- und Gemüsehändler, Bürgerklub, Gärtnerverein „Viola", „Tru un fast", Gemeinschaft des Einzelhandels, Detaillistenverein.

Säule 10: Alle sonstigen Vereine, die sich beteiligen wollen und noch nicht angeführt sind, sollen in Säule 10 aufgestellt werden. Am Schluß der Säule fährt die Reit- und Fahrschule. Den Abschluß des ganzen Umzuges bildet auch hier die SS.

An dem Umzug werden keine Frauen teilnehmen. Die Autos und Wagen für Invaliden werden am Hafen Aufstellung nehmen.

Am Sonntag wird schon mit dem Verkauf der kleinen Fähnchen in den Straßen der Stadt begonnen. Alle NSBO.-Mitglieder müssen an diesem Tage eine blaue Mütze mit dem NSBO.-Abzeichen tragen; die Abzeichen werden morgens in der Norderstraße abgegeben. — Zu den Veranstaltungen haben arbeitslose SA.- und SS.-Leute mit ihren Frauen und arbeitslose Mitglieder der HJ. freien Eintritt. Die gesamte SA. und SS. hat in den Lokalen freie Garderobe. In der morgigen Ausgabe unseres Blattes wird eine Anzeige für den „Tag der nationalen Arbeit" erscheinen.

Wegen des großen Andranges von Neuaufnahmen in der NSBO. wurde nach der Sitzung von dem O.-G.-Betriebswart Voß angeordnet, daß die Aufnahmen zum 1. Mai nur heute, Donnerstag und Sonnabend, abends von 20 bis 22 Uhr im Lokale des Pg. Gastwirt Kann, Adolf Hitlerstraße, von den Amtswaltern erfolgen kann. (Siehe heutige Anzeige.) -e-

Beflaggung der Dienstgebäude.

Das Preußische Staatsministerium hat aus Anlaß und zu Ehren des durch Gesetz vom 10. April 1933 eingeführten Feiertages der nationalen Arbeit beschlossen, daß am 1. Mai auf den staatlichen und kommunalen Dienstgebäuden, den Gebäuden der übrigen Körperschaften des öffentlichen Rechts sowie den Gebäuden der öffentlichen Schulen die schwarzweißrote Fahne, die Hakenkreuzflagge und die schwarzweiße Fahne gemeinsam zu hissen sind. Bei Vorhandensein nur eines Fahnenmastes ist dieser schwarzweiß zu beflaggen, während die beiden anderen Flaggen an der Hauptfront zu zeigen sind. Sind zwei Maste vorhanden, so ist an ihnen schwarzweiß und mit der Hakenkreuzfahne zu flaggen, während schwarzweißrot an der Hauptfront zu zeigen ist. Sind drei Maste vorhanden, so sind sie in der Reihenfolge schwarzweiß, Hakenkreuz und schwarzweißrot zu beflaggen.

Straßenhandel mit Grünschmuck.

Die würdige Ausschmückung der Straßen und Gebäude am Tag der nationalen Arbeit macht besondere Ausnahmen für den Straßenhandel mit Grünschmuck notwendig. Der Reichsarbeitsminister ist daher an die Landesregierungen mit der Bitte herangetreten, den Straßenhandel mit Grünschmuck am Sonntag, dem 30. April, während des ganzen Tages und am 1. Mai während der Morgenstunden zuzulassen. Er hat den Landesregierungen ferner anheimgestellt, auch für die Beschäftigung von Arbeitnehmern in den Kranzbindereien, Blumengeschäften und ähnlichen Betrieben sowie für den Verkauf von Grünschmuck in diesen Betrieben Ausnahmen am 30. April bis zur Dauer von höchstens sechs Stunden und am 1. Mai während der Morgenstunden zuzulassen.

Im ganzen Reich Kommissare für den 1. Mai.

Berlin, den 26. April. In jedem Reichstagswahlkreis wird der Gauleiter der NSDAP. zum Kommissar des Reichskommissars für Volksaufklärung und Propaganda ernannt und mit der sachlichen und technischen Vorbereitung der Feier des 1. Mai beauftragt. Auch die staatlichen und kommunalen Dienststellen Preußens sind gebeten worden, bei ihren Vorbereitungen zur Feier des Tages der nationalen Arbeit enge Verbindung mit diesem Kommissar zu halten.

• • •

—b— Der Magistrat nimmt am Tage des Festes der Arbeit geschlossen am Gottesdienst um 8.30 Uhr morgens teil. Die Mitglieder des Magistrats versammeln sich vorher im Rathaus.

:: Die Elmshorner Polizei nimmt geschlossen hinter einer Hakenkreuzfahne an dem Festzug am 1. Mai teil.

• Auch der Briefträger feiert. Das Reichspostministerium hat die Oberpostdirektionen ermächtigt, am 1. Mai, dem Feiertag der nationalen Arbeit, die Postzustellung ausfallen zu lassen.

—b— Von der Vergnügungssteuer befreit sind die Veranstaltungen, die von der NSBO. als offizielle Feiern des Festes der Arbeit genannt sind in den Lokalen „Stadttheater", „Holsteinischer Hof", „Karlstal" und „Freudenheim". Alle anderen Veranstaltungen an diesem Tage fallen nicht unter den Ministerialerlaß vom 13. April 1933.

EN vom 27.4.1933

Während die Feierlichkeiten zum Maifeiertag vorbereitet wurden, steigerten sich die Terrormaßnahmen der Elmshorner Nationalsozialisten und Ende April nahm man die „Schutzhäftlinge“ sogar als Geiseln.

„Immer wieder illegale Flugblätter. Drei Verhaftungen.

Illegale Flugblätter wurden wieder in Elmshorn verteilt. Da bisher alle Verwarnungen ohne Erfolg geblieben sind, wird den in Haft befindlichen Kommunisten in Zukunft jegliche Vergünstigung entzogen. Es wird den in Schutzhaft befindlichen Kommunisten ab heute das Rauchen verboten, ferner dürfen sie sich, wie es bisher meist geschehen ist, nicht mehr selbst beköstigen. Auch dürfen sie bis auf weiteres keine Besucher mehr empfangen. Den Polizeibeamten ist erneut eingeschärft worden, bei jeglichem Widerstand von ihrer Schusswaffe rücksichtslos Gebrauch zu machen. Wie wir später erfahren, sind heute Vormittag bei einer Überholung der Privatvolksküche in der Fritz-Reuter-Straße bereits drei Festnahmen erfolgt. Ob die Verhafteten mit den Flugblattverteilern identisch sind, muss die Untersuchung ergeben. Die Kommunisten gehen beim Verteilen der verbotenen Flugblätter jetzt mit großer Vorsicht zu Werke. Sie bringen die Blätter nicht mehr in die Häuser, sondern werfen sie nachts in die Hausgärten. Man glaubt auch, dass Frauen und Kinder diese Flugblätter verteilen. Heute Morgen wurden solche Hetzzettel in Gärten der Blücher- und Lessingstraße gefunden.“ (45)

EN vom 26.4.1933

Nationalsozialistischer Deutscher Aerztebund

Am Sonnabend, dem 29. April 1933, findet um 17 Uhr im „Elmshorner Hof" zu Elmshorn

eine öffentliche Bezirksversammlung

der vier Heilberufsstände statt, zu der alle deutschen Aerzte, Apotheker, Zahnärzte und Tierärzte der Kreise Pinneberg, Steinburg und Stormarn eingeladen werden.
Frauen sind gleichfalls willkommen.
Für die Mitglieder des nat.-soz. d. Aerztebundes findet schon um 16 Uhr eine Vorbesprechung statt.
Unkostenbeitrag 0.30 RM

NSDAP
I. A. Dr. med. vet. Albers

EN vom 26.4.1933

Arbeiter und Bürger heraus zum „Fest der deutschen Arbeit"

Die National-Sozialistische Betriebszellen-Organisation begeht am 1. Mai den „Tag der deutschen Arbeit" festlich in Elmshorn. Es wird ein Freudentag werden, wie Elmshorn ihn noch nicht in seinen Mauern erlebt haben dürfte. — **An alle Berufe und Stände!** Helft mit am Aufbau des neuen Deutschlands zu einer wahren Volksgemeinschaft!

Wir bitten, alle Straßen und Häuser **festlich zu schmücken** **Fahnen heraus!** Eine besondere **Ueberraschung** findet um **3.30 Uhr** nachm. auf dem **neuen Marktplatz** statt. Die Ansprache des Herrn **Bürgermeisters Pg. Spieler** wird darüber aufklären. Wir wollen den Einwohnern zeigen, was Arbeiterhände vollbringen können. Dazu ist ein Antreten der **Fachschullehrlinge** um 2.30 Uhr bei der **Berufsschule**, Adolf Hitlerstraße, nötig. — Die Abendfeier beginnt um 7.30 Uhr mit dem

Manifest des Reichskanzlers Adolf Hitler in den Lokalen „Holsteinischer Hof", „Elmshorner Stadttheater", „Carlstal", „Freudenhain".

Anschließend: **Deutscher Tanz**

Eintritt zu den Abendveranstaltungen für alle Lokale 50 Pfg. — Ein **Festausschuß** befindet sich während des ganzen Tages im „Holsteinischen Hof".

Ehrt die deutsche Arbeit und tragt Festabzeichen!

National-Sozialistische Betriebszellen-Organisation, Ortsgruppe Elmshorn
Ortsgruppenbetriebswart Willi Boß, Adolfstraße 8

EN vom 27.4.1933

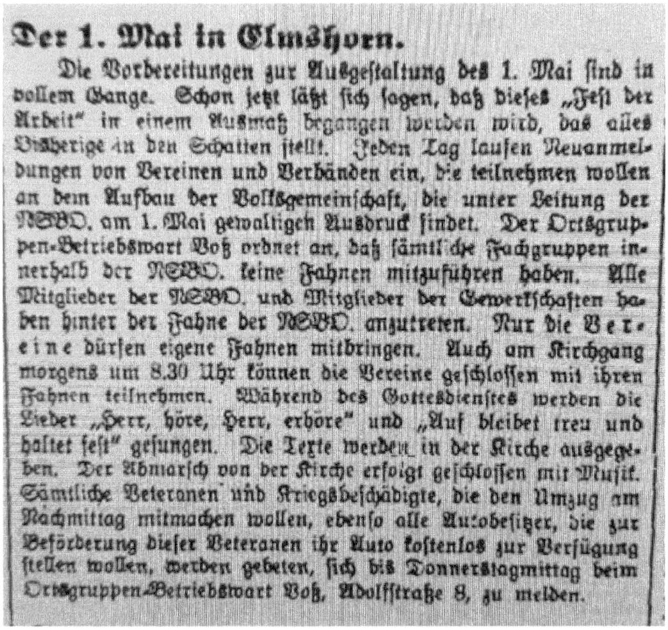

Der 1. Mai in Elmshorn.

Die Vorbereitungen zur Ausgestaltung des 1. Mai sind in vollem Gange. Schon jetzt läßt sich sagen, daß dieses „Fest der Arbeit“ in einem Ausmaß begangen werden wird, das alles Bisherige in den Schatten stellt. Jeden Tag laufen Neuanmeldungen von Vereinen und Verbänden ein, die teilnehmen wollen an dem Aufbau der Volksgemeinschaft, die unter Leitung der NSBO. am 1. Mai gewaltigen Ausdruck findet. Der Ortsgruppen-Betriebswart Voß ordnet an, daß sämtliche Fachgruppen innerhalb der NSBO. keine Fahnen mitzuführen haben. Alle Mitglieder der NSBO. und Mitglieder der Gewerkschaften haben hinter der Fahne der NSBO. anzutreten. Nur die Vereine dürfen eigene Fahnen mitbringen. Auch am Kirchgang morgens um 8.30 Uhr können die Vereine geschlossen mit ihren Fahnen teilnehmen. Während des Gottesdienstes werden die Lieder „Herr, höre, Herr, erhöre“ und „Auf bleibet treu und haltet fest“ gesungen. Die Texte werden in der Kirche ausgegeben. Der Abmarsch von der Kirche erfolgt geschlossen mit Musik. Sämtliche Veteranen und Kriegsbeschädigte, die den Umzug am Nachmittag mitmachen wollen, ebenso alle Autobesitzer, die zur Beförderung dieser Veteranen ihr Auto kostenlos zur Verfügung stellen wollen, werden gebeten, sich bis Donnerstagmittag beim Ortsgruppen-Betriebswart Voß, Adolfstraße 8, zu melden.

EN vom 28.4.1933

Die Bevölkerung wurde vom Magistrat aufgefordert, sich den Beflaggungen der öffentlichen Gebäude anzuschließen und die Privathäuser und Wohnungen ebenfalls zu schmücken. (46)

82. Jahrgang. Dienstag, den 2. Mai 1933. Nr. 101.

Gewaltiger, eindrucksvoller Verlauf des Festes der Arbeit.

Reichskanzler Hitler über den großen Plan des ersten Aufbaujahres. – Hindenburg an die deutsche Jugend.
[G]leichschaltung der Gewerkschaften; alle Führer verhaftet. – Der Präsident von Peru ermordet. – 7 Tote bei einem Bergwerksunglück.

EN vom 2.5.1933

Nachdem mit einem großen medialen Aufwand auf den Maifeiertag hingearbeitet wurde, verlief die anschließende lokale Berichterstattung sehr ruhig. Es schob sich ein anderes reichsweites Ereignis in den Vordergrund: Die Gleichschaltung der Gewerkschaften. Im ganzen Reich wurden am Morgen des 2. Mai die Gewerkschaftshäuser besetzt, durchsucht und alle führenden Personen verhaftet. Ebenso in Elmshorn:

„Gewerkschaftshaus von der NSBO besetzt. Gewerkschaftssekretär Dreyer verhaftet.

Im Zusammenhang mit der an anderer Stelle gemeldeten Gleichschaltung der Gewerkschaften wurde heute Vormittag 9.30 Uhr das Gewerkschaftshaus von der NSBO besetzt und übernommen. Gewerkschaftssekretär Dreyer wurde verhaftet. Die Post ist sichergestellt. Geld und Bankkonten sind unter dem Namen der NSBO gesperrt. Heute Nachmittag 3 Uhr findet zusammen mit den bisherigen Vorständen der freien Gewerkschaften eine Sitzung statt, auf der den Gewerkschaften erklärt werden wird, dass sie sich der NSBO zu unterstellen haben. Ob weitere Verhaftungen erfolgen, ist noch nicht bestimmt.“ (47)

82. Jahrgang. Mittwoch, den 3. Mai 1933. Nr. 102.

Der Neubau des Gewerkschaftswesens.

Ein Aufruf zum Vorgehen gegen die Gewerkschaften: Adolf Hitler Schirmherr. Nächste Woche großer Arbeiterkongreß.
Dank der Reichsregierung für den 1. Mai. – Deutscher Protest gegen schwedische Anwürfe. – Ein Verbot der SA. und SS. in Oesterreich?

EN vom 2.5.1933

Auf der angekündigten Sitzung wurde den Vorständen erklärt, dass sie unter der Führung der NSBO weiterarbeiten dürften. Dieses wurde scheinbar ruhig aufgenommen und erklärt, dass die Vorstände das schon erwartet hätten und sie froh wären, dass jetzt Klarheit herrsche. An die Mitglieder der Gewerkschaften erging der Aufruf, Ruhe zu bewahren. In spätestens acht Tagen wäre die Umwälzung vollzogen. Den verhafteten Sekretär Dreyer hätte man wieder entlassen. (48)

Auf der gleichen Seite dieser Nachricht berichteten die EN über die Einrichtung eines weiteren Konzentrationslagers für 2000-3000 Personen in Preußen, in das auch die Elmshorner Kommunisten und Redner der KPD eingewiesen würden. (49) Dieses war eine Warnung, Ruhe zu bewahren.

82. Jahrgang. Donnerstag, den 4. Mai 1933. Nr. 103.

Der polnische Gesandte beim Reichskanzler. — Druck auf Deutschland in Genf.

Die Gewerkschaften bedingungslos unter Hitler; die neuen Führer: Ley, Schumann, Forster.

rganisation der Politischen Polizei. – Nicht mehr Deutschnat. Volkspartei; jetzt „Deutschnationale Front". – Schaffung einer „Deutsch-evangelischen Kirche".

EN vom 4.5.1933

Die Nationalsozialisten hatten für sich ein klares Bild vor Augen, wie die Frau der Zukunft sein sollte. Am 29. April schrieb darüber die EN:

„(...) Vor allem verdient die Tätigkeit der Hausfrau wieder vollste Anerkennung als Beruf. Natürlich wird es noch immer das Schicksal vieler Frauen sein, auf eigene Kraft gestellt, ihren Lebensunterhalt verdienen zu müssen. Niemand wird der Frau die Berufstätigkeit verwehren, zumal es sich ja in vielen Fällen zwangsläufig als Folge der verschlechterten Heiratsaussichten und der Verarmung weiter Volkskreise von selbst ergeben wird. Das Ziel aber besteht gerade hier darin, die Frau im Erwerbsleben nach dem eigentlichen weiblichen Beruf zu lenken, wo sie mehr Befriedigung finden wird, als in den sogenannten Männerberufen. Was aber noch weit wichtiger ist als alle diese Fragen, das wird die Selbstbesinnung des jungen Mädchens von heute auf ihre Mütterlichkeit und Innerlichkeit sein müssen. Es wird die kalte Sachlichkeit wieder mit fraulicher Gefühlswärme vertauschen müssen und sich ihrer richtigen und wahren Mission bewusst werden. In diesem Sinne wird die Frau wieder Dienerin an ihrem Volke werden. Wenn man sich über die Frau der Zukunft Gedanken macht, dann kann man es nicht, ohne den klaren, zielweisen Weg unseres Reichskanzlers Adolf Hitler gehört zu haben. Er sagt: „Es gibt keinen Kampf für den Mann, der nicht zugleich ein Kampf für die Frau ist, und es gibt keinen Kampf für die Frau, der nicht zugleich Kampf für den Mann ist. Wir kennen keine Männerrechte und keine Frauenrechte, wir kennen für beide Geschlechter nur ein Recht, dass zugleich die Pflicht ist, für die Nation gemeinsam zu leben, zu arbeiten und zu kämpfen." (50)

Am 4. Mai 1933 gründete die Nationalsozialistische Frauenschaft in der Gaststätte Stüben eine Jugendgruppe für Frauen im Alter von 19 bis 24 Jahren. Da die jungen Frauen noch zu jung für die Mitgliedschaft in der Frauenschaft (ab 21 Jahren) waren, aber zu alt für den BDM (bis 18 Jahren), sollte eine Jugendgruppe diesen Zeitraum überbrücken. Am 19. Januar 1938 übernahm das BDM-Werk *„Glaube und Schönheit“* diese Aufgabe. (50)

Die NS-Frauenschaft teilte ferner mit, dass ihre Räume sich jetzt in der Katharinenstr. 2, 2. Eingang im II. Stock befinden.

Nat.-Soz.
Frauenschaft
Ortsgruppe Elmshorn
Donnerstag, den 4. Mai, abends 8 Uhr, bei Stüben, Norderstraße 12
Gründung einer Jugendgruppe
Vortrag: Gaureferentin für Jugendfragen, Frau Wiesenthal, Altona. Neuaufnahmen finden statt für junge Mädchen im Alter von 19–24 Jahren. Alle deutschen jungen Mädchen sind herzlich eingeladen
Die Ortsgruppenleiterin
Die N.-S. Fr. gibt gleichzeitig bekannt, daß ihre Räumlichkeiten nach
Katharinenstr. 2, 2. Eingang, II. Stock verlegt sind

EN vom 29.4.1933

Die Pressestelle der SA-Gruppe Nordmark veröffentlichte in den EN anlässlich des bevorstehenden Aufmarsches der SA-Gruppe Nordmark am 6./7. Mai 1933 einen kurzen Rückblick in die Entstehung der SA in Schleswig-Holstein.

„(...) Heute hat die nationalsozialistische Bewegung den Staat auf ganz legalem Wege erobert und der SA-Mann ist aus dem Straßenbild des neuen Deutschlands nicht hinwegzudenken, dies erscheint selbstverständlich. 1928 jedoch als der jetzige Führer der Gruppe Nordmark, Gruppenführer Heinrich Schoene die Organisation und Zusammenfassung der hier und da schon vorhandenen örtlichen SA aufnahm, da wies die erste offizielle Stärkemeldung ganze 275 SA-Männer in Schleswig-Holstein, die über das ganze Land verteilt waren, auf. In unermüdlicher Arbeit wurde diese äußerst geringe Schar vergrößert und Schritt für Schritt eroberten wir uns Boden. Aus 275 Mann wurden 1000, und aus den 1000 die ersten 10000, mit denen die Untergruppe Nordmark zur Gruppe Nord unter Führung des jetzigen

Oberpräsidenten von Hannover, Obergruppenführer Lutze, gehörte. Die uns durch das Nichtverstehen der jungen Bewegung entstehenden Schwierigkeiten wurden genau so wie die, die uns die Behörden bereiteten, beseitigt und als wir im vorigen Jahre durch Verfügung des Obersten SA-Führers zur Gruppe Nordmark wurden, da waren es rund 20000, die in Schleswig-Holstein das Braunhemd trugen. Heute unterstehen dem Befehl des Gruppenführers Schoene als dem Führer der SA-Gruppe Nordmark 28500 SA-Männer. Diese nackten Zahlen und diese kurzen Daten mögen auch dem Außenstehenden Beweis der ungeheuren Werbekraft des Nationalsozialismus sein. Es hat schwere Arbeit gekostet, den schweren Boden Schleswig-Holsteins aufzulockern und die verschlossenen Menschen für das Neue zu begeistern, aber diese erdverbundene Schwere ist gepaart mit unverbrüchlicher Treue zum einmal als richtig Erkannten. Darum ist auch der Aufmarsch der SA-Gruppe Nordmark am 7. Mai in Kiel nicht nur eine Angelegenheit der SA, sondern darüber hinaus auch der gesamten Bevölkerung Schleswig-Holsteins und jeder Volksgenosse wird seinen besonderen Stolz darin sehen, dass inzwischen zum Aufmarsch herausgekommene Abzeichen am 6. und 7. Mai als Zeichen der Verbundenheit mit unserer SA zu tragen." (51)

Am 5. Mai wurde der genaue Ablaufplan des Nordmarktreffens in den EN bekannt gegeben. (52)

Abzeichen zum SA-Aufmarsch in Kiel 1933. Webfund

Hitler beim SA-Aufmarsch in
Kiel 1933. Webfund

EN vom 5.5.1933

Zum Hitlertag!

sch. Elmshorn, den 8. Mai.

Seit vielen Tagen war es überall das Hauptgesprächsthema: Die SA. der Nordmark in Kiel, der Führer wird sprechen! Nicht über das Ob der Hinfahrt — die stand außer Frage —, nur über das Wie wurde verhandelt. Jedes Beförderungsmittel wurde mobil gemacht. Billigkeit war die Parole, und so fand jeder irgend ein Unterkommen im Auto, im Lastwagen, auf dem Motorrad oder verließ sich gar auf sein dienstgeprobtes Fahrrad. War nur noch das richtige Wetter zu bestellen, um den festlichen Rahmen auch äußerlich zu gestalten.

Zu ungewohnt frühem Leben erwachte Elmshorn am Sonntagmorgen, der mit warmem, klaren Wetter begann und mit einem frischen Wind den Frühaufstehern den letzten Schlaf aus den Augenwinkeln pustete. 4 Uhr war es, als SA., SS. und Marinesturm sich zur Fahrt nach Kiel aufmachten. Was ist das schon, wenn man einige Stunden eng gepfercht auf einem Lastwagen sitzen muß, dessen unbarmherziges Rattern zu unfreiwilligem Zähneklappern zwingt: Hinaus in den hellen grünenden Frühling, Hinaus zum großen Tag der Nordmark vor dem Führer, das schafft schon die frohe Feiertagsstimmung, die alle Zwischenfälle mit Witz und Humor zwingt. Und daneben viele „Zivilisten", die sich schon in aller Morgenfrühe aufmachten.

Im Laufe des Morgens ging die eigentliche Wanderung erst an. Mehrere hundert Personen nahm die Reichsbahn mit, die einen Sonderzug von Hamburg aus eingelegt hatte, und viele zogen ihre Motorpferdekräfte im Laufe des Morgens aus dem Stall.

Rechts und links von der Landstraße, soweit das Auge reicht, blühen die Obstbäume, tummelt sich das schwarzbunte und rotbunte Vieh und freut sich nach langer dunkler Stallzeit der Frühsonne. In Weiß stehen die Schlehenhecken, und wie ein Dom steht das frische, blühende Grün der Bäume über der Landstraße, die der Wagen durcheilt.

In der Morgensonne steht der Voßlocher Wald mit tausend Vogelstimmen, gleiten die schmucken, sauberen Häuser und Straßen Barmstedts vorüber. Weiter geht die Fahrt, und an der Hoffnung biegt der Wagen auf die große Heerstraße nach Kiel. Heute ist sie ihres Namens würdig. Durch die Lentföhrdener Heide mit dem Grün der Wiesen und dem Braun der noch untätigen Heide rollt Wagen auf Wagen. Im Zugwind knattern die schwarz-weiß-roten und die Hakenkreuzwimpel. Jedes Gehöft an der Straße, jede Tankstelle, jeder Krug trägt die Farben des nationalen Deutschlands. In das bunte Farbenlied des Frühlings klingt das klare Leuchten des Rot, des Weiß und des Schwarz. Bad Bramstedt grüßt mit dem schwerbewaffneten Roland und buntem Flaggenschmuck, in Neumünster sind die Durchfahrtstraßen ein Meer von Fahnen.

Der große Aufmarsch der Lastwagen ist schon vorüber. Ein paar Verspätete noch, die wohl eine Panne aufgehalten, und hier und da an der Seite der Landstraße einer, der absolut nicht weitergewollt hatte. Leer stehen die provisorisch eingebauten Bänke und Stühle. Der große Strom hat die Insassen mitgeführt.

Frühling und Sonne draußen und Frühling und Sonne in Kiel, durch dessen erste Straßen der Wagen rollt. Unbeschreibbar die Fahnenpracht in allen Straßen. Kein Haus, kein Stockwerk, das nicht die braunen Bataillone grüßte. In das Meer von Hakenkreuzfahnen und Schwarz-weiß-rot mischen sich die Farben Schleswig-Holsteins und das ernste, vornehme Antlitz der alten Marinekriegsflagge. Festlicher Trubel auf allen Straßen. In die bunten Frühjahrsfarben, die Kiels schöne Frauen ausführen, mischt sich das Weiß und Braun der Hitler-Mädels.

Die Parkplätze — eine Heerschau von Wagen aller Formen, aller Größe, aller Orte. Alle Ortsnamen der Nordmark liest man an den dickbäuchigen Lastwagen. Flaggen und Frühlingsgrün haben aus dem Alltagskleid der Wagen ein festliches Sonntagsgewand gemacht. Die Eckernförder Straße, die zum Sportplatz hinausführt, ist ein einziges Menschenmeer, das seit Stunden auf die Ankunft Hitlers wartet.

Nur mühsam kämpft man sich Schritt für Schritt zu den geschmückten Tribünen. Und doch fällt nirgends ein böses Wort. Freudige Erwartung und Feststimmung überall. Von den Tribünen ein überwältigendes Bild: Soweit das Auge im Rund zu sehen vermag, ein unendliches Meer von Braun, das schweigend harrt. Hier und dort über dem Braun das Rot der Fahnen, dann das Blau und Weiß der Marine-

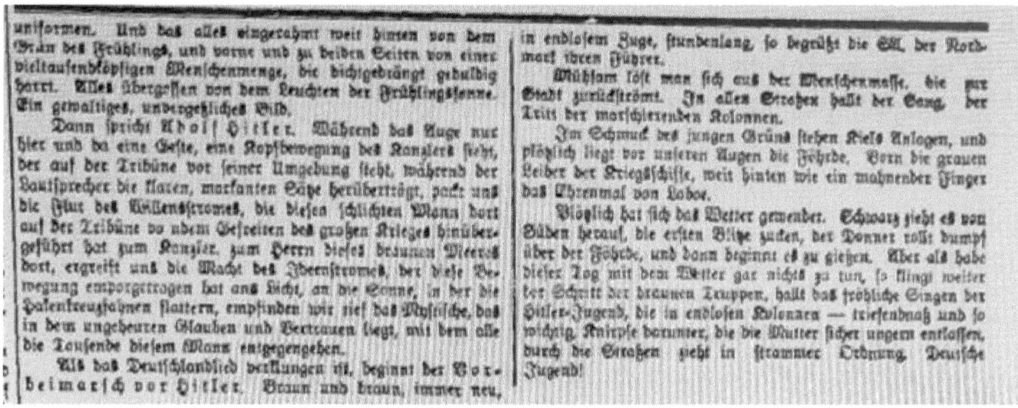

uniformen. Und das alles eingerahmt weit hinten von dem Grün des Frühlings, und vorne und zu beiden Seiten von einer vieltausendköpfigen Menschenmenge, die dichtgedrängt geduldig harrt. Alles übergossen von dem Leuchten der Frühlingssonne. Ein gewaltiges, unvergeßliches Bild.

Dann spricht Adolf Hitler. Während das Auge nur hier und da eine Geste, eine Kopfbewegung des Kanzlers sieht, der auf der Tribüne vor seiner Umgebung steht, während der Lautsprecher die klaren, markanten Sätze herüberträgt, packt uns die Flut des Willensstromes, die diesen schlichten Mann dort auf der Tribüne von dem Gefreiten des großen Krieges hinübergeführt hat zum Kanzler, zum Herrn dieses braunen Meeres dort, ergreift uns die Macht des Ideenstromes, der diese Bewegung emporgetragen hat ans Licht, an die Sonne, in der die Hakenkreuzfahnen flattern, empfinden wir tief das Mystische, das in dem ungeheuren Glauben und Vertrauen liegt, mit dem alle die Tausende diesem Mann entgegengehen.

Als das Deutschlandlied verklungen ist, beginnt der Vorbeimarsch vor Hitler. Braun und braun, immer neu, in endlosem Zuge, stundenlang, so begrüßt die SA. der Nordmark ihren Führer.

Mühsam löst man sich aus der Menschenmasse, die zur Stadt zurückströmt. In allen Straßen hallt der Gang, der Tritt der marschierenden Kolonnen.

Im Schmuck des jungen Grüns stehen Kiels Anlagen, und plötzlich liegt vor unseren Augen die Föhrde. Vorn die grauen Leiber der Kriegsschiffe, weit hinten wie ein mahnender Finger das Ehrenmal von Laboe.

Plötzlich hat sich das Wetter gewendet. Schwarz zieht es von Süden herauf, die ersten Blitze zucken, der Donner rollt dumpf über der Föhrde, und dann beginnt es zu gießen. Aber als habe dieser Tag mit dem Wetter gar nichts zu tun, so klingt weiter der Schritt der braunen Truppen, hallt das fröhliche Singen der Hitler-Jugend, die in endlosen Kolonnen — triefendnaß und so wichtig, Knirpse darunter, die die Mutter sicher ungern entlassen, durch die Straßen zieht in strammer Ordnung. Deutsche Jugend!

Beschreibung des Nordmarktreffens aus Sicht der Elmshorner SA. EN vom 8.5.1933

Die massenhafte Verfolgung politischer Gegner und deren Inhaftierung in Konzentrationslagern, die als „Schutzhaft“ ausgewiesen wurde, brachte Unruhe in die Bevölkerung. Dieses war den Nationalsozialisten zwar auf der einen Seite recht und diente dem Androhen von Konsequenzen bei nicht genehmen Verhalten und diente so dem Terror, auf der anderen Seite aber störte dieses Vorgehen natürlich auch der Gesundung der Wirtschaft. Es wurden Artikel in der gleichgeschalteten Presse veröffentlicht, die zum einen die Existenz der Lager herausstellten, aber auch andere, die die Konzentrationslager als Terrormaßnahme verharmlosten. Ein solcher Artikel stand am 9. Mai in den EN über das Konzentrationslager Heuberg zu lesen:

„Ein Besuch im Konzentrationslager auf dem Heuberg.

Unter den Konzentrationslagern, die für die Inhaftierung von Menschen in Deutschland eingerichtet wurden, befindet sich auch das große Lager auf dem Heuberg in Baden. Da über das Leben und die Behandlung der Inhaftierten teilweise völlig falsche Gerüchte im Umlauf sind, lud die württembergische Regierung Journalisten zur Besichtigung des Lagers ein. (...)

„Kaum ein Ort dürfte sich so vorzüglich zur Unterbringung von Schutzhäftlingen eignen wie das Lager auf dem Heuberg. Es handelt sich hier um ein Lager mit massiven Wohngebäuden, die allen Anforderungen sowohl sanitärer wie hygienischer Art entsprechen. Zurzeit befinden sich auf dem Heuberg rund 2000 Schutzhäftlinge, von denen täglich etwa 300 beschäftigt werden können. Unter den Schutzhäftlingen befinden sich alle linksgerichteten prominenten Persönlichkeiten aus Württemberg. Es sind sämtliche Berufe vertreten, vom einfachen Hilfsarbeiter bis zum Akademiker mit abgeschlossenem Studium. Die Schutzhäftlinge sollen aber nicht hinter Stacheldraht gelegt werden, sondern sobald das Problem der Arbeitsbeschaffung gelöst ist, zu körperlicher Arbeit herangezogen werden. Der Aufenthalt auf dem Heuberg soll keiner Strafe gleichen, er soll aber auch keinem Sommervergnügen gleichkommen, obwohl sich die Lage des Lagers dazu vorzüglich eignet.

Der Tageslauf der Schutzhäftlinge vollzieht sich nach einem genau festgelegten Programm. Die Unterbringung erfolgt in hellen Zimmern, die durchschnittlich mit bis zu 35 Personen belegt sind. Die Fenster sind jedoch nicht vergittert. Morgens um 6 Uhr wird aufgestanden, um 6.30 Uhr wird der Kaffee geholt, und dann werden die Zimmer in Ordnung gebracht. Etwa 200 Mann werden täglich zu leichtem Arbeitsdienst herangezogen, während die übrigen vormittags und nachmittags je eine Stunde Spaziergang im Freien haben. Bei guter Führung erhalten die Schutzhäftlinge die Vergünstigung des Rauchens. Genuss- und Lebensmittel dürfen sie sich von zu Haus nicht schicken lassen. Dagegen sind Zeitungen, die hinter der nationalen Regierung stehen, und Bücher erlaubt. Die Verpflegung ist einfach, aber gut.

In vertraulichen Unterredungen mit den Schutzhäftlingen wurde von den Betroffenen durchweg anerkannt, dass sie weder misshandelt wurden noch, dass sie sonst über irgendetwas zu klagen haben.

Ihre einzige Beschwerde richtet sich gegen den Entzug der Freiheit. Sie geben aber zu, dass die Kommunisten mit ihren Gegnern nicht so verfahren wären.

Ein kommunistischer Funktionär gab offen zu: Wir Kommunisten hätten keine Konzentrationslager geschaffen, sondern nur Massengräber.

Die Bewachung des Lagers erfolgt durch einige hundert Hilfspolizeibeamte unter Führung von Polizeioffizieren und Polizeibeamten. Einige unter den Schutzhäftlingen müssen einer besonders strengen Bewachung unterzogen werden, da sie sich absolut nicht in die Ordnung fügen wollen. Sie werden aber sonst nicht anders behandelt als die übrigen Schutzhäftlinge. Die Schutzhäftlinge müssen weder exerzieren noch werden sie zum Kirchgang gezwungen, oder ihnen irgendwelcher Unterricht auferlegt. Sofern sie nicht zum Arbeitsdienst herangezogen werden, oder sich auf dem Spaziergang befinden, halten sie sich in ihren Zimmern auf, wo sie die Zeit mit Lesen, Schach- oder sonstigen Spielen verbringen." (53)

Nach der Zerschlagung der Gewerkschaften versuchte die nationalsozialistische Regierung, Ruhe in die verunsicherte Wirtschaft zu bringen, da sonst der wirtschaftliche Aufbau gefährdet war. Am 5. Mai 1933 wurde in Berlin eine Erklärung abgegeben, die Eingriffe in die Wirtschaft untersagten:

„(...) Es wird regierungsseitig betont, dass die maßgebenden Stellen alles Interesse daran haben, dass die Wirtschaft sich beruhigt. Alle rigorosen Eingriffe in die Wirtschaft haben in Zukunft zu unterbleiben, so dass auch die Wirtschaft in der Lage ist, sich auf weite Sicht mit Projekten einzurichten, da die Stabilität der politischen Verhältnisse die notwendige Gewähr für eine Disposition auf weite Sicht bietet. (...)

Es ist ferner nicht am Platze, wenn in Wirtschaftskreisen irgendeine Nervosität herrscht, nachdem auch die Gewerkschaftsaktion im Sinne der Regierung durchgeführt ist. Durch die Beendigung der Gewerkschaftsaktion ist im Wirtschaftsleben eine Konsolidierung der Verhältnisse eingetreten, die es der Wirtschaft ermöglicht, ruhig und sofort auf lange Sicht Projekte zu machen und zu handeln. (...)"

In dem Kommentar zu dieser Erklärung hieß es:

„Man kann die Tragweite dieser Regierungserklärung gar nicht überschätzen. Denn sie bedeutet ein Bekenntnis zur Ruhe und Stetigkeit unserer wirtschaftlichen Einrichtung, wie es stärker gar nicht gedacht werden kann. Diese Feststellung ist

umso wesentlicher, als in gewissen Kreisen die Idee einer Weitertreibung der sozialen Revolution durchaus lebendig ist. Die Willensäußerung der Reichsregierung besagt nun, dass davon nicht die Rede sein kann. Sie zeigt das Ende des revolutionären Zustandes an. Die Zeit der Ungewissheit über das, was noch kommen kann, ist vorbei. Die deutsche Wirtschaft steht nunmehr fest auf dem Boden der neuen Verhältnisse. (…)" (54)

Ein wichtiger Punkt zur Beseitigung der Arbeitslosigkeit war der schon 1931 in der Weimarer Zeit eingerichtete *„Freiwillige Arbeitsdienst"* für Jugendliche. Die Nationalsozialisten führten dieses Instrument weiter.

Mit dem Arbeitsdienst verfolgten die Nationalsozialisten drei hauptsächliche Ziele. Zum einen sollten die Jugendlichen, sofern sie keinen Arbeitsplatz hatten, aus der Arbeitslosenstatistik herausfallen, in dem man sie mit gemeinnützigen Aufgaben beschäftigte. So konnten ältere Arbeitssuchende leichter an Arbeit gelangen. Zum zweiten waren durch die Zusammenfassung in Arbeitslagern die Möglichkeit der Kontrolle und der Beeinflussung und Erziehung durch den Staat sehr viel besser möglich und zum dritten waren es billige Arbeitskräfte:

„Der Freiwillige Arbeitsdienst (FAD) war ein 1931 eingeführtes öffentlich gefördertes Beschäftigungsprogramm der Reichsanstalt für Arbeitsvermittlung und Arbeitslosenversicherung der Weimarer Republik. Junge, arbeitslose Menschen sollten sich freiwillig in einem Arbeitslager zusammenfinden, um von hier aus für eine befristete Zeit einer Tätigkeit nachzugehen, die für die Allgemeinheit einen Nutzen stiftete und andererseits den Betroffenen das Gefühl gab, gebraucht zu werden. (…) Die gesetzlichen Grundlagen dazu wurden mit der Notverordnung vom 5. Juni 1931 im § 139a des Gesetzes für Arbeitsvermittlung und Arbeitslosenversicherung geschaffen. Nach Artikel 1 der Ausführungsverordnung vom 3. August 1931 durfte er nur für gemeinnützige zusätzliche Arbeiten eingesetzt werden. (55) Dies waren Maßnahmen, die der Bodenverbesserung, der Herrichtung von Siedlungs- und Kleingartenland, der örtlichen Verkehrsverbesserung und der Hebung der Volksgesundheit dienten. Träger der Maßnahmen konnten nur Körperschaften des öffentlichen Rechts und solche Vereinigungen oder Stiftungen

sein, die gemeinnützige Ziele verfolgten. Dazu zählten Jugendbünde, Verbände, politische Parteien, konfessionelle Vereinigungen, Jugendgruppen, Bewegungen aller Art, Gewerkschaften, aber auch Militärfreunde und -gegner: wie z. B. Stahlhelm, Bund der Frontsoldaten, Deutsche Freischar, Jungdeutscher Orden u.v.m. (56) (...)

Da das NS-Regime im Arbeitsdienst eine Teilantwort auf die Wirtschaftskrise sah, löste es den 1931 ins Leben gerufenen FAD nach der Machtergreifung nicht auf, sondern gestaltete ihn nach seinen Vorstellungen sukzessive zu einem Instrument der bewussten Erziehung zur „Volksgemeinschaft" um. (...) Es entstand mit dem Gesetz vom 26. Juni 1935 schließlich der Reichsarbeitsdienst (RAD), der zunächst nur für männliche Jugendliche zwischen 18 und 25 Jahren verpflichtend war, mit Beginn des Zweiten Weltkriegs auch für junge Frauen." (57)

Für den Arbeitsdienst wurde auch in den Schulen geworben. So unternahm die Bismarckschule am 3. März mit den Primen und einem Teil der Obersekunda eine Ausfahrt nach Barmstedt und Tornesch, um die dortigen Arbeitsdienstlager zu besichtigen. Hier wurden sie vom Leiter des Elmshorner Arbeitsamtes begrüßt und auf dem Lagergelände herumgeführt. Die Lagerführer berichteten den Schülern von den Geldmitteln, die dem Lager zur Verfügung standen, über die Arbeiten, die ausgeführt wurden über die Tageseinteilung und das Gemeinschaftsleben. Der Artikel in den EN schloss mit den Worten:

„Möchten die Abiturienten, wenn sie ins Leben hinausgehen, sich die Mahnung zum Grundsatz machen, die den in den Tagesraum des Lagers Tornesch Eintretenden mit großen Buchstaben begrüßt: „Packt an Kameraden!" (58)

Die Lagerführerin des Arbeitsdienstlagers in Halstenbek, E. Rathje aus Elmshorn berichtete über das nach 20 Wochen beendete Lager für Mädchen:

„(...) Manche Schwierigkeiten gab es zu überwinden. Durch die Unterstützung weiter Kreise wurde es erst möglich, die an sich unfreundlichen Räume ganz behaglich zu gestalten. Der Menschenkreis selbst, der im Lager zusammenkam, musste erst mit dem Sinn und Wesen des FAD vertraut werden, ehe ein

harmonisches Zusammenleben zustande kommen konnte. Die kalten Wintertage stellten harte Anforderungen an die nicht allemal sehr abgehärteten Mädchen.

Die ganze Zeit hindurch ist im Dienste der Winterhilfe gearbeitet worden, aus den ältesten Sachen ist mit viel Mühe, Eifer und Liebe manches Brauchbare entstanden. Wenn auch der Arbeitsdienst kein Schulungskurs sein darf, so haben doch trotzdem alle Mädchen etwas hinzugelernt und arbeiten z. T. jetzt mit gutem Geschick. Die Freizeit verlief sehr abwechslungsreich. Wanderungen, Besuche anderer Arbeitsdienste, Turnen, Singen, Spielen, Besuch von Vorträgen und festlichen Veranstaltungen reihten sich aneinander, bereichert durch die Mitarbeit zahlreicher Persönlichkeiten.

Ursprünglich sollte der Dienst nur 12 Wochen laufen. Aber angesichts des Nutzens, den das Lagerleben für die Mädchen in körperlicher und seelischer Beziehung ergab, weil außerdem genügend Arbeit zur Verfügung stand, entschloss sich der Träger der Arbeit und des Dienstes, der deutsch-evang. Frauenbund, Ortsgruppe Pinneberg, Rellingen und Halstenbek, zur Fortführung auf 20 Wochen.

Die Erfahrungen der letzten 8 Wochen haben den Entschluss gerechtfertigt. Ein Teil der Mädchen verließ das Lager, dafür schlossen sich die übrigen zu umso festerer Gemeinschaft zusammen. (...)

Halstenbek, Forsthaus Pein u. Pein

E. Rathje, Elmshorn, Lagerführerin." (59)

In diesem Bericht kam zum Ausdruck, dass der „Freiwillige Arbeitsdienst" gar nicht so freiwillig war. *„Der Menschenkreis selbst, der im Lager zusammenkam, musste erst mit dem Sinn und Wesen des FAD vertraut werden, ehe ein harmonisches Zusammenleben zustande kommen konnte."* Bei der Verlängerung des Arbeitsdienstes sind auch einige Mädchen wieder abgereist.

Im April erhielt auch Elmshorn ein Arbeitsdienstlager:

„Der Arbeitsdienst der NSDAP hat hier in Elmshorn seine Tätigkeit aufgenommen. Das Arbeitsdienstlager befindet sich im ehemaligen Pflegeheim. Die Reichsbahn hat an der Bahn nach Kiel ein Siebwerk für Steine errichten lassen. An dieser Siebanlage,

durch die Steine zur Aufschüttung des Bahndammes gereinigt werden, werden die Arbeitsdienstfreiwilligen beschäftigt. Die Firma Sölter u. Kurtzhals führt die Tiefbauarbeiten dieser Anlage aus." (60)

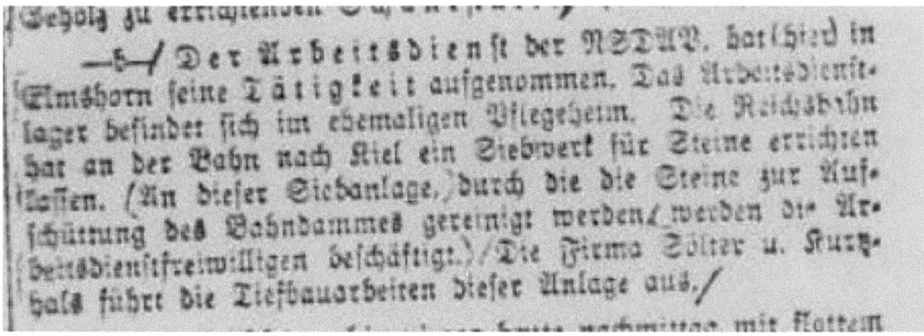

—S— Der Arbeitsdienst der NSDAP. hat hier in Elmshorn seine Tätigkeit aufgenommen. Das Arbeitsdienstlager befindet sich im ehemaligen Pflegeheim. Die Reichsbahn hat an der Bahn nach Kiel ein Siebwerk für Steine errichten lassen. An dieser Siebanlage, durch die die Steine zur Aufschüttung des Bahndammes gereinigt werden, werden die Arbeitsdienstfreiwilligen beschäftigt. Die Firma Sölter u. Kurtzhals führt die Tiefbauarbeiten dieser Anlage aus.

EN v. 8.4.1933

Um den Aufbau des Arbeitsdienstes für junge, arbeitslose, ledige Leute ging es in den Berichten über den „freiwilligen" Arbeitsdienst. Von Freiwilligkeit kann keine Rede sein, da:

„Es kann gegenüber der Öffentlichkeit nicht verantwortet werden, dass junge Leute, die gesund und kräftig sind und ihren Unterhalt selbst erwerben können, auf die Dauer öffentliche Fürsorge erhalten." Weigerten sich die jungen Leute, konnte die Fürsorge gestrichen werden." (61)

Der Aufbau des Arbeitsdienstes.

Berlin, den 5. Mai. In unterrichteten Kreisen wird erklärt, daß der erste halbe Jahrgang für den Arbeitsdienst voraussichtlich am 1. Dezember einberufen werde. Der zweite halbe Jahrgang würde dann Ende Mai 1934 einberufen werden.

Man denkt daran, die Unterbringung der Arbeitsdienstpflichtigen regional zu betreiben, so daß die Dienstpflichtigen von ihrem gewöhnlichen Wohnort nicht weit entfernt wären. Nach erfolgter Einberufung würden die Jugendlichen einer ärztlichen Untersuchung unterzogen. Nur wer sich dabei als krank oder zu schwach erweist, werde befreit oder zurückgestellt werden. Die Arbeitsdienstpflichtigen würden vollkommen eingekleidet werden mit Uniform, Leder- und Schuhzeug sowie Wäsche. Die Auftragserteilung für die ersten 300 000 Uniformen sei bereits erfolgt.

Die sehr starke Belebung der Volkswirtschaft, die durch diese große Bestellung erfolgt, würde auch den Arbeitsmarkt entlasten.

Die Frage sei noch nicht entschieden, wie hoch das Taschengeld sein soll, das man den Dienstpflichtigen zur Bestreitung notwendiger kleiner Ausgaben überlassen will.

Was die Dienstkleidung anlangt, so werde sie sich unterscheiden von den Uniformen der Reichswehr und der Polizei.

Die Ausbildung denkt man sich so, daß neben sechs Stunden täglicher produktiver Arbeit noch etwa drei Stunden der geistigen und körperlichen Schulung der Dienstpflichtigen gewidmet werden. Eine Ausbildung mit der Waffe kommt nicht in Frage. Es sei anzunehmen, daß ein voller Jahrgang der Dienstpflichtigen, einschließlich des Führerpersonals 600 000 bis 650 000 Mann umfaßt. Da jedoch von 1935 ab die schwachbesetzten Kriegsjahrgänge einberufen werden, glaubt man, daß schon in 1½ Jahren der gesamte Jahrgang der Dienstpflichtigen auf einmal eingezogen werden könne.

Besonders bedeutsam ist, daß das Reich sich auch für das weitere Schicksal der Dienstpflichtigen nach Ablauf der Dienstzeit interessieren will. Es wird zu diesem Zweck im Arbeitsdienstressort des Reichsarbeitsministeriums eine besondere Abteilung gebildet werden, die sich mit der Unterbringung der Jugendlichen im Wirtschaftsprozeß nach Ablauf der Dienstzeit zu beschäftigen haben wird.

EN vom 6.5.1933

Arbeitsdienst für Jugendliche.

Die Regierung der nationalen Revolution hat es sich zu einer Hauptaufgabe gemacht, die Erwerbslosen wieder in geordnete Verhältnisse zurückzuführen, das heißt, für sie Arbeit zu beschaffen. Dieses große Ziel kann aber nur im Zusammenhang mit dem Ausbau des Arbeitsdienstes erreicht und verwirklicht werden. Mit dem 1. Januar 1934 tritt die Arbeitsdienstpflicht in Kraft, so daß bis dahin ledige junge Leute bis 25 Jahren die Möglichkeit haben, sich in den Arbeitsdienst freiwillig einzureihen. Wollten die jungen Leute bisher durchweg vom Arbeitsdienst nichts wissen, so haben sie es aber doch allmählich eingesehen, daß es für sie nur richtig und vorteilhaft sein kann, von dieser Einrichtung Gebrauch zu machen. Ueber die großen Gefahren, die unserer deutschen Jugend durch die lang anhaltende Erwerbslosigkeit drohen, können an dieser Stelle wohl weitere Ausführungen unterbleiben.

Aus diesem Grunde sind deshalb schon Städte dazu übergegangen, Jugendliche, die bisher aus öffentlichen Mitteln unterstützt wurden, aufzuklären und sie für den Arbeitsdienst zu gewinnen. Durch diese Maßnahme konnte der Fürsorgezweckverband Elmshorn erreichen, daß 50 bis 60 Jugendliche im Laufe der letzten Wochen aus der öffentlichen Fürsorge ausscheiden und zum Arbeitsdienst gehen konnten. Das Arbeitsamt kann noch zu jeder Zeit Arbeitsdienstwillige unterbringen, da noch überall offene Stellen zu besetzen sind. Es kann gegenüber der Oeffentlichkeit nicht verantwortet werden, daß junge Leute, die gesund und kräftig sind und ihren Unterhalt selbst erwerben können, auf die Dauer öffentliche Fürsorge erhalten. Aber auch für die Eltern muß es als eine Erleichterung angesehen werden, daß der Arbeitsdienst für Jugendliche eingerichtet ist.

EN vom 11.5.1933

„(…) Mit dem 1. Januar 1934 tritt die Arbeitsdienstpflicht in Kraft, so dass bis dahin ledige junge Leute bis 25 Jahren die Möglichkeit haben, sich in den Arbeitsdienst freiwillig einzureihen. Wollten die jungen Leute bisher vom Arbeitsdienst nichts wissen, so haben sie es aber doch allmählich eingesehen, dass es für sie nur richtig und vorteilhaft sein kann, von dieser Einrichtung Gebrauch zu machen.

Aus diesem Grunde sind deshalb schon Städte dazu übergegangen, Jugendliche, die bisher aus öffentlichen Mitteln unterstützt wurden, aufzuklären und sie für den Arbeitsdienst zu gewinnen. Durch diese Maßnahme konnte der

Fürsorgezweckverband Elmshorn erreichen, dass 50 bis 60 Jugendliche im Laufe der letzten Wochen aus der öffentlichen Fürsorge ausscheiden und zum Arbeitsdienst gehen konnten. Das Arbeitsamt kann noch zu jeder Zeit Arbeitsdienstwillige unterbringen, da noch überall offene Stellen zu besetzen sind. Es kann gegenüber der Öffentlichkeit nicht verantwortet werden, dass junge Leute, die gesund und kräftig sind und ihren Unterhalt selbst erwerben können, auf die Dauer öffentliche Fürsorge erhalten. Aber auch für die Eltern muss es als eine Erleichterung angesehen werden, dass der Arbeitsdienst für Jugendliche eingerichtet ist." (62)

Nach der Machtergreifung wurden diverse Gegenstände wie Schmuck, Kästchen, Fingerhüte, Eierbecher, Kleiderknöpfe, Weihnachtskugeln, Weinflaschen, Schuhanzieher, Teller und Besteck mit Hakenkreuzen, Führerbildern und vielfältiger NS-Symbolik produziert, ausgestellt und zum Kauf angeboten. Durch das *„Gesetz zum Schutze der nationalen Symbole"* vom 19. Mai (63) sollte verhindert werden, dass der nationalsozialistische Staat oder die NSDAP „durch den Schmutz gezogen" oder lächerlich gemacht wurde. Listen mit den beanstandeten und verbotenen Gegenständen wurden im Reichsanzeiger und im Reichsministerialblatt veröffentlicht. (64)

§ 1 des Gesetzes regelte:

„Es ist verboten, die Symbole der deutschen Geschichte, des deutschen Staates und der nationalen Erhebung in Deutschland öffentlich in einer Weise zu verwenden, die geeignet ist, das Empfinden von der Würde dieser Symbole zu verletzen." Das Verbot bezog sich unmittelbar auf Gegenstände in der Form eines derartigen Symbols (insbesondere eines Hakenkreuzes) oder solche beweglichen Sachen, auf, in oder an denen sich ein solches Symbol befand, insbesondere das Inverkehrbringen dieser Gegenstände.

Ergänzend enthielt § 8 des Gesetzes die Möglichkeit, Polizeiverordnungen für solche Fälle zu erlassen, in denen die Zuwiderhandlung gegen § 1 *„im Singen und Spielen bestimmter Lieder oder sonst in anderen Handlungen als dem Inverkehrbringen von Gegenständen besteht."* Von diesem Ermächtigungsvorbehalt wurde in der Folgezeit mehrfach Gebrauch gemacht, so mit der *„Polizeiverordnung gegen den Missbrauch des Badenweiler Marschs"* vom 17. Mai 1939 (65) und der

„Polizeiverordnung zum Schutz der nationalen Symbole und Lieder" vom 5. Januar 1940 (66).

Gemäß den Ausführungsverordnungen des Gesetzes durften Bilder des Führers in Form von Büsten und Plaketten nicht ohne Zustimmung der Reichsleitung der NSDAP verwendet werden. (67)

Die „Höhere Verwaltungsbehörde" des Herstellungsortes konnte gegebenenfalls Gegenstände entschädigungslos einziehen. Die Polizeibehörde durfte schon vor einer derartigen Entscheidung nach eigenem Ermessen tätig werden und eine Beschlagnahme vornehmen. Eine Entschädigung war auch dann ausgeschlossen, wenn später rechtskräftig entschieden wurde, dass ein Verstoß gegen das Gesetz nicht vorlag.

Wer vorsätzlich oder fahrlässig Waren in Verkehr brachte, die dem Verbot unterlagen, konnte mit Geldstrafe bis zu 150 RM oder Haft bestraft werden. (68)

In der Folge wurden von der Elmshorner Polizei immer wieder Verstöße gegen dieses Gesetz festgestellt und verfolgt.

So warb die Spar- und Leihkasse 1934 mit einem Stundenplan:

Werbung Spar- und Leihkasse 1934. Vorderseite. Polizeiakten.
Stadtarchiv 001.03.31.50.01.73

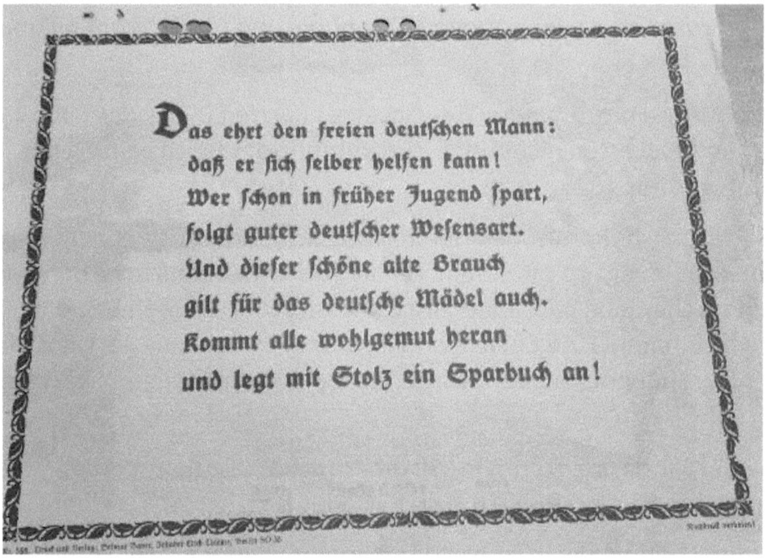

Das ehrt den freien deutschen Mann:
daß er sich selber helfen kann!
Wer schon in früher Jugend spart,
folgt guter deutscher Wesensart.
Und dieser schöne alte Brauch
gilt für das deutsche Mädel auch.
Kommt alle wohlgemut heran
und legt mit Stolz ein Sparbuch an!

Werbung Spar- und Leihkasse 1934. Rückseite. Polizeiakten Stadtarchiv 001.03.31.50.01.73

Betrifft: Beanstandete Stundenpläne der Sparkasse.

Der Bürgermeister
als Ortspolizeibehörde.

Elmshorn, den 31. Mai 1934.

II A.

Vfg.

1) Nach § 2 des Gesetzes zum Schutze der nationalen Symbole vom 19. Mai 1933 entscheidet die höhere Verwaltungsbehörde des Herstellungsortes darüber, ob ein Gegenstand der Vorschrift des § 1 zuwider in den Verkehr gebracht worden ist.

Die Stundenpläne sind von der Firma Selmar B a y e r, Inhaber Erich Thieme, in B e r l i n SO 36, hergestellt worden.

2) Urschriftlich mit der Bitte um Rückgabe
an den Herrn Polizeipräsidenten
in B e r l i n
zur Entscheidung übersandt. Nach diesseitiger Ansicht liegt ein Verstoß gegen § 1 des Gesetzes vom 19. Mai 1933 in Verbindung mit den Richtlinien vom 12. Februar 1934 nicht vor.

1 Heft!

3) Vorlegen am 20.6.

Im Auftrage:

Vfg.

1) Eine Entscheidung ist noch nicht eingegangen.

2) Vorlegen am 1.7.1934.

Elmshorn, den 20. Juni 1934.

Der Bürgermeister
als Ortspolizeibehörde.
I.A.

Werbung Spar- und Leihkasse 1934. Polizeiakten. Stadtarchiv 001.03.31.50.01.73

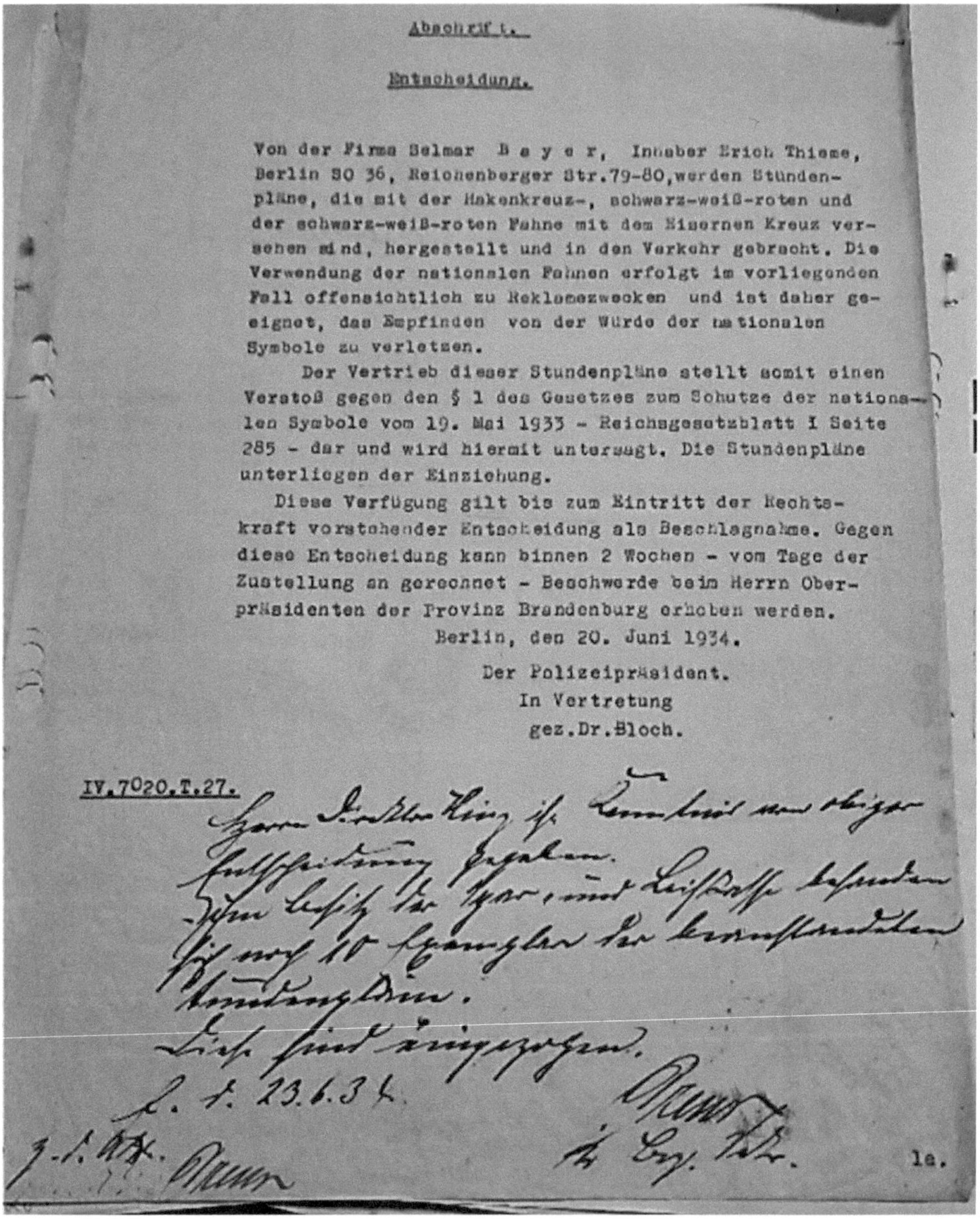

Abschrift.

Entscheidung.

Von der Firma Selmar B e y e r, Inhaber Erich Thieme, Berlin SO 36, Reichenberger Str.79-80, werden Stundenpläne, die mit der Hakenkreuz-, schwarz-weiß-roten und der schwarz-weiß-roten Fahne mit dem Eisernen Kreuz versehen sind, hergestellt und in den Verkehr gebracht. Die Verwendung der nationalen Fahnen erfolgt im vorliegenden Fall offensichtlich zu Reklamezwecken und ist daher geeignet, das Empfinden von der Würde der nationalen Symbole zu verletzen.

Der Vertrieb dieser Stundenpläne stellt somit einen Verstoß gegen den § 1 des Gesetzes zum Schutze der nationalen Symbole vom 19. Mai 1933 - Reichsgesetzblatt I Seite 285 - dar und wird hiermit untersagt. Die Stundenpläne unterliegen der Einziehung.

Diese Verfügung gilt bis zum Eintritt der Rechtskraft vorstehender Entscheidung als Beschlagnahme. Gegen diese Entscheidung kann binnen 2 Wochen - vom Tage der Zustellung an gerechnet - Beschwerde beim Herrn Oberpräsidenten der Provinz Brandenburg erhoben werden.

Berlin, den 20. Juni 1934.

Der Polizeipräsident.
In Vertretung
gez.Dr.Bloch.

IV.7020.T.27.

Herrn Direktor King ist Durchschrift von obiger Entscheidung übergeben.
Im Besitz der Spar- und Leihkasse befanden sich noch 10 Exemplare der beanstandeten Stundenpläne.
Diese sind eingezogen.
z. d. A. 23.6.34.
[illegible]
Kr. Ass. [illegible]
z. d. A. [illegible]

1e.

Werbung Spar- und Leihkasse 1934. Polizeiakten. Stadtarchiv 001.03.31.50.01.73

Der Bürgermeister
als Ortspolizeibehörde

Elmshorn, den 3. August 1933.

Vfg.

1) An

den Herrn Regierungspräsidenten
in M e r s e b u r g.

In dem hiesigen Ladengeschäft von Johann O t t wurden am 1. August 1933 2 Tafeln Schokolade auf Grund der §§ 1 und 3 des Gesetzes zum Schutze der nationalen Symbole vom 19. Mai 1933 (RGBl. S. 285) beschlagnahmt und hier vorläufig sichergestellt. Auf der Umhüllung der Schokolade sind die Symbole der deutschen Geschichte, des deutschen Staates und der nationalen Erhebung in Deutschland öffentlich in einer Weise verwandt worden, die geeignet ist, das Empfinden von der Würde dieser Symbole zu verletzen.

Das Bild auf der Schokolade zeigt einen SA-Mann, der die Hakenkreuzfahne auf der Schulter trägt.

Hersteller der Schokolade ist die Firma David Söhne A.G. in H a l l e a.S.

Auf Grund des § 2 des obigen Gesetzes wird um Herbeiführung einer Entscheidung gebeten, ob die Schokolade der Vorschrift des § 1 zuwider in den Verkehr gebracht ist.

Eine Tafel Schokolade liegt an.

2) Nach 2 Wochen.

komm. Bürgermeister.

ab 4/8.33

Polizeiakten. Stadtarchiv 001.03.31.50.01.73

Abschrift

Der Regierungspräsident
P.Pol.

Merseburg,den 14.Oktober 1933.

Auf Grund der §§ 1 und 2 des Reichsgesetzes zum Schutze der nationalen Symbole vom 19.Mai 1933 (RGBl.I S.285) in Verbindung mit § 1 Abs.2 der preußischen Ausführungsverordnung vom 12.Juni 1933 -GS.S.211- entscheide ich nach Anhörung der Landesstelle Mitteldeutschland des Reichsministeriums für Volksaufklärung und Propaganda, daß die von der Firma "Mignon", Schokoladenwerke A.G.in Halle a.S. zum Vertrieb verwendeten Verpackungshüllen:

1) Mignon, Jungdeutschland, Edelbitter (mit einem SA-Mann, der die Fahne der nationalen Revolution trägt,dahinter das Brandenburger Tor),
2) Mignon, Jungdeutschland, Vollmilch-Nuß (mit einer jugendlichen Person, die die Fahne Schwarz-weiß-rot trägt),
3) Mignon, Jungdeutschland, Vollmilch (mit einem SA-Mann, der die Fahne der nationalen Revolution schwenkt)

geeignet sind, das Empfinden von der Würde der Symbole der deutschen Geschichte, des deutschen Staates und der nationalen Erhebung zu verletzen.

Auf Vorschlag der Landesstelle Mitteldeutschland des Reichsministeriums für Volksaufklärung und Propaganda in Halle a.S. wird jedoch zugelassen, daß die bei der Firma noch vorhandenen Restauflagen der Schokoladenumschläge bis zum 31.Dezember 1933 aufgebraucht werden können. Nach Ablauf dieser Frist unterliegen die Umhüllungen gemäß § 2 des Gesetzes vom 19.Mai 1933 der entschädigungslosen Einziehung.

Gegen diesen Bescheid ist nach § 4 des Gesetzes vom 19.Mai 1933 das Rechtsmittel der Beschwerde beim Herrn Preußischem Minister des Jnnern gegeben.

Jn Vertretung:
gez. von Heydebrand und der Lasa.

An die "Mignon" Schokoladenwerke,Aktiengesellschaft,in Halle a.S.
Postzustellungsurkunde!

Der Regierungspräsident
I.Pol./Pol.Hal. 477

Merseburg,den 1. Dezember 1933.

Der Herr Preußische Minister des Jnnern hat auf Beschwerde des Geheimen Staatspolizeiamts in Berlin entschieden, daß das Gesetz zum Schutze der nationalen Symbole vom 19.Mai 1933 keine Möglichkeit zum Ausverkauf solcher Gegenstände gibt, die als unter § 1 des Gesetzes fallend erklärt worden sind. Auf Anweisung des Herrn Ministers hebe ich daher den Teil meiner Entscheidung vom 14.Oktober 1933 wieder auf,in dem der Firma Mignon, Schokoladenwerke A.G. in Halle, die Genehmigung erteilt worden ist,etwa noch vorhandene Restauflagen der beanstandeten Schokoladenumschläge aufzubrauchen. Die beanstandeten Umhüllungen unterliegen also gemäß § 2 des Gesetzes vom 19.Mai 1933 schon jetzt der entschädigungslosen Einziehung.

Jn Vertretung:
gez.von Heydebrand und der Lasa,

An die Mignon-Schokoladenwerke A.G. in Halle a.Saale.

Polizeiakten. Stadtarchiv 001.03.31.50.01.73

Vfg.

1) Die Herren Revierbeamten haben eine Revision der hiesigen Geschäfte vorzunehmen, und dabei festzustellen, ob die Bestimmungen über den Schutz der nationalen Symbole noch überall beachtet werden. In dem Geschäft von Boldt, Königstraße, sind Laterne mit einem Hakenkreuz und mit den schwarz-weiß-roten Farben im Schaufenster ausgelegt. Der Verkauf ist sofort einzustellen und die Laterne und zu beschlagnahmen und einzuziehen. Derartige Laternen gelten nach den Richtlinien des Reichsministers für Volksaufklärung und Propaganda vom 12.2.1934 als nationaler Kitsch. Die Richtlinien befinden sich in der anliegenden Akte.

2) Nach 1 Woche.

II A, 6.9.1934.

Meldung.

Eine Revision der Geschäfte im 2. Revier betr. der Bestimmungen über den Schutz der nationalen Symbole hat stattgefunden.

Bei dem Kaufmann Adolf Boldt hier Königstrasse № 59 befanden sich im Schaufenster 2 Papierlaternen mit Hakenkreuz und 3 Papierlaternen mit schwarz, weiss, roten Streifen. Boldt ist der Ansicht, dass es kein nationaler Kitsch ist, da die beiden Laternenfabriken in Deutschland diese nicht herstellen würden. Lieferant ist E. Thiemer Neise Nachf. Hamburg 11 Admiralitätsstrasse 3-4.

Ausserdem hat Boldt laut Auftrag des Luftschutzverbandes Elmshorn 500 Stück Papierlaternen mit Hakenkreuz zum Werbeabend des Luftschutzverbandes liefern müssen. Da auch der Luftschutzverband Papierlaternen mit Hakenkreuz bezogen hat dürfte es nicht als nationaler Kitsch anzusehen sein

Polizeiakten. Stadtarchiv 001.03.31.50.01.73

Da die Laternen bereits aus dem Schaufenster wegen Erneuerung der Auslage entfernt sind, weil die Laternenzeit vorbei ist, und schon wieder in Kisten verpackt waren, wurde von einer vorläufigen Beschlagnahme der Laternen vorläufig Abstand genommen.

Elmshorn, den 10. Sept. 34.

Polizeihauptwachtm.

Meldung.

Eine Revision der Geschäfte im 5. Revier hat stattgefunden. Die Bestimmungen über den Schutz der nationalen Symbole werden beachtet. Nationaler Kitsch wurde nicht vorgefunden.

Elmshorn, den 11. 9. 1934.

Polizeihauptwachtmeister.

Meldung.

Eine Revision der Geschäfte im 3 Revier hat stattgefunden. Die Bestimmungen über den Schutz der nationalen Symbole werden beachtet. Nationaler Kitsch wurde nicht vorgefunden.

Elmshorn, den 11. 9. 1934.

Polizeihauptwachtmeister.

Meldung.

Eine Revision der Geschäfte im 1.Revier hat stattgefunden. Die Bestimmungen über den Schutz der natinalen Symbole werden beachtet. Nationaler Kitsch wurde nicht vorgefunden.

Elmshorn, d.11.9.34.

Pol.Hauptwachtm.

Polizeiakten. Stadtarchiv
001.03.31.50.01.73

Am 11. Mai protestierten in Berlin die EPA-Angestellten. Sie wollten die Entlassung von zwei jüdischen Mitgliedern des Vorstandes. In Elmshorn schlossen sich die Angestellten der Filiale an. Um 16 Uhr hielt der Leiter der Filiale, Herr Goebel, eine Ansprache, in der er den Zweck der Berliner Aktion erklärte und die Angestellten aufforderte, nach Möglichkeit einer nationalen Organisation beizutreten. Der Leiter der Elmshorner NSBO, Herr Voß, ermahnte die Angestellten, treu zum Führer zu stehen. Daraufhin wurde die Hakenkreuzfahne gehisst. Auch die Elmshorner EPA-Angestellten forderten den Rücktritt des Vorstandes. Am 12. Mai hatten die Geschäfte wieder geöffnet, da von der Reichsleitung der NSBO aufgefordert wurde, Einzelaktionen zu unterlassen. (69)

Ebenfalls am 12. Mai wurde das Gewerkschaftsvermögen beschlagnahmt unter dem Vorwurf der Korruption und Veruntreuung. (70) Der Vorwurf der Unterschlagung wurde auch gegen den Reichsbannerführer in Elmshorn erhoben. (71) Am 14. Mai eröffnete die neue Elmshorner Volkshochschule, deren Lehrplan ganz nach dem nationalsozialistischen Weltbild ausgerichtet war. (72)

Die Elmshorner Nachrichten

haben es nicht nötig, einen Gesinnungswechsel vorzunehmen.

In nationalbewußtem Sinne haben sie in und seit dänischer Zeit, in marxistischer Revolution, in Inflation und Deflation gekämpft, unbeirrt durch Verbote, Drangsale, geschäftliche Schädigungen, persönliche Drohungen. Landfriedensbruch seitens der Marxisten mit Zerstörung nationaler Symbole im eigenen Hause haben sie erlitten.

Ueber acht Jahrzehnte haben sie für vaterländische, deutsche und schleswig-holsteinische Belange gestritten. Nicht von heute auf gestern stellen sie sich in die nationale Front.

Mit dem heimatlichen Boden verwurzelt, im meerumschlungenen Lande geboren, geworden und gewachsen, kein Fremder unter Fremden, nehmen und haben wir das Recht, aus der Vergangenheit heraus, für die Gegenwart und auch für die Zukunft unseren treuen Lesern zu sagen, die Freud und Leid ihrer Familie und des Vaterlandes in unseren „Nachrichten" verzeichnet fanden:

Dein Blatt, die „Elmshorner Nachrichten" bleiben immer und stets für Dich

das nationale Blatt Elmshorns,

das erdverbundene bluts- und stammesverwandte Blatt Deiner Heimatstadt, das der Geest und das der Marsch.

EN vom 15.5.1933

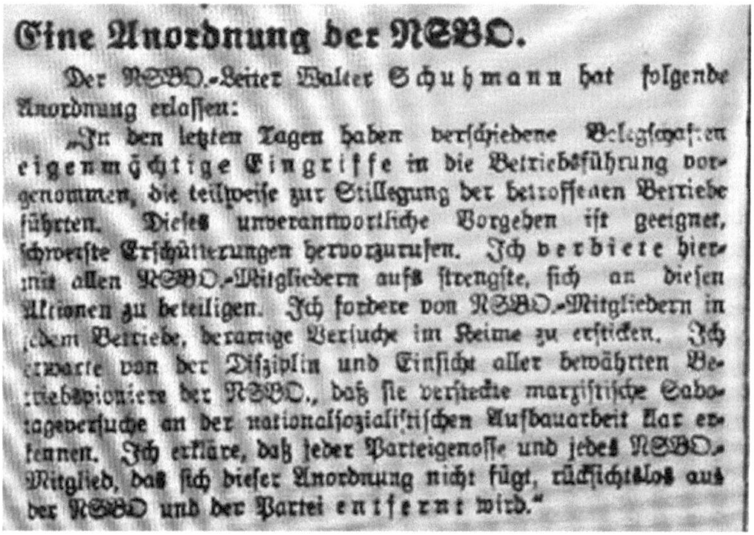

Eine Anordnung der NSBO.

Der NSBO.-Leiter Walter Schuhmann hat folgende Anordnung erlassen:

„In den letzten Tagen haben verschiedene Belegschaften eigenmächtige Eingriffe in die Betriebsführung vorgenommen, die teilweise zur Stillegung der betroffenen Betriebe führten. Dieses unverantwortliche Vorgehen ist geeignet, schwerste Erschütterungen hervorzurufen. Ich verbiete hiermit allen NSBO.-Mitgliedern aufs strengste, sich an diesen Aktionen zu beteiligen. Ich fordere von NSBO.-Mitgliedern in jedem Betriebe, derartige Versuche im Keime zu ersticken. Ich erwarte von der Disziplin und Einsicht aller bewährten Betriebspioniere der NSBO., daß sie versteckte marxistische Sabotageversuche an der nationalsozialistischen Aufbauarbeit klar erkennen. Ich erkläre, daß jeder Parteigenosse und jedes NSBO.-Mitglied, das sich dieser Anordnung nicht fügt, rücksichtslos aus der NSBO und der Partei entfernt wird.“

EN vom 17.5.1933

Am 19. Mai wurde vom Preußischen Landtag das im März 1933 von der Reichsregierung erlassene *„Ermächtigungsgesetz“*, nach denen die Hoheitsrechte der Länder auf das Reich übertragen wurden, angenommen. (73)

Die NSDAP führte am 22. Mai eine Mitgliederversammlung im „Carlstal“ durch, auf der die neuen mit den alten Parteimitgliedern bekanntgemacht wurden. Der Stadtverordnete Letje stellte als Organisationsleiter die Arbeit in der Elmshorner NSDAP dar:

„(...) Es genüge nicht, wenn man seinen Beitrag bezahle und das Abzeichen trage, damit sei man noch kein Nationalsozialist. Nationalsozialist sein heiße Kampf. Um nun immer über alles auf dem Laufenden zu sein, werde wöchentlich ein Blockabend veranstaltet, an dem die Leute aus dem Block irgendwo zusammen kommen, um sich über die Tagesereignisse zu unterhalten. Weiter sollen alle 14 Tage ein Zellenabend stattfinden, der als ein Sprechabend gelten solle. Zu diesen Abenden müssen die Mitglieder erscheinen, damit sie tatsächlich für den Kampf mit dem Gegner immer neues Wissen sich aneignen könnten. Eine genaue Kontrolle würden die Block- und Zellenwarte vornehmen und was mit den Leuten geschehe, die glaubten, nicht nötig zu haben, diese Abende zu besuchen, bestimme die Leitung.

Herr Stadtrat Bindemann sprach dann über die Gleichschaltung. Er behandelte die Not des Mittelstandes, die unter dem bisherigen System so weit einreißen konnte. Die Vorstände aller Gewerbevereine sollten bis zu 51% mit Nationalsozialisten besetzt werden. Der Handwerker solle wieder nach seinem Können bewertet werden und nicht danach, was er habe. Früher sei die Arbeit des Handwerkers hoch geschätzt worden, und so solle es auch wieder werden. Deswegen müssten die Handwerker in der nationalsozialistischen Bewegung kämpfen. Die Leute, die in der Bewegung seien und glaubten, dabei ein schönes Geschäft zu machen, die hätten sich geirrt. (...)" (74)

Heimatliche Rundschau.

Elmshorn, den 24. Mai.

Gleichschaltung der Sportvereine.

Eine Aussprache über den Zusammenschluß der hiesigen Sportvereine fand am 23. ds. Mts. auf dem Rathause statt. Erschienen waren Vertreter der Stadt, des Stadtamtes für Leibesübungen, des Sport- und Spielvereins „Holsatia", der freien Turnerschaft und des Elmshorner Männer-Turnvereins. Das nationale Interesse erfordert, daß in mittleren Städten, in denen es mehrere Turnvereine gibt, diese Vereine zu einem Großverein zusammengeschlossen werden. Dieses gilt ganz besonders da, wo die Vereine sich nur dadurch unterscheiden, daß die Masse ihrer Mitglieder verschiedenenen gesellschaftlichen Schichten angehören, wie es hier in Elmshorn der Fall ist. Solche Unterschiede im Aufbau der Sportvereine darf es künftig nicht mehr geben. Es wurde daher auch hier versucht, einen Zusammenschluß zu erreichen.

Jetzt ist jedoch nach Richtlinien der nationalen Sportverbände eine geschlossene Aufnahme von Vereinen, die bisher marxistisch eingestellt waren, nicht zulässig. Somit bleibt nur übrig, entweder die früheren marxistischen Vereine aufzulösen und die Mitglieder zu veranlassen, sich einzeln in die nationalen Verbände aufnehmen zu lassen, oder auch die Vereine, insbesondere ihre Vorstände, mit nationalen Kräften zu durchsetzen und sie in dieser Weise bestehen zu lassen. Zu einer Auflösung konnten sich die früheren marxistischen Vereine nicht entschließen, da sie ihre Existenzberechtigung durch ihre große Mitgliederzahl als erwiesen ansehen. Auch fürchten sie, daß auf diese Weise ein größerer Verlust an turnerischen Kräften eintreten könne. Mit einer Durchsetzung mit nationalen Kräften sind sie aber einverstanden. Falls dieses nicht möglich sein sollte, möchten sie die Entscheidung des staatlichen Sportkommissars abwarten.

Die Vertreter der nationalen Sportverbände sprachen für Auflösung und Einzelaufnahme der Mitglieder. Auch Vertreter der Stadt schlossen sich dieser Ansicht an. Da ein endgültiges Ergebnis noch nicht zu erzielen war, so wurde die Besprechung zunächst abgebrochen, um die Entscheidung des Magistrats darüber abzuwarten, ob der Freien Turnerschaft eine städtische Turnhalle unter diesen Umständen wieder zur Verfügung gestellt werden soll. Die Benutzung war der Freien Turnerschaft wegen ihrer Einstellung bisher entzogen worden.

EN vom 24.5.1933

N.S.D. A.P. Ortsgruppe Elmshorn

Einwohner Elmshorns heraus zur Schlageter-Gedenkfeier

am Freitag, dem 26. Mai 1933, abends 8½ Uhr, auf dem städtischen Spiel- und Sportplatz, Stubbenhuk

Die nationalsozialistischen Verbände werden um 8 Uhr in der Norderstraße antreten und von dort geschlossen unter Vorantritt der Sturmbannkapelle zum Platz marschieren. Es gilt, die Erinnerung wach zurufen an eine Heldentat, die lange genug dem Volke vorenthalten wurde

Der Ortsgruppenleiter

EN vom 25.5.1933

Schlageter-Gedenkfeiern in Elmshorn.

Das Gelöbnis des neuen Deutschlands am Flammenmal.

EN vom 27.5.1933

Albert Leo Schlageter (geb. 12. August 1894 in Schönau im Schwarzwald (Baden); gest. 26. Mai 1923 auf der Golzheimer Heide, Düsseldorf) war Soldat im Ersten Weltkrieg und Angehöriger verschiedener Freikorps. Schlageter war Mitglied der NSDAP-Tarnorganisation Großdeutsche Arbeiterpartei. Während der französisch-belgischen Ruhrbesetzung war er militanter Aktivist und wurde wegen Spionage und mehrerer Sprengstoffanschläge von einem französischen Militärgericht zum Tode verurteilt und hingerichtet. Schlageter wurde in der Weimarer Republik nach seiner Hinrichtung nicht nur von rechten Kreisen zur Märtyrerfigur erhoben, sondern erfuhr „über Parteigrenzen hinweg" erhebliche Sympathien. Die NS-Propaganda machte aus ihm den „ersten Soldaten des Dritten Reiches" und begründete einen „Schlageter-Kult". (75)

Die Schlageter-Feiern wurden an allen Schulen gefeiert und auch ein Großteil der Elmshorner Bevölkerung nahm an der großen Feier der NSDAP teil:

„Die NSDAP hatte die Elmshorner Bevölkerung zu einer Schlageter-Gedenkfeier nach dem städtischen Sportplatz eingeladen. Diese Einladung war nicht umsonst gewesen. Man kann wohl sagen, dass alle nationaldenkenden Einwohner dieser Einladung gefolgt waren. Die NSDAP mit ihren Unterorganisationen, wie SA, SS, NSBO, Marinesturm, Hitlerjugend und Bund Deutscher Mädel, trat in der Norderstraße an, um geschlossen nach dem Sportplatz zu marschieren. In der Königstraße schloss sich der „Stahlhelm“, Bund der Frontsoldaten an. Die Marschmusik stellte die Sturmbannkapelle. Alle Straßen, durch die der Zug marschierte, waren von Menschenmassen umsäumt. Sobald der Zug vorüber war, folgten sie nach. Auf dem Sportplatz nahmen die Teilnehmer an dem Umzug, etwa 1300 Mann, um einen großen Scheiterhaufen im offenen Viereck Aufstellung. Hinter dem Viereck standen in dichten Reihen die Zuschauer. Bis zur Eröffnung der Feier spielte die Kapelle einige Musikstücke.

Als die Sonne blutrot im Westen sank, wurde der Scheiterhaufen von der Feuerwehr in Brand gesetzt. In kurzer Zeit loderten die Flammen zum Himmel und beleuchteten die große Festversammlung. Es war ein leuchtendes Fanal, dass das Gedenken Albert Leo Schlageters in die Herzen der Erwachsenen, und besonders der an dem Akt teilnehmenden Jugend, eingebrannt hat. Dieser Anblick wird allen im Gedächtnis haften bleiben.

Eingeleitet wurde die Gedenkfeier von der Hitler-Jugend, die folgenden Sprechchor „Schlageter“ von Hans Johst vortrug:

Wir sind der Schritt der kommenden Zeit, wir Jungen

Wer uns errang, hat Ewigkeit errungen:

Schlageter!

Er ging, er fiel! Sein Tod hat unserm Leben

Pflicht, Dienst und Ziel gegeben:

Schlageter!

Wir stehn in seinem Zeichen zu Pflicht und Dienst und Ziel,

Und schwören stets zu gleichen ihm, der für Deutschland fiel:

Schlageter!

Danach sang der Bund deutscher Mädel das „Schlageter-Gedenklied".

Die Gedenkrede, die durch Lautsprecher übertragen wurde, hielt Herr Stadtrat Mohr. Er gab einen eindrucksvollen Überblick über das Leben des Freiheitskämpfers Albert Leo Schlageter und ließ das Heldenleben dieses echt deutschen Mannes in einzelnen Schilderungen am Auge der Besucher vorüberziehen bis zu dem Augenblick, wo er durch deutsche Verräter dem Feind in die Hände geliefert wurde. Besonders anschaulich schilderte er die rohe Hinmordung dieses Helden durch die Franzosen. Man habe ihn nicht wie einen Helden und Soldaten sterben lassen, sondern wie einen Hund erschossen. Die Rede klang aus mit den Worten:

Schlageters Blut, von den Franzosen vergossen, war die Triebkraft der nationalen Revolution. Die braunen und grauen Kolonnen, die heute in Deutschland marschieren, tragen alle die Funken jenes opferbereiten und todesmutigen Heldenlebens in sich. – Seine Tat und seine Treue haben den Bau des neuen Reiches bewerkstelligt. Darum geloben wir ihm auch heute dieselbe Treue und Pflichterfüllung, wie er sie der Nation gegenüber gehalten hat. „Das Banner muss stehen, wenn der Mann auch fällt."

Ernst und feierlich hallte das Deutschlandlied über das weite Feld wie ein Gelöbnis, Schlageters Werk fortzuführen und seinen Tod zu rächen. Drei Ehrensalven zerrissen in peitschenden Schlägen die Luft. Es war derselbe harte Klang, der einst Schlageters Tod bedeutete.

Noch immer leckten die Flammen gen Himmel, der allmählich dunkler und dunkler geworden war. Manch stilles Gedenken, manch verbissener Hass wird mit den Flammen in die Ferne gezogen sein. Aber wie ein Trutzlied, wie echte deutsche, lebendige Lebensbejahung erklang zum Schluss das Horst-Wessel-Lied, in das alle begeistert einstimmten.

Im Anschluss an die Feier wurden noch einige rote Fahnen des antifaschistischen Kampfbundes verbrannt. Darauf zogen die Formationen in geschlossenem Zuge wieder in ihre Vereinslokale ab." (76)

Die EN vermeldeten am 26. Mai 1933:

„In Schutzhaft befinden sich, nachdem man Mittwoch die Kommunisten Will, Hasenberg und Fölster entlassen hat, noch 12 Kommunisten, die seinerzeit aus Gründen der Staatssicherheit festgenommen wurden. (...)" (77)

Die Nationalsozialisten stimmten die Bevölkerung nicht erst seit der Machtergreifung auf einen bevorstehenden Krieg ein. Nach dem Januar 1933 begann man nicht nur darüber zu reden, sondern bildete die Bevölkerung auf dieses Ziel hin aus. Hierbei betonte man, dass nicht das Deutsche Reich der Angreifer sein würde, sondern sich die Deutschen gegen ausländische Mächte verteidigen müssen. Daher sollte schon bei den Kindern und Jugendlichen der Sport auch Wehrsport sein, bei den Erwachsenen wurde ein Luftkrieg als das wahrscheinlichste Szenarium angenommen. Daher wurde der Luftschutz sehr wichtig und schon ab dem Mai 1933 wurde die Bevölkerung in zunehmenden Maße auf einen eventuell bevorstehenden Luftkrieg vorbereitet. Gerhard Roßbach (78) gründete 1932 den „Luftschutztrupp Ekkehard", hervorgegangen aus dem 1924 gegründeten Wehrjugendverband der „Schill-Jugend", der über die Gefahren des Luftkriegs und Selbstschutzmaßnahmen gegen Bombenangriffe informierte und am 29. April 1933 im von Hermann Göring gegründeten *„Reichsluftschutzbund"* (RLB) aufging, dessen Vizepräsident er bis 1934 war. (79) Als freiwilliger, öffentlicher Verband (zumindest bis 1944) organisierte der Luftschutz die Luftschutzvorkehrungen in der Bevölkerung und klärte sie über die Gefahren von Luftangriffen und die Schutzmöglichkeiten während eines Angriffs auf.

Auf dem Titelblatt dieser Broschüre, auf dem Hermann Göring als Chef der Luftwaffe zur Bevölkerung spricht, werden die Mitglieder des Luftschutzes gelobt und alle Bürger aufgerufen, sich an den Schutzmaßnahmen zu beteiligen. Der Luftschutz war in ganz Deutschland als „Erste-Hilfe-Trupps" tätig, die jeweils von einem Luftschutzwart geleitet wurden. Die Ausbildung der Mitglieder umfasste die Brandbekämpfung, den Schutz vor chemischen Waffen sowie eine

Kommunikationsausbildung und Kenntnisse über die Sicherung eines Hauses gegen einen Luftangriff. Die Freiwilligen des Luftschutzes errichteten auch Frühwarnsirenentürme, koordinierten Verdunkelungsübungen, um nächtliche Luftangriffe zu erschweren, und ermutigten die Zivilbevölkerung, verstärkte Keller und Fluchttunnel aus Wohnungen und Arbeitsstätten zu bauen. Der Bund unterstand zugleich Görings Reichsluftfahrtministerium. Mit dem RLB hatten alle in der Weimarer Republik gegründeten Luftschutzvereine aufgehört zu existieren. 1940 wurde der RLB zur Körperschaft des öffentlichen Rechts umgeformt, 1944 trat er in die NSDAP ein.

Im Jahre 1939 waren etwa 15 Millionen Mitglieder im RLB organisiert. (80). Zur Teilnahme an den Ausbildungsveranstaltungen des RLB konnte jeder durch das Luftschutzgesetz vom 26. Mai 1935 verpflichtet werden. (81)

Der Kämpfer im Luftschutz hat
so viel Verantwortung und so viel
Ehre wie jeder Soldat an der Front!

Broschüre des Reichsluftschutzbundes (1935), veröffentlicht in: German History in Documents and Images, <https://germanhistorydocs.org/de/deutschland-nationalsozialismus-1933-1945/ghdi:image-5197> [07.06.2024]. © Deutsches Historisches Museum

Am 19. Mai hatte die „Luftschutztruppe Ekkehard", die zur Gruppe Roßbach gehörte, in Elmshorn zu einer Führerbesprechung in die Bismarckschule geladen. Es erschienen Vertreter der Stadt, der Vereine und Verbände. Wer nicht erschien, war der Veranstalter, der seit vier Tagen diese Veranstaltung vorbereitet hatte und von der Stadt untergebracht worden war. Der Bürgermeister Spieler und die anderen

Erschienenen verließen unter Protest die Bismarckschule und Spieler bezeichnete das Verhalten des Veranstalters als große Rücksichtslosigkeit. (82)

Vier Tage später wurde dann die Veranstaltung in Form einer Luftschutzübung nachgeholt, dieses Mal im „Carlstal“:

„Luftschutzübung des Ekkehard-Trupps.

Die Ekkehard-Truppe hatte am Mittwochabend zu einer Luftschutzübung ins „Carlstal“ geladen. Etwa 100 Personen, meist Frauen, waren dem Rufe gefolgt. In kurzen, einfühlenden Worten legte der Redner des Abends, Herr Wagner, die Grundlagen aller Abwehrmaßnahmen fest. Es sei irrig, so führte der Vortragende aus, wenn man meine, jeder müsse eine Gasmaske haben. Für die Allgemeinheit kämen nur Schutzräume in Betracht. Jeder Keller sei für wenige Mark in einen solchen umzuwandeln. Aber auch für Leute, die nicht zu Hause seien, müssten Schutzräume vorhanden sein. An allen öffentlichen Plätzen müssten sie eingerichtet werden. In vielen Großstädten, auch im Ausland, sei man dazu übergegangen, Untergrundbahnhöfe dafür umzubauen. Dem freiwilligen Arbeitsdienst falle hier ein neues, großes Aufgabengebiet zu. Verschiedene Arten von Gasmasken wurden vorgeführt und erklärt. Die verschiedenen Gase, die in ihrer Wirkung ganz verschieden seien, erkenne man am leichtesten am Geruch, was die Geruchproben ausreichend bewiesen. Das ist das Blaukreuz-Dick, das nach Zwiebeln riecht, das Phosgen mit dem Geruch nach faulem Heu und all die anderen nicht minder gefährlichen Gase.

Aber das Giftgas ist nicht die einzige Gefahr, die der Luftangriff bringt. Sprengbomben wirken wie „Sprenggranaten“, man muss sich also verhalten wie beim Artillerieschießen. Auch hier bieten die gut abgestützten Keller den besten Schutz. Eine dritte nicht minder große Gefahr sind die neuzeitlichen Brandbomben, die nicht mit Wasser zu löschen sind. Das beste Mittel ist, den entstehenden Brand mit Sand abzudecken.

Die Teilnehmer der Veranstaltung hatten Gelegenheit, das Löschen einer Brandbombe und von Phosphor zu sehen. Besonders das Löschen des Phosphors, der sich an der Luft entzündet, beim Brennen flüssig wird und dann in alle Ritzen und Fugen eindringt, machte viele Schwierigkeiten. Zum Schluss hatten die Teilnehmer noch Gelegenheit, selbst einmal eine Gasmaske auszuproben. Nach einem kleinen Dauerlauf und einigen Freiübungen waren aber alle froh, wieder aus dem „Schwitzkasten" herauszukommen. Die Veranstaltung hat erneut bewiesen, wie notwendig es ist, dass Deutschland sich vor den von allen Seiten drohenden Luftangriffen schützt." (83)

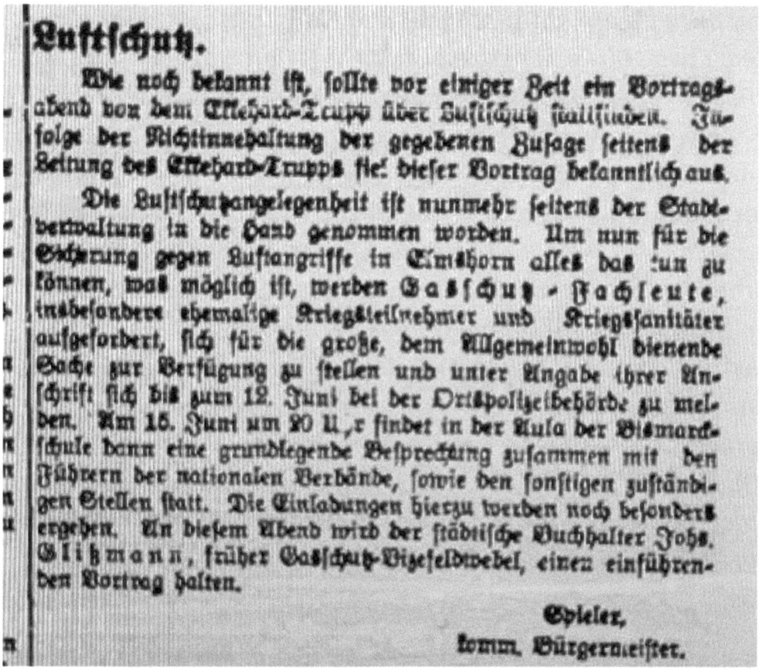

Luftschutz.

Wie noch bekannt ist, sollte vor einiger Zeit ein Vortragsabend von dem Ekkehard-Trupp über Luftschutz stattfinden. Infolge der Nichtinnehaltung der gegebenen Zusage seitens der Leitung des Ekkehard-Trupps fiel dieser Vortrag bekanntlich aus.

Die Luftschutzangelegenheit ist nunmehr seitens der Stadtverwaltung in die Hand genommen worden. Um nun für die Sicherung gegen Luftangriffe in Elmshorn alles das tun zu können, was möglich ist, werden Gasschutz-Fachleute, insbesondere ehemalige Kriegsteilnehmer und Kriegssanitäter aufgefordert, sich für die große, dem Allgemeinwohl dienende Sache zur Verfügung zu stellen und unter Angabe ihrer Anschrift sich bis zum 12. Juni bei der Ortspolizeibehörde zu melden. Am 16. Juni um 20 Uhr findet in der Aula der Bismarckschule dann eine grundlegende Besprechung zusammen mit den Führern der nationalen Verbände, sowie den sonstigen zuständigen Stellen statt. Die Einladungen hierzu werden noch besonders ergehen. An diesem Abend wird der städtische Buchhalter Johs. Glißmann, früher Gasschutz-Vizefeldwebel, einen einführenden Vortrag halten.

Spieler,
komm. Bürgermeister.

EN vom 8.6.1933

Am 13. Juli fand in der Hafenschule auf Einladung von Bürgermeister Krumbeck eine Versammlung über den zivilen Luftschutz mit Aufklärung und Belehrung vor Mitgliedern des Stahlhelms, der SA, SA-Reserve, der SS und vielen Mitgliedern anderer Vereine statt. Polizeiinspektor Rudolf Möller eröffnete die Versammlung und wies darauf hin, dass jeder verpflichtet sei, im Luft- und Gasschutz mitzuwirken. Luftschutzkommissar Ahrens aus Hamburg war der Redner des Abends:

„Er wies auf die Aufrüstung unserer Gegner und auf unsere Abrüstung hin. Klarer als Worte es können, führten die angeführten Zahlen den Besuchern unsere Ohnmacht vor Augen. Die Wirkung des Vortrages wurde noch erhöht durch den nachfolgenden Lichtbildervortrag, der die Rüstung der anderen Heere zeigte. Was die Kämpfer an der Somme im Jahre 1916 an Tanks und Kampfwagen sahen, waren Kinderspielzeuge gegen die jetzt gebauten Ungetüme, die Bäume und Häuser nur so niederwalzen. Viel Interesse beanspruchten die großen Kampfflugzeuge der – anderen, da Deutschland ja bekanntlich kein einziges Kampfflugzeug haben darf, nach den Bestimmungen des Versailler „Friedens"vertrages. Wenn die großen Bombengeschwader unsere Städte heimsuchen und ihre „Eier" legen, hilft nichts mehr. Denn die Angriffe erfolgen so, dass eine Stadt an mehreren Stellen zugleich in Flammen steht, so dass die Feuerwehr, und wenn es die beste wäre, machtlos ist. Da ist es Pflicht eines jeden Hausbesitzers und Einwohners der Stadt, selbst mit anzufassen und die Brandherde zu bekämpfen, wo immer sie auftreten. Der Redner gab dann bekannt, wie nach einem Bombenabwurf das in einem Hause entstandene Feuer am besten bekämpft wird. Ebenso wies er darauf hin, dass man die Keller abstützen müsse, damit die Bewohner des Hauses wenigstens einen Zufluchtsraum behalten. Die Erfahrungen an der Front haben gelehrt, dass bei den stärksten Beschießungen, wenn die Häuser zusammengestürzt waren, die Keller immer noch sichere Zufluchtsorte waren. Um die Brandgefahr in den Häusern zu vermindern, müssten die Hausböden frei von Gerümpel und leicht brennbaren Stoffen gehalten werden. Auf den Hausböden seien Sandkästen aufzustellen, damit man entstehende Brände mit dem Sand ersticken kann, da Wasser bei den Brandbomben nicht wirkt. Zum Schluss forderte er auf, dass sich jeder dem Reichsluftschutz oder der Technischen Nothilfe zur Verfügung stelle. Wer Mitglied des Reichsluftschutzbundes werden wolle, kann sich bei der Polizeibehörde melden. Am Schluss der Versammlung meldeten sich sehr viele Männer, die sich in Elmshorn der Ortsgruppe als Mitglied und Mithelfer anschließen wollen." (84)

Eine Woche später richtete die Ortsgruppe des Luftschutzbundes eine Luftschutzschule ein,

„(...) die in 14tägigen Kursen für jedes Wohngebäude wenigstens einen Einwohner zum Luftschutzwart ausbilden wird. Hierzu stehen für die einzelnen

/Unterrichtsfächer anerkannt tüchtige Spezialkräfte zur Verfügung. Der kostenlose Lehrgang soll auch den ärmsten Volksgenossen die Grundbegriffe zu seinem Selbstschutz vermitteln. Der Ausbau von Gasschutzkellern für die gesamte Bevölkerung, die Beschaffung von Gasapotheken und Gasschutzgerät muss dringend angestrebt werden. Hierzu sind laufend außergewöhnlich hohe Mittel erforderlich. Auf Veranlassung der Ortsgruppe Elmshorn des Reichsluftschutzbundes werden zur Aufklärung über alle Fragen der Luftgefahren und ihre Abwendung am Mittwoch, den 30. August 1933, abends 8 Uhr, im großen Saal des „Holsteinischen Hofes" von berufenster Seite Vorträge mit Lichtbildern gehalten. Es ist dringend erforderlich, dass ein möglichst großer Kreis an diesem Abend erscheint. Ich erwarte außerdem von dem oft bewährten Gemeinschaftssinn der Elmshorner Bevölkerung, dass sich jeder in die Listen des Reichsluftschutzbundes, Ortsgruppe Elmshorn, von den werbenden SS- und SA-Leuten, sowie den Mitgliedern des BDM aufnehmen lässt. Jeder Beitrag fördert die eigene Sicherheit.

Der Bürgermeister Krumbeck" (85)

Am 27. Mai 1933 fand im „Elmshorner Hof" eine Kundgebung der „Deutschen Christen" (DC) statt.

„Die Deutschen Christen (DC) waren eine rassistische, antisemitische und am Führerprinzip orientierte Strömung im deutschen Protestantismus, die diesen von 1932 bis 1945 an die Ideologie des Nationalsozialismus angleichen wollte. Sie wurde 1931 als eigene Kirchenpartei in Thüringen gegründet und gewann 1933 die Leitung einiger Landeskirchen in der Deutschen Evangelischen Kirche (DEK). Mit ihrer Gleichschaltungspolitik und dem Versuch, durch die Übernahme des Arierparagraphen in die Kirchenverfassung Christen jüdischer Herkunft als Judenchristen auszuschließen, löste sie den Kirchenkampf mit anderen evangelischen Christen aus." (86)

„Als die von Deutschen Christen geleitete Altpreußische Synode am 6. und 7. September 1933 den für Beamte geltenden "Arierparagraph" auch für Kirchenämter einführte, rief der Dahlemer Pfarrer Martin Niemöller den Pfarrernotbund ins Leben,

aus dem wenig später die Bekennende Kirche hervorging. Ihre Gehorsamsaufkündigung gegenüber der Reichskirche verhinderte maßgeblich die Gleichschaltung der evangelischen Kirche. Forderungen von Deutschen Christen nach Übernahme des "Arierparagraphen" für die Reichskirche und nach Verwerfung des als jüdisch angesehenen Alten Testaments führten im November 1933 zu Massenaustritten und zur Spaltung der Deutschen Christen. Nachfolger der "Glaubensbewegung Deutsche Christen" waren die "Kirchenbewegung Deutsche Christen" und die "Reichsbewegung Deutsche Christen". (…) Die Versuche, den Einfluss der Deutschen Christen in den Gemeinden zu vergrößern, blieben in den nächsten Jahren erfolglos, auch wenn die Mehrzahl der Landeskirchen bis 1945 in der Hand der Deutschen Christen war. Den rund 7.000 Pfarrern der Bekennenden Kirche standen lediglich etwa 2.000 Deutsche Christen gegenüber." (87)

Neugestaltung der evangelischen Volkskirche.

Elmshorn, den 29. Mai.

Unter diesem Leitwort hatte die Glaubensbewegung „Deutsche Christen" am Sonnabend zu einer Kundgebung im „Elmshorner Hof" eingeladen. Der dichtbesetzte Saal war ein Zeugnis für das Interesse, das Elmshorns Männer und Frauen dieser Bewegung entgegenbringen.

Auf dem Programm der von Pastor Bezmann, Glückstadt, geleiteten Versammlung stand ein Vortrag von Pfarrer Hossenfelder, dem Reichsleiter der Bewegung.

Die evangelische Kirche hat, so führte dieser aus, in den letzten Jahren im Zeichen des Kampfes gegen den Unglauben gestanden. Ein Glaube, der sich nicht hinter das Wort stellt, ist kein Glaube, und der wahre Glaube hat uns allzusehr gemangelt. Die Wiege der Gottlosigkeit stand aber gerade im Lager der Gebildeten mit dem Grundsatz, daß Glaube und Wissen nicht vereinbar sei. Ein zweiter Gegner des wahren Glaubens ist die Prophetie des marxistischen Paradieses gewesen, die als eine Art Ersatzreligion ein Kollektiv der Gottlosen proklamierte.

Dieser Gottlosigkeit entstand endlich ein Gegner im Nationalsozialismus, der gegenüber dem müden, kritischen Bürgertum ein Sturmtrupp für eine Wiederauferstehung des Glaubens bedeutete. So stehen wir an einer Zeitenwende, sehen zurück auf einen vergangenen Weltentag und schauen auf den Morgen eines neuen, der angebrochen ist. Der vergangene hat von der Reformation bis zum Weltkrieg gedauert. Nicht Menschen bestimmen die Zeit. Gewiß machen Männer die Geschichte, aber sie sind von Gott berufen und handeln im Bewußtsein ihrer Mission.

Das Grundprogramm der vergangenen Epoche war das Recht des Ichs. So schrieb Luther: Von der Freiheit eines Christenmenschen, so galt das Goethewort: Höchstes Glück der Erdenkinder ist doch die Persönlichkeit. Aber aus der Freiheit wurde die Zügellosigkeit, wie sie bei Nietzsche erscheint, und jetzt drängen die objektiven Lebensrechte nach Geltung. Gegenüber der bürgerlichen Welt, die die Probleme des Lebens und Geschehens mit Geist und Geld zu lösen glaubte, entstand an der Front die Welt der Opfer, der Hingabe, der Kameradschaft, die die Menschen umgeformt hat. Wichtiger als Geld und Geist ist die Welt des Anderen. Höchstes Glück der Erdenkinder ist das Volk. Ausschlaggebend ist jetzt die Jugend, die Arbeiter der Stirn und der Faust. Zu dienen in dieser Welt, ist der ideelle Inhalt dieser Jugend.

Das Objektive, das Göttliche sind Volkstum und Evangelium. Rasse, Gemeinschaft des Blutes, der Sprache, der Geschichte machen ein Volk. Und Volk, nicht Menschheit ist der Wille Gottes, so wie die Schöpfung überall Verschiedenheiten und Eigenarten betont. Und Evangelium ist eine objektive von Gott gegebene Macht. Evangelium ist aber keine Religion, denn Religion ist die Frage nach Gott. Wir kennen nicht die Religion des einzelnen, nur die der Völker. Jedes Volk stellt die Frage nach Gott anders. So gibt das Evangelium je nach der Volksart verschiedene Antwort auf die Frage der Religion, und jedes Volk entwickelt sich unter der Sonne des Evangeliums zu eigener betonter Blüte.

Deshalb ist der Glaube des deutschen Christen: Es gibt kein Reich Gottes ohne Vaterland!

Stehend sang die Versammlung anschließend: Ein feste Burg!

Zum Schluß regte der Versammlungsleiter, Pastor Bezmann, zur Gründung einer Kampfgruppe des Bundes „Deutscher Christen" an.

EN vom 29.5.1933

Am 22. Mai veröffentlichten die EN eine Bekanntmachung des Gauleiters Lohse unter dem Titel *„Ausrottung der bolschewistischen Pest"*:

„Der Gauleiter der NSDAP erlässt folgende Bekanntmachung: Der Kommunismus versucht auch in der Nordmark hier und da erneut sein Haupt zu erheben. Es werden in Elmshorn, Kiel und anderen Orten Flugblätter gegen den Reichskanzler, seine Regierung und die nationalsozialistische Bewegung verbreitet, die in ihrer Hetze an Deutlichkeit nichts zu wünschen übrig lassen. Sämtliche Parteiformationen werden hiermit angewiesen, diesem Wiederbelebungsversuch schärfstens entgegenzutreten. Es ist jedes Mittel recht und in Anwendung zu bringen, wenn Verfasser und Verbreiter in flagranti ertappt werden, um die bolschewistische Pest ein für allemal in Deutschland ausrotten." (88)

Eine ungeheure Anordnung erließ der preußische Innenminister am 29. Mai. Er ordnete an, dass die Polizei inhaftierte Personen nicht selbst vernehmen, sondern diese an die SA und SS zur Vernehmung ausliefern sollten. Es würde alles rechtens sein, wenn die Inhaftierten zur SA und SS durch Polizeibeamte gebracht und wieder abgeholt würden. Bei der Vernehmung anwesend sollte die Polizei nicht sein. Damit waren die Gefangenen den Misshandlungen schutzlos ausgeliefert.

Diese Vernehmungen durch SA und SS und Hilfspolizei arteten in Misshandlungen der Schutzhäftlinge aus, die zunächst vom Elmshorner Bürgermeister gedeckt wurden. Nachdem die Misshandlungen in der Öffentlichkeit bekannt wurden, steuerte der stellvertretende Führer der NSDAP, Rudolf Heß, dagegen und ordnete die Unterlassung und Verfolgung von diesen Verhörmethoden an. Jetzt musste auch der Elmshorner Bürgermeister handeln:

Der Landrat. Pinneberg, den 9.Juni 1933. - L.I.1266. -

An
die Ortspolizeibehörden des Kreises und die
Landj.-Abteilungen Pinneberg und Langelohe.

-.-

Eingeg. Elmshorn
den 10 JUN 1933
J.-No ....

Abschrift.

Der Preußische Minister des Innern. Berlin, den 29.Mai 1933.
II 1272/29.4.33.

Betrifft: Vernehmung in polizeilichem Gewahrsam befindlicher Personen durch Angehörige der SA. und SS.

Die Erfahrung hat gezeigt, daß die Vernehmung wegen Verdachts politischer Straftaten oder staatsfeindlicher Umtriebe festgenommenen Personen durch Beamte der ordentlichen Polizei in vielen Fällen nicht den Erfolg gehabt hat, der bei der Vernehmung derselben Personen durch Angehörige der SA und SS erzielt werden konnte. Jn Anbetracht der besonderen Umstände erscheint es daher angezeigt, vorübergehend die Polizeibehörden zu ermächtigen, in geeigneten Fällen in polizeilichen Gewahrsam befindliche Häftlinge aus eigener Entschließung oder auf Anfordern zu diesem Zwecke von den nationalen Verbänden zu benennenden, mit Hilfspolizeibeamten zu besetzenden Dienststellen zur verantwortlichen Vernehmung auch unter Gegenüberstellung mit anderen Beschuldigten oder Zeugen diesen kurzfristigen zu belassen oder zu überstellen. Gegen eine derartige Übung werden Bedenken insbesondere dann nicht zu erheben sein, wenn die betreffenden Personen durch Polizeibeamte überbracht und nach ihrer Vernehmung wieder abgeholt werden.

Jn Vertretung.
gez. Grauert.

Abschrift übersende ich zur Kenntnis und zur Beachtung.
Zusatz für die Landjägerei-Abteilungen: Überdrucke dieser Verfügung für die unterstellten Beamten sind beigefügt.

Jn Vertretung:
[illegible]

Stadtarchiv 001.03.31.50.01.44 Hilfspolizei

Der Bürgermeister
als Ortspolizeibehörde.

Vfg. 38

Elmshorn, den 26. Juli 1933.

1. An

den Führer der Hilfspolizei,
Herrn Sturmführer Waldemar Stüben .

h i e r .

Von den in Schutzhaft genommenen politischen Gegnern des Nationalsozialismus ist darüber Klage geführt worden, daß sie bei ihrer Verhaftung, ohne daß sie sich wehren konnten, in erheblicher Weise verprügelt worden seien. Es ist eine ganze Reihe von Beschwerden eingebracht worden, von deren Weiterverfolgung bisher allerdings in allen Fällen die Beschwerdeführer abgehalten werden konnten. Wenn ich in diesem Sinne auf die Beschwerdeführer eingewirkt habe, so geschah das aus der Erwägung heraus, daß eine verständliche Erregung und in einigen Fällen wohl auch jugendliche Unbesonnenheit die Motive für die Tat gewesen sind.

Nachdem nunmehr aber der umseitig aufgeklebte Erlaß des stellvertretenden Führers der NSDAP, Rudolf Heß, herausgekommen ist,und die Einstellung des nationalsozialistischen Staates zu Mißhandlungen politischer Gegner damit eindeutig festgelegt ist, werde auch ich in Zukunft Beschwerden der obengenannten Art verfolgen, indem ich die Täter aus der Hilfspolizei ausschließe und sie der strafrechtlichen Verfolgung übergebe.

Ich ersuche Sie, den umstehend aufgeklebten Erlaß Ihren Leuten umgehend mitzuteilen und sie im Sinne der vorstehenden Ausführungen zu unterrichten.

Weiter bitte ich, mit einer gebotenen Vorsicht

Ermittelungen darüber anzustellen, ob in den Reihen der hiesigen Hilfspolizisten Provokateure der in dem Erlaß des stellvertretenden Führers genannten Art sind. Sollten solche festgestellt werden, so bitte ich sie mir sofort zwecks Ausschlusses namhaft zu machen.

Über das Veranlaßte erbitte ich sofortigen Bericht unter Rückgabe dieses Ersuchens.

2. ....

komm. Bürgermeister.

ab. 24/7 33. Lgb

Ausschnitt

aus

Elmshorner Nachrichten No. 170

[redacted] 24. Juli 1933

Gegen Provokateure!

Eine Bekanntgabe des stellvertretenden Führers der NSDAP.

Der stellvertretende Führer der NSDAP., Rudolf Heß, erläßt folgende Bekanntgabe:

Die jüdisch-liberalistische französische Revolution schwamm im Blut der Guillotine. Die jüdisch-bolschewistische Revolution hallt wider von millionenfachem Schreien aus tschekistischen Blutkellern.

Keine Revolution der Welt verlief so diszipliniert und unblutig wie die nationalsozialistische.

Nichts ist dem Gegner des neuen Deutschlands ungelegener als diese Tatsache. Der Beweis ist die schleunige Erfindung von Greuellügen, da wirkliche Greuel nicht vorhanden sind.

Inzwischen verbreiteten unvoreingenommene Ausländer, die Deutschland bereisten, die Wahrheit: Die Greuelnachrichten wurden als Lügen erkannt und verloren ihre Wirkung.

Die Gegner ruhen nicht: Wie die Reichsleitung erfuhr, sind Spitzel in die Reihen der NSDAP. gesandt worden mit dem Auftrag, SA.- und SS.-Männer zu Mißhandlungen von Gegnern zu verleiten, damit nachträglich Unterlagen für eine Glaubhaftmachung der Lügen geschaffen würden.

Nationalsozialisten, SA.- und SS.-Männer! Seid Euch der Absichten der Gegner bewußt! Uebergebt jeden, der Gefangene mißhandeln will oder Euch zu Mißhandlungen zu verleiten sucht, der Polizei des nationalsozialistischen Staates.

Jeder Nationalsozialist, der dem Wirken der Provokateure zum Opfer fallen sollte, wird aus der Partei rücksichtslos und ohne Ansehen der Person ausgeschlossen wegen versuchter Schädigung des Ansehens der NSDAP. Er wird in ein Konzentrationslager gebracht werden wegen Arbeit zu Gunsten der Gegner des nationalsozialistischen Staates.

Jeder soll wissen, daß wir weit davon entfernt sind, dem Gegner mit Milde zu begegnen. Er muß wissen, daß jeder von Kommunisten oder Marxisten an einem Nationalsozialisten geübten Mord von uns zehnfach gegenüber kommunistischen oder marxistischen Führern gesühnt wird. Er muß wissen, daß jedes Vergehen gegen den nationalsozialistischen Staat die schwersten Strafen im Gefolge hat.

Jeder Nationalsozialist muß sich aber auch bewußt sein, daß Mißhandeln von Gegnern jüdisch-bolschewistischer Gesinnung entspricht und des Nationalsozialismus unwürdig ist.

Vorl. z. d. A. Hilfspolizei
E. d. 2.8.33.
Erler

Stadtarchiv 001.03.31.50.01.44 Hilfspolizei

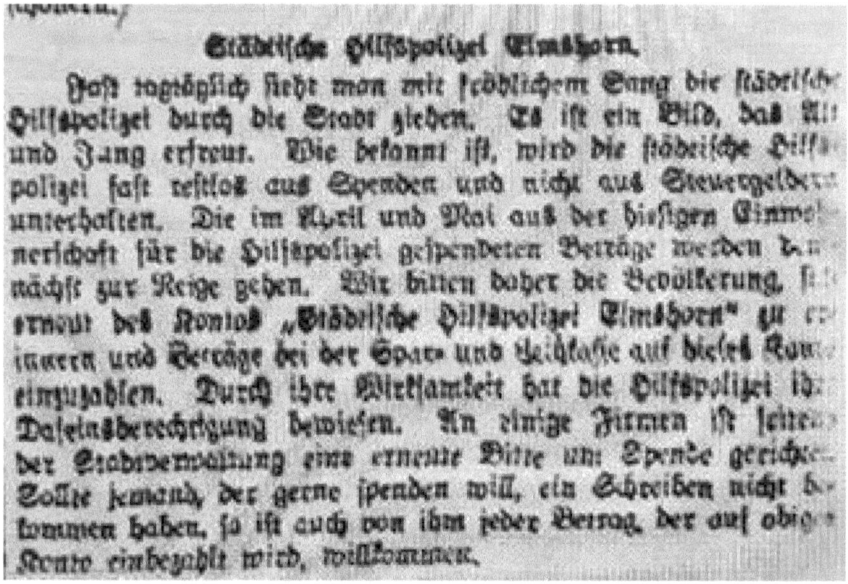

Städtische Hilfspolizei Elmshorn.

Fast tagtäglich sieht man mit fröhlichem Sang die städtische Hilfspolizei durch die Stadt ziehen. Es ist ein Bild, das Alt und Jung erfreut. Wie bekannt ist, wird die städtische Hilfspolizei fast restlos aus Spenden und nicht aus Steuergeldern unterhalten. Die im April und Mai aus der hiesigen Einwohnerschaft für die Hilfspolizei gespendeten Beträge werden demnächst zur Neige gehen. Wir bitten daher die Bevölkerung, f[...] erneut des Kontos „Städtische Hilfspolizei Elmshorn" zu erinnern und Beträge bei der Spar- und Leihkasse auf dieses Konto einzuzahlen. Durch ihre Wirksamkeit hat die Hilfspolizei ihre Daseinsberechtigung bewiesen. An einige Firmen ist seitens der Stadtverwaltung eine erneute Bitte um Spende gerichtet. Sollte jemand, der gerne spenden will, ein Schreiben nicht bekommen haben, so ist auch von ihm jeder Betrag, der auf obiges Konto einbezahlt wird, willkommen.

EN vom 22.6.193

Am 15. August wurde die Hilfspolizei aus SA und SS aufgelöst.

„Auflösung der Hilfspolizei in Elmshorn.

Mit dem 15.8.33 ist die Hilfspolizei auf Anordnung des Ministers Göring für ganz Deutschland aufgelöst worden. Demzufolge musste auch die Elmshorner Hilfspolizei, deren Bestand zuletzt noch 37 Mann betrug, aufgehoben werden. Der Magistrat veranstaltete in Anerkennung der Verdienste der Hilfspolizei bei Durchführung der nationalen Revolution einen Kameradschaftsabend, an welchem sämtliche Magistratsmitglieder teilnahmen. Bürgermeister Krumbeck dankte den Hilfspolizeibeamten im Auftrage des Ministers und im Namen der Stadt Elmshorn für ihre wirkungsvolle Mitarbeit. Er bezeichnete das Verdienst der Hilfspolizei als ein Geschichtliches, dass sie Wache gestanden hatten, als der Grundstein zum Aufbau des Dritten Reiches gelegt wurde. Etwaige weitere Angriffe des Marxismus und der Reaktion kann der Staat mit den ordentlichen Polizeiorganen abwehren. Die Bereitschaft für erneuten Einsatz aber müsse bleiben. Der Bürgermeister überreichte schließlich jedem Hilfspolizeibeamten eine kleine Abschiedsspende des

Magistrats, wobei er betonte, dass der Dank wegen der bitteren Notzeit im Wesentlichen ein ideeller bleiben müsse.

Im Laufe des Abends sprach auch noch der Ortsgruppenleiter der NSDAP, der Stadtrat Max Mohr, zu den scheidenden Kameraden. Er rief ihnen die Zeit des Kampfes ins Gedächtnis. Es habe schwere Stunden gegeben. Diese würden aber in der Erinnerung die schönsten sein. Alsdann entwickelte der Ortsgruppenleiter den Begriff des Nationalsozialismus als Weltanschauung und sprach den Wunsch und die Gewissheit aus, dass die im Kampfe für die heilige Idee gestählten Kameraden, die nun an die graue Werktagsarbeit gingen, allzeit treu zu ihrem Werk ständen. - Der Abend verlief in bestem kameradschaftlichem Geiste. Die alten Kampflieder wechselten mit Fronsoldaten- und Volksliedern und verschafften allen Teilnehmern einige Stunden reinsten Genusses." (89)

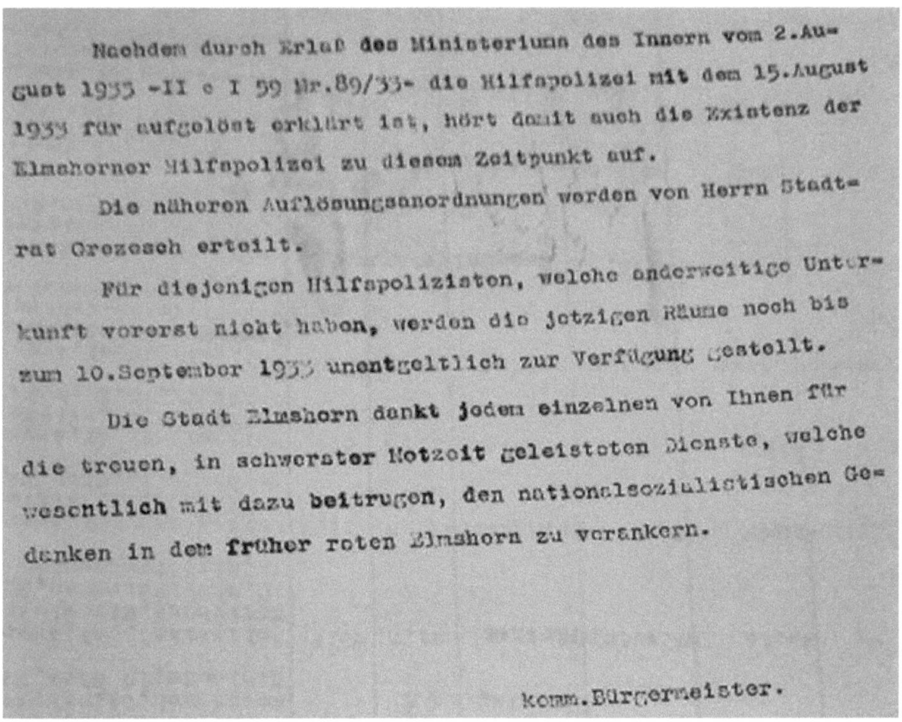

Nachdem durch Erlaß des Ministeriums des Innern vom 2.August 1933 -II c I 59 Nr.89/33- die Hilfspolizei mit dem 15.August 1933 für aufgelöst erklärt ist, hört damit auch die Existenz der Elmshorner Hilfspolizei zu diesem Zeitpunkt auf.

Die näheren Auflösungsanordnungen werden von Herrn Stadtrat Grezesch erteilt.

Für diejenigen Hilfspolizisten, welche anderweitige Unterkunft vorerst nicht haben, werden die jetzigen Räume noch bis zum 10.September 1933 unentgeltlich zur Verfügung gestellt.

Die Stadt Elmshorn dankt jedem einzelnen von Ihnen für die treuen, in schwerster Notzeit geleisteten Dienste, welche wesentlich mit dazu beitrugen, den nationalsozialistischen Gedanken in dem früher roten Elmshorn zu verankern.

komm.Bürgermeister.

Stadtarchiv 001.03.31.50.01.44 Hilfspolizei

Obgleich die Hilfspolizei aufgelöst worden war, bestand diese im Geheimen weiter, nur nicht mehr unter der Bezeichnung „Hilfspolizei". Dies wurde durch ein geheimes Schreiben des Regierungspräsidenten an die Landräte in Schleswig-Holstein bestätigt.

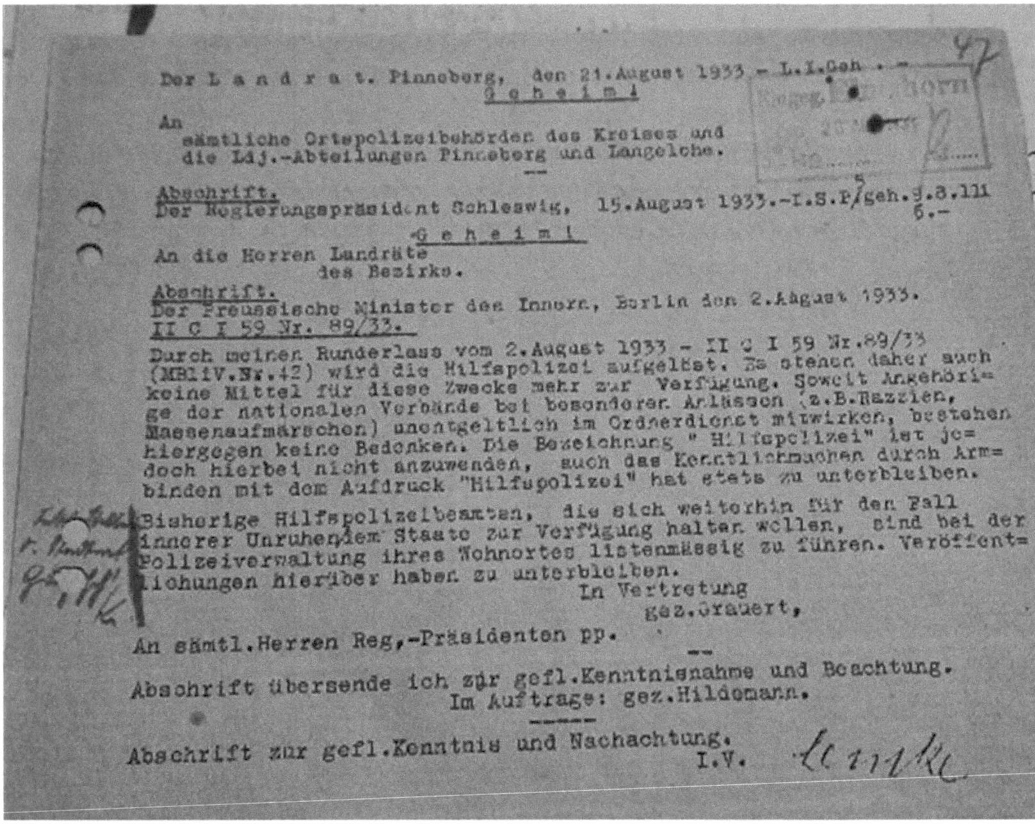

Der L a n d r a t. Pinneberg, den 21.August 1933 - L.I.Geh . -
G e h e i m !

An
sämtliche Ortspolizeibehörden des Kreises und
die Ldj.-Abteilungen Pinneberg und Langelohe.

--

Abschrift.
Der Regierungspräsident Schleswig, 15.August 1933.-I.S.P/geh.9.8.111
6.-

G e h e i m !

An die Herren Landräte
des Bezirks.

Abschrift.
Der Preussische Minister des Innern, Berlin den 2.August 1933.
II C I 59 Nr. 89/33.

Durch meinen Runderlass vom 2.August 1933 - II C I 59 Nr.89/33
(MBliV.Nr.42) wird die Hilfspolizei aufgelöst. Es stehen daher auch
keine Mittel für diese Zwecke mehr zur Verfügung. Soweit Angehöri=
ge der nationalen Verbände bei besonderen Anlässen (z.B.Razzien,
Massenaufmärschen) unentgeltlich im Ordnerdienst mitwirken, bestehen
hiergegen keine Bedenken. Die Bezeichnung " Hilfspolizei" ist je=
doch hierbei nicht anzuwenden, auch das Kenntlichmachen durch Arm=
binden mit dem Aufdruck "Hilfspolizei" hat stets zu unterbleiben.

Bisherige Hilfspolizeibeamten, die sich weiterhin für den Fall
innerer Unruhen dem Staate zur Verfügung halten wollen, sind bei der
Polizeiverwaltung ihres Wohnortes listenmässig zu führen. Veröffent=
lichungen hierüber haben zu unterbleiben.

In Vertretung
gez.Grauert,

An sämtl.Herren Reg,-Präsidenten pp.

--

Abschrift übersende ich zur gefl.Kenntnisnahme und Beachtung.
Im Auftrage: gez.Hildemann.

Abschrift zur gefl.Kenntnis und Nachachtung.
I.V.

Stadtarchiv 001.03.31.50.01.44 Hilfspolizei

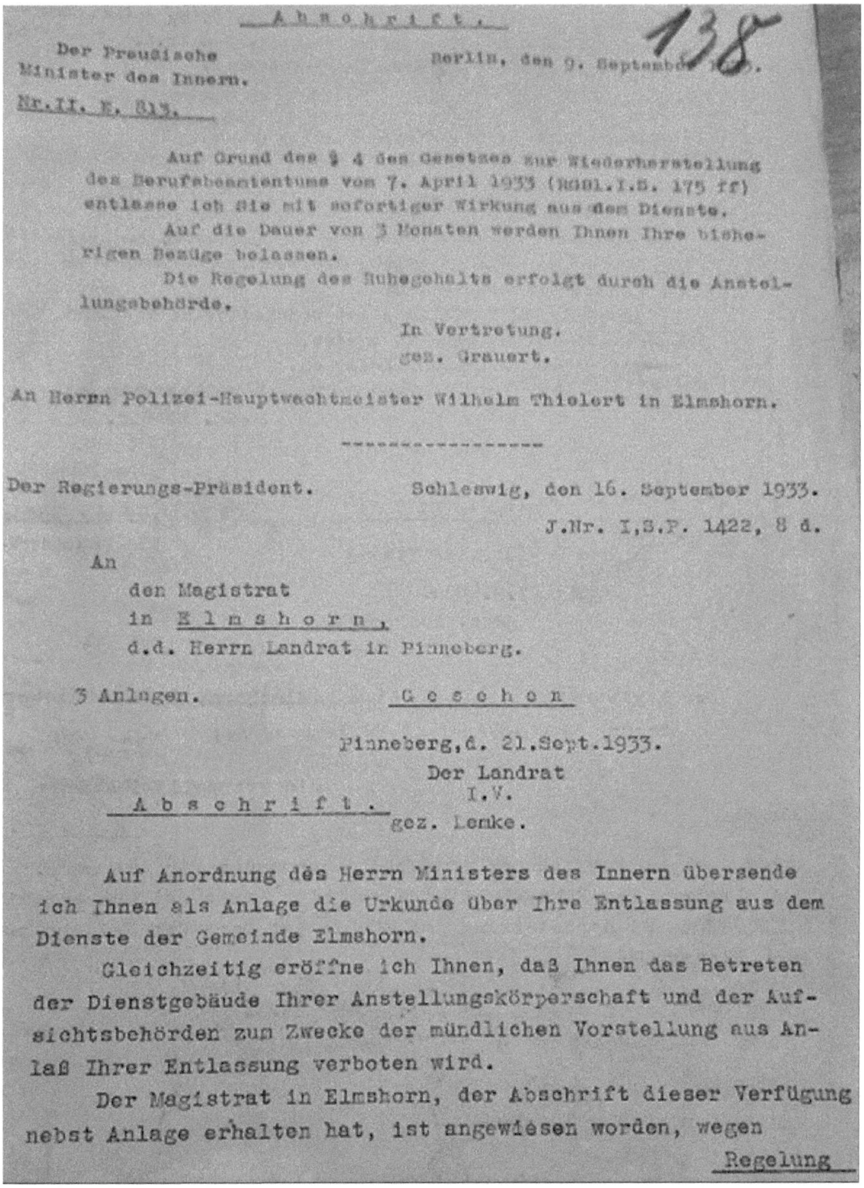

A b s c h r i f t.

Der Preußische
Minister des Innern.
Nr.II. E. 813.

Berlin, den 9. September 19[illegible].

138

Auf Grund des § 4 des Gesetzes zur Wiederherstellung des Berufsbeamtentums vom 7. April 1933 (RGBl.I.S. 175 ff) entlasse ich Sie mit sofortiger Wirkung aus dem Dienste.

Auf die Dauer von 3 Monaten werden Ihnen Ihre bisherigen Bezüge belassen.

Die Regelung des Ruhegehalts erfolgt durch die Anstellungsbehörde.

In Vertretung.
gez. Grauert.

An Herrn Polizei-Hauptwachtmeister Wilhelm Thielert in Elmshorn.

Der Regierungs-Präsident.

Schleswig, den 16. September 1933.
J.Nr. I,S.P. 1422, 8 d.

An
den Magistrat
in E l m s h o r n,
d.d. Herrn Landrat in Pinneberg.

3 Anlagen.

G e s e h e n

Pinneberg,d. 21.Sept.1933.
Der Landrat
I.V.
gez. Lemke.

A b s c h r i f t.

Auf Anordnung des Herrn Ministers des Innern übersende ich Ihnen als Anlage die Urkunde über Ihre Entlassung aus dem Dienste der Gemeinde Elmshorn.

Gleichzeitig eröffne ich Ihnen, daß Ihnen das Betreten der Dienstgebäude Ihrer Anstellungskörperschaft und der Aufsichtsbehörden zum Zwecke der mündlichen Vorstellung aus Anlaß Ihrer Entlassung verboten wird.

Der Magistrat in Elmshorn, der Abschrift dieser Verfügung nebst Anlage erhalten hat, ist angewiesen worden, wegen

Regelung

Ausschnitt. Entlassungen bei der Polizei auf Grund des Gesetzes zur Wiederherstellung des Berufsbeamtentums. Stadtarchiv 001.03.31.50.01.40 Anstellung Polizei 1921-1947

Der Landrat Pinneberg, den 28. Oktober 1933 2. II Anz.1763.

144

Eingeg. Elmshorn
den 31 OKT. 1933
J.-No.

An
den Herrn Bürgermeister als Ortspolizeibehörde
in Elmshorn

Abschrift. 8d.
Der Regierungspräsident. Schleswig, 9.August 1933.-I.S.P.1110.I.P.
Abschrift.
Der Preussische Minister des Innern. Berlin, den 28.Juli 1933.-II E 622.-
Betr.: Besetzung von Polizeibeamtenstellen vom Polizeikommissar aufwärts in der Gemeindepolizei.

Durch das Gesetz vom 7. April 1933 zur Wiederherstellung des
Berufsbeamtentums ist mit einem unter normalen Verhältnissen
nicht voraussehenden Abgang an oberen Polizeivollzugsbeamten
der Gemeindepolizei zu rechnen. Wenn auch für diese Laufbahn
sowohl bei der Vormerkungsstelle in Potsdam, wie im Ministerium
des Innern Anwärter noch vorgemerkt sind, so ist doch eine genaue
Prüfung erforderlich, ob diese Anwärter in Bezug auf ihre nationale
Zuverlässigkeit denz zu fordernden Bedingungen entsprechen.
Andererseits liegt es aber im Interesse der nationalem Regierung
und einer reibungslosen Zusammenarbeit zwischen Polizei und den
aufbauenden Kräften der Nation, dass auch in der Gemeindepolizei
solche Männer in leitende Stellungen kommen, die zum Siege der
nationalsozialistischen Revolution beigetragen und sich als unbedingt zuverlässig für den heutigen Staat erwiesen haben.
Aus diesen Gründen können mir unter vorübergehender Ausserachtlas-
sung der Ziff.3 im Abschn.VII der V.f.d.P.Nr.37 in besonders
gelagerten Fällen bewährte SS.- und S.A.-Führer, die ihre Führereigenschaften nachgewiesen haben und im übrigen für ein derartiges Amt besonders geeignet sind, für solche Stellen im Einverständnis mit der obersten SA.-Führung, und zwar bei SA.-Führern
mit dem Herrn Chef des Stabes, bei SS.-Führern mit dem Herrn
SS.-Reichsführer, in Vorschlag gebracht werden.
Die in Vorschlag gebrachten Anwärter sind zunächst 6 Monate infor-
matorisch impraktischen Polizeidienst bei einer Gemeindepolizei-
verwaltung, die selbst Polizeikommissarstellen hat, zu beschäftigen
Hat der Anwärter seine Befähigung während dieser praktischen Unterweisung nachgewiesen, so ist er mir zur Teilnahme an einem Polizei-
kommissar-Anwärter-Lehrgang an der höheren Polizeischule in Eiche
in Vorschlag zu bringen. Die Zulassung zu einem derartigen Lehrgang

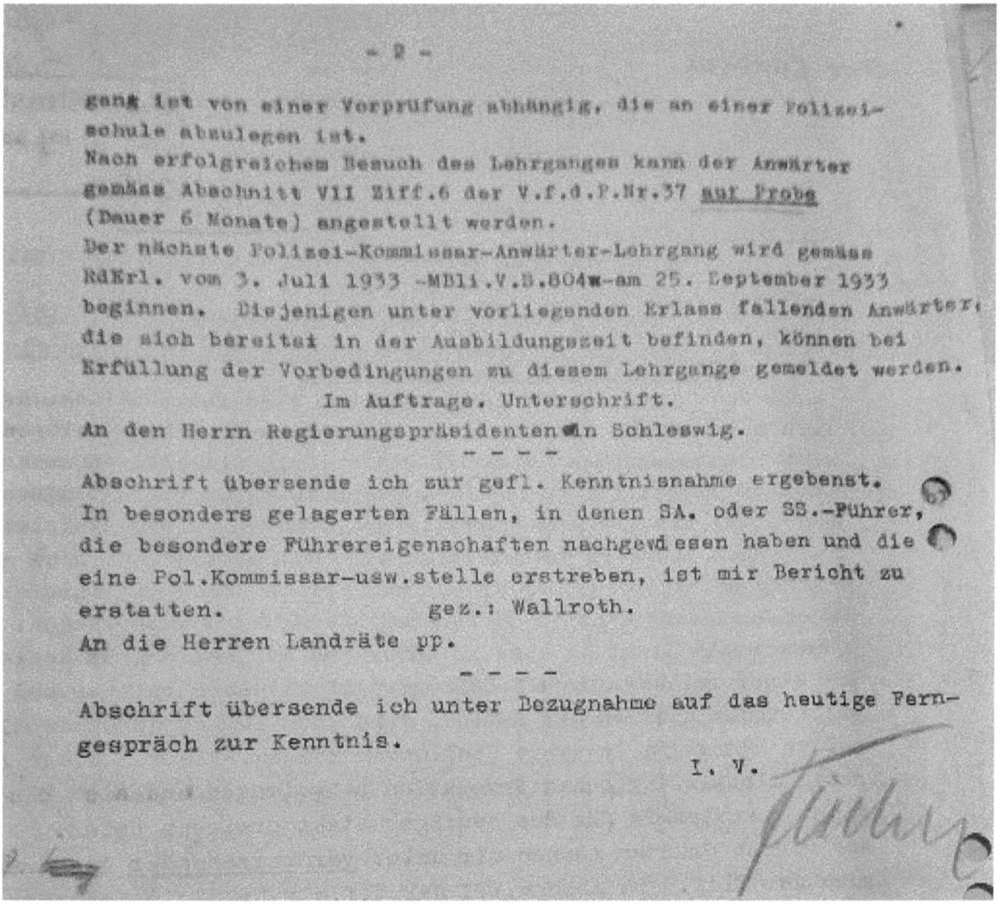

- 2 -

gang ist von einer Vorprüfung abhängig, die an einer Polizei-
schule abzulegen ist.
Nach erfolgreichem Besuch des Lehrganges kann der Anwärter
gemäss Abschnitt VII Ziff.6 der V.f.d.P.Nr.37 auf Probe
(Dauer 6 Monate) angestellt werden.
Der nächste Polizei-Kommissar-Anwärter-Lehrgang wird gemäss
RdErl. vom 3. Juli 1933 -MBli.V.S.804- am 25. September 1933
beginnen. Diejenigen unter vorliegenden Erlass fallenden Anwärter,
die sich bereits in der Ausbildungszeit befinden, können bei
Erfüllung der Vorbedingungen zu diesem Lehrgange gemeldet werden.

Im Auftrage. Unterschrift.

An den Herrn Regierungspräsidenten in Schleswig.

- - - -

Abschrift übersende ich zur gefl. Kenntnisnahme ergebenst.
In besonders gelagerten Fällen, in denen SA. oder SS.-Führer,
die besondere Führereigenschaften nachgewiesen haben und die
eine Pol.Kommissar-usw.stelle erstreben, ist mir Bericht zu
erstatten. gez.: Wallroth.

An die Herren Landräte pp.

- - - -

Abschrift übersende ich unter Bezugnahme auf das heutige Fern-
gespräch zur Kenntnis.

I. V.

Gleichschaltung. Stadtarchiv 001.03.31.50.01.40 Anstellung Polizei 1921-1947

Trotz Bemühungen seitens der NSDAP, die Behörden und städtischen Ämtern von Kommunisten und ihren Sympathisanten zu „säubern“, schien es noch im Mai 1933 nicht gelungen zu sein. So schrieb der komm. Bürgermeister am 10. Mai an die Ortspolizeibehörde:

Der Magistrat.

161

Elmshorn, den 10. Mai 1933.

An

die Ortspolizeibehörde.

hier.

Den städtischen Beamten und Angestellten wird hiermit verboten, für marxistische Parteien, Vereine, Organisationen usw. Schriftstücke, Drucksachen pp in den städtischen Dienststellen, was vorgekommen sein soll, herzustellen.

Gleichzeitig wird darauf hingewiesen, daß die Zugehörigkeit zu einer derartigen Partei pp infolge der staatsfeindlichen Einstellung mit dem Wesen eines städtischen Beamten und Angestellten nicht vereinbar ist.

Der Bürgermeister
Ortspolizeibehörde

komm. Bürgermeister.

Elmshorn, den 12.Mai 1933.

Allen Herren Beamten zur Kenntnis und Beachtung.

Gemäß 2. Absatzes obiger Verfügung wird erwartet, daß von den Beamten in der Zukunft niemand mehr einer marxistischen Partei oder einer deren Nebenorganisationen angehört.

I. A.

Stadtarchiv 001.03.31.50.01.03

Am 27. Mai 1933 richtete der Regierungspräsident aus Schleswig über den Landrat in Pinneberg (2. Juni 1933) an die Ortspolizeibehörden die Aufforderung, ihr Augenmerk besonders auf umherziehende Landstreicher und Bettler zu richten:

„Es besteht der Verdacht, dass die Wanderburschen und wandernd umherziehenden Bettler zu einem großen Teil Anhänger der KPD sind, für die sie agitieren und häufig als Nachrichtenüberbringer tätig sind. Eine weiter verschärfte Kontrolle dieser Personen ist daher unbedingt nötig. Dabei verweise ich auf meine Rundverfügung vom 3.12.1932.(...)

Besonderes Augenmerk ist ferner auf wandernde und angebliche Nationalsozialisten oder SA-Männer ohne genügende Ausweise zu richten. Hierbei bringe ich die Verordnung des Reichspräsidenten vom 21.3. d. Js. (RGBl. Teil I, S.135) in Erinnerung, wonach das Tragen der Uniform oder einen die Mitgliedschaft kennzeichnendes Abzeichen eines hinter der Regierung stehenden Verbandes ohne Mitglied dieses Verbandes zu sein, mit Gefängnis bestraft wird.

Besonders Augenmerk ist auf verbotenen Waffenbesitz dieser Personen wie überhaupt sämtlicher Landstreicher zu richten.

Gez. Wallroth" (90)

Diese Verfügung wurde vom Bürgermeister an Polizei und Hilfspolizei am 10. Juni übermittelt.

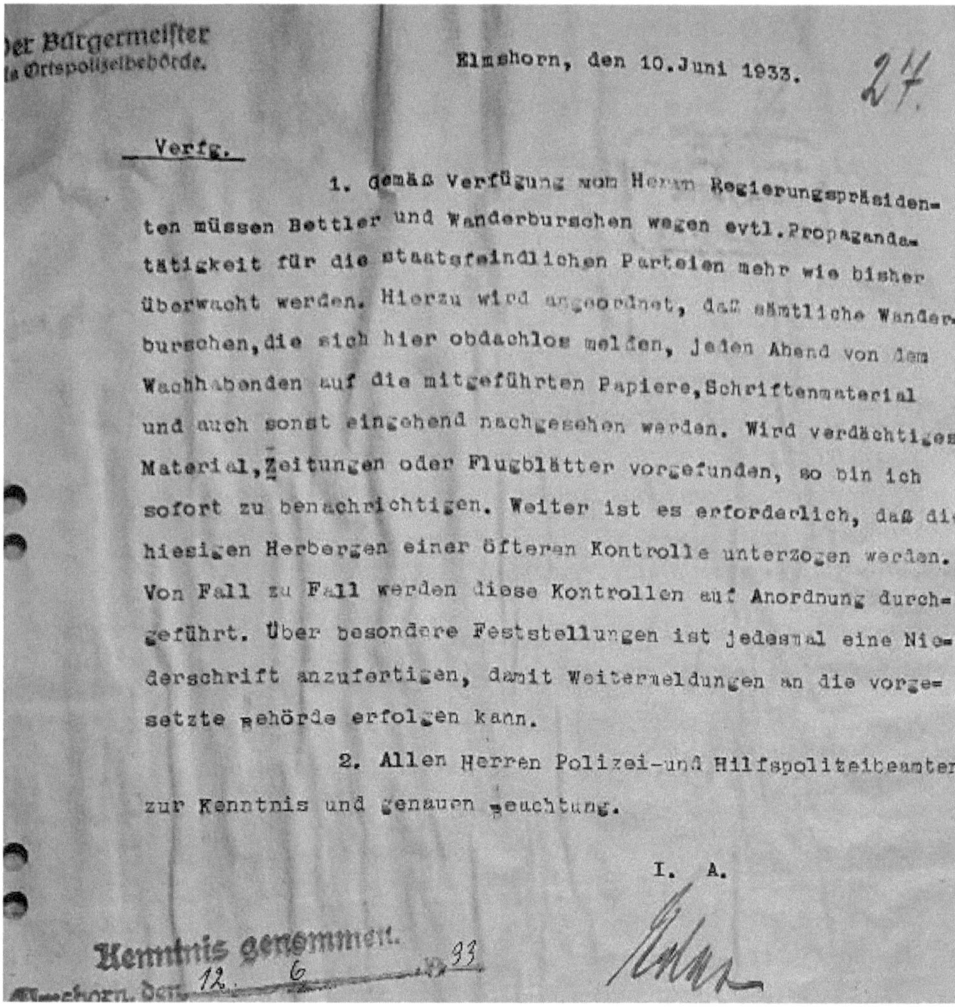

Der Bürgermeister
als Ortspolizeibehörde.

Elmshorn, den 10. Juni 1933. 27.

Verfg.

1. Gemäß Verfügung vom Herrn Regierungspräsidenten müssen Bettler und Wanderburschen wegen evtl. Propagandatätigkeit für die staatsfeindlichen Parteien mehr wie bisher überwacht werden. Hierzu wird angeordnet, daß sämtliche Wanderburschen, die sich hier obdachlos melden, jeden Abend von dem Wachhabenden auf die mitgeführten Papiere, Schriftenmaterial und auch sonst eingehend nachgesehen werden. Wird verdächtiges Material, Zeitungen oder Flugblätter vorgefunden, so bin ich sofort zu benachrichtigen. Weiter ist es erforderlich, daß die hiesigen Herbergen einer öfteren Kontrolle unterzogen werden. Von Fall zu Fall werden diese Kontrollen auf Anordnung durchgeführt. Über besondere Feststellungen ist jedesmal eine Niederschrift anzufertigen, damit Weitermeldungen an die vorgesetzte Behörde erfolgen kann.

2. Allen Herren Polizei- und Hilfspolizeibeamten zur Kenntnis und genauen Beachtung.

I. A.

Kenntnis genommen.
Elmshorn, den 12. 6. 33

Stadtarchiv 001.03.31.50.01.61 Bettler Landstreicher 1910-1938

Im Rahmen der nationalsozialistischen Kampagne "Winterhilfe" sollte verarmten Erwerbslosen Unterstützung vor allem im Rahmen staatlicher Arbeitseinsätze zuteil werden. Das setzte eine Selektion voraus. Die „Winterhilfe" sollte *„arischen und* *erbgesunden Teilen der veramten Bevölkerung"* zugute kommen. Zeitgleich zur "Winterhilfe" kam es zu konzertierten Aktionen gegen *„minderwertige"* Bettler.

„Von dem Gesichtspunkte ausgehend, dass Voraussetzung für ein Gelingen der Winterhilfe die Bekämpfung des Bettelunwesens sei, sind die Länderregierungen von dem Reichsminister ersucht worden, in der 2. Hälfte d. J. mit allen in Betracht kommenden Kräften gegen das Bettelunwesens vorzugehen. Diesem Ersuchen ist seitens der Polizeibehörde stattgegeben worden und haben in der Zeit vom 18. bis 23. September d. J. die polizeiliche Sonderfahndungen auf Bettler im hamburgischen Staatsgebiete stattgefunden. Hierbei sind etwa 1400 Personen in Schutzhaft genommen worden."

Am 1. Juni folgte ein Runderlaß des Justizministeriums:

„Bekämpfung des öffentlichen Bettelns, RdErl.d.MdJ. v. 1.6.1933 - II D 1068 (An alle Polizeibehörden):

(1) Trotz der Strafandrohung des § 361 Ziff. 4 StGB hat das Betteln auf öffentlichen Strassen, Wegen und Plätzen und das Betteln von Haus zu Haus in den letzten Jahren einen derartigen Umfang angenommen, dass darin eine ernstliche Gefahr für die öffentliche Ordnung zu erblicken ist. Dieser Mißstand kann im Interesse des Ansehens des deutschen Volkes nicht länger geduldet werden. Der Bekämpfung des Bettelunwesens ist daher erhöhte Bedeutung beizulegen. Als Betteln ist dabei auch das Anbieten von minderwertigen Leistungen oder Waren anzusehen, sofern damit augenscheinlich die Erlangung von Almosen bezweckt wird.

(2) Hinsichtlich des Anbietens von Leistungen wird dabei darauf hingewiesen, dass auf öffentlichen Wegen, Straßen oder Plätzen Musikaufführungen, Schaustellungen, theatralische Vorstellungen oder sonstige Lustbarkeiten, die kein höheres Interesse der Kunst oder Wissenschaft beanspruchen können, gewerbsmäßig nur betrieben werden dürfen, wenn die Ortspolizeibehörde im Falle des stehenden Gewerbes nach § 33 b, bei einer Darbietung im Wandergewerbe auf Grund des § 60a RGO. ihre vorherige Erlaubnis zu der Veranstaltung erteilt hat. Die Erlaubnis des § 60a ist neben dem Wandergewerbeschein erforderlich. Personen, die derartige Aufführungen ohne die vorherige Erlaubnis der Ortspolizei-Behörde veranstalten,

sind gemäß § 148 Ziff.5 und § 7b RGO. mit Geldstrafe bis zu 150 RM, im Unvermögensfalle mit Haft bis zu 4 Wochen zu bestrafen (...)

(4) Werden Personen angetroffen, die ohne die vorgeschriebene Genehmigung Strassenhandel treiben oder auf öffentlichen Wegen, Strassen oder Plätzen Schaustellungen oder dergleichen veranstalten, so ist gegen diese ebenso unnachsichtig einzuschreiten wie gegen die Bettler." (91)

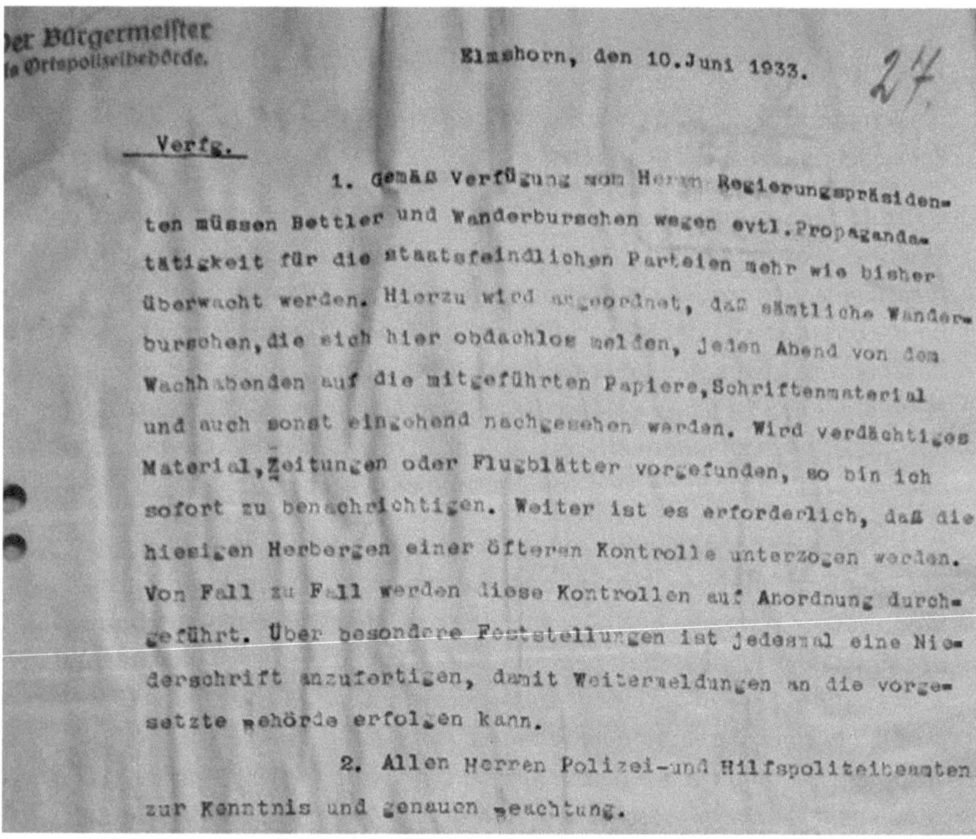

Der Bürgermeister
als Ortspolizeibehörde.

Elmshorn, den 10.Juni 1933.

24

Verfg.

1. Gemäß Verfügung vom Herrn Regierungspräsidenten müssen Bettler und Wanderburschen wegen evtl.Propagandatätigkeit für die staatsfeindlichen Parteien mehr wie bisher überwacht werden. Hierzu wird angeordnet, daß sämtliche Wanderburschen,die sich hier obdachlos melden, jeden Abend von dem Wachhabenden auf die mitgeführten Papiere,Schriftenmaterial und auch sonst eingehend nachgesehen werden. Wird verdächtiges Material,Zeitungen oder Flugblätter vorgefunden, so bin ich sofort zu benachrichtigen. Weiter ist es erforderlich, daß die hiesigen Herbergen einer öfteren Kontrolle unterzogen werden. Von Fall zu Fall werden diese Kontrollen auf Anordnung durchgeführt. Über besondere Feststellungen ist jedesmal eine Niederschrift anzufertigen, damit Weitermeldungen an die vorgesetzte Behörde erfolgen kann.

2. Allen Herren Polizei-und Hilfspolizeibeamten zur Kenntnis und genauen Beachtung.

Ausschnitt. Stadtarchiv 001.03.31.50.01.61 Bettler Landstreicher 1910-1938

Das Ministerium für Volksaufklärung und Propaganda rief am 12. Juli zu einer Aktion zur Bekämpfung des Bettlerunwesens auf. Hierbei kam die Befürchtung auf, das Betteln könnte die Spendenbereitschaft der Bürger für die kommende Winterhilfe schmälern:

"Der Reichsminister für Volksaufklärung und Propaganda

Berlin, 12. Juli 1933

An den Herrn Reichsminister des Inneren

Betrifft: Bekämpfung des Bettelunwesens

Von allen bisher zu den Vorarbeiten der Winterhilfe 1933 zugezogenen Stellen ist übereinstimmend der Meinung Ausdruck gegeben worden, dass Voraussetzung für ein Gelingen der Winterhilfe die Bekämpfung des übermäßig anwachsenden Bettelunwesens sei. Gerade die noch leistungsfähigsten und gebefreudigsten Bevölkerungsteile werden z.Zt. von den unwürdigsten Elementen, zum Teil ganz wohl situierten berufsmäßigen Bettlern derart stark belastet, dass ihre Beiträge zu der offiziell organisierten Winterhilfe entsprechend geringer sein müssen. Eine Bekämpfung und möglichst weitgehende Unterdrückung des Bettelunwesens würde sich aber propagandistisch sehr wirkungsvoll für die Sammeltätigkeit zur Winterhilfe auswerten lassen.

Es wird nun ergebendst zur Überlegung anheimgestellt, ob eine Bekämpfung des Bettelunwesens derart organisiert werden kann, dass schlagartig in einer bestimmten Zeitspanne mit ganzem Aufgebot aller Polizeikräfte sämtliche bettelnden Personen angehalten werden können. Diese Festnahme müsste nicht nur die Feststellung ihrer Namen und Wohnungen bezwecken, sondern auch ihrer etwaigen Vorstrafen und vor allem der aus öffentlichen oder privaten Mitteln bezogenen Unterstützungen. Es sind hier Fälle bekannt geworden, in denen berufsmässige Bettler höhere Einkommen bezogen als Arbeitende. Auf dem Lande wird vor allen Dingen die Bettelei von Lebensmitteln vielfach zum Handel mit der erbettelten Ware benutzt. Außerdem ist offensichtlich, dass besonders unter den verkrüppelten Bettlern eine grössere Anzahl sicher Unfall- oder Kriegsverletztenrenten beziehen müssen.

Voraussetzung für diese ganze Aktion wäre also enge Zusammenarbeit der örtlichen Polizeiorgane und ihrer etwaigen Hilfskräfte mit den zuständigen Wohlfahrtsämtern und den privaten Wohlfahrtsorganisationen. Diesen Stellen müsste es auch zur Pflicht gemacht werden, in den voraussichtlich verhältnismässig wenigen Fällen, in denen tatsächlich Not zur Bettelei getrieben hat, einzugreifen und die festgenommenen Personen zu übernehmen und zu betreuen.

Es wäre nun dringend erwünscht, wenn die zuständigen Länderministerien mit größter Beschleunigung angewiesen werden können, die in Betracht kommenden Polizeibehörden und Wohlfahrtsorganisationen auf diese Aufgabe zu verweisen. Die oberste Leitung der SA., SS. und St. werden von mir gebeten, sich auf Anforderung den örtlichen oder regionalen Polizeibehörden und Wohlfahrtsstellen mit allen ihnen zu Gebote stehenden Mannschaften und Hilfsmitteln zur Verfügung zu stellen. Der Zeitpunkt der Durchführung müsste möglichst einheitlich angeordnet werden. Am zweckmässigsten wäre wohl die zweite Hälfte des September, um mit dieser Aktion gleichzeitig die am 1. Oktober beginnenden Aufrufe für die Winterhilfe einzuleiten. Auch die in der N.S. Volkswohlfahrt zusammengefassten bzw. von ihr geführten Organisationen der freien Wohlfahrtspflege sind entsprechend unterrichtet worden.

Es wird ergebenst gebeten, über die von ihnen verfügten Maßnahmen Mitteilung zu machen, damit die propagandistische Unterstützung der gesamten Aktion rechtzeitig in die Wege geleitet werden kann.

Im Auftrag.

gez. Haegert“ (92)

Die Ärmsten der Armen, von manchen damals frei nach Marx und Engels als „Lumpenproletarier“ beschimpft, wurden nach 1933 gezielt im Rahmen der Kampagne „Arbeitsscheu Reich“ als „Arbeitsscheue“ von der Arbeitsfürsorge in Arbeitslager zu Arbeiten im Sinne des „Volkswohls“ wie „Holzzerkleinern“ und

Alteisen, Altpapier und Lumpen sortieren gezwungen. Bei Verweigerung drohte der Entzug der Wohlfahrtsunterstützung, bei Obdachlosen auch die Schutzhaft. (93)

„Schreiben des Reichsminster im Innern

An die Landesregierungen vom 15. Aug. 33

"Der Herr Preußische Minister des Innern hat bereits mit Erlass vom 1. Juni 1933 - II D 1068 - alle Polizeibehörden in Preußen angewiesen, der Bekämpfung des Bettelunwesens erhöhte Bedeutung beizulegen. (...)

Ein besonders wichtiges Mittel zur Bekämpfung des Bettelunwesens sehe ich in der Erziehung des Publikums für sein Verhalten gegenüber Bettlern. Wenn der Almosengeber verschwindet, wird auch der Bettler das Feld räumen. - Das Publikum wird deshalb darüber aufgeklärt werden, dass das Almosengeben an Bettler zu unterbleiben hat, weil es den volksschädlichen Bettel fördert, Mittel fehlleitet, die in den Händen der geordneten Fürsorge wertvolle Hilfe bringen würden, und zudem nach den Erfahrungen aller Fachkreise die ungeeignetste Form der Hilfe von Mensch zu Mensch darstellt. (...)

Den Herrn Reichsminister für Volksaufklärung und Propaganda habe ich gebeten, die dahingehenden Bemühungen der Landesregierungen durch eigene Maßnahmen zu unterstützen. (...)

In Vertretung gez. Pfundtner

Hamburg, den 16. August 1933" (94)

Der Reichsminister des Innern brachte am 2. September einen Runderlass heraus:

„Der Minister des Innern hat in einem Runderlass vom 2.9.33 (...) Maßnahmen zur Bekämpfung des öffentlichen Bettelns angeregt. Das Winterhilfswerk des deutschen Volkes, so heißt es in dem Erlass, wird nur dann einen vollen Erfolg erzielen können, wenn die zur Linderung der Notlage deutscher Volksgenossen freiwillig zur

Verfügung gestellten Mittel nach einheitlichen Gesichtspunkten zur Verwendung kommen. Erfahrungsgemäß wird das Publikum häufig von bettelnden Personen getäuscht, da die Nachprüfung der Klagen udglm. dem Publikum unmöglich ist. In vielen Fällen sind Bettler nicht nur jeder Unterstützung unwürdig, sondern häufig haben sie ein nicht unbeträchtliches Einkommen. Das Publikum ist daher wiederholt in geeigneter Weise darauf hinzuweisen, dass die Unterstützung von einzelnen Straßenbettlern nicht angebracht ist, sondern dass es sich stattdessen empfiehlt, die Beträge und Gaben, die bisher Bettlern verabreicht wurden, den anerkannten Einrichtungen der öffentlichen und privaten Wohlfahrtspflege zu überweisen.

Der Minister ersucht die Polizeibehörden, den Runderlass über Bekämpfung des öffentlichen Bettelns vom 1.6.33 mit aller Strenge durchzuführen. Es sind unverzüglich nach Fühlungnahme mit der zuständigen Leitung der SA, SS und des St. Maßnahmen zu einer wirkungsvollen Bekämpfung des Bettelunwesens in der zweiten Hälfte des Monats Septembers mit allem Nachdruck durchzuführen." (95)

Am 30. September 1933 schrieb Bürgermeister Krumbeck eine Stellungnahme an den Landrat in Pinneberg:

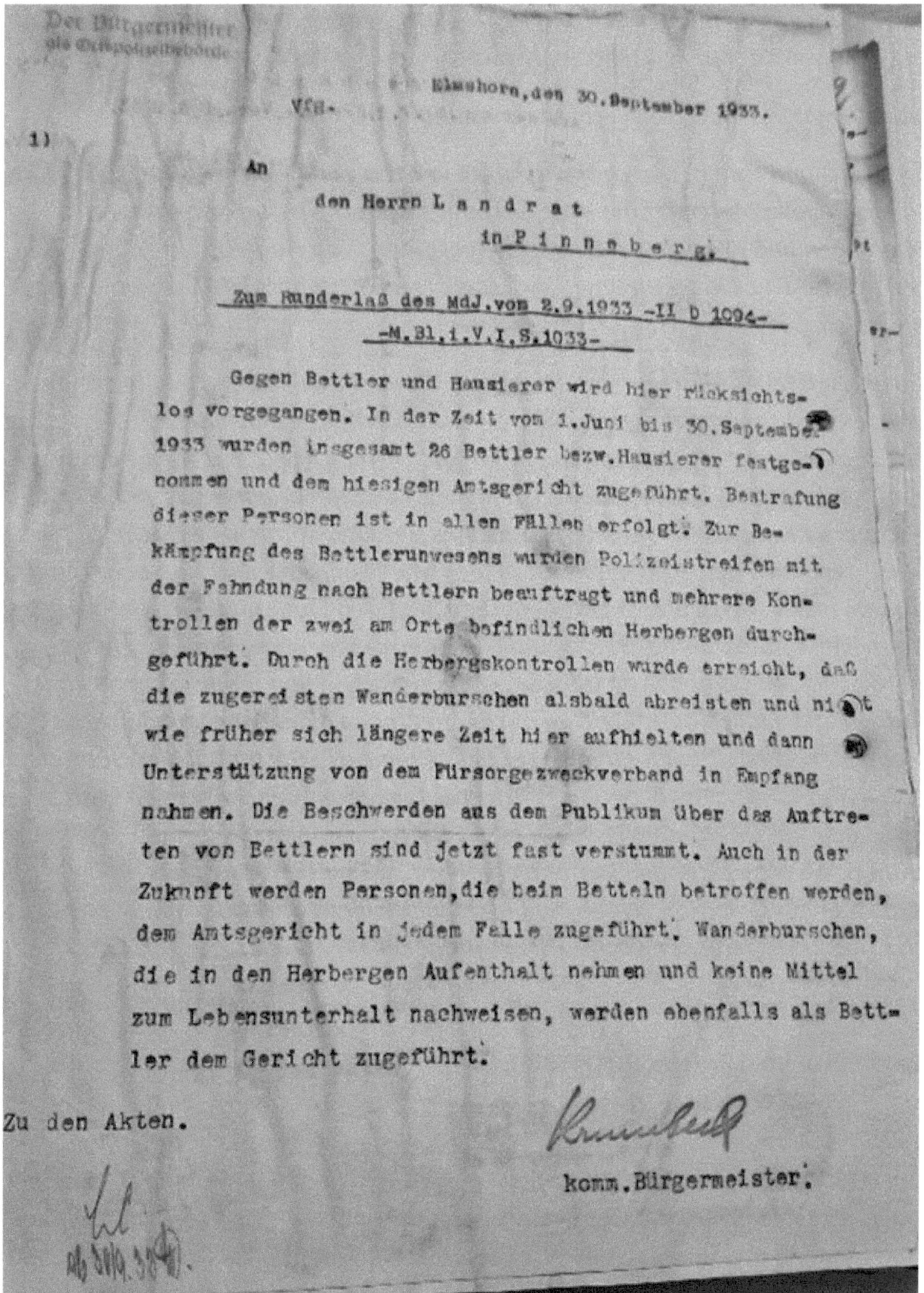

Der Bürgermeister
als Ortspolizeibehörde

Elmshorn, den 30. September 1933.

VfH.

1)

An

den Herrn L a n d r a t

in P i n n e b e r g.

Zum Runderlaß des MdJ. vom 2.9.1933 -II D 1094-
-M.Bl.i.V.I.S.1033-

Gegen Bettler und Hausierer wird hier rücksichtslos vorgegangen. In der Zeit vom 1. Juni bis 30. September 1933 wurden insgesamt 26 Bettler bezw. Hausierer festgenommen und dem hiesigen Amtsgericht zugeführt. Bestrafung dieser Personen ist in allen Fällen erfolgt. Zur Bekämpfung des Bettlerunwesens wurden Polizeistreifen mit der Fahndung nach Bettlern beauftragt und mehrere Kontrollen der zwei am Orte befindlichen Herbergen durchgeführt. Durch die Herbergskontrollen wurde erreicht, daß die zugereisten Wanderburschen alsbald abreisten und nicht wie früher sich längere Zeit hier aufhielten und dann Unterstützung von dem Fürsorgezweckverband in Empfang nahmen. Die Beschwerden aus dem Publikum über das Auftreten von Bettlern sind jetzt fast verstummt. Auch in der Zukunft werden Personen, die beim Betteln betroffen werden, dem Amtsgericht in jedem Falle zugeführt. Wanderburschen, die in den Herbergen Aufenthalt nehmen und keine Mittel zum Lebensunterhalt nachweisen, werden ebenfalls als Bettler dem Gericht zugeführt.

Zu den Akten.

komm. Bürgermeister.

Ausschnitt. Stadtarchiv 001.03.31.50.01.61 Bettler Landstreicher 1910-1938

Am 1. Juni wurde die Bevölkerung noch einmal vor dem Verteilen regierungskritischer Flugblätter gewarnt:

„Dringende Warnung für Verbreiter regierungsfeindlicher Flugblätter.

Im Stadt- und Landgebiet sind wiederum verschiedene Flugblätter verteilt worden. An die Bevölkerung geht die Bitte, verteiltes Material sofort der Polizei zu übergeben und etwaige Verteiler bzw. Verbreiter von Flugblättern sofort festzunehmen bzw. festnehmen zu lassen. Die Polizei ist telefonisch unter Nr. 3331, die Hilfspolizei unter Nr. 2521 zu erreichen.

An die Hersteller, Verteiler und Verbreiter dieser Flugblätter ergeht letztmalig die dringende Warnung, ihr regierungsfeindliches Arbeiten einzustellen. Der durch die nationale Revolution geschaffene Staat lässt sich nicht auf der Nase herumspielen. Es ist bedauerlich, das verblendete deutsche Volksgenossen, insbesondere aus dem Arbeiterkreise, sich für die Interessen eines fremden Staates, des Sowjet-Staates, einsetzen, noch heute an die Irrlehren des Marxismus glauben und bereit sind, diesem Blendwerk Opfer zu bringen. Dem heutigen Staat und auch der hiesigen Polizeiverwaltung bereitet es sicherlich keine Freude, gegen die irregeleiteten Volksgenossen vorgehen zu müssen, wenn sie sich in kommunistischem Sinne regierungsfeindlich betätigen, da auch unter ihnen eine Reihe von durchaus guten Elementen sich befinden. Wenn aber die Belange des Gesamtwohles Deutschlands und der gesamten Bevölkerung es erfordern, wird mit den schärfsten Mitteln durchgegriffen werden müssen. Es ist natürlich schwierig, diejenigen Personen zu treffen, die die treibenden Kräfte hierbei sind, da sie sich feige im Hintergrund als Drahtzieher verstecken. Wenn ein unschuldiger hierunter leiden muss, so hat er das sich und seinen eigenen Genossen zu verdanken.

Gegenüber dem Wohle der Gesamtheit muss das Wohl des Einzelnen zurückstehen.

Spieler, komm. Bürgermeister“ (96)

Die NSBO hielt am 31. Mai im Carlstal eine Mitgliederversammlung ab, die sehr zahlreich besucht wurde. Der Ortsgruppen-Betriebswart W. Voß begrüßte die Anwesenden und übergab das Wort an den NSBO-Kreisleiter August Dierks mit den

Worten, *„die NSBO sei jetzt die SA für die Arbeitsfront, das heißt, „Kampf und Sieg". Wer das nicht gutheisst, muss austreten. Kritik und Opposition wird es nicht mehr geben. Wenn es einer wagen sollte, den anderen unberechtigt schlecht zu machen, so fliegt auch er aus der NSBO. Wer es nicht wagt, auf der Straße mit „Heil Hitler" zu grüßen, der ist nicht wert, Nationalsozialist zu sein! Jeder von uns soll für die NSBO wirken, die nicht aufgelöst wird, wie vielfach angenommen wird, sondern die so wie sie ist, bestehen bleibt. (...)"* (97)

Der NSBO-Kreisleiter August Dierks sprach zu dem Thema *„Was will und wie wird in Zukunft die NSBO."* Er führte aus, dass eine Säuberungsaktion in der NSBO Ortsgruppe Elmshorn nicht nötig sei. Die NSBO habe immer treu ihre Pflicht erfüllt und man wolle die Klassengegensätze überwinden. Der Arbeitgeber sei ebenso nötig wie der Arbeitnehmer. Wenn sie schon einen Unterschied machten, dann zwischen Volksgenossen, die arbeiten und die faulenzen.

„Wir haben uns zu verantworten vor denen, die im Kampf um das neue Deutschland gefallen sind. Sie sind in den Tod gegangen, damit Deutschland leben kann. Deshalb dürfen wir nicht in die Fehler der Vergangenheit fallen. Wir wollen wieder dahin kommen, wo wir mit Stolz sagen, ich bin ein deutscher Arbeiter. Die Gewerkschaften, die bisher doch nur ein Vorspann vor dem marxistischen Parteikarren waren, werden unter der Leitung der NSBO anders aussehen. Die Unterstützungseinrichtungen werden neu gegründet, um immer mehr Posten zu bekommen, die mit großen Gehältern bezahlt wurden. (...) Bis zum 31. Juli werden wir die Gewerkschaften gesäubert haben und mit nationalem Geist durchsetzen. Wir wollen wachen, dass kein marxistischer Führer wieder auf einen Posten kommt, alle wollen wir tun, was dem Arbeiter dienlich sein kann. Wir sind eine Kampftruppe gewesen und werden es auch bleiben. (...)

Herr Voß erklärte zum Schluss, dass sämtliche Vorsitzende der Gewerkschaften abgesetzt werden und dass wohl noch in dieser Woche Kräfte der NSBO eingesetzt würden. In Elmshorn würden 12 Fachgruppen und zwei Frauengruppen entstehen." (98)

Jahrgang. Freitag, den 2. Juni 1933. Nr. 127.

Der Großangriff gegen das Arbeitslosen-Elend.

Die Einzelheiten der landwirtschaftlichen Entschuldung. — Bevölkerungspolitik und Rassenpflege der Reichsregierung.
Vier Todesurteile im Altonaer Blutsonntags-Prozeß. – Amerika für Doppelwährung. – Calmette-Urteil vom Reichsgericht bestätigt.

Hitlers großer Schlag gegen die Arbeitslosigkeit.

Freiwillige Spenden für nationale Arbeit—Steuerfreiheit für Ersatzbeschaffung — Förderung der Eheschließungen./

In wenigen Zeilen.

EN vom 2.6.1933

Die Bekämpfung der Arbeitslosigkeit stellte die Regierung auch vor finanzielle Probleme. Wie wollte sie den Kampf gegen Arbeitslosigkeit bezahlen?

„(...) In den Tilgungsstock fließen freiwillige Mittel, so werden zum Beispiel die Rückzahlungen der an die Länder, Gemeinden usw. gegebenen Schatzanweisungen, die Eingänge aus freiwilligen Spenden zur Förderung der nationalen Arbeit, und zwar auch, soweit sie in Form von Schuldverschreibungen und dergleichen gegeben werden, sowie ferner die Tilgungsbeiträge aus den Ehestandsdarlehen usw. in diesen Tilgungsstock überwiesen. (...)

Bei der Vergebung der Arbeiten soll der entscheidende Wert auf das höchste Maß der Wirtschaftlichkeit gelegt werden, um zu erreichen, dass sich die Arbeitsbeschaffung aus immer wieder neuen Überschüssen gewissermaßen fortpflanzt.

Die zweite große Finanzierungsquelle stellen die freiwilligen Spenden für die nationale Arbeit dar. Hier handelt es sich einmal um anonyme Spenden von Steuerhinterziehern, die dadurch einer nachträglichen Strafe entgehen, und außerdem von Verzugszinsen usw. befreit werden. Und zum anderen um freiwillige offene Spenden für Arbeitsbeschaffungszwecke.

Die Reichsregierung richtet damit einen starken und feierlichen Appell an das deutsche Volk, freiwillig nach besten Kräften Mittel zur Bekämpfung der Arbeitslosigkeit zur Verfügung zu stellen. Diesem Appell zur nationalen Verpflichtung wird und darf sich niemand entziehen, dessen Einkommensverhältnisse es ihm ermöglichen, freiwillig einen Betrag für diejenigen

Volksgenossen zur Verfügung zu stellen, die noch von dem furchtbaren Elend der Arbeitslosigkeit betroffen sind.

Die Maßnahmen zur Förderung der Eheschließung zeigen, dass die nationale Regierung auch die volks- und kulturpolitischen Ziele mit Tatkraft verfolgt.

Wichtig ist auch die Steuerfreiheit für Ersatzbeschaffung von Maschinen und Geräten. Durch diese Maßnahme kann die seit langem darniederliegende Investitionstätigkeit der Wirtschaft wesentlich angeregt werden. (...)" (99)

Die das am 1. Juni erlassene Gesetz verfolgte für die Bekämpfung der Arbeitslosigkeit sechs Ansatzpunkte:

1) Arbeitsbeschaffung
2) Steuerfreiheit für Ersatzbeschaffungen
3) Freiwillige Spenden zur Förderung der nationalen Arbeit, bei anonymen Spenden über einen Notar an das Finanzamt, bei anderen Spendern zur Verringerung ihrer Steuern durch die Abzugsfähigkeit direkt an das Finanzamt
4) Überführung weiblicher Arbeitskräfte in die Hauswirtschaft
5) Förderung der Eheschließungen durch zinslose Ehestandsdarlehen von 1000 RM mit 1% Tilgungsrate an Brautleute, deren Gesamtmonatseinkommen 125 RM nicht übersteigt. Das Darlehen wurde nicht in bar, sondern in Form eines Bedarfsdeckungsscheines, der lediglich zum Bezug von Möbeln, Hausgerät und dergl. galt, berechnet. Der Schein wurde dann durch das Finanzamt in bar umgewechselt. (100)

Wie gefährlich es werden konnte, sich nicht augenscheinlich hinter die Nationalsozialisten zu stellen, musste in Karlsruhe der Bankangestellte Otto Maier erfahren:

„Aus der Schutzhaft wurde der Bankangestellte Otto Mayer dem Einzelrichter beim Amtsgericht Karlsruhe vorgeführt. Er hatte bei der Einführung des Statthalters Robert Wagner vor dem Staatsministerium dadurch groben Unfug verübt, dass er beim Absingen des Horst-Wessel-Liedes die Hand nicht erhob, wodurch er bei der vorwiegend aus Nationalsozialisten bestehenden Menge derartigen Unwillen

erregte, dass sie tätlich gegen ihn vorgehen wollte. Das Polizei-Präsidium erließ gegen ihn am gleichen Tage eine Strafverfügung über 7 Tage Haft, wogegen er gerichtliche Entscheidung beantragte. Das Gericht verurteilte ihn wegen groben Unfugs zu 2 Tagen Haft und den Kosten des Verfahrens. In der Begründung wurde ausgeführt: Am 1. Mai wie auch bei der Eröffnung des Badischen Landtages hat die Bevölkerung zum Ausdruck gebracht, dass der „ zu einem Symbol des ganzen deutschen Volkes geworden ist. In dem Augenblick, als M. darauf aufmerksam gemacht wurde, die Hand zu erheben, hätte er sich sagen müssen: Entweder gehe ich jetzt oder ich bleibe da und mache den Gruß mit. Wer nicht gesinnungsmäßig mitmachen will, soll wenigstens die Rücksicht nehmen, wegzugehen." (101)

Ab Mai 1933 wurde es den Schülern und Schülerinnen erlaubt, auch in der Schule ihre politischen Abzeichen der nationalen Verbände und Vereinen zu tragen. Bis dahin war es verboten. (102) Ab August 1933 wurde in allen preußischen Schulen der „deutsche Gruß" eingeführt. An den Elmshorner Schulen geschah dieses am 8. August 1933. Den Anfang hatte das Lyzeum gemacht. Es folgte dann auch die Bismarckschule. (103)

Im Zuge der Gleichschaltung der Vereine und Verbände wurden die Juden mit dem Arierparagraphen aus ihren Reihen ausgeschlossen.

Nur einen Tag nach dem Boykott der jüdischen Geschäfte, Ärzte und Rechtsanwälte, am 2. April 1933, beschloss der Kleine Kreisturntag des Turnkreises 4 „Norden":

„Der Kreisvertreter wird vom Kleinen Kreisturntag beauftragt, beim Hauptausschuss der D.T. (104) für die Einführung eines Arierparagraphen einzutreten." (105)

Hierin folgte er der Aufforderung des „Völkischen Beobachters" vom 30. März und 1. April an die Turn- und Sportführer der großen Verbände, den Mitgliedern gegenüber,

„(...) soweit sie fremden Blutes und liberal-demokratischen Geistes sind, die Konsequenzen aus der nationalen Revolution zu ziehen." (106)

Zunächst sollten von dem Ausschluss alle jüdischen Mitglieder ausgenommen werden, die jüdische Frontkämpfer, Eltern oder Kinder von Gefallenen aus dem I. Weltkrieg waren. Diese Regelung stieß aber auf Schwierigkeiten. So hätte beispielsweise in Elmshorn kein Jude entlassen werden können, da sie alle unter die Ausnahmeregelung gefallen wären!

Schon am 18. Mai berichtete die „Vossische Zeitung“:

„(...) Die Bestimmung, dass bei der Durchführung der Arisierung der Deutschen Turnerschaft jüdische Frontkämpfer, jüdische Söhne oder Töchter von im Weltkrieg gefallenen Vätern und jüdische Väter und Mütter von im Weltkrieg gefallenen Söhnen in der Deutschen Turnerschaft bleiben könnten, hat zu einer großen Reihe von Zweifeln, Schwierigkeiten und Misshelligkeiten geführt. Der Führer der Deutschen Turnerschaft, Direktor Neuendorff, hat daher - übrigens in vollkommenem Einverständnis mit den am stärksten von der Arisierung betroffenen Kreisen - die Ausnahmen aufgehoben und bestimmt, dass alle männlichen und weiblichen Mitglieder der Deutschen Turnerschaft, die jüdischer Abstammung sind, diese bis zu den Großeltern gerechnet, aus der Turnerschaft ausscheiden müssen. Die Vollarisierung ist spätestens bis zum Deutschen Turnfest vollkommen durchzuführen.“ (107)

Stolz konnte der „Elmshorner Männerturnverein“ (EMTV) von 1860 am 13. Oktober 1933 verkünden:

„(...)Gleichschaltung im EMTV. Die Richtlinien der D.T. schreiben vor:

1) Marxisten sind in unseren Reihen nicht zu dulden.

2) Nur Arier (108) können deutsche Turner sein.

3) Das Führerprinzip ist durchzuführen.

4) Die Wehrhaftigkeit ist zu pflegen.

Zu den Forderungen 1 und 2 ist nur zu sagen, dass, sofern es überhaupt Marxisten bei uns gegeben hat, diese heute nicht mehr bei uns sein dürften. Der bei uns gepflegte vaterländische Geist hat sie ferngehalten oder verscheucht. Einige Nicht-

Arier sind aus unserem Verein ausgeschieden, so dass es heute Nicht-Arier unter uns nicht mehr geben dürfte(...)" (109)

Hiervon waren mindestens sieben Elmshorner Juden betroffen, die dem EMTV angehörten. Damit setzte der EMTV einen Teil seiner Mitglieder vor die Tür, die in der Geschichte des Vereins oftmals eine große und wichtige Rolle spielten. (110)

Gleichschaltung im Elmshorner Männer-Turn-Verein.

Das Führerprinzip eingeführt. Der Führer neu gewählt.

Der Elmshorner Männer-Turn-Verein hatte seine Mitglieder gestern abend zu einer außerordentlichen Mitgliederversammlung nach dem „Holsteinischen Hof" geladen. Sehr zahlreich waren die Mitglieder der Aufforderung ihres Vorstandes gefolgt. Auch Abordnungen des „Stahlhelm", der SA., der SS. und der Hitlerjugend waren zu dieser denkwürdigen Versammlung eingeladen und erschienen. Herr Bürgermeister Krumbeck und der Standartenführer der Standarte 266, Herr Güdemann, waren erschienen, außerdem Herr Stadtrat Max Mohr. Die Versammlung war entscheidend für den EMTV. Vor Eintritt in die Tagesordnung spielte die Hauskapelle einige schöne Musikstücke, und das Trommler- und Pfeiferkorps ließ einige Märsche erklingen.

Die neuen Richtlinien des E. M. T. V.

Nachdem der erste Vorsitzende, Herr Rechtsanwalt Ernst Timm, die Mitglieder und Gäste in einer kurzen Ansprache begrüßt hatte, wurde gemeinsam das Bundeslied der Turner gesungen. Danach ging er in einer längeren Rede auf die Bedeutung der heutigen Versammlung ein.

Er führte u. a. folgendes aus:

Bei unserer heutigen Versammlung handelt es sich um weiter nichts, als unsern Verein der neuen Zeit anzupassen und ihn mit den Grundsätzen des neuen Staates durchzusetzen. Das echte deutsche Turnerherz kann und braucht jedoch nicht gleichgeschaltet zu werden. Wir alle haben es von Stuttgart her aus dem Munde des Führers Adolf Hitler gehört, daß ihm der deutsche Turner im Sinne Friedrich Ludwig Jahns bekannt und lieb ist. Den Jahnschen Grundsätzen getreu ist der Turner immer ein nationaler Mann gewesen. In erhöhtem Maße will und soll er es im neuen Staate sein.

Ebenso wie heute der Staat von einem Führer verantwortlich geleitet wird, und ebenso, wie dieser Führer die gewaltige, auf ihn [...] Volkssport aufgenommen hat. Ich möchte wünschen, daß unsere gesamte Jugend sich diesem Volkssport anschließt.

Bei der Auswahl der Mitarbeiter wird die Jugend stärker herangezogen werden, so daß einige um den Verein hochverdiente alte Mitglieder mit dem heutigen Tage das Ende ihrer Dienstzeit im Männer-Turnverein erleben müssen. Frauen können zur Mitarbeit an entscheidender Stelle nicht mehr herangezogen werden, weil auch das Amt in der Turnerschaft heute mehr oder weniger ein politisches Amt ist. Dabei wird ein kühler Kopf oft genug die Unterdrückung der Stimme des Herzens verlangen müssen. Darum liegt in der Ausschaltung der Frau keine Unhöflichkeit oder Undankbarkeit gegen Sie, liebe Turnschwestern. Die Mitarbeit der Turnschwestern ist aber gleichwohl auf manchen Gebieten gar nicht zu entbehren.

Zum Schlusse möchte ich noch folgendes Grundsätzliches feststellen: Bei den Neuerungen denke ich nicht daran, mich von allen alten bewährten Mitarbeitern zu trennen. Ihre Erfahrung und ihre Liebe zu dem Verein müssen erhalten bleiben. Neben den Begriffen von Befehl und Gehorsam, die der neue Staat verlangt, sollen die Gemeinschafts- und Kameradschaftsgefühle unter den Turnern zur rechten Zeit und am rechten Ort ihre alte bewährte Bedeutung behalten. So wollen und werden die Führer des Vereins in Erkenntnis der großen Verantwortung, die sie übernehmen, mit Freude an ihre große Aufgabe herangehen. Stets werde ich bereit sein, Kritik aus den Reihen der Mitglieder zu hören, wenn sie dem Aufbau und dem Wohle des Vereins dient. So bitte ich Sie alle, Alte und Junge, den Vereinsführer in seinem verantwortungsvollen Amt zu unterstützen. Allen unsern Gedanken und Handlungen müssen wir das eine voranstellen, unseren geliebten Elmshorner Männer-Turnverein zu behaupten und einzugliedern in das neue Reich. Wir sind berufen, daran mitzuwirken, daß die nationalsozialistischen Gedanken Gemeingut des deutschen Volkes werden.

Herr Bürgermeister Krumbeck

EN vom 13.10.1933.

Das Vorgehen des EMTV war der Auftakt zur Vertreibung der jüdischen Mitbürger aus den Vereinen und Clubs in Elmshorn. Es folgte bald der Gesangsverein „Concordia". Drei Jüdinnen wurden von dem Vorsitzenden persönlich zu Hause aufgesucht, um ihnen den Ausschluss bekannt zu geben. (111) Dieses sprach auch für die enge persönliche Beziehung, die sie zur Liedertafel „Concordia“ gehabt haben. Von dem Ausschluss aus der „Concordia“ wurden die Ehrenmitglieder ausgenommen. Frau Edel Mendel, Ehegattin des Louis Mendel, solidarisierte sich mit ihren Glaubensgenossinnen, obgleich sie nicht mehr der jüdischen Gemeinde angehörte:

„Die Ehrenmitgliedschaft niedergelegt in der Liedertafel „Concordia“ hatte Frau L. Mendel, wohnhaft Holstenstraße, die dem Verein bereits 40 Jahre als aktives Mitglied angehört; auch hatte sie die ihr überreichte Ehrennadel zurückgesandt. Der Grund ist wohl in der Auswirkung des Arierparagraphen zu suchen. Der Vorstand hat die Niederlegung der Ehrenmitgliedschaft aber nicht angenommen, sondern Frau Mendel die Nadel mit anerkennenden Worten wieder zugestellt.“ (112)

Bei der Feuerwehr und der Sanitätskolonne vom Roten Kreuz kam es zunächst noch nicht zur Vertreibung der jüdischen Kameraden. Auch in diesen Vereinigungen haben die Juden eine große Rolle gespielt. Ein weiterer Jude, der sich für das Rote Kreuz sehr eingesetzt hat, war John Meyer. Noch nach der Machtergreifung wurde ihm zu seiner Silberhochzeit von der Sanitätskolonne eine Erinnerungsgabe überreicht. (113)

Noch am 24. Mai 1937 stand in den „Elmshorner Nachrichten“ im Jahresbericht der Sanitätskolonne 1936/37 zu lesen:

„(...) Am Ende des Jahres verstarb dann auch der einzige bisher noch lebende Gründer unserer Kolonne, unser Ehrenmitglied Louis Mendel. Wir werden den beiden Entschlafenen ein ehrendes Gedenken bewahren.“ (113)

Am 8. Juni 1933 erschien in den EN ein Artikel über das Konzentrationslager, in dem ein amerikanischer Radiomoderator bei einem Besuch des Lagers gesagt haben soll, es herrsche „*Ordnung im neuen Deutschland*“. Dieser Artikel sollte zweierlei bewirken: Zum einen die Drohung mit dem Konzentrationslager, zum anderen dem Entgegentreten von Berichten der ausländischen Medien über die Zustände in den KZs, den sogen annten „Gräuelmärchen“:

Ein deutsches Konzentrationslager.

Ein amerikanischer Radiosprecher sagt: Im neuen Deutschland herrscht Ordnung

Berlin, den 7. Juni. Der amerikanische Radiosprecher Doug Brinkley, der allwöchentlich am Dienstagabend nach Amerika spricht, berichtete seinen Landsleuten in einem Radiovortrage in der Nacht zum Mittwoch über die Eindrücke, die er beim Besuch eines deutschen Konzentrationslagers gewonnen hat.

Auch dieser Besuch trug, wie Doug Brinkley ausführte, in hohem Grade zu der Ueberzeugung bei, von der jeder Besucher Deutschlands in den letzten Monaten durchdrungen wurde, daß in diesem Lande

Friede und Ordnung herrschen, und daß von einer Unterdrückung der Bevölkerung nicht das mindeste zu spüren ist.

Im Gefangenenlager von Oranienburg, mit dem sich Doug Brinkley eingehend beschäftigt, sind die Verhafteten in einer ehemaligen Brauerei untergebracht. Der Besucher fand 87 Gefangene vor, die meist dem Arbeiterstande angehören. Er war erstaunt über die

im Lager herrschende tadellose Ordnung und Sauberkeit,

und betonte, daß er in den Vereinigten Staaten kein Gefängnis oder Barackenlager gesehen habe, das dem gleichen Zwecke diene und dabei einen so freundlichen Eindruck hinterlassen habe. Die Schlafräume der Gefangenen sind hell und sauber. Die Strohsäcke werden zweimal wöchentlich mit frischem Stroh gestopft, und die hier untergebrachten älteren Leute, die bereits den Weltkrieg mitgemacht hatten, gaben zu, daß sie im Felde meist nicht so gute Lagerstätten besessen hätten. Danach wurde der Besucher in einen Raum geführt, in welchem er zu seinem Erstaunen eine große Anzahl von Waffen aller Art, Patronen und Schießpulver aufgestapelt vorfand. Dies Waffenlager stammte aus kommunistischen Geheimverstecken und stellte die Ausbeute eines einzigen kleinen Dorfes dar. Der Berichterstatter sagt,

die deutsche Revolution habe sich nicht nur für Deutschland, sondern auch um die ganze Welt ein unschätzbares Verdienst allein dadurch erworben, daß sie den Kommunismus im Herzen Europas niedergerungen und damit ein weiteres Vordringen dieser Seuche verhindert habe.

Von diesem Standpunkte aus müsse auch Amerika die neue Regierung in Deutschland werten und dürfe ihr in hohem Grade für die Erhaltung europäischer Kultur dankbar sein. In einem weiteren Raume wurde dem Besucher ein riesiger Stapel von kommunistischen Druckschriften gezeigt, die man in den Behausungen der Verhafteten vorgefunden hatte. Es war hohe Zeit, daß die Welt von dieser gefährlichen Propaganda durch die energischen Maßnahmen der Regierung Adolf Hitlers endlich erlöst wurde.

Obwohl nun die Gefangenen fraglos eine schärfere Bestrafung verdient hätten, sei die ihnen zuteil werdende Behandlung und Versorgung doch in jeder Hinsicht human. Dreimal am Tage würde ihnen die gleiche Mahlzeit zuteil, wie sie auch an die Wachtruppe und auch an die Leitung des Gefangenenlagers verausgabt würde. Mißhandlungen kämen überhaupt nicht vor. Der letzte jüdische Gefangene habe vor 14 Tagen das Lager verlassen dürfen und dieser habe den Wachmannschaften aus Dankbarkeit für die unerwartet gute Behandlung eine große Anzahl von Zigaretten gestiftet. Ueberhaupt habe, so schließt der amerikanische Berichterstatter seinen Radiovortrag, zwischen der Leitung des Lagers und den Verhafteten ein durchaus einwandfreies, würdiges und gelegentlich sogar freundliches Verhältnis bestanden.

EN v. 8.6.1933.

„(...) Obwohl nun die Gefangenen fraglos eine schärfere Bestrafung verdient hätten, sei die ihnen zu Teil werdende Behandlung und Versorgung doch in jeder Hinsicht human. Dreimal am Tage würde ihnen die gleiche Mahlzeit zuteil, wie sie auch an die Wachtruppe und auch an die Leitung des Gefangenenlagers verausgabt würde. Misshandlungen kämen überhaupt nicht vor. Der letzte jüdische Gefangene habe vor 14 Tagen das Lager verlassen dürfen und dieser habe den Wachmannschaften aus Dankbarkeit für die unerwartet gute Behandlung eine große Anzahl von Zigaretten gestiftet. Überhaupt habe, so schließt der amerikanische Berichterstatter seinen Radiovortrag, zwischen der Leitung des Lagers und den Verhafteten ein durchaus einwandfreies, würdiges und gelegentlich sogar freundliches Verhältnis bestanden." (114)

Es braucht an dieser Stelle nicht weiter darauf eingegangen zu werden, dass die Wirklichkeit in den Konzentrationslagern, in denen die Häftlinge gequält, geschunden und oftmals ermordet wurden, sehr viel anders aussah, als es dieser Artikel über das Konzentrationslager Oranienburg-Sachsenhausen bei Berlin aussagte.

„Eine Wohnungsdurchsuchung wurde am 7. Juni 1933 bei der gesch. Frau A. R., wohnhaft hier, Mühlenstraße, vorgenommen, da sie dringend im Verdacht stand, mehrere mit einem Vervielfältigungsapparat illegal hergestellte Flugblätter vertrieben zu haben. Die Durchsuchung förderte u.a. mehrere Beitragsmarken für die KPD und ein auf ihren Namen lautendes Mitgliedsbuch des illegal bestehenden Vereins „Volkshilfe mit Bestattungsfürsorge" zu Tage. Beitragsmarken waren in diesem Buch bis einschließlich Mai 1933 geklebt. Die R. wurde dem hiesigen Amtsgericht zwecks Erlasses eines Haftbefehls zugeführt, da sie sich in staatsfeindlichem Sinne noch betätigt hat." (115)

Der Führer der Gruppe Nordmark, Schoene, richtete am 9. Juni einen Appell an die deutsche Wirtschaft. Man solle den alten Kämpfern der SA ihren Dank durch bevorzugte Einstellung erweisen. Dieses sei eine Ehrenpflicht.

„(...) Ich bin mir dabei bewusst, dass gerade der Schleswig-Holsteiner die großen Verdienste unserer SA um Deutschland zu würdigen weiß und deshalb dieser Aufruf genügen wird, dass er seine Pflicht, unseren SA-Männern die jahrelange Sorge um ihre Familie endlich zu erleichtern, nachkommen wird. Die örtlichen SA-Dienststellen werden auf Anforderung geeignete und verdiente SA-Männer zwecks Einstellung namhaft machen.

Es darf in Schleswig-Holstein keinen Arbeitgeber mehr geben, der in seinem Betriebe noch ehemalige Marxisten beschäftigt, geschweige denn neu einstellt, solange es noch einen arbeitslosen SA-Mann gibt, der dieselbe Arbeit verrichten kann. (...)"

Des Weiteren forderte Schoene von den Arbeitgebern die Arbeitsfreistellung der SA-Männer für den SA-Dienst. (116)

Am 10. Juni weihten die NS-Frauenschaft und die Hitlerjugend ihr neues Heim in der Katharinenstraße ein:

„Ein Ehrentag der NS-Frauenschaft und der Jugendgruppen.

Einweihung des neuen Heimes in der Katharinenstraße.

Wochen der Arbeit sind jetzt von Erfolg gekrönt worden. Am vergangenen Sonnabendabend konnte die NS-Frauenschaft und die gesamte Hitlerjugend (Jungens und Mädels) ihr neues Heim, dass aus zwei sehr schönen, hellen Räumen in der Katharinenstraße besteht, festlich einweihen. Zu dieser Einweihungsfeier war die Stadt durch Herrn Stadtrat Mohr und Herrn Stadtrat Bindemann vertreten. Außerdem war Herr Dr. Piening erschienen. Die Feier wurde mit einem vierhändigen Musikstück, dass Herr und Frau Dr. Piening vortrugen, eröffnet. Anschließend führte die Frauenschaftsleiterin, Frl. Gertrud Ohlhoff, u.a. Folgendes aus: Die Frau von heute und morgen ist grundverschieden von der Frau von gestern. Wir mussten erst das marxistische System durchleben, um die Fehler zu erkennen und um den Unterschied zwischen der Frau von gestern und heute klar herausschälen zu können. Artfremde Kleidung und Sitte muss die deutsche Frau ablehnen, die Frau gehört in die Familie, und nur aus diesem Kreise heraus darf sie an allen allgemeinen Fragen Anteil nehmen. Sie hat sich umfassend zu bilden und ohne übertriebene Rekordhascherei, im Sport ihren Körper zu stählen. -Während der gemeinsamen (anschließenden) Kaffeetafel dankte der Herr Stadtrat Bindemann im Namen der Stadt für die Einladung und wies noch kurz auf die Aufgaben der Frau im Dritten Reich hin. Die schöne Feier klang aus mit dem gemeinsamen Liede: „Hört ihr Herren und lasst Euch sagen." (117)

Die FRAU als WETTKÄMPFERIN

Sinn und Weg einer Körperkultur der Frau

Eine Frage, die von entscheidender Bedeutung für den ganzen Frauensport ist, steht gegenwärtig zur Erörterung: Beweisen die bisherigen Erfahrungen, daß die Frauen sich als Wettkämpferinnen eignen oder ist das Gegenteil der Fall? Der Sportarzt nimmt hier, sicherlich im Sinne aller seiner Kollegen, sehr entschieden Stellung dazu.

„Ich wünschte," so schreibt der Sportarzt, „jeder hätte in Amsterdam gesehen, wie die beiden ... nach dem 800-Meter-Lauf völlig zusammengebrochen am Boden lagen. Es war ein entsetzlicher Anblick!" (... Originalphotographie.)

Der Frauensport soll die Körperanmut fördern ...

... was aber nicht solchen Anblick bescheren!

EN v. 12.6.1933.

EN v. 9.6.1933.

Die Nationalsozialisten feierten im ganzen Reich eine Vielzahl von Feiertagen, die propagandistisch ausgeschlachtet wurden. Diese Feiern wurden mit großem Aufwand häufig zentral gesteuert und sollten den deutschen Bürgern das Gefühl der *„Volksgemeinschaft“* geben. So wurden auch die Sonnenwendfeiern des Jahres 1933 vom Innenminister des Reiches, Dr. Frick, angekündigt und in ein *„Fest der Jugend“* integriert. Diese Sonnenwendfeiern hatte es schon früher gegeben, jetzt wurden sie zentral gelenkt.

„(...) Teilnehmer sind alle deutschen Schulen, Jugendvereine, Turn- und Sportvereine, Wehrverbände und sonstigen nationalen Vereinigungen (SA, SS, Stahlhelm, Kyffhäuserbund, Hitler-Jugend usw.). Festtag ist die Sommersonnenwende, Sonnabend, der 24. Juni, wird der Feier dieses Jahres gewidmet sein.

Der Schulunterricht soll an diesem Tage aus Anlass der Wettkämpfe ausfallen. Am Vormittag finden die Wettkämpfe der Schüler, am Nachmittag die Wettkämpfe der Schulentlassenen statt. Abends treffen sich die Teilnehmer am Sonnenwendfeuer. Am Sonntag, 25. Juni, soll die Feier in einer Wanderung ausklingen.

Zur Durchführung dieses großen, das ganze Volk umspannenden Festes sind vor allem die örtlichen Verbände für Leibesübungen und die Jugendbünde ausersehen, die die Vorbereitungen sofort in die Hand zu nehmen haben. Die nationalen Verbände und die Schulen müssen hierbei selbstverständlich einbezogen werden. In größeren Städten sind Bezirksfeiern einzurichten.

Mit dem "Fest der Jugend“ greifen wir eine Sitte unserer Ahnen auf. In diesem uralten, heiligen Fest wollen wir deutsche Jugend zur Verbundenheit mit Natur und Heimat, Volk und Vaterland führen. In ihm soll sie den Stolz auf Rasse, Art und Geschichte erleben. Es gilt den Rahmen des Festes dieser Aufgabe anzupassen.

Gesang und Musik, Lied und Volkstanz sollen die Wettkämpfe der Jugend umrahmen.

Zum Schluss soll das Sonnenwendfeuer alle Teilnehmer in schlichter Weihestunde vereinen. Wenn an diesem Abend zum ersten Mal in der Geschichte unseres Volkes die ganze deutsche Jugend am Feuer versammelt ist und ihr Gesang zum Nachthimmel steigt, wird sich ein Feuer der Liebe und Opferbereitschaft für das Vaterland entzünden und nicht wieder verlöschen." (118)

Fahnenweihe der SA.-R. 11/31 und Werbefest der SA. in Elmshorn.

Die SA-Reserve 11/31 hatte gestern ihren Ehrentag. Im „Carlstal" fand die Weihe ihrer Fahne statt. Es hatten sich sehr viele Teilnehmer eingefunden, die den feierlichen Augenblick der Weihe miterleben wollten. Die SA. SA.-Reserve, die Hitlerjugend und der Bund deutscher Mädels marschierten in geschlossenem Zuge von der Schlageterstraße nach „Carlstal". Die Marschmusik stellte die Kapelle des Sturmbannes 2/31. Der „Stahlhelm" trat bei Holsten an und marschierte ebenfalls geschlossen zum Festlokal. Von 3,30 Uhr an war in dem schönen geräumigen Garten ein Konzert, das von der Sturmbannkapelle 2/31 und dem Spielmannszug ausgeführt wurde. Um 5 Uhr fand der feierliche Einmarsch der versammelten Formationen in „Carlstal" statt. Im Garten wurde vor der Veranda Aufstellung genommen. Von der Freitreppe herab sprach der Standortenführer Herr Südemann die Weiherede. Vor der Rede trug Helga Kühlke von der Hitlerjugend das Gedicht: „Nun schmückt die Fahnen mit jungem Grün!" vor.

Herr Südemann führte in seiner Ansprache etwa folgendes aus: Wenn die SA. seit Jahren mit ihren Fahnen durch die Provinz gezogen sei, so habe sie versucht, das Volk wachzutrommeln. Die alten Fahnen würden in München im Braunen Haus aufbewahrt. Elmshorn habe bis jetzt zwei Fahnen besessen, jetzt solle die dritte Fahne hinzukommen. Diese dritte Fahne werde in einem neuen Zeitabschnitt geweiht, in einer Zeit, in der aufgebaut werde. Trotzdem solle diese Fahne ebenso viel wert sein, wie die anderen Fahnen. Die Hakenkreuzfahne sei es gewesen, die die alte schwarz-weiß-rote Fahne wieder zu Ehren gebracht habe. Beide Fahnen würden jetzt nebeneinander wehen. Er freue sich, daß der Reservesturm in Elmshorn so stark geworden sei. Er freue sich, daß alte Kameraden sich zusammengeschlossen hätten, die Fahne zu entrollen und dahin zu tragen, wo es nötig sei. Sie solle alten SA.-Geist hineintragen in das Volk, damit erreicht werde, was die SA. wolle: Die Volksgemeinschaft.

Nachdem die Fahne enthüllt war, weihte Herr Südemann das Banner mit den Worten: „Hiermit weihe ich die Fahne der Reserve 11/31, Elmshorn. Möge der Reservesturm in der Zeit des neuen Kampfes seine Pflicht tun für Volk und Vaterland!" Damit übergab er die Fahne dem Sturmführer Herrn Schmidt. Herr Schmidt übernahm die Fahne mit der Versicherung eines Helden aus dem Weltkrieg, des Kommandeurs von Kiautschou: „Einstehe für Pflichterfüllung bis zum Aeußersten!"

Heinz Hermann Wendorff von der Hitlerjugend sprach dann das Gedicht: „Freiheitsfahne, wir grüßen dich!" Herr Südemann betonte noch, daß in dem Wort „Marschieren" die ganze Geschichte der SA liege. Es heiße, seine Pflicht tun und einzutreten für das Vaterland. Dadurch sei das geworden, was wir heute vor uns sähen. Man werde dem Führer beruhigt folgen können.

Mit dem ersten Vers des Horst Wessel-Liedes wurde der feierliche Akt der Fahnenweihe geschlossen.

Danach setzte sich der Festzug unter Vorantritt des Spielmannszuges in Bewegung und brachte die Fahne nach der Wohnung des Sturmführers Herrn Schmidt in der Peterstraße. Von dort aus ging es zur Schlageterstraße, wo der Zug aufgelöst wurde.

Abends fand in „Carlstal" Deutscher Tanz statt. Alle Räume waren bis auf den letzten Platz gefüllt. Die gemütliche Stimmung wurde durch Ueberraschungen aus einer Verlosung noch gesteigert. Das Fest verlief in schönster Harmonie und wird der großen nationalen Sache wieder neue Freunde zugeführt haben.

—b—

EN v. 12.6.1933.

Generalangriff gegen die Arbeitslosigkeit
in Landwirtschaft, Industrie und Handwerk
Steuerfreiheit
Freiwillige Spende
zur Förderung
Neue Arbeit
für Millionen von Volksgenossen
DLD

EN v. 13.6.1933

Am 12. Juni fand eine Sitzung des Ortsausschusses der Gewerkschaften unter Leitung des Ortsgruppenbetriebswartes der NSBO, Herrn Voß, im Gewerkschaftshaus statt. Voß stellte gleich zu Beginn klar, dass jeder, der mit ihnen arbeiten möchte, willkommen sei, jeder andere aber, der gegen sie arbeite, werde entfernt.

„(...) Die NSBO sei berufen, die politische Kampftruppe der Gewerkschaften zu sein, und es sollte ihre Aufgabe sein, den Marxismus, den Adolf Hitler gebrochen habe, vollständig auszumerzen. Sie werde den Kampf so führen, wie Adolf Hitler es befiehlt. Und wenn dann nachher alle Arbeitnehmer organisiert seien, was wohl am 1. September Zwang werde, dann würden alle wie Brüder sein, so wie es dem Deutschen schon lange vorgeschwebt habe. Anfangen werde die Organisation beim Jungvolk, Hitlerjugend, Arbeitsdienst und Verband. Und wehe dem, der Opposition betreiben wolle, der werde das verlieren, was ein Deutscher habe: Das Heimatland. Man wolle die Spitze halten und kämpfen, nicht, wie es bisher gewesen sei, wo die „Verführer" der Arbeiter es sich aus einem Klubsessel alles gemütlich betrachtet hatten! (...)"

Anschließend wurde der Ortsausschuss neu umgestaltet. (119)

EN v. 14.6.1933.

Nur wenige Tage später fand am 16. Juni eine Angestelltenkundgebung unter dem Thema: *„Für die nationalsozialistische Einheitsgewerkschaft der Angestellten"* vor 500 Teilnehmern im „Holsteinischen Hof" statt.

Stadtrat Mohr hielt eine antisemitische Rede über die angebliche zersetzende Kraft des Judentums und die zerstörerische Macht des Marxismus. Der Retter vor diesen Einflüssen sei Adolf Hitler.

Der Gauleiter der GDA, Herr Krause aus Hamburg, kündigte an, dass die GDA in Zukunft in der NSA (Nationalsozialistische Angestelltenschaft) weiterarbeiten werde. Er forderte alle Teilnehmer auf, noch vor dem 1. Juli dafür zu sorgen, dass auch der letzte Mann und die letzte Frau in den Betrieben organisiert seien. (120)

Am 17. Juni ging es für die Hitlerjugend Unterbann 3, zu dem auch Elmshorn gehörte, nach Heede:

„Sonnenwendfeier der Hitler-Jugend Unterbann 3.

Eine stattliche Schar Hitlerjungen, das Jungvolk und der Bund deutscher Mädchen sammelte sich am Sonnabend in Barmstedt und marschierte nach Heede zur würdigen Feier der Sonnenwende. Bald war der idyllisch gelegene Feuerplatz umsäumt von froher Jugend und erwartungsvollen Zuschauern, ein frisches Lied, ein sinnvoller Vorspruch, und dann loderten die Flammen gen Himmel. Rings lag der Flammenschein auf den Gesichtern als der Unterbannführer Bahlau, Tornesch, die Flammenrede hielt. Aus seinen packenden Worten klang immer wieder die Mahnung an die Jugend, solche und ähnliche Feiern als kostbares Erbe der Ahnen zu erhalten. Nicht die Oberflächlichkeit von heute kann uns solche schönen Stunden geben, sondern deutsche Schlichtheit und Reinheit, eine Jugend kann nur dann sich recht entfalten, wenn sie auf die Stimmen ihres Blutes und ihrer Heimat Acht gibt. Der Einsatz der Jungen ist die würdige Erhaltung des Erbgutes, für das die Opfer des Krieges und des Freiheitskampfes Adolf Hitlers Blut und Leben gaben. Das Opfer der Jugend ist die Reinhaltung von Seele und Körper. So mögen auch die Flammen dieses Feuers tief die Herzen und Seelen erleuchtet und geläutert haben, damit die Zukunft ein starkes und einsatzbereites Geschlecht vorfindet.

Die Weihe einer Fahne wurde am Feuer vollzogen. Auch hier Mahnworte an die Jugend, stets die Fahne als ein heiliges Zeichen zu betrachten. Sodann gedachte die Jugend am langsam verlöschenden Feuer der Toten, die alles gaben für Deutschlands Freiheit. Mit dem Horst-Wessel-Lied fand diese sinnige Feier ihren Abschluss.

Für die Nacht waren zwei mächtige Strohlager hergerichtet, in das die Jungen schnell verschwanden. Doch ehe die letzten lebhaften Jungens ans Schlafen dachten, war der Morgen da, und ein weniger angenehmes Strafexerzieren hatten sich die ruhestörenden Plappermäuler selbst zuzuschreiben. Für eine groß angelegte Geländeübung war die Gegend vorzüglich. Kein Wunder, dass die frische Milch bei der Meierei nach den Anstrengungen vortrefflich mundete. Nach dem Appell sämtlicher Hitlerjungen gings nach Barmstedt zu den gastfreundlichen Einwohnern, die mehr Jungens verpflegen wollten als überhaupt da waren und manche Hausfrau war über eine Absage enttäuscht. Das Jungvolk machte nachmittags als Abschluss dieses Jugendtreffens einen Werbemarsch durch die festlich geschmückt Stadt." (121)

Auffällig ist, dass der Verbleib des BDM nach der Feier in dem Zeitungsartikel nicht erwähnt wurde. Aber nicht nur in Heede feierten die Jugendlichen, auch in Elmshorn fand nach Aufruf durch die Reichsregierung für alle nationalen Jugendverbände eine Sonnenwendfeier am 24. Juni 1933 statt:

„Das Fest der Jugend in Elmshorn.

Die Reichsregierung ruft für die Sonnenwendfeier zu einem Fest der Jugend am Sonnabend, dem 24. Juni, auf. Teilnehmen sollen alle deutschen Schulen, Jugend-, Turn- und Sportvereine, Wehrverbände (SA, SS, Stahlhelm, Kyffhäuserbund, Hitlerjugend, Jungsturm usw.) und sonstige nationalen Vereinigungen." Nach Sportveranstaltungen am ganzen Tag sollte die Feier am Abend stattfinden:

„(...) Der Abmarsch zur eigentlichen Sonnenwendfeier erfolgt am Sonnabend um 21 Uhr ab „Turnerheim" zum städtischen Sportplatz. Die Festfolge für die Sonnenwendfeier 1933 lautet:

1. *Ansprache*
2. *Lied: Flamme empor!*

   Text: Flamme empor! Steige mit lodernden Strahlen
   Von den Bergen und Talen glühend empor!
   Siehe, wir stehn treu im geweihten Kreise,
   dich zu des Vaterlands Preise, Flamme, zu sehn.
   Heilige Glut, rufe die Jugend zusammen,
   dass bei den lodernden Flammen wachse der Mut.
   Höre das Wort, Vater auf Leben und Sterben,
   hilf uns die Freiheit erwerben! Sei unser Hort.

3. *Tanz des Bundes deutscher Mädel*

4. *Tanz der Mädchengruppe des EMTV*

5. *Deutschlandlied, Vers 1-4*

6. *Abmarsch der Verbände mit Musik. Auflösung auf dem neuen Marktplatz.*

Der Gepäckmarsch über 25 Kilometer beginnt am Sonntag früh 5 Uhr. Die Strecke des Gepäckmarsches ist: Start Sportplatz im „Turnerheim", eine Bahnrunde, Kaltenweide, Bauerweg, Parallelstraße, Gärtnerstraße, Flammweg, Marktstraße, Hindenburgplatz, Kaiserstraße, Reichenstraße, Steindamm, Reisiek, Bevern, Ohkate, Voßloch, „Turnerheim", Schlussrunde.

Das Kleinkaliberschießen ist um 13 Uhr angesetzt. Am Sonntagvormittag 10 Uhr ist gemeinsamer Jugendgottesdienst.

Über Einzelheiten sind die Schulen und Verbände unterrichtet.

Die gesamte Bevölkerung wird zur Teilnahme und Beflaggung der Häuser aufgefordert. (...)" (121)

Diese Sonnenwendfeier 1933 war stark militärisch geprägt. Neben den Sportübungen und dem Gepäckmarsch über 25 Kilometer, wurde noch ein Wettbewerb im Kleinkaliberschießen durchgeführt. Obgleich der Tag als „Fest der Jugend" angekündigt wurde, waren nur die Jungen angesprochen. Der BDM und die anderen Mädchenvereinigungen waren nur Beiwerk. Sie schmückten nur die Festveranstaltung.

Gleich nach der Machtergreifung begannen die Nationalsozialisten die verschiedenen Jugendverbände aufzulösen und die Jungen und Mädchen in der Hitlerjugend zusammenzufassen. Als erstes wurden die kommunistischen und sozialdemokratischen Jugendgruppen verboten, später ereilte den bürgerlichen und christlichen Vereinigungen das gleiche Schicksal.

82. Jahrgang. Donnerstag, den 22. Juni 1933. Nr. 143.

Die Eingliederung des Stahlhelms in die NSDAP.

Abschluß des Vorgehens gegen die deutschnationalen Kampfstaffeln. — Unterredung Hitlers und Hugenbergs. — Zörgiebel verhaftet. Riesenproteste der NSBO. gegen Genf. — Deutschlands Standpunkt in der Währungsfrage. — Schwere Bauernunruhen in Galizien.

EN v. 22.6.1933.

Am 22. Juni trat die Arbeitslagerführung angeblichen „Gerüchten" mit einem Leserbrief an die EN entgegen:

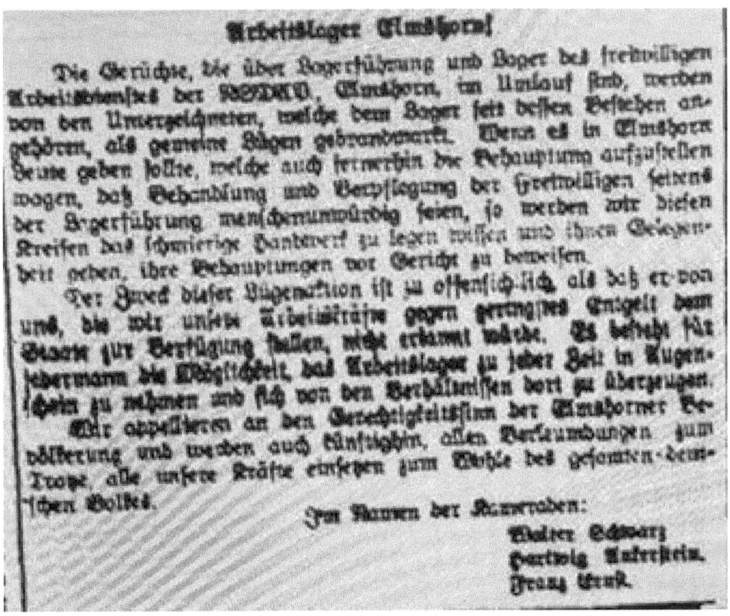
Arbeitslager Elmshorn!

Die Gerüchte, die über Lagerführung und Lager des freiwilligen Arbeitsdienstes der NSDAP., Elmshorn, im Umlauf sind, werden von den Unterzeichneten, welche dem Lager seit dessen Bestehen angehören, als gemeine Lügen gebrandmarkt. Wenn es in Elmshorn Leute geben sollte, welche auch fernerhin die Behauptung aufzustellen wagen, daß Behandlung und Verpflegung der Freiwilligen seitens der Lagerführung menschenunwürdig seien, so werden wir diesen Kreisen das schmierige Handwerk zu legen wissen und ihnen Gelegenheit geben, ihre Behauptungen vor Gericht zu beweisen.

Der Zweck dieser Lügenaktion ist zu offensichtlich, als daß er von uns, die wir unsere Arbeitskräfte gegen geringstes Entgelt dem Staate zur Verfügung stellen, nicht erkannt würde. Es besteht für jedermann die Möglichkeit, das Arbeitslager zu jeder Zeit in Augenschein zu nehmen und sich von den Verhältnissen dort zu überzeugen.

Wir appellieren an den Gerechtigkeitssinn der Elmshorner Bevölkerung und werden auch künftighin, allen Verleumdungen zum Trotze, alle unsere Kräfte einsetzen zum Wohle des gesamten deutschen Volkes.

Im Namen der Kameraden:
Walter Schwarz
Hartwig Lakerstein.
Franz Wenk.

EN v. 22.6.1933.

Bund deutscher Mädel in der Hitler-Jugend

Am 1. Juli findet in Kl. Offenseth ein

Deutscher Abend

des B. d. M. im Lokale des Herrn Edlef statt. Vortragsfolge: Deutsche Lieder, deutsche Volkstänze und Sprechchöre — Anschließend: Deutscher Tanz — Es ladet hierzu herzlichst ein

Die Bezirksführerin

EN v. 22.6.1933.

…2. Jahrgang. Freitag, den 23. Juni 1933. Nr. 144.

Betätigungsverbot für die Sozialdemokratische Partei.

…fhebung aller Mandate, Beschlagnahme des Vermögens. Deutschnationale Front in Oldenburg aufgelöst.
Der Reichsführerring für den Sport gebildet. — Vernichtungskampf gegen die Regierung Dollfuß.

Verbot der Sozialdemokratischen Partei.

Versammlungen der SPD. verboten. — Mandate aberkannt. — Vermögen beschlagnahmt.

In wenigen Zeilen.

EN v. 23.6.1933.

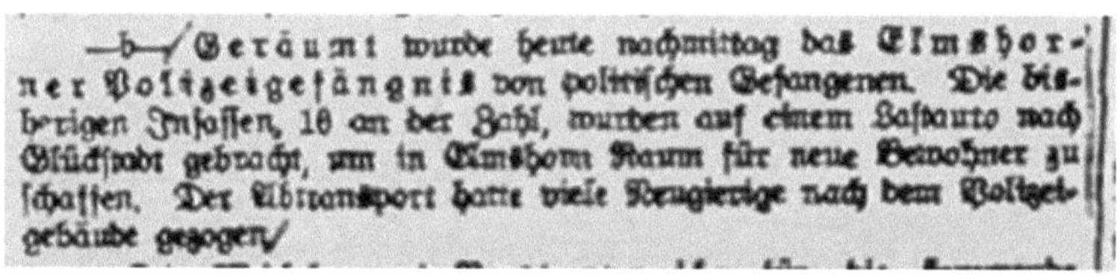

—b—/ Geräumt wurde heute nachmittag das Elmshorner Polizeigefängnis von politischen Gefangenen. Die bisherigen Insassen, 18 an der Zahl, wurden auf einem Lastauto nach Glückstadt gebracht, um in Elmshorn Raum für neue Bewohner zu schaffen. Der Abtransport hatte viele Neugierige nach dem Polizeigebäude gezogen/

EN v. 23.6.1933.

Nach der Machtergreifung am 30. Januar 1933 erfolgten zahlreiche Neuanmeldungen zur NSDAP. Da die Partei nicht immer wusste, ob die Neueingetretenen auch zuverlässige Parteigenossen waren, verfügte Rudolf Heß, der Stellvertreter des Führers, dass nach dem 1. Juli 1933 die neuen Mitglieder einer zweijährigen Bewährungsfrist unterworfen würden. Erst nach Ablauf dieser Zeit würde ihnen anstelle der Mitgliedskarte das Mitgliedsbuch als Zeichen der endgültigen Aufnahme in die Partei ausgehändigt werden. Nur Mitglieder mit Mitgliedsbuch dürfen das Braunhemd tragen. Heß wies eindrücklich daraufhin, dass ein unberechtigtes Tragen des Braunhemdes strafbar wäre. Die Verfügung sollte lediglich etwa nach der Machtergreifung in die NSDAP gesamten Provokateuren die Arbeit erschweren, so wie die Geschlossenheit und Schlagkraft der Bewegung auch für die Zukunft sichern. (122)

Schon früh begannen die Nationalsozialisten gegen „*Miesmacher*" vorzugehen. Am 27. Juni erließ der preußische Ministerpräsident und Minister des Innern, Göring, folgenden Runderlass:

„Es ist in letzter Zeit verschiedentlich beobachtet worden, dass Beamte, Angestellte und Arbeiter in der Unterhaltung mit anderen Personen Äußerungen bekunden, die geeignet sind, Unzufriedenheit über die von der nationalen Regierung getroffenen Maßnahmen zu erzeugen und Misstrauen zu säen. Es handelt sich um Personen, die man mit dem Ausdruck „Miesmacher" treffend kennzeichnen kann. Ich bitte, sämtliche Beamten, Angestellten und Arbeiter darauf hinzuweisen, dass künftig in solchen Methoden eine Fortsetzung der marxistischen Hetze erblickt wird und Miesmacher daher als verkappte Marxisten angesehen werden, die sich auf diese Weise noch immer in marxistischem Sinne betätigen. Ich warne ferner sämtliche Beamten, Angestellten und Arbeiter, denen Personaldienstaufsichtspflichten obliegen, auf solche Fälle zu achten und mir die Personen unverzüglich namhaft zu machen. Ein Unterlassen dieser Anzeigen werde ich als eine betonte Solidaritätserklärung mit solchen Wühlern und Hetzern betrachten müssen." (123)

Damit weiteten sich die Terrormaßnahmen der Nationalsozialisten von den politischen Gegnern auf die bürgerliche Bevölkerung aus. Jeder musste nun aufpassen, was er vor wem sagte. Es konnte ernstliche Folgen nach sich ziehen und die Bevölkerung verstand diese Warnung, da sie wusste, wie mit „Marxisten" umgegangen wurde.

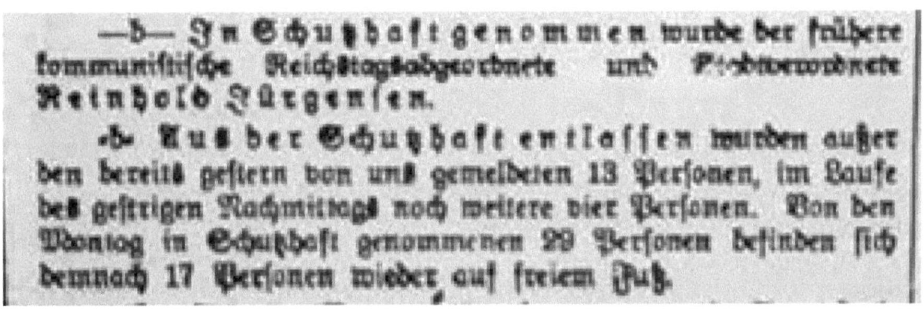

—b— In Schutzhaft genommen wurde der frühere kommunistische Reichstagsabgeordnete und [illegible] Reinhold Jürgensen.

-b- Aus der Schutzhaft entlassen wurden außer den bereits gestern von uns gemeldeten 13 Personen, im Laufe des gestrigen Nachmittags noch weitere vier Personen. Von den Montag in Schutzhaft genommenen 29 Personen befinden sich demnach 17 Personen wieder auf freiem Fuß.

EN v. 28.6.1933.

Der Tag von Versailles in Elmshorn

Fahnen auf Halbmast wehen heute von allen staatlichen und städtischen Gebäuden und von vielen Privathäusern als Zeichen der Trauer über den noch in Kraft befindlichen „Friedensvertrag" von Versailles. Einige Fahnen zeigen auch einen Trauerflor. Heute jährt sich zum 14. Male der Tag, an dem unter die Versklavung des deutschen Volkes das Siegel gesetzt wurde. Vertreter einer schwachen „Regierung" fanden sich bereit, ihre Unterschrift unter dies Schanddiktat zu setzen. Der 28. Juni 1919 wird für alle Zeiten ein schwarzer Tag in der Geschichte Deutschlands sein, ebenso wie der 28. Juni 1914 ein schwarzer Tag in der Geschichte der ganzen Welt sein wird. Am 28. Juni 1914 wurden, wie erinnerlich, die ersten Schüsse gelöst, die den Weltkrieg entfachten, die den Erzherzog Franz Ferdinand und Gemahlin töteten. Sie haben alles Unheil, das der Krieg und die Nachkriegszeit im Gefolge hatten, über die Welt gebracht. Deshalb haben wir doppelten Grund, heute die Trauerfahnen wehen zu lassen und unsere Jugend auf die Schmach und die Schande hinzuweisen, die uns betroffen hat. Hoffen wir, daß die Jugend es schafft, was den Vätern nicht gelang: ein großes einiges und freies Deutschland!

Bismarckschule.

Heute morgen um 11¼ Uhr versammelten sich die Schüler der Bismarckschule in der Aula, um dort trauernd des Tages zu gedenken, an dem vor 14 Jahren das Friedensdiktat von Versailles unterzeichnet wurde. Die Feier wurde eröffnet mit dem Niederländischen Dankgebet, das vom Schülerorchester gespielt wurde. Im Anschluß daran entwarf der Direktor ein anschauliches Bild von der Furchtbarkeit der Friedensbedingungen und knüpfte daran die Mahnung an die Schüler, niemals zu vergessen, daß es ihre Aufgabe sei, das Werk der Befreiung, das vor einigen Monaten von Adolf Hitler so siegreich begonnen worden sei, fortzusetzen und zu vollenden. Die Ansprache klang aus in ein dreifaches „Sieg-Heil" auf Deutschland. Stehend sang die Schulgemeinde als Abschluß der Feierstunde das Deutschlandlied.

Adolf Hitler-Schule.

Die verschiedenen Klassen der Adolf Hitler-Schule versammelten sich heute vormittag um 11 Uhr in den Hallen am Haupteingang. Herr Rektor Thiedemann sprach in anschaulicher Weise über den Friedensvertrag von Versailles, der das deutsche Volk zugrunde richten sollte und der am 28. Juni 1919 unterzeichnet wurde. Dann wurde von allen Kindern das Lied: Wir treten zum Beten . . . mitgesungen.

Mädchenschule am Propstenfeld.

Die Oberstufe der Schule war zu einer gemeinsamen Feier in der Aula versammelt, um des Tages der Unterzeichnung des Schandfriedens von Versailles zu gedenken. Die Feier war von Liedern und Gedichten eingerahmt, die dem Ernste des Tages entsprachen. Herr Rektor Dröger hielt die Ansprache, in der er ein Bild des glanzvollen Festtages der Kaiserkrönung am 18. Januar 1871 und des Tages der Unterzeichnung des Friedensvertrages mit seinen furchtbaren Folgen für unser Volk entwarf. Für die Unterstufe wurde die Feier in den Klassen abgehalten.

Lyzeum.

In der letzten Unterrichtsstunde fand eine Trauerfeier zum Gedenken des 14. Jahrestages der Unterzeichnung des Versailler Friedensvertrages statt. Die Ansprache hielt Herr Studienrat Gerant. Die Feier schloß mit dem Liede von Ernst Moritz Arndt: „Der Gott, der Eisen wachsen ließ, der wollte keine Knechte".

Schule Hafenstraße.

Um elf Uhr versammelten sich die Kinder der oberen Klassen zu einer gemeinsamen Feierstunde, um des Tages von Versailles zu gedenken, der sich heute zum vierzehnten Male jährt. Die Grundschule hielt die Gedächtnisstunde in den einzelnen Klassen ab. Die gemeinsame Feier wurde durch ein gemeinsames Lied eingeleitet. Dann hielt der Schul[illegible] die Ansprache. Sie bezweckte, den Kindern ein Bild von der Ungeheuerlichkeit dieses Schandvertrages zu geben, sie zur inneren Auflehnung gegen die schweren Ungerechtigkeiten und Unwahrheiten zu veranlassen. Der Ausklang war eine Mahnung, durch Arbeit an sich die körperlichen und geistigen Kräfte zu stählen, um dadurch den Vernichtungswillen der Urheber des Vertrages zunichte zu machen. Mit dem Deutschlandlied schloß die Feierstunde.

EN v. 28.6.1933.

Der erste nationalsozialistische Bürgermeister von Elmshorn, Christian Spieler, verließ am 29. Juni 1933 Elmshorn und wechselte in das preußische Justizministerium.

Ein Nachfolger für Christian Spieler war schnell gefunden. Es war der Rechtsanwalt und Notar Karl Krumbeck aus Bad Bramstedt. Er wurde am 4. Juli 1933 zum kommissarischen Bürgermeister in Elmshorn berufen und am 6. Juli in sein Amt eingeführt.

Bürgermeister Spieler verläßt Elmshorn.

Diese Tatsache wird zweifellos in den allerweitesten Kreisen der Stadt Elmshorn bedauert werden. Herr Bürgermeister Spieler wurde gestern morgen nach Westerland auf Sylt berufen zu einer Unterredung mit dem preußischen Justizminister Kerrl. Es wurde ihm hierbei mitgeteilt die ehrenvolle Berufung ins preußische Justizministerium, als Oberstaatsanwalt zur besonderen Verwendang. Und zwar erfolgt die Berufung mit sofortiger Wirkung, so daß Herr Bürgermeister Spieler bereits am Sonnabend unsere Stadt verlassen wird. Leider nur zu kurze Zeit stand er als überall geschätzter und beliebter Leiter unseres Gemeinwesens an der Spitze der städtischen Verwaltung. Erst reichlich drei Monate ist es her, daß Herr Bürgermeister Spieler am 21. März als kommissarischer Bürgermeister in Elmshorn eingesetzt wurde. Jetzt steht Elmshorn vor der nicht leichten Aufgabe, ein neues Oberhaupt zu suchen. Hoffentlich wird es gelingen, eine Persönlichkeit zu finden von demselben Format, mit gleichen hochwertigen Eigenschaften wie der Scheidende. Herrn Bürgermeister Spieler sehen wir mit großem Bedauern Elmshorn verlassen. Aber unsere besten Wünsche begleiten ihn in seinen neuen Wirkungskreis, wo er zweifellos noch bedeutsamer an der Ausgestaltung, dem Aus- und Ausbau des neuen Reiches und der neuen Staatsordnung mitwirken und mitschaffen kann.

EN vom 29.6.1933

Neuer Bürgermeister und neuer Stadtrat.

Zum kommissarischen Bürgermeister unserer Stadt wird vom Herrn Regierungspräsidenten im Einvernehmen mit der Gauleitung der NSDAP. Herr Rechtsanwalt und Notar Krumbeck in Bad Bramstedt ernannt. Der Antritt wird voraussichtlich am Mittwoch dieser Woche erfolgen. — Der neue Elmshorner Bürgermeister ist am 22. Juni 1902 in Kiel geboren. Nach bestandenem Abitur studierte er in Kiel und München. 1925 machte er sein Referendar-Examen, 1928 das Assessor-Examen. Nach einem Monat Dienst bei der Justiz in Kiel siedelte er nach Bad Bramstedt über, wo er nach vier Monaten als Anwalt das Notariat erhielt. Wir begrüßen den neuen Bürgermeister der Stadt Elmshorn von Herzen und haben den Wunsch und zugleich die Ueberzeugung, daß die getroffene Wahl zum Wohle unserer Vaterstadt Elmshorn ausfallen möge.

EN vom 6.7.1933

Bürgermeister Karl Krumbeck.

Karl Krumbeck:	geb. 22. Juni 1902 in Kiel, gest.: 22. Juni 1941	
	Studium in Kiel und München	
	1925	Referendar-Examen
	1928	Assessor-Examen
	1928	Umzug nach Bad Bramstedt
		Tätig als Anwalt
	1929	Notariat
	1933	4. Juli: kommissarischer Bürgermeister von Elmshorn
	1935	August: Bürgermeister für 12 Jahre
	1940	März: Einberufung zum Kriegsdienst
	1941	2. Juni gefallen

In seiner Antrittsrede führte Krumbeck unter anderem folgendes aus:

„(...) Als ich 1928 meinen Assessor machte, wenn ich das kurz sagen darf, war es damals schon mein Wunsch, Magistratsassessor zu werden. Ich habe davon Abstand genommen, weil meine politische Haltung mir s. Zt. nicht gestattete, diesem Wunsche nachzugehen. Das Bild der Gemeinden stand mir aus den Zeitungen usw. deutlich vor Augen, aus ihm ersah ich, dass eine kräftige, wirkungsvolle Reichs- und Staatspolitik s. Zt. nicht möglich war, weil das Parlament in entscheidende Taten hineinfunkte und dadurch hinderte. Wenn ich mein Amt annehme, so tue ich das aus innerstem Herzen heraus, betone aber, dass ich eine Führerstellung im Sinne des Führerprinzips beanspruchen muss, sowohl im Magistrat als auch in der Stadtv.-Versammlung. Diese entscheidenden Instanzen haben die Beschlüsse zu fassen unter dem Gesichtspunkt des Gemeinwohls. Sie haben sich frei zu machen von irgendwelchen selbstsüchtigen Gedanken und haben die Entscheidung unter dem Gesichtspunkt der Gemeinnützigkeit zu treffen. Ist diese Entscheidung aber getroffen, so müssen die Beschlüsse der Stadtvertretung auch ausgeführt und im Übrigen nicht von der Öffentlichkeit bemeckert werden. Es geht nicht an, dass Einzelne eingreifen und es in der Öffentlichkeit herabsetzen. Sollten solche Beschlüsse sich als unzulänglich erweisen, so werden die gleichen Instanzen sie auch schon wieder abzuändern wissen. Wenn Sie, meine Herren vom Stadtverordneten-Kollegium, mit mir in diesem Sinne arbeiten wollen und arbeiten werden, so wird es ein ersprießliches Arbeiten geben.

(...) In meinem Betrieb wurde mit Eifer und mit Freude gearbeitet. Wir fühlten uns wie eine große Familie, und das ist das, was ich hier in der Stadt Elmshorn erstrebe. Voraussetzung dafür ist zunächst, dass jeder Einzelne mit großer Freudigkeit an die Aufgaben herangeht, dass er ehrlich, fleißig und zuverlässig ist. Das sind Tugenden, die bereits früher als Tugenden des Beamten gepriesen sind. Darüber hinaus habe ich einen Wunsch, den ich ganz speziell erläutern darf. Wir müssen, Vorgesetzte und Mitarbeiter, uns als freie, aufrichtige Männer gegenübertreten. Ich lege Wert darauf, dass nicht nur im freien Beruf, sondern auch in der städtischen Verwaltung Untergebene und Vorgesetzte, sich frei und offen gegenübertreten. Sie werden mich erfreuen, wenn Sie hier nachstreben; denn nur dann ist der Boden für ein

ersprießliches Zusammenarbeiten gegeben und das wird zum Aufbau des Gemeinwesens beitragen." (124)

EZ vom 13.7.1933

Am 14. Juli fand im Lokal von Tychsen eine NSDAP-Mitgliederversammlung statt, auf der sich der neue kommissarische Bürgermeister von Elmshorn, der Rechtsanwalt Karl Krumbeck den Parteimitgliedern vorstellte. Nach einleitenden Worten von Max Mohr sprach Krumbeck:

„Liebe Parteigenossen und Parteigenossinnen! Nachdem ich mich heute dem Stadtkollegium vorgestellt habe und dort so wie hier aufs Herzlichste begrüßt worden bin, spreche ich hiermit meinen Dank für das mir entgegengebrachte Vertrauen aus. Dem Rufe der Partei musste ich unbedingt Folge leisten. Die Zeit des Kuhhandels, wie Pg. Mohr richtig sagte, ist endgültig überwunden, es wird gehandelt, und damit wird schneller und besser verfahren. So wie ich es in Bad Bramstedt von der SA gewohnt bin, so verlange ich auch hier, dass die SA mir zur Seite steht. Ich lege in dieser Stunde das Gelöbnis ab, für mich gibt es kein Links, kein Rechts, sondern nur ein Geradeaus. Ein schwerer Weg liegt vor uns. Ich bedarf Ihrer aller Hilfe. Es ist doch verdammt schwer, immer und bei jeder Handlung Nationalsozialist zu sein. Es werden egoistische Gedanken kommen, aber diese

muss man zu meistern wissen, immer und immer wieder muss man an die Partei denken, die heute nicht so daständе, wenn nicht jeder Einzelne mitgeholfen hätte. Die Zeit der Interessengegensätze und des Hasses ist vorbei. So dürfen die Maßnahmen der Stadtverwaltung nicht kritisiert werden. So etwas muss aufhören. Jeder Einzelne muss erkennen, dass die Arbeit von Gemeinschaftsgeist getragen wird. Ich schließe meine Ausführungen mit dem Wunsche, dass der Zustand recht bald erreicht werde: Elmshorn muss rein nationalsozialistisch werden (Beifall)."
(125)

Die NS-Rassenlehre bestand aus zwei Pseudowissenschaften,

a) Der Rassentheorie:
Nach dieser Vorstellung ließen sich die Menschen in Rassen einteilen. Das deutsche Volk galt als ein Vertreter der arischen Rasse. Dem Arier wurden die Eigenschaften, blond, blauäugig, tatkräftig, treu, mutig und hart zugeordnet, den Juden als „minderwertige Rasse" die konträren Eigenschaften wie dunkelhaarig, dunkle Augen, faul, hinterlistig, feige, geldgierig und lüstern. Die „Arier" fühlten sich allen anderen Rassen überlegen und sie waren zum Herrschen über die anderen Rassen bestimmt.

Die zweite Pseudowissenschaft war

b) die Rassenhygiene:
Die Arier hatten ihre Reinheit und die Qualität zu erhalten, nur so könne die Menschheit sich zu etwas Höherem entwickeln. Juden seien eine eigene Rasse mit einem schädlichen Einfluss auf die Arier, daher müssten sie vernichtet werden.
Zur Rassenhygiene gehörte aber auch die Verhütung von erbkrankem Nachwuchs, von Isolierung und später Vernichtung von Erbkranken, psychisch Kranken und Behinderten.

Da die Nationalsozialisten von der Rassenlehre besessen waren, kam es gleich nach der Machtergreifung zu ersten Aktionen zur sogenannten Erb- und Rassenpflege.

Am 28. Juni 1933 sprach der Reichsinnenminister Dr. Frick auf der ersten Sitzung des Sachverständigenrates für Bevölkerungs- und Rassenpolitik in Berlin. Nachdem er sich über die geringere Zahl an Neugeburten in Deutschland und dem Umstand, dass Deutschland deshalb der Vergreisung entgegenliefe, ausließ, kam er auf die Rassenhygiene zu sprechen:

„(...) doch ist es nicht nur die Zahl, die zu Bedenken Anlass gibt, sondern im gleichen Maße die Güte und Beschaffenheit unserer deutschen Bevölkerung. Es gibt Autoren, die bereits 20 Prozent der deutschen Bevölkerung als erbbiologisch geschädigt ansehen, von denen dann also Nachwuchs nicht mehr erwünscht sei. Es kommt hinzu, dass gerade oft schwachsinnige und minderwertige Personen eine überdurchschnittlich große Fortpflanzung aufweisen.

Das bedeutet, dass die begabtere, wertvolle Schicht von Generation zu Generation abnimmt und in wenigen Generationen nahezu völlig ausgestorben sein wird.

Unsere Nachbarn im Osten haben etwa die doppelte Lebendgeborenenzahl.

Bei der überaus starken Belastung unseres Volkes mit Steuern, Sozialabgaben und Zinsen dürfen wir uns der Erkenntnis nicht verschließen, dass der Staat an einen Umbau der gesamten Gesetzgebung und eine Verminderung der Lasten für minderwertige und Asoziale heranzugehen haben wird. Es kostet der Geisteskranke etwa 4 RM. den Tag, der Verbrecher 3,50 RM., der Krüppel und Taubstumme 5 bis 6 RM. den Tag, der ungelernte Arbeiter nur etwa 2,51 RM., der Angestellte 3,60 RM., der untere Beamte etwa 4 RM. den Tag zur Verfügung haben.

Das sind Folgen einer übertriebenen Fürsorge für das Einzelindividuum, die den Arbeitswillen der Gesunden ertöten und das Volk zu Rentenempfängern erziehen muss.

Andererseits belasten sie die wertvollen Familien derart, dass Abtreibung und Geburtenverhütung die Folge davon sind.

Zur Erhöhung der Zahl erbgesunder Nachkommen haben wir zunächst die Pflicht, die Ausgaben für asoziale, minderwertige und hoffnungslos Erbkranke herabzusetzen und die Fortpflanzung der schwer erblich belasteten Personen zu verhindern.

Mit der Ausmerze und Auslese ist jedoch noch nichts erreicht, wenn wir nicht durch positive bevölkerungspolitische Maßnahmen die Familiengründung und die ausreichende Fortpflanzung der wertvollen, erbgesunden deutschen Menschen erreichen. (...)" (126)

Am 4. Juli 1933 sprach Reichsinnenminister Frick gegenüber dem im Zuge des neuen ärztlichen Zusammenschlusses unter NS-Führung gegründeten „Deutschen Ärzteblatt" über die Aufgaben des Arztes im Nationalsozialismus,

„dass die Sicherung, Vermehrung und Veredelung unserer deutschen artgleichen Menschen als höchster Zweck des deutschen Staates zu gelten haben, da die Förderung der erdgebundenen Familien ausschlaggebend für die Erhaltung unseres Staates und Volkstums ist. Es müsse das Bestreben der gesamten Ärzteschaft sein, der bedrohlichen Schrumpfung des erdgebundenen Nachwuchses entgegenzuwirken, dagegen die Fortpflanzung und Zunahme des schwer erblich Belasteten zu verhindern.

Reichsarbeitsminister Selte betont, der Arzt sei berufen, dem ganzen Volkskörper in Deutschland zur Gesundung, zur allmählichen Ausmerzung des Artfremden und zur Reinerhaltung des Arteigenen zu verhelfen. Auch müsse der Arzt Streiter sein im Kampfe gegen die Schäden und Gefahren, die unser Volk bedrohen. Die soziale Versicherung, namentlich die Krankenversicherung, sei ein unentbehrliches Werkzeug zur Führung dieses Kampfes. Neue Pflichten würden der deutschen Ärzteschaft in den verschiedenen Rahmen des Arbeitsdienstes erwachsen." (127)

Eine der ersten Aktionen zur sogenannten Erb- und Rassenpflege war die zwangsweise Sterilisation von erblich vorbelasteten Personen.

Am 14. Juli 1933 erschien das *„Gesetz zur Verhütung erbkranken Nachwuchses"*:

Elmshorner Nachrichten

„Pinneberger Kreisblatt“

82. Jahrgang. Mittwoch, den 26. Juli 1933. Nr. 172.

Gesetz für eine gesunde Nation: Keine Fortpflanzung der Erbkranken.

Ueberall wird neue Arbeit geschaffen. — Der erste Bezirk der Nordmark ohne Arbeitslose. — Verschärfte Devisenbestimmungen.
Voller Erfolg der großen polizeilichen Fahndung. — Französisch-russisches Militärbündnis? — Das Balbo-Geschwader auf dem Heimflug.

Ein Gesetz zur Erhaltung der Rasse, zur Verhütung erbkranken Nachwuchses.

In wenigen Zeilen.

EN vom 26.7.1933

„(...) § 1 bestimmt, dass, wer erbkrank ist, durch chirurgischen Eingriff unfruchtbar gemacht, d.h. sterilisiert werden kann, wenn nach den Erfahrungen der ärztlichen Wissenschaft mit großer Wahrscheinlichkeit zu erwarten ist, dass seine Nachkommen an schweren körperlichen oder geistigen Erbschäden leiden werden.

In § 2 ist dann festgelegt, welche Krankheiten im Sinne des Gesetzes als Erbkrankheiten gelten.

Und zwar nennt der Gesetzgeber angeborenen Schwachsinn und Schizophrenie. Weiter ist erbkrank im Sinne dieses Gesetzes, wer an zirkulärem (manisch-depressivem) Irresein, an erblicher Fallsucht, erblichem Veitstanz, erblicher Blindheit, erblicher Taubheit und schließlich an schweren erblichen körperlichen Missbildungen leidet. Besonders wichtig ist die Bestimmung, dass die Sterilisation auch an solchen Personen vorgenommen werden kann, die an schwerem Alkoholismus leiden. Ausdrücklich wird in der Begründung gesagt, dass das Gesetz sich bewusst nur auf diejenigen Krankheiten beschränkt, bei denen die Regeln des Erbganges nach dem heutigen Stande der Wissenschaft als hinreichend erforscht gelten können.

§ 3 Des Gesetzes bestimmt, dass derjenige zum Sterilisationsantrag berechtigt ist, der unfruchtbar gemacht werden soll. Bei dieser Bestimmung ist man davon ausgegangen, dass derjenige, dessen Unfruchtbarkeit zum Nutzen der Volksgesundheit notwendig ist, in diesen Fällen selbst die nötige Einsicht aufbringen wird, um den Auftrag auf Sterilisation zu stellen.

Ist im Übrigen der Antragsberechtigte, was ja häufiger vorkommen wird, geschäftsunfähig oder wegen Geistesschwäche entmündigt, oder hat es das 18. Lebensjahr noch nicht vollendet, so ist der gesetzliche Vertreter antragsberechtigt.

§ 4 regelt das Verfahren der Antragstellung. Die Entgegennahme des Antrages erfolgt durch das Erbgesundheitsgericht, das zur Durchführung des Gesetzes neu geschaffen wird.

§ 6 bestimmt, dass das Erbgesundheitsgericht einem Amtsgericht anzugliedern ist. Die Vorschriften über das Verfahren sind den Entmündigungsverfahren anzugleichen, da jeder Anklang an den Strafprozess vermieden werden soll.

§ 7 regelt dann die dem Erbgesundheitsgericht zur Durchführung der notwendigen Ermittlungen zustehenden Befugnisse. Die Entscheidung über den Antrag ist unter Berücksichtigung der großen Tragweite der zu fassenden Beschlüsse nicht einem einzelnen Richter, sondern, wie der

§ 8 bestimmt, einem Kollegium überlassen.

In § 9 ist dann die Möglichkeit einer Beschwerde gegeben.

Die Entscheidung über die Beschwerde erfolgt durch eine zweite Instanz, und zwar das in

§ 10 geschaffene Erbgesundheitsobergericht, dass einem Oberlandesgericht angegliedert wird.

§ 11 bestimmt, dass die Sterilisation nur von einem staatlich hierfür besonders zugelassenen Arzt und nur in ausdrücklich dafür bestimmten Krankenanstalten ausgeführt werden darf.

Wichtig ist der § 12, nachdem die Sterilisierung auch gegen den Willen des Unfruchtbarzumachenden auszuführen ist.

In § 13 wird die Frage der Kosten des gerichtlichen Verfahrens und des ärztlichen Eingriffes geregelt.

(...) Das Gesetz wird am 1. Januar 1934 in Kraft treten. Zu dem gleichen Termin soll übrigens auch ein Gesetz erlassen werden, dass die zwangsweise Entmannung gemeingefährlicher Sexualverbrecher regelt. Die Sterilisationsoperation selber - nicht zu verwechseln mit Kastration - ist bei Männern wie bei Frauen vollkommen ungefährlich. Sie ist lediglich ein äußerer Eingriff, der wesentliche Rückwirkungen auf den menschlichen Organismus nicht hat. (...)" (128)

Der in dem EN-Bericht nicht aufgeführte § 5 besagte,

„Zuständig für die Entscheidung ist das Erbgesundheitsgericht, in dessen Bezirk der Unfruchtbarzumachende seinen gerichtlichen Stand hat." (129)

Gedenkstein im Klinikum Weilmünster an die Opfer der NS-Zwangsste EZ vom 26.7.1933 Karsten11 - Eigenes Werk, Gemeinfrei, https://commons.wikimedia.org/w/index.php?curid=10893915

Reichsgesetzblatt

Teil I

1933	Ausgegeben zu Berlin, den 25. Juli 1933	Nr. 86

Gesetz zur Verhütung erbkranken Nachwuchses. Vom 14. Juli 1933.

Die Reichsregierung hat das folgende Gesetz beschlossen, das hiermit verkündet wird:

§ 1

(1) Wer erbkrank ist, kann durch chirurgischen Eingriff unfruchtbar gemacht (sterilisiert) werden, wenn nach den Erfahrungen der ärztlichen Wissenschaft mit großer Wahrscheinlichkeit zu erwarten ist, daß seine Nachkommen an schweren körperlichen oder geistigen Erbschäden leiden werden.

(2) Erbkrank im Sinne dieses Gesetzes ist, wer an einer der folgenden Krankheiten leidet:

1. angeborenem Schwachsinn,
2. Schizophrenie,
3. zirkulärem (manisch-depressivem) Irresein,
4. erblicher Fallsucht,
5. erblichem Veitstanz (Huntingtonsche Chorea),
6. erblicher Blindheit,
7. erblicher Taubheit,
8. schwerer erblicher körperlicher Mißbildung.

(3) Ferner kann unfruchtbar gemacht werden, wer an schwerem Alkoholismus leidet.

§ 2

(1) Antragsberechtigt ist derjenige, der unfruchtbar gemacht werden soll. Ist dieser geschäftsunfähig oder wegen Geistesschwäche entmündigt oder hat er das achtzehnte Lebensjahr noch nicht vollendet, so ist der gesetzliche Vertreter antragsberechtigt; er bedarf dazu der Genehmigung des Vormundschaftsgerichts. In den übrigen Fällen beschränkter Geschäftsfähigkeit bedarf der Antrag der Zustimmung des gesetzlichen Vertreters. Hat ein Volljähriger einen Pfleger für seine Person erhalten, so ist dessen Zustimmung erforderlich.

(2) Dem Antrag ist eine Bescheinigung eines für das Deutsche Reich approbierten Arztes beizufügen, daß der Unfruchtbarzumachende über das Wesen und die Folgen der Unfruchtbarmachung aufgeklärt worden ist.

(3) Der Antrag kann zurückgenommen werden.

§ 3

Die Unfruchtbarmachung können auch beantragen

1. der beamtete Arzt,
2. für die Insassen einer Kranken-, Heil- oder Pflegeanstalt oder einer Strafanstalt der Anstaltsleiter.

§ 4

Der Antrag ist schriftlich oder zur Niederschrift der Geschäftsstelle des Erbgesundheitsgerichts zu stellen. Die dem Antrag zu Grunde liegenden Tatsachen sind durch ein ärztliches Gutachten oder auf andere Weise glaubhaft zu machen. Die Geschäftsstelle hat dem beamteten Arzt von dem Antrag Kenntnis zu geben.

§ 5

Zuständig für die Entscheidung ist das Erbgesundheitsgericht, in dessen Bezirk der Unfruchtbarzumachende seinen allgemeinen Gerichtsstand hat.

§ 6

(1) Das Erbgesundheitsgericht ist einem Amtsgericht anzugliedern. Es besteht aus einem Amtsrichter als Vorsitzenden, einem beamteten Arzt und einem weiteren für das Deutsche Reich approbierten Arzt, der mit der Erbgesundheitslehre besonders vertraut ist. Für jedes Mitglied ist ein Vertreter zu bestellen.

(2) Als Vorsitzender ist ausgeschlossen, wer über einen Antrag auf vormundschaftsgerichtliche Genehmigung nach § 2 Abs. 1 entschieden hat. Hat ein beamteter Arzt den Antrag gestellt, so kann er bei der Entscheidung nicht mitwirken.

Am 30. Juni wurde das neue „Reichsbeamtengesetz" erlassen, das den Arierparagraphen in das Beamtengesetz einführte. Es durften keine Juden mehr Beamte werden, mit Juden verheiratete Beamte sollten entlassen werden. Weibliche Personen dürfen erst ab 35 Jahren Beamte auf Lebenszeit werden. Schon das vorherige, am 30. Mai 1932 erlassene Gesetz enthielt den Passus:

„Die vorgesetzte Dienstbehörde hat die Entlassung auch ohne jeden Antrag zu verfügen, wenn die wirtschaftliche Versorgung des weiblichen Beamten nach der Höhe des Familieneinkommens dauernd gesichert erscheint. Diese Voraussetzung liegt stets dann vor, wenn der Ehemann unkündbar angestellter Beamter ist." (130)

Ende Juni wurde die Bevölkerung zu einer „freiwilligen nationalen Spende" für die arbeitslosen Mitbürger aufgerufen. Beamte, Angestellte und Arbeiter hatten einen Teil ihres am 1. Juli fälligen Gehaltes zur Förderung der nationalen Arbeit zu spenden. Die Spende wurde von ihrem Gehalt vom Arbeitgeber einbehalten und ans Finanzamt abgeführt. Die Spende sollte eine dauerhafte sein, konnte aber vom Einzelnen jederzeit widerrufen werden. Unternehmer, Angehörige der freien Berufe und Rentner sollten den Spendenbeitrag von der Einkommensteuerrückzahlung abziehen und als Spende dem Finanzamt zuführen. Obgleich die Spenden „freiwillig" sein sollten, wurde doch erwartet, dass „Volksgenossen", die zur „Volksgemeinschaft" gehören wollten, diese leisten. (131)

Zeigt, daß ihr Volksgenossen seid!

Aufruf zur freiw. Spende für Förderung der nationalen Arbeit

EZ vom 7.7.1933

Aufruf zur freiwilligen Spende für Förderung der nationalen Arbeit.

Zeigt, daß ihr Volksgenossen seid!

EN vom 7.7.1933. Man kann bei den Überschriften, deren Zeilen nur vertauscht sind, die Gleichschaltung der Presse erkennen.

EN vom 31.7.1933

Heimatliche Rundschau.

Elmshorn, den 1. Juli 1933.

Hausfrauen, helft mit, Arbeit schaffen!

Mit dem 1. Mai d. Js. sind die Hausangestellten von der Pflicht zur Arbeitslosenversicherung befreit worden. Das bedeutet für den einzelnen Haushalt, der eine Hausangestellte beschäftigt, eine nicht unerhebliche Entlastung bei der Zahlung der sozialen Beiträge. Diese Erleichterung wird noch dadurch spürbarer, daß gleichzeitig die Beiträge zur Invalidenversicherung für Hausgehilfinnen herabgesetzt worden sind. Als drittes kommt hinzu, daß die nach dem Einkommensteuergesetz vorgesehenen Kinderermäßigungen auch für Hausgehilfinnen gewährt werden, wenn sie zur Haushaltung des Arbeitgebers zählen.

Durch diese Maßnahmen soll die große Zahl der arbeitslosen Hausgehilfinnen wenigstens zu einem Teil wieder in die Arbeit eingeschaltet werden. Familien, die sich sonst vielleicht zu einer Kündigung ihrer Hausangestellten hätten entschließen müssen, sollen sich verpflichtet fühlen, ihre Hausgehilfinnen zu behalten. Für andere Familien sollen diese Erleichterungen Anreiz sein, erneut Hilfskräfte für den Haushalt einzusetzen. Dabei ist es auch wichtig, daß sich Hausfrauen zur Einstellung von Hausgehilfinnen entschließen, die bereit sind, jüngere, bisher wenig in der Hauswirtschaft tätig gewesene Kräfte in allen hauswirtschaftlichen Zweigen auszubilden. Durch eine solche Anlernung wird allmählich auch erreicht, daß mehr voll ausgebildete Kräfte zur Verfügung stehen, an denen in den letzten Jahren trotz der schlechten Lage des Arbeitsmarktes und der großen Zahl der arbeitslosen Hausgehilfinnen, immer noch Mangel war. In den letzten Jahren sind die Möglichkeiten der praktischen Ausbildung in geeigneten Haushaltungen gering gewesen. Die verteuerten Lebenshaltungskosten bei geschmälertem Einkommen erlauben vielfach den mittleren Haushaltungen nicht mehr, eine Hausangestellte zu halten. Große Haushaltungen aber waren auf voll ausgebildete, selbständig arbeitende Kräfte angewiesen.

Die Erlangung der Kenntnisse im Kochen, Plätten, Nähen, Servieren durch Haushaltsschulbesuch war nur in vereinzelten Fällen möglich. Das Arbeitsamt Elmshorn versucht daher, durch die Einrichtung von beruflichen Bildungsmaßnahmen die Hausangestellten in hauswirtschaftlichen Fächern, insbesondere im Kochen, Nähen und Plätten zu schulen. Diese schulmäßigen Ausbildungen können wohl für ausgebildete Kräfte eine Vervollkommnung, für nichtausgebildete eine Vorbereitung bedeuten, sie können aber die praktische Ausbildung im Haushalt nicht ersetzen. Darum müssen die Hausfrauen mehr als bisher bereit sein, die praktische Anlernung zu übernehmen. Sie nützen in erster Linie sich selbst, bilden sie doch für sich und ihren Stand geeignete Hilfskräfte heran. Sie helfen aber auch der weiblichen Jugend, die sie wieder herausnehmen aus der Arbeitslosigkeit mit dem zersetzenden Nichtstun und den übrigen, gerade für die weibliche Jugend nicht zu unterschätzenden Gefahren.

EN vom 1.7.1933

Sprachen die Nationalsozialisten bisher vom *„freiwilligen"* Arbeitsdienst, begannen sie schon in der zweiten Jahreshälfte 1933 den Boden für eine allgemeine „Arbeitsdienstpflicht" zu bereiten. Der Staatssekretär im Reichsarbeitsministerium, Oberst Hierl, sprach in Nürnberg über den *„Geist des Arbeitsdienstes"* und sagte,

„der große volkserzieherische Wert des Arbeitsdienstes könne nicht voll zur Geltung kommen, solange der Arbeitsdienst nur auf einen Teil unserer Jugend beschränkt ist, wie dies beim freiwilligen Arbeitsdienst der Fall sei.

„Der Nationalsozialismus sehe in der allgemeinen gleichen Arbeitsdienstpflicht ein unveräußerliches Mittel, um unser ganzes Volk zu der dem Nationalsozialismus eigenen geistigen und seelischen Einstellung zur Arbeit und zum Arbeitertum zu erziehen. Die Forderung der allgemeinen gleichen Arbeitsdienstpflicht sei die schärfste Kampfansage an den Geist des liberalistischen Zeitalters.

Der Arbeitsdienstgedanke werde sich siegreich durchsetzen in Deutschland und darüber hinaus in der Kulturwelt.

In zahlreichen ausländischen Staaten, namentlich der germanischen Welt, beginne man, das deutsche Beispiel nachzuahmen. (...)" (132)

Am 3. Juli berichtete die EZ:

„Vorbereitung der Arbeitsdienstpflicht.

Zwecks Einführung der Arbeitsdienstpflicht sollen sog. Standortlager gebildet werden, in denen ständig mindestens 220 Mann untergebracht werden sollen. In jedem Bezirk eines Standortlagers müssen im Umkreis von 10 Kilometern so viel Arbeitsmöglichkeiten nachgewiesen werden, dass die gesamte Mannschaft des Lagers mindestens 5 bis 6 Jahre beschäftigt werden kann. Für den Kreis Pinneberg sind mehrere Standortlager in Aussicht genommen. Die Unterbringung der jungen Leute in Kasernen oder Baracken sowie die Anschaffung aller Einrichtungsgegenstände soll den Gemeinden auferlegt werden, die sich um die Standortlager bemühen. In Pinneberg hat kürzlich eine Versammlung von Vertretern der Städte und Gemeinden stattgefunden, die sich für ein solches Lager interessieren. Wie man hört, sind verschiedene Städte sehr bemüht, berücksichtigt zu werden, und sie scheinen auch die außerordentlich hohen Aufwendungen für die

Anlegung eines Lagers trotz der überall bestehenden finanziellen Schwierigkeiten nicht zu scheuen. Ob sich die für die Einrichtung eines Arbeitslagers auf jeden Fall eintretende starke Belastung des Etats der betreffenden Städte in wirtschaftlicher Beziehung für die Geschäftswelt in gleich hohem Maße auswirken könnte, lässt sich natürlich nicht voraussagen." (133)

Aufruf

an die Elmshorner Bevölkerung!

Der nationalsozialistische Staat soll durch **Arbeit**, härteste und ausdauernde Arbeit seiner Vollendung zugeführt werden. Die überragende Bedeutung der **Arbeit** für den deutschen Aufbau ist nach außen durch die festliche Ausgestaltung des 1. Mai sanktioniert. Die innere Kraft zur Arbeit will die Regierung aber dem deutschen Volke dadurch geben, daß sie die Jugend zur freudigen, gemeinschaftsbewußten Arbeit erziehen läßt.

Die Arbeitsdienstpflicht

dient diesen hohen Zielen. Ihre Einführung steht bevor. Die Finanzierung des gewaltigen Werks macht in der heutigen Wirtschaftsnot erhebliche, aber keineswegs unüberwindbare Schwierigkeiten. Die Mittel können nicht einseitig vom Reich oder von den Ländern aufgebracht werden. Die Gemeinden müssen helfen, jedenfalls diejenigen, welche der Sitz eines Arbeitsdienstlagers werden.

Zu diesen gehört Elmshorn. Nach dem Beschluß der Kollegien wird auf dem **Städtischen Sportplatz** ein Stammlager für 216 Arbeitsdienstpflichtige erstellt und alsbald nach Fertigstellung belegt. Die benötigten Mittel sind zum Teil beschafft.

Wegen der Beschaffung der fehlenden Gelder appelliert der Magistrat hiermit an den oftbewährten Opfersinn der Elmshorner Bürger in der bestimmten Erwartung, daß die große Bedeutung der Einschaltung Elmshorns in das große nationale Werk von keinem verkannt wird und bittet um geldliche Hilfe nach besten Kräften jedes Einzelnen.

Spenden werden unter dem Kennwort: „Arbeitsdienstspende" auf der Städtischen Sparkasse entgegengenommen.

Aufwärts mit Adolf Hitler!

Der Magistrat

Krumbeck

EN vom 22.7.1933

Über den Besuch des Elmshorner Arbeitsdienstlagers „Bockelpromenade“ der NSDAP berichtete die EZ am 5. Juli. Der Bericht war gegen die „Miesmacher“ gerichtet und war eine kitschige Werbung für den Arbeitsdienst. Es war der Bericht eines glühenden Verehrers:

„Ein Besuch im Arbeitsdienstlager Bokelpromenade der NSDAP.

Ein Freund des Arbeitsdienstes schreibt uns:

Einer freundlichen Einladung des Lagerführers folgend, war es mir vergönnt, einen alten Wunsch erfüllt zu sehen, nämlich die Besichtigung eines Arbeitslagers. (...)

„Heil Hitler!“ empfängt mich die Wache, gekleidet im schlichten Grau des Arbeitsdienstes, und fragt nach meinen Wünschen. Und kurz darauf freundlicher Empfang durch den Lagerführer. Dann ging es an die Besichtigung. (...)

Inzwischen beschäftigte ich mich mit einem Aushang, welche das tägliche Programm bekanntgibt:

Also, um 5 Uhr Wecken. Morgenlauf, Waschen, Betten bauen, Anziehen. 6 Uhr Kaffee. Abmarsch zur Arbeitsstelle. 6.30 - 1.45 Uhr Arbeit. 2 - 2.30 Uhr Essen. 2.30 - 3.30 Uhr Bettruhe; dann eine Stunde Wehrsport, eine Stunde Unterricht, Abendessen, 1/2 Stunde frei; für den Rest des Abends gemeinsame Veranstaltungen oder Stadturlaub und um ½ 10 Uhr Bettruhe. (...)

Zunächst sahen wir die Zimmer. Diese sind nach der Grenzmark benannt. Wir finden Zimmer Hadersleben, Tondern, Flensburg, Apenrade usw. In jedem Zimmer sind 6 - 8 Betten und ebenso viele Spinde, mit Nummern und Namen versehen. Obenauf stehen fein säuberlich Schuhe und Ersatzstiefel; ich muss schon sagen, Ordnung und Sauberkeit herrschen überall. Und ein jeder schmückt seine Epe mit heimischer Gemütlichkeit: Bilder aus der Heimat und immer wieder findet man Bilder unserer Führer, zum Teil mit geschickter Hand selbstgezeichnet. Anschließend kommen wir in den großen Waschraum und im 1. Stock in den Unterrichtsraum. Der ist hell und gut und erfüllt so seinen Zweck wohl. Jedoch sind hier die Wände noch etwas kahl. Wäre es nicht möglich, dass ein Freund unseres Arbeitsdienstes den Soldaten der Arbeit eine Freude bereitet?

Und nun geht es auf die Arbeitsstelle. Fleißig wird der Sand verladen. Die Arbeit erfolgt unter Anleitung eines Eisenbahners, da die Reichsbahn Trägerin des hiesigen Arbeitsdienstlagers ist. Die Leistungen des Lagers sind 50 Prozent höher, wie die Vorschrift verlangt. Freiwillig! Aus reiner Freude an gesunder Arbeit, an frohem Schaffen und Eifern in kameradschaftlichem Geiste, für das Allgemeinwohl. Arbeitsdienst ist tatgewordene Volksgemeinschaft.

Und von der Arbeitsstelle geht es in die Küche. Hier brodelts und duftets aus Töpfen und Pfannen. Da es bald Mittag ist, hat der Koch, übrigens auch ein alter narbenbedeckter SA-Kämpfer, alle Hände voll zu tun, um den beachtlichen Hunger der ihm Anempfohlenen zu stillen.

Und nun geht's ins Zimmer des Lagerführers, der mir zeigte, dass man mit kleinen Mitteln bei guter Haushaltung vieles leisten kann. - Aus den Lagern, die heute noch Gegner des Arbeitsdienstes sind, hörte ich häufig Gespräche des Inhalts, dass Behandlung und Verpflegung nicht gut seien. Die Kameraden des Lagers sagten mir das Gegenteil und bezeichnen dieses Gerede als kommunistische Hetze. Darum, trefft ihr einen Miesmacher, empfiehlt ihm, sich gefälligst an Ort und Stelle zu überzeugen. Durch Miesmacherei tut man einer Sache keinen Dienst, höchstens durch Bessermachen. Und dazu fehlt manchen Herren von der Kritik leider selbst das Zeug.

Im Übrigen möchte ich empfehlen, helft und fördert tatkräftig unseren Arbeitsdienst." (134)

Die „Elmshorner Zeitung" (EZ) widmete am 3. September dem Arbeitsdienst der Mädel eine Sonderseite:

„(...) Einem der vielen, erst seit kurzem „aufgebauten" Arbeitslager für Mädels, wurde kürzlich ein Pressebesuch abgestattet, von dessen Ergebnissen hier im Weiteren die Rede sein soll.

Die Tatsache der freiwilligen Arbeitsleistung drückt dem ganzen Lagerleben einen fröhlichen Stempel auf. An langen Tischen arbeiten zukünftige Kinderhortnerinnen, Studentinnen im 4. und 5. Semester mit jungen, arbeitslosen Fabrikmädchen und „Haustöchtern" zusammen. Aber nirgendwo ist ein Missklang zu bemerken.

„Im Anfang freilich ging es nicht immer „glatt“ berichtet eine Medizinstudentin, die gerade etwas Zeit zum Plaudern hat, “wir haben vielfach in großen Koffern allerlei Krimskrams und auch gute Kleider mitgebracht, von denen wir uns einfach zu Hause nicht trennen mochten. Wie erstaunt waren wir, als uns unsere minderbemittelten Kolleginnen schief anblickten und eine richtige Vertrautheit mit ihnen nicht aufkommen mochte. Aber es dauerte nicht lange, da hatten wir begriffen, mit wie viel weniger man auskommt - und keinen Neid erregt. Wir waren zum größten Teil durch die überspannte Zivilisation der Großstadt verdorben und unsere Bedürfnisse standen in gar keinem Verhältnis zum Wert unserer von uns geleisteten Arbeit. Aber das ist ja alles anders geworden. Endlich haben alle von meinen Kommilitoninnen eingesehen, dass uns die oft noch sehr jungen Mädels aus Arbeiterkreisen gerade in landwirtschaftlichen Dingen gewaltig über sind. Gerade dies Fach aber haben wir uns ja gewählt, um nicht nur gelehrte Vorträge halten zu können - einen Hausstand führen ist auch nicht so unwichtig - und wir wollen doch alle für ein eigenes Heim sorgen können!“

Das Leben im Arbeitslager ist genau geregelt. In diesem Lager wurde um 6 Uhr früh geweckt und schon knappe zehn Minuten danach wurde eine gute Weile körperbildende Gymnastik getrieben. Nachdem sich jede gesäubert hatte, gab es dann das erste kräftige Frühstück. Aber erst jetzt begann der wirkliche Tag, der Tag der Arbeit. Bis um 10 Uhr ungefähr ging jedes Mädel den ihm vom Lagerleiter zugewiesenen Arbeitsdienst nach - in erster Hinsicht handelte es sich um hauswirtschaftliche Arbeiten - dann wurde für eine gute halbe Stunde Halt geblasen und alles marschierte wieder zu den langen Tischen, an denen gemeinsam das zweite Frühstück eingenommen wurde - anders als bei Muttern zwar, aber deshalb nicht minder schmackhaft und nahrhaft. Danach kam wieder der Arbeitsdienst zu seinem Recht. Neben hauswirtschaftlichen Arbeiten wird der landwirtschaftliche Dienst selbstverständlich nicht außer Acht gelassen. Gerade diese Arbeit ist es ja, die den vorwiegend aus den Großstädten kommenden Lagerinsassinnen den Wert eines bodenständigen Bauerntums beweisen sollen.

Das in wenigen Stunden folgende Mittagessen wird wiederum gemeinsam an der langen fichtenen Tafel eingenommen. Das Zureichen der Speisen besorgen täglich wechselnde Mannschaften, die bei dieser Gelegenheit gleichzeitig gutes Servieren lernen. Anschließend daran wird eine Stunde Bettruhe gehalten.

Dann aber beginnt einer der wichtigsten Tagesabschnitte: der Unterricht. Um ein gesundes, unverzärteltes und denkendes Frauentum zu schaffen, ist gründliche Einführung in die nationalsozialistische Weltanschauung erforderlich. Im neuen Deutschland werden die Modepüppchen, die nur Weibchen sind, keine guten Zeiten erleben - und hier im Lager hat der neue Gedanke schon Wurzel gefasst. Viele Mädchen verstehen nicht mehr, wie sie früher den lieben langen Tag in holder Untätigkeit und Gefühlsduselei zubringen konnten. Die Zeit ist schwer! Sie verlangt Frohsinn, aber auch ernste Menschen. Schon eine einzige Stunde, der man beiwohnt, lässt erkennen, dass an dieser Stätte (und anderswo ist es nicht anders!) keine vergebliche Arbeit geleistet wird. Hier gibt es keine trockene Darlegung noch trockenerer Themen! Anhand vieler Tatsachen wird gezeigt, weshalb die frühere Regierung zusammenbrechen musste und warum es der Nationalsozialismus ist, der die Zukunftsverantwortung übernehmen konnte.

Nach dem Unterricht gibt es Ordnungsdienst, einen kurzen Appell und anschließend Abendbrot. Abends aber versammeln sich alle die frohen Mädels unter der großen, leisen rauschenden Linde. Einträchtig sitzen alle Kameradinnen im Kreise. Ein paar Mädchen holen ihre Klampfen und Gitarren. Weit durch die warme Abendluft klingen die Klänge des schönen Goetheschen Liedes:

Über allen Wipfeln ist Ruh´

In allen Zweigen hörst Du keinen Laut;

Die Vöglein schlafen im Walde, Warte nur – warte nur –

Balde schläfst auch Du!" (135)

Flagge der Deutschen Arbeitsfront. Webfund. Gemeinfrei

Nach der Zerschlagung der freien Gewerkschaften im Mai 1933 wurde am 10. Mai die *„Deutsche Arbeitsfront"* (DAF) gegründet. Er wurde zum Einheitsverband der Arbeiter und Angestellten, in dem alle Berufsverbände dieser Arbeitnehmer durch das *„Gesetz zur Ordnung der nationalen Arbeit"* vom 20. Januar 1934 eingegliedert wurden. Das Vermögen der ehemals freien Gewerkschaften wurde zugunsten der DAF eingezogen. Damit wurde diese zum größten NS-Massenverband. Im Oktober 1934 wurde die DAF offiziell der NSDAP angeschlossen. Sie war nach dem Führerprinzip bis hinab zum Blockwart organisiert und unterstand dem Reichsorganisationsleiter der NSDAP Robert Ley, der als „eine Art Treuhänder der Volksgemeinschaft" fungierte. Es galt der Arierparagraph. (136)

Gr. öffentliche Versammlung

am Montag, 10 Juli, abds. 8 Uhr, im Carlstal

aller Angestellten in der Nahrungs- und Genußmittel-Industrie. (Hotel-, Restaurant- und Kaffeehaus-Angestellte, Bäcker, Konditor, Schlachter u. Getränkearbeiter)

Der Aufbau der neuen Arbeitsfront

Referent: Pg. **Karl Marcus, Hamburg,** kommiss. Landesinsp. des G.-A.-B., Landesarbeitsamt Nordmark

Thema: **„Einheitsverband unter Leitung der NSBO."**

Volksgenossen erscheint in Massen zu dieser überaus wichtigen Versammlung! Es spielt die **Sturmbann-Kapelle 11/31.**

Eintritt 20 Pfg. Erwerbslose 10 Pfg.

Verband der Nahrungsmittel- und Getränkearbeiter

Voß, Beauftragter der NSBO

EN vom 8.7.1933

Zum 10. Juli lud der Verband der Nahrungsmittel- und Getränkearbeiter ins „Carlstal" in Elmshorn zu einer Veranstaltung ein, in der über den „Aufbau der Deutschen Arbeitsfront" referiert wurde. Diese Veranstaltung war aber nur mäßig besucht. In diesem Vortrag stellte der Redner klar, dass die DAF kein freiwilliger, sondern ein Zwangsverband war:

„(...) Bis zum 1. August habe man noch Zeit, sich zu organisieren. Wer dann nicht organisiert sei, bekomme eine Zwangsaufforderung und wer sich dann noch bockbeinig stelle, für den sei kein Platz mehr auf einer Arbeitsstätte." (137)

Im Jahr 1933 hatte die NSDAP so viele neue Parteimitglieder bekommen, dass sie schlicht mit der Bewältigung überfordert war. So erließen sie am 2. Juli die Aufnahmesperre für neue Mitglieder:

Mitgliedersperre bei der NSDAP.

Neue Bestimmungen.

Berlin, den 2. Juli. Der Reichsschatzmeister der NSDAP., Schwarz, hat folgende Verfügung erlassen:

Von der Mitgliedersperre werden **nicht** betroffen:

Angehörige der **Hitlerjugend**, welche das 18. Lebensjahr vollenden,

Angehörige der NSBO, wenn sie der NSBO. vom 1. Mai 1933 an gerechnet, mindestens ein **halbes Jahr** angehört haben,

Angehörige der NS.-Arbeitslager, wenn sie vom 1. Mai 1933 ab ein **halbes Jahr** in einem Lager Dienst getan haben,

SA.- und SS.-Anwärter nach einhalbjähriger Dienstzeit, vom 1. Mai 1933 ab gerechnet.

Angehörige des **Stahlhelms**, wenn sie vom 1. Mai 1933 ab dem Stahlhelm ein halbes Jahr angehört haben.

Bei dieser Gelegenheit wird darauf hingewiesen, daß Neuangemeldete sich erst dann als Mitglied der NSDAP. bezeichnen dürfen, wenn sie in den Besitz der von der Reichsleitung ausgestellten Mitgliedskarte gelangt sind.

EN vom 3.7.1933

Zwei Tage später folgten die SA, SS und der Stahlhelm.

Die Aufnahmesperre

Berlin, 5. Juli. Die Pressestelle der obersten SA.-Führung teilt mit:

Für die gesamten der obersten SA.-Führung unterstellten Gliederungen (SA., SS., Stahlhelm) ordne ich ab 10. Juli 1933 eine Aufnahmesperre bis auf weiteres an.

Ausnahmen in besonders gelagerten Fällen sind in jedem Falle der Genehmigung der obersten SA.-Leitung vorbehalten.

Der Chef des Stabes: **Röhm.**

EZ vom 5.7.1933

NSKK. Nationalsozialistisches
Kraftfahr-Korp
Am Donnerstag, dem 6. Juli 193
20.30 Uhr, findet im Holst. Hof, Elmshor
eine
Mitglieder-Versammlung
statt. Erscheinen ist Pflicht. Alle deutschen Kraf
fahrer, die sich noch nicht dem NSKK. oder der Moto
staffel angeschlossen haben, sind hiermit eingelade
zwecks näherer Aufklärung über unsere Ziele.
NSKK., Bereichsführung Holstei

EZ vom 4.7.1933

Mit einem Leserbrief an die EZ wandte sich der Gefolgschaftsführer der Elmshorner HJ, A. Ries aus der Peterstr. 37, an die Bevölkerung. Er stellte zunächst klar, dass die Hitlerjugend eine eigenständige Gliederung sei und dass der jeweilige Standortführer die ausschlaggebende Instanz sei und er deshalb der Ansprechpartner sei. Des weiteren schrieb er:

„Es wird jetzt von den Mitgliedern des Großdeutschen Bundes sowie anderer, speziell hiesiger Bünde versucht werden, in die HJ einzutreten und das Recht auf Führung geltend zu machen. Wer bei uns eintreten will, muss von der Pike auf dienen und darf keine Bedingungen stellen. Das sei den Herren in aller Deutlichkeit gesagt." (138)

Ein weiterer Leserbrief an die EZ wurde vom Stammführer Heinemann verfasst:

„Aufruf! Hitlerjugend! Deutsche Eltern,

Eure Jungens, die jüngste Garde der Nation, das Jungvolk, will am 9. Juli in Neumünster vor ihrem Reichsjugendführer Baldur von Schirach aufmarschieren. Sie will bekunden, dass das junge Deutschland, eisern diszipliniert, der heranwachsende Träger des neuen Staates ist, will bekunden, dass die Jugend es ist, die voller Hingabe sich für alles Gute und Edle einsetzt. Dass die Jugend erst der wahrhafte Träger des Nationalsozialismus ist, dass sie es ist, die lernt, schon in frühester Jugend Seite an Seite mit ihren Kameraden zu stehen, dass sie es ist, die die Volksverbundenheit in der Jugend lernt, um sie im reifen Alter zu halten. Der Jugend immer und immer wieder die Gelegenheit zu geben, mit ihren Kameraden Seite an Seite zu stehen, in Reih und Glied zu marschieren, muss die Aufgabe aller Eltern und Erzieher sein. Deutsche Eltern, darum helft der Jugend die Eintracht lehren, bereitet ihnen Freude. Die größte Freude der Jugend aber ist es, marschieren zu dürfen. Darum, kein deutscher Junge darf zum Gebietsaufmarsch der Nordmark fehlen. Auf, Ihr Eltern, und lasst Eure Jungens am 9. Juli in Neumünster vor ihrem Reichsjugendführer aufmarschieren.

Der Jugend gehört die Zukunft!“ (139)

Heute „Sport“

Einzelnummer 10 Pf.

Elmshorner Zeitung

Horster Zeitung — Kreisblatt für den Kreis Pinneberg — Tornescher Zeitung

Unabhängige Heimatzeitung für Süd- und Mittelholstein

Nummer 158 — Montag, den 10. Juli 1933 — 47. Jahrgang

Reichskonkordat mit dem Vatikan paraphiert

EZ vom 10.7.1933

Das Konkordat regelte die wechselseitigen Rechte und Pflichten des Deutschen Reiches und der katholischen Kirche im Reichsgebiet. Es wurde schließlich am 20. Juli 1933 im Vatikan vom Kardinalstaatssekretär Pacelli und dem deutschen Delegationsleiter von Papen unterzeichnet. Durch den Konkordatsabschluss mit dem Heiligen Stuhl war es den Nationalsozialisten gelungen, viele ihrer Kritiker aus dem politischen Katholizismus vorläufig ruhigzustellen und das verbreitete Misstrauen von Teilen der katholischen Bevölkerung gegen den von ihnen als unchristlich und kirchenfeindlich angesehenen Nationalsozialismus abzuschwächen. Gleichzeitig war es dem Heiligen Stuhl gelungen, die noch junge staatliche Souveränität des Vatikans durch internationale Anerkennung auf Staatsebene zu stärken und die Forderungen der Kurie, die von den Regierungen der Weimarer Republik stets zurückgewiesen worden waren, durchzusetzen. (140)

Zur gleichen Zeit wie das Reichskonkordat mit der katholischen Kirche wurde die neue Evangelische Kirchenverfassung beschlossen.

82. Jahrgang. Dienstag, den 11. Juli 1933. Nr. 159.

Verhandlungen über Evangelische Kirchenverfassung beendet.

Hitlers Weltgeltung steigt. – Deutschland ein Vorbild: sagt ein englischer Lord. – Die Revolution abgeschlossen!

Ein „Versöhnungsausschuß" soll Zusammenbruch in London verhüten. — Deutsche wieder von Polen überfallen.

Die Verfassung der Evangelischen Kirche.

Berlin, den 10. Juli. Der Evangelische Pressedienst teilt mit: die Arbeit, die der vom Deutschen Evangelischen Kirchenbund bevollmächtigte Ausschuß zur Schaffung der Verfassung der Deutschen Evangelischen Kirche begonnen hat, ist am Montag in gemeinschaftlicher Beratung mit dem Wehrkreispfarrer Müller, als Bevollmächtigten des Reichskanzlers, Professor D. Fezer (Tübingen), Professor der Rechte D. Dr. Heckel (Bonn), preußischen Staatskommissar Ministerialdirektor Jaeger beendet worden. Das Verfassungswerk gelangt am Dienstag durch Vorlage an die Vertreter der deutschen evangelischen Landeskirchen zum Abschluß.

Die Erklärung, in Anwesenheit des Reichsministers des Innern Dr. Frick verlesen, wurde wie folgt unterschrieben: Berlin, den 10. Juli 1933. Dr. Frick, Marahrens, Hesse, D. [illegible], D. Meiser, Ludwig Müller, D. K. Fezer, D. Dr. Joh. Heckel, Jaeger.

Englische Anerkennung zum Abschluß des Reichskonkordats.

London, den 10. Juli. Die Erzielung einer Vereinbarung zwischen dem Deutschen Reich und dem Heiligen Stuhl über ein Konkordat wird in der Sonntagspresse viel beachtet und als ein Erfolg des Vizekanzlers bezeichnet. Es wird hervorgehoben, daß das Konkordat „die völlige Zurückziehung der katholischen Priester und der katholischen Organisationen aus der Politik" bedeute. Besonders hervorgehoben wird die Hoffnung des Reichskanzlers, daß die evangelische Kirche ebenfalls bald ihre Schwierigkeiten regeln werde.

In wenigen Zeilen.

Ein Telegrammwechsel zwischen Hindenburg und Papen zum Abschluß des Konkordats hat stattgefunden. Der Reichspräsident beglückwünschte Papen herzlich zu dem in schneller, erfolgreicher Verhandlung erzielten Ergebnis.

Die englisch-russischen Handelsvertragsverhandlungen wurden am Montagnachmittag im Handelsamt wieder aufgenommen.

Zum Brigadeführer wurde Oberführer Prinz August Wilhelm, Stab der Obersten SA-Führung, befördert. Der Dienstgrad Brigadeführer ist erst vor kurzem neu bei der SA. eingeführt worden. Er steht zwischen Oberführer und Gruppenführer.

Marga v. Etzdorf ist gestern in Berlin feierlich beigesetzt worden.

Der ungarische Ministerpräsident Gömbös ist wieder aus Wien abgereist, die Besprechungen haben wirtschaftlichen Fragen gegolten.

EN vom 11.7.1933

Reichsgesetzblatt

679

Teil II

1933	Ausgegeben zu Berlin, den 18. September 1933	Nr. 38

Inhalt: Bekanntmachung über das Konkordat zwischen dem Deutschen Reich und dem Heiligen Stuhl. Vom 12. September 1933 .... S. 679

Bekanntmachung über das Konkordat zwischen dem Deutschen Reich und dem Heiligen Stuhl. Vom 12. September 1933.

Am 20. Juli 1933 ist in der Vatikanstadt zwischen Vertretern des Deutschen Reichs und des Heiligen Stuhls ein Konkordat unterzeichnet worden. Das Konkordat und das dazugehörende Schlußprotokoll werden nachstehend veröffentlicht.

Das Konkordat ist ratifiziert worden. Der Austausch der Ratifikationsurkunden hat am 10. September 1933 in der Vatikanstadt stattgefunden. Das Konkordat und das Schlußprotokoll sind gemäß Artikel 34 des Konkordats am 10. September 1933 in Kraft getreten.

Zur Ausführung des Konkordats ist das im Reichsgesetzblatt von 1933 Teil I Seite 625 veröffentlichte Gesetz vom 12. September 1933 ergangen.

Berlin, den 12. September 1933.

Der Reichsminister des Auswärtigen
Freiherr von Neurath

Der Reichsminister des Innern
Frick

Konkordat zwischen dem Heiligen Stuhl und dem Deutschen Reich

Seine Heiligkeit Papst Pius XI. und der Deutsche Reichspräsident, von dem gemeinsamen Wunsche geleitet, die zwischen dem Heiligen Stuhl und dem Deutschen Reich bestehenden freundschaftlichen Beziehungen zu festigen und zu fördern,

gewillt, das Verhältnis zwischen der katholischen Kirche und dem Staat für den Gesamtbereich des Deutschen Reiches in einer beide Teile befriedigenden Weise dauernd zu regeln,

haben beschlossen, eine feierliche Übereinkunft zu treffen, welche die mit einzelnen deutschen Ländern abgeschlossenen Konkordate ergänzen und auch für die übrigen Länder eine in den Grundsätzen einheitliche Behandlung der einschlägigen Fragen sichern soll.

Zu diesem Zweck haben

Seine Heiligkeit Papst Pius XI. zu Ihrem Bevollmächtigten

Concordato fra la S. Sede ed il Reich Germanico

Sua Santità il Sommo Pontefice Pio XI e il Presidente del Reich Germanico,

concordi nel desiderio di consolidare e sviluppare le relazioni amichevoli esistenti fra la Santa Sede e il Reich Germanico,

volendo regolare i rapporti fra la Chiesa Cattolica e lo Stato per tutto il territorio del Reich Germanico in modo stabile e soddisfacente per entrambe le parti,

hanno risoluto di concludere una solenne Convenzione, che completi i Concordati conclusi con alcuni Stati particolari *(Länder)* della Germania ed assicuri per gli altri un criterio uniforme nel trattamento delle relative questioni.

A tale effetto, Sua Santità il Sommo Pontefice Pio XI ha nominato Suo Plenipotenziario

Reichskonkordat, Erste Seite, Reichsgesetzblatt (RGBl) II 1933 p. 679. gemeinfrei

Am 10. Juli erklärte das Reichsfinanzministerium in Berlin die Gründe und Ziele einer staatlichen Förderung von Eheschließungen:

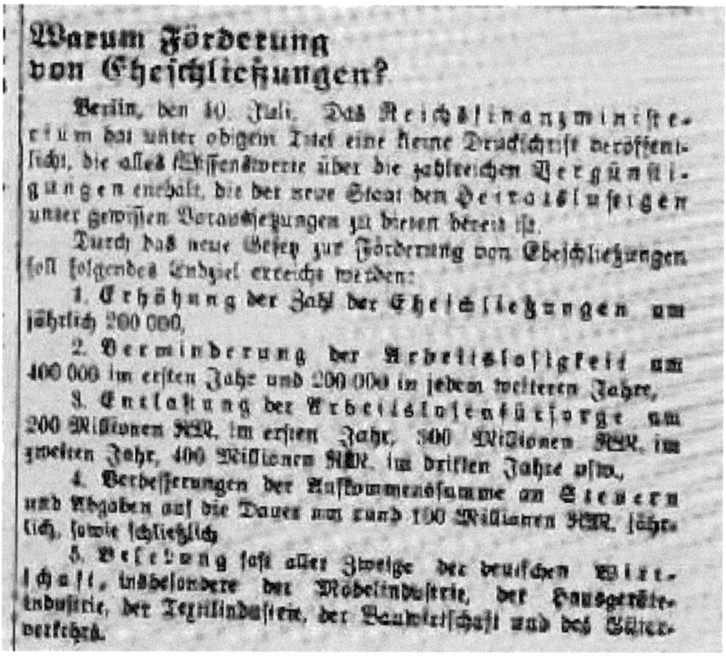

Warum Förderung von Eheschließungen?

Berlin, den 10. Juli. Das Reichsfinanzministerium hat unter obigem Titel eine kleine Druckschrift veröffentlicht, die alles Wissenswerte über die zahlreichen Vergünstigungen enthält, die der neue Staat den Heiratslustigen unter gewissen Voraussetzungen zu bieten bereit ist.

Durch das neue Gesetz zur Förderung von Eheschließungen soll folgendes Endziel erreicht werden:

1. Erhöhung der Zahl der Eheschließungen um jährlich 200 000,
2. Verminderung der Arbeitslosigkeit um 400 000 im ersten Jahre und 200 000 in jedem weiteren Jahre,
3. Entlastung der Arbeitslosenfürsorge um 200 Millionen RM. im ersten Jahr, 300 Millionen RM. im zweiten Jahr, 400 Millionen RM. im dritten Jahre usw.,
4. Verbesserungen der Aufkommenssumme an Steuern und Abgaben auf die Dauer um rund 100 Millionen RM. jährlich, sowie schließlich
5. Belebung fast aller Zweige der deutschen Wirtschaft, insbesondere der Möbelindustrie, der Hausgeräteindustrie, der Textilindustrie, der Bauwirtschaft und des Güterverkehrs.

EN vom 11.7.1933

EN vom 11.7.1933

Dieses wurde in den EN von einer Elmshorner Firma zu einer Werbeanzeige ausgenutzt.

Mit großen Schlagzeilen verkündete die Regierung am 11. Juli 1933 das *„Ende der Revolution“* und den Beginn des Aufbaues. Was aus der Überschrift als eine Erleichterung herauszulesen war, entpuppte sich im Artikel schnell als eine weitere Verschärfung der Lage, als Terror gegen andere politische Richtungen und eine Zementierung der NS-Macht.

„Die Revolution abgeschlossen!

Berlin, 11. Juli. Eine hochbedeutsame Erklärung der Reichsregierung wird in einem Rundschreiben des Reichsinnenministers an die Reichsstatthalter und Länderregierungen zur Kenntnis gebracht. Die Revolution wird für abgeschlossen erklärt. Nebenregierungen werden nicht geduldet. Die siegreiche Deutsche Revolution ist in das Stadium der Evolution, d.h. normaler gesetzmäßiger Aufbauarbeit getreten. Diese Aufgabe wird jedoch auf das schwerste gefährdet, wenn weiterhin noch von einer Fortsetzung der Revolution oder von einer zweiten Revolution geredet wird. Solche Äußerungen stellen eine glatte Sabotage der nationalen Revolution dar, und sind insbesondere geeignet, die deutsche Wirtschaft neuen Beunruhigungen auszusetzen und damit das deutsche Volk in seiner Gesamtheit zu schädigen. Jeder Versuch einer Sabotage der deutschen Revolution, wir er namentlich in unbefugten Eingriffen in die Wirtschaft und in Missachtung von Anordnungen der Träger der Staatsautorität zu erblicken ist, muss daher aufgrund der Verordnungen zum Schutze von Volk und Staat vom 28. Februar 1933 mit den schärfsten Maßnahmen (mindestens Schutzhaft) gegen wen immer, geahndet werden. Irgendwelche Organisationen oder Parteistellen dürfen sich künftig keine Regierungsbefugnisse anmaßen. Von der bisher geübten Einsetzung von Kommissaren ist künftig Abstand zu nehmen.“ (141)

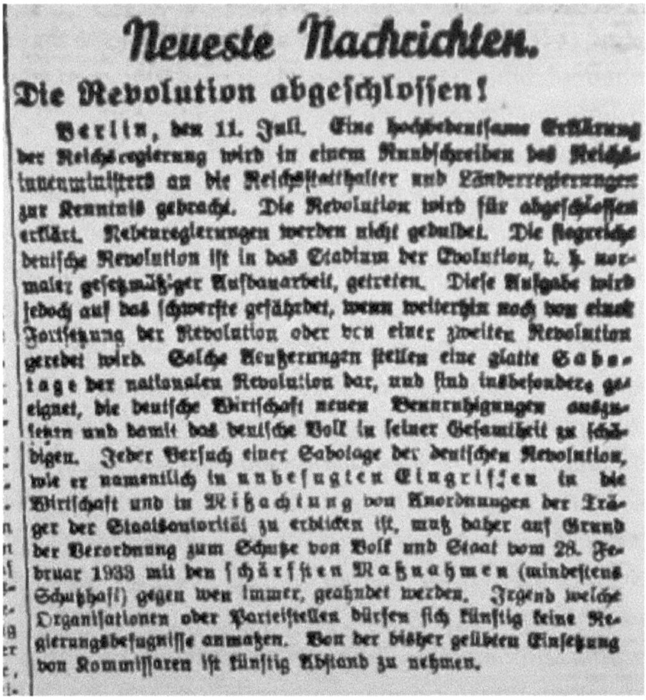

Neueste Nachrichten.

Die Revolution abgeschlossen!

Berlin, den 11. Juli. Eine hochbedeutsame Erklärung der Reichsregierung wird in einem Rundschreiben des Reichsinnenministers an die Reichsstatthalter und Länderregierungen zur Kenntnis gebracht. Die Revolution wird für abgeschlossen erklärt. Nebenregierungen werden nicht geduldet. Die siegreiche deutsche Revolution ist in das Stadium der Evolution, d. h. normaler gesetzmäßiger Aufbauarbeit, getreten. Diese Aufgabe wird jedoch auf das schwerste gefährdet, wenn weiterhin noch von einer Fortsetzung der Revolution oder von einer zweiten Revolution geredet wird. Solche Aeußerungen stellen eine glatte Sabotage der nationalen Revolution dar, und sind insbesondere geeignet, die deutsche Wirtschaft neuen Beunruhigungen auszusetzen und damit das deutsche Volk in seiner Gesamtheit zu schädigen. Jeder Versuch einer Sabotage der deutschen Revolution, wie er namentlich in unbefugten Eingriffen in die Wirtschaft und in Mißachtung von Anordnungen der Träger der Staatsautorität zu erblicken ist, muß daher auf Grund der Verordnung zum Schutze von Volk und Staat vom 28. Februar 1933 mit den schärfsten Maßnahmen (mindestens Schutzhaft) gegen wen immer, geahndet werden. Irgend welche Organisationen oder Parteistellen dürfen sich künftig keine Regierungsbefugnisse anmaßen. Von der bisher geübten Einsetzung von Kommissaren ist künftig Abstand zu nehmen.

EN vom 11.7.1933

Am 12 Juli wurde in den EN noch einmal klargestellt:

„(...) In seinen letzten Ansprachen an die SA-Führer und an die Reichsstatthalter hat der Herr Reichskanzler eindeutig festgestellt, dass die deutsche Revolution abgeschlossen ist. Soweit neben der Nationalsozialistischen Deutschen Arbeiterpartei noch politische Parteien bestanden, haben sie sich selbst aufgelöst. Ihre Wiederkehr oder Neubildung ist für alle Zeiten ausgeschlossen. Die Nationalsozialistische Deutsche Arbeiterpartei ist damit der alleinige Träger des Staates geworden. Alle Macht dieses Staates liegt in den Händen der von dem Herrn Reichskanzler allein geführten Reichsregierung, in der alle entscheidenden Ämter mit zuverlässigen Nationalsozialisten besetzt sind.

Damit ist die siegreiche deutsche Revolution in das Stadium der Evolution, d.h. normaler gesetzmäßiger Aufbauarbeit, getreten. Wichtigste Aufgabe der

Reichsregierung ist es nunmehr, die in ihr vereinigte totale Macht geistig und wirtschaftlich zu untermauern. Diese Aufgabe wird jedoch auf das Schwerste gefährdet, wenn weiterhin noch von einer Fortsetzung der Revolution oder von einer zweiten Revolution geredet wird. Wer noch so redet, muss sich darüber klar sein, dass er sich dann gegen den Führer selbst auflehnt, und wird entsprechend behandelt.

Solche Äußerungen stellen eine glatte Sabotage der nationalen Revolution dar und sind besonders geeignet, die deutsche Wirtschaft, die Dank der von der Reichsregierung zur Lösung des Arbeitslosenproblems getroffenen Maßnahmen in erfreulichem Wiederaufbau begriffen ist, neuen Beunruhigungen auszusetzen und damit das deutsche Volk in seiner Gesamtheit zu schädigen. Das der Reichsregierung als Trägerin der nationalen Revolution in steigendem Maße entgegengebrachte Vertrauen, das gerade in der Belebung der Wirtschaft und in dem starken Absinken der Arbeitslosenziffern seinen sichtbaren Ausdruck findet, darf unter keinen Umständen enttäuscht werden.

Jeder Versuch einer Sabotage der deutschen Revolution, wie namentlich in unbefugten Eingriffen in die Wirtschaft und der Missachtung von Anordnungen der Träger der Staatsautorität zu erblicken ist, muss daher aufgrund der Verordnung zum Schutze von Volk und Staat vom 28. Februar 1933 mit den schärfsten Maßnahmen (mindestens Schutzhaft) gegen wen immer, geahndet werden.

Soweit Eingriffe berechtigt sind, dürfen sie von nun an nur von den Trägern der Staatsautorität und auf deren ausdrückliche Anordnung und unter ihrer alleinigen Verantwortung erfolgen. Aufgabe der Herren Reichsstatthalter und der Landesregierungen, insbesondere der zuständigen Minister des Innern, ist es, wie der Herr Reichskanzler vom 6. Juli dieses Jahres ausdrücklich betont hat,

mit allen Mitteln zu verhindern, dass irgendwelche Organisationen oder Parteistellen sich künftig Regierungsbefugnisse anmaßen.

Andernfalls bestehe die Gefahr, dass die Gegner des Nationalsozialismus, insbesondere Kommunisten und Marxisten, versuchen werden, sich in die NSPO oder die Deutsche Arbeitsfront oder sonstige Organisationen einzuschleichen und unter ihrem Schutz die deutsche Wirtschaft fortgesetzt zu beunruhigen und der

Regierung der nationalen Revolution Schwierigkeiten zu bereiten. Im besonderen Auftrag des Herrn Reichskanzlers ersuche ich die Herren Reichsstatthalter und die Landesregierungen,

die Autorität des Staates auf allen Gebieten und unter allen Umständen sicherzustellen und jeden Versuch, diese Autorität zu erschüttern oder auch nur anzuzweifeln, woher er auch kommen mag, rücksichtslos und unter Schutz aller staatlichen Macht entgegenzutreten. Ich bitte ferner, dass aus diesen Gründen

künftig von der bisher geübten Einsetzung von Kommissaren Abstand genommen wird,

da der unter ausschließlicher nationalsozialistischer Leitung stehende Staatsapparat in der Lage ist, die in Frage kommenden Aufgaben allein durchzuführen. (...)" (142)

Anfang Juli erfolgten dann die Verbote bzw. Auflösung der politischen Parteien. Mit Ausnahme der NSDAP waren jetzt alle Parteien verboten. (143)

Jeder Versuch, Parteien neu zu gründen oder den Aufbau der Wirtschaft zu sabotieren oder zu erschweren, konnte von nun an als Hochverrat angesehen werden, wie die EZ vom 12. Juli 1933 unter der Überschrift „Das Ende des Parteienstaates" berichtete. (144)

Reichsgesetzblatt

Teil I

1933	Ausgegeben zu Berlin, den 15. Juli 1933	Nr. 81

Gesetz über Volksabstimmung. Vom 14. Juli 1933.

Die Reichsregierung hat das folgende Gesetz beschlossen, das hiermit verkündet wird.

§ 1

(1) Die Reichsregierung kann das Volk befragen, ob es einer von der Reichsregierung beabsichtigten Maßnahme zustimmt oder nicht.

(2) Bei der Maßnahme nach Abs. 1 kann es sich auch um ein Gesetz handeln.

§ 2

Bei der Volksabstimmung entscheidet die Mehrheit der abgegebenen gültigen Stimmen. Dies gilt auch dann, wenn die Abstimmung ein Gesetz betrifft, das verfassungsändernde Vorschriften enthält.

§ 3

Stimmt das Volk der Maßnahme zu, so findet Artikel 3 des Gesetzes zur Behebung der Not von Volk und Reich vom 24. März 1933 (Reichsgesetzbl. I S. 141) entsprechende Anwendung.

§ 4

Der Reichsminister des Innern ist ermächtigt, zur Durchführung dieses Gesetzes Rechtsverordnungen und allgemeine Verwaltungsvorschriften zu erlassen.

Berlin, den 14. Juli 1933.

Der Reichskanzler
Adolf Hitler

Der Reichsminister des Innern
Frick

Gesetz gegen die Neubildung von Parteien. Vom 14. Juli 1933.

Die Reichsregierung hat das folgende Gesetz beschlossen, das hiermit verkündet wird:

§ 1

In Deutschland besteht als einzige politische Partei die Nationalsozialistische Deutsche Arbeiterpartei.

§ 2

Wer es unternimmt, den organisatorischen Zusammenhalt einer anderen politischen Partei aufrechtzuerhalten oder eine neue politische Partei zu bilden, wird, sofern nicht die Tat nach anderen Vorschriften mit einer höheren Strafe bedroht ist, mit Zuchthaus bis zu drei Jahren oder mit Gefängnis von sechs Monaten bis zu drei Jahren bestraft.

Berlin, den 14. Juli 1933.

Der Reichskanzler
Adolf Hitler

Der Reichsminister des Innern
Frick

Der Reichsminister der Justiz
Dr. Gürtner

Gesetz über die Einziehung volks- und staatsfeindlichen Vermögens. Vom 14. Juli 1933.

Die Reichsregierung hat das folgende Gesetz beschlossen, das hiermit verkündet wird:

Die Vorschriften des Gesetzes über die Einziehung kommunistischen Vermögens vom 26. Mai 1933 (Reichsgesetzbl. I S. 293) finden auf Sachen und Rechte der Sozialdemokratischen Partei

Reichsministerium des Innern - Reichsgesetzblatt I 1933 S. 479, Scan Österreichische Nationalbibliothek (Austrian National Library)

Sicherung der Macht durch Verfolgung und Terror

Am 12. Juli berichteten die EN, dass im Bereich der SA-Standarte 31 SA-Reiterstürme gebildet werden sollten. Pferdebesitzer wurden dringend aufgefordert, ihre Pferde dafür bereit zu stellen. (1)

Unter dem Titel *„Luftschutz ist das Gebot der Stunde"* fand am 13. Juli in der Hafenschule ein Vortrag über den Luftschutz statt, bei die Mitbürger aufgefordert wurden, dem Reichsluftschutzbund beizutreten. (2)

Am 14. Juli schrieb der Reichsminister des Inneren, Dr. Frick, ein Rundschreiben an die Behörden, in dem er den Hitlergruß zum Deutschen Gruß deklarierte.

„Es ist allgemein Übung geworden, beim Singen des Liedes der Deutschen und des Horst-Wessel-Liedes (erste Strophe und Wiederholung der ersten Strophe am Schluss) den Hitler-Gruß zu erweisen, ohne Rücksicht darauf, ob der Grüßende Mitglied der NSDAP ist oder nicht. Wer nicht in den Verdacht kommen will, sich bewusst ablehnend zu verhalten, wird daher den Hitler-Gruß erweisen. Nach Niederkämpfung des Parteienstaates ist der Hitler-Gruß zum Deutschen Gruß geworden."

Für die Beamtenschaft wurde der Hitlergruß zur Pflicht, innerhalb und außerhalb des Dienstes. (3)

Am 16. Juli wurden in Elmshorn erneut Flugblätter verteilt:

„Eine erhebliche Erregung unter der SA und SS entstand, als bekannt wurde, dass am Sonntag wieder Flugblätter kommunistischen Inhalts verteilt waren. Daher wurden in der Nacht von Dienstag auf Mittwoch weitere drei politisch verdächtige Personen in Schutzhaft genommen. Sie wurden nach Glückstadt gebracht, weil ihre persönliche Sicherheit gefährdet schien. Wie wir von amtlicher Seite erfahren, sind weitere Maßnahmen geplant, damit die Aufbauarbeit des nationalsozialistischen Staates nicht durch marxistische Hetze gestört wird." (4)

Wie diese weiteren Maßnahmen aussahen, konnte man in der gleichen Ausgabe lesen:

„Kommunistische Flugblätter verhetzenden Inhalts wurden wieder in der Nacht vom 16. zum 17. d.M. in Raa-Besenbek und Langelohe ausgestreut. Dies gab der hiesigen Polizeibehörde Anlass, 10 kommunistische Personen, die am Sonnabend aus der Schutzhaft in Glückstadt entlassen waren, sofort wieder in Haft zu nehmen und außerdem die in Aussicht genommene Haftentlassung der übrigen in Glückstadt in Haft befindlichen Kommunisten hinauszuschieben. Die Haftmaßnahmen sollen wesentlich verschärft werden, sofern weitere Flugblattverteilungen erfolgen oder in sonstiger Weise kommunistische Verhetzung getrieben wird. - Außer den oben genannten Personen wurden noch zwei Kommunisten festgenommen, die sich in der letzten Zeit recht rührig für ihre Partei betätigt haben." (5)

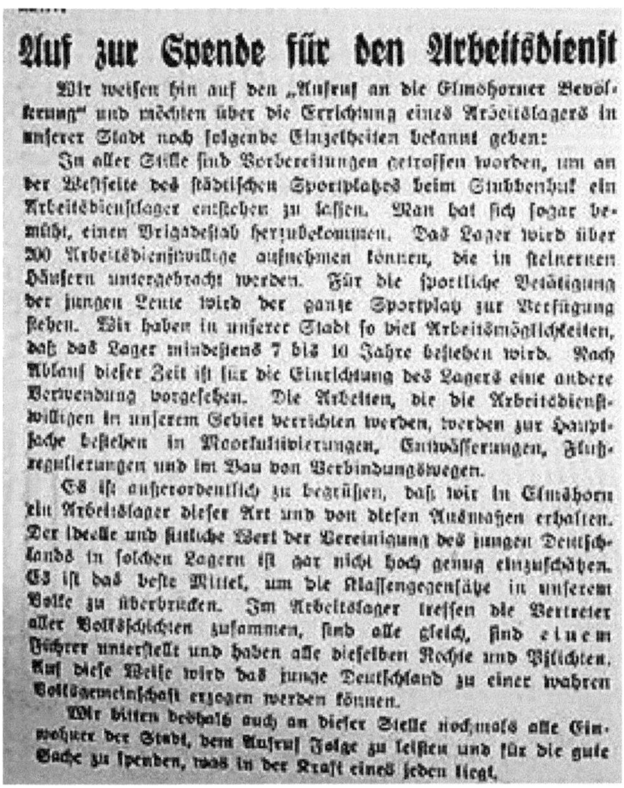

Auf zur Spende für den Arbeitsdienst

Wir weisen hin auf den „Aufruf an die Elmshorner Bevölkerung" und möchten über die Errichtung eines Arbeitslagers in unserer Stadt noch folgende Einzelheiten bekannt geben:

In aller Stille sind Vorbereitungen getroffen worden, um an der Westseite des städtischen Sportplatzes beim Stubbenhuk ein Arbeitsdienstlager entstehen zu lassen. Man hat sich sogar bemüht, einen Brigadestab herzubekommen. Das Lager wird über 200 Arbeitsdienstwillige aufnehmen können, die in steinernen Häusern untergebracht werden. Für die sportliche Betätigung der jungen Leute wird der ganze Sportplatz zur Verfügung stehen. Wir haben in unserer Stadt so viel Arbeitsmöglichkeiten, daß das Lager mindestens 7 bis 10 Jahre bestehen wird. Nach Ablauf dieser Zeit ist für die Einrichtung des Lagers eine andere Verwendung vorgesehen. Die Arbeiten, die die Arbeitdienstwilligen in unserem Gebiet verrichten werden, werden zur Hauptsache bestehen in Moorkultivierungen, Entwässerungen, Flußregulierungen und im Bau von Verbindungswegen.

Es ist außerordentlich zu begrüßen, daß wir in Elmshorn ein Arbeitslager dieser Art und von diesen Ausmaßen erhalten. Der ideelle und sittliche Wert der Vereinigung des jungen Deutschlands in solchen Lagern ist gar nicht hoch genug einzuschätzen. Es ist das beste Mittel, um die Klassengegensätze in unserem Volke zu überbrücken. Im Arbeitslager treffen die Vertreter aller Volksschichten zusammen, sind alle gleich, sind einem Führer unterstellt und haben alle dieselben Rechte und Pflichten. Auf diese Weise wird das junge Deutschland zu einer wahren Volksgemeinschaft erzogen werden können.

Wir bitten deshalb auch an dieser Stelle nochmals alle Einwohner der Stadt, dem Aufruf Folge zu leisten und für die gute Sache zu spenden, was in der Kraft eines jeden liegt.

EZ vom 22.7.1933

Elmshorner Nachrichten

„Pinneberger Kreisblatt"

82. Jahrgang. Montag, den 24. Juli 1933. Nr. 170.

Die Todesstrafe wird verhängt gegen alle Boykotteure und Saboteure des Staates.

Großer Sieg der „Deutschen Christen". — Hitler für eine einige Reichskirche. — Gegen das Spitzelwesen!
Wichtige Aenderung des Wehrgesetzes. — 6 Todesurteile im Kölner Prozeß. — Rosenfest in Pinneberg-Rellingen.

Schärfster Gesetzesschutz den Trägern des neuen Staates.
Todesstrafe den Zuwiderhandelnden.

In wenigen Zeilen.

EN vom 24.7.1933

Hermann Göring kündigte am 24. Juli 1933 ein Gesetz an, dass bei jeder Beleidigung und Angriffen auf Staatsbeamte, SA-, SS- und Stahlhelmmännern, sowie bei „Greuelpropaganda", Flugblättern, die Todesstrafe anordnet.

„Wer sich in Zukunft gegen die Träger der nationalsozialistischen Bewegung oder einen Träger des Staates vergreift, muss wissen, dass er binnen kürzester Frist sein Leben verliert. Dabei genügt es vollkommen, wenn er überführt wird, dass er die Tat beabsichtigt hat, oder dass die Tat nicht mit einem Tode, sondern nur mit einer Verletzung geendet hat. (...)

Darüber hinaus aber hat der Ministerrat beschlossen, der Reichsregierung zur beschleunigten Verabschiedung einen Gesetzentwurf vorzulegen, in dem die Todesstrafe ausgesprochen durch Sondergerichte, verhängt wird bei Überfällen, wie ich sie soeben geschildert habe, ferner auch in solchen Fällen, wo in Zukunft das Ansehen und der Bestand des Staates angelastet wird durch Verbreitung der sogenannten Gräuelpropaganda.

Denn auch diese hat dazu beigetragen und trägt dazu bei, den neuen Staat zu unterwühlen und vor allen Dingen Verhältnisse zu schaffen, die unter Umständen durch ihre unwahre Berichterstattung zu schweren Rückschlägen für Deutschland führen könnten.

Ich bin überzeugt, dass die Reichsregierung diesem Gesetz raschestens beitreten wird. (...)

Wir sind dabei auch von dem Standpunkt ausgegangen, dass in solchen Fällen von mildernden Umständen in Zukunft nicht mehr geredet werden kann, sondern dass jeder, der sich in Zukunft an einem Beamten des Staates, an einem SA- oder SS-Mann oder Stahlhelmmann, der ja jetzt auch zur SA gehört, vergreift, rascher mit dem Tode dafür büßen muss. (...)

Von nun an verlangen wir von jedem, wo immer er auch steht, dass er sich selbst mit seiner ganzen Person einsetzt für die Autorität des nationalsozialistischen Staates und damit des deutschen Volkes. Es gibt jetzt und in aller Zukunft nur eine Autorität, die des Staates, die wiederum ihre Autorität ableitet aus dem grenzenlosen Vertrauen des Volkes." (6)

Der stellvertretende Führer der NSDAP, Rudolf Heß, gab bekannt:

„(...) Die Gegner ruhen nicht: Wie die Reichsleitung erfuhr, sind Spitzel in die Reihen der NSDAP gesandt worden mit dem Auftrage, SA- und SS-Männer zu Misshandlungen von Gegnern zu verleiten, damit nachträglich Unterlagen für eine Glaubhaftmachung der Lügen geschaffen würden.

Nationalsozialisten, SA- und SS-Männer! Seid euch der Absichten der Gegner bewusst! Übergebt jeden, der Gefangene misshandeln will oder euch zu Misshandlungen zu verleiten sucht, der Polizei des nationalsozialistischen Staates. Jeder Nationalsozialist, der dem Wirken der Provokateure zum Opfer fallen sollte, wird aus der NSDAP rücksichtslos und ohne Ansehen der Person ausgeschlossen wegen versuchter Schädigung des Ansehens der NSDAP. Er wird in ein Konzentrationslager gebracht wegen Arbeit zugunsten der Gegner des nationalsozialistischen Staates. Jeder soll wissen, dass wir weit davon entfernt sind, dem Gegner mit Milde zu begegnen. Er muss wissen, dass jeder von Kommunisten oder Marxisten an einem Nationalsozialisten geübte Mord von uns zehnfach gegenüber kommunistischen oder marxistischen Führern gesühnt wird. Er muss wissen, dass jedes Vergehen gegen den nationalsozialistischen Staat die schwersten Strafen im Gefolge hat. Jeder Nationalsozialist muss sich aber auch bewusst sein, das Misshandeln von Gegnern jüdisch-bolschewistischer Gesinnung entspricht und des Nationalsozialismus unwürdig ist." (7)

Dieser Artikel ist eine Ablenkung. Da die sogenannte „Gräuelpresse", also Berichte ausländischer oder deutscher Personen über die Verbrechen der Nationalsozialisten Wirkung im In- und Ausland zeigten, sahen sich die Nationalsozialisten gezwungen, mit solchen Meldungen dagegen vorzugehen. Selbstverständlich kamen Misshandlungen von politischen Gegnern seitens der Nationalsozialisten vor, in den Polizeiwachen, Gefängnissen und Konzentrationslagern. Dieses änderte sich auch später nicht. Die Drohung, dass Morde an Nationalsozialisten zehnfach an Marxistischen und kommunistischen Führern gesühnt werde, war ein Vorläufer der Geiselerschießungen von ausländischen Personen im Krieg, z. B. nach Angriffen von Partisanen. Hier hieß der zu Grunde gelegte Vergeltungsschlüssel oft 1:10, 1:100 oder 1:1000 Personen.

Am 26. Juli schrieb der Elmshorner Bürgermeister an den Führer der hiesigen Hilfspolizei, in dem er beschrieb, dass es einige Beschwerden über den Umgang mit den Schutzhäftlingen gab. Krumbeck beschrieb in seinem Brief, dass es ihm gelungen sei, die Beschwerdeführer davon abzuhalten, die Angelegenheiten weiterzuverfolgen. Dieses dürfte auf Drohungen zurückzuführen gewesen sein. Krumbeck fuhr weiter fort, dass er nach dem Erlass von Heß, die Übergriffe in Zukunft scharf verfolgen wolle. (8)

Die KPD Schleswig-Holstein bildete in der Weimarer Republik und in den Nachkriegsjahren bis 1948 zusammen mit der Hamburger KPD den Bezirksverband Wasserkante der Kommunistischen Partei Deutschlands.

82. Jahrgang. Sonnabend (Sonntagsausgabe), den 29. Juli 1933. Nr. 175.

93 maßgebende Funktionäre der KPD. „Wasserkante" verhaftet.

Vernichtender Schlag gegen die illegale Weiterbetätigung der KPD. „Wasserkante".

In wenigen Zeilen.

EN vom 29.7.1933

Am 30. Juli 1933 wurde der Sportplatz in Sibirien mit einem SS-Wehrsportfest eröffnet. (9)

Heimatliche Rundschau.

Elmshorn, 29. Juli 1933.

Fahnen heraus!

—•— So muß es morgen für ganz Elmshorn heißen, und zwar aus zweierlei Gründen:

Am Sonntag werden die Straßen unserer Stadt unter dem Marschtritt der braunen Bataillone dröhnen. SS. marschiert!! Die Einwohner von Elmshorn wissen, was sie dem Stoßtrupp Adolf Hitlers schuldig sind. Es sind viele unter denen, die Sonntag marschieren, die beinahe ein Jahrzehnt in selbstloser Hingabe, mit nie erlahmender Energie für die Freiheit des deutschen Volkes gekämpft haben. Das sind die unbekannten Soldaten des Volkskanzlers, die sich in der Not- und Drangzeit Opfer auf Opfer und Verfolgungen aufgebürdet haben. Nichts für sich, sondern alles für ihr Volk. Gar viele sind es unter ihnen, die mit den Gefängnissen und Zuchthäusern des vergangenen Systems Bekanntschaft gemacht haben. Wenige nur, die den roten Terror nicht zu spüren bekommen haben, und wenige nur, die keine Narben an ihrem Körper tragen. Diesen Trägern der nationalsozialistischen Revolution gilt unser Gruß und Dank. Die Verbundenheit kann nicht besser zum Ausdruck gebracht werden, als wenn die Elmshorner Einwohner dem alten Ruf folgen: Fahnen heraus!!

Am morgigen Sonntag findet in der Kirche auch die Einführung der neuen Kirchenvertreter statt, die auf der Liste Glaubensbewegung „Deutsche Christen“ gewählt worden sind. Ein neuer Geist wird in die Evangelische Kirche einziehen, lebendig bleiben und, so hoffen wir, das ganze Deutsch-evangelische Volk erfassen und durchdringen. Auch aus diesem Anlaß ist es geboten, im Hinblick auf solchen denkwürdigen Tag die Häuser mit Fahnen zu schmücken, und damit die Verbundenheit mit der neuen Gegenwart und der anbrechenden besseren Zukunft der Kirche zu bekunden.

EN vom 29.7.1933

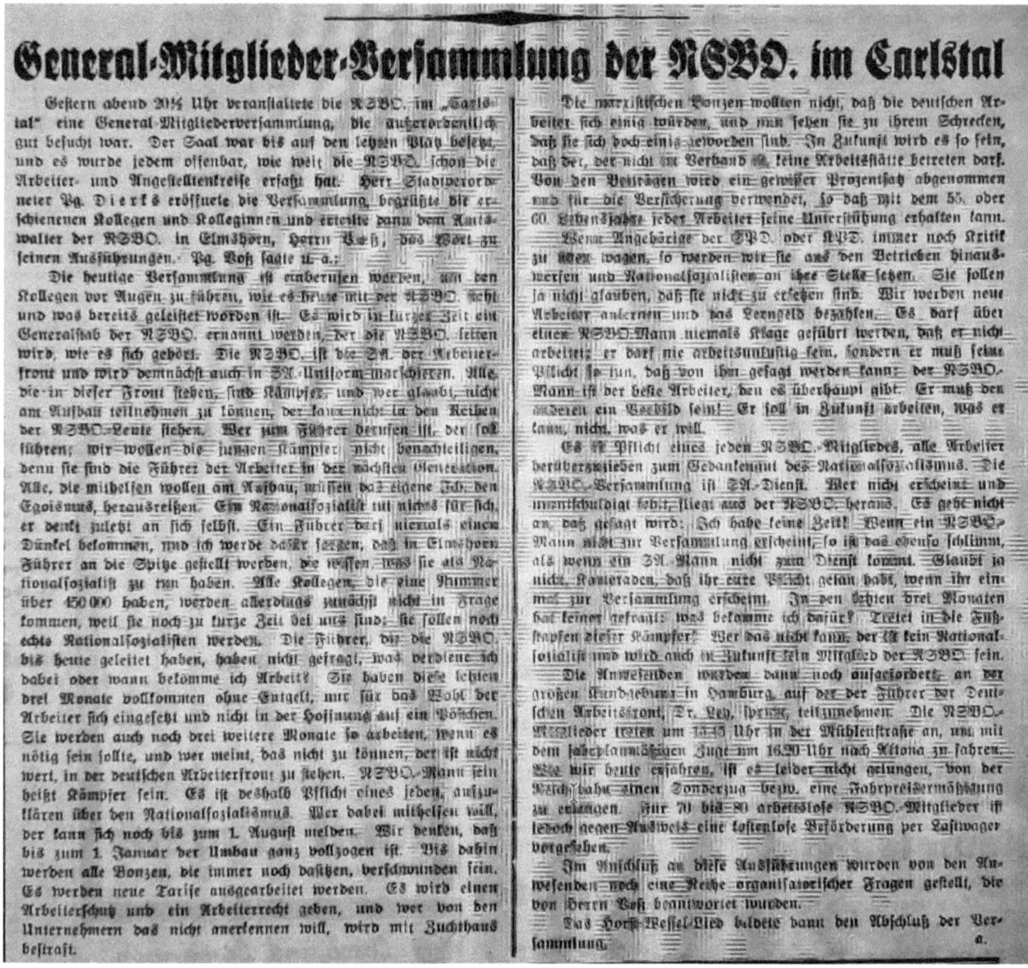

General-Mitglieder-Versammlung der NSBO. im Carlstal

Gestern abend 20½ Uhr veranstaltete die NSBO. im „Carlstal" eine General-Mitgliederversammlung, die außerordentlich gut besucht war. Der Saal war bis auf den letzten Platz besetzt, und es wurde jedem offenbar, wie weit die NSBO. schon die Arbeiter- und Angestelltenkreise erfaßt hat. Herr Stadtverordneter Pg. Dierks eröffnete die Versammlung, begrüßte die erschienenen Kollegen und Kolleginnen und erteilte dann dem Amtswalter der NSBO. in Elmshorn, Herrn Voß, das Wort zu seinen Ausführungen. Pg. Voß sagte u. a.:

Die heutige Versammlung ist einberufen worden, um den Kollegen vor Augen zu führen, wie es heute mit der NSBO. steht und was bereits geleistet worden ist. Es wird in kurzer Zeit ein Generalstab der NSBO. ernannt werden, der die NSBO. leiten wird, wie es sich gehört. Die NSBO. ist die SA. der Arbeiterfront und wird demnächst auch in SA.-Uniform marschieren. Alle, die in dieser Front stehen, sind Kämpfer, und wer glaubt, nicht am Aufbau teilnehmen zu können, der kann nicht in den Reihen der NSBO.-Leute stehen. Wer zum Führer berufen ist, der soll führen; wir wollen die jungen Kämpfer nicht benachteiligen, denn sie sind die Führer der Arbeiter in der nächsten Generation. Alle, die mithelfen wollen am Aufbau, müssen das eigene Ich, den Egoismus, herausreißen. Ein Nationalsozialist tut nichts für sich, er denkt zuletzt an sich selbst. Ein Führer darf niemals einen Dünkel bekommen, und ich werde dafür sorgen, daß in Elmshorn Führer an die Spitze gestellt werden, die wissen, was sie als Nationalsozialist zu tun haben. Alle Kollegen, die eine Nummer über 150 000 haben, werden allerdings zunächst nicht in Frage kommen, weil sie noch zu kurze Zeit bei uns sind; sie sollen noch echte Nationalsozialisten werden. Die Führer, die die NSBO. bis heute geleitet haben, haben nicht gefragt, was verdiene ich dabei oder wann bekomme ich Arbeit? Sie haben diese letzten drei Monate vollkommen ohne Entgelt, nur für das Wohl der Arbeiter sich eingesetzt und nicht in der Hoffnung auf ein Pöstchen. Sie werden auch noch drei weitere Monate so arbeiten, wenn es nötig sein sollte, und wer meint, das nicht zu können, der ist nicht wert, in der deutschen Arbeiterfront zu stehen. NSBO.-Mann sein heißt Kämpfer sein. Es ist deshalb Pflicht eines jeden, aufzuklären über den Nationalsozialismus. Wer dabei mithelfen will, der kann sich noch bis zum 1. August melden. Wir denken, daß bis zum 1. Januar der Umbau ganz vollzogen ist. Bis dahin werden alle Bonzen, die immer noch dasitzen, verschwunden sein. Es werden neue Tarife ausgearbeitet werden. Es wird einen Arbeiterschutz und ein Arbeiterrecht geben, und wer von den Unternehmern das nicht anerkennen will, wird mit Zuchthaus bestraft.

Die marxistischen Bonzen wollten nicht, daß die deutschen Arbeiter sich einig würden, und nun sehen sie zu ihrem Schrecken, daß sie sich doch einig geworden sind. In Zukunft wird es so sein, daß der, der nicht im Verband ist, keine Arbeitsstätte betreten darf. Von den Beiträgen wird ein gewisser Prozentsatz abgenommen und für die Versicherung verwendet, so daß mit dem 55. oder 60. Lebensjahre jeder Arbeiter seine Unterstützung erhalten kann.

Wenn Angehörige der SPD. oder KPD. immer noch Kritik zu üben wagen, so werden wir sie aus den Betrieben hinauswerfen und Nationalsozialisten an ihre Stelle setzen. Sie sollen ja nicht glauben, daß sie nicht zu ersetzen sind. Wir werden neue Arbeiter anlernen und das Lerngeld bezahlen. Es darf über einen NSBO.-Mann niemals Klage geführt werden, daß er nicht arbeitet; er darf nie arbeitsunlustig sein, sondern er muß seine Pflicht so tun, daß von ihm gesagt werden kann: der NSBO.-Mann ist der beste Arbeiter, den es überhaupt gibt. Er muß den anderen ein Vorbild sein! Er soll in Zukunft arbeiten, was er kann, nicht, was er will.

Es ist Pflicht eines jeden NSBO.-Mitgliedes, alle Arbeiter herüberzuziehen zum Gedankengut des Nationalsozialismus. Die NSBO.-Versammlung ist SA.-Dienst. Wer nicht erscheint und unentschuldigt fehlt, fliegt aus der NSBO. heraus. Es geht nicht an, daß gesagt wird: Ich habe keine Zeit! Wenn ein NSBO.-Mann nicht zur Versammlung erscheint, so ist das ebenso schlimm, als wenn ein SA.-Mann nicht zum Dienst kommt. Glaubt ja nicht, Kameraden, daß ihr eure Pflicht getan habt, wenn ihr einmal zur Versammlung erscheint. In den letzten drei Monaten hat keiner gefragt: was bekomme ich dafür? Tretet in die Fußstapfen dieser Kämpfer! Wer das nicht kann, der ist kein Nationalsozialist und wird auch in Zukunft kein Mitglied der NSBO. sein.

Die Anwesenden wurden dann noch aufgefordert, an der großen Kundgebung in Hamburg, auf der der Führer der Deutschen Arbeitsfront, Dr. Ley, spricht, teilzunehmen. Die NSBO.-Mitglieder treten um 15.45 Uhr in der Mühlenstraße an, um mit dem fahrplanmäßigen Zuge um 16.20 Uhr nach Altona zu fahren. Wie wir heute erfahren, ist es leider nicht gelungen, von der Reichsbahn einen Sonderzug bezw. eine Fahrpreisermäßigung zu erlangen. Für 70 bis 80 arbeitslose NSBO.-Mitglieder ist jedoch gegen Ausweis eine kostenlose Beförderung per Lastwagen vorgesehen.

Im Anschluß an diese Ausführungen wurden von den Anwesenden noch eine Reihe organisatorischer Fragen gestellt, die von Herrn Voß beantwortet wurden.

Das Horst-Wessel-Lied bildete dann den Abschluß der Versammlung.

a.

EZ vom 21.7.1933

Der preußische Justizminister brachte am 31. Juli einen Gnadenerlass für die verurteilten Angehörigen der SA, SS und des Stahlhelms heraus:

„Die Sturmabteilungen (der Stahlhelm) und die Schutzstaffeln der NSDAP haben unter Einsatz von Leib und Leben dem deutschen Volke den Tag der Freiheit erkämpft. In Anerkennung des kämpferischen Geistes, dem der Sieg der

nationalsozialistischen Revolution zu verdanken ist, ist aus Anlass der Beendigung der Revolution zu prüfen, ob Angehörige der genannten Formationen, die sich strafbar gemacht haben, in geeigneten Einzelfällen eines Gnadenerweises würdig erscheinen. Insbesondere ist die Erteilung eines Gnadenerweises bei solchen Straftaten der Kämpfer und Soldaten der nationalsozialistischen Revolution in Erwägung zu ziehen, die im Zusammenhang mit der nationalsozialistischen Revolution zur Durchsetzung des nationalsozialistischen Staates begangen sind; in Betracht kommen politische Straftaten aus der Zeit nach dem Inkrafttreten der Verordnung des Reichspräsidenten über die Gewährung von Straffreiheit vom 21. März 1933.

Der preußische Justizminister ersucht daher die Oberstaatsanwälte, über rechtskräftige Verurteilungen von Angehörigen der genannten Formationen, soweit die Strafvollstreckung noch nicht beendet ist, zu berichten, ob ein Gnadenerweis für angezeigt erachtet wird. Ebenso werden die Oberstaatsanwälte versucht, in noch schwebenden Strafverfahren zu berichten, ob eine Niederschlagung befürwortet wird und bis zum ministeriellen Entscheidung von Untersuchungshandlungen abzusehen.

Die Maßnahmen betreffen nicht Straftaten, die nach dem 15. Juli 1933 begangen sind oder begangen werden sollten." (10)

Am 29. Juli sandte der Bürgermeister eine Auflistung betreffend „kommunistischer Angriffe auf die Polizei und Stärke der Polizei" in den Jahren 1918 bis zum 30. Januar 1933.

Der Bürgermeister
als Ortspolizeibehörde

Elmshorn, den 29.Juli 1933.

An

den Herrn L a n d r a t
in P i n n e b e r g.

Zur fernmündlichen Verfügung vom 28.Juli, betr. kommunistische Angriffe auf die Polizei und Stärke der Polizei.

Zu a: Getötet wurde in der Zeit vom November 1918 bis 30.1.1933 kein Polizeibeamter.

Zu b: Verletzt wurden am 13.Juli 1930 fünf Polizeibeamte. Es fand an diesem Tage ein Roter Sporttag mit Umzug der K.P.D. statt. Während des Umzuges wurde ein Nationalsozialist, der auf dem Bürgersteig an dem Aufzug vorüberging, von Umzugteilnehmern angegriffen und seines Abzeichens beraubt. Die begleitenden Polizeibeamten schützten den Nationalsozialisten und wurden dabei tätlich angegriffen. Sie erhielten hierbei Schläge mit Fahnenstangen, Knüppeln, Totschlägern und wurden außerdem mit Steinen beworfen. Verletzt wurden hierdurch die Polizeibeamten Drews, Hell, Brandt, Hahn und Röhl. Drews erhielt solche schweren Knieverletzungen, weswegen er auch heute noch nicht außendienstfähig ist. Ein Täter wurde wurde für diese Straftaten ermittelt und wurde zu einer Gefängnisstrafe von neun Monaten Gefängnis verurteilt. Es handelt sich hierbei um den Arbeiter Bernhard Möller aus Elmshorn.

Gesamtstärke der Polizei vom November 1918 bis 30.1.1933:

1918 - 16 Polizeibeamte,
1919 - 16 " + 13 Hilfspolizeibeamte,

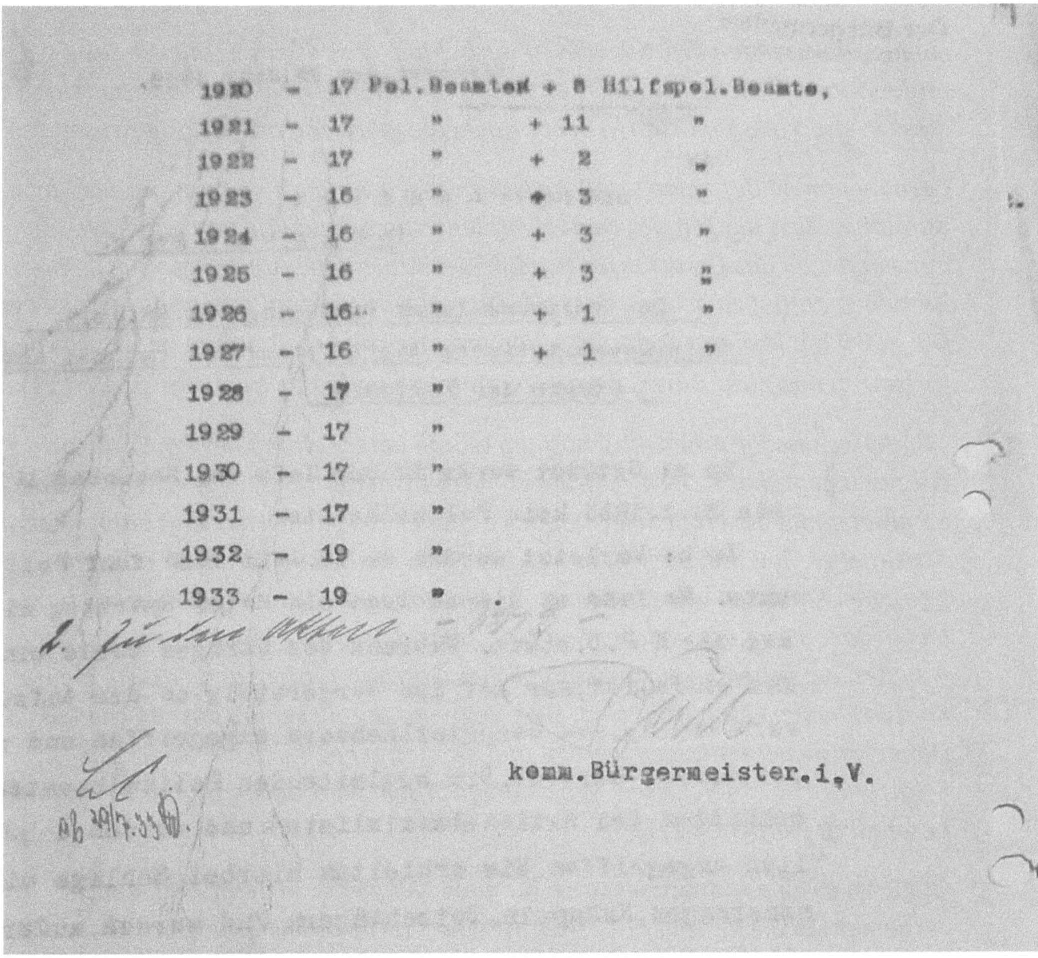

1920	-	17	Pol.Beamten	+ 8	Hilfspol.Beamte,
1921	-	17	"	+ 11	"
1922	-	17	"	+ 2	"
1923	-	16	"	+ 3	"
1924	-	16	"	+ 3	"
1925	-	16	"	+ 3	"
1926	-	16	"	+ 1	"
1927	-	16	"	+ 1	"
1928	-	17	"		
1929	-	17	"		
1930	-	17	"		
1931	-	17	"		
1932	-	19	"		
1933	-	19	".		

komm.Bürgermeister.i.V.

Stadtarchiv 001.03.31.50.01.76

Bei der Verpflichtung des Fleischbeschau-Tierarztes Dr. Haß und acht weiteren Elmshorner Fleischbeschauer in Pinneberg nahm der Elmshorner Bürgermeister Krumbeck Bezug auf das *„Doppelverdienertum"*:

„In den einleitenden Worten wies er darauf hin, dass es ein Verdienst des nationalsozialistischen Staates sei, dass er die Doppelverdiener ausschalte und auf diese Weise Volksgenossen in Brot bringe, die jahrelang arbeitslos gewesen seien.

Bezugnehmend auf obige amtliche Notiz weisen wir auch von uns aus nochmals daraufhin, dass die Zeit des Doppelverdienertums endgültig vorbei ist. Wir appellieren an das Gerechtigkeitsgefühl der Arbeitgeber und bitten sie, in ihren Betrieben darauf zu achten, dass das Doppelverdienertum restlos ausgerottet wird. Die NSBO hat in dieser Richtung schon erfolgreiche Arbeit geleistet. Sie wird diese fortsetzen und nicht ruhen, bis die Verhältnisse endgültig bereinigt sind." (11)

„Ein Ausschuss für Arbeitsbeschaffung wurde unter Leitung des Pg. Stadtrat Grezesch gegründet. Der Ortsgruppenbetriebsrat der NSBO, Pg. W. Voß wurde eingesetzt, um die Frage aller Doppelverdiener zu regeln. Herr Voß bittet jetzt alle Arbeitgeber, ihm mitzuteilen, in welcher Form die Doppelverdiener aus den Betrieben entlassen werden sollen. Zu den Doppelverdienern gehören auch diejenigen, die von staatlicher Seite aus pensioniert sind, Invalidenempfänger, Arbeiter, die nebenbei ein auskömmliches Geschäft führen, und Frauen, die mit Kontorreinigen beschäftigt sind. Herr Voß wird darauf sehen, dass solche Doppelverdiener entlassen werden und zwar so schnell sich nur irgendwie Ersatzkräfte anlernen lassen. Wo es möglich sein wird, sollen für Frauen Männer beschäftigt werden." (12)

Obgleich es eine Aufnahmesperre für neue Mitglieder in die NSDAP gab, veranstaltete die Partei am 12. August eine Werbeveranstaltung im „Carlstal". (13)

Am 15. August wurden aus der Landesarbeitsanstalt Glückstadt, dem Glückstädter KZ, elf Elmshorner Kommunisten entlassen.

„Der Bürgermeister entließ sie heute Morgen mit einer Ansprache, worin er ausführte: Der Nationalsozialismus hätte den Sieg errungen. Er dulde es nicht, dass ihm dieser von irgendwelcher Seite streitig gemacht würde. Der Kampf wäre

geführt worden um die Seele des deutschen Arbeiters. Der neue Staat werde beweisen, dass es ihm ernst mit diesem Kampf gewesen sei. - Die Schutzhäftlinge seien die politischen Gegner gewesen. Als solche hätten sie die Haft als Unbill ertragen müssen. Sie müssten dankbar anerkennen, dass der Nationalsozialismus nicht die grausamen Methoden gegen seine Gegner angewandt hätte, wie die kommunistischen Machthaber in Russland nach Niederkämpfung ihrer politischen Feinde. Der Staat verlange von den Entlassenen nicht, dass sie von heute auf morgen begeisterte Nationalsozialisten würden. Er müsse aber verlangen, dass Ruhe gehalten würde, dass gearbeitet würde und dass jegliche Art der Volksverhetzung schnellstens aufhöre, dann käme die Einsicht von selbst. Sache der Entlassenen sei es, ihre Beziehungen auszunutzen, um etwaige noch verhetzte Elemente von staatsfeindlichen Maßnahmen abzuhalten. Gelinge Ihnen das nicht, so müssen sie mit ihrer Wiederverhaftung unter verschärften Bedingungen rechnen.

Die Entlassenen sollen sich vorerst alle drei Tage auf der Polizei melden.

Nicht zur Entlassung kamen 14 weitere politische Schutzhäftlinge. Diese wurden von Glückstadt nach dem Konzentrationslager. Lager Kuhlen, Bez. Neumünster-Land, überführt, weil dort ihre Vorbereitung auf die Volksgemeinschaft des Dritten Reiches am besten gewährleistet erscheint." (14)

Ein gleichlautender Artikel erschien am gleichen Tage in den EN. (15)

Gesuche um Aufnahme in die NSDAP. zwecklos

Mitgliedersperre bei der NSDAP. voraussichtlich bis 1. April 1934

München, 8. Aug. Der Reichsschatzmeister der NSDAP. veröffentlicht im „Völkischen Beobachter" folgende Bekanntmachung:

Es besteht Veranlassung, darauf hinzuweisen, daß für die Dauer der Mitgliedersperre, welche voraussichtlich nicht vor dem 1. April 1934 aufgehoben werden wird, Gesuche um Aufnahme in die NSDAP. zwecklos sind. Den Ortsgruppen wird es untersagt, jetzt schon Aufnahme-Erklärungen entgegenzunehmen, um diese nach Ablauf der Sperre vorzulegen.

EZ vom 9.8.1933

— **Standarte 265.** Nachdem die Standarte etwa 7000 SA.-Männer umfaßte, hatte der Gruppenführer sich entschlossen, diese Standarte zu teilen. Aus der bewährten SA. des gesamten Kreises Pinneberg wurde die Standarte 265, so daß die Brigade Südholstein nunmehr die Standarten 31, 213 und 265 ihr eigen nennt. Die Standorte sind Altona, Segeberg und Pinneberg. Die neue Standarte 265 hat die ansehnliche Stärke von 3200 SA.-Männern und ist in drei Sturmbanne eingeteilt. Die Sturmbanne verteilen sich wie folgt: Sturmbann I Pinneberg, Führer Sturmführer Stahl, Adjutant Vick; Sturmbann II Elmshorn, Führer Sturmbannführer Breitfeld, Adjutant Malzahn; Sturmbann III Uetersen, Führer Sturmführer Kölln, Adjutant Breiholz. Die neue Standarte wird ihre Diensträume im alten Gebäude des Landratsamtes in Pinneberg aufschlagen. Die Dienststunden sind von 9 bis 17 Uhr.

— **Die Fahrtenmesser der HJ.** Die Reichsjugendführung teilt mit: Das vom Reichsjugendführer angeordnete Tragen des Fahrtenmessers der HJ. gilt für alle Hitlerjungen und Jungvolkjungen unabhängig von ihrer Dienstzeit. Soweit von irgendwelchen Dienststellen entgegengesetzte Anordnungen getroffen worden sind, sind diese ungültig und sofort zu widerrufen. Die Berechtigung steht allen Hitlerjungen und Jungvolkjungen zu. Die Fahrtenmesser sind lediglich durch den Kleinhandel zu beziehen. Der Vertrieb durch irgendwelche Dienststellen der HJ. ist strengstens verboten. Gez. Loose, Obergebietsführer.

EZ vom 12.8.1933

Aufruf!

Die Not der Zeit fordert für die nächste Zukunft eine wichtige Aufgabe: „Die Winterhilfe".

Es wird daher im Rahmen der NS.-Volkswohlfahrt E. V. das

„Winterhilfswerk des deutschen Volkes 1933/34"

errichtet.

Nach den Worten des Führers soll im nächsten Winter niemand hungern und frieren. Wir rufen alle zur tatkräftigen Mitarbeit auf, um den Opfern der Zeit zu helfen. Wir sind für einander verantwortlich und müssen den Gemeinsinn in einer großzügigen Hilfe gegen unsere Volksgenossen zur Tat werden lassen.

Es ist für den kommenden Winter eine großangelegte Lebensmittelsammlung durchzuführen. Die Ortsgruppenleiter der NSDAP. oder auch von ihnen bestimmte Vertreter werden gebeten, in ihren Gebieten sofort mit Lebensmittelsammlungen zu beginnen. Alle anderen Organisationen bitten wir ebenfalls, sich diesen anzuschließen und tatkräftig mitzuhelfen, um eine einheitliche Durchführung zu gewährleisten. Wer sich nicht selbst aus der Volksgemeinschaft ausschließen will, ist unbedingt verpflichtet, das „Winterhilfswerk des deutschen Volkes 1933/34" zu unterstützen.

EZ vom 18.8.1933

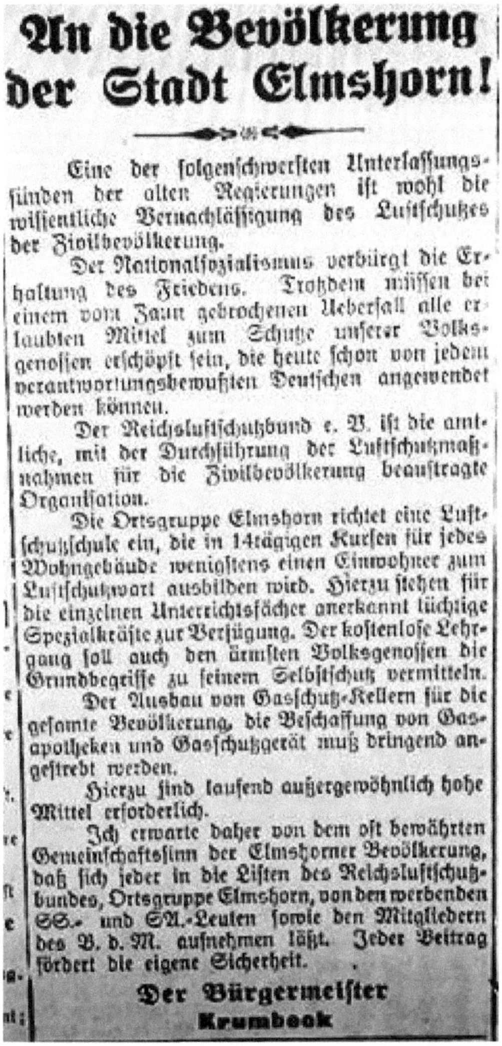

An die Bevölkerung der Stadt Elmshorn!

Eine der folgenschwersten Unterlassungssünden der alten Regierungen ist wohl die wissentliche Vernachlässigung des Luftschutzes der Zivilbevölkerung.

Der Nationalsozialismus verbürgt die Erhaltung des Friedens. Trotzdem müssen bei einem vom Zaun gebrochenen Ueberfall alle erlaubten Mittel zum Schutze unserer Volksgenossen erschöpft sein, die heute schon von jedem verantwortungsbewußten Deutschen angewendet werden können.

Der Reichsluftschutzbund e. V. ist die amtliche, mit der Durchführung der Luftschutzmaßnahmen für die Zivilbevölkerung beauftragte Organisation.

Die Ortsgruppe Elmshorn richtet eine Luftschutzschule ein, die in 14tägigen Kursen für jedes Wohngebäude wenigstens einen Einwohner zum Luftschutzwart ausbilden wird. Hierzu stehen für die einzelnen Unterrichtsfächer anerkannt tüchtige Spezialkräfte zur Verfügung. Der kostenlose Lehrgang soll auch den ärmsten Volksgenossen die Grundbegriffe zu seinem Selbstschutz vermitteln.

Der Ausbau von Gasschutz-Kellern für die gesamte Bevölkerung, die Beschaffung von Gasapotheken und Gasschutzgerät muß dringend angestrebt werden.

Hierzu sind laufend außergewöhnlich hohe Mittel erforderlich.

Ich erwarte daher von dem oft bewährten Gemeinschaftssinn der Elmshorner Bevölkerung, daß sich jeder in die Listen des Reichsluftschutzbundes, Ortsgruppe Elmshorn, von den werbenden SS.- und SA.-Leuten sowie den Mitgliedern des B. d. M. aufnehmen läßt. Jeder Beitrag fördert die eigene Sicherheit.

Der Bürgermeister
Krumbeck

EZ vom 21.8.1933

Am 31. August fand unter dem Motto „*Luftschutz tut Not*“ eine öffentliche, sehr gut besuchte, Versammlung im „Holsteinischen Hof“ statt. Die Versammlung diente der Einrichtung einer Luftschutzschule:

„(...) In den Luftschutzschulen werden die Leute ausgebildet. Sie lernen mit der Gasmaske umgehen, mit der Gasmaske Unterstände bauen usw. Es müssen in jedem Haus Vorkehrungen getroffen werden, dass man bei einem Luftangriff sofort in sicheren Kellern verschwinden kann. Die Hauptsache ist, dass der Hausboden frei von Gerümpel gehalten wird, damit die von Brandbomben erzeugten Brände, die übrigens nur mit Sand zu löschen sind, leicht einzudämmen sind. Um den Schutz vollkommen zu gestalten, müssen weiter unzählige kleine Vorkehrungen getroffen werden, die alle an den Schulungsabenden eingeübt werden. Die Arbeit der Behörden allein genügt nun natürlich nicht; jeder einzelne muss in seinem ureigensten Interesse mithelfen, und gerade der Frau, wird dabei keine kleine Aufgabe zufallen." (16)

In den EN stand über diese Veranstaltung u.a.:

„Korvettenkapitän Gaukler hielt das Referat:

„Wir wissen, bei einem Kriege wird die Taktik unserer Gegner sein: Kampfhandlungen zu Lande und zu Wasser sollen nur hinauszögern; die Entscheidung soll durch Angriffe der Tausende von Flugzeugen im Hinterland fallen.

Der nächste Krieg wird weniger ein Krieg zwischen Combattant und Combattant, sondern zwischen Combattant und Zivilbevölkerung werden. (...)

Noch ist das deutsche Volk allen Luftangriffen wehrlos ausgesetzt. In kurzer Zeit aber wird jeder wissen, was er im Falle eines Fliegerangriffes zu tun hat. Ein feindlicher Fliegerangriff wird dann verhältnismäßig wirkungslos verpuffen und dadurch für den Gegner zu kostspielig und zu riskant werden- Der Gegner wird sich so gezwungen sehen, den Krieg wieder an den Fronten auszufechten und hier wird es Männer genug geben, die gewillt sind, den Feinden wieder wie 1914 die Hosen zu verdreschen. Schon im Kriege konnten durch den intensiven Luftschutz die Treffsicherheit der Bomben im Hinterland von 1/3 auf 1/65 vermindert werden.

In wenigen Stunden können feindliche Flugzeuge über Schleswig-Holstein stehen. Für unsere engere Heimat bedeuten besonders die Flugzeugmutterschiffe eine große Gefahr. Wie ohnmächtig Deutschland in der Luft ist, sah man am drastischsten vor etwa 6 Wochen, als ausländische Flieger Flugblätter über Berlin und andere Städte abwarfen, in denen die nationale Regierung auf das Schändlichste geschmäht wurde. (...)

Uns drohen aus der Luft Sprengbomben, Brandbomben und Gasbomben. Gegen die großen schweren Sprengbomben gibt es keinen Schutz. Hier gilt es nur, nachträglich zu heilen, aufzuräumen und wieder gutzumachen, soweit es in menschlichen Kräften steht. Sehr gefährlich sind die Brandbomben, die eine brennende Flüssigkeit verspritzen, die nicht mit Wasser, sondern nur mit trockenem Sand gelöscht werden kann. Da die Bomben sehr klein an Gewicht sind (teilweise wiegen sie nur 1 Pfund) kann ein Flugzeug unzählige dieser gefährlichen Sprengkörper mitnehmen. Am gefährlichsten sind die Gasbomben, die giftige Gase enthalten, die oft noch nach Wochen ihre tödliche Wirkung ausüben.

Das Gas verliert aber an Schrecken, wenn die ganze Bevölkerung eine strenge Gasdisziplin besitzt. Gegen jedes Gas ist ein Schutz möglich, denn jedes Gas muss von Menschen laboriert werden, sie sich also auch gegen dieses Gift schützen müssen. Als kleine Hausmittel seien genannt: Gelbkreuzspritzer müssen mit Chlorkalkpulver entfernt werden. Gegen gasartige Gifte schützt jedenfalls kurze Zeit ein kleines Kissen mit Torfmull, das mit Urotropin getränkt ist und vor Nase und Mund gehalten wird. (...)

Über die Gase sind wir ziemlich genau orientiert. Die Tränengase sind nicht lebensgefährlich. Tödlich wirken aber das Blaukreuz-, Grünkreuz- und Gelbkreuzgas. Am gefährlichsten ist das Gelbkreuz. Es kommt als Flüssigkeit und Gas zur Anwendung und behält, wenn es zum Beispiel in den Kleidern sitzt, noch wochenlang seine tödliche Wirkung.

Viele werden fragen, was haben wir auf dem Lande oder in der Kleinstadt mit dem Luftschutz zu tun. Sie bedenken dabei nicht, dass während eines Krieges das flache Land nicht so friedlich daliegt wie jetzt, sondern dass jede Landstraße und jedes Dorf von Truppenbewegungen angefüllt sein wird. Damit werden auch diese Gegenden militärisch wichtige Ziele, die angegriffen werden. Auch weiß der Gegner, dass der Nationalsozialismus seine Wurzel auf dem Lande hat. Er wird also gerade dem Lande seine besondere Aufmerksamkeit zuwenden. (...)

Sozusagen bis vor die Haustür übernimmt der Fiskus den Luftschutz der Bevölkerung. Der persönliche Schutz des Bürgers liegt jedoch in der zivilen Hand. Beide Organisationen sind natürlich aufeinander angewiesen. Im zivilen Luftschutz wird vornehmlich die deutsche Frau die Hüterin des Herdes sein, denn die jungen Männer werden im Ernstfall wie 1914 mit Sang und Klang an die Front ziehen.

Die Kommunen werden besonders ausgebildete Feuerlöschtrupps, Entgiftungstrupps, Aufräumtrupps usw. bilden. Der zweite Teil des Luftschutzes besteht im Selbstschutz des Bürgers.

Dem Bürger soll in besonderen Luftschutzkursen alles Notwendige beigebracht werden.

Technische Vorbereitungen für den Luftschutz sind: vollkommenes Aufräumen der Hausböden, Schließen der Fenster, Schließen der Gas- und Wasserhähne usw. Wichtig ist, den Hauskeller rechtzeitig für die Luftgefahr vorzubereiten. In diesem Hauskeller, genannt „Heldenkeller", haben sich die ganzen Hausbewohner zu versammeln, die nicht aktiv im Luftschutz nötig sind. Der Keller muss gasdicht abgeschlossen sein. Wichtig ist, dass vor dem Keller eine Gasschleuse liegt, die sich durch ölgetränkte Tücher oder durch eine doppelte Tür leicht erstellen lässt. An der Schleuse hat der Hausluftschutzwart seinen Posten. Hinter der Schleuse, im Keller, müssen Wasserleitungen und Kochgelegenheit vorhanden sein. Hier müssen genügend Lebensmittel lagern, ferner ist Radio- und Fernsprechverbindung erwünscht. Auch eine Verbindung mit dem Keller des Nachbarhauses muss angestrebt werden. Für Brandbomben muss in jedem Hause eine Brandfeuerwehr bestehen, die im Ernstfalle auf dem Hausboden stationiert ist. Eine Fernverbindung zwischen Boden und Keller muss eingerichtet werden. Vor allen Dingen ist es notwendig, dass jeder Bewohner eines Hauses weiß, was er im Ernstfall zu tun hat."

In der Pause warb der Redner Gaukler noch für den Luftschutzbund, der in Elmshorn zu der Zeit 3000 Mitglieder hatte. (17)

Vom 30. August bis 3. September 1933 fand in Nürnberg der Reichsparteitag statt. Von 1933 bis 1938 wurden sie als Reichsparteitage des deutschen Volkes jeweils in der ersten Septemberhälfte in Nürnberg durchgeführt und dauerten in der Regel acht Tage. Nach der NSDAP-Ideologie sollte dabei die Verbundenheit von Führung und Volk bekundet werden. Das wurde zum Ausdruck gebracht durch eine jährlich wachsende Zahl von zuletzt mehr als einer halben Million Teilnehmern und Besuchern aus allen Gliederungen der Partei, der Wehrmacht und des Staates.

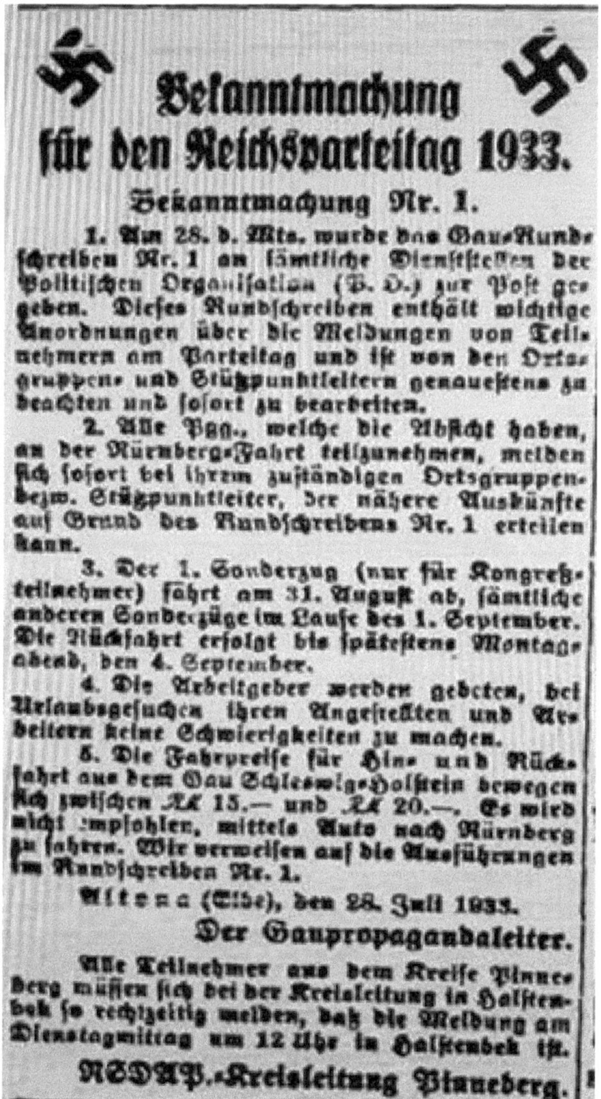

Bekanntmachung für den Reichsparteitag 1933.

Bekanntmachung Nr. 1.

1. Am 28. d. Mts. wurde das Gau-Rundschreiben Nr. 1 an sämtliche Dienststellen der Politischen Organisation (P. O.) zur Post gegeben. Dieses Rundschreiben enthält wichtige Anordnungen über die Meldungen von Teilnehmern am Parteitag und ist von den Ortsgruppen- und Stützpunktleitern genauestens zu beachten und sofort zu bearbeiten.

2. Alle Pgg., welche die Absicht haben, an der Nürnberg-Fahrt teilzunehmen, melden sich sofort bei ihrem zuständigen Ortsgruppen- bezw. Stützpunktleiter, der nähere Auskünfte auf Grund des Rundschreibens Nr. 1 erteilen kann.

3. Der 1. Sonderzug (nur für Kongreßteilnehmer) fährt am 31. August ab, sämtliche anderen Sonderzüge im Laufe des 1. September. Die Rückfahrt erfolgt bis spätestens Montagabend, den 4. September.

4. Die Arbeitgeber werden gebeten, bei Urlaubsgesuchen ihren Angestellten und Arbeitern keine Schwierigkeiten zu machen.

5. Die Fahrpreise für Hin- und Rückfahrt aus dem Gau Schleswig-Holstein bewegen sich zwischen RM 15.— und RM 20.—. Es wird nicht empfohlen, mittels Auto nach Nürnberg zu fahren. Wir verweisen auf die Ausführungen im Rundschreiben Nr. 1.

Altona (Elbe), den 28. Juli 1933.

Der Gaupropagandaleiter.

Alle Teilnehmer aus dem Kreise Pinneberg müssen sich bei der Kreisleitung in Halstenbek so rechtzeitig melden, daß die Meldung am Dienstagmittag um 12 Uhr in Halstenbek ist.

NSDAP.-Kreisleitung Pinneberg.

EN vom 29.7.1933

82. Jahrgang. Freitag, den 1. September 1933. Nr. 204.

Der „Kongreß des Sieges"! Proklamation des Führers!

Adolf Hitler ruft zur Sammlung. Den Staatsfeinden Kampf bis zur Vernichtung.

Eine Ehrengabe Bayerns für Göring. — Neue Grundlagen der Gemeindesteuern. — Provinz Grenzmark frei von Arbeitslosen.

EN vom 1.9.1933

Bundesarchiv, Bild 183-1987-0410-501
Foto: o.Ang. | 1933 August - September

Aufmarsch der SA. Reichsparteitag Nürnberg 1933. Bundesarchiv Bild 183-1987-0410-501

Plakette zum Reichsparteitag 1933, verliehen an alle Teilnehmer. Webfund.

-h- Ein Sonderzug mit SA.-Männern ging gestern abend von Kiel ab und nahm hier in Elmshorn die SA.-Männer mit, die nach Nürnberg wollen. Heute morgen 9.33 Uhr fuhr wieder ein Sonderzug mit SS.-Männern durch Elmshorn. Etwa 200 SS.-Männer aus Elmshorn fuhren mit. Außerdem brachten Lastautos aus anderen Orten SS.-Männer, die hier den Zug bestiegen. Heute abend fährt zwischen 9 und 10 Uhr ein Sonderzug, der die letzten Teilnehmer aus der Nordmark nach Nürnberg bringt. Die Lokomotiven der Sonderzüge sind mit einer schwarz-weiß-roten und einer Hakenkreuzfahne geschmückt. Vom Bahnhofsgebäude wehen auch die Fahnen und grüßen die Nürnbergfahrer.

EN vom 1.9.1933

Auch Mitglieder der Elmshorner SA, SS und HJ waren in Nürnberg dabei. Zum einen waren einige Hitlerjungen Teilnehmer an den Sternmärschen aus ganz Deutschland beteiligt, zum anderen wurden von der Reichsbahn Sonderzüge bereitgestellt.

„Ein Sonderzug mit SA-Männern ging gestern Abend von Kiel ab und nahm hier in Elmshorn die SA-Männer mit, die nach Nürnberg wollen. Heute Morgen 9.33 Uhr fuhr wieder ein Sonderzug mit SS-Männern durch Elmshorn. Etwa 200 SS-Männer aus Elmshorn fuhren mit. Außerdem brachten Lastautos aus anderen Orten SS-Männer, die hier den Zug bestiegen. Heute Abend fährt zwischen 9 und 10 Uhr ein Sonderzug, der die letzten Teilnehmer aus der Nordmark nach Nürnberg bringt. Die Lokomotiven der Sonderzüge sind mit einer schwarz-weiß-roten und einer Hakenkreuzfahne geschmückt. Vom Bahnhofsgebäude wehen auch die Fahnen und grüßen die Nürnbergfahrer." (18)

Am 7. September 1933 haben einige Ortsbesichtigungen zwecks Arbeitsbeschaffungen für ein geplantes Arbeitsdienstlager im Umkreis von 10 Km von Elmshorn stattgefunden. Man kam zu dem Schluss, dass es genügend Arbeitsplätze für das Lager gab. Die Mannschaften sollten im früheren Werk- und Armenhaus der Reichsbahn untergebracht werden. (19)

Éine Mitgliederversammlung der NSDAP Elmshorn fand am 8. September in „Tychsens Klub- und Ballhaus" statt. Nach den ersten Programmpunkten *„Doppelverdienertum und Missstände in der Elmshorner Verwaltung"* sprach Bürgermeister Krumbeck zur Frage der Arbeitslosigkeit:

„(...) *Meine Hauptarbeit gilt der Arbeitsbeschaffung, mein Ziel ist die gänzliche Befreiung unserer Stadt von Erwerbslosen. Nur 600 bis 700 Erwerbslose stehen 1400 Erwerbslosen im vergangenen Jahr gegenüber. Eine schwere Arbeit wird es sein, die jetzt entlassenen Saisonarbeiter anderweitig unterzubringen, aber sie muss gelingen, wenn sich die Erwerbslosenzahl im Winter nicht wieder erhöhen soll. Notstandsarbeiten werden wieder in größerem Rahmen ausgeführt werden. Für ein Arbeitsdienstlager sind genügend. Arbeitsmöglichkeiten in und um Elmshorn gefunden worden. Das frühere Werk- und Armenhaus wird entsprechend umgebaut werden, so dass es 216 Arbeitsdienstwillige beherbergen kann. Eine geplante Autostraße Elmshorn-Tornesch wird reiche Arbeit bringen. Mit der Schaffung eines nationalsozialistischen Kulturtheaters ist in der nächsten Zeit zu rechnen. Es soll uns vertraut machen mit allen echten deutschen Kulturwerken."* (20)

In der Mitte des Jahres 1933 wurde die Mitgliederzahl in der SA-Standarte 31 so groß, dass diese geteilt werden musste. Die Verbände des Kreises Pinneberg wurden zur Standarte 265 zusammengefasst. Sitz wurde die Landdrostei Pinneberg an der Dingstätte. Hier wurden auch die SA-Unterführer geschult und die Konferenzen abgehalten. Die Standarte 265 bestand aus 3500 SA-Männern. (21)

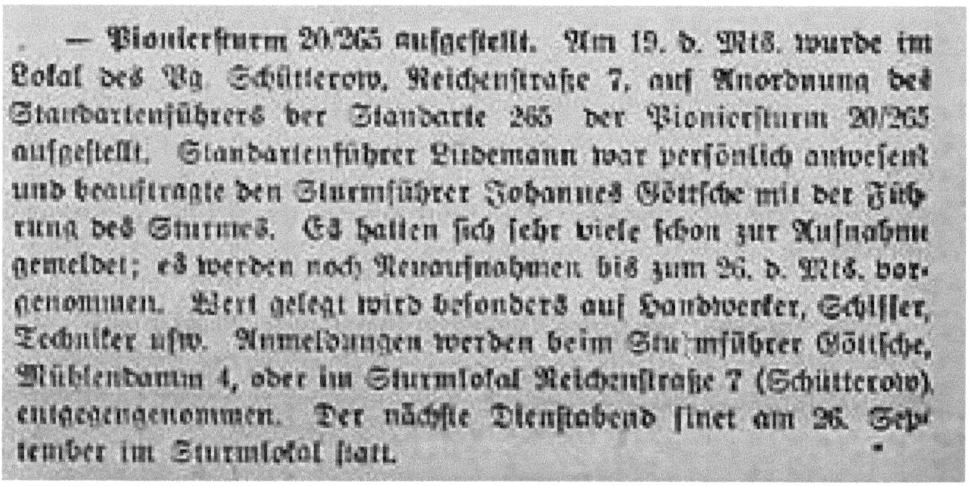

— **Pioniersturm 20/265 aufgestellt.** Am 19. d. Mts. wurde im Lokal des Pg. Schütterow, Reichenstraße 7, auf Anordnung des Standartenführers der Standarte 265 der Pioniersturm 20/265 aufgestellt. Standartenführer Lüdemann war persönlich anwesend und beauftragte den Sturmführer Johannes Göttsche mit der Führung des Sturmes. Es hatten sich sehr viele schon zur Aufnahme gemeldet; es werden noch Neuaufnahmen bis zum 26. d. Mts. vorgenommen. Wert gelegt wird besonders auf Handwerker, Schlosser, Techniker usw. Anmeldungen werden beim Sturmführer Göttsche, Mühlendamm 4, oder im Sturmlokal Reichenstraße 7 (Schütterow), entgegengenommen. Der nächste Dienstabend findet am 26. September im Sturmlokal statt.

EN vom 20.9.1933

SA.-Standarte 265.

Nach Trennung von der Standarte 31 sind die SA.-Verbände des Kreises Pinneberg, wie schon berichtet, zur Standarte 265 zusammengefaßt. Die Führung der Standarte, die ihren Sitz in Pinneberg hat, hat Standartenführer Jüdemann übernommen, sein Adjutant ist der bisherige Verwaltungsführer der Standarte 31 Rehmer. Diese Standarte hat sich im Gebäude der ehemaligen Landdrostei an der Dingstätte eingerichtet. Mit der Bildung einer eigenen Standarte für den Kreis Pinneberg ist ein langgehegter Wunsch der Bevölkerung in Erfüllung gegangen, die heute stolz darauf sein kann, aus ihren Reihen eine Formation von etwa 3500 SA.-Männern zu stellen.

Die Aufstellung der Standarte 265 gliedert sich wie folgt:

Sturmbann I/265, Standort: Pinneberg. Sturm: 1-265 Pinneberg, 2-265 Halstenbek, 3-265 Rellingen, 4-265 Bönningstedt, 5-265 Niendorf, 6-265 Waldenau, 7-265 Quickborn, 8-265 Quickborn-Heide, R 1-265 Pinneberg, R 2-265 Niendorf.

Sturmbann II/265, Standort: Elmshorn. Sturm: 11-265 Elmshorn, 12-265 Kölln-Reisiek, 13-265 Barmstedt, 14-265 Sparrieshoop, 15-265 Hörnerkirchen, 16-265 Ellerhoop, R 11-265 Elmshorn, R 12-265 Elmshorn, R 13-265 Barmstedt, R 15-265 Hörnerkirchen.

Sturmbann III/265, Standort Uetersen. Sturm: 21-265 Uetersen, 22-265 Wedel, 23-265 Tornesch, 24-265 Haseldorf, 25-265 Heist, 26-265 Groß Nordende, R 21-265 Uetersen, R 22-265 Wedel.

Sturmbann IV/265 (Reitersturmbann) wird neu aufgestellt.

Direkt der Standarte unterstellt: Sturm: 10-265 (Nachrichtensturm), 20-265 (Pioniersturm).

Standarten-Führung.

Der Führer der Standarte: Heinrich Jüdemann, Standartenführer, Elmshorn.
Der Adjutant der Standarte: Rudolf Rehmer, mit der Wahrnehmung beauftragt, bisher Rechnungsführer der Standarte 31, Altona.
Der Geldverwalter der Standarte: Hugo Weißenstein, mit der Wahrnehmung beauftragt, Truppführer beim Stab des Sturmbann IV/31 (bisher).
Referent III der Standarte: Franz von Baselli, Rechtsanwalt, SA.-Anwärter und Ortsgruppenleiter, Pinneberg.
M.Z.F. der Standarte: W. Donath, mit der Führung beauftragt, Musikmeister a. D., SA.-Mann.
S.Z.F. der Standarte: Willi Koburg, Truppführer, bisher SZ.-Führer des Sturmbann III/31, Pinneberg.
Der Standartenarzt: Dr. Wendeborn, Halstenbek, Sturmbannarzt im Sturmbann III/31 (bisher).
Der Zahnarzt der Standarte: Dr. Karssen, Quickborn.

Sturmbann I/265, Standort: Pinneberg.

Der Führer des Sturmbann: Sturmführer Fritz Stahl, Pinneberg, Fahltskamp 21.
Der Adjutant des Sturmbann: Obertruppführer Karl Bick, Halstenbek.
Der Geldverwalter des Sturmbann: Obergeldverwalter Kurt Böhmker, Pinneberg, Fahltskamp 21.
Der Sturmbannarzt: Dr. med. Wittmer, Sanisturmführer, Pinneberg; Dr. med. Scharf, Niendorf.
Der Zahnarzt im Sturmbann: Grothkopp, Pinneberg.
Sturm 1 Pinneberg, Sturmführer Walter Mieth, Pinneberg, Damm.
Sturm 2 Halstenbek, Obertruppführer Klawke, Krupunder, mit der Führung beauftragt.
Sturm 3 Rellingen, Obertruppführer A. Bein, Rellingen, mit der Führung beauftragt.
Sturm 4 Bönningstedt, Truppführer Kolster, Halstenbek, mit der Führung beauftragt.
Sturm 5 Niendorf, Sturmführer Otto Jürs, Niendorf.
Sturm 6 Waldenau, noch nicht besetzt, da die SA.-Männer noch überwiesen werden von Hamburg.
Sturm 7 Quickborn, Sturmführer Walter Ohlweiler, Quickborn.
Sturm 8 Quickborn-Heide, Truppführer Gottschau, [illegible], mit der Führung beauftragt.
Sturm R 1 Pinneberg, Sturmführer Albert Römer, Pinneberg.
Sturm R 2 Niendorf, Truppführer Arthur Kosch, Niendorf, mit der Führung beauftragt.

Sturmbann II/265, Standort: Elmshorn.

Der Führer des Sturmbann: Sturmbannführer Breitfeld, Elmshorn.
Der Adjutant des Sturmbann: Sturmführer Albert Maltzahn, Elmshorn.
Der Geldverwalter des Sturmbann: Max Bothe, Obergeldverwalter, Elmshorn.
Führer z. b. V.: Sturmführer Max Mohr, Elmshorn.
Der Sturmbannarzt: Dr. med. Fehrensen, Sani-Sturmbannführer Elmshorn; Dr. med. Andre, Elmshorn.
Der Zahnarzt des Sturmbann: Dr. Nordhorst, Elmshorn.
Sturm 11 Elmshorn, Obertruppführer Hermann Knithoff, Elmshorn, m. d. F. b.
Sturm 12 Kölln-Reisiek, Obertruppführer Math. Baumer, Elmshorn, m. d. F. b.
Sturm 13 Barmstedt, Obersturmführer August Teske, Barmstedt.
Sturm 14 Sparrieshoop Sturmführer Hermann Meiners, Sparrieshoop.
Sturm 15 Hörnerkirchen, Sturmführer Heinrich Böhm, Hörnerkirchen.
Sturm 16 Ellerhoop, Sturmführer Hans Hansen, Ellerhoop.
Sturm R 11 Elmshorn, Obertruppführer H. Schmidt, Elmshorn, m. d. F. b.
Sturm R 12 Elmshorn, Sturmführer Dietrich Bruhn, Elmshorn.
Sturm R 13 Barmstedt, Obertruppführer Otto Hachmann, Barmstedt, m. d. F. b.
Sturm R 16 Hörnerkirchen, Truppführer Hermann Kirchhoff, Hörnerkirchen, m. d. F. b.

Sturmbann III/265, Standort: Uetersen.

Der Führer des Sturmbann: Sturmführer Heinrich Kölln, Uetersen, m. d. F. b.
Der Adjutant des Sturmbann: Sturmführer Henning Greiholz, Uetersen, m. d. F. b.
Der Geldverwalter des Sturmbann: Sturmgeldverwalter Max Evanso, Uetersen, m. d. F. b.
Der Sturmbannarzt: Dr. med. Stöbs, Uetersen; Dr. med. Duesing, Wedel.
Der Zahnarzt des Sturmbann: Zahnarzt Dr. Kölln, Uetersen.
Sturm 21 Uetersen, Obertruppführer Hans Behr, Uetersen, m.d.F.b.
Sturm 22 Wedel, Truppführer Heinz Kötner, Wedel, m. d. F. b.
Sturm 23 Tornesch, Sturmführer Richard Heer, Tornesch.
Sturm 24 Haseldorf, Sturmführer Heinrich Müschau, Haseldorf.
Sturm 25 Heist, Sturmführer Wilhelm Zeilmann, Heist.
Sturm 26 Groß Nordende, Sturmführer Heinrich Ochs, Gr. Nordende.
Sturm R 21 Uetersen, Obertruppführer Hermann Bartels, Uetersen, m. d. F. b.
Sturm R 22 Wedel, SA.-Mann Peters, Wedel, m. d. F. b.

Direkt der Standarte unterstellt: Sturm 10 (Nachrichten).
Führer Truppführer Raschke, m. d. F. b.

*

Bekanntlich marschiert die gesamte SA.-Standarte am übernächsten Sonntag zum Jubiläumsturnier auf der Rennbahn auf.

EN vom 9.9.1933

Im Sommer 1933 begann Joseph Goebbels mit den organisatorischen Vorbereitungen für die Sammelaktion der nationalsozialistischen Winterhilfe. (22) Am 13. September 1933 eröffnete Adolf Hitler die *„Erste Winterhilfsaktion gegen Hunger und Kälte“*. Mit dem *„Gesetz über das Winterhilfswerk des Deutschen Volkes“* (23) vom 1. Dezember 1936 wurde das WHW mit Sitz in Berlin zur rechtsfähigen Stiftung des bürgerlichen Rechts erklärt, die durch den Reichsminister für Volksaufklärung und Propaganda geführt und beaufsichtigt werden sollte. Die Gesamtzahl der meist ehrenamtlichen ständigen Helfer betrug im Winterhalbjahr 1933/1934 rund 1.500.000 Personen und pendelte sich in den folgenden Jahren auf eine Zahl um 1.200.000 ein. (24)

Für die monatlichen Geldsammlungen wurden die Straßenzüge systematisch erfasst; die feinmaschigen Sammelbezirke wurden der Struktur der nationalsozialistischen Parteiorganisation angepasst und die Helfer den Blockleitern und „Blockwaltern“ der NS-Volkswohlfahrt unterstellt. Die reichsweiten Straßensammlungen wurden ab 1934 vom Tag der Nationalen Solidarität gekrönt, bei dem hohe Parteifunktionäre und populäre Künstler mit Sammelbüchsen auf die Straße gingen. Eröffnet wurde die Winterhilfsaktion alljährlich durch eine Rede Hitlers, die im Rundfunk übertragen wurde. Für die im Oktober anlaufende Kleidungssammlung wurden die Einwohner durch Hitlerjugend-Aufmärsche und Sturmabteilung-Kapellen eingestimmt und später wurde an jeder Wohnungstür geklingelt. Alle Haushalte erhielten Tüten zugestellt und wurden damit zur „Pfundspende“ aufgefordert. Die Pfundspende, seltener auch Pfundsammlung genannt, war eine in Tüten verpackte Naturalspende von haltbaren Nahrungsmitteln wie Nudeln, Erbsen, Zucker oder auch Konserven. In der Zeit des Nationalsozialismus sammelten Helfer des Winterhilfswerks die Pfundspenden ein, stellten daraus Lebensmittelpakete zusammen und verteilten diese an Bedürftige. (25) Im Dezember wurden Lose einer Reichswinterhilfe-Lotterie zu 0,50 Reichsmark verkauft. Von der Propaganda besonders herausgestellt wurde der monatliche *„Eintopfsonntag“*, bei dem das am üblichen Sonntagsmahl eingesparte Geld als Spende erwartet und abkassiert wurde. Hilfsbedürftige konnten über Bezirksstellen des Winterhilfswerkes Anträge einreichen und erhielten dort Gutscheine über den Bezug von Kohlen und Kartoffeln zur Einkellerung und anderer Sach- und Naturalabgaben. Barmittel waren nicht vorgesehen. Im Winterhalbjahr 1936 konnte eine unterstützungsberechtigte Familie mit drei Kindern bis zu dreizehn Brennstoffgutscheine, 200 kg Kartoffeln, Lebensmittelgutscheine im Wert von 30 Reichsmark, fünf Gutscheine für Bekleidung oder Nahrungsmittel sowie drei Pakete zu Weihnachten, Ostern und zum 30. Januar (Jahrestag der Machtübernahme) erhalten; der Gesamtwert dieser Leistungen wurde auf rund 100 RM berechnet. (26) Seit dem 30. Oktober 1935 wurden verarmte „Volljuden" jedoch nicht mehr vom WHW, sondern von der neugegründeten „Jüdischen Winterhilfe" versorgt. (27) Jüdische Mischlinge und hilfsbedürftige Familien aus Mischehen wurden aber weiterhin vom WHW unterstützt, sofern der Haushaltungsvorstand „deutschblütig" war. (28)

82. Jahrgang. Mittwoch, den 13. September 1933. Nr. 214.

Aufruf Goebbels zum Winterkampf gegen Hunger und Kälte.

Die Reichsregierung arbeitet: Neue Wirtschafts- und Steuergesetze. – Enthüllungen über die rote Revolution. Göring über das deutsche Theater. – Pg. Muchow tödlich verunglückt. Die österreichischen Staatsfeiern.

EN vom 13.9.1933

„Keine Einzelperson und keine Organisation wird sich diesem Geist der tätigen Hilfe, der im Nationalsozialismus wurzelt, entziehen können noch entziehen wollen. Das wohldurchdachte Hilfswerk soll das Wort Hitlers wahrmachen, wonach die zweite Etappe im Kampf gegen die Arbeitslosigkeit den um 2 Millionen entlasteten Arbeitsmarkt seit Antritt der nationalsozialistischen Regierung auch in den schweren Monaten behaupten wird, um dann im Frühjahr in den Kampf um die Beseitigung aller Arbeitslosen zu gehen. (…)

Dr. Goebbels führte u.a. folgendes aus: Das, was am 1. Mai zum ersten Male in die Erscheinung trat, das wird hier in der Tat lebendig werden; das deutsche Volk ist eine einzige große Gemeinschaft. Damit findet man auch die innere Verbindung zwischen völkischer und christlicher Lebensauffassung.

Den Notleidenden soll in jedem Monat der erste Sonntag gewidmet sein. In großen Straßen- und Häusersammlungen werden die Mittel hierfür herbeigeschafft werden. Die Regierung fordert die gesamte deutsche Öffentlichkeit auf, an diesen Sonntagen mittags nur ein Eintopfgericht im Preise von höchstens 50 Pfennig je Person zu verzehren. Ein gleiches soll in Gastwirtschaften, Hotels und Speisewagen durchgeführt werden. Die dabei ersparten Gelder werden ohne Abzug in die große Hilfskasse hineingegeben. (...)

Für das ganze Reich ist als einheitlicher Sammelsonntag der erste Sonntag des Monats vorgesehen. Die Lebensmittelsammlungen auf dem Lande sollen möglichst in der Erntezeit durchgeführt werden. (...)

Verhandlungen sind mit den Angestellten- und Beamtenverbänden zwecks gestaffelte Abzüge zugunsten des Winterhilfswerkes aufzunehmen. Arbeiter, die in Arbeit sind, spenden nach Möglichkeit monatlich den Ertrag einer Arbeitsstunde. Inhaber von Bank- und Postscheckkonten werden aufgefordert, monatlich einen bestimmten Betrag von ihrem Konto abbuchen zu lassen. Am ersten Sonntag jeden Monats sind Haussammlungen von Tür zu Tür und Büchsensammlungen auf der Straße. Einen wesentlichen Ertrag für das Winterhilfswerk soll eine über das ganze Reich verbreitete 50-Pfennig-Straßenbrief-Lotterie einbringen. (...)" (29)

EZ vom 23.9.1933

EN vom 12.9.1933

Aufruf

zum volksdeutschen Pflichtopfer.

Ueberaus groß und ehrenvoll ist die Aufgabe des VDA. Wir rufen die tiefsten Lebenskräfte der neuen deutschen Nationalbewegung. Es gilt die Verwirklichung einer geschichtlichen Sendung!

Die 100 Millionen Deutschen der Welt sind ein Volk.

Volk sein heißt:

Alle Fragen unseres persönlichen und staatlichen Daseins in der Ausdehnung und Auswirkung unseres ganzen überstaatlichen Volkskörpers sehen.

Volk sein heißt:

Gemeinsam mit allen Volksgenossen, vor allem mit den Deutschen außerhalb der Reichsgrenzen in Freude, Not und Kampf zusammenstehen.

Volk sein verlangt:

Das Pflichtopfer jedes einzelnen für diejenigen Teile unseres Gesamtvolkes, die außerhalb der Reichsgrenzen um ihres Deutschtums willen für uns kämpfen und leiden müssen.

Wie der Kampf der Waffen vom Manne die Wehrpflicht fordert, so verlangt der Volkstumkampf, der auf allen Außenfronten eine Fortsetzung des Krieges der Waffen ist, die allgemeine Opferpflicht. Ehre und Selbstachtung fordern die Mithilfe aller Deutschen. Aus kleinen und kleinsten Gaben der Vielen wuchs bisher schon der Millionenschatz des VDA. Aus der kleinsten Gabe aller, die das Recht für sich in Anspruch nehmen, sich Deutsche zu nennen, wird der große Kampfschatz entstehen, der über das völlig unzulängliche Eingreifen der bisherigen Jahre hinaus,

den planvollen Einsatz volksdeutscher Hilfe an allen gefährdeten Fronten ermöglicht.

Millionen und Abermillionen bester Deutscher sind Kulturdünger fremder Welt geworden. Weite Gebiete deutschen Bodens sind in den vergangenen Jahrhunderten verloren gegangen. Aus deutschem Blut sind uns häufig erbittertste Kämpfer in den Reihen unserer Gegner entstanden

Das muß aufhören. Der deutsche Rückzug muß ein Ende haben. Der deutschen Wiedergeburt im Reich muß die deutsche Selbstbehauptung außerhalb der Reichsgrenzen entsprechen, denn wir sind ein Volk drinnen und draußen.

Jeder volksbewußte Deutsche tritt noch in diesem Jahre in die volksdeutsche Kampffront, in den VDA. ein!

Anmeldungen und Beiträge bei der nächsten Gruppe oder bei der Hauptleitung, Berlin W 30, Martin Lutherstraße 97.

EN vom 12.9.1933

Aufruf!

Die Not der Zeit fordert für die nächste Zukunft eine wichtige Aufgabe

Die Winterhilfe!

Es ist daher im Rahmen der N. S.-Volkswohlfahrt (e. V) das Winterhilfswerk des Deutschen Volkes 1933/34 errichtet.

Nach den Worten des Führers soll **im nächsten Winter niemand hungern und frieren.** Wir rufen die **gesamte Bevölkerung Elmshorns zur tatkräftigen Mitarbeit** auf, um den Opfern der Zeit zu helfen. Wir sind füreinander verantwortlich und müssen den Gemeinsinn in einer großzügigen Hilfe für unsere Volksgenossen zur Tat werden lassen.

Es ist für den kommenden Winter **eine großzügige Lebensmittelsammlung,** wie auch **eine Sammlung von abgelegten Kleidern jeder Art, Leib- und Bettwäsche, Fahrzeug usw. durchzuführen.**

Die unterzeichnete Ortsgruppe der N. S.-Volkswohlfahrt wird daher die Sammlung wie folgt durchführen:

a. am Montag, dem 9. und Dienstag, dem 10. Okt., im Stadtteil östlich der Eisenbahn,

b. am Mittwoch, dem 11. und Donnerstag, dem 12. Okt., im Stadtteil westlich der Bahn und nördlich der Krückau (innere Stadt),

c. am Freitag, dem 13. und Sonnabend, dem 14. Okt., in den Stadtteilen Vormstegen und Klostersande.

Die Spender werden gebeten, die abzugebenden Sachen für die Sammler bereitzuhalten. Wer nicht in der Lage ist, durch Spenden von Sachen zu helfen, wird gebeten durch Zahlung eines Barbetrages der Wohltätigkeit zu dienen. Die Sammler führen Listen zur Einzeichnung mit sich.

Auch können Barzahlungen auf das Konto der N. S.-Volkswohlfahrt bei der Sparkasse und sämtlichen hiesigen Banken, geleistet werden. Wir weisen darauf hin, daß Sammlungen für das Winterhilfswerk **nur durch die N. S.-Volkswohlfahrt erfolgen dürfen,** und daß jeder, der sich nicht selbst aus der Volksgemeinschaft ausschließen will, **unbedingt verpflichtet ist, das Winterhilfswerk des Deutschen Volkes 1933/34 nach Kräften zu unterstützen.**

Elmshorn, den 28. September 1933.

N.S.-Volkswohlfahrt, Ortsgruppe Elmshorn.

Für die Stadt Elmshorn:	Die Ortsgruppenwalter:
Krumbeck,	gez. **Emil Cordts**
Bürgermeister.	" **Gertrud Ohlhoff**

EZ vom 30.9.1933

Eingebunden in diese Sammlungen wurde auch die Hitlerjugend, die Plaketten gegen Spenden verkauften. Die EN brachten am 17. Oktober 1933, die nach Einkommen gestaffelten Sätze für Elmshorn:

Winterhilfswerk des Deutschen Volkes!

Nach dem Willen des Führers soll es in diesem Winter keinen Volksgenossen geben, der hungert und friert! Zu diesem Zweck ist es notwendig, daß alle, die deutschen Blutes sind, den wahren Sinn einer Volksgemeinschaft unter Beweis stellen. Wie der unbekannte SA.-Mann in jahrelangen unerbittlich-zähen Kämpfen um die Seele des verhetzten Volksgenossen rang, um ihm das Ideengut des Nationalsozialismus zu vermitteln, so haben wir heute alle miteinander die Pflicht, den von ihm erkämpften Sozialismus zur Tat werden zu lassen, indem wir beweisen, daß im Dritten Reich das Wort Sozialismus Wirklichkeit geworden ist. Für uns alle muß oberster Grundsatz sein: Einer für alle, alle für einen!

Ist dieses Wort am Ende des Winters zur Wahrheit geworden, dann können wir sagen, der Sozialismus, von dem soviel geredet und geschrieben wurde, im ersten Winter des Dritten Reiches wurde er an unseren Hungernden und Frierenden zur Tat!

Von diesen Grundsätzen geleitet, tagte gestern die Berufsvertretung der Beamten, der Behördenangestellten, des DHV. und der NSBO. im hiesigen Wohlfahrtsamt unter dem Vorsitz der NS.-Volkswohlfahrt. Einstimmig wurde beschlossen, das Winterhilfswerk des deutschen Volkes mit untenstehender Staffelung nach den Einkommenssätzen der Angehörigen obengenannter Verbände zu stützen:

Monatseinkommen	Ledige und Verh. ohne Kdr.	mit 1—2 Kdr.	mit 3 u. mehr Kdr.
Rm. 100,—	0,50	0,50	0,25
bis Rm. 150,—	1,—	0,75	0,50
" " 200,—	1,50	1,—	0,75
" " 300,—	2,—	1,50	1,—
" " 350,—	3,—	2,25	1,50
" " 400,—	4,—	3,—	2,—
" " 450,—	5,—	3,75	2,50
" " 500,—	6,—	4,50	3,—
" " 600,—	9,—	6,75	4,50
" " 700,—	14,—	11,50	7,—
" " 800,—	20,—	15,—	10,—
" " 900,—	30,—	22,50	15,—
" " 1000,—	50,—	37,50	25,—
v. 1001,— bis 1500,—	7½ %	6 %	4 %
v. 1501,— aufw.	10 %	7½ %	5 %

Bemerkt sei hierzu, daß die Beteiligung an dieser Abgabe freiwillig ist. Dieses Opfer, für das eine Plakette verabfolgt wird, entbindet von weiteren Abgaben. Von den Anwesenden wurde die Beteiligung in dieser Form als Ehrenpflicht angesehen. Die Arbeitgeber werden gebeten, die Anzahl der erforderlichen Plaketten und die sich nach obiger Staffelung ergebenden Beiträge bis zum 23. d. M. beim Wohlfahrtsamt aufzugeben.

Alle diejenigen, die in dieser Form nicht erfaßt werden, beweisen ihren Opfersinn durch laufende Spenden für das Winterhalbjahr bei ihrer Bank oder Sparkasse zum Segen des gesamten deutschen Volkes.

EN vom 17.10.1933

Plakette WHW 1933-1934. Webfund

„Winterhilfswerk des deutschen Volkes!

Nach dem Willen des Führers soll es in diesem Winter keinen Volksgenossen geben, der hungert und friert. Für diesen Zweck ist es notwendig, dass alle, die deutschen Blutes sind, den wahren Sinn einer Volksgemeinschaft unter Beweis stellen. Von diesem Grundsatz geleitet, tagte gestern die Berufsvertretung der Beamten der Behördenangestellten des DHV (30) und der NSBO (31) im hiesigen Wohlfahrtsamt unter dem Vorsitz der NS-Volkswohlfahrt. Einstimmig wurde beschlossen, das Winterhilfswerk des deutschen Volkes mit untenstehender Staffelung nach den Einkommensätzen der Angehörigen oben genannter Verbände zu stützen. Da diese Staffelung etwas anders ist als die von uns gestern veröffentlichte Staffelung der Deutschen Arbeitsfront, Gau Nordmark, bringen wir heute die für Elmshorn gültige Aufstellung: (...)

Bemerkt sei hierzu, dass die Beteiligung an dieser Abgabe freiwillig ist. Dieses Opfer, für das eine Plakette verabfolgt wird, entbindet von weiteren Abgaben. Von den Anwesenden wurde die Beteiligung in dieser Form als Ehrenpflicht angesehen. Die Arbeitgeber werden gebeten, die Anzahl der erforderlichen Plaketten und die sich nach obiger Staffelung ergebenen Beträge bis zum 28. des Monats beim Wohlfahrtsamt aufzugeben.

Alle diejenigen, die in dieser Form nicht erfasst werden, beweisen ihren Opfersinn durch laufende Spenden für das Winterhalbjahr, bei ihrer Bank oder Sparkasse zum Segen des gesamten deutschen Volkes.“ (32)

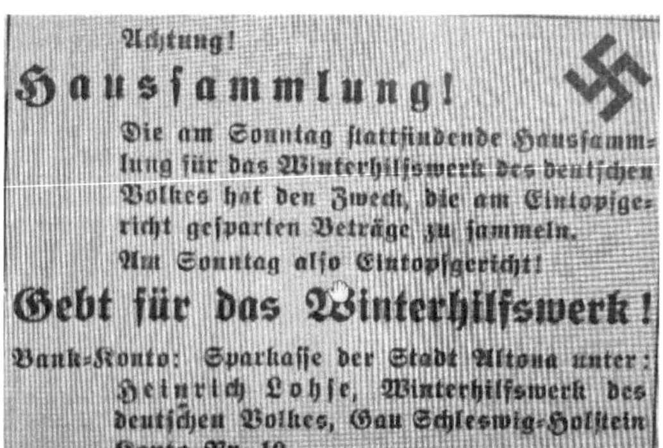

Achtung!

Haussammlung!

Die am Sonntag stattfindende Haussammlung für das Winterhilfswerk des deutschen Volkes hat den Zweck, die am Eintopfgericht gesparten Beträge zu sammeln.

Am Sonntag also Eintopfgericht!

Gebt für das Winterhilfswerk!

Bank-Konto: Sparkasse der Stadt Altona unter: Heinrich Lohse, Winterhilfswerk des deutschen Volkes, Gau Schleswig-Holstein Konto Nr. 10

EZ vom 30.9.1933

Der erste Eintopfsonntag fand am 1. Oktober 1933 statt.

Eintopfessen. Bilder Stadtarchiv Norderney. Vgl. a.: Kirschninck, Harald: Und sie werden nicht mehr frei ihr ganzes Leben. Die Geschichte der Hitlerjugend auf Norderney. Norderstedt 2022.

Am 5. November 1933 wurde zum zweiten Male in allen deutschen Haushaltungen und in allen Hotels und Gaststätten das Eintopfgericht auf den Tisch kommen. Goebbels erließ die Durchführungsbestimmungen für den Eintopfsonntag, der den ganzen Tag bis 24 Uhr lief: Die Hotel- und Gaststättenbetriebe wurden in drei Klassen eingeteilt:

„(...) In den Betrieben der Klasse 1 – kleine einfache Gastwirtschaften – beträgt der Preis des Eintopfgerichts 0,60 RM. Von diesen 0,60 RM sind 0,10 RM an das Winterhilfswerk abzuführen.

Die Klasse 2 umfasst mittlere Gastwirtschaften und Hotelbetriebe. Der Preis des Eintopfgerichts beträgt hier 1 RM. Davon sind 0,50 RM an das Winterhilfswerk abzuführen.

In den Betrieben der Klasse 3 – Luxusgaststätten - beträgt der Preis des Eintopfgerichts so viel, wie der Preis des sonstigen normalen Gedecks. Davon ist der 0,50 RM übersteigende Betrag an das Winterhilfswerk abzuführen. (...)“ (33)

Der Gast erhielt eine Quittung. Die Abrechnung mit dem Hotel- und Gaststättengewerbe erfolgte über die Quittungszweitschriften. Die Organisation rechnete dann mit dem WHW ab.

Quittungskarte WHW Eintopfsonntag. Webfund

Am 5. November 1933 Eintopfgericht!

Elmshorn, den 27. Oktober.

Am Sonntag, dem 5. November 1933, wird zum 2. Male in allen deutschen Haushaltungen und in allen Hotels und Gaststätten das Eintopfgericht auf den Tisch kommen. Hat sich schon am ersten Sonntag des Einheitsessens gezeigt, daß die ganze Nation gewillt ist, mitzuhelfen an dem großen sozialen Werk der Reichsregierung zur Abwehr von Not und Elend, so ist zu hoffen, daß dies am kommenden 5. November 1933 um so stärker der Fall sein wird.

Die am 1. 10. 1933 im Gau Schleswig-Holstein des Winterhilfswerks durchgeführte Haussammlung zur Erfassung der am Eintopfgericht ersparten Beträge hat ein Ergebnis von rund 90 000 RM. gezeitigt. Von den in den einzelnen Kreisen erzielten Ergebnissen sind besonders zu erwähnen der Kreis Pinneberg mit rund 18 000 RM. und der Kreis Rendsburg mit rund 9000 RM.

Inzwischen sind durch den Herrn Reichsminister für Volksaufklärung und Propaganda die Ausführungsbestimmungen für die Durchführung des Einheitsessens in den wesentlichen Punkten geändert und erweitert worden. So gilt die Einrichtung des Eintopfgerichts vom 5. November 1933 ab für den ganzen Tag, d. h. bis 12 Uhr nachts.

Die Einteilung der Hotel- und Gastwirtsbetriebe in nachfolgende 3 Klassen ist bestehen geblieben:

In den Betrieben der Klasse 1 — Kleine einfache Gastwirtschaften — beträgt der Preis des Eintopfgerichts 0,60 RM. Von diesen 0,60 RM. sind 0,10 RM. an das Winterhilfswerk abzuführen.

Die Klasse 2 umfaßt mittlere Gastwirtschaften und Hotelbetriebe. Der Preis des Eintopfgerichts beträgt hier 1 RM. Davon sind 0,50 RM. an das Winterhilfswerk abzuführen.

In den Betrieben der Klasse 3 — Luxusgaststätten — beträgt der Preis des Eintopfgerichts so viel, wie der Preis des sonstigen normalen Gedecks. Davon ist der 0,50 RM. übersteigende Betrag an das Winterhilfswerk abzuführen.

Zur Erfassung dieser für das Winterhilfswerk bestimmten Beträge werden von den örtlichen Führern des Winterhilfswerks numerierte Quittungsblocks an die zuständigen örtlichen Organisationen des Hotel- und Gastwirtsgewerbes ausgegeben. Diese sind verantwortlich für die ordnungsmäßige Einziehung und Ablieferung der für das Winterhilfswerk vereinnahmten Beträge. Jeder Gast erhält also am 5. November 1933 über den von ihm gespendeten Betrag eine Quittung, deren Zweitschrift der ausgebenden Stelle verbleibt. Die Abrechnung geschieht dann in der Weise, daß die Summe der auf den Zweitschriften vermerkten Beträge durch die Untergliederungen der Organisationen des Hotel- und Gastwirtsgewerbes zentral an die örtlichen Führer des Winterhilfswerks abgeliefert wird. Die bisher mögliche Umrechnung der gespendeten Beträge in Frei-Essen ist im Gegensatz zu den bisherigen Ausführungsbestimmungen nicht mehr zulässig.

An die deutschen Hausfrauen richten wir aber noch einmal den Ruf: Zeigt, daß auch ihr den sozialen Sinn des Winterhilfswerks erfaßt habt und bringt am 5. November nur das Eintopfgericht auf den Tisch. Ihr gebt damit eurer Verbundenheit mit den notleidenden Volksgenossen sichtbaren Ausdruck.

Die Durchführung der Einsammlung der in den Haushaltungen ersparten Beträge wird dieses Mal mit amtlichen Haussammellisten geschehen. Die mit der Sammlung beauftragten Stellen werden alles daran setzen, daß alle Haushaltungen erfaßt werden. Wir richten aber an alle Volksgenossen den Appell, den Sammlern ihre Arbeit nicht zu erschweren und am Sonntag, dem 5. November, die Haustüren nicht zu verschließen. Die Einführung des Eintopfgerichts verfolgt ja schließlich nicht nur den Zweck, finanzielle Mittel für das Winterhilfswerk aufzubringen, sondern soll auf Wunsch des Führers vor allem den Armen unseres Volkes zeigen, daß das ganze Volk mit ihnen fühlt und wenigstens einen Tag lang jeder deutsche Mann und jede deutsche Frau ihr Schicksal teilt. Deshalb sollen auch die durch das Einheitsessen ersparten Beträge von allen Volksgenossen dem Winterhilfswerk zusätzlich gespendet werden. Der Besitz der vom Winterhilfswerk des deutschen Volkes für angemessene Spenden ausgegebenen Plakette „Wir helfen gegen Hunger und Kälte“ befreit also nicht von diesem Opfer. Wenn also am Sonntag, dem 5. November 1933, in allen deutschen Haushaltungen zum zweiten Male das Eintopfgericht auf den Tisch kommt, so wird damit bezweckt, daß jeder Volksgenosse noch sparsamer lebt, als an anderen Sonntagen, um dann den gesparten Betrag seinen hungernden Brüdern und Schwestern zur Verfügung zu stellen.

Das ist Sozialismus der Tat im Kampf gegen Hunger und Kälte.

EN vom 27.10.1933

„(...) An die deutschen Hausfrauen richten wir aber noch einmal den Ruf; zeigt, dass auch ihr den sozialen Sinn des Winterhilfswerks erfasst habt und bringt am 5. November nur das Eintopfgericht auf den Tisch. Ihr gebt damit eurer Verbundenheit mit den notleidenden Volksgenossen sichtbaren Ausdruck.

Die Durchführung der Einsammlung der in den Haushaltungen ersparten Beträge wird dieses Mal mit amtlichen Haussammellisten geschehen. Die mit der Sammlung beauftragten Stellen werden alles daran setzen, dass alle Haushaltungen erfasst werden. Wir richten aber an alle Volksgenossen den Appell, den Sammlern ihre Arbeit nicht zu erschweren und am Sonntag, dem 5. November, die Haustüren nicht zu verschließen. Die Einführung des Eintopfgerichts verfolgt ja schließlich nicht nur den Zweck, finanzielle Mittel für das Winterhilfswerk aufzubringen, sondern soll auf Wunsch des Führers vor allem den Armen unseres Volkes zeigen, dass das ganze Volk mit ihnen fühlt und wenigstens einen Tag lang jeder deutsche Mann und jede deutsche Frau ihr Schicksal teilt. Deshalb sollen auch die durch das Einheitsessen ersparten Beträge von allen Volksgenossen dem Winterhilfswerk zusätzlich gespendet werden. Der Besitz der vom Winterhilfswerk des deutschen Volkes für angemessene Spenden ausgegebenen Plakette „Wir helfen gegen Hunger und Kälte" befreit also nicht von diesem Opfer. Wenn also am Sonntag, dem 5. November 1933, in allen deutschen Haushaltungen zum zweiten Male das Eintopfgericht auf den Tisch kommt, so wird damit bezweckt, dass jeder Volksgenosse noch sparsamer lebt, als an anderen Sonntagen, um dann den gesparten Betrag seinen hungernden Brüdern und Schwestern zur Verfügung zu stellen.

Das ist Sozialismus der Tat im Kampf gegen Hunger und Kälte." (34)

EZ vom 3.11.1933

Lehrer Hilliger und Schüler der Schule Nord bei der Pfundsammlung

Pfundsammlung Pinneberg. Aus: Seifert, Johannes: Pinneberg zur Zeit des Nationalsozialismus. VHS-Geschichtswerkstatt Pinneberg. S. 176

Neben Eintopfsonntagen, Kleidersammlungen, Geldsammlungen und ähnlichem führte das WHW auch die sogenannte „Pfundsammlung" durch. Hierbei wurden die Spenden entweder direkt bei den Dienststellen des WHW abgegeben, aber es fanden Sammlungen durch die Hitlerjugend statt. Mitte Dezember fand eine Pfundsammlung im Schleswig-Holstein statt:

„Pfundsammlung des Winterhilfswerks.

Vom 10. bis 20. Dezember 1933 führt der Gau Schleswig-Holstein des WHW eine „Pfundsammlung" durch. Wir rufen hiermit die gesamte Hausfrauenschaft Schleswig-Holsteins auf, einmal in ihren Küchenschränken und Speisekammern nachzusehen, ob nicht ein Pfund Zucker oder ein Pfund Mehl oder eine Tafel, Speisefett oder sonst irgendetwas übrig ist, um es dem WHW zur Verfügung zu stellen.

Der Wille zur Volksgemeinschaft gebietet, dass nichts unversucht bleiben darf, um den notleidenden Volksgenossen zu helfen. Gerade die Hausfrauen wissen, was es bedeutet, wenn die Vorratsräume leer sind und eine Mutter nicht in der Lage ist, ihren Kindern und dem Manne ein ausreichendes Mal herzurichten. Jede Mutter weiß, dass, wenn Not im Hause ist, gerade sie am stärksten hierunter zu leiden hat, und dass es vor allem gilt, die hungrigen Mäuler der Kinder zu stopfen.

Hausfrauen Schleswig-Holsteins! Vergesst Eure notleidenden Volksgenossen nicht. Spenden zur Pfundsammlung nehmen sämtliche Dienststellen des WHW entgegen." (35)

Die „*Nationalsozialistische Volkswohlfahrt*" (NSV), wurde am 18. April 1932 durch die Nationalsozialisten als eingetragener Verein gegründet und am 3. Mai 1933 zur Parteiorganisation der NSDAP erhoben. Im Zuge der Gleichschaltung mit dem Verbot der Arbeiterwohlfahrt trat die NSV als Staatsorganisation und Verein neben die sieben verbliebenen Wohlfahrtsorganisationen. Am 14. August 1933 wurde in einer außerordentlichen Sitzung die Satzung des Vereins geändert. Die NSV wurde mit der neuen Satzung darauf ausgerichtet, „*die lebendigen, gesunden Kräfte des deutschen Volkes zu entfalten und zu fördern*". Darin war außerdem bestimmt, dass sie die „*Gesundheitsführung des deutschen Volkes*" übernehme. (36) Zwar gelang der NSV trotz des Verbotes der Arbeiterwohlfahrt nicht die Monopolisierung der gesamten freien Wohlfahrt, jedoch wurden ursprünglich führende Verbände wie das Deutsche Rote Kreuz (DRK), die evangelische Diakonie oder die katholische Caritas zurückgedrängt.

Die Struktur der NSV glich dem Aufbau der NSDAP mit Orts-, Kreis- und Gruppenverwaltungen. Sie untergliederte sich in sechs „Ämter": Organisation, Finanzverwaltung, Wohlfahrtspflege und Jugendhilfe, Volksgesundheit, Propaganda und Schulung. Die NSV erhielt ihre Richtlinien vom (dem Kreisleiter unterstellten) „Hauptamt für Volkswohlfahrt". (37)

Abzeichen der NS-Volkswohlfahrt. Wikipedia. Gemeinfrei

NS-Volkswohlfahrt. NSV. Plakat 1934. Wikipedia. Gemeinfrei.

Die Grundsätze der NSV wurden in einem Artikel der EN am 11. August kurz dargestellt:

„Wie auf allen Gebieten, ist es auch auf dem Gebiet der Wohlfahrtspflege und Fürsorge notwendig, dass nationalsozialistisches Denken und Wollen ihren Ausdruck finden. Solange der Aufbau der nationalsozialistischen Volksgemeinschaft nicht vollendet ist, wird es die Aufgabe der bestehenden Wohlfahrtseinrichtungen sein, in engster Zusammenarbeit miteinander die Härten des Übergangs zu lindern und den Mutlosgewordenen neues Selbstvertrauen und neuen Lebenswillen zu geben. Darum wird sich die Arbeit der NS-Volkswohlfahrt vor allem auf die Gebiete erstrecken, in denen es möglich ist, aufbauende Arbeit zu leisten. Die Not der Zeit erfordert für die nächste Zukunft eine wichtige Arbeit, die Winterhilfe. Nach den Worten des Führers soll im nächsten Winter niemand hungern und frieren. Wir rufen alle zur tätigen Mitarbeit auf, um den Opfern der Zeit zu helfen. Diese Arbeit dient der inneren und äußeren Verwirklichung des großen Grundsatzes der nationalsozialistischen Gedankenwelt: „Gemeinnutz geht vor Eigennutz" (...)" (38)

Am 15. September 1933 fand eine Besprechung von Bürgermeister Krumbeck mit Vertretern der NS-Volkswohlfahrt (NSV) und Vertretern der privaten Wohlfahrt statt. In dieser Sitzung wurde klargestellt, dass in Zukunft die NSV auf dem Gebiet der privaten Wohlfahrt führend sein werde und diese auf drei Säulen besteht:

1) Der NS-Volkswohlfahrt,
2) Des Roten Kreuzes und
3) Der Inneren Mission beider Konfessionen.

Alle anderen Organisationen wurden aufgelöst. Eine Zentralkartei sollte verhindern, dass Personen keine Zuwendungen von mehreren Seiten bekämen. Missbrauch würde schwer bestraft. Leiter der NSV in Elmshorn waren Herr Emil Cordes und dessen Stellvertreterin Fräulein Gertrud Ohlhoff. (39)

Für die diesjährige Winterhilfe hat der Reichspropagandaminister Dr. Goebbels einen großzügigen Plan ausgearbeitet, der jedem Einzelnen Gelegenheit gibt, sein Teil für die Unterstützung der notleidenden Volksgenossen beizutragen und damit sich zu dem großen Gedanken der Volksgemeinschaft zu bekennen.

EN vom 25.9.1933

„Deutsches Geschäft".

Das neue Kennzeichen für deutsche Geschäfte.

!! Durch die Selbsthilfe Arbeitsgemeinschaft der SA., Kreisleitung Pinneberg, Landrostei, in Verbindung mit der NS-Hago werden jetzt Schilder vertrieben mit der Aufschrift: „Deutsches Geschäft", um dem Publikum durch deutlich sichtbaren Aushang im Schaufenster vor Augen zu führen, daß es sich hier um ein Geschäft handelt, dessen Inhaber deutscher (arischer) Abstammung ist, und daß dieses Unternehmen frei ist von jüdischem Einfluß und Kapital. Die Berechtigung zum Führen dieses sofort in die Augen fallenden Schildes läuft zunächst auf ein Jahr und die Leihgebühr beträgt 6.50 RM. für ein kleineres, 10 RM. für ein mittleres und 20 RM. für ein größeres Geschäft.

Jedes deutsche Unternehmen sollte es sich dringendst angelegen sein lassen, die Verleihung dieses von den beiden genannten Organisationen herausgegebenen Schildes möglichst umgehend zu beantragen. Es kommt darauf an, dem Käufer immer und immer wieder einzuhämmern, daß er nur in einem solchen Geschäft seine Einkäufe zu tätigen hat, das durch Aushang dieses Schildes gekennzeichnet ist. Gleichzeitig darf der Käufer dann die Gewißheit haben, gut und preiswert bedient zu werden und an seinem Teil mitzuhelfen, deutschen Arbeitern Lohn und Brot zu geben.

EZ vom 21.9.1933

Elmshorn, den 30. September 1933.

Das Erntedankfest in Elmshorn.

Zum Erntedankfest wird morgen, nachmittags 2.15 Uhr, ein Festzug durch die Straßen der Stadt nach dem Städtischen Sportplatz ziehen. Der Festzug besteht aus drei Gruppen. Die erste Gruppe stellt sich in Langelohe am Reisteker Weg auf, die zweite Gruppe beim „Freudenhain" in Hainholz und die dritte Gruppe bei der Schule in Reistek. Der Treffpunkt für alle drei Gruppen ist die Schule in Langelohe. Von der Schule in Langelohe geht es dann durch die Stadt, die Straßen hatten wir schon Donnerstag genannt. In der ersten Gruppe sieht man eine Kapelle, dann folgt der Turnverein, Reiter, Erntezug, Landbevölkerung und Schulkinder vom Lande, Baumschulenbesitzer, Gärtner, SA. und SA.-Reserve. In der zweiten Gruppe findet man die Vertreter aus dem Mühlengewerbe, NSBO., Bäckerinnung, Arbeitsdienst, Meiereien, HJ., Jungsturm, Christliche Pfadfinder, Schlosser- und Schmiedeinnung, Marinesturm, Schlachterinnung und Viehhändler, SS. In der dritten Gruppe marschiert das Gastwirtsgewerbe, Stahlhelm, Feuerwehr, Schulen, Gerberinnung, BdM., Verband ambulanter Gewerbetreibender, andere Berufe, Stadtkinder, SA.-Reserve, landwirtschaftliche Arbeiter, Reit- und Fahrklubs. Auf dem Städtischen Sportplatz wird der Bauernführer eine Ansprache halten und dem Bürgermeister eine Erntekrone überreichen, die an einem würdigen Platz im Rathaus aufgehängt werden soll. Der Festzug wird von Mannschaften der Freiwilligen Sanitätskolonne vom Roten Kreuz begleitet. -b-

EN vom 30.9.1933

Das *„Nationalsozialistische Kraftfahrkorps“* (NSKK) war eine paramilitärische Unterorganisation der NSDAP mit Sitz in München und Berlin. Die Organisation bestand seit April 1930 unter dem Namen „Nationalsozialistisches Automobilkorps“ (NSAK) und wurde 1931 in NSKK umbenannt. Die Aufnahme in das NSKK setzte keinen Führerschein oder Kenntnisse über Kraftfahrzeuge voraus, entscheidend war die *„innere Bereitschaft zu kämpferischem Einsatz“*. (40) Den Mitgliedern wurde die Ausbildung zum Kfz-Fahrer und Mechaniker angeboten. Das NSKK hatte ein von der SA abgeleitetes Dienstgradsystem und verwendete die Uniform der früheren Motor-SA. Dem NSKK oblag ab 1934 die Verkehrserziehung der Kraftfahrer und der Jugend. So arbeitete das NSKK auch eng mit dem 1933 gleichgeschalteten und in „Der Deutsche Automobilclub“ (DDAC) umbenannten ADAC zusammen. In diesem Sinne übernahm er nach dem 19. Mai 1943 auch die Aufgaben eines Verkehrshilfsdienstes. Hierzu wurde ein eigenes Verkehrszeichen in die Straßenverkehrsordnung eingeführt, das Kraftfahrer in Bedarfsfällen auf Rufstellen dieses Hilfsdienstes hinwies. (41) Hauptziel des NSKK blieb es, seine Mitglieder in der Bedienung und Wartung von Motorrädern und Personenkraftwagen auszubilden. Das NSKK ersetzte dabei nicht die Fahrschule und konnte keine Führerscheinprüfungen abnehmen. Für die Motor-HJ (14–18-jährige Jungen) stellte das NSKK Motorräder, Reparaturwerkstätten, Ausbildungsmaterial und vor allem fachliche Ausbilder zur Verfügung. Letztere waren für den technischen und praktischen Unterricht und die Vorbereitung auf die Führerscheinprüfung zum Führerschein IV (bis 250 cm^3 Hubraum) zuständig. Motorradfahren wurde unter ihrer Anleitung und Aufsicht auf nichtöffentlichen Plätzen und im freien Gelände geübt. (42)

NSKK.
Nationalsozialistisches Kraftfahr-Korps
Morgen, Dienstag, 12. September, 20 Uhr
Mitglieder-Versammlung
im „Elmshorner Hof“, Kaiserstraße 4
Neue Mitglieder werden noch aufgenommen.
NSKK., Korpsführung Elmshorn

EZ vom 11.9.1933

Am 12. September 1933 fand im „Elmshorner Hof“ eine Mitgliederversammlung des NSKK statt. Für den Bezirk wurde ein NSKK-Sturm errichtet, dem die meisten

Mitglieder angehörten. Das Stadtgebiet wurde in fünf Bezirke eingeteilt, für die jeweils Unterkorpswarte ernannt wurden. Das nationalsozialistische Kraftfahrerkorps bestand aus dem NSKK-Sturm, den ordentlichen und den fördernden Mitgliedern. Die Mitgliederlisten wurden von den ernannten Unterkorpswarten geführt. Der NSKK-Sturm führte etwa vierzehntägig Übungen durch. Es war Pflicht jedes Korpsmitgliedes, an den Veranstaltungen nach Möglichkeit teilzunehmen, und nur in besonderen Fällen durfte nach Entschuldigung durch die Unterkorpswarte eine Ausnahme gemacht werden. Die Sturmmitglieder erschienen in Uniform. Am Ende des Abends besaß die NSKK 170 Mitglieder. Die Versammlung schloss mit einem interessanten Vortrag über Rassenpflege. Das Referat hatte Pg. Dr. Ritschel übernommen. (43)

Wegen der sehr schnellen Zunahme der Mitgliederzahl bei der NSDAP und deren Organisationen SA, SS und HJ war die Partei organisatorisch überfordert. So wurden für diese Organisationen jeweils ein Aufnahmestopp für neue Mitglieder erlassen. Darauf wies ein kleiner Artikel in den EN am 9. August noch einmal explizit hin. Diese Sperre sollte voraussichtlich bis zum 1. April 1934 gelten. Den Parteistellen wurde untersagt, auch Aufnahmeanträge für die Zeit nach der Sperre entgegenzunehmen. (44)

Ausgenommen von der Aufnahmesperre waren Sonderformationen, die zu dieser Zeit aufgebaut wurden, z.B. Reiterstürme, Pionierstürme und Nachrichtenstürme. (45)

> a. Vom Pioniersturm. Am Dienstag, 26. September, wurden die Aufnahmen zur Gründung eines Pioniersturms beendet. Es sind insgesamt 140 Verpflichtungsscheine abgegeben worden. Beim ersten Appell sind 130 Mann erschienen, die bereit sind, sich der neuen Formation zur Verfügung zu stellen.

EZ vom 20.9.1933

Am 5. September fand im „Holsteinischen Hof" eine außerordentliche Mitgliederversammlung des Arbeitgeberverbandes unter dem Vorsitz von Johannes Knecht statt. Der Referent des Abends war der Gruppenführer der NSBO, Herr Voß, der über die Zusammenarbeit zwischen Arbeitgeber und Arbeiter im Sinne der NS-Regierung sprach. Der erste Punkt waren die Aufgaben und Ziele der NSBO.

„(...) Die NSBO wolle nicht wirtschaftsstörend wirken, sie sei bestrebt, alles, was zum Schaden des Betriebes dienen könne, fernzuhalten, komme es von Arbeitgeber- oder Arbeitnehmerseite. Nach den nationalsozialistischen Ideen müssten auch viele Marxisten als Schädlinge in den Betrieben betrachtet werden, da sie häufig bestrebt seien, Keimzellen des Marxismus zu fördern oder zu erhalten und die alten Klassengegensätze, den alten Klassenhass, den der Nationalsozialismus beseitigen wolle, zum Schaden der Betriebe wieder aufleben zu lassen. Deshalb müssten eher alle Marxisten entlassen werden, als ein Nationalsozialist." (46)

Weiterhin ging er auf die Frage der Doppelverdiener ein, die restlos aus den Betrieben entfernt werden müssten.

Der zweite Redner des Abends war der Leiter des Arbeitsamtes Elmshorn, Herr DR. Simon. Nach Darstellung der Erfolge, Halbierung der Arbeitslosen im Vergleich zum letzten Jahr auf 650, der erwerbslosen Frauen auf ein Drittel, auf 56 arbeitslose Frauen, beschrieb er die Maßnahmen zur Bekämpfung der Arbeitslosigkeit staatlicherseits und von Seiten der Wirtschaft:

„Nach Darlegung der Ursachen der Arbeitslosigkeit kam der Redner auf die Maßnahmen zu sprechen, die von der Verwaltung vorgenommen würden, um die Wirtschaft, anzukurbeln, wie z.B. der große Autostraßenplan, Steuerbefreiung, Ehestandsbeihilfen u.s.w. Die Maßnahmen, die der privaten Wirtschaft vorbehalten sind, um vermehrte Arbeit zu schaffen, wurden dann gestreift: Einführung der 40-Stunden-Woche, Bekämpfung des Doppelverdienertums und der Schwarzarbeit, Ersetzung der Frauen durch Männer, Einschränkung der Maschinenarbeit (hier wurde die Zigarrenindustrie angeführt), Siedlungen, Stadtrandsiedlungen, Zinssenkung. Die Rationalisierung sei eine Frage der übersteigerten Löhne gewesen, damit die deutsche Industrie konkurrenzfähig bleiben konnte. Es könne sich bei Maßnahmen, mehr Arbeitsplätze zu schaffen, nur um konstruktive Maßnahmen handeln, da eine Mehrproduktion von Wirtschaftsgütern durch ihre Absatzmöglichkeiten ihre natürlichen Grenzen finden müsse."

Johannes Knecht sprach in seinem Schlusswort:

„Noch einmal betonte der Vorsitzende, dass die Arbeitgeber freudig bereit seien, im Sinne der Ausführungen des Herrn Voss mitzuarbeiten, um dadurch weitere Arbeitsmöglichkeiten zu schaffen, so in der Frage der Doppelverdiener; auch mit der Nichtduldung kommunistischer Arbeiter seien sie einverstanden. Die Frage der Frauenarbeit lasse sich freilich nicht so schnell lösen. Gemeinsames Arbeiten mit dem gleichen Ziele würde aber zweifellos in allen diesen Fragen von Erfolg sein.“
(47)

EZ vom 21.9.1933

EZ vom 23.9.1933

EZ vom 26.9.1933

Mütter kämpft
für eure
Kinder!

Im Rahmen der bevölkerungspolitischen Aufklärungsaktion des Reichsministeriums für Volksaufklärung und Propaganda ist für den Monat September eine Aufklärungsschrift herausgegeben worden, deren oben wiedergegebenes Titelbild den im ganzen Reich verbreiteten Plakaten entspricht. Dieses kleine Heft enthält das grundlegend Wichtigste, was jeder deutsche Volksgenosse über die Fragen der Erbbiologie und Rassenpflege wissen muß. Die Tatsache, daß die Bevölkerungspolitik die lebenswichtigste und vordringlichste Zukunfts- und Existenzfrage des deutschen Volkes ist, muß jedem Deutschen zur Selbstverständlichkeit werden. Dazu dient diese Broschüre, die von der N. S.-Volkswohlfahrt durch die örtlichen Organisationen der N. S. D. A. P. mit Hilfe der Verbände und Vereine verbreitet wird. Einzelexemplare können auch an jedem Postschalter im ganzen Deutschen Reich für 10 Pf. gekauft werden.

EZ vom 23.9.1933

Am 23. September wurden 17 Elmshorner aus dem Konzentrationslager Kuhlen entlassen, versehen mit dem Hinweis, dass sie sofort erneut eingewiesen würden, wenn es zu erneuten Aktionen gegen die Regierung kommen würde, unabhängig einer persönlichen Schuld. Damit wurden diese Personen faktisch als Geisel genommen.

„Entlassen wurden am letzten Sonnabendabend aus dem Konzentrationslager Kuhlen von den 19 Elmshorner Schutzhäftlingen 17. Hoffentlich werden jetzt diese Entlassenen sich so aufführen, dass sie nicht wieder in Schutzhaft geraten. Bei der geringsten staatsfeindlichen Aktivität werden sofort scharfe Maßnahmen ergriffen und sofort alle Entlassenen wieder verhaftet werden. Auch diejenigen, die bereits zur Einsicht gekommen sind, müssten dann wieder mitleiden. In diesem Sinne ermahnte Herr Bürgermeister Krumbeck die Schutzhäftlinge bei der Entlassung." (48)

Gegen den Anstieg von Übergriffen seitens der SA und SS als Sittenwächter gegenüber Frauen und Männern wandte sich Stabschef Röhm mit einem Erlass:

„(...) Aus der jüngsten Zeit liegen mir neue Meldungen vor, dass auch SA- (SS)-Führer und -Männer sich öffentlich zu Moralrichtern aufgeworfen und weibliche Personen aus oben genannten Gründen in Badeanstalten Gaststätten oder auf der Straße belästigt, beschimpft, ja sogar misshandelt haben. Ich will das Überhandnehmen derartiger, oft geradezu lächerlicher Auswüchse von Prüderie und Schlimmerem zum Anlass nehmen, eindeutig festzustellen, dass die deutsche Revolution nicht von Spießern, Muckern und Sittlichkeitsaposteln gewonnen worden ist, sondern von revolutionären Kämpfern.

Diese allein werden sie auch sichern.

Die Aufgabe der SA besteht nicht darin, über Anzug, Gesichtspflege und Keuschheit anderer zu wachen, sondern Deutschland durch ihre freie und revolutionäre Kampfgesinnung hochzureißen.

Ich verbiete daher sämtlichen Führern und Männern der SA und SS, ihre Aktivität auf diesem Boden einzusetzen und sich zum Handlanger verschiedener Moralästheten herzugeben. Dies gilt vor allem auch für diejenigen SA- und SS-

Führer die von mir als Polizeipräsidenten oder für sonstige staatliche Stellen zur Verfügung gestellt sind." (49)

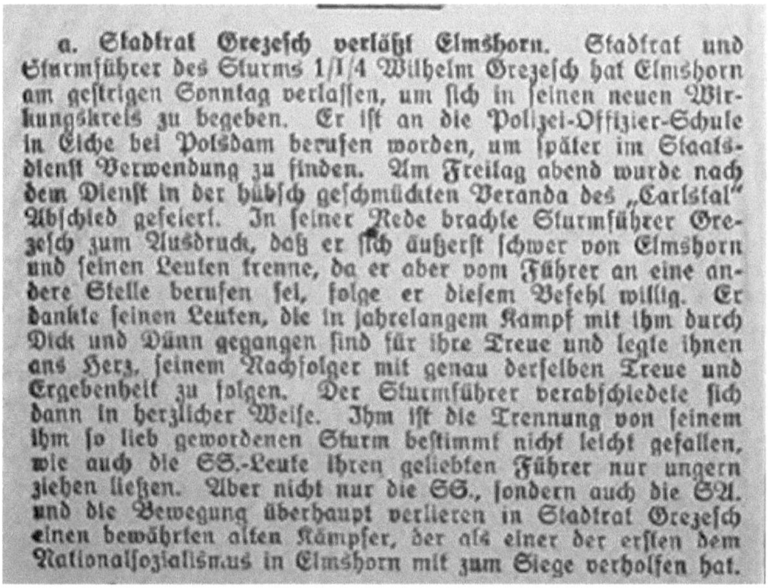

a. Stadtrat Grezesch verläßt Elmshorn. Stadtrat und Sturmführer des Sturms 1/I/4 Wilhelm Grezesch hat Elmshorn am gestrigen Sonntag verlassen, um sich in seinen neuen Wirkungskreis zu begeben. Er ist an die Polizei-Offizier-Schule in Eiche bei Potsdam berufen worden, um später im Staatsdienst Verwendung zu finden. Am Freitag abend wurde nach dem Dienst in der hübsch geschmückten Veranda des „Carlstal" Abschied gefeiert. In seiner Rede brachte Sturmführer Grezesch zum Ausdruck, daß er sich äußerst schwer von Elmshorn und seinen Leuten trenne, da er aber vom Führer an eine andere Stelle berufen sei, folge er diesem Befehl willig. Er dankte seinen Leuten, die in jahrelangem Kampf mit ihm durch Dick und Dünn gegangen sind für ihre Treue und legte ihnen ans Herz, seinem Nachfolger mit genau derselben Treue und Ergebenheit zu folgen. Der Sturmführer verabschiedete sich dann in herzlicher Weise. Ihm ist die Trennung von seinem ihm so lieb gewordenen Sturm bestimmt nicht leicht gefallen, wie auch die SS.-Leute ihren geliebten Führer nur ungern ziehen ließen. Aber nicht nur die SS., sondern auch die SA. und die Bewegung überhaupt verlieren in Stadtrat Grezesch einen bewährten alten Kämpfer, der als einer der ersten dem Nationalsozialismus in Elmshorn mit zum Siege verholfen hat.

EZ vom 25.9.1933

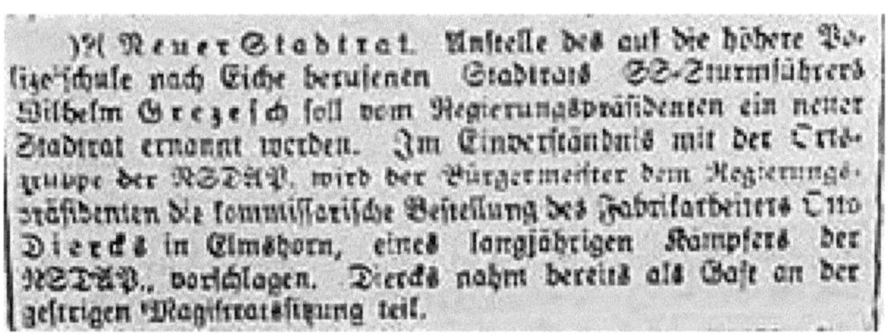

Neuer Stadtrat. Anstelle des auf die höhere Polizeischule nach Eiche berufenen Stadtrats SS-Sturmführers Wilhelm Grezesch soll vom Regierungspräsidenten ein neuer Stadtrat ernannt werden. Im Einverständnis mit der Ortsgruppe der NSDAP. wird der Bürgermeister dem Regierungspräsidenten die kommissarische Bestellung des Fabrikarbeiters Otto Diercks in Elmshorn, eines langjährigen Kämpfers der NSDAP., vorschlagen. Diercks nahm bereits als Gast an der gestrigen Magistratssitzung teil.

EN vom 12.10.1933

Auf einer Versammlung der „Deutschen Arbeitsfront" (DAF) am 27. September rüffelte der Verbandsbezirksleiter Herrlich aus Hamburg die Elmshorner:

„Ehe ich mit meinem Referat beginne, muss ich euch sagen, dass ich so etwas wie hier in Elmshorn überhaupt noch nicht erlebt habe. Ihr seid hier mit etwa 700 Mann organisiert und erscheint mit knapp 200. Da war es gestern in Hamburg aber

anders, von 21000 Organisierten erschienen 20000. Es ist also hier in Elmshorn noch eine große Erziehungsarbeit zu leisten. Wer glaubt, dass er nicht zu uns kommen braucht, wer meint, dass wir allein arbeiten und die ganze Last auf uns nehmen sollen, den werden wir dahingehend erziehen, dass er zu uns kommen muss. Es ist sehr bedauerlich, dass heute Abend nicht mehr erschienen sind, ich hätte vor allen Dingen meine lieben Freunde, die Arbeitgeber, gern hier gehabt. Es kann also nicht sein, das Volksgenossen fernstehen, während wir aufbauen. Ihr dürft aber nicht vergessen, was war, und von uns verlangen, dass wir in wenigen Minuten das wieder aufrichten, was die andern in 14 Jahren heruntergewirtschaftet haben.

Unsere Gegner haben immer gesagt: wenn die Nazis ans Ruder kommen, werden sie alles kurz und klein schlagen, sie werden die Gewerkschaften und alles vernichten. Ich stelle ausdrücklich fest, dass wir niemals die Absicht gehabt haben, die Gewerkschaften zu beseitigen, sondern wir haben immer gesagt und der Führer hat das auch in seinem „Kampf" ausgedrückt, dass die Idee der Gewerkschaften gut ist. Deshalb haben wir sie auch am 2. Mai übernommen und die Gelder für den deutschen Arbeiter gerettet. Vier Wochen später wäre nämlich nichts mehr da gewesen. (...)" (50)

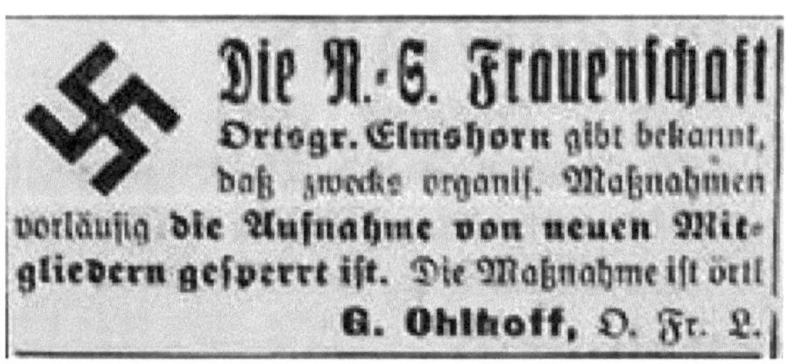

Die N.-S. Frauenschaft
Ortsgr. Elmshorn gibt bekannt, daß zwecks organis. Maßnahmen vorläufig **die Aufnahme von neuen Mitgliedern gesperrt ist.** Die Maßnahme ist örtl

G. Ohlhoff, O. Fr. L.

EZ vom 29.9.1933

ung seines Personals

Was muß man über das Winterhilfswerk wissen?

Der erste Großkampftag des Winterhilfswerks der Reichsregierung steht mit dem 1. Oktober bevor, da bekanntlich der erste Sonntag in jedem Monat den notleidenden Volksgenossen gewidmet sein soll. Da das Winterhilfswerk vom ganzen deutschen Volke getragen werden soll und jeder einzelne Volksgenosse nach den Worten des Reichspropagandaministers Dr. Goebbels für sein Gelingen mitverantwortlich ist, ist es notwendig, daß er sich über die Verpflichtungen klar ist, die ihm daraus erwachsen. Wir geben deshalb nachstehend eine Uebersicht dessen, was man unbedingt vom Winterhilfswerk wissen muß.

Da ist zunächst die große Straßen- und Häusersammlung, von der alle Straßen und Häuser systematisch erfaßt werden. Die Spender erhalten ein Abzeichen, das jeden Monat eine andere Farbe haben wird. Für diese Sammlungen waren ursprünglich nur die ersten Sonntage der Wintermonate vorgesehen, doch hat man mit dem Vertrieb des im Rahmen des Erntedankfestes zur Ausgabe gelangenden Abzeichens (Mohnblume mit zwei Aehren) bereits begonnen. Daneben werden Lose einer 50 Pfg.-Straßenbrieflotterie vertrieben. Mit dieser Lotterie wird zugleich ein kultureller Zweck verfolgt; in jedem Losbrief sind fünf Postkarten mit Bildern von deutscher Geschichte und Kultur enthalten.

Spender, die monatlich einen bestimmten, in angemessenem Verhältnis zu ihrem Einkommen stehenden Betrag — von kleinen Lohn- und Gehaltsempfängern wird der Ertrag einer Arbeitsstunde erwartet — in die Winterhilfskasse zahlen, erhalten eine kleine Plakette mit der Aufschrift „Wir helfen", deren Vorzeigung sie von weiteren Sammlungen befreit. (Inhaber von Bank- und Postscheckkonten werden aufgefordert, monatlich einen bestimmten Betrag von ihrem Konto zugunsten der Winterhilfe abbuchen zu lassen). Dagegen wird auch von ihnen erwartet, daß sie an den ersten Sonntagen der kommenden Monate als Mittagsmahlzeit nur ein Eintopfgericht zum Preise von höchstens 50 Pfg. zu sich nehmen und den gegenüber den Kosten für ihr übliches Sonntag-Mittagessen ersparten Betrag an die Winterhilfe abführen. Das Eintopfgericht wird nicht nur zu Hause eingenommen, sondern es wird auch in allen Gastwirtschaften bis nachmittags 5 Uhr kein anderes Essen zu haben sein. Hier wird der ersparte, vom Gast mitzuzahlende Betrag vom Gastwirt abgeführt.

Die aus allen diesen Spenden sowie aus den Naturalsammlungen, dem Vertrieb von Wohlfahrtsbriefmarken und aus Wohltätigkeitskonzerten, Theatervorstellungen und sonstigen Veranstaltungen fließenden Geldbeträge und Sachwerte werden durch eine ehrenamtliche Organisation den wirklich Bedürftigen zugeleitet. Wie die Sammlung, so obliegt auch die Verteilung der Spenden den örtlichen oder bezirklichen Arbeitsgemeinschaften, die sich unter der Führung der NS.-Volkswohlfahrt gebildet haben.

Die Ausgabe von Naturalspenden erfolgt durch Zuweisungsscheine, die den Bedürftigen von den Verteilungsstellen verabfolgt werden. Das gesammelte Bargeld soll grundsätzlich nur für den Einkauf von Lebensmitteln, Heizmaterial usw. verwendet werden, bei dem für bedürftige Familien Lebensmittel zur eigenen Speisebereitung abgegeben werden. Massenspeisungen sollen nur für diejenigen veranstaltet werden, die keinen eigenen Herd haben. Die Wärmehilfe soll durch Einrichtung von Wärmeräumen für unverheiratete Hilfsbedürftige ergänzt werden, die hier auch Bildungs- und Unterhaltungsmöglichkeiten finden. Für die schulpflichtige Jugend, deren Eltern erwerbslos sind, werden Schulspeisungen eingerichtet und Schul- und andere Räume für den Nachmittagsaufenthalt und für die Anfertigung der Schularbeiten bereitgestellt.

Spenden sind einzuzahlen auf das Postscheckkonto des Winterhilfswerks: Berlin 77 100.

EZ vom 29.9.1933

Am 30. September 1933 feierte Elmshorn das Erntedankfest mit großen genau geplanten und organisierten Umzügen. Am gleichen Tage fand auch der erste „Eintopfsonntag" in Elmshorn statt.

Die Eintopfgerichte am Sonntag

Einheitspreis 50 Pfg. — Der ersparte Betrag für die Hungernden

Berlin, den 26. September. Am nächsten Sonntag, dem Deutschen Erntedanktag, wird in Stadt und Land zum ersten Male das Eintopfgericht auf den Tisch kommen. Was bezweckt das? In erster Linie natürlich soll durch diese Maßnahme eine starke finanzielle Förderung des Kampfes gegen Hunger und Kälte erzielt werden, weil ja der durch das Eintopfgericht gegenüber anderen Sonntagsgerichten ersparte Betrag zusätzlich und restlos an das Winterhilfswerk abgeführt werden soll. Zweitens aber ist es ein vom nationalsozialistischen Geist diktiertes Bekenntnis zur Volksgemeinschaft, zur Schicksalsverbundenheit mit unseren notleidenden Volksgenossen.

Der Preis von 50 Pfg. ist als Höchstpreis anzusehen, der vor allen Dingen für die Gastwirtschaften Bedeutung besitzt. Es gibt zweifellos in der heutigen, durch 14jährige Mißwirtschaft verursachten Notzeit vielköpfige Familien, die mit einem weit geringeren Durchschnittsbetrag für jede Person ihren Mittagstisch bestreiten müssen. Aber Einzelpersonen, die vorzugsweise in den Gasthäusern essen, werden für ihr Mittagessen im Durchschnitt weit mehr als 50 Pfg. ausgeben.

Es wird also mit dem Eintopfgericht bezweckt, daß jeder Volksgenosse noch sparsamer lebe als an anderen Sonntagen, um den ersparten Betrag seinen hungernden Brüdern und Schwestern zur Verfügung zu stellen. Das ist Sozialismus der Tat im Kampf gegen Hunger und Kälte.

In gemeinsamer Vereinbarung zwischen dem Reichseinheitsverband des Deutschen Gaststättengewerbes und dem Reichsführer für das Deutsche Winterhilfswerk wurde eine

Regelung für alle Gaststätten

für das Eintopfgericht herbeigeführt. Die Berliner Gaststätten werden in drei Klassen eingeteilt. (Dieselbe Regelung gilt für alle Gaststätten im Reich.) In Klasse 1 fallen alle einfachen, kleineren Gastwirtschaften, in Klasse 2 die sogenannten bürgerlichen Lokale und Hotels sowie die Eisenbahnen, in Klasse 3 die erstklassigen Gaststätten und Luxushotels.

Verabreicht wird überall nur ein Eintopfgericht, dessen Zusammensetzung dem Gastwirt überlassen bleibt, das er aber dem Winterhilfswerk mit nur 50 Pfg. in Anzug bringen darf. Dem Gast wird das Eintopfgericht in Klasse 1 mit 60 Pfg., in Klasse 2 mit 1 RM. berechnet.

Der Mehrbetrag ist an das Winterhilfswerk abzuführen. Schwieriger gestaltet sich die Berechnung in Klasse 3 (Luxusgaststätten). Hier soll der an anderen Tagen übliche

EN vom 27.9.1933

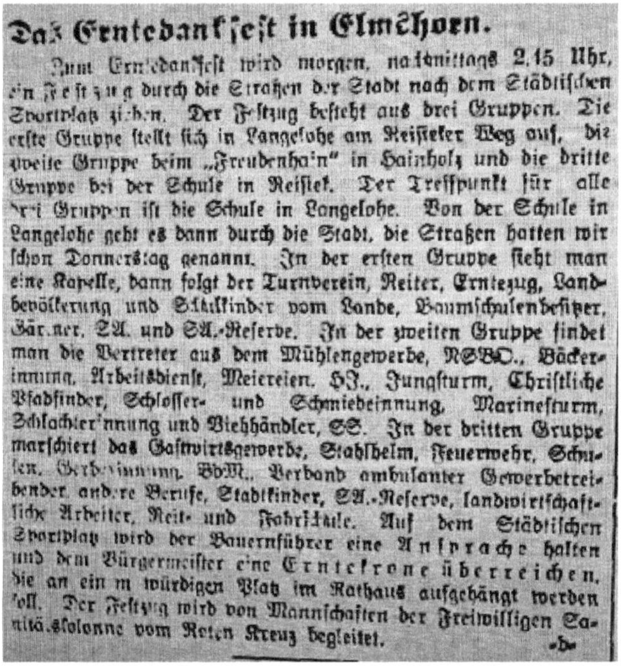

Das Erntedankfest in Elmshorn.

Zum Erntedankfest wird morgen, nachmittags 2.15 Uhr, ein Festzug durch die Straßen der Stadt nach dem Städtischen Sportplatz ziehen. Der Festzug besteht aus drei Gruppen. Die erste Gruppe stellt sich in Langelohe am Reitzeler Weg auf, die zweite Gruppe beim „Freudenhain“ in Hainholz und die dritte Gruppe bei der Schule in Reitzel. Der Treffpunkt für alle drei Gruppen ist die Schule in Langelohe. Von der Schule in Langelohe geht es dann durch die Stadt, die Straßen hatten wir schon Donnerstag genannt. In der ersten Gruppe sieht man eine Kapelle, dann folgt der Turnverein, Reiter, Erntezug, Landbevölkerung und Schulkinder vom Lande, Baumschulenbesitzer, Gärtner, SA. und SA.-Reserve. In der zweiten Gruppe findet man die Vertreter aus dem Mühlengewerbe, NSBO., Bäckerinnung, Arbeitsdienst, Meiereien, HJ., Jungsturm, Christliche Pfadfinder, Schlosser- und Schmiedeinnung, Marinesturm, Schlachterinnung und Viehhändler, SS. In der dritten Gruppe marschiert das Gastwirtsgewerbe, Stahlhelm, Feuerwehr, Schulen, [illegible], BdM., Verband ambulanter Gewerbetreibender, andere Berufe, Stadtkinder, SA.-Reserve, landwirtschaftliche Arbeiter, Reit- und Fahrschule. Auf dem Städtischen Sportplatz wird der Bauernführer eine Ansprache halten und dem Bürgermeister eine Erntekrone überreichen, die an einem würdigen Platz im Rathaus aufgehängt werden soll. Der Festzug wird von Mannschaften der Freiwilligen Sanitätskolonne vom Roten Kreuz begleitet. -b-

EN vom 30.9.1933

„Der Nachmittag stand ganz im Zeichen des Festzuges.

„Von der Saat bis zur Ernte“ war das Motto, unter dem der Zug zusammengestellt war. In bunter Reihenfolge zogen die einzelnen Wagen und Gefährte vorbei. Eröffnet wurde der Festzug von dem Reitersturm Elmshorn, dem eine Musikkapelle folgte. Als erster Festwagen fuhr ein Düngerwagen, dann folgten Pflug, Egge, Mähmaschinen, Harken u.s.w. bis zur Dreschmaschine und Staubmühle. Auch alle Handgeräte wie Schaufeln, Mistforke usw. wurden im Zug getragen. Nur ein Gerät hat man vermisst: den Dreschflegel. Nach den landwirtschaftlichen Fahrzeugen folgten Festwagen von den Baumschülern und Gärtnern, den Müllern und Bäckern, den Schmieden und all den Berufen, die mit den Landwirten zu tun haben. Die Viehhändler fuhren ein Kalb und ein Schwein spazieren und erregten damit viel Heiterkeit. Zwei Wagen mit Schulkindern vom Lande, die Volkslieder sangen, wurden jubelnd begrüßt.

Ganz auf Sorglosigkeit und Heiterkeit war der Festwagen der Gastwirte eingestellt, auf dem die Insassen einen gemütlichen Skat spielten und tüchtig „prosteten". Viele Wagen waren künstlerisch geschmückt. Aus der großen Menge sei der Erntewagen genannt, der die Erntekrone trug, die auf dem Sportplatz dem Herrn Bürgermeister Krumbeck überreicht wurde. In dem Festzug sah man 52 Festwagen und sonstige Fahrzeuge.

Auf dem Sportplatz nahmen die Teilnehmer an dem Festzug im offenen Viereck Aufstellung, umsäumt von den Festwagen und Tausenden von Zuschauern. Die 32 Fahnen, Standarten und Wimpel, die im Festzug mitgeführt wurden, nahmen zu beiden Seiten der von Herrn Stadtbaurat Dr. Grethe entworfenen Rednertribüne Aufstellung.

Herr Tierarzt Dr. Albers wies in kurzen Worten darauf hin, dass auf Wunsch des Führers im ganzen deutschen Vaterland heute Erntedankfeiern stattfänden (...)"

Es folgten eine Reihe von Ansprachen. (51)

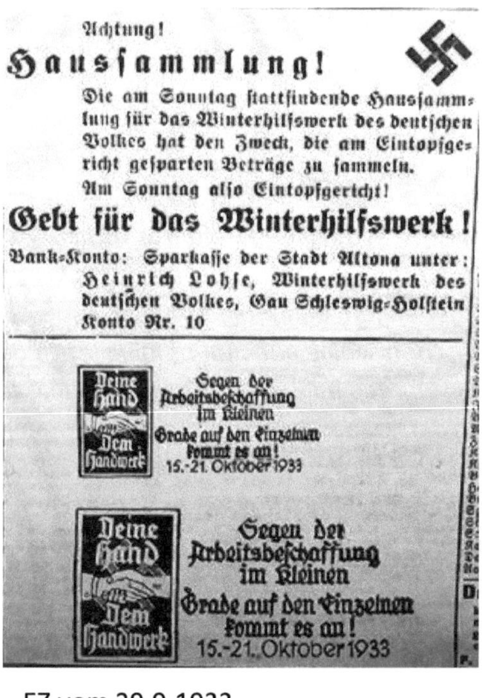

EZ vom 29.9.1933

EN vom 5.10.1933

Während der Zeit des Nationalsozialismus blühte in Deutschland das Denunziantentum. War es auf der einen Seite von den Machthabern erwünscht und selbst initiiert über ein System der Überwachung von Bürgern durch Zellen- und Blockwarte sowie über die verschiedenen NS-Organisationen, so kämpfte man auf der anderen Seite mit Falschaussagen und Wichtigtuerei, hervorgerufen aus den verschiedensten Gründen. Dieses behinderte aber den Aufbau der Wirtschaft und durch den entstehenden Arbeitsaufwand auch die Arbeit der verschiedenen Exekutivstellen. So veröffentlichte die EZ am 2. Oktober folgenden Artikel:

„(...) Hetzer und Denunzianten werden bestraft.

Von amtlicher Seite wird uns geschrieben:

In letzter Zeit häufen sich die Fälle, dass beim Magistrat und bei der Polizei anonyme Anzeigen eingehen, durch welche schwerwiegende Vorwürfe gegen Elmshorn Bürger erhoben werden. Die angestellten Ermittlungen ergaben in allen Fällen, dass es sich um gemeine Verleumdung handelte oder dass eine Überführung ohne den unbekannten Anzeigenden nicht möglich war. Aus diesem Grunde werden in Zukunft jegliche anonymen Anzeigen in den Papierkorb wandern. Wer die Behörden in ihrem Kampf gegen Korruption unterstützen will, soll gewiss willkommen sein. Es muss aber verlangt werden, dass derjenige auch seine Person einsetzt und sich nicht in feiger und lumpiger Weise verbirgt.

Beschwerden und Anzeigen nehmen überhaupt in letzter Zeit überhand. Denunzianten und Muckertum stehen auch in Elmshorn in schönster Blüte. So stark die städtischen Behörden darauf bedacht sind, jede Verletzung staatlicher Hoheit und Gewalt zu erfahren und zu ahnden, ebenso stark missbilligen sie auch die kleinliche und schikanöse Art, mit welcher manche unverantwortlichen Personen ihren lieben Freunde und Nachbarn eins auswischen wollen. Solche Leute beweisen, dass sie für die Größe der Zeit nicht den mindesten Sinn haben.

Bisher haben die amtlichen Stellen ihren Ärger über die geschilderten üblen Zeitgenossen verschluckt. Damit ist in Zukunft nicht mehr zu rechnen. Anonyme und schäbige Hetzer und Denunzianten werden in Zukunft in zeitgemäßer Weise angeprangert und bestraft." (52)

Von der Zeugmeisterei München zum Verkauf von

parteiamtlich. Bekleidungen, Ausrüstungen u. Abzeichen

zugelassen (unter Nr. 404)

Hans Strecker

Königstraße 46a, Fernsprecher 3294

Uniformen, Marschstiefel, alle Gegenstände f. die Ausrüstung

EZ vom 2.10.1933

Wer will zur SS.?

Der Führer des SS.-Abschnittes XV, SS.-Oberführer Moder, gibt bekannt:

Die Aufnahmesperre in der Schutzstaffel (SS.) wird innerhalb des SS.-Abschnittes 15 für die Zeit vom 1. bis 6. November 1933 aufgehoben werden. Die zum Eintritt bereiten Männer haben folgende Vorbedingungen zu erfüllen: Alter: 18 bis 23 Jahre, Mindestgröße: 172 Zentimeter. Volle SS.-Tauglichkeit ist durch Untersuchung bei den von den SS.-Dienststellen zugewiesenen Aerzten nachzuweisen. Anmeldungen haben schon jetzt bei den örtlichen SS.-Dienststellen zu erfolgen.

EZ vom 6.10.1933

Wer will in die Motor-SA.?

Neuaufnahmen sind möglich in der Zeit vom 1. bis 5. November 1933.

Voranmeldungen werden schon jetzt entgegengenommen, und zwar **vom 16. bis 31. Oktober 1933.**

Die **Motor-SA.** nimmt nicht nur Anwärter für die Auto- und Motortrupps auf, sondern auch für ihre Pionier- und Nachrichtentrupps. Für letztere kommen in Frage: Handwerker, Radiofachleute, Elektriker, Telephonisten usw. Für diese ist Führerschein wünschenswert, aber nicht erforderlich.

Im übrigen gelten folgende Bedingungen:

Neuaufzunehmende Motor-SA.-Leute müssen Eigentümer eines Motorrades, Kraft- oder Lastkraftwagens sein und selbst einen Führerschein besitzen.

Ohne eigenes Fahrzeug werden als Beifahrer aufgenommen Inhaber von Führerscheinen. In Ausnahmefällen werden Beifahrer auch ohne Führerschein eingestellt.

Ueberschreibungen von anderen Formationen zur Motor-SA. sind mit Genehmigung des Formationsführers möglich.

Gleichzeitig mit dem Antrag auf Aufnahme in die Motor-SA. ist ein polizeiliches Führungszeugnis und eine Paßphotographie vorzulegen sowie Namen von zwei Referenzen anzugeben.

Letztere müssen in der Partei resp. in einer SA.-Formation sein.

Meldungen können erfolgen bei:

Staffelbüro 265, Elmshorn, Gärtnerstraße 12.

M 1/265: Obersturmführer Paul Szybla, Halstenbek, Altonaer Chaussee.

M 2/265: Sturmführer Hermann Diestel, Unterglinde-Uetersen.

M 3/265: Sturmführer Willi Münster, Bokel-Dauenhof.

M 4/265: Oberscharführer Helmuth Saß, Barmstedt, Moltkestraße 15.

M 5/265: Sturmführer Paul Schmidt, Elmshorn, Reichenstraße 21.

Trupp Wedel: Otto Möller, Wedel, Rosengarten 10.

EZ vom 9.10.1933

Schon kurz nach der Machtergreifung übernahmen die Nationalsozialisten die Kontrolle über die Presse, den Rundfunk und den Film. Die Aufgabe der Medien, die Bevölkerung zu informieren und die Meinungsbildung zu prägen, wurde geändert und die Presse wurde stattdessen zum wichtigen Instrument der Propaganda der nationalsozialistischen Ideologie. Gleich zu Beginn wurden die sozialdemokratischen und kommunistischen Zeitungen verboten. Doch auch die bürgerlichen und konservativen Zeitungen konnten nicht frei berichten, denn die Pressefreiheit wurde stark eingeschränkt. Man schrieb genau vor, worüber und was berichtet werden konnte.
Sehr schön konnte man diese Kontrolle der Presse in Elmshorn sehen, wo es zwei Tageszeitungen gab: die „Elmshorner Nachrichten“ (EN) und die „Elmshorner Zeitung“ (EZ). Hier gab es sehr häufig wortgleichende Beiträge.
Am 4. Oktober wurde vom Regierungskabinett das „Schriftleitergesetz“ erlassen. Es trat im Januar 1934 in Kraft. Das Gesetz schuf die rechtliche Grundlage für die Kontrolle der Presseinhalte und regelte die persönlichen und politischen Voraussetzungen zur Ausübung des Berufs des Schriftleiters. Dieses Gesetz bestimmte, wer nun Redakteur werden durfte. Kritische Stimmen erhielten keine Chancen mehr. Nur wer den „Arierparagraphen“ erfüllte und politisch unkritisch war, konnte weiterarbeiten. Alle anderen erhielten ein Verbot, ihren Beruf als Journalist auszuüben. Die EN kommentierte das „Schriftleitergesetz“ am 5. Oktober:

Wir fügen hier an einige eigene Betrachtungen über die

Presse als öffentliches Amt.

(E) Elmshorn, den 6. Oktober. Der nationalsozialistische Staat hat schon vor Monaten angekündigt, daß ein neues Presserecht geschaffen werden soll. Hier wie auf den anderen Gebieten des öffentlichen Lebens wird der Grundsatz der völligen Ehrlichkeit durchgeführt. Der Nationalsozialismus hat nie einen Zweifel darüber gelassen, daß er die Freiheit der öffentlichen Meinung, die mit Anarchie gleichbedeutend ist, niemals dulden wird. Jeder, der in der Presse gearbeitet hat, weiß, welche zersetzenden Einflüsse in der Vergangenheit gerade von einem Teil der Presse ausgegangen sind. Jahrelang ist die nationale Bewegung und vor allem auch die nationalsozialistische Partei von dieser zersetzenden Presse in der gehässigsten Weise bekämpft und beschimpft worden. Jahrelang hat diese Presse jeden Gedanken einer nationalen Zusammenfassung mit den gemeinsten Mitteln sabotiert. Jahrelang konnte sie ungestraft gegen die Interessen des Volkes wüten, den Verteidigungswillen und den Wehrwillen unseres Volkes lähmen, Zucht und Sitte verhöhnen und sogar bis zum offenen Landesverrat schreiten. Das alles geschah früher im Namen der Pressefreiheit.

Das neue Schriftleitergesetz, das Reichspropagandaminister Dr. Goebbels am Mittwochabend vor Vertretern der Presse verkündet hat, bedeutet einen völligen Bruch mit diesen Methoden. Zeitungen zu schreiben und zu machen, ist künftig ein öffentliches Amt, und der nationalsozialistische Staat hat sich die letzte Entscheidung darüber vorbehalten, wer dazu würdig ist und wer nicht. Aber die Schriftleiter der Zeitungen werden dadurch nicht zu Beamten in dem Sinne, daß sie aus dem freien Erwerbsleben herausgenommen würden, sondern sie bleiben frei wirtschaftende Menschen, genau wie die sonstigen Angehörigen der „freien Berufe", wie die Aerzte und Rechtsanwälte. Nur die eine Seite ihres Berufes wird in der steten Verpflichtung gegenüber dem Staate ausgeübt. Diese Verpflichtung bedeutet eine starke Bindung. Darüber kann kein Zweifel herrschen. Der nationalsozialistische Staat beansprucht, daß die Gestaltung der öffentlichen Meinungen in einem Sinne erfolgt, die seinen Zielen entspricht. Dadurch ist keineswegs eine Uniformierung der Presse beabsichtigt, und es wird sich jetzt darum

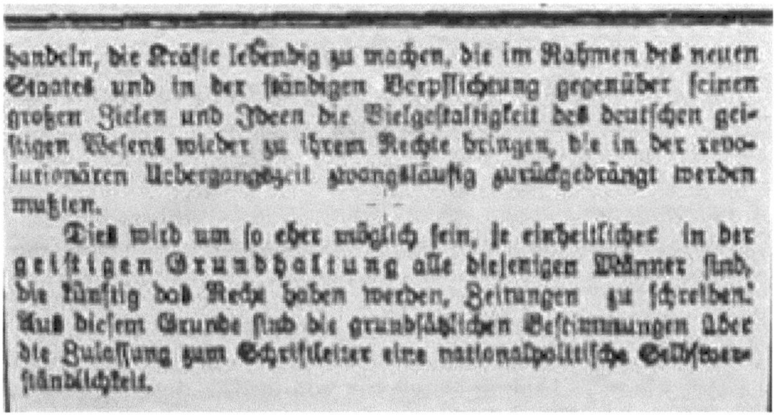

handeln, die Kräfte lebendig zu machen, die im Rahmen des neuen Staates und in der ständigen Verpflichtung gegenüber seinen großen Zielen und Ideen die Vielgestaltigkeit des deutschen geistigen Wesens wieder zu ihrem Rechte bringen, die in der revolutionären Uebergangszeit zwangsläufig zurückgedrängt werden mußten.

Dies wird um so eher möglich sein, je einheitlicher in der geistigen Grundhaltung alle diejenigen Männer sind, die künftig das Recht haben werden, Zeitungen zu schreiben. Aus diesem Grunde sind die grundsätzlichen Bestimmungen über die Zulassung zum Schriftleiter eine nationalpolitische Selbstverständlichkeit.

EN vom 5.10.1933

Der Elmshorner Männerturnverein (EMTV) veranstaltete am 13. Oktober 1933 eine außerordentliche Mitgliederversammlung im „Holsteinischen Hof", zu der neben den Mitgliedern auch Abordnungen der SA, SS, Hitlerjugend und des Stahlhelm erschienen. Der 1. Vorsitzende, Rechtsanwalt Ernst Timm, gab bekannt, dass der Verein nach dem Führerprinzip gleichgeschaltet werde. Die Richtlinien der D.T. (Deutschen Turnerschaft" würden vorschreiben:

1. Marxisten sind in unseren Reihen nicht zu dulden,
2. Nur Arier können deutsche Turner sein,
3. Das Führerprinzip ist durchzuführen,
4. Die Wehrhaftigkeit ist zu pflegen.

„Zu den Forderungen 1 und 2 ist nur zu sagen, dass, sofern es Marxisten bei uns gegeben hat, diese heute nicht mehr bei uns sein dürften. Der bei uns gepflegte vaterländische Geist hat sie ferngehalten oder verscheucht. Einige Nicht-Arier sind aus unserem Verein ausgeschieden, so dass es heute Nicht-Arier unter uns nicht mehr geben dürfte. Eine wesentliche Änderung bedeutet die Einführung des Führergrundsatzes. Das bedeutet, dass nur der Vorsitzende künftig von der Mitgliederversammlung gewählt wird. Er muss vom Gauführer bestätigt werden. Er ernennt sich seine Mitarbeiter selbst. (…)

Für die Durchführung der vorher genannten Grundsätze ist künftig ihr Vorgesetzter allein verantwortlich. (…) Bei der Auswahl der Mitarbeiter wird die Jugend stärker herangezogen werden, so dass einige um den Verein hochverdiente alte Mitglieder mit dem heutigen Tage das Ende ihrer Dienstzeit im Männer-Turnverein erleben müssen. Frauen können zur Mitarbeit an entscheidender Stelle nicht mehr herangezogen werden, weil auch das Amt in der Turnerschaft heute mehr oder weniger ein politisches Amt ist. Dabei wird ein kühler Kopf oft genug die Unterdrückung der Stimme des Herzens verlangen müssen. Darum liegt in der Ausschaltung der Frau keine Unhöflichkeit oder Undankbarkeit gegen Sie, liebe Turnschwestern. Die Mitarbeit der Turnschwestern ist aber gleichwohl auf manchen Gebieten gar nicht zu entbehren. (...)" (53)

Damit setzte der EMTV einen Teil seiner Mitglieder vor die Tür, die in der Geschichte des Vereins oftmals eine große Rolle spielten. So waren in der Geschichte des EMTV folgende Juden sehr aktiv (54):

Philipp Mendel: Gerbereibesitzer, Mitglied seit dem 17.4.1861. Er hat am Vereinsleben aktiven Anteil genommen und war vom 16. 4.1866 bis zum 21. 5.1867 Beisitzer, vom 21.5.1867 bis 4.5.1872 Kassierer, vom 4.5.1872 bis zum 19.10.1872 1. Turnwart, vom 19.10.1872 bis zum 30. 9.1876 nochmals Kassierer, vom 15.11.1886 bis zum 8. 4.1893 Vorsitzender und ab 8. 4.1893 Ehrenmitglied des Vereins. Am 5.3.1905 ist er verstorben.

Samuel Sußmann: Gründungsmitglied des Vereins, war vom 1.5.1862 bis zum 20.10.1863 Beisitzer.

Louis Mendel: ist am 6.6.1853 in Elmshorn geboren und war vom 20.4.1883 bis zum 15.11.1886 2. Turnwart, vom 3.10.1879 bis zum 20. 4.1883 Beisitzer, vom 15.11.1886 bis zum 24. 9.1892 Schriftführer, vom 24. 9.1892 bis zum 4. 4.1901 Beisitzer ab 13.10.1900 Ehrenmitglied des Vereins. Louis Mendel war daneben Gründer und Kolonnenführer der freiwilligen Sanitätskolonne in Elmshorn und Vorsitzender des geschäftsführenden Ausschusses im Roten Kreuz von der Mobilmachung bis zur Heimkehr der Kriegsgefangenen. Er wurde in Anerkennung für seinen Einsatz mit der „Rote-Kreuz-Medaille" II. Klasse ausgezeichnet.

Neumann Mendel war vom 17.10.1867 bis zum 29.10.1868 Beisitzer, vom 27. 4.1869 bis zum 19.10.1872 Beisitzer, vom 19.10.1872 bis zum 1.11.1873 Zeugwart (Gerätewart).

Louis Mendel. o.J., o.O.

Louis Mendel als Feuerwehrmann. Links: Louis Mendel, Mitte: Otto Junge . o. J. o. O.

Sally Oppenheim war vom 15.11.1886 bis zum 18. 4.1890 Kassierer, vom 18. 4.1890 bis zum 10. 4.1892 Beisitzer.

Weitere Mitglieder waren:

Arthur Oppenheim

Julius Stoppelmann Ehrenförderer des Vereins

Otto Hasenberg

Georg Oppenheim

„Fips" Oppenheim (in der Schwimmabteilung als Vertreter der Nichtschwimmer genannt)

John Ely Ehrenförderer des Vereins

Julius Hasenberg Ehrenförderer des Vereins

Julius Lippstadt

Hugo Hertz

Marcus Lippstadt

Hermann Oppenheim

Alex Rosenberg

Julius Rosenberg

Otto Rosenberg

Siegmund Stern

Isaak Stoppelmann

J. Röschmann wusste in der Festschrift zum 75jährigen Jubiläum von einer Krise des EMTV nach dem Krieg von 1870/71 zu berichten, wo sich die Mitgliederzahl bedenklich verringert hatte und die Finanzlage sehr schlecht war:

„In diesem Augenblick setzte N. Mendel (55) in Elmshorn, Vormstegen und Klostersande ein Schreiben in Umlauf, in welchem er die Bürgerschaft aufforderte, dem Turnverein beizutreten. Dieses Vorgehen bezweckte eine Neubelebung der Turnsache, und tatsächlich wurde dem Verein eine ganze Reihe neuer Mitglieder zugeführt, so dass derselbe nunmehr auch geldlich gekräftigt dastand.“ (56)

Bemerkenswert ist die Tatsache, dass diese Festschrift zu einem Zeitpunkt erschien, als schon alle jüdischen Vereinsmitglieder aus dem Verein gewiesen worden waren.

Am 6. November 1890 wurde von sechs Turnern des EMTV die „Öllersrieg“ gegründet. Unter den Gründern befanden sich auch zwei Juden, nämlich Louis und Neumann Mendel. (57) Das Grundstück an der Kaltenweide wurde am 12. Juni 1921 von dem jüdischen Viehhändler Gustav Hertz erworben.

Das Vorgehen des EMTV war der Auftakt zur Vertreibung der jüdischen Mitbürger aus den Vereinen und Clubs in Elmshorn. Es folgte bald der Gesangsverein „Concordia“. Drei Jüdinnen wurden von dem Vorsitzenden persönlich zu Hause aufgesucht, um ihnen den Ausschluss bekannt zu geben. (58) Dieses sprach auch für die enge persönliche Beziehung, die sie zur Liedertafel „Concordia" gehabt haben.

Von dem Ausschluss aus der „Concordia" wurden die Ehrenmitglieder ausgenommen. Frau Edel Mendel, Ehegattin des Louis Mendel, solidarisierte sich mit ihren Glaubensgenossinnen, obgleich sie nicht mehr der jüdischen Gemeinde angehörte:

„Die Ehrenmitgliedschaft niedergelegt in der Liedertafel „Concordia" hatte Frau L. Mendel, wohnhaft Holstenstraße, die dem Verein bereits 40 Jahre als aktives Mitglied angehört; auch hatte sie die ihr überreichte Ehrennadel zurückgesandt. Der Grund ist wohl in der Auswirkung des Arierparagraphen zu suchen. Der Vorstand hat die Niederlegung der Ehrenmitgliedschaft aber nicht angenommen, sondern Frau Mendel die Nadel mit anerkennenden Worten wieder zugestellt." (59)

Bei der Feuerwehr und der Sanitätskolonne vom Roten Kreuz kam es zunächst noch nicht zur Vertreibung der jüdischen Kameraden. Auch in diesen Vereinigungen haben die Juden eine große Rolle gespielt. Ein weiterer Jude, der sich für das Rote Kreuz sehr eingesetzt hat, war John Meyer. Noch nach der Machtergreifung wurde ihm zu seiner Silberhochzeit von der Sanitätskolonne eine Erinnerungsgabe überreicht. (60)

Die *Nationalsozialistische Frauenschaft* Elmshorn veranstaltete am 13. Oktober einen Vortragsabend, an dem Amtsgerichtsrat Dr. Harries über das Sterilitätsgesetz referierte, dass am 1. Januar 1934 in Kraft treten sollte:

„Der Redner legte dar, dass sich im nationalsozialistischen gegenüber dem überwundenen liberalistischen Staat eine tiefgreifende Wandlung im Verhältnis des Staates zum Einzelwesen vollzogen habe. Der frühere Staat habe nicht nur die körperliche Unverletzlichkeit des Einzelnen gewährleistet, sondern dass Sichausleben des Individuums unterstützt, ja, sich gewissermaßen zum Ziel gemacht. Das Dritte Reich geht darin den entgegengesetzten Weg. Schädlinge der Gesellschaft sollen sich nicht ausleben, sondern müssen ausgemerzt werden zum Wohl der Allgemeinheit. Der Vortragende ging dann kurz auf das Vererbungsgesetz ein, woraus klar hervorging, welche verheerenden Folgen die Vererbung

minderwertiger körperlicher Eigenschaften, unheilbarer Krankheiten, Gebrechen und vor allem des Schwachsinns für ein Volk haben kann, da die Nachkommenschaft gerade dieser körperlich minderwertigen Individuen verhältnismäßig besonders zahlreich ist. Darauf wurden Einzelheiten des Gesetzes behandelt, das bekanntlich mit dem 1.1. 1934 in Kraft tritt. Wenn man bedenkt, dass in Deutschland etwa eine Million Menschen unter dieses Gesetz fallen, die von den Krankheiten und Gebrechen befallen sind, deren Vererbung verhindert werden soll, so besteht wohl kein Zweifel, dass die Schaffung dieses Gesetzes außerordentlich segensreich sich auswirken muss. Diese Tat der nationalsozialistischen Regierung verdient vor allem auch das Interesse der deutschen Frau. Die Zuhörerinnen folgten den klaren und lebendigen Ausführungen des Redners mit gespannter Aufmerksamkeit. Ein kurzer Meinungsaustausch schloss sich an.“ (61)

Am 16. Oktober wurde im „Holsteinischen Hof“ das 10jährige Jubiläum des „Stahlhelm“, Bund der Frontsoldaten, gefeiert, der im Oktober 1923 eine Ortsgruppe gründete. Vor der Feier im „Holsteinischen Hof“ veranstalteten sie einen großen Umzug durch die Stadt. Bei den Reden wurde die sehr gute Zusammenarbeit mit den Nationalsozialisten hervorgehoben. (62)

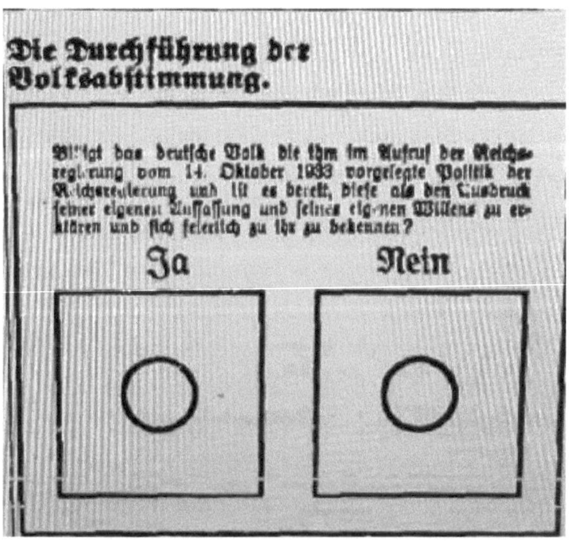

Die Durchführung der Volksabstimmung.

Billigt das deutsche Volk die ihm im Aufruf der Reichsregierung vom 14. Oktober 1933 vorgelegte Politik der Reichsregierung und ist es bereit, diese als den Ausdruck seiner eigenen Auffassung und seines eigenen Willens zu erklären und sich feierlich zu ihr zu bekennen?

Ja Nein

EN vom 17.10.1933

Bekanntmachung

Die Gauleiter der NSDAP. sind von dem Reichspropagandaleiter und Reichsminister für Volksaufklärung und Propaganda, Dr. Goebbels, ermächtigt worden, während der Aufklärungsaktion für die Volksabstimmung und Reichstagswahl am 12. November 1933 darauf zu achten, daß die von der Reichspropagandaleitung der NSDAP. an alle Dienststellen der NSDAP. herausgegebenen Richtlinien von den Rednern und Propagandisten aller Verbände, Organisationen, Vereine und dergl. genauestens beachtet werden.

Es wird aus diesem Grunde folgendes angeordnet.

Redner nicht-nationalsozialistischer Organisationen, die von der Gaupropagandaleitung der NSDAP. nicht anerkannt sind, dürfen nur dann in öffentlichen Versammlungen sprechen, wenn die ausdrückliche Genehmigung des Unterzeichneten vorliegt. Anträge sind bei dem Gaupropagandaleiter der NSDAP., Altona Elbe, Flottbeker Chaussee 14,II, zu stellen, der Antrag muß möglichst gleichzeitig von dem zuständigen Kreisleiter der NSDAP. befürwortet werden.

Flugblätter, Broschüren, Plakate usw. sind vor Drucklegung dem Unterzeichneten zur Genehmigung vorzulegen.

Es wird allen nicht-nationalsozialistischen Organisationen (Kyffhäuserbund mit angeschlossenen Vereinen usw.) dringendst empfohlen, keine eigenen Versammlungen anläßlich dieser großen Aufklärungsaktion aufzuziehen, sondern ihren Mitgliedern den Besuch der nationalsozialistischen Versammlungen zu empfehlen. Wenn in den nichtöffentlichen Versammlungen, sofern diese überhaupt erforderlich sind, Vorträge im Rahmen dieser Propagandaaktion gehalten werden, so sind die Führer dieser Organisationen gehalten, sich vorher genauestens über die Qualitäten des in Frage kommenden Redners zu informieren.

Für sämtliche Parteidienststellen ergehen in diesen Tagen Sonderrichtlinien.

z. Zt. **Altona**, den 19. Oktober 1933
Flottbeker Chaussee 14,II
Lohse, Gauleiter

„Wahlkampf" unter undemokratischen Regeln. EZ vom 22.10.1933 o.O.

Neueste Nachrichten.

Zur Einheitsliste für die Reichstagswahl

Berlin, den 27. Oktober. Zur Einheitsliste für die Reichstagswahl wird veröffentlicht: Es ist bisher nicht bekannt, ob die **gesamte** Kandidatenliste vor der Wahl veröffentlicht wird oder ob man nach vollzogener Wahl erst, wie die Wahlgesetze dies erlauben, der NSDAP. die Entscheidung darüber überlassen wird, zu bestimmen, welche der aufgestellten Kandidaten in den einzelnen Wahlkreisen das Mandat anzunehmen haben. Es läßt sich zur Stunde noch nicht mit Sicherheit sagen, ob noch mehr Persönlichkeiten aus der ehemaligen Deutschnationalen Volkspartei und der ehemaligen Zentrumspartei bezw. Deutschen Volkspartei auf der ausführlichen Kandidatenliste aufgeführt sein werden. In unterrichteten Kreisen hört man, daß dies jedenfalls für die ehemalige Deutschnationale Volkspartei und die ehemalige Zentrumspartei **bejaht** werden könne.

Die einheitliche Reichsliste ist in ihrer endgültigen Zusammensetzung bisher noch nicht bekannt. Der letzte Termin für die Einreichung der Reichsliste ist ja auch erst der kommende Sonntag, der 29. Oktober.

Im Büro des Reichswahlleiters gehen die vorbereitenden Arbeiten weiter. Irgendwelche Störungen haben sich dabei nicht ergeben. Insbesondere sind überhaupt keine Versuche unternommen worden, andere Kandidaten oder Gruppen zur Zulassung und Einreichung von Listen anzumelden. Die aus allen Kreisen des deutschen Volkes und insbesondere aus allen berufsständischen bezw. beruflichen Organisationen stündlich bei der Reichsregierung eingegangenen und eingehenden **Treuebekenntnisse** würden allerdings jeden derartigen Versuch, selbst wenn dem sonst nichts entgegenstände, von vornherein aussichtslos machen.

EN vom 27.10.1933

E M T V

Mit Einverständnis des Standartenführers und der Ortsgruppenleitung der NSDAP. soll am 1. Nov. ein

neuer SA.-Sturm

(Turnersturm) aufgestellt werden.

Meldungen zum Eintritt in den Turnersturm nimmt Turnlehrer **Kurt Gellert** bis **30. Oktober 1933** entgegen.

Elmshorner Männer-Turnverein e. V.
Timm, Vereinsführer

EN vom 25.10.1933

Auflösung des Arbeiterturnvereins Elmshorn.

Am vergangenen Donnerstag fand im Haus der Arbeit eine Versammlung statt, um die erforderlichen Schritte zu beraten, die nach der inzwischen erfolgten Auflösung des hiesigen Arbeiterturnvereins erforderlich sind. Den Vorsitz führte Bürgermeister Krumbeck, ferner waren erschienen Vertreter der Stadt, der SA., des „Stahlhelm", der NSBO., des inzwischen aufgelösten Arbeiterturnvereins und des Elmshorner Männerturnvereins. Als Beauftragter des Reichssportkommissars nahm Turnlehrer Koldow aus Pinneberg teil.

Der Bürgermeister gab bekannt, daß auf Grund einer Anordnung des Reichssportkommissars der Arbeiterturn- und Sportverein von Elmshorn aufgelöst worden ist und daß die Stadt Elmshorn verpflichtet ist, die Vermögenswerte des aufgelösten Vereins zu beschlagnahmen und treuhänderisch zu verwalten. Das Vermögen, das zur Zeit bei der Bau- und Sparkasse der Produktion belegt ist, ist inzwischen aufgekündigt und wird der städtischen Sparkasse Elmshorn auf ein Treuhandkonto zugeführt werden. Mit der weiteren Abwicklung der Geschäftsführung wurde der Kaufmann Ernst Korn, hierselbst, beauftragt. Ueber die Verteilung der beschlagnahmten Geräte an die hiesigen nationalen Turn- und Sportabteilungen wird die Stadt demnächst Entscheidung treffen. Die Mitglieder des aufgelösten Vereins können beim Elmshorner Männerturnverein und dem hiesigen Fußballverein Holsatia Aufnahme finden. Sie müssen sich bei den Vorständen dieser Vereine melden und nachfolgende Bedingungen erfüllen:

1. Abgabe einer eidesstattlichen Versicherung, daß sie keine Beziehungen mehr zu marxistischen Organisationen haben.
2. Einreichung eines polizeilichen Führungszeugnisses.
3. Gestellung zweier Bürgen. Diese dürfen nicht aus einem marxistischen Verein stammen und müssen vor dem 1. Januar 1933 einem nationalen Verbande angehört haben. Als nationale Verbände gelten alle Organisationen der NSDAP. und des Stahlhelms.

Auch die bisher schon in nationale Turn- und Sportvereine aufgenommenen Mitglieder ehemaliger marxistischer Vereine haben die vorstehenden Bedingungen nachträglich sofort zu erfüllen. Eine *geschlossene* Uebernahme ehemaliger marxistischer Organisationen wird grundsätzlich aus nationalen Gründen *abgelehnt*. Es kann den Mitgliedern ehemaliger marxistischer Vereine nur empfohlen werden, sich so bald wie möglich zur Aufnahme zu melden, da nach den Bestimmungen nur eine beschränkte Anzahl von Aufnahmen aus den bezeichneten Vereinen erfolgen darf. Eine Ausnahme wird nur bei Jugendlichen unter 16 Jahren gemacht. Diese brauchen die vorerwähnten Bedingungen nicht zu erfüllen und können auch in unbeschränkter Zahl aufgenommen werden.

Im Interesse einer ersprießlichen Zusammenarbeit auf nationalem Boden ist es unbedingt erforderlich, daß sowohl die alten als auch die auf Grund der vorerwähnten Bestimmungen in den nationalen Turn- und Sportverbänden neu aufgenommenen Mitglieder das Vergangene vergessen, also nicht mehr rückwärts, sondern nur noch vorwärts schauen, und es als ihre alleinige Aufgabe betrachten, nur noch der Förderung der Leibesübungen zu dienen, um so auch zu ihrem Teil an der Erreichung des Zieles des Führers — die Volksgemeinschaft — mit beizutragen, damit die Zeit der Klassengegensätze, die ja nun endgültig vorbei ist, auch bald vergessen sein wird.

EN vom 21.10.1933

Am 12. November 1933 fand eine Reichstagswahl zeitgleich mit der Volksabstimmung über den Austritt Deutschlands aus dem Völkerbund statt. Vorausgegangen war die Ausschaltung der politischen Gegner des nationalsozialistischen Systems. Durch einen Erlass des Reichsinnenministers war eine Neubildung von Parteien verboten und unter Strafe gestellt. Zur Reichstagswahl zugelassen war daher nur eine nationalsozialistisch dominierte Einheitsliste, auf der auch einige als Gäste bezeichnete Parteilose kandidierten. So war diese Reichstagswahl eine Farce. Bei der gleichzeitigen Volksabstimmung über den Austritt Deutschlands aus dem Völkerbund war eine Ablehnung der Maßnahme zwar möglich, allerdings war der Austritt aus dem Völkerbund von der Reichsregierung zum Zeitpunkt der Abstimmung längst vollzogen worden. Die Wahl und die Abstimmung fanden unter undemokratischen Bedingungen statt und erbrachten, wie von den Nationalsozialisten beabsichtigt, eine deutliche Zustimmung. So entfielen bei der Reichstagswahl 92,13 % der gültigen Stimmen auf die Einheitsliste der NSDAP und 95,08 % der gültigen Stimmen in der Volksabstimmung bejahten den Austritt aus dem Völkerbund. (63)

Am 21. und 22. Oktober 1933 fand in Kiel eine Tagung der NS-Frauenschaften des Gaues Schleswig-Holstein unter Vorsitz der Gauleiterin Frl. Schmalmack statt, an der auch Elmshorner Frauen teilnahmen:

„Ein langgehegter Wunsch wurde uns nationalsozialistischen Frauen damit erfüllt. Mit tiefer Begeisterung und innerlicher Teilnahme machte sich auch unsere Elmshorner Ortsgruppe auf, um dem Ruf zu folgen. Galt es doch, einmal der breiteren Öffentlichkeit zu zeigen, was eigentlich als große Aufgabe der Frau im Dritten Reich Adolf Hitlers gestellt ist: Die Erziehung zur deutschen Frau. Dieser Begriff, deutsche Frau, unter dem Gesichtswinkel der Eigenarten der nordisch-germanischen Rasse betrachtet, fordert von uns die absolute Abkehr von individualistischem Denken. Von der Frau wird verlangt, dass auch sie umdenken lernt auf das Wir, das Volksganze. Dazu benötigt sie einen weiteren Gesichtskreis, der sie hinaushebt über die Engen des Alltags und sie Anteil nehmen lässt an dem Herrlichen der Nation, damit sie Mittlerin werde zwischen Gegenwart und Zukunft. Erkennt sie klar die Forderungen, die ihr als Hüterin der zukünftigen Generation gestellt sind, wird sie bereit, das nötige Rüstzeug in sich aufzunehmen, um diesen

Geist in ihre Familie zu tragen. Nur eine kluge, weitsichtige, opferbereite Mutter wird heldische Söhne erziehen können." (64)

(...) *„Als erster Redner nahm Oberpräsident Lohse das Wort. Gerade die Frauen seien es gewesen, die immer wieder, wenn in den vergangenen Jahren der Mann oftmals beinahe entmutigt worden wäre, diesen wieder aufgerichtet und zum Durchhalten veranlasst haben. Es ist selbstverständlich, so führte der Redner u.a. aus, dass nun, nachdem wir die Macht im Staate erworben haben, die Umgestaltung auch nicht an der deutschen Frau spurlos vorübergehen kann. Der Redner ging dann näher auf die besonderen Aufgabengebiete der Frau ein, welche insbesondere in der Erziehung der Kinder zu einer kommenden Generation wahrer Nationalsozialisten läge und behandelte weiterhin die gegenwärtige Lage. Es sei erforderlich, dass auch die deutsche Frau bei den kommenden Wahlen nicht abseits stehe, sondern im Gegenteil dafür sorge, dass diejenigen, welche den Ernst der Lage und die Bedeutung des 12. November noch nicht erkannt hätten, an diesem Tage ebenfalls zur Wahlurne gingen.*

Der Leiter der NS-Frauenschaft Dr. Krummacher (Berlin) wies auf die hervorragende Rolle hin, die die deutsche Frau bei der Gestaltung der Geschichte unseres Volkes von frühester Vergangenheit bis in die heutige Zeit gespielt habe. Die deutsche Frau wird immer in unserem Volksleben eine bessere und andere Stellung einnehmen als bei den anderen Nationen. In dieser Linie werde auch die natürliche und gesunde Entwicklung unseres Volkes weitergehen müssen. Der Redner hob besonders das stumme Heldentum der deutschen Mutter und Frau während des Krieges, in der Zeit der Ruhrbesetzung und in den schweren Kämpfen der SA, SS und Hitlerjugend um das Dritte Reich hervor. Er gedachte ferner der edlen Frau aus Schleswig-Holstein, die in der Zeit des Weltkrieges mit allen deutschen Müttern und Frauen die Not, dass Leid und den Schmerz ihres Landes mitgetragen habe, die Kaiserin Auguste Viktoria, zu deren ehrenden Gedenken sich die Anwesenden von den Plätzen erhoben.

Der Nationalsozialistischen Frauenschaft, so fuhr der Redner fort, die an dem Kampf für das Dritte Reich teilgenommen habe, gehöre die Führung in der gesamten deutschen Frauenarbeit. Die Erziehung unserer Jugend müsse in erster Linie Aufgabe unserer Mütter sein. Die Mutter müsse der Familie erhalten bleiben. Staat und Jugendwesen sollten mit dem Elternhaus Verbindung haben, im Elternhaus aber immer wieder den Mittelpunkt der Erziehungsarbeit sehen.

Die Leiterin des Amtes für Frauenarbeit in der Reichsleitung, Gottschewski-Berlin, schilderte zunächst den heroischen Kampf des Führers um die Wiedergeburt unseres Volkes. Ursprünglich nur eine kleine Schar, habe der Mann, der keinen Rang und kein Amt bekleidete, kraft seines heiligen Glaubens das ganze deutsche Volk im Laufe der Jahre erobert. Die Aufgabe der Frau sei es, die Erkenntnis dafür, dass der Kampf, in den unser Volk heute hineingestellt ist, entscheidend für die Zukunft unserer Nation sei, aus dem Kreis der NS-Frauenschaft hineinzutragen in andere Verbände und so das Werk Adolf Hitlers zu unterstützen." (65)

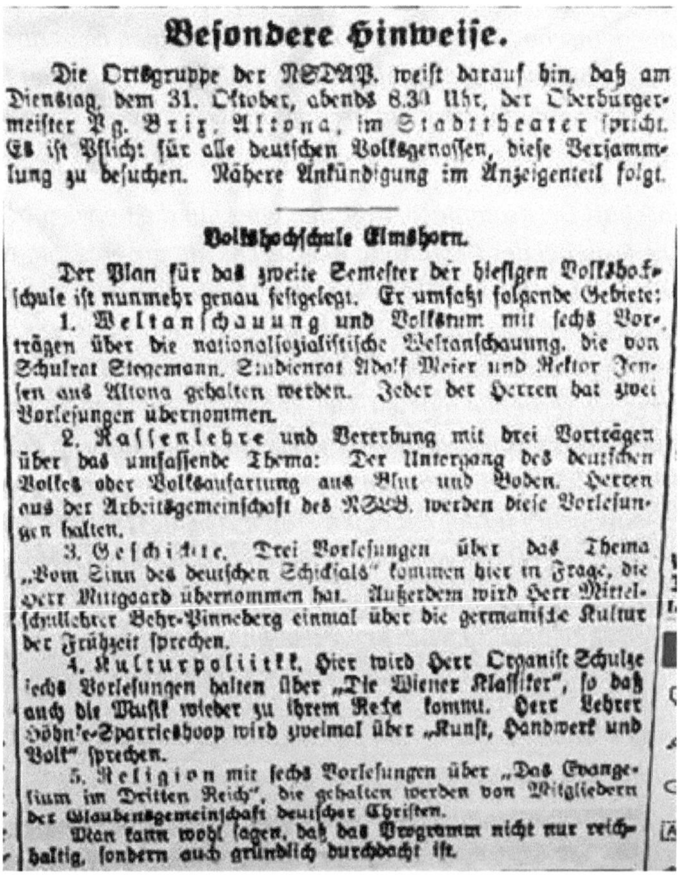

Besondere Hinweise.

Die Ortsgruppe der NSDAP. weist darauf hin, daß am Dienstag, dem 31. Oktober, abends 8.30 Uhr, der Oberbürgermeister Pg. Brix, Altona, im Stadttheater spricht. Es ist Pflicht für alle deutschen Volksgenossen, diese Versammlung zu besuchen. Nähere Ankündigung im Anzeigenteil folgt.

Volkshochschule Elmshorn.

Der Plan für das zweite Semester der hiesigen Volkshochschule ist nunmehr genau festgelegt. Er umfaßt folgende Gebiete:

1. Weltanschauung und Volkstum mit sechs Vorträgen über die nationalsozialistische Weltanschauung, die von Schulrat Stegemann, Studienrat Adolf Meier und Rektor Jensen aus Altona gehalten werden. Jeder der Herren hat zwei Vorlesungen übernommen.

2. Rassenlehre und Vererbung mit drei Vorträgen über das umfassende Thema: Der Untergang des deutschen Volkes oder Volksaufartung aus Blut und Boden. Herren aus der Arbeitsgemeinschaft des NSLB. werden diese Vorlesungen halten.

3. Geschichte. Drei Vorlesungen über das Thema „Vom Sinn des deutschen Schicksals" kommen hier in Frage, die Herr Mittgaard übernommen hat. Außerdem wird Herr Mittelschullehrer Behr-Pinneberg einmal über die germanische Kultur der Frühzeit sprechen.

4. Kulturpolitik. Hier wird Herr Organist Schulze sechs Vorlesungen halten über „Die Wiener Klassiker", so daß auch die Musik wieder zu ihrem Rechte kommt. Herr Lehrer Höhnke-Sparrieshoop wird zweimal über „Kunst, Handwerk und Volk" sprechen.

5. Religion mit sechs Vorlesungen über „Das Evangelium im Dritten Reich", die gehalten werden von Mitgliedern der Glaubensgemeinschaft deutscher Christen.

Man kann wohl sagen, daß das Programm nicht nur reichhaltig, sondern auch gründlich durchdacht ist.

EN vom 25.10.1933

N.S.D.A.P. Ortsgruppe Elmshorn

Elmshorner Bevölkerung
heraus zu den

groß. Massenkundgebungen

für Freiheit u. Ehre der deutschen Nation

Es sprechen am Sonntag, dem 29. Oktober 1933
nachmittags 4 Uhr, im „Carlstal"
Pg. Landrat Meyer-Quade, Schleswig.
Am Dienstag, dem 31. Oktober, abends 8.30 Uhr
im „Stadt-Theater"
Pg. Oberbürgermeister Brix, Altona
Saalöffnung jeweils 1 Stunde vor Versammlungsbeginn
Die Kundgebung wird durch Konzertstücke umrahmt
Eintritt 30 Pfg. Erwerbslose 10 Pfg.
Karten sind nur an der Kasse zu haben
Mohr, Ortsgruppenleiter

EZ vom 27.10.1933

Am 29. Oktober eröffnete Stadtrat Max Mohr im „Carlstal" mit einer großen Kundgebung den Wahlkampf für den 12. November. Redner des Abends war Landrat Meyer-Quade, der zunächst einen Rückblick über die vergangenen Monate gab und sich anschließend über die deutsche Ehre ausließ. (66)

Flugblätter in Elmshorn.

**/Die Polizeiverwaltung bittet sämtliche Einwohner von Elmshorn, denen in den letzten Tagen die kommunistischen Hetzblätter ins Haus geschickt worden sind, diese — möglichst mit Umschlag — auf der Polizei abzuliefern, damit im polizeilichen Interesse der Umfang der Verbreitung festgestellt wird./— Wie wir hören, wird Bürgermeister Krumbeck auf der morgigen Treuekundgebung (Redner Oberbürgermeister Brix - Altona) zu dem Inhalt der Flugblätter Stellung nehmen.

EN vom 30.10.1933

Zwei Tage später sprach der Oberbürgermeister von Altona und Stellvertreter des Gauleiters von Schleswig-Holstein, Emil Heinrich Brix, auf einer Massenkundgebung der NSDAP im Elmshorner Stadttheater. Diese Veranstaltung nutzten die Nationalsozialisten zur Demütigung von 70 Kommunisten, die in den ersten Reihen vor der Bühne platziert wurden:

„(...) Pg. Stadtrat Mohr gab nach einigen Begrüßungsworten bekannt, dass man den Rahmen der heutigen Kundgebung etwas erweitert habe, da man der KPD noch einiges zu sagen habe. Bürgermeister Krumbeck, der sodann das Wort nahm, ließ zuerst die gesamten Kommunisten aufstehen. Er führte dann, zu den Kommunisten gewandt, unter anderem Folgendes aus: Einige von ihnen sind bereits im Konzentrationslager gewesen. Ich habe sie einzeln oder teils in größerer Anzahl entlassen. Heute habe ich sie hier vorführen lassen, um dem Ganzen einen größeren Resonanzboden zu geben.

Es gebe, so führt Redner dann aus, immer noch Leute, die die Zeichen der Zeit nicht verstanden hätten. Deshalb sei es nötig, die illegalen Kampfmethoden der KPD zu beseitigen; denn die heutige Regierung lasse sich nicht mehr beschimpfen. Bei der Entlassung habe er den Kommunisten gesagt, dass man sie nicht ausschließen wolle aus der Volksgemeinschaft, aber sie sollten sich so betragen, wie es sich gehöre. Jetzt seien nach Elmshorn Briefe gekommen, die man in Hamburg in den Briefkasten geworfen habe. Die geistigen Urheber dieser Briefe seien aber nicht in Hamburg, sondern in Elmshorn, hier im Saale auf den vorderen Bänken. (Laute Pfuirufe.) Man werde aber diese Leute herauszubekommen wissen.

Bis Donnerstagabend 6 Uhr werde den Kommunisten eine Frist gesetzt, in der sie die Urheber oder Anhaltspunkte, nach denen die Urheber ermittelt werden können, anzugeben hätten. Laut polizeilichem Befehl, den er erteile, hätte sich Donnerstag 5 Uhr alles auf der Polizei einzufinden.

Man solle nicht glauben, dass der Aufenthalt im Konzentrationslager nur Wochen dauere, er könne auch Jahre dauern. Wenn die Männer wieder hinausgeschickt würden, dann kämen die Frauen weinend zu ihm und sagten, es wäre ja alles nicht so schlimm. Die nationalsozialistische Regierung lasse sich Lügereien und Schweinereien aber unter keinen Umständen mehr gefallen.

Übergehend zu den verteilten Flugblättern, erklärte Redner, dass der oder die Verfasser sachlich gegen die Verwaltung der Stadt Elmshorn nichts hätten einwenden können. Sie hätten sich auf das persönliche Gebiet begeben und schmutzige Angriffe gegen alte Kämpfer der Bewegung gerichtet.

Damit hätten sie geglaubt, dass ihre Angriffe Boden bei einem Teil der Bevölkerung finden würden, der sich noch ablehnend gegen die nationalsozialistische Regierung verhalte. Es gebe ja noch Hutzelweibchen, die beim Kaffeeklatsch die Bewegung herunterzögen. Es gebe aber auch noch Männer, den Hutzelweibchen vergleichbar, die dasselbe täten. Die Personalpolitik in der Stadt werde anhand der Gesetze, insbesondere des Gesetzes für das Berufsbeamtentum durchgeführt. Das alte Beamtentum sei verkalkt gewesen. Es fehle ihm die Frische und Urwüchsigkeit. Jetzt nach Bereinigung werde mit Frische und Freude gearbeitet. Als Ehrenpflicht betrachte man es, alte Kämpfer der SA und SS in erster Linie unterzubringen. (Lebhaftes Bravo!) Man sage in dem Flugblatt, dass Herr Letje Bürodirektor geworden sei. Herr Letje sei aber heute noch Herr Letje. Er, Redner, habe geglaubt, eine Kraft zu benötigen. Deshalb sei Herr Letje, der auf dem Arbeitsamt angestellt gewesen sei und mit Personalfragen vertraut sei, mit der Personalpolitik beauftragt worden. Seine Arbeit sei es aber auch, Arbeit zu schaffen, gerade für diejenigen, die vor ihm säßen. Dann habe man sich gegen einen alten Parteigenossen gewandt, dem man vorwerfe, dass er sich früher eines Vergehens schuldig gemacht hätte. Dieser Parteigenosse hat stets in vorderster Reihe gekämpft und habe ein gut Teil seiner Gesundheit zugesetzt. Auch im Kriege habe es die Möglichkeit gegeben, dass sich Soldaten 2. Klasse wieder durch Tapferkeit zu vollwertigen Soldaten hätten heraufarbeiten können. Deshalb habe man es für seine Pflicht angesehen, diesen alten Kämpfer unterzubringen. Punkt 4 des Flugblattes beschäftigt sich mit einem Pg., der aber gar kein Pg. sei, deshalb erübrige es sich, näher darauf einzugehen.

Ein Halunke und Schuft habe es gewagt, eine Anstellung mit unserem Pg. Max Mohr in Verbindung zu bringen. Unser Max Mohr, der Mann, der alles von sich aus gegeben habe, der seine Stellung aufgegeben habe, der selbst arbeitslos sei, den habe man in Verbindung gebracht mit der Anstellung seines Bruders. Max Mohr hat nichts von der Anstellung gewusst, sondern er, Redner, habe das allein zu verantworten. Max Mohr habe niemals um Anstellung irgendeines Verwandten gebeten, sonst hätten diese vielleicht schon Arbeit erhalten. Pg. Mohr wolle nichts für sich, sondern alles für die Allgemeinheit, ihm gehöre unser volles Vertrauen.

Wenn man jeden Volksgenossen in Arbeit bringen wolle, dann verlange man auch volles Vertrauen. Für eine sachliche Kritik sei man stets zu haben. Für kleinliche Pöbeleien und Stänkereien sei die Zeit zu ernst.

Redner schloss seine mit lebhaftem Beifall aufgenommenen Ausführungen mit dem Wunsche für eine gute Zukunft Elmshorn. Heil Hitler!

Pg. Stadtrat Mohr begrüßte die vor ihm sitzenden Kommunisten mit „Meine lieben Freunde von der KPD". Er erklärte dann, dass er sich häufig mit ihnen herumgeschlagen habe. Kleinliche Rache aber läge ihm fern. Er habe manchem in Kuhlen () die Hand gegeben, unter dessen Füßen er im Kampfe gelegen hätte. Immer wieder habe er sich aber gesagt: „Jetzt, wo wir die Macht haben, hast du großzügig zu sein." Er habe der KPD gesagt, sie brauche den Staat, den die NSDAP biete. Man verlange nichts von der KPD, aber Respekt vor dem Staat, den verlange man von ihnen. Die KPD solle sich doch nicht mehr dem Wahne hingeben, dass sie noch einmal an die Macht komme. Sie sei mit der Minderheit der NSDAP nicht fertig geworden, deshalb werden sie jetzt erst recht nicht mit der machtvollen NSDAP fertig werden.

Die Ehre eines Menschen, der zur NSDAP gehöre, das höchste, was man habe, dürfe aber nicht angegriffen werden, denn diese Ehre, der Idealismus zur NSDAP sei höher als das Leben und sei heilig.

Er, Redner, habe ein offenes Herz, das werde ihm mancher von der KPD bezeugen können, habe auch manchem von der KPD seine Meinung gesagt, nicht so wie er es habe hören wollen, sondern wie er es für richtig gehalten habe. Schließlich seien ja in der NSDAP keine Götter, die alles in kurzer Zeit auf den Kopf stellen könnten, aber zugeben müsse die KPD, dass die NSDAP sich die bitterste Mühe gebe, für die deutschen Volksgenossen etwas zu tun. Wenn die KPD auffordere, zur Reichstagswahl mit „nein" abzustimmen, so möge sie das tun. Stimme man aber bei der Volksabstimmung mit „nein", dann unterstütze man gerade die kapitalistische Welt, die die KPD vernichten wolle.

Redner wirft dann die Frage auf, woher das Geld zur Frankierung der Briefe mit 12 Pfennig gekommen sei. In Schleswig habe man 10000 dieser Briefe versandt. Das Geld komme nicht von den Erwerbslosen der KPD, sondern von denjenigen, die die KPD vernichten wolle. „Kinder", so fährt der Redner dann fort, „lasst die Sachen, die gefährlich sind. Wir können viel vertragen, aber schließlich kommt auch der ruhigste Mensch mal in Bewegung. Kommt jemals noch einmal wieder so etwas vor, dann werden wir mit ganz brutalen Mitteln vorgehen." (Lebhaftes Bravo und starker Beifall)

Oberbürgermeister Brix, mit lebhaftem Beifall begrüßt, ist als glänzender Redner bekannt. Seine Begrüßungsworte „Meine lieben deutschen Volksgenossen", „Meine lieben unfreiwilligen Ehrengäste", lösten große Heiterkeit aus, wie auch seine weiteren Ausführungen häufig von allerhöchstem Beifall unterbrochen wurden. (...)"

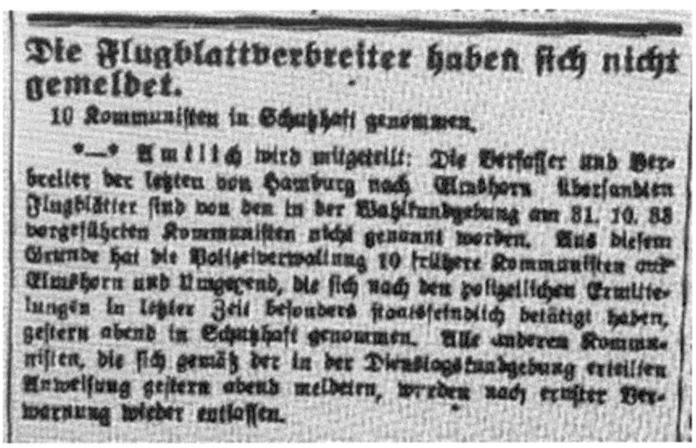

Die Flugblattverbreiter haben sich nicht gemeldet.

10 Kommunisten in Schutzhaft genommen.

— Amtlich wird mitgeteilt: Die Verfasser und Verbreiter der letzten von Hamburg nach Elmshorn übersandten Flugblätter sind von den in der Wahlkundgebung am 31. 10. 33 vorgeführten Kommunisten nicht genannt worden. Aus diesem Grunde hat die Polizeiverwaltung 10 frühere Kommunisten aus Elmshorn und Umgegend, die sich nach den polizeilichen Ermittelungen in letzter Zeit besonders staatsfeindlich betätigt haben, gestern abend in Schutzhaft genommen. Alle anderen Kommunisten, die sich gemäß der in der Dienstagskundgebung erteilten Anweisung gestern abend meldeten, wurden nach ernster Verwarnung wieder entlassen.

EN vom 3.11.1933

Die wegen der Flugblattverteilung verhafteten Kommunisten wurden am 9. November wieder entlassen. (69)

Am 5. November 1933 fand zum zweiten Mal ein „Eintopfsonntag" statt in allen Haushaltungen, Gaststätten und Hotels statt. Genaue Anweisungen erschienen in den Tagen davor in allen Zeitungen. (70)

Das Eintopfgericht, ein Sozialismus der Tat!

Am Sonntag auf jedem deutschen Tisch das Eintopfgericht!

EZ vom 2.11.1933

Wie wähle ich?

Reichstagswahl

Wahlkreis [illegible]

Nationalsozialistische Deutsche Arbeiterpartei

Hitlerbewegung

Adolf Hitler

Rudolf Heß, Dr. Wilhelm Frick, Hermann Göring, Dr. Joseph Goebbels, Ernst Röhm, R. Walther Darré, Franz Seldte, Franz von Papen, Alfred Hugenberg

Billigst Du, deutscher Mann, und Du, deutsche Frau, diese Politik Deiner Reichsregierung, und bist Du bereit, sie als den Ausdruck Deiner eigenen Auffassung und Deines eigenen Willens zu erklären und Dich feierlich zu ihr zu bekennen?

Ja   Nein

Stimmzettel in grüner Farbe

Bei dieser Wahl erhält jeder Wahlberechtigte einen grünen und einen weißen Stimmzettel. Der grüne Wahlzettel ist für die Volksabstimmung und der weiße für die Reichstagswahl bestimmt. Der Wähler hat bei der Volksabstimmung auf dem grünen Stimmzettel in den Kreis unter dem vorgedruckten „Ja" sein Kreuz einzusetzen. Der Kreis unter „Nein" bleibt frei. Auf dem Stimmzettel für die Reichstagswahl wird in den Kreis hinter dem Namen der Nationalsozialistischen Deutschen Arbeiterpartei ein Kreuz eingezeichnet. Beide Stimmzettel werden in einem Umschlag abgegeben. So sehen die Stimmzettel aus, wenn du richtig gewählt hast!

EZ vom 30.10.1933

Zur Reichstagswahl am 12. November 1933 erinnerten sich die Nationalsozialisten an das politische Gewicht der Frauen. Daher wurden diese jetzt auch direkt wieder angesprochen:

„An die deutschen Frauen. Parteigenossinnen! Volksgenossinnen!

Ein Volk, dass seine Ehre preisgibt, kann sich in der Welt nicht durchsetzen. Wir haben es erlebt, dass ein Volk ohne Ehre seinen Charakter verliert und seine Rasse an fremde, unserem Volkstum feindliche Elemente preisgibt. Es ist immer eine Forderung des Nationalsozialismus gewesen, und unser Führer Adolf Hitler hat es wiederholt im vergangenen Jahrzehnt und schon vorher ausgesprochen, dass die Voraussetzung für den Wiederaufstieg Deutschlands die Wiederherstellung der deutschen Ehre in der Welt und damit der deutschen Gleichberechtigung ist. Deutschland will allein Gleichberechtigung, Frieden, Arbeit und Brot.

Es dürfte keine Forderungen geben, die unsere Frauen sich in solch starkem Ausmaße zu eigen machen konnten, wie gerade diese. Unsere Jugend soll ein neues Deutschland bauen in Opferbereitschaft, Mut und Treue, und dieses Deutschland wird sich, wenn in Europa Frieden herrscht, durch seine Arbeitsamkeit und Klugheit, durch seinen einheitlichen, zielbewussten Willen durchzusetzen wissen. Niemals aber kann das geschehen, wenn Deutschland allein entwaffnet, wie vielfach in vergangenen Jahrhunderten, dauernd in Gefahr ist, zum Kriegsschauplatz der anderen Völker zu werden. Jede deutsche Mutter, die ihre Kinder lieb hat, hat gerade gegenüber ihrer Nachkommenschaft die heilige Pflicht, sich zu diesem Willen unseres Führers zu bekennen. Jede deutsche Frau, die mit ihrer mütterlichen und fraulichen Liebe unserem Volke und unserer Jugend dienen will, die bereit ist im Dienste der deutschen Kultur und der deutschen Arbeitsamkeit ihre Kräfte einzusetzen, kann nichts anderes als sich mit ihrer ganzen Liebe und Treue unserem Führer zur Verfügung zu stellen. Darum, ihr deutschen Frauen, zeigt, dass ihr mit eurem deutschen Volke, mit eurem Führer verbunden seid, zeigt der Welt, dass es in Deutschland zum ersten Mal in einer 2000jährigen Geschichte nach Jahren der Not, Prüfung und Stählung wirklich einmal einen klaren einheitlichen Willen gibt und kämpft mit, indem ihr alle eure Schwestern sammelt und am 12. November zur Wahlurne bringt, damit ein millionenfaches innerliches und opferbereites „Ja" unserem Führer dargebracht und der Welt zur Kenntnis gegeben werde.

In diesem Sinne ein Heil Sieg der deutschen Frau unserem Führer für Deutschlands Zukunft und Deutschlands Geltung und Deutschlands Ehre unter den Völkern der Erde. Dr. Krummbacher.

Deutsche Frauen!

Nie war ein Volk voll ehrlicherem Friedenswillen beseelt als das deutsche, nie hat eine Regierung sich ehrlicher um Arbeit und Brot gemüht als die nationalsozialistische, nie hat ein Staatsmann einen heroischeren Kampf für sein Land geführt als Adolf Hitler. Eine tiefere Verwurzelung von Frau und Volkstum, eine größere, verantwortlichere Anerkennung und Verpflichtung wie die des nationalsozialistischen Staates zur Frau kennt sonst kein Volk. Keine andere Weltanschauung baut den Begriff „Volk" und „Volksgemeinschaft" so auf die Familie auf, wie der Nationalsozialismus. Deutsche Frauen! – Wir stehen wieder an einem Wendepunkt unserer Geschichte. Es darf in diesem heroischen Kampfe der Regierung kein Missverstehen, keine Gleichgültigkeit irgendeines Volksgenossen geben, der gegenüber dem elementarsten Volksrecht auf Leben, Ehre, Arbeit und Freiheit für sich ein Einzelrecht beansprucht. Die deutsche Frau als Hüterin von Jugend und Familie, als Mutter ihrer Kinder, als gleichwertige, gleichverpflichtete Volksgenossin, muss wissen, dass sie Verrat an ihrem Volke begeht, wenn sie in dieser Stunde sich nicht zu seiner Führung bekennt.

Jede einzige eurer Stimmen ist wichtig! Jede einzige deutsche Frau gehört am 12. November an die Wahlurne. Es geht um die deutsche Familie, die deutsche Arbeit, die deutsche Ehre!   Paula Siber." (71)

Auf einer Versammlung der Elternschaft des Lyzeums am 7. November sprachen einige Mitglieder des Lehrkörpers über wichtige Fragen des Schullebens. Frau Heitsch sprach über Veränderungen am Lehrplan zum Beispiel in der Betrachtungsweise des Geschichtsunterrichts, in der Einführung der Rassenkunde, Vererbungslehre, Erbgesundheitslehre, Familienkunde und Bevölkerungspolitik als Pflichtfach für die U2. Eine höhere Schule werde erhalten bleiben als eine der geistigen Ausbildungsstätten der Führerschicht. Als solche werde sie eine stärkere Auslese vollziehen als bisher. Die Auszeichnung, zu einer „Führerausbildung" zugelassen zu werden, könne nur durch äußerste Pflichterfüllung und beste Leistung verdient werden. Danach sprach Herr Gerant über die Bedeutung der Alkoholfrage für die Jugenderziehung. Dabei wies er besonders auf die oftmals gar nicht oder zu spät beachtete Gefährdung hin, die gerade der weiblichen Jugend auch durch gelegentlichen, an sich geringfügigen Alkoholgenuss droht.

„Fräulein Fenge sprach über die Hitlerjugend, deren Aufgabe die Erziehung aller jungen Deutschen zum Nationalsozialismus ist. Wenn große Teile der älteren Generation, auch bei gutem Willen, die nationalsozialistischen Gedanken und Forderungen in ihrem Innern nicht völlig zum Durchbruch bringen können, so gehören die Kinder ausnahmslos der Bewegung, dem Staat. In diesen will die Hitlerjugend sie hineinführen, deshalb will und muss sie alle deutschen Knaben und Mädchen erfassen. „Der Hitlerdeutsche ist klar und scharf umrissen, stolz und

kultursicher. An ihm sollen spätere Geschlechter sich formen, an ihn verwandte Völker sich anlehnen, er soll fremden Völkern Vorbild sein". Diese geschichtliche und kulturelle Sendung des deutschen Menschen zu erfüllen, wird einmal die Aufgabe unserer Jugend sein; die Hitler-Jugend will sie zur Erfüllung dieser Aufgabe befähigen. Anschließend sprach Fräulein Fenge über den Aufbau des BDM im Allgemeinen, um danach auf die Gliederung der Elmshorner Ortsgruppe im Besonderen einzugehen." (72)

Die Reden Adolf Hitlers zur Gedenkfeier der am 9. November 1923 beim Hitlerputsch in München getöteten SA-Männer im Rundfunk wurde über die Lautsprecher in den Schulen übertragen, so auch in Elmshorn. (73)

Die Nationalsozialisten sahen in der Frau die Hüterin der Familie, die mit ihren Geburten die Zukunft Deutschlands sichern sollten. Ihr Platz sollte als verheiratete Frau nicht in Fabriken, Büros und Geschäften sein, sondern zuhause als Hausfrau und Mutter. Da die Arbeitslosigkeit der damaligen Zeit stark vermindert werden sollte, versuchte man zunehmend, die Frauen aus ihren Berufen zu verdrängen, damit dann arbeitslose Männer ihren Platz einnehmen konnten. Die Frau hatte sich dem Mann unterzuordnen und nicht in einen Wettbewerb mit diesem zu treten.

Am 10. Februar 1934 fand in Berlin im Sportpalast eine große Versammlung mit 25.000 Frauen zur Gautagung der NS-Frauenschaft von Groß-Berlin unter dem Thema *„Die Zukunftsaufgaben der deutschen Frau"* statt. Auf dieser Versammlung sagte der stellvertretende Gauleiter Görlitzer:

„Wenn die Frauen in Zukunft wieder die Hoffnung haben, dass Deutschland von richtigen Männern geführt werde, so werden sie auch selbst nicht mehr hineinreden wollen und keinen Wert mehr darauf legen, die Hosen anzuziehen. Die nationalsozialistische Bewegung wisse andererseits ganz genau, dass sie ihre Arbeiten am deutschen Volk nur in Angriff nehmen und durchführen können, wenn die Frauenschaft in der Bewegung in allem führend bliebe. Deshalb könne immer wieder dem einen Mann vertraut werden, der uns den Sieg gebracht hat: Adolf Hitler."

Der neue Amtsleiter der NS-Frauenschaft, Hilgenfeld, ergriff das Wort zu richtungsweisenden Ausführungen über die Zukunftsaufgaben der deutschen Frau.

„Ausgehend von der Naturgesetzlichkeit des menschlichen Lebens verlangte er neben dem Kämpfertum des Mannes ein voll entwickeltes Weibstum, dass in der Mutterschaft und Pflege des Nachwuchses seine Hauptaufgabe erblickt.

Ich will ihr Schützer sein, so fuhr Pg. Hilgenfeld fort, ich will ihr Treuhänder sein und dafür sorgen, dass sie ohne Angriffe von anderen Seiten ihre Aufgaben und Ihre Arbeit erfüllen und durchführen können.

Wir haben die Absicht, nach Ablauf des Winterhilfswerks ein Hilfswerk für die Mutter und das Kind einzuleiten.

Wir haben mit einer erheblichen Zunahme des Geburtenreichtums zu rechnen. Deshalb wollen wir anfangen, rechtzeitig Maßnahmen zu ergreifen, damit sich hier keine Schädigungen ergeben."

Weiter sagt er: *„Wir Nationalsozialisten bekennen uns zum Leben. Wir werden deshalb auch zu der unehelichen Mutter hingehen, die ein Kind erwartet und werden ihr helfen, ohne dass wir uns das Recht anmaßen, sie abzuurteilen. Ich bin der Ansicht, dass wir durch diese Tathilfe uns zu einem höheren sittlichen Ziel bekennen, als wenn wir uns hinstellen würden und diese Mutter verächtlich machten.*

Auch auf dem Gebiet der Wohlfahrtspflege kann nur erfolgreich gearbeitet werden, wenn sich die Geschlechter gegenseitig ergänzen, denn es gibt nun einmal Aufgaben, die nur durch Frauen gelöst werden können. Im Hilfswerk Mutter und Kind ist die Frau allein berufen und befähigt, Hilfe zu leisten. Dem Mann kann auf diesem Arbeitsgebiet nur die Organisation der fraulichen Aufgaben zufallen, er kann die Frau nur in ihrer Arbeit schützen." (74)

Deutlicher noch sprach Joseph Goebbels auf der Amtswalterinnen-Tagung der NS-Frauenschaft in Berlin über die Rolle der Frau:

„Die nationalsozialistische Bewegung ist, so sagte er, ihrer Natur nach eine männliche Bewegung. Sie hat in ihrem Kampfe auch die Tugenden eines neuen

Männertums in Deutschland wieder zur Geltung gebracht. Sie schuf einen Männertyp des Heroismus und der Bereitschaft, sich für eine große Sache hinzugeben. Die Herausstellung dieses Männertyps war umso notwendiger, als das gesamte öffentliche Leben zu der Zeit, als wir zu arbeiten begannen, einen anderen Charakter trug. Je mehr nämlich das öffentliche Leben sich von männlichen Tugenden entfernt hatte, umso mehr empfand die Frau das natürliche Bedürfnis, in das öffentliche Leben einzugreifen, sobald sie nämlich das Gefühl hatte, dass der Mann nicht mehr in der Lage war, diese Gebiete zu meistern. Daraus entstand eine Vermischung der Aufgaben und Notwendigkeiten.

Wenn die Männer sich wieder auf ein neues männliches Ideal besinnen, besteht für echte Frauen gar keine Veranlassung mehr, ihnen auf dem Gebiete der Männerarbeit irgendeine Idealkonkurrenz zu bereiten, sondern sie werden sich sehr bald ihrerseits dem Männerideal eine neue Form des Frauenideals entgegenzustellen suchen.

Dr. Goebbels bekannte sich zu dem vor Jahren von ihm schon gebrauchten Bild, dass der Mann der Intendant und die Frau der Regisseur des Lebens sei.

Wenn der Mann dem Leben die großen Linien und Formen geben muss, so ist es Aufgabe der Frau, die Linien und Formgebung mit innerer Fülle, mit innerer Bereitschaft, mit Farbe zu erfüllen.

Das ist durchaus keine Degradierung der Frau, keine Unterscheidung im Range. Es sind zwar artgemäß Differenzen festzustellen, aber keine Leistungs- und rangmäßigen Differenzen. Die Gebiete der Richtung und Formgebung sind ja im öffentlichen Gebiet unschwer herauszufinden. Es gehört dazu einmal das ungeheuer große Gebiet der Politik.

Politik ist im Wesentlichen eine Frage der Organisation, ist die Sorge für das Dasein eines Volkes im großen gesehen. Dieses Gebiet muss der Mann absolut und einschränkungslos beanspruchen.

Denn schon die Verschiedenheit der Geschlechter, von der Natur aus gesehen, weist darauf hin, dass die Frau sich mehr für das Leben hinter den Wänden des Hauses, weniger aber für das Leben in der Öffentlichkeit eignet.

Andererseits kommen der Frau alle Gebiete zu, die im Wesentlichen auf Inhaltsgebung drängen und dafür bestimmt sind. Dazu gehört die innere Lebensgestaltung. Das, was der Mann mit Umrissen abgesteckt hat, erfüllt die Frau mit Dasein. Deshalb wird ihr als ureigenstes Gebiet die Familie gehören. In ihr ist sie souveräne Königin. Eine weitere Folgerung aus dieser Zielsetzung ist, dass der Frau als ureigenstes Gebiet auch die Fürsorge für das kommende Geschlecht gebührt. Es gebührt ihr darum auch das Recht der Erziehung, und zwar in den Jahren, in denen eigentlich der Grund zu der Erziehung gelegt wird. Beansprucht in späteren Jahren der Mann den männlichen Nachwuchs für sich zur Erziehung, so kann die Frau das ruhig dem Mann überlassen, dann, wenn sie die Jahre vorher das männliche Geschlecht in ihre Obhut genommen hat.

Wir müssen uns auf das Entschiedenste gegen die Unterstellung verwahren, dass wir der Frau etwas vorenthalten wollten, was ihr eigentlich gehört, dass wir an sich der Frau feindlich gegenüberständen, dass wir die Absicht hätten, die Frau überhaupt aus dem öffentlichen Leben und aus den Berufen herauszudrängen und sie damit zu einem Lebewesen zweiter Klasse zu degradieren. Wenn wir die Frau auf den Gebieten des öffentlichen Lebens ausschalten, so nicht, weil wir sie entehren wollten, sondern weil wir ihr ihre eigentliche Ehre zurückgeben möchten. (Lebhafter Beifall) Denn wir sehen nicht den Ausdruck höherer Frauenehre darin, dass die Frau sich mit dem Mann auf männlichen Gebieten misst, sondern darin, dass das große Gebiet des Frauenlebens in Idealkonkurrenz tritt zu dem des Männerlebens. (Erneuter Beifall)

Das soll nun nicht besagen, dass wir die Frauen aus den Berufen drängen wollten, das würde zu den katastrophalsten menschlichen und politisch-wirtschaftlichen Folgen führen. Schon im Jahre 1932 hat der Führer zum Ausdruck gebracht, dass die Frau von jeher nicht nur die Geschlechts-, sondern auch die Arbeitsgenossin des Mannes ist. Wesentlich ist dabei nur der Mut zur Erkenntnis, dass die Arbeitsgebiete an sich sich verändert haben und dass deshalb auch der Frau heute ganz andere Arbeitsgebiete zugewiesen werden müssen.

Wenn heute unmoderne, reaktionäre Menschen erklären, die Frau gehören nicht in die Büros und in die Ämter und in die sozialen Fürsorgestätten hinein, denn das sei ja auch früher nicht der Fall gewesen, so krankt diese Beweisführung an einem

Irrtum. Es hat eben früher Büros und soziale Fürsorgestätten in diesem Sinne nicht gegeben. Ebenso gut könnte man ja den Mann von seinen Arbeitsplätzen verdrängen, an denen er früher nicht gesessen hat, weil es sie eben noch nicht gab.

Nichts ist unausstehlicher, arroganter und frecher, als wenn bestimmte Männer versuchen, der Frau ihre Moral vorzusetzen. Männer, die sich andererseits wild dagegen wehren, dass die Frau dem Manne Gesetze aufgibt. Diese Mucker nehmen es der Frau übel, wenn sie sich anständig kleidet, was sie ja im Allgemeinen nicht für ihre Freundin tut. Es ist undankbar von einem Mann, der Frau übel zu nehmen, dass sie dem Manne zu gefallen sucht. (Heiterkeit) Diese Sittlichkeitsapostel nehmen sich das Recht heraus, über alles und jedes aus dem Frauenleben ihr unmaßgebliches Urteil zu fällen. Sie rauchen selbst 20, 30 oder 40 Zigaretten am Tag, kleben aber in den Restaurants Plakate „Die deutsche Frau raucht nicht". Ob eine deutsche Frau raucht, ist ihre Sache. Ich kann mir vorstellen, dass unter den Frauen der Grundsatz sich durchsetzt: Wir rauchen nicht! (Lebhafte Zustimmung), aber der Mann hat nicht das Recht, der Frau das vorzuschreiben. Mit demselben Recht könnte die Frau in den Restaurants die Sittlichkeitsregel anschlagen: „Der deutsche Mann trinkt nicht!"

Es wäre das größte Unglück für unsere Frauenbewegung, wenn sie sich zum Interpreten dieser falschen Moral machen wollte. Unsere Frauenbewegung hat eine starke Moral wiederherzustellen, andererseits aber auch die Aufgabe, sich dagegen zu verwahren, dass sie gleichgesetzt wird mit Muckertum und Moralschnüffelei. Ein Versuch, der Frau ihre Rechte zu nehmen, wird zwar nicht mit Kampf, aber mit steigender Ablehnung belohnt, deshalb sehe ich die erste Aufgabe unserer Frauenbewegung darin, ein Organisationsgefüge zu schaffen, in dem sich das Frauenleben entwickeln kann und dann in ganz großem Rahmen Gesetze und Vorrechte aufzustellen, die der Frau gebühren und die sie sich niemals nehmen lassen darf.

Wir müssen eine Frauenbewegung haben, die weder muffig noch hypermodern ist (Lebhafter Beifall), die ernsthaft den Versuch macht, ein modernes Leben modern zu meistern. So wie wir ohne viele Worte in unserer Arbeit das neue Männerideal geschaffen haben, wird sich auch aus einer neuen Frauenbewegung, die wieder ihre Tugenden herausstellt, ein neues Frauenideal ergeben. Dann erst wird die

Frauenbewegung ihre eigentliche Mission zu erfüllen beginnen, wenn der männliche Nationalsozialist sein Ideal in ihr sieht. Sie werden damit vor die Lösung ungeheuer großer moderner Aufgaben gestellt. Hat die Frau erst wieder den Willen zur Familie, so wird auch die Möglichkeit zur Familie geschaffen werden. Und ist das der Fall, so wird die Frau auch wieder ihr eigentliches Glück in der Familie und im Kinde finden. Am Ende ist doch das das Unterpfand der Unsterblichkeit unseres Volkes. (Langanhaltender stürmischer Beifall)" (75)

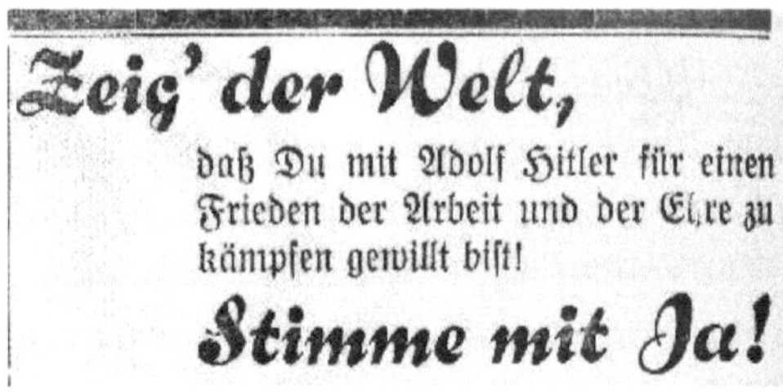

EN vom 6.11.1933

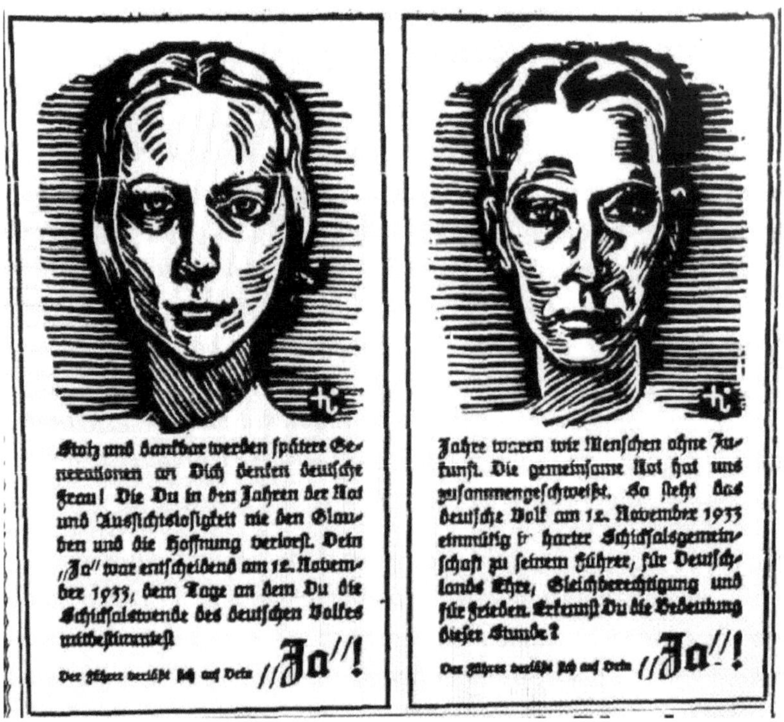

EN vom 7.11.1933

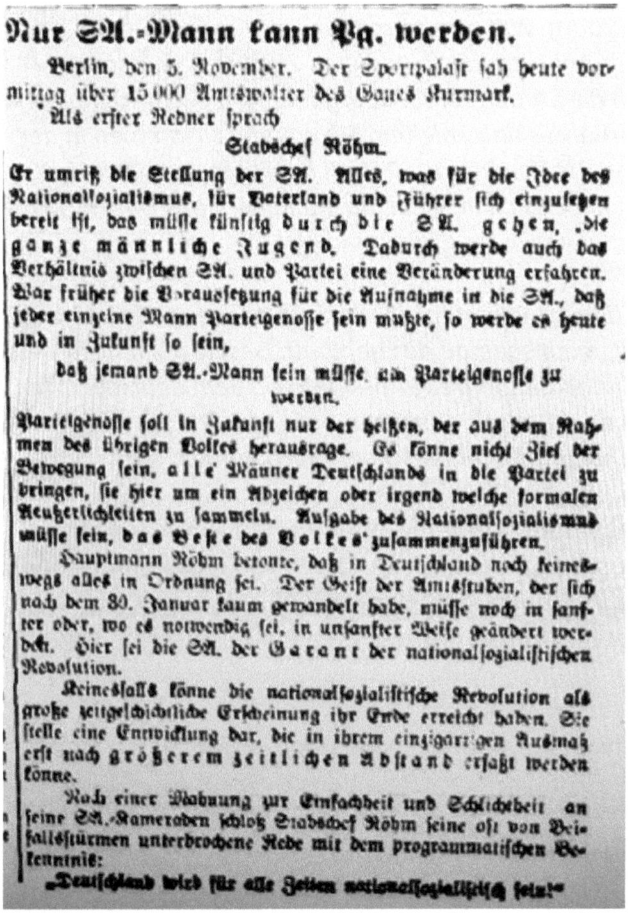

Nur SA.-Mann kann Pg. werden.

Berlin, den 5. November. Der Sportpalast sah heute vormittag über 15000 Amtswalter des Gaues Kurmark.

Als erster Redner sprach

Stabschef Röhm.

Er umriß die Stellung der SA. Alles, was für die Idee des Nationalsozialismus, für Vaterland und Führer sich einzusetzen bereit ist, das müsse künftig durch die SA. gehen, „die ganze männliche Jugend. Dadurch werde auch das Verhältnis zwischen SA. und Partei eine Veränderung erfahren. War früher die Voraussetzung für die Aufnahme in die SA., daß jeder einzelne Mann Parteigenosse sein mußte, so werde es heute und in Zukunft so sein,

daß jemand SA.-Mann sein müsse, um Parteigenosse zu werden.

Parteigenosse soll in Zukunft nur der heißen, der aus dem Rahmen des übrigen Volkes herausrage. Es könne nicht Ziel der Bewegung sein, alle Männer Deutschlands in die Partei zu bringen, sie hier um ein Abzeichen oder irgend welche formalen Aeußerlichkeiten zu sammeln. Aufgabe des Nationalsozialismus müsse sein, das Beste des Volkes zusammenzuführen.

Hauptmann Röhm betonte, daß in Deutschland noch keineswegs alles in Ordnung sei. Der Geist der Amtsstuben, der sich nach dem 30. Januar kaum gewandelt habe, müsse noch in sanfter oder, wo es notwendig sei, in unsanfter Weise geändert werden. Hier sei die SA. der Garant der nationalsozialistischen Revolution.

Keinesfalls könne die nationalsozialistische Revolution als große zeitgeschichtliche Erscheinung ihr Ende erreicht haben. Sie stelle eine Entwicklung dar, die in ihrem einzigartigen Ausmaß erst nach größerem zeitlichen Abstand erfaßt werden könne.

Nach einer Mahnung zur Einfachheit und Schlichtheit an seine SA.-Kameraden schloß Stabschef Röhm seine oft von Beifallsstürmen unterbrochene Rede mit dem programmatischen Bekenntnis:

„Deutschland wird für alle Zeiten nationalsozialistisch sein!“

EN vom 6.11.1933

N.S.D.A.P.
Ortsgruppe Elmshorn
Große öffentliche Volksversammlung
im „Carlstal“
Dienstag, 7. Nov. 1933, 20.30 Uhr
Es spricht Regierungspräsident Pg. Böhmcker, Eutin, für Freiheit und Ehre der Deutschen Nation.
Eintrittspreis 30 Pfg., Arbeitslose frei. Kassenöffnung 1 Stunde vor Versammlungsbeginn.
Am Donnerstag, 9. November, 20.30 Uhr
findet im „Stadt-Theater“ anläßlich der 10. Wiederkehr des Todestages der bei der Feldherrnhalle in München gefallenen Vorkämpfer des Nationalsozialismus eine schlichte
Gedenkfeier
statt. Die Feier ist nicht öffentlich.
Der Ortsgruppenleiter

EN vom 6.11.1933

Obgleich es per Gesetz noch nicht verboten war, verfolgten die Nationalsozialisten Verbindungen von Mitbürgern jüdischer mit „arischer“ Abstammung. Zu diesem Zeitpunkt war es ein illegaler Akt und ein Beispiel für die vorauseilende Handlung von staatlichen Organisationen ohne Gesetzesgrundlage. Die Gerichte stoppten diese Akte nicht, sondern unterstützten diese. So wurde am 7. November 1933 in Harburg-Wilhelmsburg ein jüdisch-arisches Paar von der SA der Polizei ausgeliefert. Die „Nürnberger Gesetze“ wurden erst am 15. September 1935 erlassen:

„Der Polizeipräsident von Harburg-Wilhelmsburg teilt mit: Am Sonnabend wurde ein nichtarischer kaufmännischer Angestellter R. und eine 20jährige deutsche christliche Verkäuferin durch die SA der Polizei übergeben. Die SA hatte festgestellt, dass die beiden ein Liebesverhältnis unterhielten. Sie wurden zusammen in der Wohnung des Liebhabers angetroffen und zur Polizei begleitet, wo beide ihre Schande eingestanden. R. befindet sich in Schutzhaft und wird aus Harburg entfernt werden.

Die Polizei weist alle, die es angeht, eindringlich darauf hin, dass gegen eine solche Rassenschändung in Zukunft, auch solange das geplante Gesetz noch nicht besteht, aufs Schärfste eingeschritten wird. Dem fremdrassigen wie dem deutschen Teil, der seine deutsche Rassenehre so schamlos preisgeben kann, droht das Konzentrationslager oder Schutzhaft in einer Fürsorgeerziehung." (76)

Am Sonnabend vor der Wahl veranstaltete die NSDAP in Elmshorn am 11. November eine große Schlusskundgebung, zu der die Bevölkerung aufgerufen wurde. (77) Am Schluß der Kundgebung erhoben zwei Pflichtarbeiter beim Horst-Wessel-Lied nicht ihren rechten Arm. Sie wurden dem Polizeigefängnis zugeführt. (78)

Ein von den Behörden abgefangener Brief nach Russland wurde einem Elmshorner zum Verhängnis:

„Wenn man das Ansehen des Vaterlandes schädigt.

Der in der Lessingstraße 10 in Elmshorn wohnende Arbeiter Paul Menzel hat in seinem Leben nur Schweres durchmachen müssen. Er suchte daher sein einziges Heil beim Kommunismus. Alle über Russland verbreiteten Tatsachen von Hungersnöten usw. bezeichnete er als Bluff und er kannte kein größeres Vergnügen, abends bei Bekannten den Moskauer Sender zu hören, der dann bekanntlich seine deutschen Hetzreden vom Stapel ließ. Durch diesen Sender wurden die deutschen Arbeiter aufgefordert, Stimmungsberichte, selbstverständlich vom kommunistischen Standpunkt aus, über Deutschland nach Moskau zu senden und als man nun eines Tages noch durchblicken ließ, dass in Russland noch Arbeiter eingestellt werden könnten, da setzte sich Menzel an den Tisch, nahm Papier und Feder zur Hand und schrieb an die Radiozentrale in Moskau einen Brief, der nur so von Unwahrheiten strotzte. Selbstverständlich fehlten auch die bekannten Schlagworte wie: „Es kracht im Gebälk" und „Es dämmert in den Gehirnen" nicht. Der Brief wurde selbstverständlich angehalten und Menzel in Haft genommen. Vor Gericht gab er zu, den Brief geschrieben zu haben, doch erklärte er auch, dass er jetzt nicht mehr daran glaube. Den Brief habe er Ende Juli geschrieben, in der Zwischenzeit habe er sich aber schon davon überzeugt, dass der jetzige Staat gewillt sei, für Freiheit und Brot zu kämpfen. Den Wahrheitsbeweis für seine Ausführungen kann er nicht antreten. Er hat gehofft, durch einen möglichst belastenden Brief in Russland Arbeit zu erhalten und nicht daran gedacht, dass er Deutschland schädigen könne. Der Begriff „Vaterland" ist ihm etwas vollkommen Neues.

Da dieser Brief abgefangen wurde, bevor er Russland erreicht, somit also keine Schädigung des Reiches eingetreten ist, beantragt der Staatsanwalt die Höchststrafe von zwei Jahren Gefängnis. Das Gericht berücksichtigte die überaus schwere Jugendzeit des Angeklagten, der tatsächlich nichts weiter als Not kennen gelernt hatte, so dass er, wie unser Führer Adolf Hitler in seinem Buch „Mein Kampf" sagt, den Begriff „Vaterland" nicht kennen lernen konnte. Eine schwere Bestrafung muss aber erfolgen, doch hält das Gericht 1 Jahr 6 Monate Gefängnis für eine ausreichende Sühne. Diese Strafe musste aber Platz greifen, weil er den Brief geschrieben hat, um sich selber einen Vorteil zu verschaffen." (79)

Sonnabend, den 11. November 1933

Auf Deine Stimme kommt es an, wer nicht wählt, verrät sein Volk

Ein Volk - Ein Führer

EZ vom 11.11.1933

Elmshorner Nachrichten

„Pinneberger Kreisblatt"

83. Jahrgang. Sonnabend (Sonntagsausgabe), den 11. November 1933. Nr. 265.

Elmshorn und schleswig-holsteinisches Land:

Restlose Pflichterfüllung am 12. November!

Für Freiheit, Frieden und Vaterland ein einmütiges „Ja"!

Für deutsche Ehre und Gleichberechtigung! Geschlossen hinter Hitler und Hindenburg!

Erweiterte Todesstrafe in Oesterreich.

EN vom 11.11.1933

Elmshorn, den 9. November 1933.

Zur Schicksalswahl des deutschen Volkes am 12. November werden Beamte, Angestellte und Arbeiter der städtischen Betriebe wie alle andern deutschen Männer und Frauen ihre Pflicht freudigen Herzens erfüllen. H i t l e r hat gerufen und sogar gebeten. Damit liegt unser Weg fest.

Es wird erstrebt, jeden Deutschen an die Wahlurne heranzubringen. Das wird nur möglich sein, wenn der am Nachmittag einsetzende Schleppdienst auf möglichst wenige Personen beschränkt werden kann. Aus diesem Grunde ist es wichtig, daß jeder Wähler bereits am Morgen seiner Wahlpflicht genügt.

Ich mache dies hiermit allen städtischen Beamten, Angestellten und Arbeitern zur Pflicht und erwarte, daß jeder bis mittags 12 Uhr mit seinen wahlfähigen Familienangehörigen den Wahlakt vorgenommen hat.

Die letzten Tage vor der Wahl sollten von jedem pflichtbewußten Deutschen dazu benutzt werden, den vollen Erfolg der Wahl dadurch sicherzustellen, daß jeder Volksgenosse, dessen Stellung etwa noch schwankend ist, geworben wird. Ich erwarte auch von den städtischen Beamten, Arbeitern und Angestellten, daß sie in diesem Sinne wirken und jedem noch zögernden Volksgenossen klar/machen, daß es diesmal um das ganze Deutschland, um seine Ehre und seine Zukunft geht.

Krumbeck,
komm. Bürgermeister.

========

Abschrift an sämtliche Dienststellenleiter
(Herrn Polizeiinsp. Möller)

mit der Anweisung,
die Beamten, Angestellten u. Arbeiter zusammenzurufen und ihnen die vorstehende Anordnung bekanntzugeben, evtl. auch zu erläutern.

Elmshorn, den 9.11.1933.
Krumbeck,
komm. Bürgermeister.

3 – 7 Uhr

Stadtarchiv 001.03.31.50.01.03

„Lebhafte Wahlpropaganda herrscht in dem einstigen roten „Negerdorf". Wo einst Moskaus rote Fetzen flatterten, grüßen die Fahnen des Dritten Reiches. Täglich kommen neue Hakenkreuzfahnen aus den Fenstern heraus und man gibt dadurch kund für Gleichberechtigung, Friede und Arbeit! Negerdorf stimmt mit „Ja!" (80)

… Jahrgang. Montag den 13. November 1933. Nr. 266.

Deutschland einig und geschlossen für Deutschlands Freiheit.

Großer überwältigender Sieg bei der Volksabstimmung.

95,1 v. H. für deutsche Ehre und Gleichberechtigung. Nur 7,8 v. H. nicht NSDAP.-Einheitsliste.

EZ vom 13.11.1933

Das endgültige Wahlergebnis aus Elmshorn

		Reichstagswahl			Volksabstimmung		
		12. 11. NSDAP.	ungültig	(5.3.1933 NSDAP.)	Ja	Nein	ungültig
Bezirk	1	1101	145	558	1095	124	35
"	2	925	150	434	945	140	27
"	3	1002	156	539	1034	118	28
"	4	1241	73	719	1261	50	18
"	5	795	87	413	784	91	24
"	6	1116	181	525	1123	164	43
"	7	1020	103	463	1009	99	28
"	8	955	171	444	965	164	7
"	9	1076	278	345	1049	285	65
"	10	1074	126	448	1071	154	25
"	11	72	3	41	71	5	1
		10377	1473	4914	10407	1394	301

Stimmberechtigte	12 524
Wahlbeteiligung	9[illegible],3 %
Abgegebene Stimmen	
Reichstagswahl	11 850
Volksabstimmung	12 102
Ja-Stimmen	86,0 %
Nein-Stimmen	11,4 %

EN vom 13.11.1933

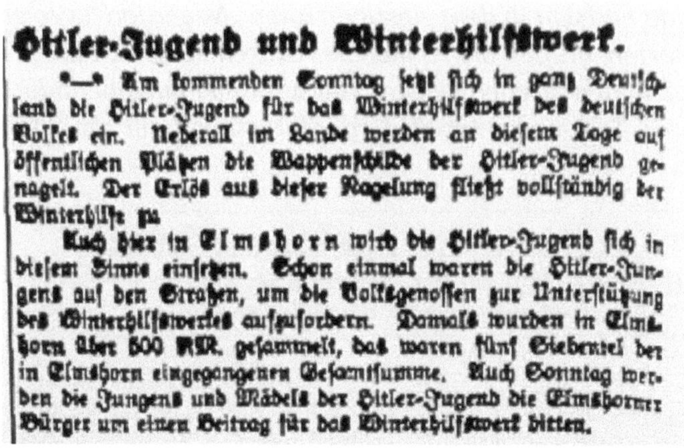

Hitler-Jugend und Winterhilfswerk.

—* Am kommenden Sonntag setzt sich in ganz Deutschland die Hitler-Jugend für das Winterhilfswerk des deutschen Volkes ein. Ueberall im Lande werden an diesem Tage auf öffentlichen Plätzen die Wappenschilde der Hitler-Jugend genagelt. Der Erlös aus dieser Nagelung fließt vollständig der Winterhilfe zu.

Auch hier in Elmshorn wird die Hitler-Jugend sich in diesem Sinne einsetzen. Schon einmal waren die Hitler-Jungens auf den Straßen, um die Volksgenossen zur Unterstützung des Winterhilfswerkes aufzufordern. Damals wurden in Elmshorn über 500 RM. gesammelt, das waren fünf Siebentel der in Elmshorn eingegangenen Gesamtsumme. Auch Sonntag werden die Jungens und Mädels der Hitler-Jugend die Elmshorner Bürger um einen Beitrag für das Winterhilfswerk bitten.

EN vom 15.11.1933

Am 15. November hielt der Gemeindegruppenführer der „Deutschen Christen", Herr E. Sievers, einen Vortrag in der Volkshochschule Elmshorn unter dem Titel *„Was wollen die Deutschen Christen?"*:

„(...) Redner streifte u.a. die Arierfrage, die auch in der Kirche brennend sei. Der Jude und Fremdrassige solle in Zukunft nicht länger die Kirche als Sprungbrett zur Rassenvertuschung benutzen können. Bekehre sich ein Jude völlig zum Christentum, so solle ihm in juden-christlichen Gemeinden sein Glaubensleben gewährleistet werden, wie wir dies in deutsch-christlichen Gemeinden fordern. Gleiches gelte für die Heidenmission (...)." (81)

Baldur von Schirach, der Jugendführer des Reiches, beschrieb am 5. November die Arbeiten und Aufgaben der HJ wie folgt:

„Jugend soll von Jugend geführt werden" und „Jugend organisieren heißt, die Träger des deutschen Staates erziehen". Diese beiden Sätze geben zwei der wesentlichsten Grundgedanken der Aufgabe der Hitlerjugend wieder. Es gilt, betonte Baldur von Schirach, für fünf Millionen deutsche Jungen und Mädchen, die in den nationalsozialistischen Jugendorganisationen zusammengefasst sind, Führer zu finden, die aus der Organisation selbst genommen werden. Es ist nicht selten, dass 12jährige Jungens eine Schar von 60 Jungen führen oder 18 bis 20jährige einen Oberbann in einer Stärke von bis zu 15000 Jungen. Im Haus der

Reichsjugendführung sind fast ohne Ausnahme die Abteilungsleiter und Referenten trotz der Größe der Arbeitsgebiete von 23- bis 25-jährigen besetzt.

Die Führer der Hitlerjugend werden in Bannobergebietsführerschulen ausgebildet. Die Schulung der Hitlerjugend wird so durchgeführt werden, wie sie vom Nachwuchs der Partei und der SA verlangt wird. Ein Zwang für die Jugend, sich in der Hitlerjugend zu organisieren, wird nicht ausgeübt. Eines ist aber zu beachten: Nach jedem Todesopfer – seit 1925 starben 25 Hitlerjungen im Kampf für die Idee des Nationalsozialismus – sind Zehntausende der jungen Volksgenossen in die HJ hineingeströmt. Augenblicklich herrsche so ein Andrang, dass etwa 500000 Eintrittsanträge noch der Bearbeitung harren." (82)

Heimatliche Rundschau.

Elmshorn, den 16. November.

Der Tag der deutschen Jugend am 19. November 1933.

:: Der Führer Adolf Hitler hat über das Trennende des Lebens hinweg die Einheit des Deutschen Reiches geschmiedet. Damit sind die Voraussetzungen für den Aufbau geschaffen worden. Es ist dem Nationalsozialismus gelungen, zweieinhalb Millionen in den Arbeitsprozeß wieder einzugliedern. Denen aber, die noch nicht eingegliedert werden konnten, wird durch das vom Führer befohlene Winterhilfswerk in jeder Weise wirksam geholfen werden. Es ist selbstverständlich, daß sich auch Deutschlands Jugend selbstlos in den Dienst dieses gewaltigen Gemeinschaftswerks gestellt hat. Die Hitlerjugend, der Bund deutscher Mädel und das Jungvolk, haben sich bereits mit Veranstaltungen, deren Reinertrag dem WHW zugeflossen ist, zur Verfügung gestellt.

Am Sonntag, dem 19. November 1933, tritt nun Deutschlands Jugend mit einer besonderen Hilfsaktion an die Oeffentlichkeit. An diesem Tage wird in allen Orten Deutschlands die Nagelung eines von der Hitlerjugend in Form ihres Abzeichens entworfenen Schildes stattfinden. Jeder Nagel wird mit 0,05 RM. gewertet und der Reinertrag dieser Aktion ist für das WHW des deutschen Volkes bestimmt.

Schon seit dem 6. November werden bereits in allen deutschen Schulen diese Wappenschilde genagelt. Die Nagelung in den Schulen dauert bis zum 1. Dezember. Die genagelten Schilde verbleiben den Schulen als Symbol und Erinnerung an die Zeit, da Deutschlands Jugend im Kampf gegen Hunger und Kälte stand. Deutschlands Jugend steht bereit für den Dienst zu dieser wahrhaft sozialistischen Aktion und ruft alle Volksgenossen auf, ihr Opfer für das Winterhilfswerk des deutschen Volkes nach besten Kräften zu unterstützen.

Die Bevölkerung der Städte und Gemeinden, die Bevölkerung Elmshorns, wird aufgefordert, durch Flaggen ihre Verbundenheit mit der Jugend zu zeigen. Die Stadt muß am Sonntag im Zeichen der Staatsjugend Deutschlands stehen. Die Schulen flaggen in den Farben der Hitler-Jugend und des Jungvolkes. Auch die Bevölkerung wird gebeten diese Farben zu zeigen.

EN vom 16.11.1933

EN vom 16.11.1933

Eine der großen Aufgaben der Hitlerjugend waren die Strassensammlungen zugunsten des Winterhilfswerkes (WHW). Hierzu schwärmten die Jugendlichen aus, verkauften kleine Sticker, Nadeln oder ähnliches für einen gewissen Geldbetrag. Sie gingen mit ihren Sammelbüchsen von Haus zu Haus. Am 19. November 1933 veranstalteten die NSDAP und die HJ einen „Jugendaktionstag“ für das Winterhilfswerk (WHW). An diesem Tag ließen Jungen und Mädels in ganz Deutschland in der Öffentlichkeit das Abzeichen der Hitlerjugend als Wappen nageln. Wie die meisten NS-Veranstaltungen wurde auch diese exakt vorausgeplant und folgte einem strikten Zeitplan. (83) Die Bevölkerung wurde aufgefordert, aus diesem Anlass und wegen des Luthertages ihre Häuser mit Flaggen und Fahnen zu schmücken. (84)

Nagelung des Hakenkreuzes in Pinneberg. Aus: Pinneberger Tageblatt 28.3.1934. Seifert, a.a.O.

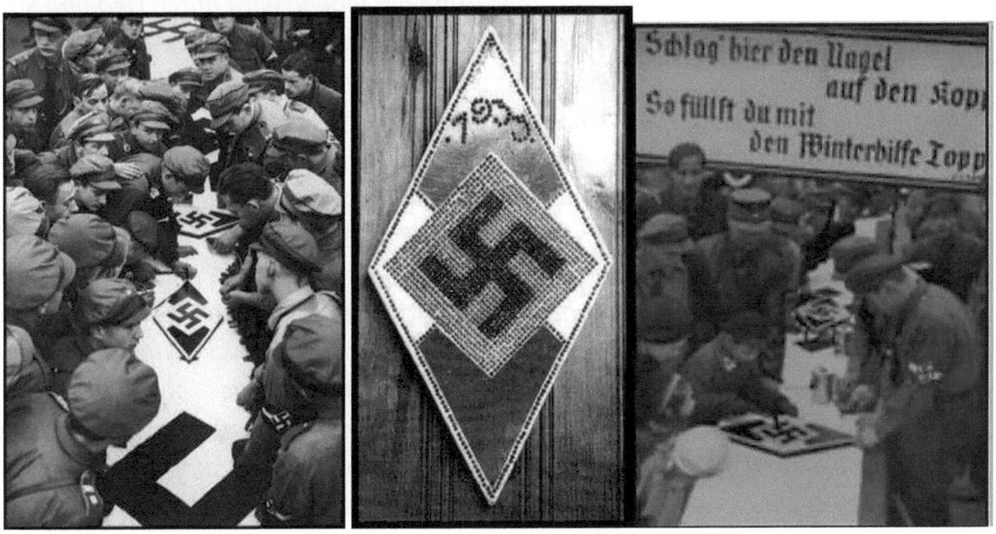

Nagelung in Berlin. Aus: Axmann, Artur, Das kann doch nicht das Ende sein. 1995, Verlag S. Bublies, S. 90/91. https://www.kriegsnagelungen.com/kriegsnagelungen-zur-zeit-des-nationalsozialismus/

„Flaggen heraus! Diese Parole muss für den morgigen Tag aus zweierlei Gründen überall durchgeführt werden. Es geht zum Zeichen des Miterlebens und der Verbundenheit aus Anlass des Luthertages und zweitens mit Rücksicht auf den Tag der deutschen Jugend, die morgen für das Winterhilfswerk sich einsetzen wird, die Häuser mit den nationalen Flaggen zu schmücken." (85)

Über den Jugendtag berichtete die Zeitung in einem ausführlichen Artikel:

„Tag der Jugend."

Am Sonntag, dem 19. November, werden die Landknechtstrommeln des Jungvolkes um 7 Uhr früh im gesamten Deutschen Reich den Tag der deutschen Jugend eintrommeln. An allen dafür bezeichneten Plätzen werden um 9 Uhr die Wappenschilder der Hitlerjugend stehen und die Jugend wird durch Lied und Spiel die Vorübergehenden darauf hinweisen, dass auf diesem Platz ein Wappenschild genagelt werden soll. Die Oberbürgermeister, Bürgermeister, Landräte und Gemeindevorsteher werden den ersten Hammerschlag vollziehen und damit die Verbundenheit der Staatsführung mit der deutschen Jugend zum Ausdruck bringen. Die kleine Spende, die sich im Krieg bewährte, die in der Sammlung des Winterpfennigs ihren Bruder findet, wird zeigen, dass sie ein vollgültiges Glied in der Kette der Opfermöglichkeit darstellt. Und alle Erwachsenen sollen an diesem Tage ihre Anerkennung und ihre Freude an der Mitarbeit der Jugend im Kampfe um die nationale Solidarität durch einen Hammerschlag zum Ausdruck bringen. Im ganzen Deutschen Reich werden Schilder Aufstellung finden, und jedes Schild wird nach vollzogener Nagelung 425 schwarze und 1036 Silbernägel enthalten. Jedes Schild stellt damit einen nennenswerten Beitrag der kleinen Spender dar, die in ihrer Geschlossenheit ein wuchtiges Zeugnis, von der alle Klassen und Stände überbrückenden Kraft der helfenden Idee zum Ausdruck bringen werden.

Die deutsche Jugend kann auf diesen Tag stolz sein und wird es sich nicht nehmen lassen, diesen Tag auszugestalten zu einem überzeugenden Beispiel des Verständnisses, das der Führer von seiner deutschen Jugend erwartet.

Der Tag der Hitlerjugend in Elmshorn.

Heute Abend, kurz vor 20 Uhr, treten auf dem neuen Marktplatz Hitler-Jungens und Jungvolkpimpfe an, um als Einleitung zu dem Tag der Hitler-Jugend einen Fackelzug durch die Straßen der Innenstadt zu veranstalten. Ziel des Marsches ist der Städtische Sportplatz. Dort wird die Überführung der Jungvolkpimpfe, die das 14. Lebensjahr vollendet haben, in die Hitlerjugend vorgenommen. Am nächsten Morgen werden in ganz Elmshorn, Hitlerjugend und Jungvolk durch die Straßen marschieren. Morgens 9 Uhr wird auf dem neuen Marktplatz den einzelnen Formationen ihr Wappenschild übergeben. Anschließend marschieren die einzelnen Formationen zu verschiedenen Plätzen der Stadt, wo sie sich aufstellen. Um die Mittagszeit wird dort von Seiten der SA und der SS ein Platzkonzert steigen. Als Aufstellplätze sind vorgesehen: Probstenfeld, Moltkeplatz, Königstraße, Holstenstraße. Abends um 17 Uhr ist die Aktion der Hitler-Jugend auf allen Plätzen der Stadt beendet. Im ganzen Reich hat dann die Staatsjugend Deutschlands gezeigt, dass auch Sie helfen will, helfen im Kampf gegen Hunger und Kälte." (86)

Propagandapostkarte. HJ mit Landknechtstrommel. Webfund.

Der Tag der Hitler-Jugend in Elmshorn.

„" Am Sonnabend, dem 18. November, wurde in Elmshorn der Tag der Hitler-Jugend durch einen Fackelzug durch die Straßen der Stadt eingeleitet. Gleichzeitig war damit eine Aufnahme der Jungvolkpimpfe in die Gruppe der „Großen", in die Hitler-Jugend verbunden. Die drei Elmshorner Fähnlein des Stammes 6-31 und die Gefolgschaften HJ 1 und 2-5-31 traten auf dem Marktplatz an.

Auf dem städtischen Sportplatz marschierten die Formationen nach Beendigung des Marsches auf. Bei langsam schwelendem Feuer sprach dann Unterbannführer Ernst Kann zu seinen Hitler-Jungens: „Deutsche Jungens! Meine Kameraden! Am letzten Sonntag hat das deutsche Volk mit dem Stimmzettel ein gewaltiges Bekenntnis abgelegt zum nationalsozialistischen Staat und zu unserem Führer. Wir sind stolz auf dieses Bekenntnis, aber wir wollen mehr, weit mehr. Wir wollen einen neuen Menschentyp heranziehen, einen Menschentyp, dem Nationalsozialismus nicht eine Angelegenheit des Augenblicks und der Konjunktur ist, sondern der weiß, daß der Weg zur Nation nur über den deutschen Sozialismus geht! Wir rufen zum Angriff. Zum Angriff gegen Spießertum und altbürgerliche Anschauungen. Wir wollen Menschen erziehen, die sich rücksichtslos einsetzen für den Dienst am nationalsozialistischen Staat. Mag dieser Dienst auch hart sein, mag er von uns Opfer über Opfer verlangen, je härter der Kampf, desto größer der Ruhm.

Die Formationen singen das Lied der Hitler-Jugend. Dann senken sich die Fahnen, die Hände erheben sich zum Eid: „Wissend um die Verantwortung für den Bestand des Reiches, gelobe ich treue Gefolgschaft in der Hitler-Jugend. Ich verpflichte mich zum Dienst an der Nation und bekenne, daß ich nichts höher zu achten habe, als die Freiheit und Ehre meines Volkes!" Das Horst-Wessel-Lied beschließt die Feier. Die einzelnen Formationen rücken in ihre Standorte ab. Am Feuer zurück bleibt die Brandwache bis zum frühen Morgen.

Doch Ruhe gibt es nicht viel. Schon vor 8 Uhr treten die Fähnlein und die Gefolgschaft an verschiedenen Plätzen der Stadt an. Durch die Straßen klingen die hellen Lieder des Jungvolks; sie zeigen, daß ein Pimpf später ein Kerl wird und jetzt kein Muttersöhnchen ist. Treffpunkt aller Formationen ist der Marktplatz. Dort war der Bund Deutscher Mädel schon eingetroffen. Der SA.-Spielmannszug des Sturmbanns 2-265 und einige SA.-Männer aus demselben Sturmbann sorgten dafür, daß die frierenden Jungens und Mädels einigermaßen gleichmäßig ihren Dauerlauf auf der Stelle machten.

Herr Bürgermeister Krumbeck ergriff das Wort: Ihr friert heute, damit andere Volksgenossen, die Not leiden, eine warme Stube erhalten können.

Drei Wappenschilde nahm die Elmshorner Jugend in Empfang. Der erste Nagel wurde geschlagen. Dann ging die Hitler-Jugend an ihre Tagesaufgabe. Jeder Einwohner Elmshorns, der sich in der Innenstadt sehen ließ, mußte sein Scherflein beisteuern. Die Jungens und Mädels ließen nicht locker. Autos wurden angehalten: In Anbetracht dessen, daß man sich ein Auto halten kann, kann man auch zur Linderung anderer Volksgenossen beisteuern. Nur wenige Ausnahmen gab es, fast jeder zahlte gerne. Auch der Bannführer mußte abbremsen, als er sich von der Aktion in Elmshorn überzeugen wollte.

Die Mädels am Moltke-Denkmal, die vom Spielmannszug des Sturmbannes 4-265 durch ein gutes Platzkonzert unterstützt wurden machten Feldübungen: Auto links! Kette! Der Fahrer mußte von seinem Ueberschuß etwas lassen. Achtung! Auto rechts! Kette — — marsch! Auch dort kam das Auto nicht weiter. Es handelte sich manchmal nur um Millimeter. Die Mädels waren bei der Sache. Der Erfolg war auch hier am größten. Ob es nun daran liegt, daß fast jeder lieber einem jungen Mädel als einem Jungen etwas gibt?

Die Jungvolkpimpfe sorgten selbst für Propaganda. Die kleinsten Pimpfe traten vor und bewiesen, daß sie viel gelernt hatten. Oder waren die Signale auf dem Horn etwa nichts? Die Hitler-Jugend macht es bedächtiger. Unterstützt durch ein Platzkonzert des Spielmannszuges und einige SA.-Männer sammelten sie am Propstenfeld. Nachmittags um 15 Uhr traten die Jungens noch einmal an, um unter Vorantritt der beiden Spielmannszüge der Sturmbanne 2 und 4-265 einen Zug durch die Stadt zu machen. Die Mädels vom BDM. sammelten währenddessen auf beiden Seiten. Genagelt wurde von den Jungens und Mädels nachher. Zwei Stunden dauerte der Umzug. Dann war der Tag der Hitler-Jugend beendet. Der Einsatz war berechtigt gewesen. Der Erfolg hat es bewiesen.

Ueber 350 RM. hat der Tag gebracht.

Die genaue Summe steht noch aus.

Mädels und Jungens sind durchgefroren auf den Straßen der Stadt, haben sich eingesetzt mit ihrer Gesundheit für ihre Volksgenossen, das ist Sozialismus der Tat, Zurücksetzung des eigenen „Ich" hinter der Idee des Ganzen. Helfen.

EN vom 20.11.1933

Die von der nationalsozialistischen Regierung zum Abbau der Arbeitslosigkeit gefahrene Kampagne gegen das „Doppelverdienertum" warf einige Fragen auf. Neben der eindeutigen Bestimmung des Begriffes „Doppelverdiener", gab es noch weitere wichtige Dinge zu beachten:

„Der übliche Kampf gegen das Doppelverdienertum hat ferner die Gefahr heraufbeschworen, dass das Leistungsprinzip immer mehr in den Hintergrund gedrängt wird. So sind es gerade oft die besten und leistungsfähigsten Menschen, die auf dem Wege über den „Doppelverdienst" versuchen, durch erhöhte Anstrengungen sich einen erhöhten Lebensstandard oder ihren Kindern eine bessere Ausbildung zu verschaffen. Manche Familien konnten überhaupt erst dadurch gegründet werden, dass Mann und Frau weiterhin einen Beruf ausfüllten. Die Einschränkung dieser gemeinsamen Erwerbsmöglichkeiten würde die Existenzgrundlage vieler Familien zerstören. Darüber hinaus aber bedroht sie die Familiengemeinschaft selbst, deren Festigkeit durch staatliche Maßnahmen verschiedener Art ein wesentliches Ziel der Reichsregierung ist. Neben dem gesunden Trieb einer Familie, einen erhöhten Lebensstandard zu erreichen, wird auch das Streben nach einer besseren Ausbildung des Nachwuchses durch den Kampf gegen das Doppelverdienertum beeinträchtigt. Wenn die Tatsache, dass ein Vater noch im Berufsleben steht, entscheidend dafür sein soll, dass ein Sohn oder eine Tochter keine Arbeit mehr annehmen darf, so werden hier den Kindern berufliche Entwicklungsmöglichkeiten für die Zukunft verbaut. Der Kampf gegen das Doppelverdienertum ist auch unsozial, insoweit er den erhöhten Leistungswillen eines Menschen oder einer Familie bestraft, während der Doppelverdienst, der mit Kapitalanlagen verbunden ist, unberücksichtigt bleibt und aus Gründen der Kapitalbildung unberücksichtigt bleiben muss.

Der Kampf gegen das Doppelverdienertum verstößt also sehr häufig gegen entscheidende soziale Grundsätze, so gegen den Grundsatz der Leistung, der Familie und einer gesunden Bevölkerungspolitik. In Zukunft hätte er oft auch wirtschaftliche Irrwege zu beschreiten. (...) Bei einem Verbot der Doppelverdienste wäre auch nicht zu erwarten, dass stets bisher erwerbslose Personengruppen, die ausfallenden Funktionen übernehmen könnten. (...)

Aus dieser Betrachtung des Doppelverdienertums ergibt sich, dass eine gesetzliche, also behördliche Regelung des Doppelverdienertums mehr Schaden als Nutzen bringen würde. (...)" (87)

Gegen das überhandnehmende Aussortieren von weiblichen Beamten, Lehrern und Angestellten schritt am 29. November der preußische Innenminister mit einem Rundschreiben ein. Es stellte klar, dass es nicht darum gehe, weibliche Berufstätige zu entlassen, sondern darum, bei Neueinstellungen den männlichen Bewerber zu bevorzugen, wenn sich ein männlicher und ein weiblicher Arbeitssuchender mit gleicher Befähigung vorstellt. (88)

Luftschutzanweisungen

Was ist schon jetzt bereitzuhalten?

a) Im Keller

Zum Abstützen der Kellerdecke: Bereithalten von Trägern in einer Anzahl, wie sie von Sachverständigen für notwendig gehalten wird. Für jeden Träger ein abgepaßter Pfahl (nicht unter 12 Zentimeter stark) mit Unterlagebrett, ferner Handwerkszeug, wie Hammer, Zange, starke Nägel, Säge, Axt.

Zum Ausgraben bei Verschüttung: Spaten, Brechstange, Hacke, Beil.

Zum Abdichten des Kellers: Decken, Sandsäcke.

Kasten mit Verbandzeug, Brandbinden, Chlorkalkpuder.

Notbeleuchtung: Elektrische Taschenlampen. — Sitz- oder Liegegelegenheiten. — Notabort.

b) Vor dem Boden-Eingang:

Kiste mit trockenem Sand oder Grand (etwa 6 Eimer), breite Schippe und Schaufel. Viel Wasser in Fässern oder Wannen, Löscheimer. Kasten mit Verbandzeug und Brandbinden. Bodenkammer aufräumen: alles entbehrliche Gerümpel rechtzeitig beseitigen.

Was ist bei Aufruf des Luftschutzes sofort zu tun?

Kellerdecke abstützen, zweiten Kellereingang oder Verbindung zu Nachbarkellern schaffen. Kellerfenster von außen mit Sandsäcken, Erde oder Dung verdämmen. Keller zugdicht machen durch Einhängen von Decken in den Kellereingang nach Art eines Windfanges.

Alle Bodenkammern öffnen, die letzten brennbaren Sachen beseitigen. — Nachts alle Fenster abblenden, kein Licht zeigen.

Für Kinder, Kranke usw.: Milch oder Brei in Thermosflaschen und Koch- und Trinkwasser in allen Wohnungen in Badewannen, Kannen usw. bereithalten.

Was ist bei Fliegeralarm zu tun?

Ruhe! Ruhe! Ruhe! — Fort von der Straße! Neugier bedeutet Tod! Alles, außer der Hausfeuerwehr, in die vorbereiteten Schutzräume. Wohnungsschlüssel dem Luftschutzhauswart abgeben. Wer im Keller keinen Platz findet, nimmt in unteren Stockwerken hinter Mauerpfeilern Deckung.

Fort von den Fenstern und Türen! Oefen verwahren! Hauptgashahn und elektrische Hauptschalter absperren! — Hausfeuerwehr auf den Boden!

Brände, die durch Hausfeuerwehr und Löschgemeinschaft nicht gelöscht werden können, dem Revier melden.

Wie verhält man sich bei Einschlag der verschiedenen Bomben?

Brisanzbomben: Gegen Volltreffer gibt es keinen Schutz. Gegen Splitter- und Druckwirkung bieten die vorbereiteten Keller hinreichenden Schutz. — Im Freien: Hinlegen!

Brandbomben: Kein Wasser an die Bombe! Bombe mit Sand oder Grand bedecken, auf Schaufel oder in Eimer nehmen, hinaustragen und auf unverbrennlicher Unterlage ausbrennen lassen.

Chemische Kampfstoffe: Bei Belästigung durch gasuntermischte Luft (Apothekengeruch) Raum in Ruhe verlassen und anderen Raum aufsuchen. Entgiftungstrupps anfordern. Nicht laufen! Nicht tief atmen! Nasses Tuch vor Mund und Nase! Mit Gelbkreuzflüssigkeit benetzte Haut mit Chlorkalkpuder bestreuen. Bespritzte Kleidung ausziehen, nicht mit bloßer Hand berühren!

Treten Beschwerden auf: unbedingte Ruhe und Arzt. — Vergiftete Räume als solche kennzeichnen und erst nach Entgiftung wieder betreten.

Vom Luftschutzbund wird empfohlen, sich diese kurzen zusammengedrängten Anweisungen aufzubewahren und sie sämtlichen Familienangehörigen und Hausbewohnern einzuprägen. Selbstverständlich kann nicht von heute auf morgen alles Notwendige für den Luftschutz beschafft werden; aber im Laufe der Zeit müssen wir den gesteckten Zielen möglichst nahekommen.

EZ vom 15.11.1933

Auf einer General-Mitgliederversammlung der NSDAP im „Holsteinischen Hof“ erhielten die Amtswalter, Zellen- und Blockwarte ein kleines Geschenk in Form eines Führerbildes oder nationalen Buches geschenkt. (89)

Die Arbeitsfront ruft!

Gr. Werbe-Versammlung

im „Carlstal" Elmshorn, am Donnerstag, dem 23. Nov., abends 8.15 Uhr

Redner: Verbandsbezirksleiter Pg. Biedermann
Bezirkspropagandawart Pg. John, Ehs.

Ab 7 Uhr: Konzert der NSBO.-Kapelle (Sohrbeck)

Unkostenbeitrag 20 Pfg., Erwerbslose 10 Pfg.

Der Reinertrag dient zur Beschaffung von Mitteln für bedürftige Pg.

Deutscher Arbeiter-Verband der öffentl. Betriebe
Kreis Elmshorn

EN vom 22.11.1933

Die Einschüchterung der Bevölkerung zum Ziel hatte die Nachricht, dass ein „Miesmacher", der über die NS-Volkswohlfahrt das Gerücht verbreitet haben soll, dass ein Bedürftiger für einen Anzug 30 RM hätte bezahlen sollen, verhaftet worden war.

„(…) Hoffmann ist nach einigen Tagen Haft wieder entlassen worden, er hat eine ernsthafte Verwarnung mit auf den Weg erhalten, die zugleich denjenigen dienen möge, die sich heute noch angelegen sein lassen, die Einrichtungen des nationalsozialistischen Staates in den Schmutz zu ziehen. Bei dieser Gelegenheit mag nochmals darauf hingewiesen werden, dass unwahre oder gröblich entstellte Behauptungen, die geeignet sind, die NS-Volkswohlfahrt in den Augen der Allgemeinheit herabzuwürdigen, mit hohen Gefängnisstrafen belegt werden. Auch H. sieht seiner Bestrafung noch entgegen." (90)

Die Deutsche Arbeitsfront (DAF) war in der Zeit des Nationalsozialismus der Einheitsverband der Arbeitnehmer und Arbeitgeber mit Sitz in Berlin. Die DAF wurde am 10. Mai 1933 nach Zerschlagung der Freien Gewerkschaften gegründet.

Deren Vermögen wurde zugunsten der DAF beschlagnahmt und das Streikrecht abgeschafft. Sämtliche Berufsverbände der Angestellten und der Arbeiter wurden mit dem Gesetz zur Ordnung der nationalen Arbeit vom 20. Januar 1934 zusammengeführt; die DAF wurde der mit Abstand größte NS-Massenverband. Die DAF sollte die deutschen Arbeiter in das neue „Dritte Reich“ integrieren und damit ihren bisherigen Organisationen den Boden entziehen. Im Oktober 1934 wurde die DAF offiziell der NSDAP angeschlossen. Sie war nach dem Führerprinzip bis hinab zum Blockwart organisiert und unterstand dem Reichsorganisationsleiter der NSDAP Robert Ley, der als „eine Art Treuhänder der Volksgemeinschaft“ fungierte. *„An die Stelle einer gewerkschaftlichen Interessenvertretung kam die Erziehung von Arbeitnehmern und Unternehmern im Sinne der NS-Ideologie.“* Gegliedert in 18 Reichsbetriebsgemeinschaften (später 16 Fachämter) und 33 Gauwaltungen, bestand die DAF bis Mai 1945 mit zuletzt 22 Millionen Mitgliedern. (91)

Am 30. November 1933 veröffentlichte die „Deutsche Arbeitsfront“ (DAF) ihre neuen Ziele in den EN:

„Kraft durch Freude“ - so lautet das neue Losungswort der Deutschen Arbeitsfront. Zum Erleben dieser Freude werden Arbeitgeber und Arbeiter erzogen werden müssen. Das große Ziel des Feierabend-Werkes kann aber nur gelingen, wenn die Deutsche Arbeitsfront sich restlos den neuen Aufgaben zuwendet. Aus diesem Grunde ist der Führer der Arbeitsfront durch freies Übereinkommen mit den staatlichen Stellen, dem Reichswirtschaftsministerium und dem Reichsarbeitsministerium und schließlich dem Beauftragten des Führers für Wirtschaftsfragen von mancher der bisherigen Verpflichtungen entlastet worden. Die Regelung der Arbeitsbedingungen, die Tarifprobleme und alles das, was die materielle Existenz des Arbeiters angeht, liegt in Zukunft ausschließlich in Händen der Ministerien, nach dem die gröbsten noch aus der Klassenkampfzeit herstammenden Missverhältnisse bei der Arbeiterschaft ebenso wie bei dem Unternehmertum durch die nationalsozialistische Weltanschauung ausgeräumt wurden. (...)“ (92)

Anfang Dezember 1933 wurden wichtige Gesetze und Verordnungen erlassen. Zum einen kam es zu einer Neuordnung im „Freiwilligen Arbeitsdienst“ (93), einer Umformung in der Geheimen Staatspolizei (Gestapo), deren oberster Befehlshaber Hermann Göring wurde, zum anderen wurde am 1. Dezember 1933 das *„Gesetz zur Sicherung der Einheit von Partei und Staat“* erlassen.

Dieses Gesetz bedeutete durch die Einheit von NSDAP und Regierung, dass die Partei selbst auch ohne Zustimmung staatlicher Behörden Macht ausüben kann. Die NSDAP kann nun zum Beispiel Menschen verhaften.

Dieses Gesetz ist die gesetzliche Bestätigung der bereits bestehenden Situation. Durch ein Gesetz vom 14. Juli 1933 ist die NSDAP die einzige politische Partei in Deutschland. Neue Parteien dürfen nicht mehr gegründet werden. Die kommunistische und die sozialdemokratische Partei wurden verboten. Andere Parteien haben sich selbst aufgelöst.

Elmshorner Nachrichten

„Pinneberger Kreisblatt“

Der Bezugspreis

Sonderbeilagen:

Anzeigenpreis

83. Jahrgang. Sonnabend (Sonntagsausgabe), den 2. Dezember 1933. Nr. 282.

Die NSDAP. eine Körperschaft des öffentlichen Rechts; Einbau in den Staat.

Heß und Röhm Reichsminister. — Göring, Chef der Geheimen Staatspolizei. — Der Neuaufbau der Deutschen Arbeitsfront. Kein Staatseingriff in den kirchlichen Meinungsstreit.— Neue französische Brunnenvergiftung.— Erstes Todesurteil wegen Brandstiftung.

Sicherung der Einheit von Partei und Staat.

Heß und Röhm Reichsminister. — Weitere wichtige Kabinettsbeschlüsse.

In wenigen Zeilen.

EN vom 2.12.1933

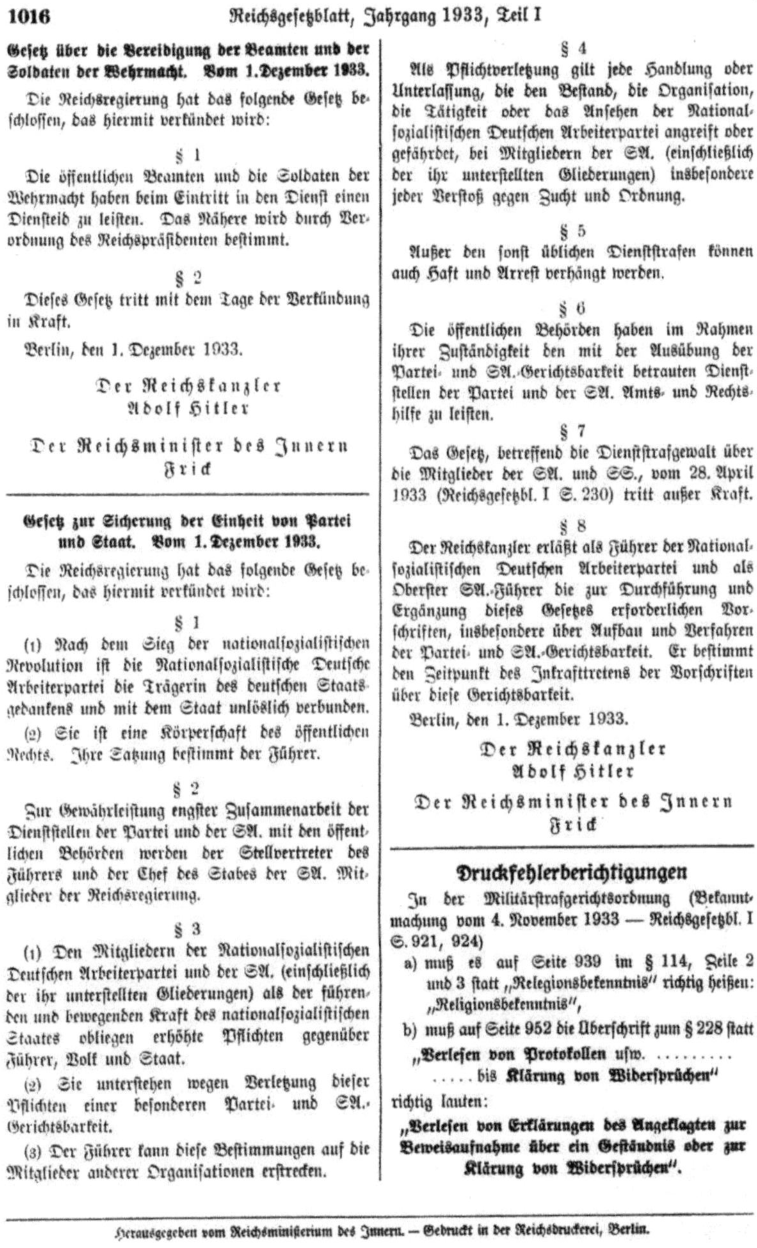

1016 Reichsgesetzblatt, Jahrgang 1933, Teil I

Gesetz über die Vereidigung der Beamten und der Soldaten der Wehrmacht. Vom 1. Dezember 1933.

Die Reichsregierung hat das folgende Gesetz beschlossen, das hiermit verkündet wird:

§ 1

Die öffentlichen Beamten und die Soldaten der Wehrmacht haben beim Eintritt in den Dienst einen Diensteid zu leisten. Das Nähere wird durch Verordnung des Reichspräsidenten bestimmt.

§ 2

Dieses Gesetz tritt mit dem Tage der Verkündung in Kraft.

Berlin, den 1. Dezember 1933.

Der Reichskanzler
Adolf Hitler

Der Reichsminister des Innern
Frick

Gesetz zur Sicherung der Einheit von Partei und Staat. Vom 1. Dezember 1933.

Die Reichsregierung hat das folgende Gesetz beschlossen, das hiermit verkündet wird:

§ 1

(1) Nach dem Sieg der nationalsozialistischen Revolution ist die Nationalsozialistische Deutsche Arbeiterpartei die Trägerin des deutschen Staatsgedankens und mit dem Staat unlöslich verbunden.

(2) Sie ist eine Körperschaft des öffentlichen Rechts. Ihre Satzung bestimmt der Führer.

§ 2

Zur Gewährleistung engster Zusammenarbeit der Dienststellen der Partei und der SA. mit den öffentlichen Behörden werden der Stellvertreter des Führers und der Chef des Stabes der SA. Mitglieder der Reichsregierung.

§ 3

(1) Den Mitgliedern der Nationalsozialistischen Deutschen Arbeiterpartei und der SA. (einschließlich der ihr unterstellten Gliederungen) als der führenden und bewegenden Kraft des nationalsozialistischen Staates obliegen erhöhte Pflichten gegenüber Führer, Volk und Staat.

(2) Sie unterstehen wegen Verletzung dieser Pflichten einer besonderen Partei- und SA.-Gerichtsbarkeit.

(3) Der Führer kann diese Bestimmungen auf die Mitglieder anderer Organisationen erstrecken.

§ 4

Als Pflichtverletzung gilt jede Handlung oder Unterlassung, die den Bestand, die Organisation, die Tätigkeit oder das Ansehen der Nationalsozialistischen Deutschen Arbeiterpartei angreift oder gefährdet, bei Mitgliedern der SA. (einschließlich der ihr unterstellten Gliederungen) insbesondere jeder Verstoß gegen Zucht und Ordnung.

§ 5

Außer den sonst üblichen Dienststrafen können auch Haft und Arrest verhängt werden.

§ 6

Die öffentlichen Behörden haben im Rahmen ihrer Zuständigkeit den mit der Ausübung der Partei- und SA.-Gerichtsbarkeit betrauten Dienststellen der Partei und der SA. Amts- und Rechtshilfe zu leisten.

§ 7

Das Gesetz, betreffend die Dienststrafgewalt über die Mitglieder der SA. und SS., vom 28. April 1933 (Reichsgesetzbl. I S. 230) tritt außer Kraft.

§ 8

Der Reichskanzler erläßt als Führer der Nationalsozialistischen Deutschen Arbeiterpartei und als Oberster SA.-Führer die zur Durchführung und Ergänzung dieses Gesetzes erforderlichen Vorschriften, insbesondere über Aufbau und Verfahren der Partei- und SA.-Gerichtsbarkeit. Er bestimmt den Zeitpunkt des Inkrafttretens der Vorschriften über diese Gerichtsbarkeit.

Berlin, den 1. Dezember 1933.

Der Reichskanzler
Adolf Hitler

Der Reichsminister des Innern
Frick

Druckfehlerberichtigungen

In der Militärstrafgerichtsordnung (Bekanntmachung vom 4. November 1933 — Reichsgesetzbl. I S. 921, 924)

a) muß es auf Seite 939 im § 114, Zeile 2 und 3 statt „Relegionsbekenntnis" richtig heißen: „Religionsbekenntnis",

b) muß auf Seite 952 die Überschrift zum § 228 statt

„Verlesen von Protokollen usw. ....
..... bis Klärung von Widersprüchen"

richtig lauten:

„Verlesen von Erklärungen des Angeklagten zur Beweisaufnahme über ein Geständnis oder zur Klärung von Widersprüchen".

Herausgegeben vom Reichsministerium des Innern. — Gedruckt in der Reichsdruckerei, Berlin.

Gesetz zur Sicherung der Einheit von Partei und Staat vom 1. Dezember 1933. Im Reichsgesetzblatt, Teil I Nr. 135 vom 2. Dezember 1933, S. 1016, Scan Österreichische Nationalbibliothek

Über den Aufbau und das Wesen der Hitler-Jugend sprachen in Berlin u.a. der Reichsjugendführer Baldur von Schirach und Obergebietsführer :

Berlin, 4. Dez. In Anwesenheit zahlreicher Vertreter der Reichs-, Staats- und städtischen Behörden wurde heute morgen im Plenarsaal des Preußischen Landtages die erste Reichstagung der Sozialreferenten und Gebietsärzte der Hitlerjugend eröffnet.

Der Jugendführer des Deutschen Reiches, Baldur von Schirach, führte in seiner Begrüßungsansprache u. a. aus:

Als die Hitlerjugend ihren Kampf begonnen habe, sei sie eine winzige Organisation, eine kleine Gemeinschaft gewesen, von der niemand habe sagen können, was aus ihr werden würde. Doch habe in ihr bereits der Wille zu unbedingter Einsatzbereitschaft gelebt. Heute habe diese Arbeit reiche Früchte getragen. Die Hitlerjugend sei die größte Jugendorganisation der Welt geworden. Ihre Einzigartigkeit und Einmaligkeit bestehe in der kompromißlosen Durchführung des Prinzips der Selbstführung. Mit diesem Grundsatz stehe und falle die Bewegung. Während die Hitlerjugend im überwundenen System gegen den Staat gestanden habe, sei sie heute mit dem Staat eins geworden. Diese Gemeinschaft der Jugend mit dem Staat bedeute aber zugleich eine ungeheure Bürde und Verantwortung, eine ständige Bereitschaft, sich in den Opfergang einzureihen, den die 21 Toten der Hitlerjugend bereits geschritten hätten. Habe früher die Propaganda im Vordergrund gestanden, so müsse jetzt in erster Linie die soziale Arbeit mit allen Kräften in Angriff genommen werden. Sozialismus sei Kameradschaft. Den Vorzug, den die Hitlerjugend vor allen anderen Jugendorganisationen in der Welt für sich in Anspruch nehmen könne, sei der, daß sie aktiv an der Revolution mitgewirkt habe. Zum Schluß sprach der Reichsjugendführer die Erwartung aus, daß der Tagung ein voller Erfolg beschieden sein möge, und stellte Adolf Hitler als den universalen deutschen Menschen hin, der der Jugend ein leuchtendes Vorbild gebe.

Ueber die praktische Arbeit der Hitlerjugend im Dienste des Sozialismus sprach sodann der Leiter des Sozialen Amtes in der Reichsjugendführung, Obergebietsführer Arthur Axmann.

Er ging auf die Notwendigkeit der Gesundheitsführung ein und führte aus, die Geschichte habe bewiesen, daß sich nur die Völker im Kampf ums Dasein behaupten könnten, die in ihrer Wesensart rein und in ihrem Lebenskern gesund seien. Die Lebenspyramide des deutschen Volkes steht auf einer nicht allzu festen Grundlage. In der Nachkriegszeit seien die Minderwertigen und Erbuntauglichen auf Kosten der gesunden Glieder der Gemeinschaft übermäßig gepflegt worden. Die Reichsregierung habe nun zur Unterbindung des erbuntauglichen Nachwuchses das Gesetz zur Verhütung erbkranken Nachwuchses erlassen. Die Hitlerjugend sei bemüht, eine zu diesem Gesetz ergänzende Arbeit zu leisten; durch vernünftige Ausnutzung der Freizeit würden die Gesunden nach Kräften gefördert und gepflegt.

Ausführlich äußerte sich Axmann über die Berufsberatung und die Lehrstellenvermittlung: Beide können nur dann erfolgreiche Arbeit zeitigen, wenn der Berufsberater den jungen Menschen in seiner Entwicklung und Anlage ganz genau kennt. Die Arbeiten der Hitlerjugend im Hinblick auf die Berufsberatung und Lehrstellenvermittlung geschehen im engsten Einvernehmen mit der Reichsanstalt für Arbeitsvermittlung und Arbeitslosenversicherung.

Ministerialrat Dr. Bartels vom Reichsministerium des Innern ergänzte die Ausführungen seines Vorredners durch zahlreiche Beispiele aus der Praxis.

Ueber dasselbe Thema verbreitete sich dann Dr. Jüngst. Auch er hob hervor, daß den Hitlerjugend-Aerzten vor allem zwei Hauptaufgaben zufallen: einmal die Gesundheitsführung der gesamten Hitlerjugend, ferner die Erziehung der Hitlerjugend zu erbbiologischem und rassischem Denken. Jeder Einzelne müsse auf seine Tauglichkeit untersucht werden, und von dem Ergebnis dieser Untersuchung hänge die Aufnahme in die Hitlerjugend ab.

Zum Schluß des heutigen Tagungsabschnittes sprach dann der Referent für Jugendpflege im Sozialen Amt, Alfred Schmaar, über Jugendpflege in der Hitlerjugend.

EZ vom 5.12.1933

Einen Werbeaufruf für den „Bund Deutscher Mädel“ (BDM) veröffentlichte Helene Schlüter, Untergauführerin Altona-Pinneberg aus dem Flamweg 87 in Elmshorn, in den Tageszeitungen Elmshorns:

„Aufruf an alle deutschen Mädel!

Euch alle, meine großen und kleinen Mädel im Gebiete Kreis-Altona und Kreis Pinneberg gehen diese Zeilen etwas an. Sie sind ganz besonders an diejenigen gerichtet, die noch nicht in den Bund Deutscher Mädel in der Hitlerjugend eingetreten sind. Ihr wisst alle, dass wir in Zeiten der Not leben, und das gerade wir, die deutsche Jugend, am meisten unschuldig unter dieser Not gelitten haben. Hunger und Not trieben die Menschen zur Verzweiflung und sie glitten immer tiefer in den Abgrund. Auch das deutsche Mädel vergaß seine Pflichten Volk und Vaterland gegenüber. Daher ist die Erziehung der Jugend von so ungeheuer großer Bedeutung. Das deutsche Mädel muss herausgerissen werden aus dem Einerlei des Alltags. Es muss begreifen lernen, dass es nicht dadurch dem Volke dient, wenn es sein Leben nur zum Wohle des eigenen, kleinen „Ichs" gestaltet. Nein, jedes Mädel muss sich mit seinem ganzen Leben und Wirken für das Wohl unseres deutschen Volkes einsetzen! Wir sind ein Teil des großen Ganzen und wollen es immer sein! Das Neue muss Gestalt gewinnen von den großen Staatsformen an bis hinein in das tägliche persönliche Leben des Einzelnen. Hier ist der Aufgabenkreis des deutschen Mädels. In Kleidung, in Worten und Taten und in der Gestaltung der nächsten Umgebung, dem Heim, muss sich naturgemäß ein neuer Stil ausprägen. Es ist der Stil des deutschen Mädels, der in unserer Zeit geboten ist. Wir nehmen alle Mädels im Alter von 10 - 21 Jahren auf. Die 10 - 15jährigen kommen in die Jungmädelgruppen. Die 15 - 21jährigen kommen in den Bund Deutscher Mädel.

Wir nehmen alle, die den Willen haben, deutsch zu sein! Meldet Euch bitte bei den örtlichen Führerinnen.

Wir sind Menschen der Tat. Wir kennen unsere hohe Aufgabe, kennen Pflicht und Verantwortung unserem Führer und Vaterland gegenüber.

Heil Hitler!

Gez.: Helene Schlüter,

Untergauführerin Altona-Pinneberg.

Elmshorn, Flammweg 87." (94)

Handel: Mittel

Aufruf an alle deutschen Mädel!

Euch alle, meine großen und kleinen Mädel im Gebiete Kreis-Altona und Kreis Pinneberg gehen diese Zeilen etwas an. Sie sind ganz besonders an diejenigen gerichtet, die noch nicht in den Bund deutscher Mädel in der Hitlerjugend eingetreten sind. Ihr wißt alle, daß wir in Zeiten der Not leben, und daß gerade wir, die deutsche Jugend, am meisten unschuldig unter dieser Not gelitten haben. Hunger und Not trieben die Menschen zur Verzweiflung und sie glitten immer tiefer in den Abgrund. Auch das deutsche Mädel vergaß seine Pflichten Volk und Vaterland gegenüber. Daher ist die Erziehung der Jugend von so ungeheuer großer Bedeutung. Das deutsche Mädel muß herausgerissen werden aus dem Einerlei des Alltags. Es muß begreifen lernen, daß es nicht dadurch dem Volke dient, wenn es sein Leben nur zum Wohle des eigenen, kleinen „Ich" gestaltet. Nein, jedes Mädel muß sich mit seinem ganzen Leben und Wirken für das Wohl unseres deutschen Volkes einsetzen! Wir sind ein Teil des großen Ganzen und wollen es immer sein! Das Neue muß Gestalt gewinnen von den großen Staatsformen an bis hinein in das tägliche persönliche Leben des Einzelnen. Hier ist der Aufgabenkreis des deutschen Mädels. In Kleidung, in Worten und Taten und in der Gestaltung der nächsten Umgebung, dem Heim, muß sich naturgemäß ein neuer Stil ausprägen. Es ist der Stil des deutschen Mädels, der in unserer Zeit geboren ist. Wir nehmen alle Mädel im Alter von 10—21 Jahren auf. Die 10—15jährigen kommen in die Jungmädelgruppen. Die 15—21jährigen kommen in den Bund deutscher Mädel.

Wir nehmen alle, die den Willen haben, deutsch zu sein! Meldet Euch bitte bei den örtlichen Führerinnen. Wir sind Menschen der Tat. Wir kennen unsere hohe Aufgabe, kennen Pflicht und Verantwortung unserem Führer und Vaterland gegenüber.

Heil Hitler!

gez.: Helene Schlüter,
Untergauführerin Altona-Pinneberg.
Elmshorn, Flammweg 87.

EZ vom 5.12.1933

Das Elmshorner Arbeitsdienstlager war im November 1933 mit ungefähr 70 Personen belegt, die im Dezember auf 216 Mann erhöht werden sollte. Ihre Arbeiten bestanden in Kultivierungsarbeiten in Elmshorn-Langenmoor, Vermessungsarbeiten in der Kaltenweider Entwässerungsgenossenschaft, der Auto-Umgehungsstrasse und dem Ausbau des früheren Werk- und Armenhauses in ein Arbeitsdienstlager. (95)

Die Judenpolitik der Nationalsozialisten wurde im Ausland genau beobachtet. In Folge dessen erschienen in der ausländischen Presse Berichte über Deutschland, die von der NS-Propaganda als „Greuelhetze" diffamiert wurden. Da diese Berichte dem Ansehen Deutschlands schaden und die deutsche Wirtschaft schädigen könnte, sah sich der Reichsinnenminister Dr. Frick am 5. Dezember 1933 genötigt, darauf zu reagieren:

„(...) Infolge unrichtiger Meldungen ist in Ländern des Fernen Ostens in den letzten Wochen in der Tat eine gewisse Beunruhigung über die Pläne der Reichsregierung in der Rassenfrage entstanden. Insbesondere ist in diesem Zusammenhang in der Presse Japans und Indiens die Befürchtung zum Ausdruck gekommen, dass in Deutschland die Absicht bestehe, die Angehörigen fremder Rassen zu deklassieren und sie gegenüber den Angehörigen der eigenen Rasse allgemein zurückzusetzen.

Namens der Reichsregierung kann ich feststellen, dass derartige Nachrichten jeglicher Grundlage entbehren.

Die nationalsozialistische Rassengesetzgebung geht von dem Gedanken aus, dass die Reinerhaltung der Rasse für die Zukunft des deutschen Volkes von entscheidender Bedeutung ist. Entsprechende Gedanken sind auch in den Bestrebungen anderer Völker, insbesondere Asiens, zum Ausdruck gekommen.

Als fremde Rasse ist in Deutschland am stärksten das Judentum vertreten. Obwohl der zahlenmäßige Anteil der Juden in Deutschland nur 1,5 v. H. beträgt, hatten sie doch in den letzten Jahrzehnten, besonders aber seit 1918, durch den Zustrom von Juden aus dem Nahen Osten einen ungeheuren Einfluss auf wirtschaftlichem, finanziellem, kulturellem und politischem Gebiete erlangt. Um nur einige Beispiele zu nennen, möchte ich auch bei dieser Gelegenheit daran erinnern, dass die Zahl der jüdischen Rechtsanwälte in Preußen allein 3515 von insgesamt 11814, das heißt

29,8 v. H. betrug. Bei den Notaren waren es 1945 von insgesamt 6226 das sind 31,2 v. H. Noch stärker war dieser Einfluss auf allen deutschen Hochschulen, in deren Lehrkörper die Juden durchschnittlich mit 30 v. H. vertreten waren. In den medizinischen Fakultäten der Universitäten in Berlin und Breslau waren es sogar 45 v. H.

Dieser übermäßigen Überfremdung Einhalt zu tun war für das deutsche Volk eine Lebensfrage geworden, so dass seine Rassengesetzgebung nur einen Akt der Notwehr und nicht des Hasses darstellt. Darüber hinaus ist es das Ziel der Reichsregierung, das Rassengut des deutschen Volkes zu pflegen und seine Reinerhaltung sicherzustellen. Mit diesen Bestrebungen will die Reichsregierung in keiner Weise ein Werturteil über andere Rassen fällen. Sie ist sich durchaus bewusst, dass viele vom deutschen Volk rassisch verschiedene Völker eine alte und hohe Kultur vertreten. Diese herabzusetzen liegt der Reichsregierung und dem deutschen Volke fern. In diesem Zusammenhang möchte ich vor allem darauf hinweisen, dass Angehörige fremder Staaten in Deutschland nach wie vor ihrem Erwerb nachgehen können und dass ihrer Jugend deutsche Bildungsanstalten nach wie vor offenstehen. Es kann nicht wundernehmen, dass bei der großen Bedeutung, die die Rassenfrage für die Zukunft unseres Volkes hat, und bei der leidenschaftlichen Anteilnahme, die die Bevölkerung diesen Dingen entgegenbringt, von den verschiedensten Seiten Anregungen und Wünsche wegen gesetzgeberischer Regelung des gesamten Rassenproblems, u. a. auch zur Frage der mischblütigen Ehen, an die Reichsregierung herangetragen werden. Wenn daraufhin im Auslande alarmierende Gerüchte über die deutsche Rassengesetzgebung verbreitet werden, so handelt es sich um Irrtümer oder absichtliche Entstellungen. Es werden dabei bestehende Vorschriften unrichtig ausgelegt oder diese Anregungen, vielfach unter Verdrehung ihres wahren Sinnes, als schon vollzogene oder nahe bevorstehende Tatsachen behandelt." (96)

Diese Rechtfertigung hatte keinen Einfluss auf die ausländische Presse. Dafür sorgten auch die weiteren Übergriffe gegenüber den Juden und den christlich-jüdischen Paaren. Die NS-Regierung stand in dem Dilemma, dass sie durch die propagandistische Verwertung der Übergriffe gegen Juden, die der

Einschüchterung und des Terrors dienten, dem Ausland die Bestätigung über die Richtigkeit ihrer Informationen gaben.

Erlaß über die Beflaggung

Berlin, 5. Dez. Das Reichsministerium für Volksaufklärung und Propaganda teilt mit:

Es ist zu beobachten, daß an Privathäusern die nationalen Flaggen vielfach ohne jeden besonderen Anlaß gezeigt werden, daß sie an den Tagen, an denen eine allgemeine Beflaggung stattfand, nachts nicht wieder eingezogen werden und oft sogar tage- und wochenlang hängen bleiben. Um dieser die Bedeutung der Flaggen und die Würde der nationalen Symbole beeinträchtigenden Unsitte zu steuern, wird darauf hingewiesen, daß Flaggen nur an den Tagen gezeigt werden dürfen, an denen aus besonderen Anlässen die Beflaggung von Privathäusern von behördlicher Seite als angebracht und erwünscht bezeichnet oder von parteiamtlicher Seite angeordnet worden ist. Die Flaggen müssen an diesen Tagen möglichst frühzeitig gesetzt werden und sind mit Sonnenuntergang wieder einzuziehen.

Es wird nochmals darauf aufmerksam gemacht, daß es nicht statthaft ist, die Hakenkreuzflagge und die schwarz-weiß-rote Flagge, die beide nebeneinander bestehen, in irgendeiner Form zu vereinigen.

EZ vom 6.12.1933

Am 7. Dezember warnte der Reichsminister der Justiz die Bevölkerung, sich an den gesammelten Spenden für das WHW zu vergreifen. Es drohten hier Strafen bis zu 10 Jahren Zuchthaus. (97)

Am gleichen Tag sprach der Stabschef der SA, Ernst Röhm, über das Wesen und die Aufgaben der SA. Hierbei stellte er auch die Unterschiede zwischen Reichswehr und SA dar:

„Die Reichswehr ist der alleinige Waffenträger des Reiches - die SA ist der Willens- und der Ideenträger der nationalsozialistischen deutschen Revolution! Der Reichswehr obliegt die Verteidigung der Grenzen und der Schutz der Interessen des Reiches dem Ausland gegenüber -, der SA ist zur Aufgabe gesetzt, den neuen deutschen Staat geistig und willensmäßig auf der Grundlage des nationalsozialistischen Ideengutes zu formen und den deutschen Menschen zu

einem lebendigen Glied dieses nationalsozialistischen Staates zu erziehen. Zwischen der Reichswehr und der SA bestehen keinerlei Bindungen." (98)

Die Reparations-Bilanz.

Mit welchen Zahlungen Elmshorn beteiligt war.

Elmshorn, den 8. Dezember.

— Deutschland hat für den Frieden gestimmt, weil es den Krieg und die furchtbaren Wirkungen eines durch den Krieg gesteigerten Hasses kennt. Haß und Vernichtungswille haben den Vertrag von Versailles diktiert, der Deutschland Lasten auferlegte und Fesseln, wie sie die Weltgeschichte nie sah. Aber Deutschland hat in seiner Sehnsucht nach Frieden, um des Friedens Willen, Frondienste geleistet und Zahlungen gemacht, es hat „erfüllen", Verträge halten wollen, es hat gewissermaßen alles hingegeben, um einen Weltfrieden zu sichern. Diese Leistungen und Zahlungen mußten freilich, als das gerade durch sie geschaffene Weltelend immer größer wurde, eingestellt werden. Sie haben tatsächlich niemand genützt, jedoch das ganze Räderwerk der Weltwirtschaft aus den Angeln gehoben. Wenn wir jetzt einen deutlich aufkeimenden Verständigungswillen sehen, so ist das mit darauf zurückzuführen, daß Deutschland seine Vertragstreue bewiesen, auf ungeheure Zahlungen um des Friedens willen zurückblicken kann. In dieser Wende der Zeit, in dieser Zeit, da endlich Besinnung aufzukommen scheint, lohnt es sich, weil in der Welt so wenig das, was Deutschland getan hat, anerkannt wird, eine Schlußbilanz zu ziehen. Denn wir werden nicht mehr leisten und zahlen, Gut und Geld abliefern. Schon um die Gesamtleistung Deutschlands geht ein Streit. Unsere maßgebenden Stellen, deren peinliche Gewissenhaftigkeit wohl bekannt ist, haben errechnet, daß insgesamt 67 Milliarden Goldmark als Tribute abgeführt sind, davon 15 Milliarden in bar, das übrige in Warenlieferungen, durch die freiwillige Uebergabe von Schiffen, Eisenbahnen, Vieh, Land usw. Man denke, wenn wir nur die 15 Milliarden Goldmark besäßen, was sie heute bedeuten würden? Wir hätten nicht die Not im Lande, nicht die Arbeitslosigkeit, nicht die Schwierigkeiten, den Kampf gegen die Arbeitslosigkeit zu finanzieren. Die Entwicklung hätte sich ganz anders gestaltet.

Und wenn das Reich zu diesem Schluß kommen kann, so kann es jede Gemeinde, so kann es jeder einzelne Bürger; denn an den in Leistungen und Übereignungen verlorenen Werten hatte er einen Anteil. Das war Staats-, also Volksgut und mußte zum Teil durch Aufwendung neuer Kosten wieder beschafft werden. Es wurde beschafft durch erhöhte Steuerleistungen, also durch den Beitrag, den der Einzelne in jeder Art der unzähligen Steuern lieferte. Darüber hinaus sind die 15 Barmilliarden nicht aus deutschem Vermögen bezahlt, sondern neu aufgebrachte Mittel, zum größten Teil aus Steuern oder Krediten, die aus dem Auslande kamen und die wiederum in einer Weise den Einzelnen belasten. Sicherlich wird das Kapital, das Großunternehmen stärker herangezogen worden sein. Doch Steuerunkosten sind Produktionsausgaben und werden immer auf die Waren aufgeschlagen. Jeder Deutsche, jeder Einwohner also auch unsere Stadt hat so direkt oder indirekt die enorme Summe von 15 Milliarden miterarbeitet. Man erhält ein richtiges Bild darüber, wenn man diese Zahlen, um eine logische Schlußbildung zu geben, auf unsere Stadt umlegt, eine Umlage, die nach dem Gesagten berechtigt ist. Würde man die Gesamtleistung von 67 Milliarden für unsere Stadt zu Grunde legen, so hätte

Elmshorn insgesamt 16 000 000 RM. aufgebracht.

An Barleistungen von 15 Milliarden aber ist

Elmshorn mit 3 600 000 RM. beteiligt.

Eine Schlußbilanz, die wir für Kind und Kindeskinder in Ehren halten sollen. Wir haben den Krieg bezahlt und für den Frieden gefront und wären glücklich, wenn wirklicher Frieden käme und unsere Opfer nicht umsonst gewesen sind.

EN vom 8.12.1933

Am 11. Dezember trat der neugewählte Reichstag, bestehend nur aus Nationalsozialisten, zur Vereidigung und ihrer ersten Sitzung zusammen. (100)

In der Vorweihnachtszeit, vom 10. – 20. Dezember führte das WHW eine „Pfundsammlung" durch:

„Wir rufen hiermit die gesamte Hausfrauenschaft Schleswig Holsteins auf, einmal in ihren Küchenschränken und Speisekammern nachzusehen, ob nicht ein Pfund Zucker

oder ein Pfund Mehl oder eine Tafel Speisefett oder sonst irgendetwas übrig ist, um es dem WHW zur Verfügung zu stellen.

Der Wille zur Volksgemeinschaft gebietet, dass nichts unversucht bleiben darf, um den notleidenden Volksgenossen zu helfen. Gerade die Hausfrauen wissen, was es bedeutet, wenn die Vorratsräume leer sind und eine Mutter nicht in der Lage ist, ihren Kindern und dem Manne ein ausreichendes Mal herzurichten. Jede Mutter weiß, dass, wenn Not im Hause ist, gerade sie am stärksten hierunter zu leiden hat, und dass es vor allem gilt, die hungrigen Mäuler der Kinder zu stopfen. (...)" (101)

EN vom 14.12.1933. Im Jahr 1933 war es für Juden noch möglich, eine Werbeanzeige in den EN zu platzieren.

Die letzte gut besuchte Mitgliederversammlung 1933 fand am 15. Dezember in „Tychsens Klub- und Ballhaus" statt. Nachdem der Parteigenosse Höhnke ein Referat über die *„Kulturbestrebungen des Dritten Reiches"* gesprochen habe, sprach Bürgermeister Krumbeck und gab einen Rechenschaftsbericht über die vergangenen sechs Monate ab:

„Zu seiner Freude, so bemerkte er besonders, habe er hier Pg. zu einer Zusammenarbeit angetroffen, wie man sie so leicht nicht wiederfinde. Mit politischen Gegnern habe man den Kampf nicht brutal geführt, sondern mit warmer Menschlichkeit. In jedem Falle habe mit politischen Gegnern eine politische Auseinandersetzung stattgefunden. Beim Vorgehen hätten die Gegner, wenn sie auch keine Nationalsozialisten geworden seien, doch den Eindruck hinterlassen, dass sie gewillt seien, darüber nachzudenken, was der Führer wolle. Das Wahlergebnis für Elmshorn mit 87 v. H. für die Regierung abgegebenen Stimmen sei als gut zu bezeichnen. Es werde sich, wenn heute wieder eine Wahl stattfinden würde, aufgrund der bisherigen Leistung der Stadt erheblich verbessern.

Da sich die im Konzentrationslager Papenburg bei Osnabrück befindlichen Häftlinge gut geführt hätten, habe man sich entschlossen, zu Weihnachten sie der Familie und den Eltern zurückzugeben.

Die bis jetzt im Konzentrationslager Untergebrachten gehörten der Arbeiterklasse an. Die jetzt zur Entlassung kommenden seien die letzten Häftlinge, die Elmshorn habe. Er wolle hoffen, dass man bei Volksgenossen aus dem bürgerlichen Lager nicht das probate Mittel des Konzentrationslagers anwenden müsse. Bisher habe man davon Abstand genommen, nicht weil es Bürger sein, sondern weil man geglaubt habe, dass Verwarnungen genügen würden. Die materiellen Einstellungen müssten aber verschwinden. Es sei gelungen, die Vereine in Elmshorn zu vermindern, so durch Zusammenlegung von Turn- und Schützenvereinen. (…)" (102)

Krumbeck drohte den bürgerlichen Kreisen Elmshorns in seiner Rede mit der Terrormaßnahme des Konzentrationslagers. Hintergrund sind u.a. die bis zu diesem Zeitpunkt noch zurückhaltenden antisemitischen Maßnahmen der Elmshorner Bürger. Die Warnungen an die Bevölkerung steigerten sich in den nächsten Jahren. Die Warnungen von Krumbeck wurden im Bericht über die Versammlung in der EZ nicht erwähnt. (103) Die von Krumbeck angekündigten Entlassungen der KZ-Häftlinge wurde am 23. Dezember in den EN gemeldet. (104)

Deutsche Jugend!
Hinein in den freiwilligen Arbeitsdienst

Das Vaterland ruft Euch zum Dienst am Volke. Ab 15. 12. 33 könnt Ihr Euch schriftlich oder mündlich bei Eurem zuständigen Meldeamt für den freiwilligen Arbeitsdienst anmelden. Durch diesen Ehrendienst am Volke erwerbt Ihr den Arbeitspaß, der den Schlüssel für Euren späteren Beruf bedeutet. Die Sprechstunden für alle Meldeämter sind werktags nur von 9—12 Uhr

Der Gauarbeitsführer
J. A. Koch, Leiter der Dienstabteilung

EN vom 18.12.1933

Am 23. Dezember 1933 fand in Elmshorn die letzte Kollegiumssitzung in der NS-Zeit statt. (105)

Die neuen Richtlinien für die Schulordnung.

Berlin, den 21. Dezember. Der Reichsinnenminister hat die auf der 11. Tagung des Ausschusses für das Unterrichtswesen beratenen „Leitgedanken zur Schulordnung“ als verbindliche Richtlinien erklärt.

In diesen Leitgedanken heißt es:

Die oberste Aufgabe der Schule ist die Erziehung der Jugend zum Dienst am Volkstum und Staat im nationalsozialistischen Geist. Die HJ. ergänzt diese Arbeit durch Stählung des Charakters, Förderung der Selbstzucht und körperliche Schulung. Sie hat die Schulgewalt unbedingt zu achten. Schule und HJ. aber haben in ihren Ansprüchen an die Jugend auf die Mitwirkung der Eltern an der Erziehung und auf die Erhaltung und Pflege des Familienlebens verständnisvolle Rücksicht zu nehmen.

Jugendliche unter 14 Jahren dürfen aber keines falls über 19 Uhr im Winter, über 21 Uhr im Sommer, Jugendliche über 14 Jahre nicht über 20 Uhr im Winter und 21 Uhr im Sommer, am Sonnabend nicht über 21 Uhr bezw. 22 Uhr in Anspruch genommen werden. Zwei Sonntage haben voll, ein dritter halb von Dienstverpflichtungen freizubleiben, falls das Elternhaus bezw. die Erziehungsberechtigten den Wunsch aussprechen. Schüler über 18 Jahre können ausnahmsweise auch in die SA. eintreten; doch sollen sie an ihrem Dienst nur insoweit teilnehmen, als es die Erfüllung ihrer Schulpflichten gestattet.

Schüler, die der HJ. oder der SA. angehören, dürfen deren Uniformen und Abzeichen in der Schule und bei Schulveranstaltungen tragen, außer ihnen, nur die Schulgruppen des Vereins für das Deutschtum im Ausland und die Sportjugend. Das Deutsche Turn- und Sportabzeichen sowie etwa eingeführte Klassenmützen sind zugelassen.

Lehrer und Schüler erweisen einander innerhalb und außerhalb der Schule den deutschen Gruß (Hitlergruß). — Den nichtarischen Schülern ist es freigestellt, ob sie den deutschen Gruß erweisen oder nicht.

Zum Beginn der Schule nach allen Ferien und zum Schulschluß vor allen Ferien hat eine **Flaggenehrung** vor der gesamten Schülerschaft durch Hissen bezw. Niederholen der Reichsfahnen unter dem Singen des Deutschland- und Horst Wessel-Liedes stattzufinden.

EN vom 21.12.1933

Die

Stammabteilung 3/72

des Arbeitsdienstes der NSDAP. Elmshorn

dankt hiermit aufrichtig dem Magistrat und allen Einwohnern der Stadt Elmshorn für die Weihnachtsgaben, die es ermöglichten, allen Kameraden eine Bescherung zu bereiten, die ihnen unvergeßlich sein wird. Ich freue mich über die damit bewiesene Verbundenheit zwischen Bevölkerung und Arbeitsdienst und werde mich dafür einsetzen, daß dieses Einvernehmen erhalten bleibt und beiträgt zum Gelingen des großen Werkes, für das wir eingesetzt sind

Elmshorn, 23. Dezember 1933

Der Führer der Stammabteilung 3/72

gez. Salchow, Feldmeister

EN vom 23.12.1933

Im Januar 1934 wurde der *„Deutsche Gruß“*, das Heben des rechten Armes, als offizielle Begrüßung bei allen Bevölkerungskreisen eingeführt.

„Den deutschen Gruß als Ausdruck der inneren Geschlossenheit der Nation bei allen Kreisen des deutschen Volkes einzuführen, sei eine Aufgabe der Volksaufklärung. Der Minister sei überzeugt, dass die großen Verbände und Organisationen der Wirtschaft ihre Mitwirkung zur Erreichung dieses Ziels nicht versagen würden, und es sei zu begrüßen, wenn sich die Verbände und Organisationen für die Ausführung

des Grußes der für die Reichsbehörden getroffenen Regelung anschließen würden. Hierbei verweist der Reichsminister des Innern auf eine Bekanntmachung des Stellvertreters des Führers vom 3. November 1933, in der es u.a. heißt: Demgemäß wird ausdrücklich jede Anwendung kleinlicher Schikanen untersagt. Dies bezieht sich auch auf den Versuch, bei der Hissung von Fahnen oder bei der Anwendung des deutschen Grußes außerhalb dienstlicher Veranstaltungen gegenüber nicht Parteigenossen einen Druck auszuüben. Der Tag wird kommen, an dem jeder Deutsche es als selbstverständliche Ehrensache ansieht, ausschließlich den deutschen Gruß zu verwenden. Der Tag wird umso früher kommen, je weniger in der Öffentlichkeit der Eindruck entsteht, dass der Gruß aufgezwungen werden soll." (106)

Am 4. Januar 1934 teilte der Reichsschatzmeister Schwarz auf einer Tagung der NSDAP in München mit, dass die letzte Million an Aufnahmeanträgen aus der Zeit von April 1933 bis zum April 1934 ihre *„karteimäßige Erledigung finden würde. Mit einer Aufhebung der vorläufigen Mitgliedersperre sei nicht zu rechnen, da zunächst infolge des Millionenzuwachses eine Sichtungs- und Säuberungsaktion in Aussicht genommen ist."* (107)

Schutzhäftlinge sind keine Ausgestoßenen.

Berlin, den 5. Januar. Wie der Amtliche Preußische Pressedienst mitteilt, hat der preußische Ministerpräsident aus Anlaß der Weihnachts-Amnestie zum Ausdruck gebracht, daß die Schutzhäftlinge, die nun zur Entlassung gekommen sind, sich nicht als Ausgestoßene betrachten sollen, sondern sich bemühen müssen, den Weg zur Volksgemeinschaft zurückzufinden. In der Durchführung dieses Vorsatzes darf auf Anordnung der Geheimen Staatspolizei den Entlassenen von den Behörden und der Oeffentlichkeit keine besondere Schwierigkeit bereitet werden. Der Zweck der großen Entlassungsaktion wird jedoch erst dann vollständig erreicht werden, wenn überall im Sinne des Wunsches des preußischen Ministerpräsidenten die entlassenen Schutzhäftlinge als vollgültige Volksgenossen behandelt werden.

Auch gerade bei den alten Nationalsozialisten wird Verständnis dafür bestehen, daß der Sieg erst dann vollkommen ist, wenn alle, auch die früheren Gegner, für den nationalsozialistischen Volksstaat gewonnen sind. Der preußische Ministerpräsident will nicht, daß Volksgenossen nur deshalb, weil sie in einem Konzentrationslager waren, benachteiligt werden sollen.

EN vom 6.1.1934

Am 1. Januar 1934 trat das *„Gesetz zur Verhütung des erbkranken Nachwuchses"* in Kraft. (108) Hierbei wurde die Sterilisation von „Erbkranken" angeordnet. Dieses geschah zwangsweise und gegen den Willen der Betroffenen.

„(...) Hat der Unfruchtbarzumachende nicht allein den Antrag gestellt, so ist ihm ferner mitzuteilen, dass der Eingriff auch gegen seinen Willen vorgenommen werden muss. Der Gesetzgeber gibt aber dem für das letzte Urteil zuständigen Gericht die Möglichkeit, die zwangsweise Vornahme des Eingriffes beim Vorliegen besonderer Umstände auszusetzen, solange sich der Unfruchtbarzumachende in einer geschlossenen Anstalt befindet, die volle Gewähr dafür bietet, dass die Fortpflanzung unterbleibt, und wenn dadurch der Allgemeinheit und der öffentlichen Hand Kosten nicht erwachsen. Allerdings begibt sich der Erbkranke damit in freiwillige Verwahrung, aus der er nur dann entlassen oder beurlaubt werden darf, wenn er unfruchtbar gemacht worden ist, oder wenn die Voraussetzungen, die zu dem Urteil führten, nicht mehr bestehen. Damit hat der Gesetzgeber den Gerichten das Recht eingeräumt, dem Willen des Unfruchtbarzumachenden oder seines gesetzlichen Vertreters weitgehend Rechnung zu tragen, ohne den Zweck des Gesetzes zu gefährden; denn der Sinn und das Ziel des Gesetzes sind es ja, die Fortpflanzung der Erbkranken zu verhindern. (...)" (109)

Über den Arbeitsdienst für Frauen wurde in einem Artikel der EZ nachgedacht:

„(...) Es kann selbstverständlich gar keine Rede davon sein, dass die Mädels im Arbeitsdienst mit Spaten und Schaufeln hinausziehen und mit ihren männlichen Arbeitskameraden wie ein Amazonenheer wetteifern. Vielmehr müsste die Dienstbetätigung der heranwachsenden Mädchen auf dem Gebiet liegen, das Ihnen als künftiger Hausfrau und Mutter zukommt. Dass eine gewisse landwirtschaftliche Arbeit wie Gemüsebau und Kleinviehzucht, dabei mit in Frage kommt, kann keinem Zweifel unterliegen, das Wesentliche wird allerdings demgegenüber immer die Betätigung in den hauswirtschaftlichen Arbeiten sein. Für die Mädchen gilt das gleiche, was für die Jungen gilt: die Hauptsache im Arbeitsdienst ist die Gemeinschaft, das gegenseitige Anpassen in einem größeren Kreis unter Zurückstellung einzelner Wünsche und Vorteile. Die bisherigen Erfolge auf diesem Gebiet haben ja zur Genüge gezeigt, dass man damit auf dem richtigen Wege ist. (...) Es ist selbstverständlich, dass neben der reinen Arbeitsbetätigung körperliche

Ertüchtigung und geistige Schulung genau wie beim männlichen Arbeitsdienst eine hervorragende Rolle einnehmen werden. (...)" (110)

Wie kommt man zum freiwilligen Arbeitsdienst?

Nur zwischen 17 und 25 Jahren. — Die Pflichten beim Ehrendienst.

Berlin, den 7. Januar. Der Reichsbeauftragte für den Nationalsozialistischen Freiwilligen Arbeitsdienst, Hierl, hat jetzt die Bedingungen für die Aufnahme in den freiwilligen Arbeitsdienst bekanntgegeben. Danach **werden nur Bewerber eingestellt, die das 17. Lebensjahr bereits vollendet und das 25. Lebensjahr noch nicht überschritten haben.**

Die Berwerbungen können persönlich bei den Meldeämtern für den Freiwilligen Arbeitsdienst abgegeben werden.

Die Einstellungen zum Freiwilligen Arbeitsdienst erfolgen bis zum 15. eines jeden Monats zum nächsten Monatsersten. Bei Annahme verpflichtet sich der Bewerber durch seine Unterschrift zu einer ununterbrochenen Dienstzeit von 6 Monaten. Bei der Einstellung hat er vor der Front ein durch Handschlag zu bekräftigendes feierliches Gelöbnis abzulegen, mit dem er versichert, daß er während seiner Dienstzeit seine ganze Kraft einsetzt, um an der ihm zugewiesenen Stelle am Aufbau des nationalsozialistischen Staates mitzuarbeiten, den Anweisungen seiner Führer zu gehorchen und die ihm übertragenen Aufgaben gewissenhaft und nach besten Kräften auszuführen. Ferner verpflichtet er sich, durch gesittetes Betragen und tadellose Führung in und außer Dienst sich der Ehre würdig zu erweisen, dem deutschen Arbeitsdienst anzugehören und die Tracht des Arbeitsdienstes als Ehrenkleid zu tragen, sowie allen Angehörigen des deutschen Arbeitsdienstes, die mit ihm im gleichen Ehrendienst für Volk und Vaterland arbeiten, ein treuer Kamerad zu sein.

EN vom 8.1.1934

Um die Männer in Arbeit zu bringen, versuchten die Nationalsozialisten mit der DAF (Deutsche Arbeitsfront) die Frauen aus den Berufen in der freien Wirtschaft und den Betrieben herauszudrängen. Dazu benötigte man Umschulungen, z. B. zu Hausgehilfinnen:

„Die Deutsche Arbeitsfront hat eine große Umschulungsaktion eingeleitet, um die vielen Fabrikarbeiterinnen, die den Arbeitsmarkt belasten, in anderen ausgesprochenen Frauenberufen unterzubringen. Im Vordergrund dieser Bestrebungen steht die Umschulung der Fabrikarbeiterin für den Beruf der Hausgehilfin. Wie die Leiterin der Abteilung für Frauensachen im Gesamtverband der deutschen Arbeiter, Raume, mitteilt, ist unter Mitwirkung der NS-Frauenschaft und der Hausfrauenverbände eine Propagandaaktion eingeleitet worden, um den Hausfrauen klar zu machen, dass es ihre Pflicht ist, die Arbeitsbeschaffung durch Einstellung eine Hausgehilfin zu fördern." (111)

Auf einer öffentlichen Versammlung der DAF am 9. Januar 1934 sprach der Kreisleiter der Deutschen Arbeitsfront, August Dierks, in Elmshorn und verglich die DAF mit der SA:

„(...) Unsere Organisation soll von demselben Geist getragen werden, wie die Formation der SA. Bis zum 30. Januar vorigen Jahres hat die SA um die politische Macht gerungen. Man fragte nie, wenn einer mitkämpfen wollte, was er war und woher er kam. Es war die schlagkräftigste Formation deswegen, weil die Bewegung ein höheres Ziel verfolgte und nicht verwurzelt war in Einzelindividuen, sondern in der Gemeinschaft. Der Nationalsozialismus als herrschender Faktor des Staates lässt sich nicht hinwegleugnen. So wie wir uns durchgerungen haben, so werden wir den Kampf auch führen auf wirtschaftlichem Gebiet, und der Gesundungsprozess wird sich vollziehen. Je mehr die kleinste Gemeinschaft gesundet, je mehr wird auch der Staat gefördert. (...)"

Der zweite Redner des Abends, Herr Bertholdt aus Kiel, wetterte zunächst gegen die Warenhäuser, um dann klarzustellen:

„Wer nicht bereit ist, sich mit Blut und Boden einzusetzen, der ist nicht wert, dass er ein Vaterland besitzt; und wer die Verbundenheit im Volke nicht fühlt, der ist nicht wert, dass er überhaupt ein Geschäft besitzt." (112)

Anfang 1934 bestimmte das Thema „Die Saar" die Schlagzeilen der Zeitungen:

Elmshorner Zeitung

Kreisblatt für den Kreis Pinneberg

Heimatzeitung für Süd- und Mittelholstein

Freitag, den 12. Januar 1934 — 48. Jahrgang

Die Saar bleibt deutsch!

Der angebliche Inhalt der französischen Denkschrift — Ueberall schwere Zwischenfälle in Oesterreich

Göring 41 Jahre | Eine Treuebekenntnis im saarländischen Landesrat

EN vom 12.1.1934

O, Volksgenosse hüte dich, und werde nie ein Knätscherich!

„Kiek Max, da kommt Frau Knätscherich.

Na, Mensch, die Alte kenne ich! Jetzt pass mal auf, wie die gleich zischt: „Ick jebe nischt!"

EZ vom 15.1.1934

Die Hitler-Jugend

ist der politische Wille des jungen Deutschland!

Wer von Euch, Ihr Jungen, sich rückhaltlos für den heutigen Staat einsetzen will, der marschiert in unseren Reihen. Hier wird die große Kameradschaft für die Zukunft des Dritten Reiches, unseres Reiches, geschmiedet

Darum her zu uns!

Hitler-Jugend, Bann 31

EZ vom 15.1.1934

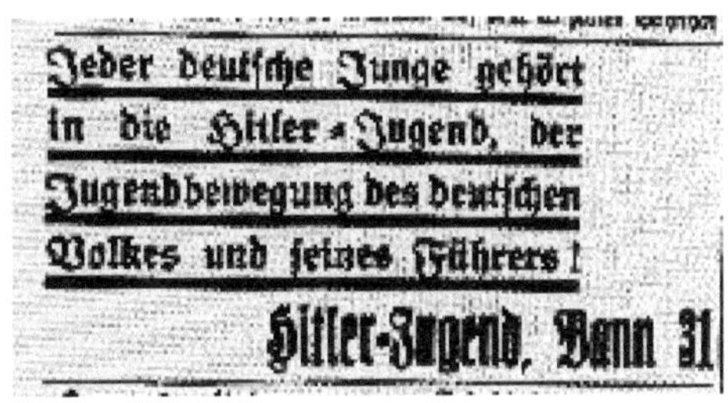

Jeder deutsche Junge gehört in die Hitler-Jugend, der Jugendbewegung des deutschen Volkes und seines Führers!

Hitler-Jugend, Bann 31

EN vom 18.1.1934

Am 11. Januar 1934 fand in der Aula des Lyzeums der erste Pflichtabend des Jahres der Ortsgruppe Elmshorn der Nationalsozialistischen Frauenschaft statt. Die Führerin der Frauenschaft, Frl. G. Ohlhoff, sagte hierbei:

„(...) Das Winterhilfswerk wurde als eines der wichtigsten Arbeitsgebiete der Frau besonders hervorgehoben. Arbeitsreiche Wochen für diese große Sache liegen hinter der Frauenschaft und stehen ihr noch bevor. Auch auf die fleißige Mitarbeit des BdM wurde lobend hingewiesen. Es zeige sich jetzt immer mehr, dass im nationalsozialistischen Staat die Arbeitskraft der Frau gebraucht würde, und ganz natürlich zeichne sich der Pflichtenkreis der Frau im Volksstaat allmählich ab. Neben der sozialen Tätigkeit sei es aber auch die kulturelle Arbeit, die von den Frauen nicht vernachlässigt werden dürfe. Die Kraft der Männer ist genugsam im Kampf nach außen, in organisatorischer, in tatkräftiger Aufbauarbeit in Anspruch genommen. Die Frau gleichsam als Mutter des Volkes - das sei ihre eigentliche hohe Aufgabe - solle an der Verinnerlichung des kulturellen Lebens der Nation mit arbeiten. (...)"
(113)

Die Hitler-Jugend ruft auf zur
Kundgebung des jungen Deutschland
am Freitag, 19. Januar 1934 in Elmshorn
abends 8½ Uhr, im „Carlstal"
Es spricht: Gebietsführer Lühr Oldigs. Eintritt 0.30 RM

EZ vom 18.1.1934

Am 18. Januar 1934 besuchte der Gebietsführer Lühr Oldigs Elmshorn und sprach im „Carlstal" nach Begrüßung des Führers der HJ Kann zu den angetretenen Hitlerjungen und Vertretern der Stadt, Partei, SA und SS:

„Meine Kameraden! Deutsche Männer und Frauen! Väter und Mütter! Als vor fast einem Jahre die große Wendung in dem Geschick unseres Vaterlandes eintrat, als in der Nacht zum 30. Januar die Formationen der SA und SS marschierten, da marschierte auch die Hitlerjugend, da führte auch die Hitlerjugend flammende Fackeln mit sich und sang mit glühendem Herzen und klingender Kehle die Lieder des neuen Deutschlands. Gerade die heutige Jugend hat frühzeitig die Härte des Lebens erfahren müssen und hat kennengelernt, was es heißt, wenn Not und Elend in einer Familie herrschen. Deshalb haben sie ihre Fäuste geballt und haben sich

geschworen, mitzuhelfen, ein System zu beseitigen, das auf den Untergang unseres Vaterlandes bedacht war. Wie innig der Führer gerade mit der Jugend verbunden ist, das ist mir 1927 in München zum ersten Male so recht klar geworden. Da marschierte die Hitlerjugend an dem Führer vorbei, und leuchtenden Auges warf er mit beiden Armen Blumen auf sein junges Deutschland. Nationalsozialistische Idee und Jugend ist ein untrennbarer Begriff! Und die Jugend liebte ihren Führer, weil sie spürte, dass der Kampf, den Adolf Hitler führte, ein Kampf für Deutschlands Freiheit ist. Seitdem ist die Hitlerjugend angewachsen, stärker verhältnismäßig als die Partei oder die SA. Die Partei schloss bald ihre Pforten und in die SA konnte man als alter Marxist und Bürgerlicher auch nicht so leicht hineinkommen; aber eins konnte man tun: man konnte seine Kinder in die Hitlerjugend schicken. Aus diesem Grunde hat sich unsere Zahl etwa verzehnfacht.

Das Jahr 1933 war, nach einem Wort des Jugendführers, das Jahr des gewaltigen Anwachsens, das Jahr der Propaganda und der Aufmärsche. Das Jahr 1934 nun wird das Jahr der Schulung sein. Und dieses Wort ist für uns Befehl! Wir werden die Jugend bewusst im nationalsozialistischen Sinne erziehen: denn es wird jedem klar sein, dass das Gedankengut Adolf Hitlers nur dann eine Zukunft haben kann, wenn die Jugend es erfasst und weiterzutragen versteht. Sonst ist aller Kampf umsonst gewesen. Es ist deshalb unerlässlich, dass jeder deutsche Junge die Geschichte des Nationalsozialismus kennt, aber auch die Geschichte seines Vaterlandes kennt; denn nur, wer die Vergangenheit kennt, wer die Fehler der Vergangenheit erkennt, wird die Zukunft bessern können. Um diese gewaltige Schulung der deutschen Jugend durchführen zu können, müssen alle Organisationen verschwinden; es darf in Zukunft nur noch die Hitlerjugend geben! Da wird mancher fragen, warum? Die anderen Organisationen treiben doch auch Sport und schulen ihre Leute usw. Wir aber sagen, wenn die NSDAP in 14jährigem Kampfe ihre Fähigkeit bewiesen hat, das deutsche Volk zu einen, dann kann es nur die Hitlerjugend sein, die dafür sorgt, dass dieses geeinte Werk niemals wieder zerrissen wird. Deshalb verhandeln wir mit den Führern der anderen Organisationen und wenn sie Nationalsozialisten sind, wenn sie den Geist der neuen Zeit verstanden haben, dann können Sie nicht anders, als zu uns zu kommen. Unser Führer Adolf Hitler hat einmal gesagt: Sie müssen sich wieder achten lernen, die Arbeiter der Faust und die Arbeiter der Stirn! In der Hitlerjugend nun steht der Sohn des Fabrikbesitzers neben dem Sohn des einfachen

Tagelöhners, und alle sollen sie lernen, dass sie selbst gar nichts sind, sondern dass sie erst etwas werden sollen durch die Gemeinschaft, und dass sie auf sie angewiesen sind. Dies ist unsere gewaltige Aufgabe, dem neuen Menschen zu formen, der verbunden ist mit der Volksgemeinschaft.

Die Fehler der Vergangenheit liegen dort, wo sie sich bewusst losgelöst hat von den Quellen der Kraft, und die Quellen der deutschen Volkskraft liegen auf dem Lande, liegen im deutschen Boden. Es kommt darauf an, dass die Jugend dies erkennt und dass auch die Väter und Mütter die Richtigkeit dieses Wortes einsehen. Der Osten muss unser Ziel sein, dort liegt unsere Zukunft. Die Wurzeln des Volkes liegen tief im deutschen Bauerntum verankert. Wir haben uns zur Aufgabe gestellt, den neuen Menschen zu formen. Wer dies Ziel erkannt hat, der weiß, das es nicht leicht zu erreichen ist. Unsere Parole muss sein: Hart und unbeugsam gegen uns selbst, nur das Ziel im Auge! Denn nur der kann große Aufgaben meistern, der sich selbst in der Gewalt hat. Dann werden wir durch Einheit der Jugend zur vollkommenen Einheit des Reiches kommen. Und weil wir wissen, dass wir, die Jugend, die Träger des neuen Reiches werden, wollen wir mitkämpfen an der Verwirklichung dieses Reiches, an dem Bau des neuen Deutschland Adolf Hitlers, an dem Dritten Reich.“ (114)

Im Januar 1934 wurde erneut auf die Wichtigkeit des Luftschutzes hingewiesen. Wegen des Versailler Vertrages sei Deutschland im Gegensatz zu seinen Nachbarn ungeschützt. Während die benachbarten Länder eine starke und aktive Luftabwehr hätten, fehle eine solche im Reich.

„(…) Dahingegen ist Deutschland durch seine zentrale Lage und das durch den Versailler Schandvertrag erzwungene Verbot einer aktiven Abwehr das zur Zeit am meisten luftgefährdete Land Europas. Die Schulung der gesamten Bevölkerung in den Maßnahmen der Verdunkelung und Tarnung, des Kellergeschosses und der Bodenentrümpelung, ist daher nicht nur eine notwendige Ergänzung der militärischen Abwehr, sondern dient vor allen Dingen auch dem unbedingt erforderlichen Selbstschutz der Bevölkerung. Damit ein derartiger Selbstschutz nicht unzweckmäßig und planlos vergeht, erwies sich die Gründung und der Ausbau des Reichsluftschutzbundes als notwendig. Wenngleich die Unterbringung der Bevölkerung in Unterständen, etwa in außerhalb der Städte gelegenen Parks und

Wäldern, möglicherweise einen größeren Schutz bieten würde, so muss doch mit den tatsächlichen Verhältnissen gerechnet werden. Es wird der Bevölkerung nicht möglich sein, in der kurzen Zeit zwischen Warnung und Angriff, solche außerhalb der Wohnorte gelegenen Unterstände aufzusuchen. Deshalb erweist es sich als zweckmäßig, in der Stadt möglichst viele kleine Schutzräume auszubauen, umso mehr, da es gegen die Wirkung einer der modernen Riesen-Brisanzbomben kaum einen ausreichenden Schutz gibt.

Ein Volltreffer in einen solchen Sammelschutzraum würde eine ungeheure Anzahl von Menschen töten, wohingegen bei dem Einschlag in ein vierstöckiges Haus nur die an der Einschlagstelle befindlichen betroffen würden - wenn die Keller der Nachbarhäuser zweckmäßig ausgebaut, dem Gewicht des durch Luftdruck einstürzenden Gebäudes standhalten!

Man beugt also durch den Bau vieler kleiner Schutzräume der ungeheuren Gefahr eines grauenvollen Massenunglücks vor. Auch der Gefahr der Vernichtung zahlloser wertvoller Gebäude durch Brandbomben begegnet man am besten dadurch, dass man die Hausbewohner an Ort und Stelle belässt. (...)“ (115)

Zwei Tage später fand eine Luftschutzübung durch einen bestellten Fliegerangriff statt:

„(...) Als gegen 14:00 Uhr der Warnruf hier eintraf: „Drei Flugzeuge im Anflug auf Elmshorn“, da ging diese Meldung sofort weiter, und wenige Augenblicke später setzte das Heulen sämtlicher Sirenen ein, die drohende Gefahr ankündigend. Polizei und SA räumte die Straßen, die Mannschaften der Feuerwehr und Sanitätskolonne eilten zum Alarmplatz. Noch hatten die Letzten nicht begriffen, was eigentlich vorging, als auch schon das Donnern der Motoren über uns ertönte. In einer Kette - Führer voran - kreisten die großen Vögel über Elmshorn, gingen tiefer und tiefer herunter und gaben uns ein anschauliches Bild von unserer Ohnmacht gegen feindliche Luftangriffe. Hier, da, dort, überall schlugen die Bomben ein, markiert durch das Abbrennen von „Kanonenschlägen“.

Diesmal gab es noch viele Neugierige, die sich das seltene Schauspiel ansahen. Wie aber würde der Ernstfall aussehen? Eine aktive Abwehr durch Kampfflugzeuge und Abwehrgeschütze ist nicht möglich, denn beides hat man uns wohlweislich verboten. Es bleibt für uns also nur die passive Abwehr durch Aufsuchen der Schutzräume.

Wie aber sieht es in Deinem Keller aus? Hast Du Dir schon einmal überlegt, wie Du ihn für einen längeren Aufenthalt herrichtest und gasdicht verschließt? Nein? Dann wirst Du mitsamt Deiner Familie umkommen! Ist Dein Boden aufgeräumt, hast Du das Gerümpel und alles leicht Brennbare entfernt? Sind die Lattenverschläge durch Drahtgitter ersetzt? Nein? Dann wird Dein Haus brennen wie Zunder und Du wirst es nicht ändern können!

Volksgenossen! Wartet nicht, bis es zu spät ist. Denkt an Eure Kinder, schützt Eure Familie. Schließt Euch zur Abwehr zusammen im Reichsluftschutzbund. Baut jetzt Eure Keller und Böden aus, noch hilft Euch das Reich durch Zuschüsse und Zinsvergütung. Ein Kellerausbau ist kein Millionenprojekt, sondern mit verhältnismäßig geringen Mitteln möglich. Wendet Euch an die Bauberatungsstelle des Reichsluftschutzbundes, Stadtbauamt, 2. Stock." (116)

Flieger-Angriff auf Elmshorn!

Wie viele Mitbürger gibt es, die mitleidig lächelten, wenn man ihnen von den Gefahren aus der Luft erzählte! Was kann uns schon passieren, war meistens die Antwort. Gestern hat der Reichsluftschutzbund diesen Besserwissern durch den bestellten Fliegerangriff ein kleines Beispiel gegeben, was mit Elmshorn passiert, wenn es einmal ernst wird

Als gegen 14 Uhr der Warnruf hier eintraf: „Drei Flugzeuge im Anflug auf Elmshorn", da ging diese Meldung sofort weiter, und wenige Augenblicke später setzte das Heulen sämtlicher Sirenen ein, die drohende Gefahr ankündigend. Polizei und SA. räumte die Straßen, die Mannschaften der Feuerwehr und Sanitätskolonne eilten zum Alarmplatz. Noch hatten die Letzten nicht begriffen, was eigentlich vorging, als auch schon das Donnern der Motore über uns ertönte. In einer Kette, Führer voran, kreisten die großen Vögel über Elmshorn, gingen tiefer und tiefer herunter und gaben uns ein anschauliches Bild von unserer Ohnmacht gegen feindliche Luftangriffe. Hier, da, dort, überall schlugen die Bomben ein, markiert durch das Abbrennen von „Kanonenschlägen".

Diesmal gab es noch viele Neugierige, die sich das seltene Schauspiel ansahen; wie aber würde der Ernstfall aussehen? Eine aktive Abwehr durch Kampfflugzeuge und Abwehrgeschütze ist nicht möglich, denn beides hat man uns wohlweislich verboten. Es bleibt für uns also nur die passive Abwehr durch Aufsuchen der Schutzräume.

Wie aber sieht es in deinem Keller aus? Hast du dir schon einmal überlegt, wie du ihn für einen längeren Aufenthalt herrichtest und gasdicht verschließt? Nein? Dann wirst du und deine Familie umkommen!

Ist dein Boden aufgeräumt, hast du das Gerümpel und alles leicht Brennbare entfernt? Sind die Lattenverschläge durch Drahtgitter ersetzt? — Nein? Dann wird dein Haus brennen wie Zunder, und du wirst es nicht ändern können!

Volksgenossen! Wartet nicht, bis es zu spät ist! Denkt an eure Kinder, schützt eure Familie! Schließt euch zur Abwehr zusammen im Reichsluftschutzbund! Baut jetzt eure Keller und Böden aus, noch hilft euch das Reich durch Zuschüsse und Zinsvergütung. Ein Kellerausbau ist kein Millionenprojekt, sondern mit verhältnismäßig geringen Mitteln möglich. Wendet euch an die Bauberatungsstelle des Reichsluftschutzbundes, Stadtbauamt, 2. Stock.

EZ vom 20.1.1934

Die NS-Regierung bekämpfte seit der Machtergreifung zunehmend die Bettelei auf deutschen Strassen. Durch die Einführung des Winterhilfswerkes wurde der Rückgang an Bettlern zwar verstärkt, aber die Bettelei nicht abgeschafft. Dieses kam auch in einem Artikel der EZ vom 23. Januar 1934 zum Ausdruck:

„Wider die Mauler und Meckerer!

Eine der auffälligsten Folgen des Winterhilfswerkes ist die Tatsache, dass es in Deutschland so gut wie keine Bettler mehr gibt. Noch vor einem Jahr konnte man sich vor dem Ansturm der Almosenheischenden kaum retten. Den ganzen Tag ging die Türklinke; zehn und zwanzig Mal mußte man einem Menschen, von dem man gar nicht wusste, ob er dieser Gabe würdig sei, eine Spende reichen, von der man das Gefühl hatte, dass sie doch nur ein Tropfen auf einen heißen Stein sei. Es war ein furchtbarer Zustand; furchtbar für die, die gebeten wurden und die nicht wussten, ob sie „Nein" sagen durften oder Vertrauen haben sollten, furchtbar noch mehr für die Notleidenden, die ein gewissenloses System hilflos ihrem Schicksal überlassen hatte.

Das Winterhilfswerk hat dieses Problem mit einem Schlage gelöst. Die Bettelei ist in Deutschland abgeschafft. Nur noch wenige hartnäckige Berufsbettler sind hin und wieder zu bemerken. Der Bedürftige wird nicht länger zum Almosen-Empfänger herabgewürdigt. Das Winterhilfswerk hat sich seiner angenommen, prüft seine Notlage und sorgt mit unerbittlicher Unparteilichkeit dafür, dass ihm nach Kräften geholfen wird. Der Spender weiß jetzt, dass seine Gabe in die richtigen Hände kommt. Seine Leistung ist immer noch freiwillig, aber sie soll nicht mehr eine herablassend gereichte Gabe, sondern ein Opfer sein. Der Gedanke der Volksgemeinschaft wird unablässig vertieft und hat das ganze Volk erfaßt.

Die Mauler und Meckerer sind freilich auch jetzt noch nicht zufrieden. Sie lachen nur höhnisch, wenn man ihnen sagt, dass die Bettelei in Deutschland abgeschafft sei. Sie sagen im Gegenteil, es sei in Deutschland noch nie so viel gebettelt worden wie gerade heute, und sie meinen damit die aufopfernde Sammeltätigkeit der ehrenamtlichen Helfer des Winterhilfswerks.

Solche Bemerkungen sind eine glatte Unverschämtheit. Sie beweisen nur, dass die Betreffenden noch nichts vom Geist der heutigen Zeit verspürt haben. Es ist eine Ehre, für das Winterhilfswerk sammeln zu dürfen, und jeder, der daran zweifelt, stellt sich außerhalb der nationalsozialistischen Volksgemeinschaft!" (117)

Die Bettler und Wanderburschen wurden auch verdächtigt, verbotene politische Propaganda zu betreiben. Dieses versuchte der Regierungspräsident zu unterbinden, in dem er im Juni 1933 verfügte, dass obdachlose Wanderburschen jeden Abend von der Polizei auf verbotene Schriften und Propagandamaterial durchsucht werden sollten. Auch ihre Herbergen sollten von Fall zu Fall inspiziert werden. (118)

Durch einen Runderlass des Reichsministers der Justiz vom 2. September 1933 wurde der Kampf gegen die Bettelei verschärft. Aus einem Brief des Bürgermeisters Krumbeck an den Landrat in Pinneberg ging hervor:

„Gegen Bettler und Hausierer wird hier rücksichtslos vorgegangen. In der Zeit vom 1. Juni bis 30. September 1933 wurden insgesamt 26 Bettler bzw. Hausierer festgenommen und dem hiesigen Amtsgericht zugeführt. Bestrafung dieser Personen ist in allen Fällen erfolgt. Zur Bekämpfung des Bettlerunwesens wurden Polizeistreifen mit der Fahndung nach Bettlern beauftragt und mehrere Kontrollen der zwei am Orte befindlichen Herbergen durchgeführt. Durch die

Herbergskontrollen wurde erreicht, dass die zugereisten Wanderburschen alsbald abreisten und nicht wie früher sich längere Zeit hier aufhielten und dann Unterstützung von dem Fürsorgezweckverband in Empfang nahmen. Die Beschwerden aus dem Publikum über das Auftreten von Bettlern sind jetzt fast verstummt. Auch in der Zukunft werden Personen, die beim Betteln betroffen werden, dem Amtsgericht in jedem Falle zugeführt. Wanderburschen, die in den Herbergen Aufenthalt nehmen und keine Mittel zum Lebensunterhalt nachweisen, werden ebenfalls als Bettler dem Gericht zugeführt." (119)

Der Aufsichtsrichter Amtsgerichtsrat Schatzmann berichtete am 15. Januar 1934 dem Elmshorner Bürgermeister:

„Bei der Bekämpfung des Bettlerunwesens ist es mehrfach vorgekommen, dass Leute aufgegriffen wurden, die sich bereits zum freiwilligen Arbeitsdienst gemeldet hatten, aber noch abwarten mussten, bis dort ihre Papiere geprüft waren. Diese Leute werden oft vom Fürsorgezweckverband so unzureichend unterstützt, dass sie darauf angewiesen sind, sich durch Betteln einen Teil ihres Lebensunterhalts zu verschaffen. Es ist dringend erwünscht, dass diese Leute, die oft durchaus brauchbare Menschen sind, von der Landstraße in ein Arbeitsverhältnis verbracht werden. Eine Bestrafung wegen Bettelns ist nutzlos. Der Fürsorgezweckverband, das Arbeitsamt und die Arbeitsdienstbehörden haben dafür immer Verständnis gezeigt. Es ist aber für das Amtsgericht, dass sofort über die Verhaftung des Betreffenden entscheiden muss und dass das Verfahren erst einstellen kann nach Rücksprache mit der Amtsanwaltschaft in Altona sehr schwer, in diesem Falle zu helfen. Es wird deshalb gebeten, auf die in Betracht kommenden Polizeibeamten dahin einzuwirken, dass sie zunächst einmal feststellen, ob der Betreffende nicht zu der oben bezeichneten Menschensorte gehört und ob es nicht zweckmäßiger ist, ihm eine höhere Unterstützung zu verschaffen, als ihn im Amtsgericht einzuliefern. (…)"

Ein Musterbeispiel bildet der Fall gegen G. (120). Dieser wurde am 8. Januar hier eingeliefert. Er hatte sich am 27. Dezember 1933 zum freiwilligen Arbeitsdienst gemeldet. Der Fürsorgezweckverband Elmshorn unterstützte ihn mit wöchentlich 3, 90 RM und hat sich nach telefonischer Rücksprache bereit erklärt, die Unterstützung zu erhöhen, damit G. nicht mehr zu betteln braucht. Die betreffenden Polizeibeamten haben sich darum, dass G. sich zum freiwilligen Arbeitsdienst gemeldet hatte und dass er von einer Unterstützung von wöchentlich 3, 90 RM nicht leben kann, überhaupt nicht gekümmert. (...)" (121)

Krumbeck antwortete am 17. Januar:

„Schon seit Jahren wird höheren Ortes den Polizeibehörden die Bekämpfung des Bettler- und Landstreicherunwesens zur strengsten Pflicht gemacht. Auf eine wirksame Bekämpfung dieser Landplage ist durch mehrere Erlasse des Herrn MdJ. hingewiesen worden.

Nach den gesammelten Erfahrungen gibt es drei Gruppen von Bettlern. Die Polizei unterscheidet:

1. *die organisierten, gewerbsmäßigen Bettler,*
2. *die jugendlichen, wohnungslos und bettelnd umherziehenden Wanderer,*
3. *die ortsansässigen Bettler.*

Die jugendlichen Bettler sind eine besondere Erscheinung der heutigen wirtschaftlichen Notzeit. Hier handelt es sich in der Hauptsache um entwurzelte Jugendliche und zwar weniger um Einheimische, sondern mehr um solche, die aus allen Gegenden Deutschlands kommen, zunächst die großen und kleinen Städte und dann auch die Landgemeinden in Schleswig-Holstein heimsuchen. - Diese Art der Bettler erfordert die größte Aufmerksamkeit der Polizei, da bei ihnen sehr häufige Zusammenhänge des Bettelns mit Kriminalität festzustellen sind.

Gegen die unter 1 aufgeführte Gruppe wird rücksichtslos vorgegangen. Gegen die unter 2 aufgeführten ist bisher äußerste Rücksicht genommen, sofern es sich der Beurteilung nach um junge Menschen handelt, die tatsächlich aus Not ihren Lebensunterhalt erbetteln, weil sie trotz gegebener Mühe Arbeit nicht finden können. Besondere Rücksicht ist bei denjenigen genommen, die den Nachweis erbringen konnten, wonach sie sich für den freiwilligen Arbeitsdienst gemeldet hatten.

Nicht der Fürsorgezweckverband, das Arbeitsamt und die Arbeitsdienstbehörden allein haben Verständnis dafür gezeigt, dass eine Bestrafung nutzlos ist, diesen Standpunkt vertritt die Polizei schon lange.

Es ist aber zu beachten, dass es in der Dienstvorschrift für Polizeibeamte heißt, „Es liegt nicht im freien Ermessen eines Polizeibeamten, Anzeigen zu erstatten oder zu unterlassen", mit anderen Worten, der Polizeibeamte ist verpflichtet, über jede strafbare Handlung Anzeige zu erstatten.

Nach §346 RStrGB. macht sich ein Beamter strafbar, wenn er in der Absicht jemand der gesetzlichen Strafe rechtswidrig zu entziehen, die Verfolgung einer strafbaren Handlung unterlässt.

Betteln ist eine strafbare Handlung. Abgesehen davon, dass es sich nur um eine Übertretung handelt wegen der die Festnahme erfolgte, stellte sich doch manches Mal heraus, dass gerade unter der unter 2 aufgeführten Bettlergruppe sich die verschlagensten Burschen befinden. - Das Betteln ist Mittel zum Zweck. - Meistens wird passende Gelegenheit zu Wohnungsdiebstählen gesucht. Ich erinnere nur an die erst kürzlich abgeurteilte Gruppe P. (122) und Genossen.

Milde und Nachsicht mag gut sein, ist aber nicht immer angebracht. Noch in jedem Falle, wo der wegen Bettelns Festgenommene nachweisen konnte, dass er in kürzester Frist beim FAD (123) eingestellt werden sollte, ist Rücksicht genommen. Seit dem 1. September 1933 sind aus diesem Grunde 9 jugendliche Bettler dem Amtsgericht nicht zugeführt.

Gerade die erhöhte Unterstützung hat dazu geführt, die Burschen hier sesshaft zu machen. Hier sind in kürzester Zeit mehrere Fälle vorgekommen, wo blutjunge Menschen an Weiber gebunden haben, sich hier, trotzdem sie als Wanderburschen anzusprechen sind, verheiratet haben und jetzt ausschließlich den Wohlfahrtsbehörden zur Last fallen. Wochen- und monatelang haben sich die Burschen hier in den Herbergen aufgehalten. Andere haben sich sogar Privatzimmer gemietet, die Unkosten durch Betteln erworben und die erhaltene Wohlfahrtsunterstützung im Tanzlokal von Beuck verbracht. Hier hatten sich junge Leute eingenistet, die sich besondere Tanzanzüge gekauft hatten und sich das Haar beim Barbier brennen ließen. Wenn wirklich einmal ein Bursche zugeführt wurde, der angibt, sich beim Arbeitsdienst gemeldet zu haben, so wird auch da, falls er nur mal wegen Bettelns bestraft sein sollte, kein Grund vorliegen, ihn aus der menschlichen Gemeinschaft auszuschließen. Wenn angeführt wird, dass der

Fürsorgezweckverband ein Einsehen gezeigt hat, so führe ich demgegenüber an, dass gerade seitens dieses Verbandes ersucht ist, Abhilfe zu schaffen.

Nach dem RdErl.d.MdJ. vom 2. Sept. 1933 wird besonders auf den Erlass des MdJ. vom 1. Juni 1933 über Bekämpfung des öffentlichen Bettelns hingewiesen und diesen mit aller Strenge durchzuführen.

Das angeführte Musterbeispiel G. (124). Dieser wurde nicht am 8. Jan., sondern am 12. Jan.1934 zugeführt. Mir ist darüber nicht berichtet, dass dieser sich für den FAD gemeldet hat. Der festnehmende Beamte wird wohl geprüft haben, das G. nicht zu denjenigen zu rechnen ist, bei dem Rücksicht angebracht war.

Der Freiwillige Arbeitsdienst hier am Orte stellt Arbeitsdienstfreiwillige überhaupt nicht ein. Die Meldestelle ist in Altona und daselbst sind z. Zt. 200 Vormerkungen. Die Auffüllung des hiesigen Lagers erfolgt durch Überweisung aus überfüllten Lagern.

Wenn G. beim hiesigen Arbeitsdienstlager nur vorgefragt haben sollte, so ist dieses nicht als Vormerkung anzusehen. Vormerkungen finden hier nicht statt. Wenn er sich aber in Altona vorgemerkt haben sollte und er geht auf Wanderschaft, so braucht er mit einer Einstellung überhaupt nicht zu rechnen. Jeder angehaltene junge Mensch wird von den Polizeibeamten darauf hingewiesen, sich umgehend beim freiwilligen Arbeitsdienst zu melden. Sollte G. wirklich vorgemerkt sein, so könnte eine Einstellung frühestens Anfang April oder Mai erfolgen, weil erst dann die Verpflichtungszeit eines Teils der heutigen Belegschaft abläuft. Diesen bis dahin derart zu unterstützen, dass er nicht zu betteln braucht, dürfte den Wohlfahrtsbehörden nicht zuzumuten sein.

Dass mancher junge Mensch von Polizeibeamten geldlich unterstützt worden ist, um nach seiner Heimat zu kommen, bemerke ich nur nebenbei. (…)" (125)

Elmshorn, den 1. November 1934.

II 4.

Vfg.

1) An

den Herrn L a n d r a t

in P i n n e b e r g.

Zum Runderlaß des MdJ vom 3. Oktober 1934 -II D.1067-, betr. Bekämpfung des Bettlerunwesens, Min. Blatt f.d. Preuß. i. Verw. S. 1210.

Das öffentliche Betteln wird hier nach wie vor mit aller Energie bekämpft. Den sämtlichen Polizeibeamten ist zur strengen Pflicht, bei ihren Streifengängen insbesondere auch auf Straßen- und Hausbettler zu achten und alle beim Betteln ermittelten Personen festzunehmen, damit dieselben zum Zwecke ihrer Aburteilung im Schnellverfahren dem Amtsrichter zugeführt werden können. Eine Zunahme des Bettelns ist hier in den letzten Monaten nicht beobachtet worden.

2) Zu den Akten.

komm. Bürgermeister.

Stadtarchiv 001.03.31.50.01.61
Bettler Landstreicher 1910-1938

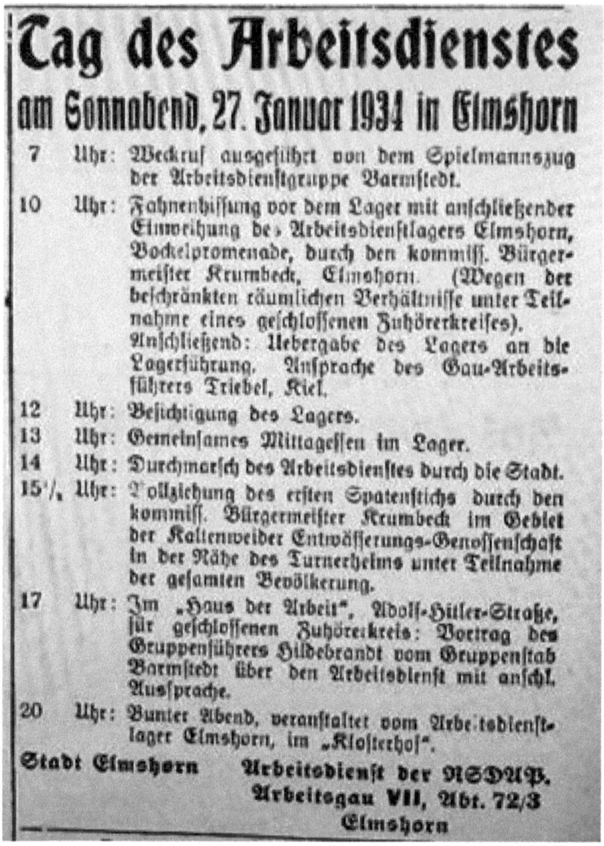

Tag des Arbeitsdienstes

am Sonnabend, 27. Januar 1934 in Elmshorn

7 Uhr: Weckruf ausgeführt von dem Spielmannszug der Arbeitsdienstgruppe Barmstedt.

10 Uhr: Fahnenhissung vor dem Lager mit anschließender Einweihung des Arbeitsdienstlagers Elmshorn, Bockelpromenade, durch den kommiss. Bürgermeister Krumbeck, Elmshorn. (Wegen der beschränkten räumlichen Verhältnisse unter Teilnahme eines geschlossenen Zuhörerkreises).
Anschließend: Uebergabe des Lagers an die Lagerführung. Ansprache des Gau-Arbeitsführers Triebel, Kiel.

12 Uhr: Besichtigung des Lagers.

13 Uhr: Gemeinsames Mittagessen im Lager.

14 Uhr: Durchmarsch des Arbeitsdienstes durch die Stadt.

15½ Uhr: Vollziehung des ersten Spatenstichs durch den kommiss. Bürgermeister Krumbeck im Gebiet der Kaltenweider Entwässerungs-Genossenschaft in der Nähe des Turnerheims unter Teilnahme der gesamten Bevölkerung.

17 Uhr: Im „Haus der Arbeit", Adolf-Hitler-Straße, für geschlossenen Zuhörerkreis: Vortrag des Gruppenführers Hildebrandt vom Gruppenstab Barmstedt über den Arbeitsdienst mit anschl. Aussprache.

20 Uhr: Bunter Abend, veranstaltet vom Arbeitsdienstlager Elmshorn, im „Klosterhof".

Stadt Elmshorn

Arbeitsdienst der NSDAP.
Arbeitsgau VII, Abt. 72/3
Elmshorn

EZ vom 24.1.1934

Am 27. Januar 1934 wurde das Arbeitsdienstlager „Skagerrak" in der Bockelpromenade in Elmshorn eingeweiht. Die EN berichtete in einem großen Artikel über die Eröffnung und Einweihung des Hauses. (126)

Ende Januar wurden vom WHW zweckgebundene Gutscheine, z. B. für Lebensmittel und Kohlenlieferung, an Bedürftige ausgeteilt. (127)

Die erste NSBO-Versammlung 1934 fand am 27. Januar im „Carlstal" statt. Der Ortsgruppenbetriebsobmann Willi Voß eröffnete die Versammlung und gab einen Überblick über die neuen Verhältnisse:

Winter-Hilfswerk des deutschen Volkes 1933/34

Sonder-Ausgabe zum Tag der nationalsozialistischen Revolution

Gutschein

Dieser Gutschein berechtigt zur unentgeltlichen Entnahme von Lebensmitteln im Werte von einer Reichsmark

EN vom 26.1.1934

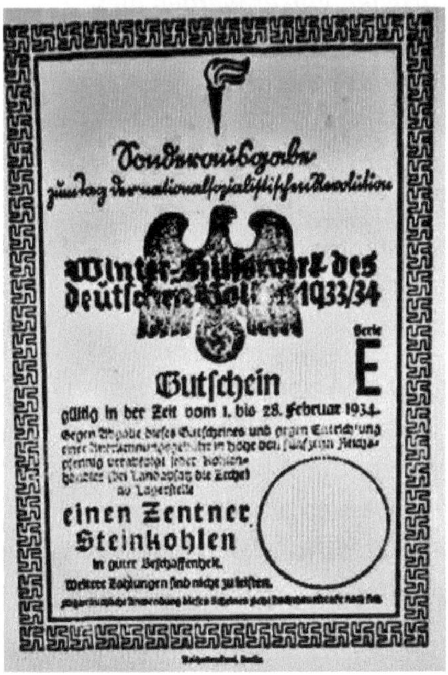
Sonderausgabe zum Tag der nationalsozialistischen Revolution

Winter-Hilfswerk des deutschen Volkes 1933/34

Serie E

Gutschein

gültig in der Zeit vom 1. bis 28. Februar 1934.

einen Zentner Steinkohlen

in guter Beschaffenheit.

Weitere Zahlungen sind nicht zu leisten.

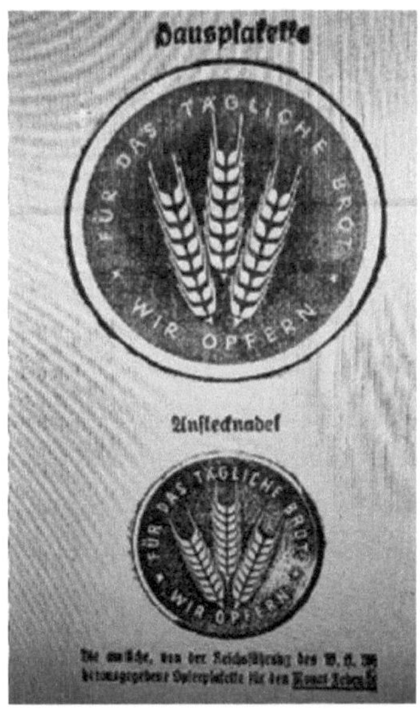

EN vom 26.1.1934

WHW Sammlungen Februar 1934.
EZ vom 31.1.1934

„(...) Jetzt haben wir das Gesetz der nationalen Arbeit erhalten, das für die schaffenden Menschen bestimmt ist und am 1. Mai in Kraft tritt. Mit diesem Gesetz wird der Unternehmer zum Führer des Betriebes. Die Betriebsobmänner, späteren Vertrauensmänner, haben dem Führer des Betriebes beratend zur Seite zu stehen. Die Kündigungsfrist wird verlängert. Es kann nicht angehen, dass ein Arbeiter morgens in den Betrieb geht und schon am anderen Tag entlassen ist. Ja, es besteht sogar die Möglichkeit, dass dem Unternehmer, der nach dem 1. Mai Wirtschaftsführer ist, die Führung eines Betriebes abgesprochen werden kann. Alle haben sich nach diesem Gesetz zu bewegen. Den Hurrapatrioten, die den Nationalsozialismus noch nicht begriffen haben, wird klargemacht, wie es sich geziemt, als Wirtschaftsführer zu leben. Es heißt sich unterordnen. Wenn der Nationalsozialismus die Macht übernommen hat, dann trägt er auch die Verantwortung. (...)

Unser größter Kampf aber gilt der Reaktion, die jetzt wieder anfängt zu wühlen. Im Interesse ihrer selbst und im Interesse des deutschen Volkes werden diese Herrschaften ersucht, sich in ihren Mauselöchern zu verkriechen. Wer sich in Deutschland reaktionär aufführt, stellt sich außerhalb der deutschen Volksgemeinschaft. Nur der, der sich nationalsozialistisch benimmt, ist unser Volksgenosse. Leute, die schon zweimal hätten aufgeknüpft werden müssen, und zwar 1918 und 1933, die werden jetzt wieder frech und bilden sich ein, dass jetzt ihr Stündchen gekommen sei. Der schärfste Kampf gilt diesen Elementen. Es vergeht kaum ein Tag, an dem nicht von der Regierung etwas Neues begonnen wird, zum Besten des ganzen Volkes.

Neueinstellungen erfolgen jetzt nur noch durch die SA und das Arbeitsamt. Alle alten Kämpfer sollen jetzt in Arbeit gebracht werden. Und wenn keine Facharbeiter vorhanden sind, dann sollen die Unternehmer verpflichtet werden, Leute auszubilden. Alle Marxisten sollen herausgeholt werden aus den Betrieben, dafür sollen SA-Männer und junge Kräfte aus dem Arbeitsdienst hereingebracht werden, die bewiesen haben, dass sie ein halbes Jahr für die Nation gearbeitet haben.

Das gewaltige Werk „Kraft durch Freude" ist uns auch beschert und die ersten Urlauberzüge fahren schon hinein in die Winterlandschaften. Für Schleswig-Holstein ist als Geschäftsführer hierfür der Ortsgruppenleiter Pg. Max Mohr bestimmt, für

Elmshorn der Redner selbst. Das Reinhalten des Arbeitsplatzes, um eine gesunde Stätte zu schaffen, wo wir täglich stehen, gehört auch mit zu „Kraft durch Freude“. Unser Arbeitsplatz ist eine Ehrenstätte; der Arbeiter soll sich an seinem Platz wohlfühlen. Die Akkordschinderei muss aufhören. Wenn jemand Akkord macht, dann muss er mindestens 15 – 20 Prozent über seinen Tarif verdienen können. Wenn einer bei seinem Akkord aber nicht mal hinausgehen kann, weil er sonst keinen Taglohn verdient, so nennen wir das Akkordschinderei. (...)

Zum Schluss kam der Redner noch wieder auf die Reaktion zu sprechen und schloss mit den Worten: „Wir zermalmen auch die Reaktion“.“ (128)

Die Nationalsozialisten gliederten ihre Partei in einer Hierarchie so auf, dass ihr Einfluss bis in die einzelnen Haushalte vordrang. Dieses wurde erreicht durch das System der Einteilung einer Ortschaft in Zellen und Blöcken.

„NS-Block- und NS-Zellenleiter bekleideten in der NS-Zeit Ämter in der untersten Organisationseinheit einer Gemeinde, einem Stadtteil oder einem Wohngebiet. Als rangniedrigste Partei-Funktionäre standen sie am Ende der nationalsozialistischen Hierarchie – und konnten doch in ihrem Block, in ihrer Zelle, immense Macht ausüben. Jeder Deutsche, egal ob in der Partei oder nicht, kannte mindestens einen in seiner unmittelbaren Nachbarschaft, jeder hatte mit ihm zu tun, keiner kam an ihm vorbei. Und jeder wusste, dass mit einem Block- oder Zellenleiter nicht zu spaßen war. Sie galten nämlich als „allgegenwärtiges Instrument der Unterdrückung und Überwachung“. (...)

Ein Block bestand aus etwa fünfzig Haushalten mit etwa 170 Personen, die von einem Blockleiter betreut wurden. Etwa vier bis acht Blocks/ Blöcke bildeten eine Zelle, für die ein Zellenleiter zuständig war. Der Zellenleiter wiederum unterstand dem Ortsgruppenleiter, dieser dem Kreisleiter usw. (...) Mit der Machtübertragung auf Hitler hatte die Ortsgruppenorganisation, die „schon vor 1933 in Gaue, Kreise, Ortsgruppen, Zellen und Blocks unterteilt war", einen Bedeutungswandel erfahren. Durch Kontrolle und Erzeugung von Akzeptanz in der Bevölkerung sollten ab da die unteren Partei-Funktionäre nicht mehr nur Aufgaben innerhalb der Partei erfüllen, sondern mit Hilfe der Verwaltung die Bedingungen zur ideologischen Indoktrination und zur Überwachung der Bevölkerung schaffen". Zweck und Ziel des erweiterten Aufgabenbereichs war es, die so genannte Volksgemeinschaft immer weiter zu entmündigen und ihren Alltag mit „den ideellen und praktischen Versatzstücken der NS-Weltanschauung" zu durchdringen. So sollte die gesamte deutsche Bevölkerung von der kleinsten Zelle aus zu „staatskonformem Denken und Handeln erzogen" werden. (...) Einen Vorteil dieser Kontrollfunktion sah der NS-Staat darin, dass durch den Einsatz der untersten Repräsentanten das „Sicherheitsbedürfnis des Regimes" gestärkt wurde. Ein weiterer Vorteil in einem Klima „der permanenten Bedrohung" lag möglicherweise in der Bereitschaft der Bevölkerung, „den Machthabern (...) durch eine gewisse Denunziations-Willigkeit zuzuarbeiten". Es wurde gemutmaßt, dass sich „missgünstige Nachbarn, geschäftliche Konkurrenten und private Intimfeinde" mit ihren Verdächtigungen eher an den Blockwart als an die Polizei wenden würden. (...)

Zunächst, ab 1932, war der so genannte Zellenleiter nur Mitarbeiter des so genannten Ortsgruppenleiters. Als im Mai 1936 dieses Amt aufgewertet wurde, stellte die Reichsorganisationsleitung die Zellenleiter über den Rang des Ortsgruppenamtsleiter und machte sie somit zu so genannten „Hoheitsträgern", die persönlich auf Adolf Hitler vereidigt wurden. Der Zellenleiter diente als Kontroll- und Kommunikationsinstanz zwischen der Ortsgruppenleitung und den Blocks und war der Garant für den Erhalt und Ausbau der NS-Diktatur. Er konnte zum Beispiel fähige Blockleiter als seine Stellvertreter auswählen und Zellenhelfer und Kassierer einsetzen. (...) Eine der Aufgaben eines Zellenleiters war der Posten eines „politischen Seelsorgers", aber seine Hauptaktivität bestand wohl eher in der „Erfüllung der administrativen Führungsaufgaben". Er hatte nicht nur die an ihn gestellten Parteiaufgaben zu erfüllen, sondern musste auch die Partei nach außen hin vertreten. Zum Beispiel sollte er so genannte Zellenabende für die Bewohner seiner Zelle abhalten, an denen Anwesende Fragen zur Partei stellen konnten. Hauptaufgabe des Zellenleiters aber „war die Überwachung der ihm unterstellten Blockbereiche und die Führung der dort eingesetzten Blockleiter". Block- und Zellenleiter erhielten neben einer „fachlich-weltanschaulichen Schulung" auch eine Waffen-Ausbildung, zudem nahmen sie an sportlichen Veranstaltungen teil. Nicht zuletzt dienten diese gezielten Vorbereitungen einem „möglichen militärischen Einsatz" oder im Kriegsfall zur „Verwendung an der so genannten „Heimatfront". Zum Kriegsende war es auch ihre Aufgabe, den so genannten Volkssturm zu organisieren. (...)

Zur täglichen Kleinarbeit eines Blockleiters gehörte ab 1936 die Führung von so genannten „Haushaltskarteien". In diesen Karteien wurden zum Beispiel Umzüge vermerkt und Zugezogene registriert, also mussten die Karteien immer wieder auf den aktuellen Stand gebracht werden, sozusagen „Arbeit ohne Ende". So geschah es nicht selten, dass der persönliche direkte Kontakt des Blockleiters zu seinen so genannten Volksgenossen zu kurz kam. Von oben herab wurde bemängelt, dass „der Blockleiter selbst ... vom Menschenführer zum Schreiber, zum seelenlosen Statistiker" werde. Von dem, was er alles dokumentierte, ist nur wenig überliefert, denn gerade die „tägliche Kleinarbeit ..., der Spitzeldienst ... und die ideologische Indoktrination" wurden nur selten schriftlich dokumentiert. " (129)

a. **Pg. Voß spricht auf dem Schulungsabend der Zelle 10.** Die Zelle 10 hatte ihren gestern abend im „Klosterhof" stattgefundenen Zellenabend zu einem großangelegten Schulungsabend ausgebaut. Es sprach zunächst Pg. Ahrens über das Thema: Erlebnisse aus der Zeit des Kampfes vom Beginn bis zur Revolution. Pg. Bruhn, einer der ältesten Parteigenossen in Elmshorn, ergänzte den Vortrag noch durch Schilderungen von Versammlungen in Hamburg usw., wo Dr. Goebbels damals als glänzender, unerreichter Debatteredner gegen die Kommunisten aufgetreten sei. Anschließend sprach dann Pg. Ortsgruppen-Betriebsobmann Willi Voß über „Nationalsozialismus". Ausgehend von dem von Frankreich überkommenen Liberalismus und der volkverhetzenden Irrlehre des Juden Marx, zeigte er den Weg auf, den der Nationalsozialismus gegangen ist, bis es ihm schließlich gelang, das ganze deutsche Volk zu einen und dem Wiederaufstieg entgegenzuführen. — Dieser Abend war für alle Anwesenden interessant und lehrreich und kann als richtig durchgeführter Schulungsabend angesprochen werden.

EZ vom 30.1.1934
Zellenabend

..3. Jahrgang. Dienstag, den 30. Januar 1934.

Der erste Jahrestag der deutschen Wende.

Aus schwerer Zeit in eine bessere Zukunft.

EN vom 30.1.1934

Am 30. Januar 1934 feierte die NS-Regierung den ersten Jahrestag der Machtergreifung. Die EN startete ihre Ausgabe mit einem symbolischen Bild, das diesen Tag als einen Marsch aus dem Dunkeln in eine strahlende Zukunft darstellte. (130) An allen Schulen Elmshorns fanden Gedenkfeiern statt. (131)

Am gleichen Tage wurde im Reichstag das *„Gesetz über den Neuaufbau des Reiches“* angenommen und am 31. Januar verkündet.

…. Jahrgang. Mittwoch, den 31. Januar 1934. Nr. 26.

Des Führers große Rede im Reichstag.

Gesetz über den Neuaufbau des Reiches einstimmig angenommen.
Die Hoheitsrechte der Länder gehen auf das Reich über.

Der Deutsche Reichstag hat in seiner Sitzung vom 30. Januar 1934 ein Gesetz über den Neuaufbau des Reiches einstimmig angenommen, das folgenden Wortlaut hat:

Die Volksabstimmung und die Reichstagswahl vom 12. November 1933 haben bewiesen, daß das deutsche Volk über alle innenpolitischen Grenzen und Gegensätze hinweg zu einer unlöslichen, inneren Einheit verschmolzen ist.

Der Reichstag hat daher einstimmig das folgende Gesetz beschlossen, das mit einmütiger Zustimmung des Reichsrates hiermit verkündet wird, nachdem festgestellt ist, daß die Erfordernisse verfassungsändernder Gesetzgebung erfüllt sind.

Artikel 1.

Die Volksvertretungen der Länder werden aufgehoben.

Artikel 2.

1. Die Hoheitsrechte der Länder gehen auf das Reich über.
2. Die Landesregierungen unterstehen der Reichsregierung.

Artikel 3.

Die Reichsstatthalter unterstehen der Dienstaufsicht des Reichsministers des Innern.

Artikel 4.

Die Reichsregierung kann neues Verfassungsrecht setzen.

Artikel 5.

Der Reichsminister des Innern erläßt die zur Durchführung des Gesetzes erforderlichen Rechtsverordnungen und Verwaltungsvorschriften.

Artikel 6.

Dieses Gesetz tritt mit dem Tage der Verkündung in Kraft.

Ein anderes Blickfeld schiebt sich vor:

Der Führer spricht von den großen Perspektiven der inneren Festigung der Reichseinheit. Seine Worte umreißen die Richtlinien unserer innenpolitischen Zukunftsarbeit.

Den Höhepunkt erreichen die grundlegenden innenpolitischen Worte, als der Führer erklärt, daß der Kampf und die innere Neugestaltung noch nicht abgeschlossen ist, daß es nun gilt, das Reich zu stärken durch Zusammenfassung aller Kräfte in einer organisatorischen Form, die endlich nachholt, was in einem halben Jahrtausend versäumt wurde.

„Ein Volk sind wir, in einem Reich wollen wir leben.“

Es sind historische Worte, die der Führer hier gesprochen hat, Worte, die an der Wende einer tausendjährigen deutschen Tragik stehen, die den Ausgangspunkt eines zukünftigen Lebenswegs einer geschlossenen einigen Nation bildet.

Das neue Ermächtigungsgesetz hat der Regierung den legalen Weg geöffnet zur weiteren Fortsetzung der nationalsozialistischen Revolution, zur Vollendung der staatspolitischen Fundierung des Dritten Reiches.

Der Abschluß der Rede, der von tiefem staatsmännischen Verantwortungsbewußtsein und genialer politischer Klarsicht getragene Ueberblick über das Verhältnis Deutschlands zu den anderen Staaten, der neue Appell aufrichtiger Friedenspolitik, aber auch entschlossener [illegible]

EN vom 31.1.1934

Durch dieses Gesetz wurde die Souveränität der Länder des Deutschen Reichs aufgehoben, die nun direkt der Reichsregierung unterstanden. Dies führte zu einer Verschärfung der Reichsgewalt und zu einem Verlust der Staatsqualität der Länder. Durch das *„Gesetz über den Neuaufbau des Reiches“* wurde auch der (nur noch mit Nationalsozialisten besetzte) Reichsrat, der dem Gesetz selbst noch zustimmte, anschließend überflüssig und mit Gesetz vom 14. Februar 1934 schließlich ebenfalls aufgelöst. Durch diese Umstellung wandelte sich das Reich von einem Bundesstaat endgültig zu einem Zentralstaat, und die diktatorischen Rechte der NSDAP wurden noch einmal erweitert. (132)

Elmshorner Zeitung

Kreisblatt für den Kreis Pinneberg

Heimatzeitung für Süd- und Mittelholstein

Nummer 26 — Mittwoch, den 31. Januar 1934 — 48. Jahrgang

Die Reichsreform vom Reichstag gebilligt

Volksvertretungen der Länder aufgehoben — Uebergang der Hoheitsrechte auf das Reich

EZ vom 31.1.1934

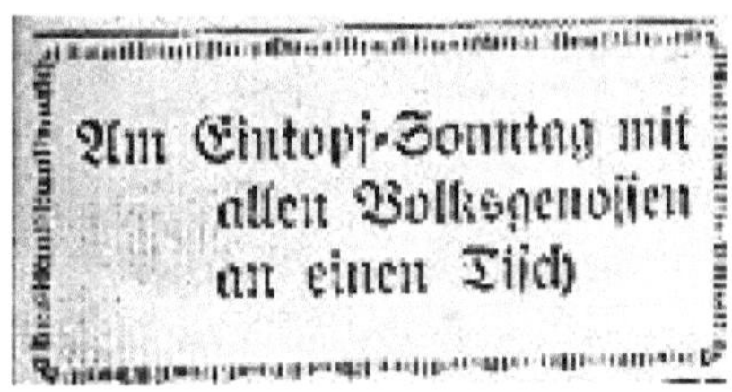

EZ vom 3.2.1934 Anzeigen
Eintopfsonntag

Am 4. Februar gab es wieder einen „Eintopfsonntag“:

„(…) Dieses Eintopfgericht jetzt am Sonntag sollte uns erneut die Aufgaben ins Bewusstsein zurückrufen, die jeder Einzelne von uns im neuen Staat zu erfüllen hat. Der Eintopf-Sonntag - das muss immer wieder betont werden - ist ein Prüfstein für

den Einzelnen. Es mag trotz allem noch manchen geben, der sich über den Sinn dieses Tages noch nicht klar geworden ist, der da vielleicht meint, es komme nicht darauf an, was er an diesem Tage isst, sondern, was er gibt. Diese Einstellung ist falsch; sie verträgt sich nicht mit dem Volksgemeinschaftsgedanken, verträgt sich nicht mit dem Sinn des Winterhilfswerks, verträgt sich auch nicht mit dem von jedem Einzelnen von uns geforderten Opfer zum Aufbau des neuen Staates. Denn wer sich nicht sinngemäß einzustellen vermag auf die Idee des Eintopf-Sonntags, wer bewusst eine Grenze zwischen arm und reich zieht, der steht trotz allem außerhalb der deutschen Volksgemeinschaft; er ist kein zu aufopfernder Tat bereiter Mensch.

Darum: der Eintopf am ersten Monatssonntag ist Symbol der Volksgemeinschaft, ist Bekenntnis zur Gleichberechtigung aller Volksgenossen, ist Opferwille zum Winterhilfswerk!" (133)

Am 10. Februar kündigten die EN für den 15. Februar eine große Luftschutzübung in Elmshorn an. (134) Die EN veröffentlichten über diese Übung einen kleinen Bericht:

„Gestern Abend um 9 Uhr war "dicke Luft" in Elmshorn, Langelohe, Hainholz und Lieth. Feindliche Flieger hatten sich dieses Gebiet ausersehen, um hier ihre "Eier" abzulegen. Glück hatten diese Flieger allerdings nicht, denn die Einwohnerschaft Elmshorns war vernünftig genug, in der Dunkelheit alles Licht auszulöschen, um die "Stellung" nicht zu verraten. Der SA-Reservesturm hatte sich auch in den Dienst der Sache gestellt und warnte alle Einwohner, bei denen noch Licht brannte und die das "Konzert" der Sirenen überhört hatten. Die Schützengilde hatte Hilfspolizeidienst übernommen. Spaziergänger und „Schlachtenbummler" wurden in die Hauseingänge gebracht, bis die Übung beendet war. Die „Fliegerabwehr" vom Boden aus klappte. Allenthalben wurden "Schüsse" gelöst, so dass die Flieger schleunigst die ungastliche Stätte verlassen haben. Auf dem Marktplatz wurde noch eine Brandbombe zur Entzündung gebracht. - Die Übung hat gezeigt, dass der Luftschutz in Elmshorn vorbildlich gearbeitet hat und dass die Einwohnerschaft über die Gefahr aus der Luft restlos aufgeklärt worden ist.

Bei dieser Luftschutzübung kam es auch zu heiteren Vorfällen. Ein braver SA-Mann hatte in der Straße, in der er wohnt, Patrouillendienst. Zu seinem größten Schrecken sah er, dass in seiner Wohnung Licht brannte. Er stürmte auf sein Haus zu, klopfte ans Fenster und rief: „Licht aus!" Scheinbar war die Frau anderer Meinung, denn sie erhob Widerspruch. Nach einer kurzen Auseinandersetzung ging aber doch das Licht aus, und der Mann entfernte sich. Als der Mann aber von seinem Rundgang zurückkam, traute er seinen Augen nicht: es brannte wieder Licht. Allerdings war es nur ein Talglicht und die Frau meinte, der Schein sei draußen nicht zu sehen. Der Mann klopfte nun energischer an die Scheibe, die jedoch auf einen solchen Angriff nicht gefasst war, sie klirrte in Scherben. Ja: Blinder Eifer schadet nur.

In der Ollnsstraße weigerte sich ein älterer Mann trotz Aufforderung, das Licht zu löschen. Nur dem Eingreifen einiger SA-Männer hat er es zu verdanken, dass heute seine Fensterscheiben noch ganz sind. Eine Anzahl junger Leute wollte das Haus mit Steinen bombardieren.

Allgemein aufgefallen ist es, dass ein Mühlenbetrieb am Hafen das Licht nicht abgeblendet hatte, obgleich er mehrfach von der Behörde dazu aufgefordert wurde." (135)

Dieser Mühlenbetrieb wurde daraufhin vom Bürgermeister Krumbeck mit einem öffentlichen Brief in der EN öffentlich ermahnt. (136)

Joseph Goebbels sprach am 11. Februar in Berlin zu den Amtswalterinnen der deutschen Frauenschaft über die *„Ideale der neuen deutschen Frau"*:

„(...) Die nationalsozialistische Bewegung ist, so sagte er, ihrer Natur nach eine männliche Bewegung. Sie hat in ihrem Kampf auch die Tugenden eines neuen Männertums in Deutschland wieder zur Geltung gebracht. Sie schuf einen Männertyp des Heroismus und der Bereitschaft, sich für eine große Sache hinzugeben. Die Herausstellung dieses Männertyps war um so notwendiger, als das gesamte öffentliche Leben zu der Zeit, als wir zu arbeiten begannen, einen anderen Charakter trug. Je mehr nämlich das öffentliche Leben sich von männlichen Tugenden entfernt hatte, um so mehr empfand die Frau das natürliche Bedürfnis, in

das öffentliche Leben einzugreifen, sobald sie nämlich das Gefühl hatte, dass der Mann nicht mehr in der Lage war, diese Gebiete zu meistern. Daraus entstand eine Vermischung der Aufgaben und Notwendigkeiten.

Wenn die Männer sich wieder auf ein neues männliches Ideal besinnen, besteht für echte Frauen gar keine Veranlassung mehr, ihnen auf dem Gebiete der Männerarbeit irgendeine Idealkonkurrenz zu bereiten, sondern sie werden sehr bald ihrerseits dem Männerideal eine neue Form des Frauenideals entgegenzustellen suchen. (...)

Wenn der Mann dem Leben die großen Linien und Formen geben muss, so ist es Aufgabe der Frau, die Linien- und Formgebung mit innerer Fülle, mit innerer Bereitschaft, mit Farbe zu erfüllen.

Das ist durchaus keine Degradierung der Frau, keine Unterscheidung im Range. Es sind zwar artgemäß Differenzen festzustellen, aber keine Leistungs- und rangmäßigen Differenzen. Die Gebiete der Richtung und Formgebung sind ja im öffentlichen Gebiet unschwer herauszufinden. Es gehört dazu einmal das ungeheuer große Gebiet der Politik.

Politik ist im Wesentlichen eine Frage der Organisation, ist die Sorge für das Dasein eines Volkes im Großen gesehen. Dieses Gebiet muss der Mann absolut und einschränkungslos beanspruchen.

Denn schon die Verschiedenheit der Geschlechter, von der Natur aus gesehen, weist daraufhin, dass die Frau sich mehr für das Leben hinter den Wänden des Hauses, weniger aber für das Leben in der Öffentlichkeit eignet.

Andererseits kommen der Frau alle Gebiete zu, die im Wesentlichen auf Inhaltgebung drängen und dafür bestimmt sind. Dazu gehört die innere Lebensgestaltung. Dass was der Mann mit Umrissen abgesteckt hat, erfüllt die Frau mit Dasein. Deshalb wird ihr als ureigenstes Gebiet die Familie gehören. In ihr ist sie souveräne Königin. Eine weitere Folgerung aus dieser Zielsetzung ist, dass der Frau als ureigenstes Gebiet auch die Fürsorge für das kommende Geschlecht gebührt. Es gebührt ihr darum auch das Recht der Erziehung, und zwar in den Jahren, in denen eigentlich der Grund zu der Erziehung gelegt wird. Beansprucht in späteren Jahren der Mann den männlichen Nachwuchs für sich zur Erziehung, so kann die Frau das ruhig dem Mann überlassen, dann, wenn sie die Jahre vorher das männliche Geschlecht in ihre Obhut genommen hat.

Wir müssen uns auf das Entschiedenste gegen die Unterstellung verwahren, dass wir der Frau etwas vorenthalten wollten, was ihr eigentlich gehört, dass wir an sich der Frau feindlich gegenüber ständen, dass wird die Absicht hätten, die Frau überhaupt aus dem öffentlichen Leben und aus den Berufen herauszudrängen und sie damit zu einem Lebewesen zweiter Klasse zu degradieren. Wenn wir die Frau auf den Gebieten des öffentlichen Lebens ausschalten, so nicht, weil wir sie entehren wollen, sondern weil wir ihr ihre eigentliche Ehre zurückgeben möchten. (Lebhafter Beifall.) Denn wir sehen nicht den Ausdruck höherer Frauenehre darin, dass die Frau sich mit dem Mann auf männlichen Gebieten misst, sondern darin, dass das große Gebiet des Frauenlebens in Idealkonkurrenz tritt zu dem des Männerlebens. (Erneuter Beifall.) Das soll nun nicht besagen, dass wir die Frauen aus den Berufen drängen wollten, das würde zu den katastrophalsten menschlichen und politisch-wirtschaftlichen Folgen führen. Schon im Jahr 1932 hat der Führer zum Ausdruck gebracht, dass die Frau von jeher nicht nur die Geschlechts-, sondern auch die Arbeitsgenossin des Mannes ist. Wesentlich ist dabei nur der Mut zur Erkenntnis, dass die Arbeitsgebiete an sich sich verändert haben und dass deshalb auch der Frau heute ganz andere Arbeitsgebiete zugewiesen werden müssen. (...)

Nichts ist unausstehlicher, arroganter und frecher, als wenn bestimmte Männer versuchen, der Frau ihre Moral vorzusetzen, Männer, die sich anderseits wild dagegen wehren, dass die Frau dem Manne Gesetze aufgibt. Diese Mucker nehmen es der Frau übel, wenn sie sich anständig kleidet, was Sie ja im allgemeinen nicht für Ihre Freundin tut. Es ist undankbar von einem Mann, der Frau übel zu nehmen, dass sie dem Manne zu gefallen sucht. (Heiterkeit.) Diese Sittlichkeitsapostel nehmen sich das Recht heraus, über alles und jedes aus dem Frauenleben ihr unmaßgebliches Urteil zu fällen. Sie rauchen selbst 20, 30 oder 40 Zigaretten am Tag, kleben aber in den Restaurants Plakate „Die deutsche Frau raucht nicht". Ob eine deutsche Frau raucht, ist ihre Sache. Ich kann mir vorstellen, dass unter den Frauen der Grundsatz sich durchsetzt: Wir rauchen nicht! (Lebhafte Zustimmung.) Aber der Mann hat nicht das Recht, der Frau das vorzuschreiben. Mit demselben

Recht könnte die Frau in den Restaurants die Sittlichkeitsregel anschlagen: "Der deutsche Mann trinkt nicht!"

Es wäre das größte Unglück für unsere Frauenbewegung, wenn sie sich zum Interpreten dieser falschen Moral machen wollte. Unsere Frauenbewegung hat eine starke Moral wiederherzustellen, andererseits aber auch die Aufgabe, sich dagegen zu verwahren, dass sie gleichgesetzt wird mit Muckertum und Moralschnüffelei. Ein Versuch, der Frau ihre Rechte zu nehmen, wird zwar nicht mit Kampf, aber mit steigender Ablehnung belohnt, deshalb sehe ich die erste Aufgabe unserer Frauenbewegung darin, ein Organisationsgefüge zu schaffen, in dem sich das Frauenleben entwickeln kann und dann in ganz großem Rahmen Gesetze und Vorrechte aufzustellen, die der Frau gebühren und die sich niemals nehmen lassen darf.

Wir müssen eine Frauenbewegung haben, die weder muffig noch hypermodern ist (Lebhafter Beifall.), die ernsthaft den Versuch macht, ein modernes Leben modern zu meistern. So wie wir ohne viele Worte in unserer Arbeit das neue Männerideal geschaffen haben, wird sich auch aus einer neuen Frauenbewegung, die wieder ihre Tugenden herausstellt, ein neues Frauenideal ergeben. Dann erst wird die Frauenbewegung ihre eigentliche Mission zu erfüllen beginnen, wenn der männliche Nationalsozialist sein Ideal in ihr sieht. Sie werden damit vor die Lösung ungeheuer großer moderner Aufgaben gestellt. Hat die Frau erst wieder den Willen, zur Familie, so wird auch die Möglichkeit zur Familie geschaffen werden. Und ist das der Fall, so wird die Frau auch wieder ihr eigentliches Glück in der Familie und im Kinde finden. Am Ende ist doch das das Unterpfand der Unsterblichkeit unseres Volkes. (Langanhaltender stürmischer Beifall.)" (136)

Dieses Frauenideal, welches sich die Nationalsozialisten und Goebbels vorstellten und welches sie letztlich trotz aller Bemühungen und Propaganda nie erreichten, sollte nur kurze Zeit bis zum Krieg anhalten. Die Rolle der Frau wurde religiös verklärt und von der Reichsleitung für den deutschen Arbeitsdienst, Frau Scholtz-Klink, auf einer Tagung des Reichsverbandes der deutschen Hausfrauenvereine zu einer göttlichen Bestimmung erhoben:

„Der Aufbruch der Nation hat eine umwälzende Veränderung in der Einstellung zur Mädchenbildung zur notwendigen Folge gehabt. Die Frau ist zum Hausfrauentum berufen, sie verdankt ihr Amt, wie sonst nur der große schöpferische Mensch, einer göttlichen Berufung. Diese unbestreitbare Erkenntnis weist klar den Weg, der einzuschlagen ist. Für alle Fragen über die Bildung des deutschen Mädchens muss Ausgangspunkt und Ziel zugleich die Erziehung zur Hausfrau und Mutter sein. (...)" (137)

Reichsinnenminister Frick sprach am 15. Februar 1934 vor dem Diplomatischen Korps in Berlin über die Rassenfrage. Er führte hierbei u.a. aus:

„(...) Der Paragraph 3 des Gesetzes zur Wiederherstellung des Berufsbeamtentums vom 7. April 1933 stellt den Beginn der deutschen Rassengesetzgebung dar. Das Gesetz vom 7. April 1933, das mit dem 31. März 1934 außer Kraft tritt, stellt nur eine vorübergehende Maßnahme dar. Das auf die Dauer berechnete Gesetz vom 30. Juni 1933 geht insofern über das Gesetz vom 7. April 1933 hinaus, als es deutschen Beamten die Eingehung der Ehe mit einer Nichtarierin untersagt und die Berufung in das Beamtenverhältnis ausschließt, wenn der Beamtenanwärter mit einer Nichtarierin verheiratet ist. Weitere Maßnahmen in dieser Richtung sind getroffen bezüglich der Rechtsanwälte und Ärzteschaft sowie in dem Gesetz gegen die Überfüllung deutscher Schulen und Hochschulen und im Reichserbhofgesetz. Internationale Abmachungen, die der Durchführung der Ariergesetzgebung entgegenstehen, werden selbstverständlich von der deutschen Regierung anerkannt.

In der Befreiung des Volkskörpers von fremdrassigen Einflüssen kann sich jedoch die Rassengesetzgebung nicht erschöpfen. Sie muss darüber hinaus das Volk in seiner rassischen Eigenart zu mehren, zu heben und zu fördern suchen. Diesen Aufgaben dienen die Maßnahmen der Erbgesundheitspflege und Rassenhygiene. Die deutsche Rassengesetzgebung will kein Urteil fällen über den Wert anderer Völker und Rassen. Aber wir möchten meinen, dass auch andere stolze Völker grundsätzlich ebenso Wert darauf legen, ihre rassische Zusammensetzung möglichst unvermischt zu erhalten. Wir schonen selbst Glieder unseres eigenen Volkes nicht, wenn es darum geht, ungesunde Teile aus dem Volkskörper auszuscheiden. Die Eingriffe, die das Gesetz zur Verhütung erbkranken Nachwuchses zulässt, treffen den Einzelnen noch schwerer als die Aufrichtung einer Schranke gegen die Angehörigen einer anderen Rasse. Das Opfer des Einzelnen ist notwendig, damit der Quell klar bleibe, aus dem ein ganzes Volk Gesundheit, Leben und Zukunft trinkt." (138)

Hanns Kerrl (139), preußischer Justizminister, schrieb in einer Denkschrift:

„(...) Als erste Bedingung dafür soll gelten, dass in Zukunft „keine Juden, N... und sonstige Farbige in das deutsche Blut aufgenommen werden." Verboten werden soll die Vermischung mit Angehörigen fremder Blutsgemeinschaften oder Rassen, deren Fernhaltung vom deutschen Blute durch Gesetz bestimmt worden ist. Durch Reichsgesetz soll die Schließung von Mischehen verhindert werden. Zugleich wird vorausgesetzt, dass das Eingehen einer Mischehe zivilrechtlich zum Ehenichtigkeits-Grunde erklärt wird.

Bemerkenswert und zutreffend ist der Hinweis, dass die Begriffe Arier und Nichtarier zu unbestimmt seien, um in einem Gesetzestexte verwendet werden zu können. Daher operiert die Denkschrift mit dem Begriffe: „Angehörige fremder Blutsgemeinschaften". Denn die Juden seien keine Rasse, sondern „ein großes Rassengemisch, das aber durch jahrhundertelange Inzucht zur Blutsgemeinschaft geworden sei." Und auch bei uns Deutschen müsse von deutscher Blutsgemeinschaft gesprochen werden, „weil auch die Deutschen zur Zeit ein Rassengemisch darstellen."

Geschlechtliche Vermischung zwischen Deutschen und Fremdrassigen soll als „Rasseverrat" bestraft werden, und zwar strafbar an beiden Teilen - einerlei ob außerehelich oder ehelich. Auch die Verletzung der Rassenehre soll unter Strafe gestellt werden. Darunter wird z. B. verstanden, wenn deutsche Frauen sich in schamloser Weise mit N... abgeben - ein Bild des Gräuels, das dem Großstädter bekanntlich nichts Neues ist. Der Entwurf weist darauf hin, dass ein solcher Schutz der Rassenehre schon von anderen Völkern geübt wird. Desgleichen beruft sich der Entwurf auf gewisse Einwanderungsgesetze und -vorschriften, z.B. in Australien und Nordamerika - um ein Verbot der weiteren Einwanderung von Angehörigen fremder

Rassen oder Blutsgemeinschaften zu begründen. Hierzu wird das Wort Rassengefährdung geprägt.

Wie man sieht, ist hier gründliche Arbeit getan. Es ist aber nicht anzunehmen, dass die endgültige Fassung dieses Abschnitts im neuen Strafgesetzbuch noch wesentlichen Abstrichen unterzogen wird. Denn das A und O der ganzen nationalsozialistischen Staatskunst ist und bleibt: ein wahrhaft völkisches Gemeinschaftsleben. Der deutsche Staat soll nicht nur eine gemeinsame Wohnung darstellen, er soll das organisierte Volk selbst, soll die Lebensform des Volkes sein." (140)

Vor Unternehmern und Arbeitslosen stellte Bürgermeister Krumbeck am 23. Februar im überfüllten Saal des Stadttheaters die Neuregelung der Pflichtarbeit vor. Zunächst betonte er, dass die Arbeitslosigkeit in Elmshorn seit der Machtübernahme um mehr als 50 Prozent gesunken sei, um dann über die Pflichtarbeit zu sprechen:

„Die Pflichtarbeit, wie sie bisher geübt wurde, beruht auf gut gedachten Bestimmungen einer verflossenen Ära. Man sagte sich, Unterstützung müsse durch Arbeitsleistung ausgeglichen werden. Wir wollen heute den alten Gesetzesrahmen mit neuem Geist beleben. Wir wollen den alten Fürsorgebegriff, dass der Staat verpflichtet sei, jedem ein Auskommen zu verschaffen, auslöschen und ihm das Leistungsprinzip entgegensetzen. Heute ist die Volksgemeinschaft der Staat; sie ist verpflichtet zu kämpfen und einen Zustand zu erzielen, der jedem wieder Arbeit gibt. Die Pflichtarbeit wurde früher von dem Einzelnen als ein unberechtigtes Verlangen des Staates empfunden. Dieses Empfinden hat sich leider fortgepflanzt bis in die heutige Zeit. Persönliche Beobachtungen bei den Pflichtarbeitern, die für die Verschönerung des Stadtbildes eingesetzt wurden, haben mich erkennen lassen, dass auch heute noch der Pflichtarbeiter unter dem Zwange der Pflicht leidet. (...) Wir wollen den Arbeitslosen zu einem Idealisten machen, der freudig mitarbeitet am Aufbau unseres herrlichen Dritten Reiches. Gegen Revolutionäre von links haben wir nicht mehr zu kämpfen, nur noch Leute spießbürgerlicher Art suchen die Arbeitslosen zu beeinflussen. Gegen diese Spießbürger, die sowohl im Bürgertum

wie bei den Arbeitslosen zu finden sind, richtet sich heute der Kampf des Nationalsozialismus. Diese spießbürgerlichen Kaffeeschwestern sollen uns an unserem Werke aber nicht stören. Es werden sich Maßnahmen finden lassen, diese Leute schnell herauszufinden und sie darüber zu belehren, was der Sinn der heutigen Zeit ist. (...)

Die Pflichtarbeit soll in Zukunft keine lästige Pflicht bedeuten; sie soll begriffen werden als sittliche Verpflichtung und als Opfer der Arbeitslosen am Aufbau des Dritten Reiches. Es ist viel geopfert worden in diesem Winter. Ich denke dabei vor allen Dingen an das Opfer des kleinen Mannes, der sich dadurch manche kleine Freude des Lebens hat verkneifen müssen. Die Arbeitslosen haben zu diesem Opfer nicht beitragen können und ich kann es den Arbeitslosen nachfühlen, dass sie dies drückt und dass sie dies bedauern. Es ist eine Härte, dass ein Teil der Volksgenossen von dem Opfer für das Winterhilfswerk ausgeschlossen sein soll. Die Arbeitslosen haben zwar kein Geld, aber sie haben ihre Fäuste und ihre Schaffenskraft, und hiermit sind Werte zu schaffen, die als Opfer sichtbar in Erscheinung treten können. Oberstes Gebot bei der Pflichtarbeit ist natürlich, dass ausschließlich Arbeiten zur Durchführung gelangen, die gemeinnützlich sind und in absehbarer Zeit niemals für tarifmäßige Bezahlung in Frage kommen. Es gibt in Elmshorn viele derartige Arbeiten. Elmshorn ist schnell gewachsen durch den Schaffensgeist seiner Unternehmer. Auf Schönheit ist hierbei aber wenig Wert gelegt worden. Wir haben es uns daher besonders zur Aufgabe gesetzt, das Stadtbild Elmshorns zu verschönern. Jeder Einzelne wird hieran seine Freude haben, sind doch die meisten Volksgenossen darauf angewiesen, ihre Erholung und ihre Freuden in Elmshorn und seiner Umgebung zu suchen, denn nur wenige können sich noch eine Reise erlauben. Die Verschönerungsarbeiten haben bereits in dem Garten hinter dem Rathaus begonnen. Hier ist ein Schmuckplatz entstanden, der im Sommer wie eine Oase der Erholung gern aufgesucht werden wird. Das Stadtbauamt hat bereits eine große Anzahl Arbeitsmaßnahmen aufgezeichnet (...).

Die neu einzuführende Opferarbeit wird in Zukunft derart geregelt werden, das 15 Stunden in der Woche, und zwar in 3 Tagen von morgens um 7 bis 11:30 Uhr gearbeitet wird. Alle Erwerbslosen werden gleichmäßig an der Opferarbeit teilnehmen.

Um den ideellen Wert dieser Arbeit noch zu vergrößern, ist geplant, auch die Erwerbslosen, die nicht unterhaltungspflichtig sind, da sie von Verwandten unterstützt werden, in den Arbeitsprozess einzugliedern. Diese Arbeitslosen können den Sinn für die heutige Zeit dadurch beweisen, dass sie sich freiwillig für die Opferarbeit melden. Ich hoffe, dass von dieser Gelegenheit weitgehendst Gebrauch gemacht wird.

Hier schließt sich wieder der Ring der neuen großen Volksgemeinschaft. Bei der Opferarbeit wird sich herausstellen, wer entschlossen ist, in der heutigen Zeit nicht abseits zu stehen. Wer froh und freudig mitschafft, soll seinen Vorteil darin sehen, dass er bevorzugt in Arbeit vermittelt wird. Wer faul ist, wird an den Schluss gestellt. Die politische Vergangenheit wird bei der Eingliederung in den Arbeitsprozess keine Rolle spielen. Leute, die nach der Machtübernahme in die SA oder SS eingetreten sind, sollen nicht bevorzugt vermittelt werden. (...) Es muss unbedingtes Leistungsprinzip herrschen. (Bravo!) Nur alte Kämpfer, die geholfen haben, das Dritte Reich zu bauen, werden nach wie vor bevorzugt vermittelt.

Für die Opferarbeit soll ein Arbeitsbuch geschaffen werden. Der Faule wird Verweise erhalten, der Saboteur wird bestraft werden. Zum Führer der Opferarbeit habe ich den Hafenmeister Schlüter eingesetzt, der aus seinem Kampfe um den nationalsozialistischen Staat die nötigen Vorbildungen besitzt. Der Betrieb wird soldatisch und stramm sein, wird aber auch beherrscht sein von tiefem Mitempfinden für den arbeitslosen Volksgenossen, der durch seine Arbeit Opfer bringt. Ich habe die Absicht, auch aus arbeitslosen Führer zu nehmen. Diese werden 6 Tage beschäftigt und mit einer Arbeitsprämie bedacht werden. (...)"

Hafenmeister Schlüter kündigte den ersten Arbeitseinsatz für die am gleichen Tage benachrichtigten Arbeitslosen für den 26. Februar an. Stadtrat Mohr beendete die Versammlung. (141)

An die Elmshorner Bevölkerung!

Der Führer hat bekanntlich im vergangenen Jahre anläßlich seines Geburtstages zur Hitlerspende aufgerufen. Im Rahmen der Hitler-Spende sind von der Gesamtbevölkerung im Deutschen Reich **Freiquartiere für SA.-Angehörige** zur Verfügung gestellt worden.

Auch in diesem Jahre ergeht erneut an die Bevölkerung der Aufruf, Freiquartiere, wie im Vorjahre, bereitzustellen, damit bewährten Kämpfern der nationalsozialistischen Bewegung einige Wochen kostenlos Unterkunft und Verpflegung gewährt werden kann. Es ist nicht nur erforderlich, daß die bedürftigen Kameraden aller Gliederungen der SA. aus der Großstadt auf dem Lande und in kleineren Städten Erholung finden, sondern darüber hinaus soll auch für die Kameraden vom Lande die Möglichkeit geschaffen werden, in den größeren Städten die Kultureinrichtungen zu besuchen, Fabriken zu besichtigen usw., damit auch auf diesem Wege die Verbundenheit zwischen Stadt und Land weiterhin gefestigt wird. Ich glaube bestimmt, daß alle Familien, die hierzu in der Lage sind, **zur Förderung des Gedankens der Volksgemeinschaft einen SA.-Mann für mindestens zwei Wochen Gastfreundschaft gewähren** werden. In den nächsten Tagen werden die politischen Leiter der NSDAP. — Ortsgruppe Elmshorn — bei der Bevölkerung dieserhalb Rückfrage halten.

Einwohner Elmshorns, zeigt Eure Verbundenheit mit unseren SA.-Kämpfern!

Heil Hitler!

Der Bürgermeister

Krumbeck.

Aufruf!

Schleswig-Holsteiner!

Das in großzügiger Weise durchgeführte Winterhilfswerk nähert sich dem Ende. Es ist uns bisher gelungen, durch die Opferfreudigkeit den vom Schicksal härter betroffenen Volksgenossen, ihre Lage zu erleichtern.

Um nun auch das Ende des Winterhilfswerkes gut durchführen zu können, ist es notwendig, noch einmal an die Opferfreudigkeit der Bevölkerung zu appellieren. Jeder Volksgenosse, welcher dazu in der Lage ist, muß sich darüber klar sein, daß der Kampf gegen Hunger und Kälte für die Volksgenossen so zum glücklichen Ende geführt wird. Vergesse keiner, daß ihn ein Bruderkrieg oder eine Mißernte größere Opfer gekostet hätte.

**„Denkt an die Brüder in Not,
sorgt für ihr tägliches Brot!"**

Heil Hitler!

(gez.) **Robert Neumann,**

Gauwalter.

EN vom 23.2.1934

„Die Opferarbeit wurde heute morgen aufgenommen. Rund 100 Mann hatten sich auf dem Schulhof der Adolf-Hitler-Schule eingefunden. Nach dem Namensaufruf hielt Pg. Wilhelm Voss eine kurze Ansprache an die Arbeiter, in der er betonte, dass die Arbeit ihnen Freude machen solle. Er wies auch auf die Opferbereitschaft der Unternehmer hin, die es ermöglicht hätten, dass den Arbeitern, die die Opferarbeit durchführten, Essen und Kleidung gegeben werden könne. Nachdem Herr Hafenmeister Schlüter den Zug geordnet hatte, gab er das Kommando: Schaufel auf die Schulter! Rechts um! Unter den Klängen eines flotten Marsches ging es am ersten Morgen der Opferarbeit mit Musik hinaus zur Arbeitsstätte. Verpflegt werden diese Arbeitswilligen in der ehemaligen Fabrik von Steen u. Nolte, wo auch 80 Metallarbeiter, die sich hier fortbilden, verpflegt werden. Der Anfang der Opferarbeit ist in Elmshorn gemacht. Hoffentlich wirkt sie sich zum Segen des deutschen Volkes aus und findet allgemeine Nachahmung, damit alle Volksgenossen wieder in den Arbeitsprozess eingegliedert werden können.“ (142)

Am 1. März folgte dann die zweite Hundertschaft an „Opferarbeitern“.

Der erste Sonderzug der Organisation „Kraft durch Freude“ (KdF) verließ am 18. Februar den Elmshorner Bahnhof.
Die nationalsozialistische Massenorganisation „Kraft durch Freude“ (KdF) wurde am 27. November 1933 als Unterorganisation der Deutschen Arbeitsfront (DAF) gegründet. Mit dem „Amt für Reisen, Wandern und Urlaub“ war KdF der größte Reiseveranstalter in der Zeit des Nationalsozialismus. Das Ziel der KdF war es, dem deutschen Volk Leistungskraft zu verleihen. Gesunde Freude vor allem am Sport sollte dem „arischen“ Arbeiter Kraft geben, einerseits zur Stärkung der Volkswirtschaft, andererseits aber auch, um aus den Deutschen ein kriegstüchtiges Volk zu machen. „Kraft durch Freude“ versprach den Arbeitern, was sich bis dahin nur die Oberschicht leisten konnte: Reisen und eine ausreichende, ausgefüllte Freizeit. Für die Nationalsozialisten war die Freizeit nicht als Selbstzweck denkbar, sondern musste im Dienste des Staates und des Volkes stehen. Offizielles Ziel der KdF war die Schaffung eines neuen deutschen Menschen und einer neuen deutschen Gesellschaftsordnung. Der politischen und der

wirtschaftlichen folgte die gesellschaftlich-kulturelle Neuordnung der deutschen Volksgemeinschaft. (143)

Die erste KdF-Fahrt von Elmshorn führte nach Blankenburg-Wernigerode in den Harz und die Teilnehmer bestanden ausschließlich aus 80 Männern, SA-Männern und „verdienten" Parteigenossen. Der Gauleiter der Organisation „Kraft durch Freude", Pg. Max Mohr aus Elmshorn, verabschiedete die Männer und sagte, man habe nur Männer ausgewählt, da diese sich leichter in alles einfügen und sich schneller an anfangs noch bestehende Mängel in der Organisation gewöhnten. Später sollten dann auch die Familienangehörigen an den Fahrten teilnehmen. (144)

Am 10. Februar 1934 wurde in den EN der Arbeitsdienst für die Abiturienten angekündigt. Von Ostern 1934 an sollte eine halbjährige Dienstpflicht für Abiturienten mit Hochschulreife gelten, die ein Studium aufnehmen wollten. Keiner dieser Abiturienten konnte sich an einer Hochschule einschreiben, wenn er nicht diese Dienstpflicht absolviert hatte. Der Dienst sollte am 5. Mai beginnen und vier Monate Arbeitsdienst und sechs Wochen SA-Lagerdienst umfassen. Gleiches galt auch für Abiturientinnen. Ausgenommen wurden nur solche Abiturienten, die nicht beabsichtigten, ein Studium aufzunehmen. (145)

Elmshorner Nachrichten

„Pinneberger Kreisblatt"

Horster Nachrichten — Elmshorner Tageblatt

83. Jahrgang. Montag, den 12. März 1934. Nr. 60.

chutzhaft wird neu geregelt. Abbau der Konzentrationslager.

Hitler-Rede in München: München bleibt Hauptstadt der Bewegung. — Göring über Preußens Sendung.

Feder über die Zukunftsaufgaben der deutschen Wirtschaft. — Reichswirtschaftsminister fordert Exportbelebung. — Neue französische Millionenskandale.

Neuordnung der Schutzhaft.

Abbau der Konzentrationslager.

In wenigen Zeilen.

Neuordnung der Schutzhaft.

Berlin, den 11. März. Die Pressestelle des Geheimen Staatspolizeiamtes teilt mit: Der Preußische Ministerpräsident Göring hat als Chef der Geheimen Staatspolizei die Verhängung von Schutzhaftmaßnahmen betreffend durch den Inspekteur der Geheimen Staatspolizei folgendes angeordnet:

1. Die bisher für die Anordnung der Schutzhaft aus politischen Gründen geltenden Zuständigkeitsvorschriften werden aufgehoben. In Zukunft dürfen Beschränkungen der persönlichen Freiheit nach Maßgabe des Paragraphen 1 der Verordnung zum Schutze von Volk und Staat vom 28. Februar 1933 nur von dem Geheimen Staatspolizeiamt mit Wirkung für das ganze Staatsgebiet und von den Ober- und Regierungspräsidenten, dem Polizeipräsidenten in Berlin und den Staatspolizeistellen für ihren örtlichen Amtsbereich angeordnet werden.

Die bisherige Zuständigkeit der Kreispolizeibehörden, namentlich der Landräte, für solche Maßnahmen ist nicht mehr gegeben. Die bisher von ihnen verfügten Maßnahmen treten mit Ablauf des 31. März 1934 außer Kraft, sofern nicht ihre Verlängerung von den zuständigen Landespolizeibehörden bis dahin angeordnet ist.

2. Wird die Schutzhaft als provisorische Maßnahme wegen des Verdachtes einer strafbaren Handlung angeordnet, so ist unverzüglich die Entscheidung des Gerichts für die Verhängung der gerichtlichen Untersuchungshaft herbeizuführen und im Falle der Ablehnung eines richterlichen Haftbefehls auch die polizeiliche Maßnahme außer Kraft zu setzen, sofern nicht ausnahmsweise ihre Aufrechterhaltung aus anderen Gründen begründet erscheint.

3. Beschränkungen der persönlichen Freiheit, die von den Ober- und Regierungspräsidenten, dem Polizeipräsidenten in Berlin und den Staatspolizeistellen angeordnet werden, treten am achten Tage nach Ablauf des Tages, an dem die Schutzhaftanordnung vollstreckt worden ist, von selbst außer Kraft, sofern nicht inzwischen auf entsprechenden Antrag hin die Fortdauer der Schutzhaft von dem Ministerpräsidenten ausdrücklich angeordnet worden ist.

4. Ueber jede von den Ober- und Regierungspräsidenten, dem Polizeipräsidenten von Berlin und den Staatspolizeistellen angeordnete Schutzhaft ist dem Ministerpräsidenten persönlich telegraphisch binnen 24 Stunden unter genauer Angabe von Namen, Alter, Beruf und politischer Einstellung des Betroffenen sowie des Anlasses zu der Maßnahme zu berichten und erforderlichenfalls die Notwendigkeit einer über sieben Tage hinaus für angebracht erachteten Freiheitsbeschränkung zu begründen.

5. Verhaftungen, die nicht unter den Begriff „Schutzhaft" fallen, dürfen nur von den hierfür gesetzlich bestimmten Behörden erfolgen. In diesem Falle ist aber unter allen Umständen binnen 24 Stunden richterlicher Haftbefehl herbeizuführen. Wird ein solcher Haftbefehl vom zuständigen Richter abgelehnt oder ist derselbe binnen 24 Stunden nicht zu erlangen, so ist der Betreffende sofort zu entlassen oder, falls die Verhaftung aufrechterhalten werden soll, entsprechend Ziffer 3 und 4 zu verfahren, indem telegraphische Mitteilung binnen 24 Stunden an den Ministerpräsidenten zu ergehen hat.

Die mißbräuchliche Anwendung der Haft wird der Ministerpräsident in Zukunft unnachsichtlich ahnden.

Dienststellen der Partei oder der Verbände dürfen Festnahmen von sich aus nicht tätigen. Bei Nichtbeachtung dieser Anordnung ist von der zuständigen Behörde sofort hiergegen einzuschreiten und dem Ministerpräsidenten umgehend Meldung zu erstatten.

• • •

Abbau der Konzentrationslager.

Ministerialrat Diels, der Chef der Geheimen Staatspolizei, erklärt im Verein der ausländischen Presse: Man habe die Absicht, die Konzentrationslager allmählich abzubauen, und er glaube, daß es in zwei Jahren keine mehr geben werde. Die politischen Organisationen des Kommunismus sind vollständig vernichtet. Jetzt bestehen nur noch kommunistische Geheimorganisationen, die aber kein politisches, sondern nur noch ein polizeiliches Problem sind. Als der Chef der Staatspolizei gefragt wurde, warum nach der Freilassung der drei Bulgaren Torgler noch immer in Haft sei, antwortete er, daß für diesen Fall sich Ministerpräsident Göring besonders interessiere und daß Aussicht vorhanden sei, in absehbarer Zeit eine befriedigende Lösung zu finden. Der ehemalige Führer der kommunistischen Partei und ehemalige Präsidentschaftskandidat Thälmann wird noch in Schutzhaft gehalten und wahrscheinlich vor Gericht gestellt werden, weil sich bei der Hausdurchsuchung im Liebknecht-Haus Dokumente gefunden haben, die ihn belasten. Auf die Frage, ob auch Reaktionäre in Schutzhaft genommen würden, wurde die Antwort gegeben, daß namentlich in Ostpreußen auch eine ganze Anzahl Aristokraten in ein Konzentrationslager wandern mußten. Auf die Frage nach der Verhaftung von Priestern antwortete Ministerialrat Diels, seines Wissens sei kein Priester mehr in Haft, mit Ausnahme zweier katholischer Priester, die er in Düsseldorf wegen kommunistischer Umtriebe habe verhaften lassen müssen.

Noch rund 2800 Schutzhäftlinge in Preußen.

Die Auflösung des Konzentrationslagers Sonnenburg.

Leipzig, den 11. März. Im Zusammenhang mit der zunehmenden innerpolitischen Beruhigung wird zwangsläufig auch von der Anordnung der Schutzhaft weniger Gebrauch gemacht. Der preußische Ministerpräsident hat daher nach der kürzlich erfolgten Auflösung des Konzentrationslagers Brandenburg soeben auch die Auflösung des staatlichen Konzentrationslagers Sonnenburg zum Ende des Monats angeordnet. Es befinden sich zur Zeit noch rund 2800 Schutzhäftlinge in den staatlichen Konzentrationslagern Preußens.

Führer-Rede

„Wir bauen Grundlag

München, den 11. März. Trotz des rieselnden Regens, der am Sonntag früh in München einsetzte, war die Landeshauptstadt in ihrem üppigen Flaggenschmuck in gehobener Stimmung. Um 8.45 Uhr verkündete der Aufmarsch der SA. an der Luisenstraße die kommenden Kundgebungen anläßlich des großen Staatsaktes in der Ausstellungshalle. Zwei Musikstücke, ein Ehrensturm der Leibstandarte, insgesamt 3000 Mann, zogen unter klingendem Spiel zum Braunen Haus. Hier wurden die 120 Ehrenzeichen der SA. abgeholt. Die Einholung des Reichsstatthalters lockte schon lange vorher eine große Zahl Männer und Frauen an. Dem Reichsstatthalter wurden lebhafte Heilgrüße dargebracht. Vor der Festhalle hatte eine Ehrenkompagnie der Landespolizei und ein Ehrensturm der SA. Aufstellung genommen. Punkt 11 Uhr fuhr der Reichskanzler Adolf Hitler mit Stabschef Röhm, Reichspressechef Dr. Dietrich, Obergruppenführer Brückner und Standartenführer Schaub an der Festhalle vor, empfangen vom Reichsstatthalter und den Mitgliedern der bayrischen Staatsregierung. Auf dem Wege war der Führer Gegenstand begeisterter Huldigungen der Volksmenge gewesen.

EN vom 12.3.1934

Mit einer Gedenkfeier im Rathaus gedachten am 12. März die Nationalsozialisten der Machtübernahme in Elmshorn im Jahr 1933. (146)

Der Feierabend der deutschen Jugend

In der Zeit des Kampfes um die Macht hat die beste deutsche Jugend als Hitler-Jugend in den Versammlungssälen gestanden und um die Seele des jungen Arbeitskamaeraden gerungen. Das war damals ihr Feierabend. Heute ist durch die Hitler-Jugend die gesamte deutsche Jugend zum Nationalsozialismus geführt worden. Sie hat die Jugend zu einer großen Einheit zusammengefaßt. Der Dienst in dieser großen Gemeinschaft ist nach dem Willen des Führers in Zukunft der Feierabend der gesamten deutschen Jugend.

So leben, wie der Leiter des Jugendamtes der Deutschen Arbeitsfront, Franz Langer, schreibt, die Jungen bereits in einer großen Kameradschaft. Sie führen sich selbst und ordnen sich freiwillig den Erfordernissen der Gemeinschaft unter. Sie machen Fahrten, zelten und wandern gemeinsam zur Erholung, treiben Sport, um Gesundheit und Körper zu stählen. Im Streben zur Gemeinschaft pflegen sie die deutsche Kultur in Lied und Tanz. Ihre Singscharen tragen Wettstreite untereinander aus. Gern werden die Volkstanztruppen gesehen, und ihre Sprechchöre begeistern jung und alt. Sie sind im Musik- und Spielmannszug oder gehen zum Sanitätskursus, um die Gesundheit ihrer Kameraden schützen zu lernen. Die Besten von ihnen bekommen auf besonderen Schulen das geistige und technische Rüstzeug, um ihre Formationen führen zu können. In freiwilliger Kameradschaft erziehen sie sich zu Disziplin und Leistung. Die Hitlerjugend sieht eine ihrer vornehmsten Aufgaben darin, alle in der Jugend ruhenden Kräfte dem ganzen Volke dienstbar zu machen, wie sie es in unserer Zeit des Aufbaues nicht zuletzt durch weitgehende Beteiligung an der Winterhilfsaktion bewiesen hat. Als neues Aufgabengebiet hat sie die zusätzliche Berufsschulung unternommen. Hier wird der Jugendliche außerhalb seiner pflichtmäßigen Ausbildung sich von selbst zu höheren beruflichen Leistungen vervollkommnen. Auch diese Arbeit wird als HJ.-Dienst angesehen.

Das ist der Feierabend der neuen Jugend. In ihrer Volksverbundenheit will die Hitlerjugend sich auch an der großen Feierabend-Organisation „Kraft durch Freude" der Aelteren beteiligen. Hier will sie durch ihre Sing- und Spielscharen, durch Volkstanzgruppen und Sprechchöre, durch Sport und Musik erfreuen. Ein geistig und körperlich gesundes Volk heranzubilden, ist das Ziel all deiser Bestrebungen. Darum gebt der Jugend Freizeit! Gebt jedem deutschen Mädel und jedem deutschen Jungen seinen Feierabend! Seid nicht zurückhaltend, sondern unterstützt diese Arbeit! Seid nicht abweisend, sondern faßt mit an und gebt der Jugend den Weg frei.

EZ vom 15.2.1934

Anzeige zum WHW. „Andere haben ihr Blut gegeben – und Du sprichst schon von Opfern?“ EZ vom 23.2.1934

Anzeige zum WHW. EN vom 10.3.1934

Am Sonnabend, dem 17. März fand im Heim der NS-Frauenschaft in der Katharinenstraße die feierliche Verpflichtung vom BDM statt. Hierbei wurden zwanzig Mädel und zwanzig Jungmädel nach einer mehrmonatigen Probezeit in den BDM aufgenommen. (147)

Jeder Abiturient, der zu Ostern 1934 oder später die Schule verließ, um zu studieren, musste vorher ein Pflichtdiensthalbjahr absolvieren. Ohne Diensthalbjahr gab es kein Studium. Die Dienstzeit begann am 5. Mai und endete rechtzeitig vor Semesterbeginn. (148)

Bürgermeister Krumbeck lud am 22. März 250 Mieter der städtischen Wohnungen ins „Carlstal“ zu einer Informationsveranstaltung ein. In dieser berichtete er, dass die Stadt darauf hinarbeitete, dass jede Wohnung einen kleinen Garten besitzen sollte. Es gebe zur Zeit noch viel zu viele Notwohnungen, die in Notzeiten erstellt worden seien. Die Stadt werde diese Wohnverhältnisse durch Bau von Häusern ändern. Bei seinen Rundgängen habe er viel Gutes, aber auch viel Negatives gesehen:

„(…) Andere Wohnungen habe er gefunden, die nicht in Ordnung gewesen seien. Die Betten seien nicht gemacht gewesen u.s.w. Da sei die Hausfrau nicht auf dem Posten gewesen. Wenn man zu erträglichen Verhältnissen kommen wolle, so müssten die Hausfrauen Sauberkeit lernen. Das sei ein Ziel, das leicht zu erreichen sei. Die Stadt sei entschlossen, einen erzieherischen Einfluss auszuüben. Es werde monatlich einmal ein Rundgang durch die städtischen Wohnungen gemacht und nach dem Rechten gesehen. Wo keine Ordnung vorgefunden werde, solle zuerst eine Verwarnung erteilt werden. Wo aber Sauberkeit herrsche, werde die Belohnung nicht ausbleiben. Für Sauberkeit würden Prämien bis zu 10 RM. Mieterlass gewährt. Dadurch würde den sauberen Mietern ihr Los erleichtert. (…)“
(149)

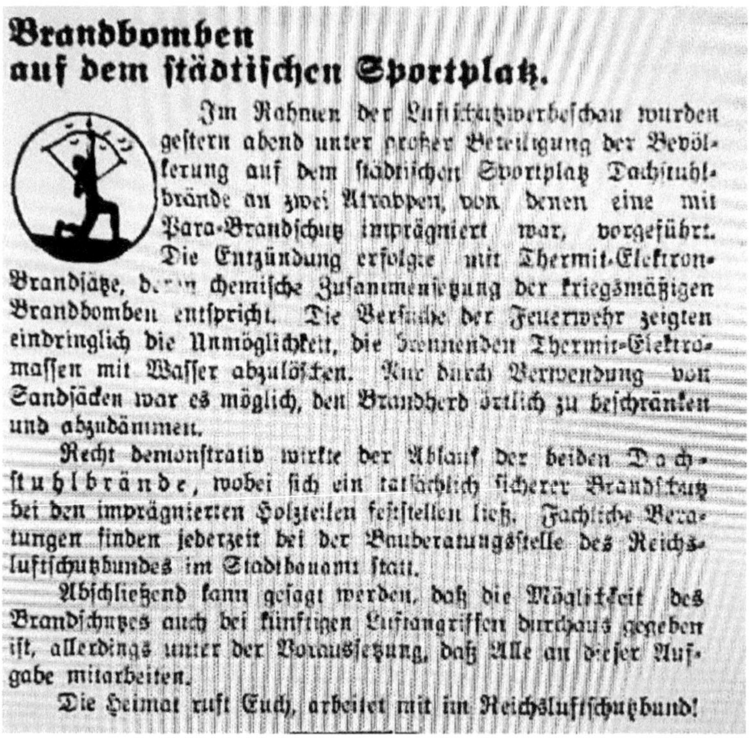

Brandbomben auf dem städtischen Sportplatz.

Im Rahmen der Luftschutzwerbeschau wurden gestern abend unter großer Beteiligung der Bevölkerung auf dem städtischen Sportplatz Dachstuhlbrände an zwei Attrappen, von denen eine mit Para-Brandschutz imprägniert war, vorgeführt. Die Entzündung erfolgte mit Thermit-Elektron-Brandsätze, deren chemische Zusammensetzung der kriegsmäßigen Brandbomben entspricht. Die Versuche der Feuerwehr zeigten eindringlich die Unmöglichkeit, die brennenden Thermit-Elektromassen mit Wasser abzulöschen. Nur durch Verwendung von Sandsäcken war es möglich, den Brandherd örtlich zu beschränken und abzudämmen.

Recht demonstrativ wirkte der Ablauf der beiden **Dachstuhlbrände**, wobei sich ein tatsächlich sicherer Brandschutz bei den imprägnierten Holzteilen feststellen ließ. Fachliche Beratungen finden jederzeit bei der Bauberatungsstelle des Reichsluftschutzbundes im Stadtbauamt statt.

Abschließend kann gesagt werden, daß die Möglichkeit des Brandschutzes auch bei künftigen Luftangriffen durchaus gegeben ist, allerdings unter der Voraussetzung, daß Alle an dieser Aufgabe mitarbeiten.

Die Heimat ruft Euch, arbeitet mit im Reichsluftschutzbund!

EN vom 27.3.1934

Das neue nationalsozialistische Bild der Frau setzte sich auch in der Schule durch. Es sollten möglichst viele Mädchen von dem Gymnasium und dem anschließenden Studium ferngehalten werden. Die haarsträubende Begründung zeigt in schonungsloser Deutlichkeit, *„dass nach nationalsozialistischer Sicht die Menschen in ihrer Anlage, in ihrem Wert und in ihren Möglichkeiten von Natur aus nicht gleich, sondern ungleich sind.“*

„Keine Koedukation.

Die Frage der gemeinschaftlichen Erziehung von Knaben und Mädchen in den Schulen, namentlich in den höheren Schulen, ist vielfach erörtert worden. Man hat diese Erziehungsweise lange vor dem Kriege vielfach aus Prüderie abgelehnt. Dieser Gesichtspunkt hat dann später nicht mehr die entscheidende Rolle gespielt, nachdem man sich zu der Überzeugung bekannte, dass die künstliche Trennung von Knaben und Mädchen im Entwicklungsalter eher Gefahren heraufbeschwört, als solche beseitigt.

Praktische Erwägungen haben vielfach dazu geführt, Mädchen in höhere Lehranstalten aufzunehmen, in denen sonst nur Knaben unterrichtet wurden. Die Befürchtungen, die daran vielfach geknüpft wurden, haben sich im Allgemeinen nicht erfüllt, und man kann wohl sagen, dass vom Standpunkt des liberalistischen Staates aus wesentliche Anstände gegen die Koedukation in den höheren Schulen nicht zu erheben gewesen sind.

Wenn jetzt der nationalsozialistische Staat die Koedukation für unerwünscht erklärt, dann sind es sicherlich auch nicht Bedenken dieser Art gewesen, die zu einer solchen Stellungnahme Anlass gegeben haben. Das preußische Kultusministerium hat jetzt eine Reihe von Erlassen zur Frage der Koedukation herausgegeben, in denen auch in dieser Frage die Zügel etwas schärfer angezogen werden. Zunächst ist grundsätzlich bestimmt worden, das Mädchen von höheren Knabenschulen soweit und solange fernzuhalten sind, als sich im Orte mittlere und höhere Mädchenschulen befinden, die der weiblichen Jugend eine ihrem eigentlichen Wesen besser entsprechende Ausbildung zu vermitteln vermögen. Wenn also künftig die Eltern eines solchen Mädchens lediglich die Absicht haben, ihrer Tochter eine gymnasiale Ausbildung zu geben, dann wird die Einschulung in einer höheren Knabenschule nicht mehr möglich sein, sofern in dem Orte ein Oberlyzeum vorhanden ist, dessen Lehrplan bekanntlich viel mehr auf die Bedürfnisse der weiblichen Erziehung und auf die besonderen geistigen Anlagen der heranwachsenden weiblichen Jugend zugeschnitten ist. Man begreift ohne weiteres, dass diese Maßnahme im engen Zusammenhang steht mit denjenigen Bestrebungen der neuen deutschen Staatsführung, die darauf hinauslaufen, den Andrang der weiblichen Jugend zum Universitätsstudium zu hemmen. Nur in besonderen Fällen wird künftig mit ausdrücklicher Genehmigung des Ministers noch die Möglichkeit bestehen, junge Mädchen in höheren Knabenschulen aufnehmen zu lassen. Dagegen sollen diejenigen jungen Mädchen nicht von dem Erlasse berührt werden, die schon jetzt in höheren Knabenschulen eingeschult sind.

Die nationalsozialistische Grundauffassung in dieser Frage ist von der Tatsache der Verschiedenheit der Geschlechter diktiert. Wie der Nationalsozialismus überhaupt davon ausgeht, dass die Menschen in ihrer Anlage, in ihrem Wert und in ihren Möglichkeiten von Natur aus nicht gleich, sondern ungleich sind, so trifft dies vor allem auf das Verhältnis zwischen den Geschlechtern zu. Der Nationalsozialismus wird die weibliche deutsche Jugend von den Fesseln einer Bildung befreien, die ihr auferlegt worden sind, und er wird die gesamte Erziehung des weiblichen Geschlechts in Bahnen leiten, die der Natur der Frau angemessen sind. Deshalb ist die Maßnahme des preußischen Kultusministeriums nicht Ausfluss einer Prüderie, wie wir sie in vergangenen Zeiten wohl erlebt haben, sondern sie ist veranlasst durch die wohlerwogene Absicht, schon frühzeitig und grundsätzlich in der Erziehung des weiblichen Geschlechtes diejenigen Bahnen einzuschlagen, auf denen allein eine gesunde und harmonische Bildung der deutschen Frau erzielt werden kann. Keineswegs wird es in der Absicht des preußischen Kultusministeriums liegen, den Frauen die Möglichkeit zur Erlangung einer gediegenen Bildung zu versperren, aber es soll ein bewusster Unterschied zwischen dem Bildungsweg des Mannes und dem Bildungsweg der Frau künftig gemacht werden. Hier handelt es sich zunächst nur um eine Übergangsmaßnahme. Die organische Reform unseres gesamten Erziehungswesens wird den Beweis liefern, dass der nationalsozialistische Staat auch auf diesem wichtigen Gebiet der Menschenbildung die Gleichmacherei des Liberalismus nicht fortsetzt, sondern nach eigenen und bodenständigen Bildungswerten sucht." (150)

Für die Reifeprüfung der Schüler zu Ostern 1934 hat der preußische Unterrichtsminister angeordnet, dass bei der Beurteilung der Persönlichkeit und Reife eines jeden Schülers auch die Zugehörigkeit zur SA, SS oder Hitlerjugend und BDM zu berücksichtigen sei. Die Betätigung in diesen Verbänden, die Dauer der Zugehörigkeit und die Häufigkeit des Dienstes sei gebührend zu berücksichtigen. (151)

Der Hamburger Journalist Wolfgang Frank berichtete am 27. März 1934 in einem Schmähartikel über die Aufführung eines Theaterstückes in Elmshorn. Dieses führte zu großer Empörung und einem Skandal. (152)

„Am 21.3.1934 hatte sich Parteianwärter Dr Wolfgang Frank in der NSDAP-Gauzeitung "Hamburger Tageblatt" über das Elmshorner Stadttheater lustig gemacht. Krumbeck (1934 auch Gaukulturreferent), Mohr, der stellvertretende Gauwirtschaftsberater Bull und andere führende Nationalsozialisten stuften diesen Artikel als "eine jüdisch zersetzende, die Aufbauarbeit in Elmshorn untergrabende Schrift" ein, entführten Frank am 23.3.34 aus Hamburg ins Elmshorner Stadttheater, in das etwa 700 uniformierte Nationalsozialisten gerufen worden waren. Auf offener Bühne wurde der Journalist unter tätlicher Beteiligung von Krumbeck und Mohr vor einer johlenden Meute zusammengeschlagen und anschließend in einer Art Prangermarsch zum Bahnhof geführt. Dort stellte man ihn unter eine Laterne und der Journalist sah sein letztes Stündchen gekommen. Nach weiteren Misshandlungen durfte Frank schließlich in den Zug nach Hamburg steigen. Das NSDAP-Gaugericht sprach Krumbeck und Mohr frei, da "diese nur in ehrlicher Empörung und aus edelsten Motiven heraus zu der Strafaktion gekommen sind." (153)

Bürgermeister Krumbeck und Stadtrat Max Mohr wurden verklagt und vom Gericht am 24. Mai 1934 freigesprochen.

Noch einmal die Vorgänge im Elmshorner Stadttheater.

:-: Die unerhörte Schreiberei eines Großstadtjournalisten über unser Elmshorner Theater hat auch in der Umgegend von Elmshorn berechtigtes Aufsehen hervorgerufen. Wir finden im „Pinneberger Tageblatt" folgende Ausführungen über diese ganze Angelegenheit, die in der deutlichen Sprache unserer Heimat geschrieben sind und die besonders eindrucksvoll die Ansicht des Volkes wiedergeben:

Wie een Zeitungsreporter, de Furunkeln ißt un Motorenöl supt, vun sien Krankheit kureert worrn is.

Dat givt doch noch plietsche Lüd op de Welt. Körtens sä eener, he künn dree Spraaken: hochdütsch, plattdütsch un dör de Näs. Dat hört sick ganz klook an. Is obers noch gor nix gegen dat Vommot, wat sick vörleeden Woch een Journalist ut de Grotstadt leist het. De düchtige Baaß, as dat keen tweeten in de wiede Welt gevn mag, harr sick in den Kopp sett, een holsteensche Mittelstadt upt Visier to nehmen, um de Geschichten, de he belew, in lange Zeitungsspalten uptostapeln. Dat harr wull sien goden Grund un is sowiet ok fein avlopen. Doch, as Wilhelm Busch dat seggt: Jeder kriegt, was jeder tut, Schlechtigkeit bekommt nicht gut!

In de Stadt, de he anlopen is, ward siet Johrn all jümmers Theoterstücken int Stadttheoter speelt. Dat is an un för sick een groten Vördeel för de holsteenschen Stadt- un Landlüd, de nich alle Dag noh Hamborg fohrn könnt; un ok de Schauspeelers ut de Grotstadt, de de Upföhrung makt, komt gewiß nicht tokort dorbi. Düttmol speeln se dat Drama „Katte". De Reporter harr sick up de Luer leggt un wör ok glieks halwegs verschoten in Katte sien Prinzessin. Wi dat so kummt. He mokt de Gastspeelreis mit, sett sick up sien BMW. un sus dörtig Kilometer in de ländliche Fröhjohrsluft. Süso. Un nu beschrivt de gode Mann dat allens in een groten Zeitungsartikel, de utgereekent in een politisch maßgebenden Hambörger Tageszeitung veröffentlicht worrn is, wo em dat in de holsteensche Stadt gefulln hett:

„... Da war es ja schon, dies kleine nicht eben geschmackvoll aufgeführte Industrienest, Blumen suchen, wo ist der Blumenladen? Es gab keinen. Einige Einheimische blieben stehen, langsamen Gedanken ihrer schweren Schädel folgend ... „Gut, daß ich nicht immer hier sein muß," sagte sie, und wies auf die grauen unfreundlichen Häuser, „ich würde in kürzester Zeit verrückt" ... Aber es gab vorläufig keinen Wirt. Nur einige Hemdsärmelige quälten ein abgeschabtes Billard [illegible] freundliche und hilfsbereite Männer, die dem Wirt in die Pantoffeln hielten ... Derweilen tranken die Prinzessin und der Reporter einen Steinhäger, der an eine Mischung aus Motorenöl und Odol-Mundwasser denken ließ ... Und die Schauspieler begannen zum Erstaunen der spärlich vertretenen Eingeborenen ein seltsam schwerverständliches Gespräch ... und bestellte Gebäck, das mit einer Cremefüllung aussah wie ein riesiger Furunkel.

Mit düsse Oart Schriwerie harr de Journalist Oel up de Lamp goten. De „Ingeborenen" ut dat Industrie„nest" mit de geschmacklosen Hüs un de Furunkel up de Koken wüssen beter Bescheed, wat se vun son grotsnutigen Tünkram to holln harrn. Wat nu kummt, is een Drama, bi dat nich veel snackt warrn brukt bi Lüd, de dat nich blots in Kopp, sunnern ok in de Arms hebt. Se laden den düchtigen Reporter to een tweete „Fest"-Vörstellung int „Neger"-Dörp in. Dat harr just so sien goden Grund. In een Achtzylinder-Auto holn se den dör un dör kultivierten Herrn ut de Grotstadt av. De Empfang int füllvige Stadttheoter wör feierlich arrangiert. Amanulla kunn sick een bannige Schiev dorvun avsnieden. All de Honoratioren, SA. un SS. wörn egenhännig und persönlich mit bi. Uns Mosjöh müß up de Bühne gahn, een „Red an sien Volk" holln un sien groten Zeitungsartikel nochmol ton Besten geven. Un dat hett he dahn. De Biefall wör so grot, dat he toletzt nicht mehr wüß, wat achtern un vörn wör. Jedesmol, wenn he de besunners zugkräftigen Stellen ut dat Stück vörles kreg he een an sien Grüttkasten. Dat wör Dütsch, rein Plattdütsch, un nich [illegible] lang dör de Näs. De erste Mulschell stamm vun den Börgermeister, eegenhännig, dann köm'n achterann de echten Eingeborenen, de jümmer langen Gedanken ut de swarn Schädels hastdunichgesehen an den Mann bröchen. Düsse Eisenbarth-Kur schall de Reporter gau un god vun sien Krankheit kureert hem. Dat obers möt sick de grotstädtsche Herr, de een holsteensche Industrie„nest" upsöcht, seggn laten:

„Wenn wer sich wo als Lump erwiesen,
So schickt man in der Regel diesen
Zum Zwecke moralischer Erhebung
In eine andere Umgebung."

EN vom 6.4.1934

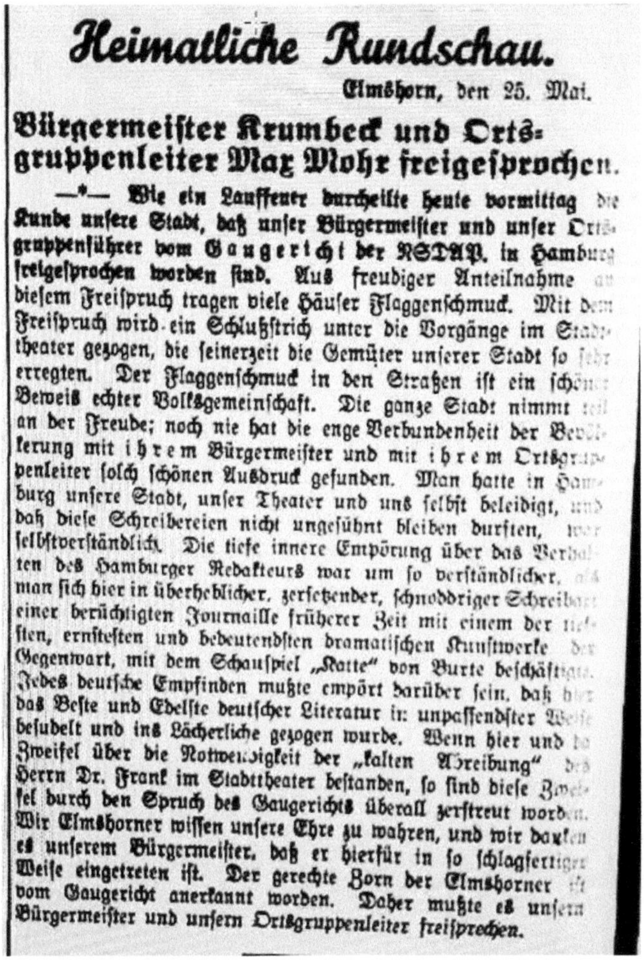

Heimatliche Rundschau.

Elmshorn, den 25. Mai.

Bürgermeister Krumbeck und Ortsgruppenleiter Max Mohr freigesprochen.

—*— **Wie ein Lauffeuer durcheilte heute vormittag die Kunde unsere Stadt, daß unser Bürgermeister und unser Ortsgruppenführer vom Gaugericht der NSDAP. in Hamburg freigesprochen worden sind.** Aus freudiger Anteilnahme an diesem Freispruch tragen viele Häuser Flaggenschmuck. Mit dem Freispruch wird ein Schlußstrich unter die Vorgänge im Stadttheater gezogen, die seinerzeit die Gemüter unserer Stadt so sehr erregten. Der Flaggenschmuck in den Straßen ist ein schöner Beweis echter Volksgemeinschaft. Die ganze Stadt nimmt teil an der Freude; noch nie hat die enge Verbundenheit der Bevölkerung mit ihrem Bürgermeister und mit ihrem Ortsgruppenleiter solch schönen Ausdruck gefunden. Man hatte in Hamburg unsere Stadt, unser Theater und uns selbst beleidigt, und daß diese Schreibereien nicht ungesühnt bleiben durften, war selbstverständlich. Die tiefe innere Empörung über das Verhalten des Hamburger Redakteurs war um so verständlicher, als man sich hier in überheblicher, zersetzender, schnoddriger Schreibart einer berüchtigten Journaille früherer Zeit mit einem der tiefsten, ernstesten und bedeutendsten dramatischen Kunstwerke der Gegenwart, mit dem Schauspiel „Katte" von Burte beschäftigte. Jedes deutsche Empfinden mußte empört darüber sein, daß hier das Beste und Edelste deutscher Literatur in unpassendster Weise besudelt und ins Lächerliche gezogen wurde. Wenn hier und da Zweifel über die Notwendigkeit der „kalten Abtreibung" des Herrn Dr. Frank im Stadttheater bestanden, so sind diese Zweifel **durch den Spruch des Gaugerichts überall zerstreut worden. Wir Elmshorner wissen unsere Ehre zu wahren, und wir danken es unserem Bürgermeister, daß er hierfür in so schlagfertiger Weise eingetreten ist. Der gerechte Zorn der Elmshorner ist vom Gaugericht anerkannt worden. Daher mußte es unsern Bürgermeister und unsern Ortsgruppenleiter freisprechen.**

EN vom 25.5.1934

Am 31. März 1934 verschmolzen die „Elmshorner Zeitung" (EZ) und die Elmshorner Nachrichten (EN) und es erschienen in der folgenden Zeit nur die EN.

An unsere Leser!

Unsern Lesern machen wir hiermit die Mitteilung, daß das bisherige zweite in Elmshorn erscheinende Blatt,

die „Elmshorner Zeitung", Anfang April an uns übergeht.

Es wird demnach die „Elmshorner Zeitung" nicht mehr selbständig erscheinen, sondern im Untertitel der „Elmshorner Nachrichten" fortleben. Es wird in Zukunft nur eine Tageszeitung in Elmshorn herausgegeben werden, die alle Ereignisse der engeren Heimat, Freude und Leid, übermittelt.

Der Sturm und Drang der letzten Zeit, der alles im Sinne des Dritten Reiches zusammenschweißte, macht frühere Gegensätze und Lebensbedingungen, die aus Partei und Anschauung entsprangen, überflüssig.

Wenn deshalb die „Elmshorner Nachrichten" für die Zukunft das einzige Blatt der Vaterstadt, der engeren Heimat sein werden, verflochten mit ihr seit über acht Jahrzehnten, seit dänischer Zeit, verfolgt damals, auch in der schmachvollen Revolution von 1918 von antinationalen Elementen, so mußte die Lösung nur eines in Elmshorn erscheinenden Blattes doch unter dem besonderen Gesichtspunkt erfolgen, daß nach aller Möglichkeit jeder bisher in Arbeit stehende Volksgenosse Brot und Lohn behält.

Durch die Loslösung der „Elmshorner Zeitung", die in letzter Zeit die Buchdruckerei Vollbehr nur belastete, ist den bisherigen Herausgebern dieses Blattes, Friedrich Vollbehr und Söhne, die Möglichkeit gegeben, ihre Akzidenz- und Werkdruckerei lebensfähig zu gestalten und zu erhalten.

Die neue Zeit bringt somit wohl das Dahingehen eines alten Blattes, aber zugleich suchten wir gemeinsam dafür neue Möglichkeiten des Lebens und Schaffens für die Zukunft.

Die „Elmshorner Nachrichten" sind sich ihrer Verantwortung für Gegenwart und Zukunft wohl bewußt. Sie werden, in langer Tradition nationalen, schleswig-holsteinischen Kampfes, eng und gebürtig verbunden mit Heimat und heimatlichem Boden, ihre Ideen und Gedanken weiter hinaustragen in dem Sinne der einzigen nationalsozialistischen Richtung, die mit Allem gefördert werden muß, die allein hinführen kann zu dem Ziel, unser Vaterland neu und besser zu gestalten, es zu neuer Blüte zu bringen.

Das soll unser Streben sein, auch dahingehend, die „Elmshorner Nachrichten" weiter auszubauen, vollkommener und reichhaltiger zu gestalten.

Der Verlag der „Elmshorner Nachrichten"
Emil Koch.

Elmshorn, den 31. März 1934.

EN vom 31.3.1934

Bei der Ausgrenzung der Juden aus dem öffentlichen Leben übertraten manche Nationalsozialisten die von der Regierung gesteckten Grenzen. Auf der einen Seite wollte man die fortschreitende Isolierung, auf der anderen Seite schadeten viele Maßnahmen der heimischen Wirtschaft und dem Ansehen Deutschlands in der Welt, was zu immer mehr kritischen Artikeln in der Auslandspresse („Gräuelpropaganda“) führte. Die Nationalsozialisten waren gezwungen, etwas gegenzusteuern.

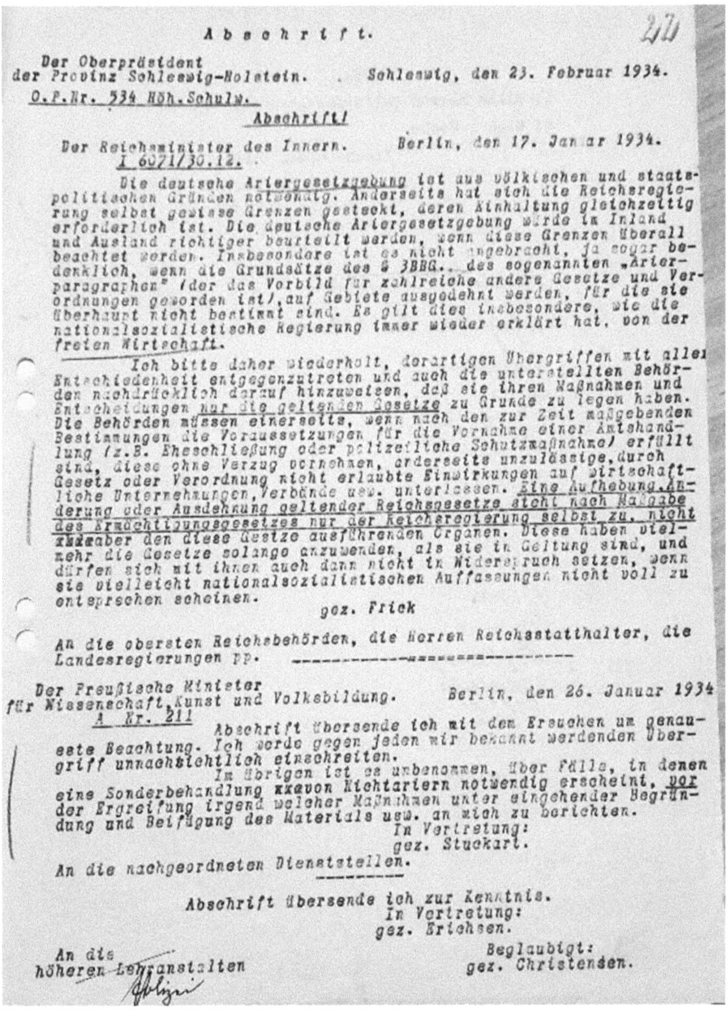

Abschrift.

Der Oberpräsident
der Provinz Schleswig-Holstein. Schleswig, den 23. Februar 1934.
O.P.Nr. 534 Höh.Schulw.

Abschrift!

Der Reichsminister des Innern. Berlin, den 17. Januar 1934.
I 6071/30.12.

Die deutsche Ariergesetzgebung ist aus völkischen und staatspolitischen Gründen notwendig. Andersseits hat sich die Reichsregierung selbst gewisse Grenzen gesteckt, deren Einhaltung gleichzeitig erforderlich ist. Die deutsche Ariergesetzgebung würde im Inland und Ausland richtiger beurteilt werden, wenn diese Grenzen überall beachtet werden. Insbesondere ist es nicht angebracht, ja sogar bedenklich, wenn die Grundsätze des § 3BBG.. des sogenannten „Arierparagraphen“ (der das Vorbild für zahlreiche andere Gesetze und Verordnungen geworden ist), auf Gebiete ausgedehnt werden, für die sie überhaupt nicht bestimmt sind. Es gilt dies insbesondere, wie die nationalsozialistische Regierung immer wieder erklärt hat, von der freien Wirtschaft.

Ich bitte daher wiederholt, derartigen Übergriffen mit aller Entschiedenheit entgegenzutreten und auch die unterstellten Behörden nachdrücklich darauf hinzuweisen, daß sie ihren Maßnahmen und Entscheidungen nur die geltenden Gesetze zu Grunde zu legen haben. Die Behörden müssen einerseits, wenn nach den zur Zeit maßgebenden Bestimmungen die Voraussetzungen für die Vornahme einer Amtshandlung (z.B. Eheschließung oder polizeiliche Schutzmaßnahme) erfüllt sind, diese ohne Verzug vornehmen, andererseits unzulässige, durch Gesetz oder Verordnung nicht erlaubte Einwirkungen auf wirtschaftliche Unternehmungen, Verbände usw. unterlassen. Eine Aufhebung, Änderung oder Ausdehnung geltender Reichsgesetze steht nach Maßgabe des Ermächtigungsgesetzes nur der Reichsregierung selbst zu, nicht aber den diese Gestze ausführenden Organen. Diese haben vielmehr die Gesetze solange anzuwenden, als sie in Geltung sind, und dürfen sich mit ihnen auch dann nicht in Widerspruch setzen, wenn sie vielleicht nationalsozialistischen Auffassungen nicht voll zu entsprechen scheinen.

gez. Frick

An die obersten Reichsbehörden, die Herren Reichsstatthalter, die Landesregierungen pp.

Der Preußische Minister
für Wissenschaft, Kunst und Volksbildung. Berlin, den 26. Januar 1934
A Nr. 211

Abschrift übersende ich mit dem Ersuchen um genaueste Beachtung. Ich werde gegen jeden mir bekannt werdenden Übergriff unnachsichtlich einschreiten.

Im übrigen ist es unbenommen, über Fälle, in denen eine Sonderbehandlung von Nichtariern notwendig erscheint, vor der Ergreifung irgend welcher Maßnahmen unter eingehender Begründung und Beifügung des Materials usw. an mich zu berichten.

In Vertretung:
gez. Stuckart.

An die nachgeordneten Dienststellen.

Abschrift übersende ich zur Kenntnis.
In Vertretung:
gez. Erichsen.

An die
höheren Lehranstalten

Beglaubigt:
gez. Christensen.

Polizei

Stadtarchiv 001-03.31.50.01.04 Polizeiverwaltung Ortspolizei

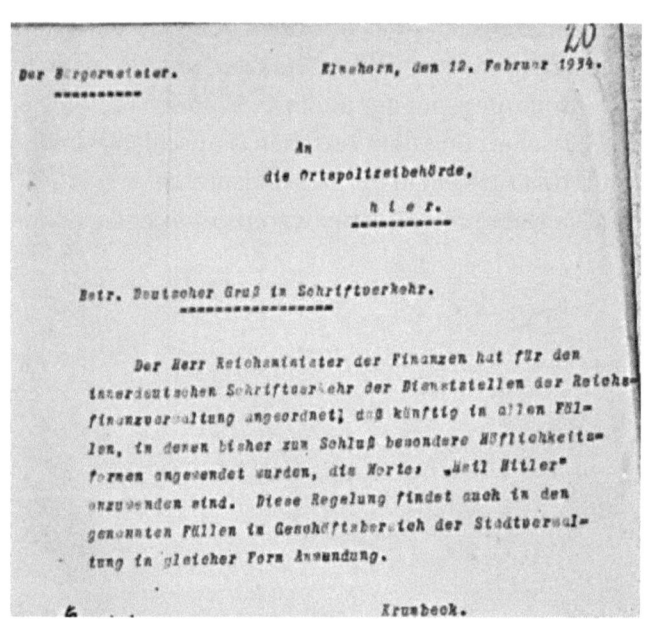

Der Bürgermeister.   Elmshorn, den 12. Februar 1934.

An
die Ortspolizeibehörde,
hier.

Betr. Deutscher Gruß im Schriftverkehr.

Der Herr Reichsminister der Finanzen hat für den innerdeutschen Schriftverkehr der Dienststellen der Reichsfinanzverwaltung angeordnet, daß künftig in allen Fällen, in denen bisher zum Schluß besondere Höflichkeitsformen angewendet wurden, die Worte: „Heil Hitler" anzuwenden sind. Diese Regelung findet auch in den genannten Fällen im Geschäftsbereich der Stadtverwaltung in gleicher Form Anwendung.

Krumbeck.

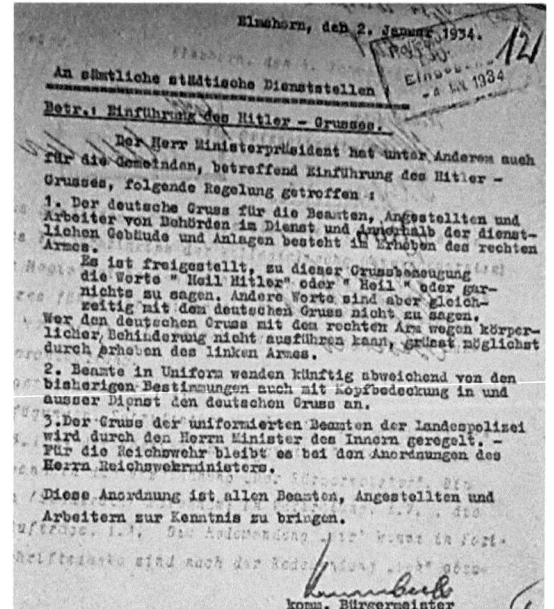

Elmshorn, den 2. Januar 1934.

An sämtliche städtische Dienststellen

Betr.: Einführung des Hitler - Grusses.

Der Herr Ministerpräsident hat unter Anderem auch für die Gemeinden, betreffend Einführung des Hitler - Grusses, folgende Regelung getroffen :

1. Der deutsche Gruss für die Beamten, Angestellten und Arbeiter von Behörden im Dienst und innerhalb der dienstlichen Gebäude und Anlagen besteht im Erheben des rechten Armes.
   Es ist freigestellt, zu dieser Grussbezeugung die Worte " Heil Hitler" oder " Heil " oder garnichts zu sagen. Andere Worte sind aber gleichzeitig mit dem deutschen Gruss nicht zu sagen.
   Wer den deutschen Gruss mit dem rechten Arm wegen körperlicher Behinderung nicht ausführen kann, grüsst möglichst durch Erheben des linken Armes.
2. Beamte in Uniform wenden künftig abweichend von den bisherigen Bestimmungen auch mit Kopfbedeckung in und ausser Dienst den deutschen Gruss an.
3. Der Gruss der uniformierten Beamten der Landespolizei wird durch den Herrn Minister des Innern geregelt. - Für die Reichswehr bleibt es bei den Anordnungen des Herrn Reichswehrministers.

Diese Anordnung ist allen Beamten, Angestellten und Arbeitern zur Kenntnis zu bringen.

Krumbeck
komm. Bürgermeister

Stadtarchiv 001-03.31.50.01.04 Polizeiverwaltung Ortspolizei

Abschrift 52

aus dem Ministerialblatt für die Preußische innere Verwaltung vom 11. April 1934 Nr. 15.

Allgemeine Verwaltungssachen.

Fahnengruß.

Nachsteh. Erl. des RMdJ. v. 11.II.34

RdErl. d. MdJ. v. 4.4.1934 – Zd 89 III/34. zur Beachtung:

„(1) Für die Angehörigen der SA besteht die Verpflichtung, sämtliche Sturmfahnen und Feldzeichen der SA, SS, des St. und der Pol. sowie alle Fahnen der alten Armee zu grüßen, ferner die Fahnen der politischen Organisationen der Bewegung und der Hitlerjugend, sofern sie im geschlossenen Zuge mitgeführt werden; ausgenommen sind ~~und~~ die Kommandoflaggen der SA. sowie die Wimpel des Bundes Deutscher Mädel und des Jungvolkes. Für die Wehrmachtangehörigen hat der RWeM. angeordnet, daß die Fahnen der nationalen Verbände bei Aufmärschen geschlossener Abteilungen oder öffentlichen nationalen Kundgebungen zu grüßen sind.

(2) Es entspricht dem Wesen wahrer Volksgemeinschaft im nationalsozialistischen Staat und dem freudigen Bekenntnis zu ihr, daß auch die übrige Bevölkerung ihr Verhalten diesen Bestimmungen anpaßt. Jeder deutsche Volksgenosse wird es daher, ohne daß es hierzu besonderer Vorschriften bedarf, als eine selbstverständliche Ehrenpflicht betrachten, den Fahnen der nationalen Erhebung –der Hakenkreuzfahne und der schwarz-weiß-roten Fahne–, wenn sie im geschlossenen Zuge oder bei einer öffentlichen nationalen Kundgebung gezeigt werden, seine Achtung durch Erheben des rechten Armes zu erweisen, genau so wie es schon immer für jeden guten Deutschen Brauch und Sitte ist, die ruhmreichen Fahnen der alten Armee zu grüßen.

(3) Der RMdJ. hat in einem RdSchr. die obersten Reichs-

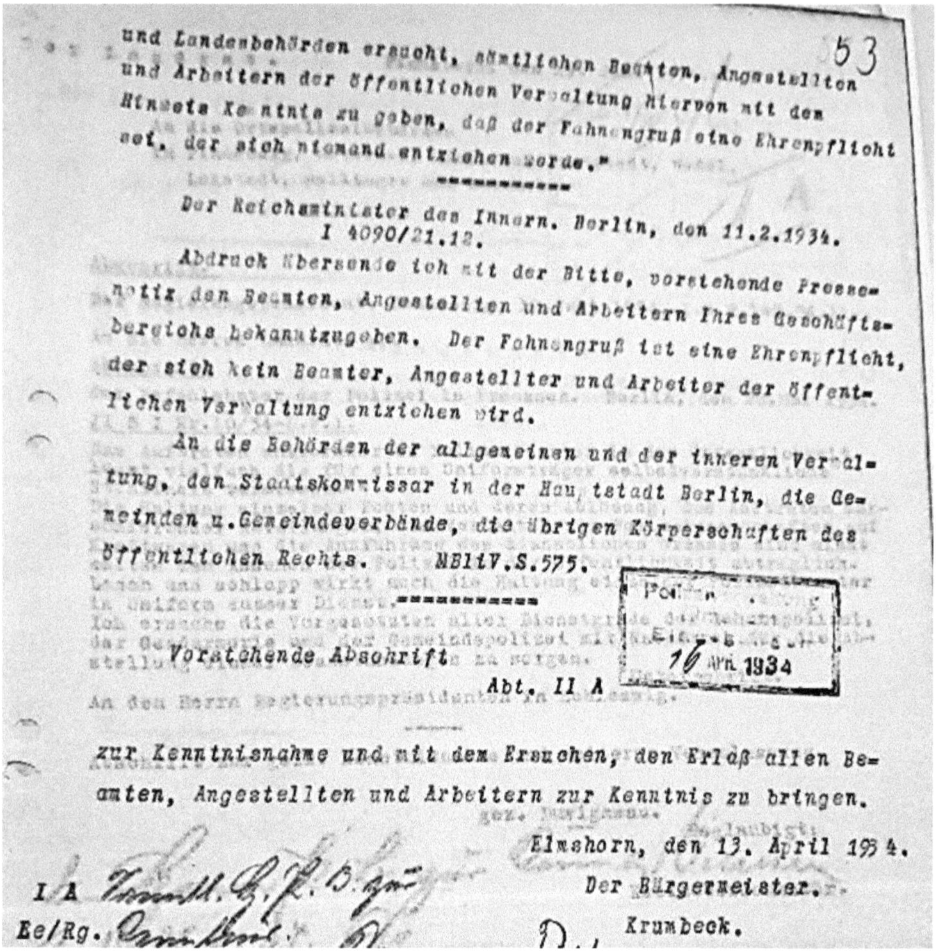

53

und Landesbehörden ersucht, sämtlichen Beamten, Angestellten und Arbeitern der öffentlichen Verwaltung hiervon mit dem Hinweis Kenntnis zu geben, daß der Fahnengruß eine Ehrenpflicht sei, der sich niemand entziehen werde."

Der Reichsminister des Innern. Berlin, den 11.2.1934.
I 4090/21.12.

Abdruck übersende ich mit der Bitte, vorstehende Pressenotiz den Beamten, Angestellten und Arbeitern Ihres Geschäftsbereichs bekanntzugeben. Der Fahnengruß ist eine Ehrenpflicht, der sich kein Beamter, Angestellter und Arbeiter der öffentlichen Verwaltung entziehen wird.

An die Behörden der allgemeinen und der inneren Verwaltung, den Staatskommissar in der Hauptstadt Berlin, die Gemeinden u.Gemeindeverbände, die übrigen Körperschaften des öffentlichen Rechts. MBliV.S.575.

Eing. 16 APR 1934

Vorstehende Abschrift

Abt. II A

zur Kenntnisnahme und mit dem Ersuchen, den Erlaß allen Beamten, Angestellten und Arbeitern zur Kenntnis zu bringen.

Elmshorn, den 13. April 1934.
Der Bürgermeister.
Krumbeck.

I A
Ke/Rg.

Stadtarchiv 001.03.31.50.01.38 Dienstvorschriften Polizei 1898-1937. Ausschnitt

Reichsberufswettkämpfe in Elmshorn.

Die Vorarbeiten für die Durchführung der Reichsberufswettkämpfe sind nahezu beendet. Hunderte von Jugendlichen aller Berufsstände werden in der kommenden Woche zum Wettstreit um die beste Leistung im Beruf antreten.

Die Hitler-Jugend wird diesen ersten Reichsberufswettkampf durch eine gewaltige Kundgebung am Sonnabendabend, dem 7. April, im „Holsteinischen Hof" einleiten, an der die Spitzen der Behörden, die Verbandsleiter der Deutschen Arbeitsfront, die Ortsgruppenführung der NSDAP. und führende Männer aus Industrie, Handwerk und Handel teilnehmen werden. Darüber hinaus wird die gesamte berufstätige Jugend durch ihr geschlossenes Erscheinen ihren Willen zum Einsatz für das große Ziel der Reichsberufswettkämpfe bekunden.

In den örtlichen Ehrenausschuß für die Reichsberufswettkämpfe sind berufen worden: Bürgermeister Krumbeck, Max Mohr, Ortsgruppenführer der NSDAP., Willi Beh, NSBO., Hans Sievers, NSLB., Albert Malzahn, Gauwirtschaftsberater, Joh. Brodersen, NS. Hago., Kurt Breitfeld, Standortführer der SA., Dr. Ernst Albers, Wilhelm Bull, Wilhelm Knecht, Herbert Hinz, Otto Diercks, Friedrich Bindemann, Carl Rostock, Peter Kölln, Heinz Wagner, Dr. med. Rischel.

EN vom 4.4.1934

Unter dem Titel *„Reichsberufswettkampf"* wurden im nationalsozialistischen Deutschen Reich von 1934 bis 1939 zentralisierte berufliche Leistungswettbewerbe veranstaltet, an denen Jugendliche aller Berufe und Betriebe teilnehmen konnten. Durchgeführt wurde der Wettkampf von der Deutschen Arbeitsfront (DAF) in Zusammenarbeit mit der Hitlerjugend (HJ) und dem „Nationalsozialistischen Deutschen Studentenbund" (NSDStB). Der Wettbewerb umfasste drei bzw. vier Themenfelder: berufliche Praxis, berufliche Theorie, weltanschauliche Schulung und für Mädchen zusätzlich Hauswirtschaft. (154)

Der Reichsberufswettkampf wurde in Elmshorn im „Holsteinischen Hof" mit einer Rede des Unterbannführers Kann eröffnet.

„Wenn am 30. Januar 1933 der Durchbruch der nationalsozialistischen Revolution gelang, so hatte die Jugend einen wesentlichen Anteil daran. Sie war es, die sich

zuerst gegen den Staat von Weimar erhob, sie war es, die sich trotz Hohn und Spott, trotz Verfolgung und Kerker zuerst hinter Adolf Hitler stellte. Und als dann im Jahre 1933 der Sturm des Nationalsozialismus über Deutschland dahinbrauste, als eine Partei nach der anderen fiel, da war es eine Selbstverständlichkeit, dass auch in der Jugendbewegung sich die Sammlung vollzog und dass ein Bund nach dem anderen seine Mannschaft in die Hitlerjugend überführte oder sich auflöste.

Wo die ganze deutsche Jugend in einer Front marschierte, hatte auch die konfessionelle Jugend kein Recht mehr auf ein Sonderdasein. Und ist so denn vor kurzem auch die evangelische Jugend in die HJ eingegliedert worden. Und es wird nicht mehr lange währen, dann gibt es auch keine katholische Jugendorganisation mehr, sondern nur noch die deutsche Volksjugend, die Jugend des Führers! Aber die Hitlerjugend hat nicht eingegliedert, nur um Zahlen aufweisen zu können, nein, sie musste zu diesem Akt schreiten, um erst die Voraussetzungen zu schaffen für die gewaltige Aufgabe, die ihrer harrte. Denn wir stehen nicht am Ende, sondern am Anfang. Die Hitlerjugend soll und wird den Menschen des nationalsozialistischen Reiches formen. Den Menschen, der die letzten Reste liberalen bürgerlichen Denkens ausrotten wird! Über unsere Kundgebung soll daher als Leitsatz stehen die Worte: „Durch den Sozialismus zur Nation!", denn darin liegt das Bekenntnis des jungen Deutschlands. Wer in unsere Reihen tritt, wer das Braunhemd anzieht, der muss wissen, dass er damit auf das Ich verzichtet und dass an dessen Stelle das Wir getreten ist!

Am 24. Januar dieses Jahres hat die Hitlerjugend am Grabe des größten Königs in Potsdam ihre Bannfahnen geweiht. Sie hat sich damit zum Preußentum bekannt. Preußentum und Sozialismus aber sind ein und dasselbe. Die Fahnen der deutschen Revolution, die Fahnen der Hitlerjugend sollen niemals missbraucht werden für die Sache irgendeiner Schicht oder irgendeiner Kaste. Sie sind das Symbol einer Weltanschauung, für die 21 unserer Kameraden ihr junges Leben ließen. Wir kennen kein Vorrecht der Geburt, sondern nur ein Vorrecht der Leistung!

Man hat der Hitlerjugend oft vorgeworfen, sie hätte keine Führer oder ihre Führer seien zu jung, und besonders die Schule macht uns diesen Vorwurf. Wir sind weit davon entfernt, auf unsere Unfehlbarkeit zu pochen, wir verschließen unsere Augen nicht vor den Fehlern, die noch vorhanden sind, aber man soll auch nicht verkennen, dass dort, wo vor einem Jahr Hunderte standen, heute Tausende stehen, und dass der Bedarf an fähigen Unterführern heute noch den Bestand übersteigt. Jeder ehrlich gemeinte Rat, jede positive Kritik soll uns recht sein, aber ein Recht zur Kritik hat nur der, der mit derselben Reinheit des Willens, mit demselben fanatischen Glauben dem werdenden Reich der deutschen Nation dienen will.

Als vor einigen Monaten der Führer der Deutschen Arbeitsfront, Dr. Ley, den Befehl gab, die gesamte Jugend der Deutschen Arbeitsfront in die Hitlerjugend zu überführen, da bedeutete das für die Hitlerjugend nicht nur die Organisation neuer Massen, sondern vor allem die Übernahme der Verantwortung auch für die Berufsausbildung dieser jungen Menschen. Und so hat denn die Reichsjugendführung diesen Reichsberufswettkampf angeordnet und führt ihn gemeinsam mit der Deutschen Arbeitsfront durch. Wir zeigen damit aller Welt den unerschütterlichen Aufbauwillen der deutschen Jugend. Neben die Gesinnungsbildung stellen wir den Leistungsanspruch, nicht nur im eigentlichen Dienst, sondern vielmehr noch im Beruf. Arbeiter zu sein, ist die höchste Ehre des deutschen Mannes. Wir weisen der Jugend den Weg, der zur Höhe führt. Wir suchen den Adel der Leistung, den einzigen Adel, den die neue Jugend kennt!

Über unserer Arbeit aber soll stehen der Geist der Kameradschaft, das Wissen um die Verantwortung für den Staat, den wir dereinst tragen sollen.

Und so geht denn an die Arbeit, Hitlerjungen! Hitlermädel! Vorwärts! Vorwärts! Schmettern die hellen Fanfaren! Es lebe Deutschland!!

Darauf wurde stehend das Lied der Hitlerjugend gesungen."

Anschließend sprach der Ortsgruppenbetriebszellenobmann, Pg. Voß, und schloss mit den Worten:

„Arbeitskameraden! Gebt alles, was ihr habt, Eure ganze Kraft, Euer Ganzes Sein für diesen Wettkampf. Durch den Beruf zum Nationalsozialismus, durch den Kampf zum Sieg!" (155)

Stadtjugend geht aufs Land.

•—• „Wir glauben an uns selbst, an unser Vaterland und an unsere Zukunft". Das ist das Motto von 75 frischen westfälischen Jungens und Mädels, die dem Ruf des Landes nach Helfern freudig Folge geleistet haben und aus ihrer Heimat nach Elmshorn heraufgekommen sind. Sie sind es satt, Unterstützung zu beziehen und in der Großstadt untätig auf Arbeit zu warten, während auf dem Lande Ernte und Volksernährung in Frage gestellt sind, weil es in der Landwirtschaft an jungen Kräften mangelt. Es sind nicht die Schlechtesten, die sich freiwillig gemeldet haben und die unselige und falsche Abneigung gegen die Arbeit auf der Heimatscholle abgelegt haben. Man sieht es ihren frohen Mienen und leuchtenden Augen an, daß sie sich freuen, Arme und Fäuste mal wieder in ehrlicher Arbeit rühren zu dürfen.

Schon auf der Fahrt vom Ruhrgebiet herauf hat sich unter ihnen eine Art Schicksalsgemeinschaft gebildet und vielfach den Zusammenschluß kleiner Gruppen zur Folge gehabt, die nun auch als Landhelfer hier oben möglichst im gleichen Dorf beisammen bleiben wollen. Kaum in Elmshorn angekommen wird der landwirtschaftliche Vermittler des Arbeitsamtes Elmshorn bestürmt, diesem Wunsche Rechnung zu tragen. Mit mächtiger Stimme jedoch schafft der erst mal Ruhe und Ordnung, führt den Landhelfertrupp zur Jugendherberge und sorgt durch ein warmes Abendessen für ihr leiblich Wohl. Dann beginnt die Einzelberatung, in der jeder für sich vorgenommen wird und das bisherige Berufsschicksal sowie die evtl. schon vorhandenen landwirtschaftlichen Vorkenntnisse festgestellt werden. Jetzt ist es auch an der Zeit, Wünsche vorzubringen. Der eine will in die Marsch, der andere in die Geest, wieder ein anderer möchte in ein bestimmtes Dorf, in das schon früher ein Bekannter als Landhelfer gekommen ist, Freunde und SA.-Kameraden des gleichen Heimatsturmes wollen zusammen bleiben. Immer freundlich und hilfsbereit geht der Vermittler auf alle Wünsche ein, so weit es geht, denn er fühlt mit ihnen als Mensch, ist nicht nur Beamter, und will ihnen helfen, hier eine Heimat zu finden. Da der Vermittler alle Bauernhöfe und deren Besitzer in seinem Bezirk kennt, weiß er jedem Jungen die passende Arbeitsstelle zuzuweisen. So wird schon alles am Abend vorbereitet und dafür Sorge getragen, daß Landhelfer und Bauer miteinander zufrieden sind. Welch eine Summe von Verantwortung und Arbeit dazu gehört, in der kurzen zur Verfügung stehenden Zeit oft mit einem Blick die richtige Entscheidung zu treffen, davon hat der Außenstehende oft keine richtige Vorstellung.

Am andern Morgen nach einem kräftigen Frühstück werden dann die Landhelfer nach allen Teilen des Arbeitsamtsbezirks Elmshorn (Kreise Steinburg und Pinneberg) in Marsch gesetzt und wieder sind 75 junge, hoffnungsfrohe Menschen vom Fluche der Arbeitslosigkeit befreit und dem alles verschlingenden Moloch der Großstadt entrissen. Woche um Woche rollen Transporte von Landhelfern aus dem Industriegebiet hierher — 1500 großstädtische Jugendliche haben allein schon im Bezirk des Arbeitsamtes Elmshorn Arbeit und Heimat gefunden. Die Flut, die jahrzehntelang vom Land in die Stadt strömte, beginnt endlich zurückzufluten. Umbruch unserer Zeit!

EN vom 7.4.1934

Weg ins Dritte Reich

Festliche Veranstaltung

der N.-S.-Frauenschaft, Ortsgruppe Elmshorn

im Rahmen des Deutschen Frauenwerks

am Dienstag, dem 10. April, 8¼ Uhr, im „Holsteinischen Hof"

Eintrittskarten zu 0.30 sind zu haben täglich von 17 bis 19 Uhr im Frauenschafts-Heim, Katharinenstr., und bei den Mitgliedern

Deutsches Rotes Kreuz

Deutsches Frauenwerk:

Der Vaterländische Frauenverein, Zweigverein Elmshorn, und der Frauenverein vom Roten Kreuz für Deutsche über See machen ihre Mitglieder auf die

festliche Veranstaltung

der N.-S.-Frauenschaft

am 10. April aufmerksam und bitten sie um recht zahlreichen Besuch dieser Frauenkundgebung

EN vom 5.4.1934

Im April 1934 wurde ein Brief, der an eine Adresse in Amerika gerichtet war, als unzustellbar zurückgesandt und von der Post geöffnet, obgleich der Absender bekannt war. Da in dem Schreiben *„haarsträubende Behauptungen über die Verhältnisse in Deutschland"* standen, wurde die Absenderin, eine 63-jährige Elmshornerin und ihr Sohn vor das Altonaer Schwurgericht zitiert. Sie erhielten eine Strafe von 6 bzw. 9 Monaten. Mit diffamierenden Worten berichteten die EN von diesem Prozess. (156)

Elmshorn, den 7. April.

Der „Greuelbrief" nach Amerika.

* Im Herbst vorigen Jahres wurde ein als unbestellbar aus Amerika nach Deutschland zurückkommender Brief angehalten, der als Absender die Adresse der Frau Elsabe Brose aus Elmshorn trug. Dieser Brief, der an die Schwester der Briefschreiberin gerichtet war, enthielt geradezu haarsträubende Behauptungen über die Verhältnisse in Deutschland. Die Adresse des Briefes war von ihrem Sohn, einem Techniker und früheren sozialdemokratischen Stadtverordneten Fritz Brose geschrieben. Da der Verdacht auftauchte, daß der Sohn der geistige Urheber des Briefes gewesen sei, und daß er seine 63jährige geistig minderwertige Mutter beeinflußt habe, standen jetzt beide vor den Schranken des Altonaer Sondergerichts. Nach eingehender Beweisaufnahme verurteilte das Gericht die Mutter wegen Vergehens gegen § 3 der Verordnung vom 21. März 1933 unter Berücksichtigung ihrer verminderten Zurechnungsfähigkeit zu 6 Monaten Gefängnis, während der Sohn, der sich auch noch einer anderen politischen Straftat wegen in Untersuchungshaft befindet, wegen Beihilfe zu einer Gefängnisstrafe von 9 Monaten verurteilt wurde.

EN vom 7.4.1934

Elmshorner Zeitung

83. Jahrgang. Montag, den 9. April 1934. Nr. 82.

Bis 1. Juli 1½ Millionen Arbeitslose weniger.

Englands Standpunkt: „Ein gewisses Maß deutscher Aufrüstung unvermeidlich."

Staatsbegräbnis für Generaloberst von Einem. — Warnung vor Zentrumspropaganda von der Kanzel. — Rumänische Regierungskreise abgebogen.

Aufmarsch von 150000 Hitlerjungen in Hamburg.

Gewaltige Kundgebung im Stadtpark. — Weihe der Jugendherberge „Kein Godenwind". — Vorbeimarsch vor dem Reichsjugendführer.

In wenigen Zeilen.

EN vom 9.4.1934

Mit einer Riesenkundgebung im Stadtpark und einem anschließenden Vorbeimarsch an der NS-Prominenz von 150.000 Hitlerjungen und -mädel, an der auch die Elmshorner Hitlerjugend beteiligt war, wurde in Hamburg die Jugendherberge „Hein Godenwind" eröffnet. (157)

Schwimmende Jugendherberge „Hein Godenwind" 1933. https://creativecommons.org/licenses/by-sa/4.01933.

Das Schiff wurde von 1933 bis 1939 als erste schwimmende Jugendherberge im Hamburger Hafen genutzt. Es bot Unterkunft für 514 Personen. Während der Luftangriffe auf Hamburg im Sommer 1943 wurde das Schiff am 25. Juli getroffen und geriet in Brand. In der Folge sank es auf den Grund des Hafenbeckens. Anfang 1944 wurde es gehoben und der Hulk, d.h. ein außer Dienst gestelltes Schiff, das keinen Antrieb mehr hat, im Februar als Zielschiff für die deutsche Luftwaffe ins Kurische Haff verholt. Dort wurde es später bei Übungen der Luftwaffe versenkt. (158)

Im April informierten die EN über einen Erlass des Reichsinnenministers, der besagte, dass es Jugendlichen der Hitlerjugend nur erlaubt sein solle, in Uniform Geldbeträge auf der Straße zu sammeln bzw. Werbemittel zu verkaufen. Verboten war das Sammeln in Häusern und Lokalen, nach Einbruch der Dunkelheit und ohne Uniform. (159)

Am 10. April übernahm die SA- und SS-Reiterei die Elmshorner Reit- und Fahrschule. Für die Ausbildung von SA- und SS-Reitern aus ganz Deutschland wurde eine Unterkunft für 100 Mann und Lehrsäle geplant. (160)

Die *„Adolf-Hitler-Freiplatzspende"* war eine 1933 ins Leben gerufene soziale Einrichtung der NSDAP. Sie sollte verdienten Alten Kämpfern einen kostenlosen Erholungsurlaub in Form eines Freiplatzes ermöglichen. 1935 wurde die Spende auf alle Volksgenossen und ihre Angehörigen erweitert, wenn die örtliche Dienststelle der NS-Volkswohlfahrt sie als bedürftig betrachtete. Diese warb in Kur- und Badeorten um Freiplätze, wobei Bedürftige aus dem Kreis der „Alten Kämpfer" bevorzugt wurden, während man andere Parteigenossen in Hitler-Urlauber-Kameradschaften zusammenfasste. Dabei arbeitete die NS-Volkswohlfahrt mit Gliederungen der NSDAP, dem Reichsnährstand und Reichsfremdenverkehrsverband sowie selbst Wohlfahrtseinrichtungen der Kirchen und der Inneren Mission zusammen. (161)

Am 11. April erschien in den EN eine Bilanz der Freiplatzspende 1934 in Elmshorn:

„Die Adolf-Hitler-Spende 1934 konnte in der Stadt Elmshorn mit gutem Erfolg durchgeführt werden. Bekanntlich hatte Bürgermeister Krumbeck vor längerer Zeit die Elmshorner Bevölkerung aufgerufen, für die erholungsbedürftigen alten Kämpfer der nationalsozialistischen Bewegung Freiquartiere für einige Wochen zur Verfügung zu stellen. Trotzdem die Unterbringung in vielen Fällen wegen der beschränkten räumlichen Wohnverhältnisse fast unmöglich war, ließen es sich die Volksgenossen nicht nehmen, ihre Verbundenheit mit den SA-Kämpfern dadurch kundzutun, dass sie sich freudigen Herzens zur Aufnahme bereit erklärten.

Arbeiter, Fabrikanten, Geschäftsleute, Beamte, Angestellte und Handwerker bemühten sich gemeinsam darum, in dankbarer Anerkennung der Verdienste der SA-Kämpfer, einen SA-Mann bei sich aufnehmen zu dürfen. Jeder sah es als selbstverständliche Pflicht und als Ehre an, einen oder mehrere der Kämpfer des

Führers Adolf Hitler in die häusliche Gemeinschaft aufzunehmen. Besonders anzuerkennen ist, dass sich Volksgenossen, deren Einkommen knapp zum Unterhalt der eigenen Familie ausreicht, es sich nicht nehmen ließen, sich zur Aufnahme bereitzuerklären. Nach den gesammelten Erfahrungen kann gesagt werden, dass sich die Elmshorner Bevölkerung zum weitaus überwiegenden Teil freudigen Herzens zur Volksgemeinschaft bekennt.

Andererseits musste die bedauerliche Feststellung gemacht werden, dass sich immer noch einige Leute finden, die sich nicht zur Volksgemeinschaft bekennen. Obgleich Räume im Hause zur Verfügung stehen, wird die Aufnahme eines erholungsbedürftigen SA-Kämpfers abgelehnt, und zwar aus nichtigen Gründen. Einige mögen keine fremden Personen im Hause haben, andere geben vor, keinen Platz zu haben, obgleich Zimmer vorhanden sind, andere glauben in ihrer Ruhe gestört zu werden. Sie vergessen aber ganz und gar dabei, dass sie dem Führer und seinen treuen SA-Kämpfern viel schuldig sind. Vielleicht denken diese Volksgenossen einmal darüber nach, was aus Deutschland geworden wäre, wenn nicht Adolf Hitler und seine treuen SA-Kämpfer für Ordnung gesorgt hätten.

Bisher wurden in Elmshorn etwa 130 Freiquartiere bereitgestellt. Die Werbung wird weiter durchgeführt durch die politischen Leiter der Ortsgruppe Elmshorn der NSDAP." (162)

Ein weiteres soziales Werk war das Hilfswerk *„Mutter und Kind"*. Bei dessen Start hob Goebbels hervor:

„Auch mit diesem Hilfswerk, dass eine ständige Einrichtung der NS- Volkswohlfahrt bleiben soll, wollen wir werben um den deutschen Menschen, um den deutschen Volksgenossen, um seine Seele, um seine Liebe. Mutter und Kind sind Unterpfand für die Unsterblichkeit eines Volkes." (163)

Das Hilfswerk Mutter und Kind wurde 1934 in der Zeit des Nationalsozialismus gegründet und hatte die Aufgabe, als „arisch" geltende Schwangere und junge Mütter und deren Nachwuchs zu betreuen. Das Hilfswerk unterstand dem Hauptamt für Volkswohlfahrt in der Reichsleitung der NSDAP. (164)

Am 12. April 1934 kam es zu einer Neuauflage des Altonaer Blutsonntag-Prozesses, bei dem 17 Angeklagte unter Mordanklage standen. (165)

NSDAP
Ortsgruppe Elmshorn

Freitag, den 20. ds. Mts., 20.15 Uhr, fin[det] im „Carlstal"
anläßlich des Geburtstages des Führers
im Rahmen einer Mitgliederversammlung
eine schlichte Feier
statt. — Es nehmen außer den Parteigenossen die örtlich[en] Formationen sowie Abordnungen der H. J. und des Arbei[ts]dienstes teil
Bei dieser Gelegenheit Ehrung der alten Elm[s]horner Kämpfer durch Ueberreichung des Ehren[-]abzeichens
Der stellv. Ortsgruppenleiter

EN vom 19.4.1934

Elmshorner Nachrichten
„Pinneberger Kreisblatt"
Elmshorner Zeitung

83. Jahrgang. Freitag, den 20. April 1934. Nr. 92.

Zum 45. Geburtstag des Führers.

Zum Geburtstag des Führers.
Von Dr. Otto Dietrich.

Der Glückwunsch des Reichspräsidenten.

EN vom 20.4.1934

Zum Geburtstag von Adolf Hitler fand in Elmshorn im „Carlstal" eine Geburtstagsfeier statt. Teilnehmer waren neben der NSDAP auch Mitglieder der HJ des BDM und des Arbeitsdienstes. Auf dieser Feier wurden die „alten Kämpfer" von Elmshorn mit einem Ehrenabzeichen geehrt.

„Nach dem Einmarsch der Fahnen und nach dem Einzug der alten Kämpfer, die durch spalierbildende SS zum Ehrentisch vor der Bühne geleitet wurden, begrüßte

Pg. Dr. Albers die Parteigenossinnen und Parteigenossen. Er stellte fest, dass es in Elmshorn leider keinen Saal gebe, der so groß sei, um alle mitfeiern zu lassen. Deshalb habe man sich auf Abordnungen der verschiedenen Formationen beschränken müssen."

Er kam dann zur Ehrung:

„Angebracht sei es, neben dem Gedenken der Toten der Partei diejenigen zu ehren, die zur alten Garde gehörten. Es seien dies vom Eintrittsjahr 1925:

Frau Alma Bruhn	*Mitgliedsnummer*	*7559*
Pg. Bruhn	*„*	*7560*
Pg. Stüben	*„*	*7564*
Vom Eintrittsjahr 1926:		
Pg. Max Mohr	*„*	*36514*
Von späteren Eintrittsjahren:		
Pg. Kuhlmann	*„*	*85900*
Pg. Geckler	*„*	*90207*
Pg. Göttsche	*„*	*98451*
Pg. Bothe	*„*	*98754*

Gedacht wurde auch bei dieser Gelegenheit des inzwischen verzogenen, dem Eintrittsjahr 1926 angehörenden Parteigenossen Grezesch. (...)

Bekanntgegeben wurde sodann, dass der Ortsgruppenleiter Max Mohr mit sofortiger Wirkung für den Sturmbann II/265 als Rangführer zum Sturmbannführer befördert worden ist. Endloser Beifall folgte der Bekanntgabe dieser Beförderung des beliebten Ortsgruppenleiters. (...)" (166)

In der Bismarckschule fand ebenfalls eine Geburtstagsfeier für Adolf Hitler statt, auf der Studienrat Dr. Reitz ein selbst geschriebenes Lied vortrug:

„Die bange Nacht ist nun herum."

Wir rüsten uns zur Kreuzesfahrt!
Macht stark den Arm, die Herzen hart,
wir wollen nicht verderben!
Wir sind der Zukunft Fechterschar,
was unsern Vätern heilig war,
das wollen wir erwerben!

Ein Ritter schreitet uns voran!
Wir folgen mutig, Mann für Mann,
sein Geist lebt in uns allen.
Nicht rechts noch links vom Pfade weicht!
Gradaus! Wie´s der Befehl erheischt,
Wir stehen oder fallen!

Wer reitet dort vorm Abendrot?
Es ist ein Mäher, der heißt: Tod!
Er will sein Opfer greifen
Und sinkt der Arm, von Wunden schwer,
dann, Kamerad, nimm du die Wehr,
der Sieg muss uns doch reifen!

Habt acht! Habt acht! Der Teufel wacht,

Auf dunklen Pfaden schleicht er sacht

Und sucht nach seinem Teile.

Wir fürchten seine Schlingen nie,

es wuchtet vorwärts unser Tritt:

Zum Heile, zum Heile!“ (167)

EN vom 20.4.1934

Am 20. April erfolgte in Barmstedt der erste Spatenstich zum Bau des Rantzauer Sees.

Ein Kulturwerk wird bei Schloß Rantzau in Angriff genommen.

—h— Unsere Nachbarstadt Barmstedt ist von der Natur bevorzugt. Umgeben von Wiesen und Wäldern hat der Besucher ein idyllisches Bild vor sich. Aber ein Teil fehlte an der vollen Glückseligkeit der Barmstedter Einwohnerschaft: ein See. Wie der Bürgermeister, Herr Dr. Schröder, in seiner Festrede ausführte, ist dieser Wunsch nicht erst in den letzten Jahren entstanden, nein schon vor dem Kriege hatten die Barmstedter diesen Wunsch. Er scheiterte damals aber an der Kostenfrage. Jetzt rückt die Erfüllung des Wunsches in greifbare Nähe. Nach langen Verhandlungen mit dem Besitzer der Rantzauer Mühle ist es jetzt gelungen, daß die Aushebung des Seegrundes in Angriff genommen werden kann. Die Rantzauer Mühle erhält einen Stausee. Auf den die Mühle umgebenden Wiesen, die im Staugebiet der Mühle liegen, wird der Erdboden ausgehoben, um die oberhalb liegenden Ländereien aufzuhöhen. Diese oberen Wiesen gewinnen dadurch bedeutend an Wert, da sie nicht so leicht durch zu hohen Wasserstand versauern. Die Arbeiten werden von dem Tiefbau-Unternehmer Herrn Dony aus Uetersen geleitet und von dem Freiwilligen Arbeitsdienst ausgeführt.

Gestern wurde in würdiger Weise der erste Spatenstich vollzogen. Zu diesem feierlichen Akt waren die Wehrverbände wie SA, SS, Motorsturm, HJ, DJ, BdM, Krieger- und Kampfgenossenverein usw. in großer Zahl angetreten. Vom Marktplatz aus ging es unter Vorantritt einer Musikkapelle nach dem Gelände hinter der Rantzauer Mühle. Auf dem Festplatz war der neue Lauf der Krückau schon durch Landmesser abgesteckt. Gegenüber einer aus Faschinen gebauten Rednertribüne nahmen in dem neuen Lauf der Krückau 12 Mädchen mit Blumen Aufstellung. Im Sprechchor sprachen sie folgenden Segensspruch:

„Durch der Wiesen uralten Grund zieht der Fluß seine Bahn,
Als Zeichen der Ewigkeit sahen Geschlechter ihn an.
In seines Laufes gewundenen Gang
Greift heute die ordnende Menschenhand.
Nun öffne dich, Erde, und nimm in dir auf
des wandernden Flusses unruhigen Lauf.
Wenn einst an dir künft'ge Geschlechter stehn,
Gib Kunde vom Werke, das hier gescheh'n,
Gedeihen — Vollenden — füg' Gottes Gnad',
Wir schreiten, wie er, zur schaffenden Tat!"

Während des Sprechens streuten sie Blumen auf die Stelle, wo der erste Spatenstich ausgeführt werden sollte.

Danach sprach der Beigeordnete Herr Quering zu der Festversammlung. Er gab seiner Freude Ausdruck, daß dieser feierliche Akt gerade am Geburtstag des Führers vorgenommen werden konnte. Mit einem dreifachen „Sieg Heil!" auf den Führer und Volkskanzler Adolf Hitler schloß er seine eindrucksvolle Rede. Die Musik spielte das Horst-Wessel-Lied, das von der Festversammlung gesungen wurde.

Dann sprach Herr Bürgermeister Dr. Schröder. Er schilderte die Schwierigkeiten, die dem Bau bisher im Wege gestanden hätten, die aber jetzt überwunden seien. Es könne nicht angehen, daß ein Mann sich dem Wohl der Allgemeinheit entgegenstelle. Ferner gab er seiner Freude Ausdruck, daß der Freiwillige Arbeitsdienst jetzt mindestens 3 Jahre zu tun habe, um dies Werk zum Wohl der Allgemeinheit durchzuführen. Von einem Hitlerjungen wurde ihm dann ein neuer Spaten gereicht. Darauf führte er den ersten Spatenstich aus. Anschließend überreichte er den Spaten dem Führer des Arbeitsdienstlagers Barmstedt, Herrn Oberfeldmeister Lötgen. Mit einem Gelöbnis nahm der Oberfeldmeister den Spaten in Empfang und richtete dann noch eine kurze Ansprache an die Festversammlung. Danach wurde der Rückmarsch angetreten über Spitzerfurt nach dem Marktplatz in Barmstedt. Für die geladenen Gäste schloß sich an den Festumzug noch eine Besichtigung des Arbeitslagers an.

Der erste Spatenstich zu diesem großen Kulturwerk war für die Einwohner Barmstedts ein großes Ereignis. Das bewies die rege Anteilnahme der Bevölkerung. Jeder, der es irgend ermöglichen konnte, hatte sich draußen auf dem Festplatz eingefunden. Der Festzug wurde auch von vielen Leuten begleitet.

Möge der Segen, den der Bürgermeister auf das Werk herabflehte, für Barmstedt und seine Bevölkerung eintreten.

EN vom 21.4.1934

Gebt der deutschen Jugend Heime!

Es hallt der Ruf, der in der kommenden Woche in ganz Deutschland erschallen wird. Jungen und Mädel aus der Hitler-Jugend ziehen werbend durch die Straßen, kommen in jedes Haus, klopfen an jede Tür.

Es gilt, das Herbergsnetz weiter auszubauen und der wandernden Jugend Heimstätten zu schaffen, Jugendherbergen, die heute Erziehungsschulen des nationalsozialistischen Staates sind.

Die Stadt Elmshorn hat ihrer besonderen Verbundenheit mit dem Jugendherbergsgedanken dadurch Ausdruck gegeben, daß sie die bisherige [illegible] als Jugendherberge zur Verfügung gestellt hat. Bald schon wird wandernde deutsche Jugend den Stadtpark beleben und Jugend und Hoffnung in die Mauern unserer Stadt tragen.

Zeigt Ihr nun, Bürger Elmshorns, daß Ihr erkannt habt, daß die deutsche Jugend Deutschlands Zukunft ist und daß Ihr deshalb gewillt seid, mit der Jugend zu marschieren.

Helft den Jungens und Mädels durch freudige Gaben, auch anderwärts ihre Heime zu bauen.

Krumbeck, Bürgermeister. — Mohr, Ortsgruppenleiter.

Aufruf!

Eltern, Erzieher, Volksgenossen!

Am 21. d. Mts. beginnt die Jugendherbergswoche der Hitler-Jugend und des Deutschen Jungvolkes.

Die deutsche Jugend will sich neue Stätten schaffen, in denen sie auf ihren Fahrten und Wanderungen durch die schöne deutsche Heimat ruhen und rasten kann.

Sollen Eure Kinder das Deutsche Land kennen und lieben lernen?

Dann stiftet in der Jugendherbergswoche für das Deutsche Jugendherbergswerk!

H.-J. Bann 31, Altona-Pinneberg.

EN vom 21.4.1934

Der Tag der nationalen Arbeit

Zum zweiten Mal feierten die Nationalsozialisten den 1. Mai. Wie auch im letzten Jahr wurde dieser Tag mit einer zentralen Veranstaltung in Berlin unter Teilnahme der ganzen NS-Prominenz gefeiert, wobei Hitler sich mit einer Rede an die deutsche Jugend wandte:

„Meine deutsche Jugend! Ihr seid hier an dieser Stelle schon zum zweiten Male, um in einem neuen Deutschland den 1. Mai mitzufeiern. Dieses neue Deutschland soll Erfüllung bringen der Sehnsucht vieler deutscher Generationen. Ein Reich soll erstehen, stark und kraftvoll. Seine Kraft und seine Stärke aber kann nur liegen in seinen Bürgern. Seine Bürger aber werden einst nur das sein, was sie zu sein vorher gelernt haben. Was wir im kommenden Deutschland ersehnen und erwarten, dass müsst ihr, meine Jungens und Mädchen, erfüllen.

Wenn wir ein Deutschland der Stärke wünschen, so müsst ihr einst stark sein. Wenn wir ein Deutschland der Kraft wollen, so müsst ihr einst kraftvoll sein. Wenn wir ein Deutschland der Ehre wieder gestalten wollen, so müsst ihr einst die Träger dieser Ehre sein. Wenn wir ein Deutschland der Ordnung vor uns sehen wollen, müsst ihr die Träger dieser Ordnung sein. Wenn wir wieder ein Deutschland der Treue gewinnen wollen, müsst ihr selbst lernen, treu zu sein. Keine Tugend dieses Reiches, die nicht von euch selbst vorher geübt wird. Keine Kraft, die nicht von euch ausgeht. Keine Größe, die nicht in eurer Disziplin ihre Wurzeln hat.

Die Nation erwartet von euch, meine deutschen Jungen, dass ihr dieser großen Zeit würdig seid. Und das erwartet vor allem auch jenes gute alte Deutschland, das einst auch unermessliche Opfer gebracht hat für den Bestand des Reiches und das Sein unserer deutschen Nation. Dieses alte Deutschland, das einst Blut über Blut bringen musste, um uns und euch überhaupt den Weg in die Zukunft freizuhalten. Und das erwartet vor allem der eine große Repräsentant dieses alten Deutschlands, der als Generalfeldmarschall unsere Heere im Weltkrieg führte und heute der Segner und Schirmherr unseres Volkes geworden ist. So wollen wir, die deutsche Jugend, mit dem Blick auf unser Deutsches Reich und unser deutsches Volk dem unser Heil zurufen, der für uns drei Generationen verkörpert und in dem wir ein Zeichen der ewigen Lebenskraft des deutschen Volkes erblicken. Das deutsche Volk, das Deutsche Reich und unser Reichspräsident, Generalfeldmarschall von Hindenburg, Heil, Heil, Heil!" (167)

Auch in Elmshorn versammelten sich zum 1. Mai auf dem Schulhof der Bismarckschule 2400 Schulkinder aus Elmshorn und Umgebung und hörten die Rundfunkübertragung aus Berlin vom Tempelhofer Feld, wo Reichsminister Goebbels zu der Berliner Schuljugend sprach. In Elmshorn sprach der Bürgermeister Krumbeck, dem von Herrn Oberhoff 2400 Kinder gemeldet wurden. (168)

Am Nachmittag fand noch eine große Kundgebung auf dem neuen Marktplatz vor der Markthalle für die gesamte Bevölkerung statt. Es schloss sich ein großer Festmarsch an. (169)

Der Nationalfeiertag der Arbeit in Elmshorn.

Vorbeimarsch vor Pg. Bürgermeister Krumbeck.

EN vom 2.5.1934

Bürgermeister Krumbeck und die „Alte Garde" nehmen den Vorbeimarsch am 1. Mai 1934 ab. Aus: Chronik der NSDAP Elmshorn, a.a.O.

Eine weitere große Luftschutzübung mit Verdunklungsaktion fand am 3. Mai 1934 von 21 – 22 Uhr in Elmshorn statt. (171)

Elmshorner Nachrichten

„Pinneberger Kreisblatt"

Elmshorner Zeitung

Der Bezugspreis

Anzeigenpreis

Sonderbeilagen:

83. Jahrgang. Sonnabend (Sonntagsausgabe), den 12. Mai 1934. Nr. 109.

Dr. Goebbels eröffnet den Angriff gegen die Miesmacher.

v. Ribbentrops Besprechungen in London. — Protest gegen die Emigranten im Saargebiet.
Aufruhr in Wöllersdorf. — Riesenbrand bei Helsingfors. — Sonntag ist Muttertag!

EN vom 12.5.1934

Die Mädchen und jungen Frauen sollten nach dem Willen der Nationalsozialisten nach Beendigung der Schulzeit ein hauswirtschaftliches Jahr absolvieren, bevor sie die eigentliche Berufsausbildung begannen. Das Arbeitsamt Elmshorn und die Kreisgruppe Pinneberg der NS-Frauenschaft und des Bundes deutscher Mädel trafen sich am 17. Mai zu einer Besprechung über die Ausgestaltung des hauswirtschaftlichen Jahres. Herr Dr. Simon vom Arbeitsamt Elmshorn erläuterte die Richtlinien:

„Durch die wachsende Zahl der zur Schulentlassung gelangenden Mädchen, die auch in diesem Jahre schon besonders in Erscheinung tritt, ist die nationalsozialistische Regierung vor die Frage gestellt, wo die Kräfte der jungen Mädchen, die der Volksgemeinschaft einmal dienen sollen, am fruchtbarsten eingesetzt werden können. Richtunggebend ist, dass das junge Mädchen eine gründliche Kenntnis der Hausfrauenpflichten sich aneignen muss. Verhindert werden soll unter allen Umständen, dass die jungen Mädchen – z. T. noch Kinder, sofort nach der Schulentlassung in die Fabriken und Kontore vermittelt werden. Es ist heute offenbar und in den Auswirkungen bekannt, dass einer sofortigen Tätigkeit in einer sitzenden oder ewig monotonen Berufsarbeit gesundheitliche Schäden für die Entwicklung folgen. Weiter beruhen die großen Schädigungen, die unser Familienleben aufweist, auf mangelnder Fähigkeit zu wirtschaftlicher Haushaltsführung. Wollen wir einen Staat mit gesunder Familie haben, müssen wir bei der Jugend anfangen. Die hauswirtschaftliche und mütterliche Arbeit ist hierfür am gesundesten. Sie entspricht dem Stande der körperlichen und geistigen Entwicklung der Mädchen dieser Altersstufe und kann die innere Bereitschaft für die zukünftige Lebenserfüllung als Hausfrau und Mutter oder in einem hauswirtschaftlich-pflegerischen Berufe dem jungen Mädchen erschließen. Bei dieser Arbeit kann auch zum ersten Mal die deutsche Hausfrau und Mutter, insbesondere auch die bürgerliche Frau, durch die Tat beweisen, dass sie den Sinn der nationalsozialistischen Weltanschauung begriffen hat.

Aus der Durchsprechung der Richtlinien ergibt sich folgende grundlegende Linie: Der Kreis der zu erfassenden Mädchen erstreckt sich nicht etwa nur auf solche, die aus minderreichen und bedürftigen Familien stammen, sondern auch auf die bürgerliche Haustochter. Die zukünftige Entwicklung geht dahin, dass im Falle der Ergreifung eines Berufes bzw. des Eintritts in die Industrie das hauswirtschaftliche Jahr für Mädchen Vorbedingung sein wird. – Für die Aufnahme eines jungen Mädchens sind Familienhaushalte vorgesehen, in denen Kinder zu betreuen sind und wo die Hausfrau tätig mitarbeitet. Es kommen nur Haushaltungen in Frage, die ein junges Mädchen "zusätzlich" aufnehmen. Keineswegs sollen Hausgehilfinnen oder sonst regelmäßig beschäftigte Hilfskräfte ausgeschaltet werden. - Das Anlernverhältnis dauert ein Jahr, wovon die ersten 6 Wochen als Probezeit gelten. Die Aufnahme erfolgt schlicht um schlicht. Die Krankenkassenbeiträge werden von der Hausfrau entrichtet. Weitere Beiträge zur Sozialversicherung fallen fort. Steuererleichterung wird in gleicher Weise wie für Hausgehilfinnen gewährt. Die Vergünstigungen bedeuten nicht, dass den Hausfrauen billige Arbeitskräfte zur Verfügung gestellt werden sollen, sondern dass es gilt, den Beweis lebendiger Volksverbundenheit zu erbringen, das Können der deutschen Hausfrau in den Dienst der deutschen Mädchen, der deutschen Familie und des deutschen Volkes zu stellen. - Die Betreuung der jungen Mädchen in der Freizeit übernimmt der BDM, der hierin eine willkommene Gelegenheit zur praktischen Entfaltung seiner Kräfte begrüßt.

Die Werbung geeigneter Haushalte geht von der NS-Frauenschaft, die Werbung der Eltern und Mädchen hauptsächlich vom BDM aus, unterstützt durch die in Frage kommenden behördlichen Stellen, insbesondere durch die Berufsberatung des Arbeitsamtes und die Schulen und durch die tatkräftige Mitarbeit der Presse. - Ein Arbeitsausschuss übernimmt in allen Fragen die Verantwortung dafür, dass jedem geeigneten Haushalt eine geeignete Jugendliche zugewiesen wird. Die Vermittlung erfolgt durch die Berufsberatung des Arbeitsamtes. Nach Beendigung des vollen Lehrjahres wird vom Ausschuss ein Zeugnis erstellt, dass die Grundlage bilden wird zur beruflichen Weiterführung der Mädchen.

Für Elmshorn ist der Arbeitsausschuss bereits gebildet worden und mit der organisatorischen Durchführung schon intensiv beschäftigt.“ (171)

Am 25. Mai 1934 richtete der Vereinsführer des Elmshorner Männerturnvereins (EMTV) ein Schreiben an die Mitglieder. Hierüber berichtete die EN:

„Überführung der gesamten Turnerjugend in die Hitler-Jugend.

Zwischen dem Führer des Elmshorner Männerturnvereins und dem hiesigen Sturmbannführer der Hitler-Jugend ist im Sinne unseres großen Führers eine Vereinbarung über die Eingliederung der gesamten Turnerjugend in die Hitler-Jugend getroffen, die überall freudige Zustimmung finden wird. Die feierliche

Überführung der Turnerjugend in die Hitlerjugend soll am Sonntag, dem 27. Mai, auf dem Sportplatz beim Turnerheim erfolgen. Zur Vorbereitung der Eingliederung der Turnerjugend in die Hitler-Jugend hat der Vereinsführer des Elmshorner Männerturnvereins, Rechtsanwalt Ernst Timm, an die Turnerjugend ein Schreiben gerichtet, in dem es u. a. heißt:

Liebe Jungens und Mädels!

Im Wege kameradschaftlichen Übereinkommens mit dem Führer der Hitler-Jugend habe ich die Eingliederung unserer Turnerjugend in die Hitler-Jugend vollzogen.

Ihr wisst, dass es im Dritten Reich Adolf Hitlers nur ein deutsches Volk, das in sich geeint und geschlossen dasteht, geben kann und geben wird. Daher kann es auch nur eine geeinte, geschlossene deutsche Jugend geben.

Eure Aufgabe ist nun:

Ihr alle sollt mit frohem Turnerherzen, die Augen nur auf das Wohl des Ganzen gerichtet, jegliche Bedenken zurückstellen und euch freudig an die Erfüllung der neuen Pflichten heranmachen. Dies wird für euch nicht schwer sein, da ihr von Beginn eurer Zugehörigkeit zur D.T. gelernt und hundertfältig erfahren habt, was Kameradschaft, Volksgemeinschaft und Volkstum im Sinne unseres Turnvaters Jahn bedeutet, und welche Kräfte hieraus für unser deutsches Volk und für jeden Einzelnen von uns erwachsen sind.

Diese Turnertugenden sollt ihr in Zukunft noch ernsthafter pflegen und üben als bisher, ihr sollt euren Elmshorner Männerturnverein, dem örtlichen Organ der großen Deutschen Turnerschaft und ihrem Gedankengut immer treu bleiben.

Die gesamte Hitler-Jugend Elmshorns ist aufgrund des mit uns geschlossenen Abkommens verpflichtet, einmal wöchentlich eineinhalb Stunden im Elmshorner Männer-Turnverein zu turnen oder Sport zu treiben. Um euch die zweite Turnstunde in der Woche zu erhalten, findet allwöchentlich für euch, wie bisher, eine zweite Turnstunde statt, an der ihr teilnehmen könnt, ohne zur Teilnahme verpflichtet zu sein. Ihr bleibt alle Mitglieder des Elmshorner Männer-Turnvereins und zahlt ab 1.7.34 als Beitrag an den Elmshorn Männer-Turnverein nicht mehr vierteljährlich 2 Reichsmark, sondern vierteljährlich nur 1 Reichsmark. Nach einem Festzug durch die

Stadt findet beim Turnerheim der Festakt statt. Anschließend gibt es Volkstänze, Freiübungen um Turnübungen der Knaben und Mädchen." (172)

Ein Aufruf an Alle!

Landverschickung von Kindern in Schleswig-Holstein.

—*— Der Gau Schleswig-Holstein der Partei erläßt folgenden Aufruf:

In den Sommermonaten dieses Jahres sollen wiederum Tausende deutscher Jungen und Mädel aus den Großstädten, besonders aber aus den Industriegebieten, durch einen Aufenthalt auf dem Lande Erholung finden.

Der NS. Volkswohlfahrt fällt die Aufgabe zu, in gemeinsamer Arbeit mit der NS. Frauenschaft und der Hitler-Jugend die Organisation der Kinder-Landverschickung und Jugenderholungspflege durchzuführen.

Die Werbeaktion hat bereits seit einiger Zeit eingesetzt und bisher schon beachtliche Erfolge gezeigt. Die Zahl der erholungsbedürftigen Kinder aus unbemittelten Familien ist aber so groß, daß die bis jetzt geworbenen Pflegestellen bei weitem nicht genügen.

Wir bitten daher jeden Volksgenossen, ob er nun auf dem Lande, in Kleinstädten oder in den Vororten größerer Städte wohnt, nach Möglichkeit einem Kinde auf vier oder sechs Wochen Unterkunft in seinem Hause zu gewähren. Wir wollen der Jugend durch den Landaufenthalt sonnige Tage bereiten, damit sie Kraft gewinnen zu erneutem Einsatz in der nationalsozialistischen Jugendgemeinschaft und mit neuer Schaffensfreude für ihre künftige Arbeit in Schule und Beruf erfüllt werden.

Volksgenossen! Tragt bei zur Gesunderhaltung der deutschen Jugend! Helft alle mit an der Gesundheitsförderung unseres Volkes!

Heil Hitler!

gez. Robert Neumann, Gau-Amtsleiter,
Amt für Volkswohlfahrt Gau Schleswig-Holstein.

gez. Hedwig Schmalmack,
Gau-Frauenschaftsleiterin.

gez. Hugo Voigt, Leiter des Sozialen Amtes
der HJ., Gebiet 6, „Nordmark".

EN vom 26.5.1934

Ein Jahr nationalsozialistischer Aufbauarbeit in Elmshorn.

Bürgermeister Krumbeck erläutert in einer Massenversammlung die geleistete und zukünftige Arbeit der Stadtverwaltung.
Ortsgruppenleiter Max Rohe appelliert an die Einwohnerschaft, fernerhin Vertrauen zur Führung zu haben.

EN vom 13.6.1934

Im Frühjahr 1934 versuchte die NSDAP durch die Aktion gegen *„Miesmacher und Kritikaster“* einem Stimmungsumschlag in der Bevölkerung entgegenzutreten. Einigen Parteimitgliedern und enttäuschten Bürgern gingen die Veränderungen in wirtschaftlicher Hinsicht nicht schnell und nicht weit genug. Sie äußerten ihre Kritik in der Öffentlichkeit. Um diese einzudämmen, eröffnete Goebbels am 11. Mai 1934 im „Berliner Sportpalast“ den „Feldzug gegen Miesmacher und Kritikaster, gegen Gerüchtemacher und Nichtskönner, gegen Saboteure und Hetzer“. Die Kampagne wurde reichsweit bis Ende Juni 1934 fortgeführt. (173)

Offen wurden die Drohungen auch durch Bürgermeister Krumbeck ausgesprochen: *„Gegen die Meckerer. Die seelische Umstellung, die der nationalsozialistische Staat fordert, fällt vielen Volksgenossen noch schwer. Viele Leute vergessen, dass wir alle heute an einem Strange ziehen. Jeder muss sich klar werden, dass wir uns in einer Notgemeinschaft befinden. Ich weiß, wer heute willigen Herzens mitarbeitet und wer abseits steht. Sollte sich einmal zeigen, dass der Aufruf der Regierung zur Beseitigung der Nörgelei nicht beachtet wird, so kann gesagt werden, dass wir genügend Unterlagen haben, um die Staatsschädlinge auch wirksamer zu bekämpfen, als es heute geschieht.“* (174)

Am 7. Juni 1934 wurde der *„Staatsjugendtag“* unter dem Motto: *„Der Samstag gehört der Staatsjugend“* eingeführt. Die Schüler, die dem Jungvolk oder dem Jungmädelbund angehörten, bekamen schulfrei und hatten Dienst in den beiden Gruppen zu leisten. Die anderen Schüler mussten weiterhin am Samstag zur Schule. Am Samstag fand für die nicht freigestellten Schüler kein Fachunterricht statt, sondern es gab zwei Stunden „nationalpolitischen“ Unterricht, Sport und für die Mädchen Nadelarbeit und die Jungen Werkunterricht. Damit schufen sich die Nationalsozialisten mehr Einfluss auf die Kinder des Jungvolkes, da sie jetzt 1,5 Tage in der Woche die Jungen und Mädchen zur Indoktrination zur Verfügung hatten. Dieser Staatsjugendtag stellte auch ein Lockmittel zum Eintritt in die HJ dar. Welcher Schüler ging schon gern zur Schule, wenn die Mitschüler schulfrei haben? Der Staatsjugendtag galt nicht nur für die Schule. Auch Lehrlinge waren an diesem Tage von der Arbeit befreit. Am 4. Dezember 1936 wurde der Staatsjugendtag mit Wirkung zum 1. Januar 1937 wieder abgeschafft.

Staatsjugendtag für die Hitler-Jugend
Der Sonnabend ist schulfrei und dient der staatspolitischen Erziehung. — Der Sonntag gehört der Familie.

EN vom 14.6.1934

„Staatsjugendtag für die Hitler-Jugend. Der Sonnabend ist schulfrei und dient der staatspolitischen Erziehung. – Der Sonntag gehört der Familie.

An jedem Sonnabend jeder Woche sollen alle in der HJ organisierten deutschen Jungen und Mädel völlig schulfrei haben. Auch an die industriellen, gewerblichen und kaufmännischen Betriebe soll mit der gleichen Absicht herangetreten werden, die Lehrlinge dieser Erwerbszweige, die in der HJ organisiert sind, für den Sonnabend völlig arbeitsfrei zu machen. Der Sonntag jeder Woche soll vom Dienst in der HJ völlig frei sein, die Jugend soll an diesem Tage dem Elternhaus und der Kirche zur Verfügung gestellt werden.

Voraussichtlich werden die Anweisungen weiter bestimmen, dass die HJ, außer am Staatsjugendtage, an dem sie gründlich geschult, und am Sonntage, an dem sie dem Elternhaus und der Kirche zur Verfügung steht, in der Woche außer einem Heimabend oder ähnlichen von Gruppen oder Scharen eingerichteten Veranstaltung keinen weiteren Dienst mehr haben. Im Übrigen wird mit besonderer Betonung festgestellt, dass diese Freizeit am Sonnabend ausschließlich für die HJ gilt. Reichsminister Rust ist sich im Klaren darüber, dass dadurch die deutschen Schulen an jedem Sonnabend nur einen Teilbesuch aufweisen werden. Als mögliche Folge kann man daher erwarten, dass der Zustrom zur HJ aufgrund dieser Maßnahme noch erheblich stärker sein wird als bisher, wenn diese jetzt auch schon 6 Millionen Jungen und Mädel aufweist. Wie sich im Einzelnen dann der Schulbesuch durch die nicht in der HJ organisierten deutschen Schüler auswirken wird, ist noch nicht abzusehen, und es muss die Ordnung dieser Bedenken späteren Vereinbarungen und Maßnahmen vorbehalten bleiben.

Die Gestaltung des Staatsjugendtages wird in der Weise erfolgen, dass durch besonders geeignete Schulleiter die HJ in Schullagern und auf Fahrten zusammengefasst wird, um so die Möglichkeit zu bieten, in ganz großem Umfange die deutsche Jugend für den Staat zu erziehen. Dadurch, dass die HJ am Sonnabend vom Schulbesuch befreit wird, wird die Arbeit in ihr als dem Schulbesuch völlig gleichwertig anerkannt, und es liegt hier offensichtlich die Bedeutung der Abmachung, dass der einfache Schulbesuch nicht mehr als ausreichend angesehen wird, sondern dass er durch die Arbeit innerhalb der HJ vervollständigt werden soll." (175)

Am 21. Juni 1934 fand eine große Kundgebung der Elmshorner Hitlerjugend statt, die sich *„gegen Miesmacher, Nörgler, Besserwisser, Kritikaster u. Reaktionäre"* wandte:

„Im Carlstal fand Abend eine gewaltige Kundgebung der Elmshorner Hitler-Jugend statt, die sich gegen die in Deutschland überall breitmachenden Miesmacher und Reaktionäre richtete. Nach einigen schneidigen Musikstücken des Spielmannszuges des Marine-Sturms eröffnete der Unterbannführer Kann die Kundgebung und erteilte zunächst dem Bannführer Verdieck, Kiel, das Wort, der u.a. folgendes ausführte:

Vor einem Jahr ging eine gewaltige Umwälzung durch das deutsche Volk und mit dieser Umwälzung entstanden in Deutschland Nationalsozialisten über Nationalsozialisten. Bei näherem Hinschauen entdeckte man aber, dass nicht jede Gleichschaltung ehrlich gemeint war, dass auch nicht jeder, der ein Braunhemd trägt, innerlich ein Nationalsozialist geworden ist. Viele alte Feinde des Nationalsozialismus spielen heute ihr falsches Spiel weiter. Gegen diese falschen Propheten richtet sich der Hauptkampf Adolf Hitlers, denn sie verwässern die großen Ziele unseres Führers. Wir wissen alle, dass man nicht von heute auf morgen seine Weltanschauung wechseln kann, wie ein schmutziges Hemd. Wer Jahrzehnte hindurch Wirtschaftspartei oder deutschnational gewählt hat, kann heute kein ehrlicher Kämpfer für den Nationalsozialismus sein, und wenn die ewig Gestrigen glauben, dass man wieder ein Kaiserreich, wie vor dem Kriege, aufrichten müsse, so muss man diesen Leuten immer wieder zeigen, dass die Jugend revolutionär ist und sich daher gegen jeden Monarchistenrummel wendet.

Der Redner las dann einige Abschnitte aus akademischen Zeitschriften vor, um hiermit zu zeigen, dass in diesen Kreisen sich die Reaktion noch erheblich breit macht. Er fuhr dann fort: Die Reaktion ist nicht beschränkt auf Leute, die glauben, dass sie noch in den Vorkriegszeiten leben. Auch in der heutigen akademischen Jugend besteht absolut nicht die Absicht, sich in die Idee des Nationalsozialismus einzuleben. Hier wird häufig der SA-Dienst als Last und Beschwerde und nicht als Dienst am Volke aufgefasst. Mit diesen Leuten muss jetzt gründlich aufgeräumt werden. Die Hitler-Jugend und die SA sind zu gut dafür, nur als Sprungbrett zu dienen. Jeder echte Nationalsozialist muss das Wort Pflicht ganz groß schreiben und sein persönliches Recht ganz hintenan zu setzen wissen. Alle negativen Kritiker müssen ausgemerzt werden. Kritik lassen wir nur gelten, wenn sie positiv ist und wenn sie bessere Vorschläge machen kann. Können die Kritiker das nicht, so sollen sie schweigen, denn sonst sind es Kritikaster, die wir ausrotten werden. Unser Kampf gilt weiter den Stammtisch-Politikern, jenen Menschen, die sich selbst für kleine Hitler halten und alles besser wissen wollen, die dabei aber bis 1933 noch weit entfernt von jedem Nationalsozialismus gestanden haben. Die Leute, die heute immer sagen, sie hätten seit Jahren national gedacht, die heute immer auf die Fahne Schwarz-Weiß-Rot schwören, ohne sich je mit ihrem Blute dafür eingesetzt zu haben, werden immer reaktionär bleiben. Die deutsche Jugend ist aber revolutionär aus innerster Überzeugung, und nicht, wie Herr Kleinau von der Zeitung „Stahlhelm" meint, weil es sich bei ihr um eine Pubertätserscheinung handelt. Erst wenn die heutige Hitler-Jugend in der SA sein wird, wird die SA hundertprozentig nationalsozialistisch sein. Die Hitler-Jugend von heute ist das Volk von morgen, und wird aus jedem Hitlerjungen ein echter Nationalsozialist, dann haben wir gewonnenes Spiel, dann wird Deutschland fest dastehen, dann brauchen wir keinen Krieg mehr gegen Reaktionäre und Kritikaster. Dass wir mit diesen Leuten noch eines Tages fürchterlich zu Gerichte gehen können, das hoffen wir, und unser Streben soll sein, das das Erbe der alten Kämpfer des Nationalsozialismus nicht unnütz vertan wird von Nörglern, Besserwissern, Reaktionären und Kritikastern. Heil Hitler! (Großer Beifall)

Als zweiter Redner sprach der Pg. Bruno Kaun, Altona:

Es gab eine Zeit, da galt in Deutschland nur derjenige etwas, der es verstand, in Frack und Zylinder einen feinen Mann zu markieren. Es gab eine Zeit, da war jeder verachtet, der in einfachem Arbeitskittel sein Brot verdiente. Wenn das heute anders ist, so verdanken wir das einzig und allein unserem Führer Adolf Hitler. Der Nationalsozialismus ist niemals entstanden aus Herrschsucht, sondern aus den Fehlern der anderen. Wenn aber heute diejenigen kommen, die niemals klug werden und erklären, früher wären Ihnen höhere Löhne und Gehälter versprochen worden, so haben sie noch nicht begriffen, dass der Nationalsozialismus sich nicht auf das Materielle, sondern auf die Seele stützt. Zuerst müssen alle Erwerbslosen wieder Arbeit finden, erst dann wird der letzte Erwerbslose endgültig mit der Vergangenheit brechen und bereit sein, für das neue Deutschland sein Ganzes, ja, wenn es sein muss, sein Leben einzusetzen. Erst wenn wir den letzten Volksgenossen erfasst haben, wird es uns möglich sein, die Ehre und die Freiheit Deutschlands für alle Zeit wiederherzustellen.

Und wenn heute Leute kommen und sagen: „Was wendet ihr euch gegen die Nörgler und Besserwisser; guckt doch erstmal in die Reihen eurer eigenen Partei nach diesen Leuten," so erklären wir: Wir wissen wohl, dass wir in der Partei Parteigenossen und wirkliche Nationalsozialisten unterscheiden müssen. Wie aber ein gesunder Körper Krankheitskeime auf natürlichem Wege ausscheidet, so werden auch wir innerhalb unserer Bewegung alle Schmarotzer, alle Nichtnationalsozialisten auf natürliche Art und Weise ausscheiden und vernichten. Dass das bald und restlos geschieht, beweist die heutige Versammlung, wo kampfesfrohe Gesichter mir zeigen, dass jeder gewillt ist, den vom Führer befohlenen Kampf gegen die Kritikaster zum siegreichen Ende zu führen.

Jetzt noch ein Wort an die Leute, die am liebsten jeden Tag in „Heil dir im Siegerkranz" singen. Ihnen erklären wir: Wir haben bereits in Deutschland unseren Kaiser, und dieser Kaiser heißt Adolf Hitler (Großer Beifall), und wehe demjenigen, der heute noch wagt, diesen Kaiser zu kritisieren oder an seine Stelle einen anderen zu setzen.

Wenn wir heute versammelt sind, entschlossen, alles zu vernichten und zu verbrennen, was sich dem Nationalsozialismus entgegensetzt, so wollen wir zurückdenken an die Kampfeszeit, wo wir um jeden bekehrten ehrlichen deutschen Arbeiter gejubelt haben, dann wollen wir mit diesem Arbeiter eine eiserne Front schmieden, so dass der letzte reaktionäre Halunke erkennen muss, es ist zwecklos, sich gegen diese Front zu erheben, sonst wird der Nationalsozialismus ihn dorthin befördern, wo er hingehört. Der ehrliche Arbeiter ist die stärkste Stütze dieses Staates, und unsere dringendste Aufgabe muss es sein, das Minderwertigkeitsgefühl aus diesem Arbeiter endlich auszutreiben. Wenn wir in diesem Sinne alle mithelfen, wird auch der letzte Monokelhengst einsehen, dass für ihn kein Platz mehr in Deutschland ist. Es kommt heute nicht mehr darauf an, ob ich ein großes Wissen besitze, sondern dass ich ein anständiger Charakter bin, dass ich immer meinem Vorgesetzten klar ins Auge schauen kann. In diesem Sinne wollen wir Adolf Hitler die Treue halten und den Kampf beenden, dann werden wir an unserem Lebensende unsere Kinder als freie Menschen sehen und im Urteil unserer Kinder bestehen können. Auch dieser Vortrag wurde mit großem Beifall aufgenommen.

In seinem Schlusswort führte Unterbannführer Kann aus, dass die Hitlerjugend ihre Feinde erkannt habe und sie zu schlagen wissen werde. Im Anschluss warnte er jeden, umlaufende unwahre Gerüchte über den Tod der beiden Seestermüher Hitlerjungen weiter zu verbreiten. Von allen Gerüchten sei nicht das Geringste wahr.

Mit dem Lied der Hitlerjugend wurde darauf die Kundgebung beendet." (176)

Mit sehr pathetischen Worten berichteten die EN am 25. Juni über die Sonnenwendfeier in Elmshorn, die mit großer Teilnehmerzahl auf dem Städtischen Sportplatz durchgeführt wurde. Diese Feier besaß alles, was die Nationalsozialisten erwarteten. Leidenschaft, Feuerkult, Aufmarsch der Organisationen, Totenkult und pathetische Reden.

„Sonnenwendfeier in Elmshorn.

Als Abschluss des „Festes der Jugend" hatte die Hitlerjugend zur Sonnenwendfeier aufgerufen, und man konnte wohl sagen, dass es eine Feier wurde, an der sich ganz Elmshorn beteiligte. In 4 Säulen standen um 9 Uhr abends die Kolonnen der Hitler-Jugend, des deutschen Jungvolks und des Bundes Deutscher Mädel, die Formationen des Arbeitsdienstes, der Turner und Schulen auf dem Marktplatz angetreten. In tadelloser Ordnung ging der Marsch durch die Stadt zum Städtischen Sportplatz, wo ein gewaltiger Holzstoß aufgerichtet war.

Eine Schar Hitler-Jungen stand mit Fackeln rund um den Platz, als der lange Zug der deutschen Jugend bald nach 10 Uhr eintraf. Der Tag war erst eben der Nacht gewichen, als ein Hornsignal den Beginn der Feier ankündigte. Der Marsch „Lange Kerls" gab den Auftakt. Ein Hitler-Mädel sprach das Gedicht „Ans Werk". Lautlos stand im weiten Umkreis die Menge, als hell und klar die Worte über den Platz hallten, die so recht den Willen der jungen Generation verkörperten. Bei den letzten Sätzen wird der Holzstoß entzündet, prasselnd schießt die Flamme empor und in wenigen Minuten ist der ganze große Holzstoß ein Feuermeer. Gewaltig, ergreifend das Bild: Dunkle Nacht, rings um die Kolonnen des jungen Deutschland, leicht bewegt der Wind die Fahnen der deutschen Revolution, dahinter die Bevölkerung, Kopf an Kopf, das ganze hell beleuchtet von den Flammen, die sich gelb und rot zum Himmel recken! - Dann ergreift Unterbannführer Kann das Wort zu einer kurzen Ansprache. Wir entnehmen seinen Worten das folgende: „Es ist nicht das erste Mal, dass wir so wie heute am flammenden Holzstoß stehen und das uralte Fest der Sonnenwende feiern. Wir standen schon an vielen Feuern, lagen schon manche Nacht um langsam verglimmenden Glut und sangen unsere Lieder. Feierten die Sonnenwende fernab von den Städten, fernab von den Menschen. Suchten und fanden neue Kraft an den Feuern, fern von einer Welt, die uns nicht verstand, und wohl auch nicht verstehen konnte. Man hat uns oft gesagt: Gebt es auf, ihr zwingt es nie, warum verbittert ihr eure Jugend! - Doch wir wurden nicht müde, immer wieder zu rufen: Es kommt nicht darauf an, dass wir glücklich werden, sondern darauf, dass wir unsere Pflicht tun! Mann schallt uns unreife Kinder, man verhöhnte und verlachte uns - und unter diesem Lachen ging Deutschland vor die Hunde! Doch die Nacht wich dem Tag, und es kam die Stunde, da der greise Marschall dem Führer die Hand reichte, der Tag, da der Führer des jungen Deutschland zum Führer der deutschen Nation wurde.

Millionen haben sich inzwischen zum Nationalsozialismus bekannt, Millionen marschieren heute in der SA, die deutsche Jugend steht geeint in der Hitler-Jugend. Da mag wohl mancher sagen, jetzt ist eure Aufgabe vollendet, der Kampf ist vorbei. Doch nein und abermals nein, wir stehen am Anfang, niemals am Ende. Die Parteien sind zerschlagen, doch ihr Gift wirkt nach. Man kann wohl Menschen äußerlich gleichschalten, aber wenn sie nichts erfahren von der Größe der Idee, wenn sie nicht den Umbruch dieser gewaltigen Zeit miterlebten und an sich selbst empfanden, dann wird alles nur Schein bleiben. - Und da erwächst uns, der deutschen Jugend, unsere Aufgabe: Wir werden nicht ruhen und rasten, bis der Geist des Geldes und der Ichsucht überwunden und an seine Stelle gesetzt ist der Geist der blutsverbundenen Kameradschaft. Und der Sozialismus, einst und auch heute noch das Schreckgespenst weiter Kreise, ist uns höchstes Ziel! So marschieren wir weiter, nach dem Gesetz nach dem wir angetreten: Das sozialistische Gewissen der Nation! Marschieren, ruhelos vorwärts, immer im Angriff! Unser Gebet heißt: Herr, lass uns niemals feige sein. Herr, segne unsern Kampf! Hart gegen uns selbst führen wir den Kampf gegen alle Feinde des Nationalsozialismus, alles Halbe, alles Morsche zerbrechend. Vor uns die leuchtend roten Fahnen mit dem Runenzeichen, dem Hakenkreuz, hinter uns die Kolonnen der jungen Generation, das Volk von morgen! So marschieren wir durch das Tor der deutschen Zukunft, mit Adolf Hitler für Deutschland!"

Das Lied der Hitler-Jugend schließt sich an, dieses Lied, das immer wieder die Herzen packt und mitreißt ... unsere Fahne flattert uns voran, in die Zukunft ziehn wir Mann für Mann ..., das uns ahnen lässt, warum unsere Jungen und Mädel ihren Dienst über alles lieben.

Das Lied verklingt, Hitler-Jungen und Mädel treten vor und bringen als Sprechchor ein „Bekenntnis". Wie ein Schwur klingt es gen Himmel ... und wer die Treue bricht, dem dorre die gereckte Hand! - Der Marsch des Yorkschen Korps (178) leitet über zum Kranzopfer. Und, waren die Zuschauer schon gepackt von dem bisherigen Verlauf der Feier, jetzt waren sie ergriffen. Ergriffen von der Größe der Worte und der jetzt folgenden symbolischen Handlung: Junge Mädchen und Jungen traten nahe an das Feuer heran, Kränze aus Eichenlaub, rote Rosen, weiße Nelken und Kornblumen wurden ins Feuer geworfen, geweiht unsern Urahnen, den Toten des großen Krieges, den Toten der deutschen Revolution, allen Kämpfern, die je für die Freiheit ihres Volkes starben, den Brüdern im verloren Gebiet, den deutschen Menschen in aller Welt, der deutschen Mutter und der deutschen Jugend. Der letzte Kranz - ein Erntekranz -der kommenden Ernte.

Das Deutschland-Lied und Horst-Wessel-Lied brausen auf, die Sonnenwendfeier 1934 ist beendet. Langsam leert sich der Platz, die Jugend aber marschiert mit wehenden Fahnen, mit klingendem Spiel weiter, zu neuen Taten, zu neuem Kampf!"
(178)

Über den Aufbau der Deutschen Arbeitsfront (DAF) referierte auf einer Mitgliederversammlung der Elmshorner NSBO der Kreisleiter Dierks:

„(...) Wir wussten, dass, wenn der deutsche schaffende Mensch eine Organisation haben soll, in der er sich wohlfühlt, dann muss vor allen Dingen die Gesinnung erst einmal anders werden. Die Einstellung zu den Dingen war entscheidend, wenn die Arbeit wieder einen Sinn bekommen sollte. Deshalb konnte die NSBO nur weltanschaulich sein, wenn wir für die Zukunft Erfolg haben wollten. (...)

Als wir die Gewerkschaften in Besitz genommen haben, hatten wir uns zu der Erkenntnis durchgerungen, dass die Form der Organisation niemals für die Dauer so bestehen könnte. Die Organisationsform musste umgebildet werden, und da hatten wir nicht Gewerkschaftssekretäre zu sein, sondern Nationalsozialisten. Dass uns das gelungen ist, hat uns der 12. November 1933 bewiesen. Die Gesinnung des deutschen Menschen ist eine andere geworden, und dieser Gesinnung entsprechend ist eine Organisation zu schaffen, in der der deutsche Mensch Befriedung findet. Wir müssen davon ausgehen, wie der Mensch veranlagt ist, um ihm eine Heimat zu geben. Wenn wir die Geschichte durchgehen, kommen wir zu dem Ergebnis, dass der Mensch der Typ des Soldaten ist. Jeder, der Soldat war, wird bestätigen, dass die Dienstzeit die beste Zeit seines Lebens war. Der deutsche Mensch ist vom Blut aus soldatisch veranlagt. Von dieser Tatsache musste ausgegangen und diesen Naturgesetzen nach aufgebaut werden. Die Deutsche Arbeitsfront wurde nach diesem Prinzip aufgebaut. Die kleinste Gemeinschaft in der DAF ist wie ein Unteroffizier mit seiner Korporalschaft, das ist der Block, der aus etwa 15 Personen besteht. Aus den Blocks kommen die Zellen, hieraus die Ortsgruppen, dann die Kreise und weiter die Gaue. Wir gehen von der Voraussetzung aus, dass der Block die Grundlage der DAF zu sein hat.

Diese Organisation ist der der Partei angeglichen, weil sie sich gut bewährt hat. Die Stärke der Bewegung lag darin, dass sich Menschen zusammenfanden, die eine neue Lebenseinstellung hatten, und ein Ziel vor Augen hatten. Alle Volksschichten waren hier vertreten. Die Willensrichtung muss zum Durchbruch gebracht werden, alle Menschen in einer Gemeinschaft zusammenzuschließen. (...)“ (179)

Elmshorner Nachrichten

„Pinneberger Kreisblatt“

Elmshorner Zeitung

Der Bezugspreis der „Elmshorner Nachrichten“ beträgt monatlich 1,60 RM, frei ins Haus zuzüglich Bestellgeld.

Drahtanschrift: „Nachrichten“, Elmshorn. Fernsprecher: Elmshorn Nr. 2334.

Sonderbeilagen: wöchentlich achtseitige Kupfertiefdruckbeilage „Die Zeit in Wort und Bild“ monatlich „Aus der engeren Heimat“.

Druck und Verlag von Emil Koch, Elmshorn.

Anzeigenpreis für die 6-gespaltene Millimeterzeile oder deren Raum 10, an bevorzugter Stelle 30 Rpf. Geldwirtschaftliche Anzeigen, Sammelanzeigen und -Beilagen, Platzvorschriften usw. nach Tarif. Hinweise unter „Geschäftliches“ 40 Rpf.

83. Jahrgang. Montag, den 2. Juli 1934. Nr. 151.

Verschwörung und Hochverrat niedergeschlagen.

Röhm und 7 Gruppenführer erschossen; General v. Schleicher bei Verhaftung mit seiner Frau tödlich verletzt.

Eine amtliche Kundgebung: Die Säuberungsaktion innerhalb 24 Stunden erledigt. Im ganzen Reich herrscht Ruhe und Ordnung.

EN vom 3.7.1934

Nach der Ernennung Hitlers zum Reichskanzler am 30. Januar 1933 hatte die NSDAP ihre Herrschaft schrittweise ausgebaut. Von großer Bedeutung war hierfür die SA, die das Bild der Straßen prägte. Durch Einschüchterung und Terror ihrer politischen Gegner verhalf die SA den Nationalsozialisten bei der Durchsetzung ihrer Notverordnungen. Neben weitreichenden politischen Kompetenzen und der Forderung, die SA zu einer Volksmiliz zu wandeln, forderte Röhm eine “zweite Revolution”, durch die die Gesellschaft komplett umgebaut werden sollte. Die SA war mittlerweile auf 4 Millionen Anhänger angestiegen, während die Reichswehr aufgrund des Versailler Vertrags lediglich 100.000 Mann umfasste. Im Juni 1934 verbreitete die SS zunehmend Gerüchte über einen bevorstehenden Putschversuch von Röhm und dessen homosexuelle Neigung. Diesen inneren Machtkampf entschied Hitler in der Nacht des 30. Juni 1934. In der sogenannten “Nacht der langen Messer” ließ er Röhm und weitere führende Mitglieder der SA mithilfe der SS und Reichswehr verhaften und ermorden. Diese Tat wurde nachträglich am 3. Juli durch eine weitere Notverordnung gerechtfertigt.

Durch die Ermordung Röhms spielte die SA als Kampforganisation keine nennenswerte Rolle mehr. Die Gleichschaltung war damit beendet. Nachdem Reichspräsident Hindenburg im August 1934 gestorben war, übernahm Hitler sein Amt und ließ die Reichswehr auf sich vereidigen. In den folgenden Jahren führte

Hitler wieder die Wehrpflicht ein und wandelte die Reichwehr in die Wehrmacht um. Damit wurde die Voraussetzung für die expansive NS-Außenpolitik geschaffen, die 1939 den Ausbruch des Zweiten Weltkriegs herbeiführte. (180)

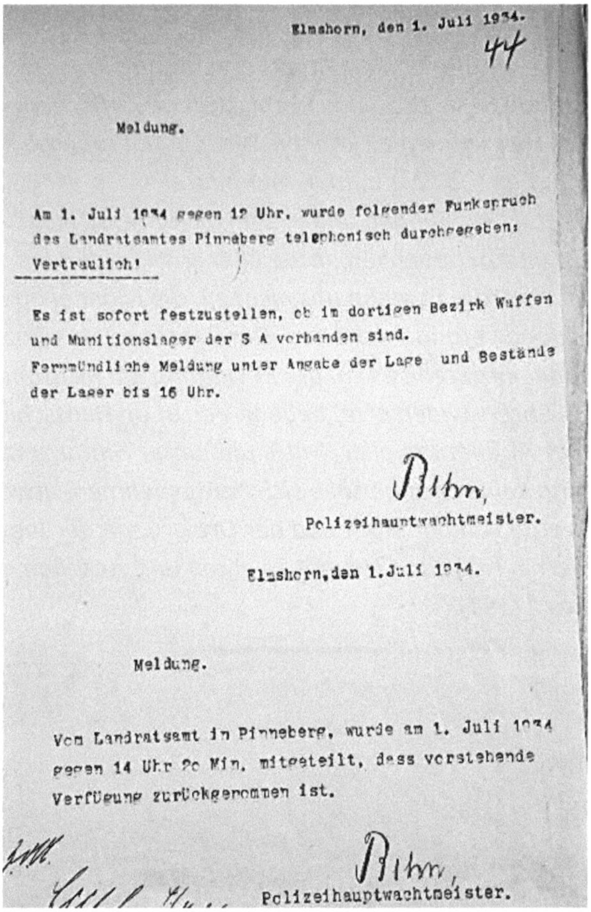

Elmshorn, den 1. Juli 1934.

44

Meldung.

Am 1. Juli 1934 gegen 12 Uhr, wurde folgender Funkspruch des Landratsamtes Pinneberg telephonisch durchgegeben:

Vertraulich!

Es ist sofort festzustellen, ob im dortigen Bezirk Waffen und Munitionslager der S A vorhanden sind.
Fernmündliche Meldung unter Angabe der Lage und Bestände der Lager bis 16 Uhr.

Böhm,
Polizeihauptwachtmeister.

Elmshorn, den 1. Juli 1934.

Meldung.

Vom Landratsamt in Pinneberg, wurde am 1. Juli 1934 gegen 14 Uhr 20 Min. mitgeteilt, dass vorstehende Verfügung zurückgenommen ist.

Böhm,
Polizeihauptwachtmeister.

Stadtarchiv 001-03.31.50.01.04
Polizeiverwaltung Ortspolizei

Am 1. Juli 1934 fand die Einweihung der Jugendherberge im Liether Wald statt. Zu dieser Feier marschierten die HJ und der BDM zur Spielwiese im Liether Park, auf die die Veranstaltung übertragen wurde, und bildeten dort, nach jungen und Mädchen getrennt, ihre Formationen. Die Honoratioren trafen sich an der

Jugendherberge. Stadtrat Max Mohr hielt die Festansprache und übergab im Beisein von Bannführer von Ovens und Unterbannführer Ernst Kann der Hitlerjugend die Jugendherberge. Hierbei deutete Max Mohr auch den „Röhm-Putsch“ an

„(...) Wenn heute die HJ dieses Haus erhalte und die Stadtverwaltung die Walderholungsstätte aufhebe, so haben sie dazu das Recht, weil sie hofft, den Erholungsbedürftigen ein anderes Heim geben zu können. Als Jugendherberge sei für die Jugend das Beste gerade gut genug. Wenn man hier heute zusammengetreten sei, so richte er an die Jungen und Mädel die Bitte, sich der festlichen Stunde bewusst zu sein und zu bedenken, in welcher entscheidenden Wende das Heim Ihnen anvertraut werde. Es stehe uns nicht zu, die Männer zu verurteilen, die sich an der Bewegung vergangen hätten. Der Führer sei der Einzige, der die Bewegung geschaffen habe, ihm stehe es zu, der Bewegung die Richtung zu geben. Wer sich dem Willen des Führers widersetze, begehe Verrat an Deutschland. Die Jugend trete das Erbe an unter Aufbietung aller Kräfte und unter Hintansetzung aller Ruhmsucht. Keine Schicht und keine Gruppe solle sich herausnehmen, etwas Besseres sein zu wollen. Heute werde von der Stadt und der Ortsgruppe der Jugend das Heim übergeben, damit sie lerne, Haus und Heimat zu ehren und zu lieben, zum Wohle unseres Deutschen Reiches.“ (181)

Jugendherberge Elmshorn. Ansichtskarte.

Am 20. Juli 1934 fand im „Tychsen“ in der Friedenstraße eine Versammlung der NSBO statt. Hier sprach der Ortsgruppenbetriebswart Voß:

„Alle, die wir heute Abend hier versammelt sind, sollen jetzt der Stamm der NSBO (182) werden. Die noch keine Parteimitglieder sind, sollen für die Aufnahme angegeben werden. Dann haben wir einen Stamm von etwa 300 NSBO-Mitgliedern, die zugleich Parteimitglieder sind und die dann die SA der Betriebe werden. Die Aufgaben dieser SA der Betriebe sind ungeheuer groß; sollte einer unter uns sein, der diesen an ihn gestellten Forderungen nicht gewachsen sein sollte und der sich nicht stark genug fühlt, Nationalsozialist zu werden, der trete lieber jetzt gleich zurück. Unsere erste Aufgabe wird sein, dafür zu kämpfen, das zu erhalten, was die alten Kämpfer errungen haben. Die alten Kämpfer in der NSBO werden den nationalsozialistischen Geist hochhalten. Wir in der NSBO wollen genauso zusammenstehen, wie die Kameraden in der SA. (…)

Vom 2. September an dürften keine Beitragsreste mehr vorhanden sein. 2 Monate Rückstand bedeute Ausschluss. Die DAF werde dann genauso organisiert wie die Partei. In Elmshorn würden dann etwa 260 Blocks und 80 Zellen eingerichtet. Bis zum 1. Oktober müsse die Umorganisation in der DAF vollzogen sein. (…)“ (183)

Am Morgen des 2. August 1934 um 9 Uhr starb Reichspräsident Paul von Hindenburg (geb. 2. Oktober 1847 in Posen) im Alter von 86 Jahren auf Gut Neudeck in Ostpreußen. Hitler erließ bereits am 1. August, also dem Tag vor Hindenburgs Tod, ein Gesetz über die Zusammenlegung der Ämter des Reichskanzlers und des Reichspräsidenten in der Person Hitlers. Dieses Gesetz trat mit dem Ableben Hindenburgs in Kraft.

Elmshorner Nachrichten

„Pinneberger Kreisblatt“

Elmshorner Zeitung

Reichspräsident Generalfeldmarschall v. Hindenburg †

EN vom 2.8.1934

Reichspräsident Paul von Hindenburg im Jahr 1931. Bundesarchiv, Bild 183-R17289 / CC-BY-SA 3.0

Adolf Hitler Reichspräsident und Reichskanzler.

Gesetz über das Staatsoberhaupt des Deutschen Reiches.

Berlin, den 2. August 1934. Die Reichsregierung hat das folgende Gesetz beschlossen, das hiermit verkündet wird:

§ 1. Das Amt des Reichspräsidenten wird mit dem des Reichskanzlers vereinigt. Infolgedessen gehen die bisherigen Befugnisse des Reichspräsidenten auf den Führer und Reichskanzler Adolf Hitler über. Er bestimmt seinen Stellvertreter.

§ 2. Dieses Gesetz tritt mit Wirkung von dem Zeitpunkt des Ablebens des Reichspräsidenten von Hindenburg in Kraft.

EN vom 2.8.1934

Gesetz über das Staatsoberhaupt des Deutschen Reichs.
Vom 1. August 1934.

Die Reichsregierung hat das folgende Gesetz beschlossen, das hiermit verkündet wird:

§ 1

Das Amt des Reichspräsidenten wird mit dem des Reichskanzlers vereinigt. Infolgedessen gehen die bisherigen Befugnisse des Reichspräsidenten auf den Führer und Reichskanzler Adolf Hitler über. Er bestimmt seinen Stellvertreter.

§ 2

Dieses Gesetz tritt mit Wirkung von dem Zeitpunkt des Ablebens des Reichspräsidenten von Hindenburg in Kraft.

Berlin, den 1. August 1934

Der Reichskanzler

Adolf Hitler

Es folgen die Unterschriften von Papen, Frhr. v. Eltz, Freiherr von Neurath, R. Walther Darré, Frick, Graf Schwerin von Krosigk, Dr. Goebbels, Franz Seldte, Dr. Gürtner, Hermann Göring, von Blomberg, Bernhard Rust, Rudolf Heß und Hanns Kerrl. (184)

In Elmshorn fanden zu Ehren von Hindenburgs Sternmärsche der SA-Stürme zur Rennbahn mit anschließender Massenveranstaltung und einem Umzug durch die Stadt und Trauerfeiern in den Schulen statt. Auch die Hitlerjugend zog mit 800 Angehörigen zum Friedhof, um dort eine Gedenkstunde abzuhalten. (185)

Standortbefehl!

Sämtliche Einheiten der Hitler-Jugend, des Jungvolks, des Bundes deutscher Mädel und der Jungmädel stehen am

Dienstag, dem 7. August, abends 7.30 Uhr,

auf dem Neuen Marktplatz mit Fahnen angetreten. HJ. trägt Trauerflor über der Armbinde

Der Standortführer der HJ.

Wegen der Beisetzungsfeierlichkeiten

des Herrn Reichspräsidenten v. Hindenburg bleiben sämtliche Banken Elmshorns am Dienstag

von 10-1 Uhr geschlossen

Westholsteinische Bank, Filiale Elmshorn

EN vom 6.8.1934

Die Volksabstimmung über das Staatsoberhaupt des Deutschen Reichs fand am 19. August 1934, nur wenige Wochen nach dem Tod des letzten Reichspräsidenten und Staatsoberhaupts Paul von Hindenburg, statt. Der damalige Reichskanzler Adolf Hitler ließ sich im Nachhinein von der deutschen Bevölkerung die Zusammenlegung der Ämter des Reichskanzlers und des Reichspräsidenten auf seine Person als Führer und Reichskanzler bestätigen. Die unter nicht freien Bedingungen abgehaltene Abstimmung im NS-Staat ergab mit 89,93 % „Ja“-Stimmen eine deutliche Zustimmung. Die Nationalsozialisten hatten mehr erwartet und waren sehr enttäuscht, was auch in den folgenden öffentlichen Versammlungen zum Ausdruck kam.

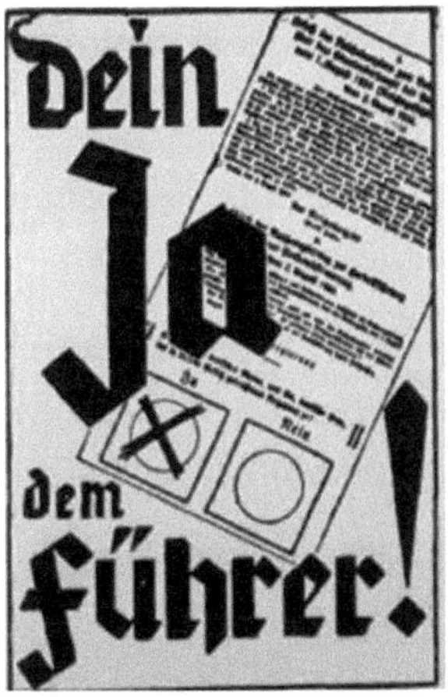

EN vom 19.8.1934

Die Parole des ganzen Volkes am 19. August.

EN vom 19.8.1934

88. Jahrgang. Montag, den 20. August 1934.

Des deutschen Volkes freudiges Ja!

Das Ergebnis der Volksabstimmung: 90 v. H. Ja-Stimmen — 94,5 v. H. Wahlbeteiligung.

EN vom 20.8.1934

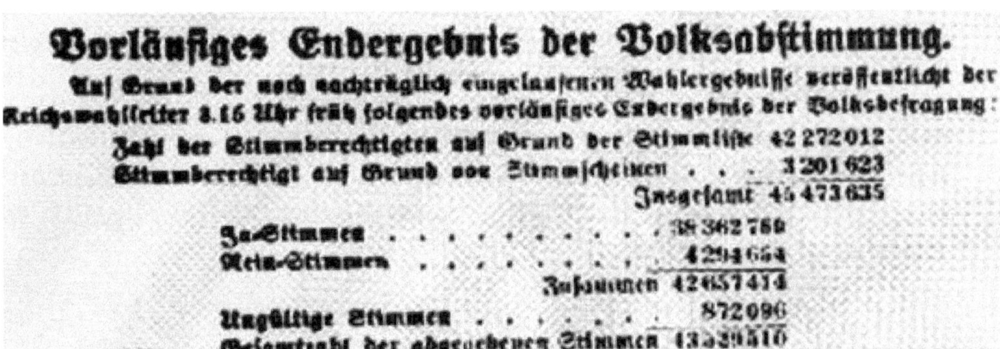

Vorläufiges Endergebnis der Volksabstimmung.

Auf Grund der noch nachträglich eingelaufenen Wahlergebnisse veröffentlicht der Reichswahlleiter 8.16 Uhr früh folgendes vorläufiges Endergebnis der Volksbefragung:

Zahl der Stimmberechtigten auf Grund der Stimmliste	42 272 012
Stimmberechtigt auf Grund von Stimmscheinen . . .	3 201 623
Insgesamt	45 473 635
Ja-Stimmen	38 362 760
Nein-Stimmen	4 294 654
Zusammen	42 657 414
Ungültige Stimmen	872 296
Gesamtzahl der abgegebenen Stimmen	43 529 710

EN vom 20.8.1934

August 1934 – Dezember 1936 Ausgrenzung und Verführung

Am 2. August 1934 gab der Reichsminister für Wissenschaft, Erziehung und Unterricht ein Abkommen über den Staatsjugendtag bekannt, in dem es unter anderem hieß:

„Für die Erziehung der Schuljugend im nationalsozialistischen Staate sind Schule, Reichsjugendführung (HJ-Bewegung) und Elternhaus nebeneinander berufen.

Um ein wirksames Zusammenwirken zu gewährleisten, sind der Reichsminister für Wissenschaft, Erziehung und Volksbildung und der Jugendführer des Deutschen Reiches über folgende, in der Zukunft zu verwirklichende Maßnahmen einig:

1. *der Sonntag der Jugend gehört grundsätzlich dem Elternhaus und der Familie.*
2. *Für die Erziehungsarbeit der Reichsjugendführung (HJ-Bewegung) wird den ihr unterstellten Schülern der Sonnabend als schulfreier Tag eingeräumt (Staatsjugendtag). Daneben steht der Reichsjugendführung (HJ-Bewegung) der Mittwochabend als Heimabend zur Verfügung, der von der Reichsjugendführung zentral gestaltet wird.*
3. *Für alle übrigen Schüler findet am Sonnabend Unterricht wie üblich statt.*
4. *Im Übrigen stehen die Werktage uneingeschränkt der Arbeit der Schule zur Verfügung.*
5. *Für die beruflich tätige, der Reichsjugendführung (HJ-Bewegung) unterstehende Jugend wird bis zum vollendeten 18. Lebensjahre die gleiche Regelung angestrebt.*

In Ausführung dieses Abkommens treffe ich im Einvernehmen mit dem Herrn Jugendführer des Deutschen Reiches für alle mir unterstellten Schulen zunächst für das Jungvolk die folgende Anordnungen, denen solche für die Hitlerjugend in Bälde folgen werden. Ich bestimme:

1. *Das Abkommen wird zunächst durchgeführt für alle Schüler und Schülerinnen vom 10. bis zum 14. Lebensjahre, in den höheren*

Lehranstalten für alle Schüler und Schülerinnen bis einschließlich Untertertia, in den Mittelschulen für die entsprechenden Jahrgänge.

2. *Die Beanspruchung des Jungvolks am Staatsjugendtag darf im Sommer die Zeit von 7 bis 19 Uhr, im Winter von 8 bis 18 Uhr nicht überschreiten.*
3. *Kürzung des wissenschaftlichen Unterrichts soll möglichst unterbleiben.*
4. *Die aufgabenfreien Nachmittage und die Wandertage fallen insoweit weg, als nicht etwas anderes bestimmt ist.*
5. *An den Mittwochabenden darf das Jungvolk im Sommer nicht über 20.30 Uhr, im Winter nicht über 19.30 Uhr, die Hitlerjugend nicht über 21 Uhr in Anspruch genommen werden. Für den Bund Deutscher Mädel gelten dieselben Zeiten.*
6. *Die nicht der Hitlerjugend angehörenden Schüler und Schülerinnen haben am Sonnabend pflichtmäßigen Unterricht. Dieser Unterricht soll nach einem festzulegenden Lehrplan in mindestens zwei Unterrichtsstunden den Schülern und Schülerinnen das nationalsozialistische Gedankengut nahebringen. Die nichtarischen Schüler sind von diesen Stunden befreit. Die Schulaufsichtsbeamten haben bei ihren Besuchen der Anstalten diesem Unterrichte besondere Aufmerksamkeit zuzuwenden. Wo die Möglichkeit gegeben ist, wird eine Stunde Werkunterricht erteilt. Die übrige Zeit ist den Leibesübungen gewidmet. Der aufgabenfreie Schulnachmittag wird für die der Hitlerjugendbewegung nicht angehörigen Schüler auf den Sonnabend verlegt.*
   Einmal im Monat wird für diese Schüler am Sonnabend eine ganztägige Wanderung veranstaltet.
7. *Um das Zusammengehörigkeitsgefühl der Klassen zu stärken und um ein Sich-Kennen-Lernen von Lehrern und Schülern außerhalb der Schulmauern auch hinsichtlich der der Hitlerjugendbewegung angehörigen Schüler zu ermöglichen, findet in jedem Vierteljahr an einem Sonnabend eine gemeinsame Schulwanderung statt, an der sämtliche Lehrer, auf die Klassen verteilt, teilzunehmen haben.*
8. *Da im Allgemeinen die Zahl der Schüler, die nicht der Hitlerjugend angehören, gering sein wird, wird die gewöhnliche Klasseneinteilung für den Sonnabendunterricht nicht beibehalten werden können, es werden*

vielmehr Abteilungen, die die Größe einer Durchschnittsklasse haben, durch Zusammenfassung nicht zu weit auseinanderliegender Jahrgänge gebildet werden müssen.

9. *Diese Unterrichtsstunden werden so zu verteilen sein, dass eine möglichst gleichmäßige Belastung des Lehrkörpers eintritt.*
10. *Zum Schluss hebe ich noch ausdrücklich hervor, dass der Sonntag der Familie vorbehalten bleibt, dass also auch kein anderer Jugendbund berechtigt ist, am Sonntag seine schulpflichtigen Angehörigen für irgendwelche Veranstaltungen in Anspruch zu nehmen.*
11. *Der Erlass tritt sofort in Kraft."* (1)

Der erste Staatsjugendtag fand in Elmshorn am 11. August statt.

Der erste Staatsjugendtag.

"Am Sonnabend wurde der erste Staatsjugendtag durchgeführt. Das Elmshorner Jungvolk machte einen Ausmarsch nach Barmstedt. Nachdem einige neue Führer ihr Amt übernommen hatten, trieben die Fähnlein auf dem dortigen Sportplatz Leibesübungen oder machten Geländespiele. Nachmittags trafen sich die Fähnlein wieder in Gr. Offenseth und marschierten zusammen nach Elmshorn zurück, wo sie gegen 18 Uhr eintrafen.

Die Elmshorner Jungmädel marschierten am Sonnabend früh aus der Stadt hinaus. In die Heide hinter Horst sind sie gezogen. — Um 2 Uhr langten sie dann wieder daheim an, aber noch war der Tag nicht beendet für sie. Am Nachmittag fanden sie sich abermals zusammen, zum gemeinsamen Arbeiten, zu Spiel und Sport. Unsere Untergauführerin war gekommen, sie ging durch die Klassen des Lyzeums, in denen die einzelnen Schaften untergebracht waren und überzeugte sich, wie die Führerinen mit ihren Mädels arbeiteten.

Im Anschluß an den ersten Staatsjugendtag fand Sonnabendabend eine Zusammenkunft der Jungvolkführer des Kreises Pinneberg in Ellerhoop statt. Die Stammführer berichteten über den Verlauf des gerade beendeten Dienstes. Der Jungbannführer zeichnete ein Bild von der Verantwortung, die jeder junge Führer gerade jetzt durch die Einführung des Staatsjugendtages seinen Jungen, dem Staate und der Bewegung gegenüber trage. Danach wurde der Dienst für die kommenden Wochen bekanntgegeben. Am nächsten Sonnabend führen die Fähnlein sportliche Mannschaftskämpfe durch. Im Anschluß daran fahren die Führer ins Zeltlager des Oberjungbanns 14 nach Plön. Am 25. und 26. dieses Monats findet der verschobene Jungbannthing in Wedel statt, an dem wahrscheinlich der Gebietsführer erscheinen wird.

EN vom 13.8.1934

NSDAP. - Ortsgruppe Elmsho[rn]

Elmshorner Bevölkerung!

Am Dienstag, dem 21. August, 20½ Uhr, spricht in ...

Massenversammlung

auf der Rennbahn unser Ortsgruppenleiter Pg. Max Moh[r]

Jeder Einwohner ist herzlichst eingeladen

Der Organisations-Le[iter]

Berichtigung zur hiesigen Lokalnotiz

Wie gestaltet sich die Wahl in Elmshorn?

Zum Wahlbezirk 1 wird folgendes berichtigt:

Wahlbezirk 1 (Zellen 1 und 1a)
Das Wahlbüro befindet sich nicht im Kaffee Möller, ...
in der **Gastwirtschaft Kirchen**, Kaltenweide, ...

Aufruf der Arbeitsgemeinschaft der Vaterländischen Vereine von Elmshorn und Umgegend

Sonntag, den 19. August 1934, morgens 8.30 Uhr

Antreten mit Fahnen

auf dem neuen Marktplatz zum geschlossenen Marsch zu[m] Wahllurne, Kolberstr., Hindenburgplatz, Kirchenstr., Adolf Hitler-..., Adolf Hitler-Schule. Daselbst Auflösung

1. Militärische Kameradschaft Elmshorn 1882
2. Garde-Korps-Kameradschaft von Elmshorn u. Umg.
3. Marineverein Elmshorn
4. Elmshorner Schützengilde
5. Verein 13. Dragoner Elmshorn
6. Verein 15. Husaren Elmshorn
7. Elmshorner Männer-Turn-Verein
8. Liedertafel „Schleswig-Holstein" Elmshorn
9. Liedertafel „Concordia"
10. Männer-Gesang-Verein „Lyra" 1885 Elmshorn
11. Militärische Kameradschaft Hainholz-Langelohe-...
12. NSKOV.
13. NSDFB. (Stahlhelm)
14. Verein ehemaliger Kriegsgefangener
15. Eisenbahnerverein
16. Reichstreubund

Erscheinen aller Mitglieder ist Ehrenpflicht

J. A. Ebeling, Kameradschafts-...

EN vom 17.8.1934

Am 21. August fand eine Massenversammlung der NSDAP auf der Rennbahn statt, die von ca. 5000-6000 Menschen besucht wurde. Stadtrat Max Mohr rechtfertigte die Regierungsmaßnahmen und die Maßnahmen der Stadtvertretung nach der Machtergreifung, zeigte Planungen der Reichsregierungen auf und ermahnte die *„Nörgler, Meckerer und Kritikaster"*. (2)

EN vom 13.8.1934

Aufruf

an die Elmshorner Bevölkerung!

Morgen, Sonntag, vormittags 8 Uhr, auf der Rennbahn **Weihe der Fahne der NSDAP.**, Ortsgruppe Elmshorn und weiterer Ortsgruppen des Kreises Pinneberg durch Kreisleiter Schramm. Anschließend große **Saar-Treuekundgebung.** Kreisleiter Schramm spricht zur Elmshorner Bevölkerung

Es nehmen teil: Sämtliche politischen Leiter des Kreises Pinneberg, sämtliche Formationen des Standortes Elmshorn, sämtliche Mitglieder der Ortsgruppe und ihrer Nebengliederungen. Außerdem sind eingeladen: Alle Betriebsführer mit ihren Gefolgschaften, sowie sämtliche Vereine, Verbände usw. Elmshorns

Heil Hitler!

Der Standortführer **Der Organisationsamtsleiter**

Zu der morgen, am **Sonntag, dem 26. ds. Mts.**, vormittags 8 Uhr, auf der **Rennbahn der Reit- und Fahrschule** stattfindenden

Weihe der Fahne

der Ortsgruppe der NSDAP., sowie der daran anschließenden

Saar-Kundgebung

machen die Führer der **Arbeitsgemeinschaft der Vaterländischen Vereine von Elmshorn und Umgegend** ihren Mitgliedern die Teilnahme zur Pflicht

Antreten mit Fahnen 7.45 bei der Rennbahn

J. A.: John Ebeling

Die Frauenschafts-Mitglieder

werden gebeten, an der **Fahnenweihe der NSDAP.**, **am Sonntag, dem 26. August**, vormittags 8 Uhr, auf der Rennbahn recht zahlreich teilzunehmen

Die Orts-Frauenschaftsleiterin

EN vom 25.8.1934

Wie im Versailler Vertrag vorgesehen, fand am 13. Januar 1935 unter Aufsicht des Völkerbunds eine Volksabstimmung statt. Die Nationalsozialisten bereiteten schon im August 1934 diese Abstimmung propagandistisch und mit Veranstaltungen, Aufmärschen und Fahnenweihen in Elmshorn vor. (3)

Nur eine Woche nach der Kundgebung der NSDAP auf der Elmshorner Rennbahn fand am 26. August am gleichen Ort eine Fahnenweihe und Treuekundgebung mit 2500-3000 Teilnehmern statt. Der Kreisleiter der NSDAP des Kreises Pinneberg, Pg. Schramm aus Halstenbek, machte aus seiner Enttäuschung über den Wahlausgang Hitlers zum Reichspräsidenten keinen Hehl:

„(...) In den Stürmen des alltäglichen Lebens und der Ereignisse verlerne der Mensch, das Große des ganzen Volkes zu sehen. So komme es, dass man die Gesamtlinie des Volkes verliere und dadurch vergesse man das Ziel der NSDAP. Das Ergebnis der letzten Wahl habe es gezeigt. Die Neinsager hätten geglaubt, mit ihrem Nein den Führer Adolf Hitler zu treffen. Diese Volksgenossen hätten mit ihrem Nein nicht die Bewegung und den Führer getroffen, sondern sich selbst und das Vaterland. Alle müssten wissen, dass da, wo ein Volk Unsicherheit zeige, es sich dem Ausland gegenüber vollkommen schwach mache. Diesen Neinsagern müsse man zurufen: Denkt daran, was ihr dem Vaterland schuldig seid! Die Mitglieder der NSDAP wüssten, dass sie trotzdem ihre Pflicht tun würden. Im deutschen Vaterland habe man noch nicht allenthalben begriffen, was dem Vaterland nottue. Man müsse fortfahren in der Auslese der national-sozialistischen Disziplin. Man brauche treue Volks- und Parteigenossen. Der Aufbau der Organisation sei ein ewiger Kampf. Treu sein könnten wir alle, weil wir Deutsche seien. Der Beginn des deutschen Volkes liege in der unendlichen Vergangenheit, die Zukunft in einer unendlichen Gegenwart. Wer jetzt mit Nein gestimmt habe, habe damit gesagt, dass er mit dem Führer nicht zufrieden sei. Wir müssten aber unsere Pflicht erfüllen, wie unsere Kraft es zulasse. Ein Volk müsse in seiner Gesamtheit vorwärts marschieren. Wer nicht mit wolle, müsse sich als Material oder Staub betrachten, das so oder so verwendet werde. Der Geist der Einigkeit müsse in Deutschland besser werden. Die Bewegung bemühe sich, auf allen sozialen Gebieten zu einem Ausgleich zu kommen. Die Volksgemeinschaft müsse im Vordergrund stehen, der Klassenkampf sei abgetan. Eine ganze Anzahl Fahnen sollen geweiht werden. Diese Fahnen sollten mit nach Nürnberg, damit die Ortsgruppen ein Symbol hätten. Die Fahne sei ein Symbol von hoher Bedeutung, sie dürfe nie verlassen werden.

Darauf verpflichtete der Redner die Ortsgruppenleiter und die Fahnenträger der zu weihenden Fahnen durch Handschlag für Adolf Hitler. Danach erklärte er, dass 17 Fahnen geweiht und in die Bewegung eingereiht seien. (...)

Dann gedachte er der Volksgenossen im Saargebiet, die über ein Jahrzehnt unter der Fremdherrschaft gelebt hätten. Jetzt sollten sie zu uns zurückkehren. Adolf Hitler werde heute zu den Saardeutschen sprechen und auch wir wollten ihrer gedenken. So möchten auch wir bedenken, dass die Erfüllung der Befreiung die Einigkeit des deutschen Volkes sei. Wo die Einigkeit noch nicht vorhanden sei, müsse sie hergestellt werden. Nur zielbewusste Mitarbeit könne die vorhandenen Fehler tilgen. Wir müssten uns freimachen für die große deutsche Geschichte, die jetzt ihren Anfang nimmt. Ein starker nationalsozialistischer Staat werde der Garant des Friedens in Europa sein. Nationale Stärke könne nur aufgebaut werden, wenn das Volk sich einig sei. Man müsse seine Pflicht bis zum letzten Atemzug für das Vaterland tun. Mit einem „Sieg Heil!" auf Adolf Hitler, das Vaterland und die Volksgenossen außerhalb der Grenzen schloss er seine Rede." (4)

Kreisleiter Schramm (1889-1964). Aus Gemeindechronik Halstenbek, Halstenbek 1991. Von https://www.spurensuche-kreis-pinneberg.de/spur/kreisleitung-der-nsdap-ab-1936/

Auch bei der tags zuvor stattgefundenen Fahnenweihe der „SA-Reservestürme 27 und 29 R 31" im „Carlstal" konnte man nicht nur die Enttäuschung über den Wahlausgang hören, der Führer des Sturmes 27-R. 31, Obersturmführer Diedrich Bruhn, drohte den Neinsagern:

„(...) Es gebe heute auch noch Leute, die wohl die Segnungen des neuen Staates genießen, die aber nichts für ihn tun wollten. Über diese Leute könne man zur Tagesordnung übergehen. Vom Staat aus würde diesen Leuten aber der schärfste Kampf angesagt. Der Aufstieg könne nur durch gemeinsame Opfer vor sich gehen. Die Opfer, die jeder Nationalsozialist in den Jahren des Kampfes gebracht habe, müssten heute von den anderen Volksgenossen nachgeholt werden. Das Volk müsse wissen, wofür es kämpfe. Adolf Hitler habe uns das Ziel gezeigt. Das deutsche Volk sei fähig, große Not zu überwinden. Es könne Opfer bringen, um die Not zu zwingen. Allen verantwortungslosen Elementen werde das Handwerk gelegt werden. Die SA müsse dahin wirken, dass heute das aus den Gehirnen ausgemerzt werde, was für das Volk schädlich sei. In Zukunft werde die Fahne des Dritten Reiches voran leuchten. (...)" (5)

Um die Kontrolle über die Ordnung und Disziplin innerhalb der Hitlerjugend zu erhalten und durchzusetzen, setzte die HJ schon im Jahre 1934 einen eigenen Streifendienst ein:

„HJ setzt Streifendienst ein.

Auf Anordnung der Reichsjugendführung wird innerhalb der Hitlerjugend zur Aufrechterhaltung von Ordnung und Disziplin ein „HJ-Streifendienst" eingerichtet. Die Angehörigen dieses Streifendienstes sind sämtlich alte, bewährte HJ-Leute, so dass sie schon dadurch eine Autorität besitzen, andererseits aber auch eine gewisse Gewähr dafür gegeben ist, dass sie sich im Dienst ordnungsgemäß verhalten. In etwa 40 größeren Ortschaften der Nordmark werden solche HJ-Streifen eingesetzt werden. Jedoch erstreckt sich ihr Dienstbereich nicht nur auf den betreffenden Ort, sondern auf den gesamten Bannbezirk. Der Kontrolle des HJ-Streifendienstes unterstehen sämtliche Angehörige der Hitler-Jugend, des Bundes Deutscher Mädel, des Jungvolkes und der Jungmädel bis einschließlich Unterbannführer. Die Jugendgenossen, die sich in Uniform in der Öffentlichkeit zeigen, haben einen peinlich sauberen und vollständigen Dienstanzug zu tragen und sich der Art der HJ entsprechend aufzuführen. Das gilt auch für diejenigen Jugendgenossen, die in Zivil sind, aber das Abzeichen der Hitlerjugend tragen." (6)

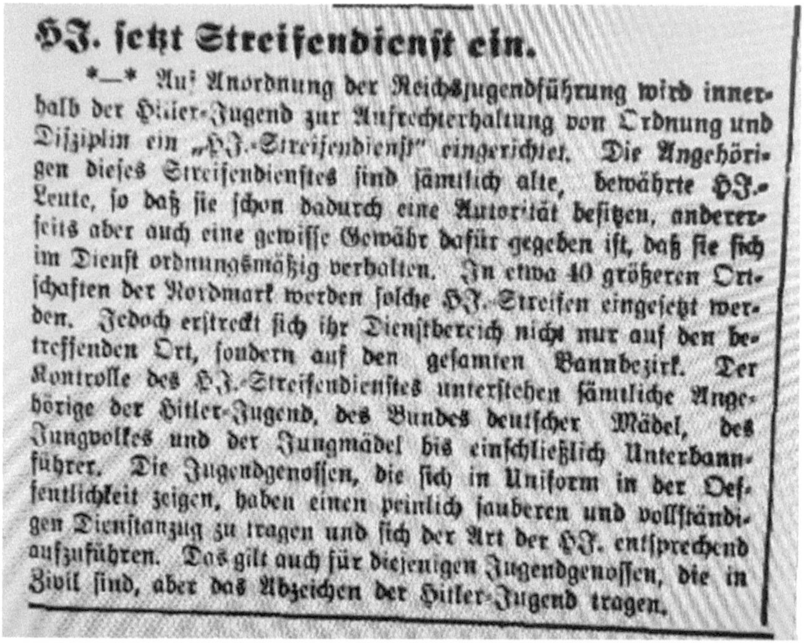

HJ. setzt Streifendienst ein.

— Auf Anordnung der Reichsjugendführung wird innerhalb der Hitler-Jugend zur Aufrechterhaltung von Ordnung und Disziplin ein „HJ.-Streifendienst" eingerichtet. Die Angehörigen dieses Streifendienstes sind sämtlich alte, bewährte HJ.-Leute, so daß sie schon dadurch eine Autorität besitzen, andererseits aber auch eine gewisse Gewähr dafür gegeben ist, daß sie sich im Dienst ordnungsmäßig verhalten. In etwa 40 größeren Ortschaften der Nordmark werden solche HJ.-Streifen eingesetzt werden. Jedoch erstreckt sich ihr Dienstbereich nicht nur auf den betreffenden Ort, sondern auf den gesamten Bannbezirk. Der Kontrolle des HJ.-Streifendienstes unterstehen sämtliche Angehörige der Hitler-Jugend, des Bundes deutscher Mädel, des Jungvolkes und der Jungmädel bis einschließlich Unterbannführer. Die Jugendgenossen, die sich in Uniform in der Oeffentlichkeit zeigen, haben einen peinlich sauberen und vollständigen Dienstanzug zu tragen und sich der Art der HJ. entsprechend aufzuführen. Das gilt auch für diejenigen Jugendgenossen, die in Zivil sind, aber das Abzeichen der Hitler-Jugend tragen.

EN vom 7.9.1934

Elmshorner Nachrichten

„Pinneberger Kreisblatt"

Elmshorner Zeitung

83. Jahrgang. Mittwoch, den 5. September 1934. Nr. 207.

Reichsparteitag Nürnberg

Der Auftakt zum Reichsparteitag.

EN vom 5.9.1934

Vom 4. – 10. September 1934 fand in Nürnberg der Reichsparteitag unter dem Motto *„Reichsparteitag der Einheit und Stärke"*, *„Reichsparteitag der Macht"* und

„Reichsparteitag des Willens“ statt. Dieser Reichsparteitag wurde propagandistisch mit dem Film *„Triumph des Willens“* der Regisseurin Leni Riefenstahl begleitet.

Wie in jedem Jahr, so wurde auch 1934 ein *„Tag der Jugend“* auf dem Parteitag abgehalten, in diesem Jahr am Vormittag des 8. September. Hitler sprach zu den angetretenen 60.000 HJ-Angehörigen:

„Wir wollen ein Volk sein, und ihr, meine Jugend, sollt dieses Volk nun werden. (Brausender Jubel) Wir wollen einst keine Klassen und Stände mehr sehen, und ihr dürft schon in euch diesen Klassendünkel nicht groß werden lassen. Wir wollen einst ein Reich sehen, und ihr müsst euch dafür schon erziehen in einer Organisation. Wir wollen einst, dass dieses Volk treu ist, und ihr müsst diese Treue lernen. Wir wollen, dass dieses Volk einst gehorsam ist, und ihr müsst euch in Gehorsam fügen. Wir wollen, dass das Volk friedliebend, aber auch tapfer ist, und ihr müsst deshalb friedfertig sein und mutig zugleich.

Ihr müsst lernen, hart zu sein, Entbehrungen auf euch zu nehmen, ohne jemals zusammenzubrechen. Wir wollen, dass dieses Volk dereinst wieder ehrliebend wird, und ihr müsst euch schon in den jüngeren Jahren zu diesem Begriff der Ehre bekennen.

Wir wollen aber, dass wir einst auch wieder ein stolzes Volk werden, und ihr müsst in eurer Jugend in einem wahrhaften Stolz leben, müsst stolz sein als Junggenossen eines stolzen Volkes, auf das dereinst euer Jugendstolz zum Stolz der Generation wird. Alles, was wir vom Deutschland der Zukunft fordern, dass, Jungens und Mädchen, verlangen wir von euch! (Jeder dieser Sätze wird von der begeisterten Jugend mit ungeheurem Jubel aufgenommen, in den sich das Dröhnen der Landknechtstrommeln mischt.)

Das müsst ihr üben und das müsst ihr damit der Zukunft geben; denn, was immer wir auch heute schaffen und was wir tun, wir werden vergehen, aber in euch wird Deutschland weiterleben,

und wenn von uns nichts mehr übrig sein wird, dann werdet ihr die Fahne, die wir aus dem Nichts hochgezogen haben, in euren Fäusten halten müssen. (Unter den dröhnenden Beifallsstürmen ist das weite Rund in wogender Bewegung.)

Und Ihr müsst daher feststehen auf dem Boden eurer Erde und müsst hart sein, auf das euch diese Fahne nie entfällt, und dann mag nach euch wieder Generation um Generation kommen, und ihr könnt von ihnen dasselbe fordern und verlangen, dass sie so sind, wie ihr gewesen seid. Und dann blickt auf euch ganz Deutschland mit Stolz. Uns allen geht das Herz über vor Freude, wenn wir euch sehen und wenn wir in euch das Unterpfand erblicken können, dass unsere Arbeit nicht umsonst gewesen ist, sondern dass sie fruchtbringend wird für unser Volk. Dann erfasst uns alle das stolze Glück, in euch die Vollendung unserer Arbeit sehen zu können und damit das Bewusstsein, das die Millionen des großen Krieges, die zahlreichen Kameraden unter uns, nicht umsonst ihr Opfer für Deutschland gebracht haben, dass uns in allem am Ende doch ersteht ein einiges, freies, stolzes, ehrliebendes Volk. (Die Luft ist erfüllt von den brausenden Jubelrufen der jugendlichen Stimmen.)

Und ich weiß, dass kann nicht anders sein, denn ihr seid Fleisch von unserem Fleisch und Blut von unserem Blut, und in euren Gehirnen brennt derselbe Geist, der uns beherrscht. Ihr könnt nicht anders sein als mit uns verbunden, und wenn die großen Kolonnen unserer Bewegung heute singend durch Deutschland marschieren, dann weiß ich, ihr schließt euch den Kolonnen an und wir wissen alle: Vor uns liegt Deutschland, in uns marschiert Deutschland und hinter uns kommt Deutschland!

Eine flammende Lohe unbeschreiblicher Begeisterung umgibt den Führer, als er endet. (...)" (7)

Am Nürnberger Reichsparteitag nahmen Abordnungen der Elmshorner NS-Formationen und der Hitlerjugend teil. Ein junger Elmshorner, Gerd Snoek, schrieb aus dem Arbeitsdienstlager Bredstedt nach seiner Rückkehr aus Nürnberg seiner Mutter über seine Erlebnisse in Nürnberg einen Brief. Darin hieß es:

„(...) Mit 1000 Mann aus Schleswig-Holstein fuhren wir. In Nürnberg-Langwasser stiegen wir aus und zogen ins Zeltlager, in dem 52.000 Menschen untergebracht waren. Außerdem waren alle Nürnberger Kaufleute mit Zelten vertreten. Also eine riesige Zeltstadt, wie du dir wohl vorstellen kannst. Das erste war, ich traf ungefähr 20 Elmshorner und Klassenkameraden. Na, wir richteten uns ein im Stroh und

nahmen Proviant entgegen. Eine bewundernswerte Organisation, keine Störungen, wirklich ganz groß.

Am nächsten Morgen um 9 Uhr ging es los zur Zeppelinwiese, durch herrliche Anlagen, zu einer großen Wiese, umgeben mit Tribünen zu beiden Seiten der Haupttribüne, wo der Führer sprach. Wir stellten uns auf, setzten die Spaten und das Gepäck ab und betrachteten die Anlagen. Dann kam der Führer. Mutti, ein großer Augenblick. Kein Laut hörbar außer den Tritten des Führers. 52.000 Menschen in atemloser Stille. Es folgten die Ansprachen Hierls und Hitlers.

Nach einer guten Stunde Rast begann dann der Vorbeimarsch am Führer. Wenn wir unterwegs, beim Marsch durch die Stadt einen Augenblick Pause machen mussten, wurden wir beworfen mit Blumen, Pflaumen, Äpfel, Weintrauben, Birnen, Keks, Schokolade. Als wir unser Schleswig-Holstein-Lied sangen, klatschte und jubelte das Volk, wie ich es noch nie erlebte.

Und dann der Führer, diese Augen, sowas vergisst man nicht. Alle Führer sollen da gestanden haben, ich habe niemanden außer Hitler gesehen. Als wir dann im Lager wieder angekommen waren, waren wir auch erledigt.

Abends kam Göring ins Lager (...) Wir alle hin und es dauerte nicht lange, da saß Dein Sohn höchstpersönlich bei Göring im Auto und drücke ihm die Hand. Wie ich da hineingekommen bin, weiß ich heute noch nicht.

Am anderen Morgen ging es dann mit einem Maßkrug am Koppel heimwärts." (8)

Während der Feuerschutzwoche erschienen täglich in den EN Anzeigen mit Verhaltensmaßregeln, z.B. EN vom 18.9.1934 und 19.9.1934

Aufruf!

An alle kinderreichen Familien in Elmshorn und Umgebung.

Ein Volk ohne Jugend ist ein Volk ohne Hoffnung, ein Volk ohne Zukunft!

Ein gesundes Volk kann nicht ausgetilgt werden, wenn es sich nicht durch eigene Unfruchtbarkeit selbst auslöscht. Um die Bestanderhaltung des deutschen Volkes zu gewährleisten, müssen aus jeder Ehe mehr als drei Kinder hervorgehen.

Kinder sind die Träger der deutschen Zukunft,
Kinder schaffen Arbeit,

denn sie sind mindestens 15 Jahre lang nur Verbraucher, ehe sie selbst einen Arbeitsplatz beanspruchen. Unterstützt unsere Bestrebungen zur Erhaltung erbgesunder kinderreicher Familien!

Alle für einen und einer für alle

ist auch heute noch im Wesen unseres Bundes verankert. Alle Kinderreichen, ob arm oder reich, die noch nicht im Bunde organisiert sind und auf dem Boden unserer Bewegung stehen, müssen sich anschließen.

Wer sein Vaterland liebt, unterstützt den Reichsbund der Kinderreichen Deutschlands zum Schutze der Familie e. V. Werdet Mitglied oder Förderer unserer Bewegung.

Provinzialverband Schleswig-Holstein und Landesteil Lübeck (Oldenburg) im Reichsbund der Kinderreichen Deutschlands, Ortsgruppe Elmshorn.

Heil Hitler!

Vorstehenden Aufruf unterstützen:

Für die Stadt Elmshorn: gez. Bürgermeister Krumbeck.

Für die Wohlfahrtsverwaltung: gez. Fr. Mohr, Beigeordneter.

Für die NS. Wohlfahrt, Ortsgruppe Elmshorn: gez. Gertr. Ohlhoff, stellv. Ortsgruppen-Amtsleiterin.

Für die NSDAP., Ortsgruppe Elmshorn: gez. Max Mohr, Ortsgruppenleiter.

Für die Deutsche Arbeitsfront: gez. Boß, Ortsleiter der Deutschen Arbeitsfront.

Für die NS. Frauenschaft: gez. Ohlhoff, Ortsfrauenschaftsleiterin.

EN vom 3.10.1934

Am 9. Oktober eröffnete Adolf Hitler das Winterhilfswerk 1934/35. (9) Schon einige Tage vorher, am 6. Oktober kündigte die NS-Frauenschaft Elmshorn an:

„Am 8., 9. und 10. Oktober werden Mitglieder der Frauenschaft und der ihr angeschlossenen Verbände in den Haushaltungen vorsprechen, um darauf aufmerksam zu machen, dass, wie im vorigen Jahre, eine Kleidersammlung veranstaltet wird, und zwar für den Stadtteil Kaltenweide, also jenseits der Bahn, am 10. Oktober, für den Stadtteil Stadtmitte am 12. Oktober und für den Stadtteil jenseits der Krückau am 15. Oktober. Gleichzeitig werden die Frauen um Beiträge für die Kinderbespeisung bitten, und zwar in Form der auch im vorigen Jahr erfolgreich angewandten Pfundsammlung, wobei die Waren als solche nicht, dafür aber bestimmte Beträge gespendet werden sollen, die bei einem selbst zu bestimmenden Kaufmann zu hinterlegen sind." (10)

Eine Elmshorner Lyzeumsschülerin, die sich in einem Arbeitsdienstlager befand, schrieb an ihre Mutter einen Brief, der in den EN veröffentlicht wurde:

„Liebe Mutti!

Augenblicklich bin ich furchtbar glücklich, denn ich habe eine Beschäftigung gefunden, die mich befriedigt. Gestern war ich zunächst wieder bei B. zum Kartoffel-Buddeln, kam abends nach Hause und hörte, das in L., 5 km von hier, eine Frau, Mutter von 5 Kindern, krank ist und ihr geholfen werden soll. Ich habe mich natürlich sofort gemeldet und denn ja heute morgen darauf los. Die Frau hatte sich schon wieder aufgerappelt, lag auf der Koppel und buddelte Kartoffeln, die 5 Kleinen um sie herum, wie die Orgelpfeifen. Ein Junge von 5 1/2, noch einer von 4, ein Mädchen von 3, ein Junge von 1 1/2 und ein Lüttes von 3 Monaten. Ich hab mich dann gleich mit vor die Kartoffeln gelegt, und sie freute sich riesig, dass sie Hilfe hatte. Der Mann macht Notstandsarbeiten, ich glaube, sie haben keine 15 RM die Woche zum Leben. Bis 10.30 Uhr haben wir gebuddelt und dann mit der Karawane nach Hause: Emmylein im Kinderwagen, Ewald in der Sportkarre, Gerda, Adolf und Günther nebenher. Zu Hause angekommen, geht die Frau ans Essenmachen, und ich guck zunächst mal die Wohnung an, fang an zu scheuern, hab erstmal notdürftig sauber gemacht. Sie ist sonst eine saubere Frau, ist aber krank und völlig überarbeitet.

Aber eine Armut sag ich Dir, die Kinder haben nichts Warmes für den Winter, viel weniger die Frau selbst. Sie kann schneidern, man könnte ihr mit altem Zeug gut helfen, denn sie kann den Kindern alles daraus machen. Liebe Mutti! Du tätest mir einen großen Gefallen, wenn Du mir statt meines monatlichen Futterpaketes jetzt ein bisschen warmes Zeug für meine Schutzbefohlenen schicken würdest, sie haben alle nichts Rechtes für den Winter, weder Strümpfe, noch Unterzeug, noch Anzüge. Am 8. Oktober hat die kleine Gerda Geburtstag. Wenn Ihr noch ein paar kleine Spielsachen habt, so schickt sie mir bitte mit. Ich wäre wirklich überglücklich, wenn ich da etwas helfen könnte und die Leute freuen sich so sehr, die Kinder sind so anhänglich. Du kannst Dir wohl vorstellen, dass ich das Kleine heute gleich gewaschen und gebündelt habe. Ja, man kann alles, wenn man nur will.

Montag muss die Frau zum Arzt, da will ich mich einmal an die Wäsche ranmachen, die auch endlich gewaschen werden muss. Dann geht's am Dienstag wieder an die Kartoffeln, danach muss Holz für den Winter gespalten und die Wohnung einmal gründlich überholt werden, also genug zu tun. Heute haben wir beide 20 Sack Kartoffeln aufgenommen.

Gute Nacht, ich bin hundsmüde. Unterschrift." (11)

Inwieweit der Brief tatsächlich von der Schülerin geschrieben worden war oder Propaganda darstellte, er wurde jedenfalls rechtzeitig zu Beginn des Winterhilfswerkes und der bevorstehenden „Pfundsammlung" veröffentlicht. Die Arbeiten des Mädchens entsprachen auch der Kampagne der Nationalsozialisten für die Arbeitsbeschaffung der Mädchen auf dem Lande und der Hilfe junger Mädchen in kinderreichen Familien.

Am 10. Oktober warnte die Wohlfahrtsverwaltung der Stadt Elmshorn den Unterstützungsempfängern:

„(...) Genau so wie man die säumigen Steuerzahler behandelt, wird man die behandeln müssen, die die von anderen Volksgenossen sauer und schwer aufgebrachten Steuern unwirtschaftlich verbringen, denn dazu sind die Steuern nicht da.

Familien, die den Anordnungen der Wohlfahrtsverwaltung nicht Folge leisten und die die Grundsätze der Ordnung und Sauberkeit nicht beherzigen, werden daher in Zukunft der Öffentlichkeit bekanntgegeben werden." (12)

In einem Aufsatz nahm Dr. A. die Frage der unehelichen Kinder in den Focus. Auch wenn er betonte, man solle keine unehelichen Kinder diffamieren, so tat er es dennoch in seinem Aufsatz:

„(...) Nun herrscht aber heute in Deutschland ein Überschuss an Frauen, denen Ehe und Familie versagt sind. Kein Wunder, das da im Zuge der Bemühungen um die Hebung der Geburtenzahl vielfach die Frage auftaucht: Soll man Frauen, die nicht zur Ehe gelangen können und unter denen viele Träger wertvoller Erbmasse sind, das Kind verwehren und sie dem dringenden Gebot der Volksvermehrung entgehen lassen, oder soll man ihnen das Recht zum Kinde zuerkennen? Hier gilt es weiten und doch klaren Blick zu behalten!

Wir Nationalsozialisten wollen nicht das uneheliche Kind diffamieren. Wir wollen nicht die junge, deutsche Frau, die den Mut hat, ein uneheliches Kind zu gebären und die dieses Kind auch mit all den Kräften der Liebe und Hingabe, die sie zu verschenken hat, aufziehen will, damit es einst ein wertvoller Mensch des deutschen Volkes werden möge, verachten und doch - bejahen wir die Familie, die uns heilig und unantastbar ist, dann wird das uneheliche Kind immer leiden müssen. (...)

Die Folge ist, dass trotz aller Liebe der Mutter und Anerkennung des unehelichen Kindes durch den Staat das Kind leidet und sich nicht vollwertig wird entwickeln können. Es hat nicht die Unbekümmertheit, Stolz, Ruhe, Verbundenheit mit Familie, Blut und Boden. Es ist seelisch bedrückt. Die Folge hiervon ist, dass diese familienlosen Kinder selten geeignet sind, ein Volk vollwertig aufbauen zu helfen.

Deshalb wird von verantwortungsbewussten Frauen das Recht zum unehelichen Kinde verneint werden müssen - aus Liebe zum Kinde und zum Volk.

Es ist ein Opfer, dass die unverheiratete Frau dem Volke bringt, denn jede gesunde Frau wünscht das Kind und würde mit Selbstverständlichkeit alle Mühen um das Kind tragen. Aber es darf um des Kindes und Deutschlands Willen nicht sein, d. h. dass wir trotz Anerkennung der schweren Not unserer heutigen Zeit, dem Verlust guten erbbiologischen Materials, unverheirateten Frauen das Recht zum Kinde absprechen müssen.

Hiermit soll nicht gesagt sein, dass die uneheliche Mutter und ihr Kind ihrem Schicksal, der Not, überlassen werden soll. Ist der Fall eingetreten, so muss auch für sie gesorgt werden. Das ist eine Selbstverständlichkeit. Aber hier hat die Fürsorge einzutreten. Diese Fürsorge für die uneheliche Mutter, der sich z. B. auch das Hilfswerk „Mutter und Kind" zuwenden wird und soll, darf aber niemals dahin ausgelegt werden, dass sie zur Propaganda wird.

Wir dürfen nicht eine Notlage des Tages zum Gesetze machen, die sich in Zukunft schädigend für unser Volk auswachsen wird. Wir dürfen auch nicht an die Not einer einzelnen Persönlichkeit denken. Dies mag im Einzelfall hart sein, aber es kommt uns nicht auf die Einzelpersönlichkeit an, sondern einzig und allein auf das Wohl unseres Volkes. Dr. A." (13)

Beim Einsammeln von Spenden für das WHW bekamen die Sammler zum Teil viel Geld, aber auch Kleidungsstücke etc. in die Hände. Das konnte einige Personen durchaus verleiten, etwas von den Spendengeldern zu veruntreuen. Daher durfte nicht allein gesammelt werden, sondern mindestens zu zweit. Dennoch missbrauchten auch einige Sammler das Vertrauen, was zu hohen Strafen führte. Ein solcher Vorfall ereignete sich in Elmshorn im Oktober 1934.

„S. hatte sich in den Dienst der guten Sache gestellt und war dem Winterhilfswerk bei dem Einsammeln der Kleidersammlung behilflich. Leider hat S. das in ihm gesetzte Vertrauen in eigennütziger Weise schwer missbraucht. Er verstand es, sich verschiedene Gabenpakete, von denen er wusste oder annehmen musste, dass sie gute Sachen enthielten, beiseite zu bringen und mit nach Hause zu nehmen. Bei dieser gemeinen Tat wurde der Verhaftete von seiner Tochter unterstützt, die die Pakete in der Wohnung durchsah, die besseren Sachen entnahm und diese in einer Kiste auf dem Hausboden versteckte. Der Rest der Sachen wurde zu einem Paket verpackt und als Gaben der Familie S. ans Winterhilfswerk gegeben. Ein wachsamer Miteinsammler deckte das schmutzige Werk der S. auf und machte der Polizei Mitteilung. Die Polizei nahm diesen Volksschädling, der sich an Sachen vergriffen hat, die die in wirtschaftlicher Not befindlichen Volkskreise über die schweren Wintermonate hinweg helfen sollen, fest und führte ihn zwecks Erlass eines Haftbefehls dem Amtsgericht zu. S. und Tochter werden ihrer gerechten Strafe entgegensehen, hat doch der Justizminister erst kürzlich alle

Strafverfolgungsbehörden angeordnet, gegen Schädlinge am Winterhilfswerk schnell und unerbittlich einzuschreiten. Die Bevölkerung wird sich durch diese gemeine Tat eines Einzelnen nicht entmutigen lassen und das Winterhilfswerk unseres Führers im Interesse des Volksganzen auch weiterhin tatkräftig unterstützen; denn sie weiß, dass jede Unregelmäßigkeit mit unerbittlicher Strenge im Keime erstickt wird." (14)

Am 29. November fand vor dem Amtsgericht der Prozess statt. Da S. sein Leben lang stets tadellos führte, er in starker Not lebte, verurteilte das Gericht ihn zu einer Haftstrafe von 7 Monaten. Seine Tochter wurde freigesprochen, da sie auf Anordnung des Vaters handelte. (15)

Im „Carlstal" fand am 27. Oktober eine außerordentliche Mitgliederversammlung statt, *„in der der Ortsgruppenleiter Pg. Max Mohr und der Bürgermeister Pg. Krumbeck mit den z. Zt. in der Stadt ihr Unwesen treibenden Gerüchtemachern in nicht zu missverstehender Weise abrechneten."* (16)

EN vom 1.11.1934

Ganz Deutschland ehrt die Toten vom 9. November.

Die Jugend tritt in die Partei ein. Der Führer mahnt die deutsche Jugend: „Tapfer und treu zu sein wie die Gefallenen".
Neue deutsche Vorstellungen in der Saarfrage. — Macdonald fordert Deutschland auf zur Rückkehr nach Genf.

EN vom 9.11.1934

Wie in jedem Jahr der NS-Regierungszeit wurde im November des Marsches auf die Feldherrnhalle vom 9. November 1923 in München gedacht:

*„Die Nationalsozialistische Deutsche Arbeiter-Partei, Ortsgruppe Elmshorn, ehrte heute die Toten des 9. November 1923, die vor der Feldherrnhalle in München ihr Blut und Leben für die Bewegung gaben und alle anderen Toten der Bewegung, die ihr Leben einsetzten für die Ziele des Führers. Um 7.30 Uhr versammelten sich die Abordnungen aller Stürme in Elmshorn vor dem ältesten Sturmlokal Elmshorns, bei Stüben in der Schlageterstraße (*heute Norderstrasse*), zum Abmarsch nach dem Friedhof. Den Befehl über die Abordnungen hatte Obersturmführer H. Kalthoff. Auf dem Friedhof legte Obertruppführer Geißler, der Führer der SS, die Kränze der NSDAP beim Ehrenmal, beim Denkmal der im Lazarett Elmshorn gestorbenen Krieger und am Grabe des Pg. Wilhelm Ladwig nieder. Der NSDFB („Stahlhelm") legte ebenfalls am Ehrenmal einen Kranz nieder. Vor den Denkmälern und am Grabe des Pg. Ladwig standen Ehrenwachen der Hitler-Jugend, die im Laufe des Tages durch Ehrenwachen der SA abgelöst wurden. Der Denkstein für Wilhelm Ladwig wird heute Abend um 7 Uhr eingeweiht. Nach der Kranzniederlegung marschierten die Abordnungen wieder zurück nach dem Sturmlokal Stüben, wo der Zug aufgelöst wurde. Auch die Stadt Elmshorn ehrt die Toten. Von allen städtischen Gebäuden wehen auf halbmast die Fahnen der Bewegung und des Reiches. Die Einwohnerschaft beteiligt sich an dieser Ehrung, in allen Straßen sieht man reichen Flaggenschmuck."* (17)

Am Abend fand dann im Stadttheater die Ehrungsveranstaltung statt, mit den Reden von Dr. Albers und der anschließenden Überführung der Hitler-Jungen und Mädels in die Parteiorganisation. (18)

Elmshorn, den 14. November.

Ueberführung des Jungvolks in die Hitler-Jugend.

9. November: Nicht nur Tag der Ueberführung der Hitlerjungen zur Partei, sondern auch der Jungvolkpimpfe in die Sturmjugend. —

Grau und düster war der Himmel, als am letzten Sonntag Jungvolk und Hitlerjugend nach Lieth hinausmarschierten, um die Ueberführung von 46 Jungvolkjungen vorzunehmen. Dumpf dröhnte der Klang der Trommel, hell klangen die Lieder. Im Walde tiefes Schweigen. —

Die Kolonnen sind im offenen Viereck angetreten, leise rauscht es in den Wipfeln der dunklen Tannen. Schwer kommt es von den Lippen der Jungens: „Der Tod reit' auf einem wilden Rappen, er hat ein' undurchsichtigen Kappen. Wenn Landsknecht in das Feld marschieren, läßt er seinen Rappen daneben galoppieren." — Dann spricht der Standortsführer Ernst Kann. Ausgehend vom Eddawort, das da heißt: „Besitz stirbt, Sippen sterben. Du selbst stirbst wie sie. Ein's weiß ich, was ewig lebt: Der Toten Tatenruhm!", spricht er von jenen Männern, die am 9. November des Jahres 1923 im Glauben an die Auferstehung Deutschlands in München marschierten. Und als dann an der Feldherrnhalle die Schüsse krachten, als 16 Helden mit ihrem Blute die Erde röteten und ihr junges Leben aushauchten, da wurde auch nach außen hin sichtbar der Wille einer jungen Bewegung, die sich aufbäumte gegen das Erdulden, die sich auflehnte gegen eine Schicht, die noch verwurzelt war in der Welt des 19. Jahrhunderts und von dem Ich-Geist nicht mehr lassen konnte. Damals schieden sich klar die Geister: Hier eine Bewegung, die sich auflehnte gegen Krämergeist und Feigheit, dort eine Schicht, die immer fragte, was habe ich davon? —

Der Marsch des 9. November 1923 erstickte im Blut, es triumphierte der Geist des Geldes. „Und ihr habt doch gesiegt!" Dieses Wort steht leuchtend über dem Sterben jener Kameraden, ihr Blut wurde zur Saat, über ihre Gräber marschierte die Idee des nationalen Sozialismus, marschierte der Geist des 20. Jahrhundert, die Idee des „Wir". Und am 30. Januar 1933 wurde aus ihrem Sterben Erfüllung. —

Damit ist der Weg der Hitler-Jugend vorgezeichnet, er heißt Dienst und Opfer. Es gilt das Erbe unserer Toten zu wahren. Ich übernehme Euch in die Reihen der Hitler-Jugend und verpflichte Euch auf das Wort: „Nicht die Tat schändet, sondern das Erdulden!"

Ein Lied brauste auf: „Rollt nun die blutig roten Fahnen auf, Kameraden, zu den Waffen!" — Wieder dröhnte die Trommel, hallte die Straße unter dem Gleichschritt der Kolonnen. Leuchtend die Augen, stahlhart der Wille: Wir marschieren!

J. P.

EN vom 14.11.1934

Eine der vordringlichsten Aufgaben der nationalsozialistischen Führung war die Bekämpfung der Arbeitslosigkeit. Ein Weg zur Vollbeschäftigung der Männer sah man in dem Austausch von im Beruf stehenden Frauen durch arbeitslose Männer. Dieser Austausch war Thema einer Besprechung im November im Arbeitsamt Elmshorn:

„Die Frauenbeschäftigung und die Möglichkeit des Austausches durch Männer.

Die endgültige Überwindung der Arbeitslosigkeit hängt sehr wesentlich davon ab, dass es gelingt, die in früheren Jahren beobachtete Landflucht in eine Stadtflucht umzukehren. Nicht minder wichtig ist es jedoch, die übermäßig verbreitete weibliche Erwerbsarbeit wieder auf ein vernünftiges Maß zurückzuführen und die Frau wieder ihrem eigentlichen Beruf als Frau und Mutter zuzuleiten. Es muss als selbstverständlich angesehen werden, dass, solange es noch arbeitslose Männer gibt, weiblichen Arbeitskräften nur solche Arbeitsplätze neu übertragen werden, die ihrer Art gemäß nicht gut von einem Mann ausgefüllt werden können. Darüber hinaus muss es gelingen, die bereits beschäftigten Frauen dort allmählich auszutauschen, wo ein Mann diese Arbeit ebenso gut erledigen kann.

Zur Besprechung dieser Fragen hatte der Vorsitzende des Arbeitsamtes Elmshorn, Dr. Simon, die Stadtverwaltung Elmshorn, Partei, Deutsche Arbeitsfront und einige Betriebsführer, die in größerem Umfange Frauen beschäftigen, geladen. In dieser Besprechung, an der u.a. Bürgermeister Krumbeck und der Kreiswalter der Deutschen Arbeitsfront, Dierks, teilnahmen, wurden die Schwierigkeiten, die einem solchen Austausch entgegenstehen, eingehend erörtert. Einmal gibt es Arbeiten, die wenigstens nach heute geltender Meinung, nur von einer Frau ausgeführt werden können; hier ist offenbar nur auf längere Sicht ein Einfluss möglich, u.a. durch Einstellung männlicher statt weiblicher Lehrlinge. Die weitere Schwierigkeit besteht darin, dass die Frauenlöhne regelmäßig niedriger als die Männerlöhne liegen, so dass bei einem schematischen Austausch eine Produktionskostenerhöhung und evtl. eine Preiserhöhung eintreten würde, die heute unter allen Umständen vermieden werden muss. Einmütigkeit bestand darüber, dass die Lösung dieser tief in das Leben des Einzelmenschen und die Betriebsweise des einzelnen Betriebes eingreifenden Fragen nur auf Grundlage der nat.-soz. Weltanschauung möglich sei. Es wurde beschlossen, durch Verhandlungen mit den einzelnen Betriebsführern zunächst Material über die Austauschmöglichkeiten im Einzelnen und die dabei zu überwindenden Schwierigkeiten zu sammeln. Die Durchführung dieser Vorarbeit liegt in Händen eines Ausschusses, der sich aus einem Vertreter des Arbeitsamts, der PO, der Stadtverwaltung und der Deutschen Arbeitsfront zusammensetzt. Die Betriebsführer werden gebeten, schon jetzt Frauen nur dann einzustellen, wenn ein Mann diese Arbeit nicht verrichten kann." (19)

Am 27. November feierte ganz Deutschland das einjährige Bestehen der NS-Gemeinschaft „Kraft durch Freude". In Elmshorn fand diese Feier mit einer Rundfunkübertragung im Stadttheater zur gleichen Zeit wie im übrigen Reich statt:

„ (...) Hitler-Jugend-Chöre, Fanfaren hallen aus den Lautsprechern in den Saal. Reichsminister Dr. Goebbels spricht zum deutschen Volk. Ehern klingen die Worte des Stellvertreters des Führers, Reichsminister Heß, in die Menge und lösen auch hier wie in der großen Kundgebung in Berlin lebhaften Beifall aus. In alle Gaue ruft in seinem Bericht über die im vergangenen Jahr im ganzen Reich durch die NS-Gemeinschaft „Kraft durch Freude" geleistete Arbeit Pg. Dr. Ley die gewaltigen Zahlen, die beredtes Zeugnis ablegen, was sozialer Wille vermag.

Durch das ganze Reich tragen die Wellen des Rundfunks das dreifache, in Dankbarkeit auf den Führer ausgebrachte Sieg-Heil. Begeisterten Widerhall findet es in all den Tausenden von Sälen, in denen deutsche Volksgenossen und Volksgenossinnen zusammenkamen, um teilzunehmen an der Feier des einjährigen Geburtstages der NS-Gemeinschaft „Kraft durch Freude". Überall klang in diesem Augenblick das Horst-Wessel-Lied aus Millionen Menschen, die im Glauben und Wissen um den Schöpferwillen des Führers und seiner Regierung nicht nur teilhaben wollen an Reisen, Wandern und den kulturellen Veranstaltungen der NSG. „Kraft durch Freude", sondern ebenso bereit sind, mit all ihren Kräften mitzuarbeiten, dass das begonnene Werk weiter und weiter wächst und immer mehr Arbeiter der Stirn und der Faust sich die Schönheiten der Natur, die näheren und ferneren deutschen Gaue und mit ihnen sich deren Besonderheiten und Eigenarten erschließen. (...)" (20)

EN vom 28.11.1934

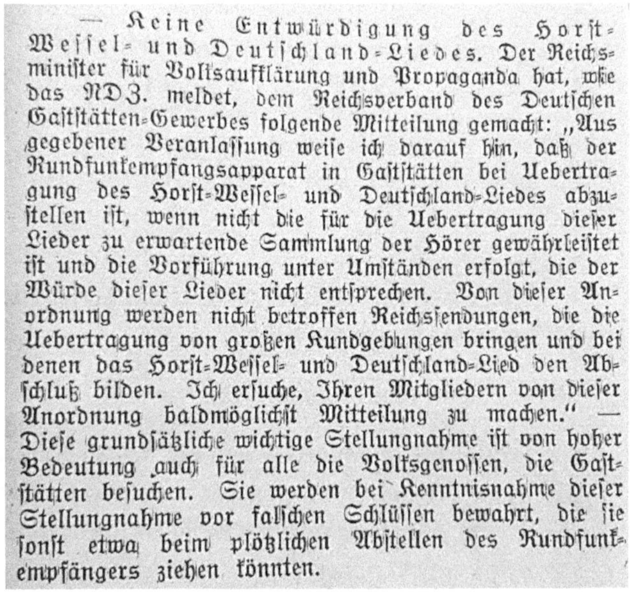

— Keine Entwürdigung des Horst-Wessel- und Deutschland-Liedes. Der Reichsminister für Volksaufklärung und Propaganda hat, wie das NDZ. meldet, dem Reichsverband des Deutschen Gaststätten-Gewerbes folgende Mitteilung gemacht: „Aus gegebener Veranlassung weise ich darauf hin, daß der Rundfunkempfangsapparat in Gaststätten bei Uebertragung des Horst-Wessel- und Deutschland-Liedes abzustellen ist, wenn nicht die für die Uebertragung dieser Lieder zu erwartende Sammlung der Hörer gewährleistet ist und die Vorführung unter Umständen erfolgt, die der Würde dieser Lieder nicht entsprechen. Von dieser Anordnung werden nicht betroffen Reichssendungen, die die Uebertragung von großen Kundgebungen bringen und bei denen das Horst-Wessel- und Deutschland-Lied den Abschluß bilden. Ich ersuche, Ihren Mitgliedern von dieser Anordnung baldmöglichst Mitteilung zu machen." — Diese grundsätzliche wichtige Stellungnahme ist von hoher Bedeutung auch für alle die Volksgenossen, die Gaststätten besuchen. Sie werden bei Kenntnisnahme dieser Stellungnahme vor falschen Schlüssen bewahrt, die sie sonst etwa beim plötzlichen Abstellen des Rundfunkempfängers ziehen könnten.

NBZ vom 6.12.1934

In den ersten Jahren gab es noch Widerstände und manchmal auch Proteste gegen die nationalsozialistische Regierung, die sich in mancherlei Hinsicht bemerkbar machten. So kam es vor, dass beim Singen oder bei der Übertragung des Horst-Wessel-Liedes und des Deutschlandliedes nicht der nötige Ernst vorhanden war. Dagegen erließ der Reichsminister für Propaganda und Aufklärung eine Anordnung. (21)

Zu Weihnachten 1934 war es noch möglich, dass der jüdische Papierhändler Max Meyer eine Anzeige schalten konnte. EN vom 3.12.1934

Ein interessantes Bild über die Zustände in Elmshorn lieferte auch der folgende Artikel vom Dezember 1934:

„Böse Folgen eines Kaffee-Kränzchens.

(...) Frau P. hatte einige Damen bei sich zu Gast, als plötzlich das Gespräch in politische Bahnen glitt. Hierbei stellte sich Frau P. in gewissen Gegensatz zu unserer Regierung. Wenn sie es auch vielleicht nicht direkt sagte, so konnte man doch etwas derartiges leicht heraushören. Man versuchte, dem Gespräch eine andere Wendung zu geben, aber bald war man wieder auf politischem Gebiet, wobei auch die augenblicklichen unklaren Zustände in der evangelischen Kirche eine gewisse Rolle spielten. Auch hier stellte Frau P. wieder ganz eigenartige Behauptungen auf. Nach einiger Zeit trennten sich die Damen und man ging innerlich unbefriedigt auseinander. An dieser Zusammenkunft nahm auch Frau B. teil, die über das Gehörte sehr empört war, und nicht mehr den Kreis der Frau P. besuchte. Frau B. beteiligte sich jetzt mehr an den Versammlungen der NS-Frauenschaft, dies fiel einer Frau L. auf, die in Erfahrung bringen konnte, dass im Kreise der Frau P. irgendetwas vorgefallen war, was mit der politischen Überzeugung der Frau B. nicht in Einklang gebracht werden konnte. Frau L. hielt die Sache für so wichtig, dass sie die Leiterin der Frauenschaft darauf aufmerksam machte, die ihrerseits eines Tages Frau B. zu sich einlud und nun Genaues wissen wollte. Frau B. fühlte, dass sie hier nun nicht mehr schweigen könne. Sie erzählte den ganzen Vorfall, wie er sich nach ihrer Meinung zugetragen haben sollte, und die Leiterin der Frauenschaft erstattete Anzeige. So kam es, dass die 65jährige Frau P. jetzt wegen Vergehens gegen § 3 der

Verordnung des Reichspräsidenten vom 21. März 1933 zum Schutz von Volk und Staat (22) vor dem Schleswig-Holsteinischen Sondergericht zu erscheinen hatte (...)

Sie wurde deshalb anstelle einer Gefängnisstrafe von zwei Monaten zu einer Geldstrafe von 1000 RM verurteilt (...)" (23)

Dieser Fall hatte in Elmshorn einiges Aufsehen erregt, so dass einige Tage später, am 13. Dezember 1934, der Fall noch einmal in der Zeitung behandelt wurde. (24)

„(...) Es wird durch die Berichterstattung der Anschein erweckt, als ob es sich bei den Redereien der Frau Piening um harmlose politische Bagatellsachen gehandelt habe. Demgegenüber ist festzustellen, dass Frau Piening den Führer und sein Werk in übler Weise verunglimpft und Äußerungen gebraucht hat, wie sie sonst nur in der berüchtigsten Immigrantenpresse zu finden sind. Von dem Gericht ist dieses Verhalten entsprechend gekennzeichnet worden. Es soll bei dieser Gelegenheit auch festgestellt werden, dass es eine selbstverständliche Pflicht für jeden Volksgenossen ist, derartige ihm bekanntwerdende Verleumdungen zur Kenntnis der Partei- und Behördenstellen zu bringen. Das ist besonders dann keine Angeberei, wenn - wie hier - der betreffenden Person vom nationalsozialistischen Staat Vertrauen entgegengebracht wird. Frau Piening war nicht nur in die NS-Frauenschaft aufgenommen, ihr war auch die Führung des Hausfrauenvereins überlassen worden. Umso mehr ist ihr Verhalten zu verurteilen. Für den heutigen Staat gilt nicht das Wort, dass die kleinen Diebe gehängt werden, während man die Großen laufen lässt. Das Gegenteil ist der Fall: der reiche Mann trägt eine stärkere sittliche Verantwortung als der wirtschaftlich schwächere; die „Dame der Gesellschaft" eine größere als die von Sorgen geplagte des einfachen Arbeiters." (25)

Mit solchen Berichten sollte die Bevölkerung terrorisiert und verunsichert werden, so dass sie am Ende keinem Mitmenschen mehr traute. Jedes Wort konnte als negative Kritik ausgelegt werden und mit einer Strafe, später im schlimmsten Fall mit Konzentrationslager oder Tod, geahndet werden. Hierbei genügte auch nur ein Verdacht: *„Wenn sie es auch vielleicht nicht direkt sagte, so konnte man doch etwas derartiges leicht heraushören."* Die Bürger wurden von allen Seiten bespitzelt und lebten in ständiger Gefahr, angezeigt zu werden. Hiervor war man nicht einmal im eigenen Familienkreis sicher. Rudolf Baum, der Sohn des Kultusbeamten der

Elmshorner Jüdischen Gemeinde, wusste von einem Fall zu berichten, in dem ein Sohn seinen eigenen Vater anzeigte und damit in das Konzentrationslager brachte. (26)

Der Fall Piening war unter anderem auch ein Thema in der Rede des Ortsgruppenleiters Max Mohr auf der Massenkundgebung der NSDAP in der Reithalle am 18. Dezember:

„(...) 87 Volksgenossen wurden vor einigen Wochen in Elmshorn festgenommen, weil sie staatsfeindlichen Organisationen angehören. Wenn solche Volksgenossen glauben, ihr Ziel noch immer weiter betreiben zu müssen, dann müssen sie auch die Folgen dafür tragen. Es ist ein Unsinn, hier irgendwie menschlich urteilen zu wollen; denn auch sie haben in ihrem politischen Kampf alles andere als menschlich gedacht. Gefühlsduseleien müssen wir ablehnen. Ein politisches Lied ist wirklich ein garstig Lied, und wer sich schon einmal auf das Gebiet der Politik begibt, der muss sich auch mit den Konsequenzen abfinden. Schließlich wissen ja auch die Angehörigen der Verhafteten, wie ihre Gesinnungsgenossen in Russland verfahren. Wenn wir auch nicht nötig haben, solche Härten wie dort anzuwenden, so wollen wir uns andererseits durch sie aber auch nicht am Aufbau des Staates hindern lassen. Diese Herrschaften sollten lieber versuchen, wirklich innerlich den Nationalsozialismus zu begreifen; denn wenn sie schon Zeit haben, die schwierigen Werke von Marx usw. zu lesen, dann hätten sie längst das deutliche Wort unseres Führers verstehen müssen. Es schadet auch gar nichts, sich immer wieder ins Gedächtnis zurückzurufen, was werden würde, wenn sie Erfolge hätten; der grausamste Bürgerkrieg, den man sich denken kann. (...)

Anschließend kam der Redner auf den Fall Piening zu sprechen. Auf den Fall selbst ging der Redner nicht näher ein, da hier bereits andere Instanzen tätig gewesen sind, um die gerechte Sühne zu finden. Ausführlicher befasste er sich mit der öffentlichen Meinung, die sich über diesen Fall gebildet hat. Man dürfe sich auch hier nicht von Gefühlsduseleien leiten lassen und die Meinung vertreten, es sei zu hart verfahren worden. Es habe sich langsam die Meinung verbreitet, es sei ein Unrecht geschehen und die Hauptschuld hätten die, die den Fall gemeldet haben. Er erkläre hier aber klar und offen, dass er nur durch einen Zufall davon erfahren habe. Er habe die Rechte der Bewegung wahrzunehmen und gehe den Weg der notwendig sei. Und wenn man sich die Ausdrücke ansehe, die von Frau Piening gefallen seien und die eine schwere Beleidigung des Führers darstellen, so sei es die Pflicht jedes anständigen Deutschen, dagegen Sturm zu laufen; denn diese Ausführungen hätten eine verfluchte Ähnlichkeit mit der Meinung des internationalen Judentums, dem wir alle außenpolitischen Schwierigkeiten zu verdanken hätten. Und wer sich diese Meinung zu seiner eigenen mache, könne nicht streng genug verfolgt werden; es sei eine Selbstverständlichkeit, dass die Partei dagegen einschreite. Im Weiteren beschäftigte sich der Redner mit der Gerichtsberichterstattung unseres Blattes aus Altona. Er verurteilte sie scharf und nannte sie mehr oder weniger gefärbt. (...)" (27)

In den Nächten zum 4. und 18. Dezember 1934 kam es zu großen Razzien der Gestapo in Elmshorn, Barmstedt, Pinneberg, Uetersen und Umgebung. Es wurden rund 330 Frauen und Männer verhaftet. Unter den Verhafteten war am 19. Dezember auch Reinhold Jürgensen. Reinhold Jürgensen (geb. 18. März 1898 in Elmshorn; gest. 20. Dezember 1934 im KZ Fuhlsbüttel) war ein deutscher Arbeiter (Elektriker) und Politiker (KPD). Von November 1932 bis März 1933 gehörte Jürgensen dem Reichstag als Abgeordneter seiner Partei für den Wahlkreis 13 (Schleswig-Holstein) an. Von 1924 bis 1926 war er zudem Kreisdeputierter im Kreis Pinneberg und von 1924 Stadtverordneter von Elmshorn. Nach der nationalsozialistischen „Machtergreifung" im Frühjahr 1933 wurde Jürgensen als bekannter Kommunist verhaftet und mindestens fünf Monate lang in den Konzentrationslagern Fuhlsbüttel, Glückstadt und Kuhlen gefangen gehalten. (28)

*„Der Fang war der Gestapo offenbar so wichtig, dass sich deren für seine Brutalität berüchtigter Leiter Bruno Streckenbach selbst nach Elmshorn bemühte. Über das Verhör schrieb die Publizistin Gertrud Meyer: „Im Beisein des Bürgermeisters von Elmshorn (*Karl Krumbeck, NSDAP; d. A.*) wurde er im dortigen Polizeigebäude von SS-Sturmbannführer Streckenbach und Kriminalkommissar Stawitzki vernommen. Anschließend kamen sämtliche Verhaftete nach Hamburg ins Konzentrationslager Fuhlsbüttel. Am nächsten Morgen (*dem 20. Dezember 1934, d. A.*) war Reinhold Jürgensen tot. Wie immer, wenn ein Häftling nachts erschlagen worden war, behauptete die Gestapo, er habe sich erhängt."* (29)

„Nach späterer Aussage des Zeugen Hermann Göck, der gemeinsam mit Reinhold Jürgensen nach Fuhlsbüttel verschleppt wurde, hatten die Polizisten Jürgensen vor dem Abtransport noch aufgefordert, vor seinen Kameraden und den Nazis die „Internationale“ zu singen. Jürgensen habe geantwortet: *„Auf Euren Befehl singe ich sie nicht.“*

Der Gefangene musste übel gefoltert worden sein. Einige Quellen zufolge durften seine Angehörigen die Leiche nicht sehen. Sie wurde auf Kosten der Hamburger Polizei in Elmshorn beerdigt.

Im Jahr 2008 erinnert sich die 82-jährige Käthe Buckschat, eine Tochter von Reinholds Bruder Hans Emil Jürgensen:

„Mein Vater musste die Leiche vom Kolafu abholen. Er hat die schlimmen Verletzungen gesehen. Aber sie haben ihm verboten darüber zu sprechen.“ Hans soll auch vor der Teilnahme an der Beisetzung gewarnt haben: *„Kommt lieber nicht, die Gestapo trägt den Sarg!“* Käthe Buckschat war zum Todeszeitpunkt Reinhold Jürgensens zwölf Jahre alt.“

Seit 1992 erinnert in Berlin in der Nähe des Reichstags eine der 96 Gedenktafeln für von den Nationalsozialisten ermordete Reichstagsabgeordnete an Jürgensen. Am 14. August 2008 wurde in den Bürgersteig vor Jürgensens ehemaliger Wohnung in der Morthorststraße in Elmshorn ein Stolperstein eingelassen. (30)

Links: Reinhold Jürgensen. Foto von: https://www.spurensuche-kreis-pinneberg.de/spur/reinhold-jurgensen-kpd-reichstagsabgeordneter/ Rechts: https://upload.wikimedia.org/wikipedia/commons/thumb/a/aa/Stolperstein_Reinhold_J%C3%BCrgensen.png/1024px-Stolperstein_Reinhold_J%C3%BCrgensen.png. Eingelassen 14.8.2008. Aufgenommen auf dem Bürgersteig in der Morthorststraße 14 in Elmshorn

Die EN brachten über die Razzien einen großen Bericht:

„Gegen die kommunistischen Staatsfeinde. Die Säuberungsaktion in Elmshorn und Umgebung. Elmshorn 22. Dezember.

Die Stadt Elmshorn war vor der Machtübernahme eine Hochburg des Marxismus. Eine Gruppe dieser Marxisten lief hier wie anderenorts den wahnwitzigen kommunistischen Ideen nach, einige wenige aus irregeleitetem Idealismus, der weitaus überwiegende Teil aber aus verbrecherischem Leichtsinn und aus Hass und Ablehnung gegen Arbeit und Leistung. Bei der Machtübernahme wurden die geistigen Führer und die übelsten Elemente dieser extremen Gruppe festgenommen und ins Konzentrationslager Kuhlen überführt. Hier wurden sie bei humanster Behandlung über die nationalsozialistischen Grundsätze belehrt und nach einigen Monaten in bestem Verpflegungszustande entlassen. Jeder einzelne versicherte, dass er kuriert sei und der nationalsozialistischen Aufbauarbeit keine Schwierigkeiten bereiten wolle.

In der Folgezeit wurde keine Gelegenheit, kein Mittel unversucht gelassen, um durch Wohlwollen aller Art diesen Volksgenossen zu zeigen, dass ihnen ihre alten Sünden vergessen werden und sie Gelegenheit haben sollten, gleichberechtigte Mitglieder des neuen deutschen Staates zu werden. Sie wurden im gleichen Verhältnis wie alle anderen in Arbeit gebracht, sie wurden nach Kräften mit den Gaben der Fürsorge und NS-Volkswohlfahrt bedacht, ja sie wurden zum Teil sogar als Siedler auf den nationalsozialistischen Siedlungen angesetzt. Die Folge war, dass ein großer Teil der Verhetzten den Weg zur Volksgemeinschaft fand und nun Hand in Hand mit allen anderen am Aufbauwerk des Führers hilft.

Eine bestimmte Gruppe aber ließ nicht ab von der Idee, die ihnen von den jüdischen Demagogen vor der Machtübernahme ins Blut geträufelt war. Unter leichtfertiger Missachtung des Wohls ihrer Familie, allen Ermahnungen und Warnungen der Behörde und Partei zum Trotz, ohne Rücksicht auf die harten Strafbestimmungen gegen Staatsfeinde, gingen sie sofort nach ihrer Entlassung aus dem Konzentrationslager an den Aufbau einer illegalen Organisation. Sie verbreiteten Flugblätter, die teils vom Ausland über Hamburg eingeschmuggelt wurden, teils aber in Uetersen in einer Geheimdruckerei vervielfältigt wurden. Sie führten ihre

Beiträge an die Kassierer ab. Geistiger Leiter der illegalen Organisation war der frühere kommunistische Reichstagsabgeordnete Reinhold Jürgensen, der auch die Waffen verborgen hielt und der auch alle Fäden in seiner Hand vereinigte. Diese Gruppe verstand es nun, einige Unzufriedene und Dumme zu gewinnen, indem an ihre „Proletarierehre" appelliert wurde. Die eingesammelten Gelder wurden ohne jede Belege vereinnahmt und an eine Zentrale in Hamburg abgeführt, zu der 5 bis 6 Mann gehörten, die von diesen Geldern einen guten Tag lebten.

Die polizeiliche Aufhebung dieser Zentrale und die ständige Überwachung der Organisation führten in den Nächten zum 4. Dezember und 18. Dezember zu zwei überraschenden Razzien der Hamburger Staatspolizei in Elmshorn und den umliegenden Ortschaften. Das Ergebnis war die Festnahme von insgesamt 220 Kommunisten, die teils als politische Leiter, teils als Kassierer und zum größten Teil als zahlende Mitglieder verborgenen Kommunismus getrieben hatten. Diese Zahl kann im Verhältnis zur Gesamteinwohnerzahl von Elmshorn und Umgebung als verhältnismäßig niedrig bezeichnet werden. Von den Festgenommenen wohnen in Elmshorn 122, in Lieth 24, in Langelohe 17, in Hainholz 16 und in Uetersen 21 Personen, während der Rest sich auf verschiedene kleinere Orte in der Umgebung Elmshorns verteilt. Der Beschlagnahme verfielen einige Waffen, mehrere Schreib- und Vervielfältigungsmaschinen und außerdem einiges aus der Zeit vor der Machtübernahme herübergerettetes Mobiliar. Sämtliche Festgenommenen, soweit sie nicht unmittelbar nach der Festnahme wieder entlassen sind, sind durch Geständnisse ihrer Genossen und durch eigene Geständnisse überführt.

Fragt man sich nach den Motiven der politischen Verbrecher, so kann nur gesagt werden: es handelt sich um unbelehrbare Fanatiker oder um unbelehrbare Dummköpfe. Sie gehören zu dem kleinen Prozentsatz der Volksgemeinschaft, der sich aus Grundsatz jedem Aufbau widersetzt. Da dies mit illegalen Mitteln geschieht, so muss eine Strafe erfolgen. Dass diese sehr hart ausfallen wird, ist nicht zweifelhaft, nachdem Milde und Nachsicht nichts gefruchtet haben. Verbrecher, Verräter und Menschen, die das sittliche Gebot der Dankbarkeit ablehnen, haben die Wohltaten des nationalsozialistischen Staates verwirkt. Sie werden zunächst im Konzentrationslager, später im Zuchthaus Gelegenheit finden, darüber nachzudenken, wie gut sie und ihre Familie es hätten haben können.

Derjenige, der in erster Linie das hochverräterische Unternehmen zu verantworten und der viele der Mitläufer auf dem Gewissen hat, Reinhold Jürgensen, hat sich in der ersten Nacht nach seiner Einlieferung in Fuhlsbüttel (nach einem vorangegangenen umfassenden Geständnis und Aufdeckung der Waffen, die in der Nähe seines Hauses vergraben waren) den irdischen Richtern dadurch entzogen, dass er seinem Leben ein Ende gemacht hat. Verraten von seinen Genossen, unter dem seelischen Druck des eigenen Geständnisses, unter dem Eindruck, dass die Idee, der er sich verschworen hatte, in Deutschland ein für alle Mal erledigt ist, hat er mit dem Leben abgeschlossen und seine verführten Volksgenossen ihrem Schicksal überlassen. Möchte jeder deutsche Volksgenosse, der noch mit Bolschewikentum liebäugelt, aus diesem Schicksal lernen.“ (31)

Die Bevölkerung von Elmshorn

nach ihrer beruflichen und sozialen Gliederung.

H. St. Die letzte Volkszählung hat bekanntlich für Elmshorn eine ortsansässige Einwohnerschaft von 17 374 ergeben. Nach einer jetzt vom Statistischen Reichsamt herausgegebenen Zusammenstellung über die Gliederung der Einwohnerschaft nach beruflichen und sozialen Gesichtspunkten betrug bei der Volkszählung 1933 die Gesamtzahl der Erwerbspersonen in Elmshorn 7 864. Davon waren 5 553 männliche und 2 311 weibliche Personen. Die zu jener Zeit erwerbslosen Berufstätigen sind in diesen Zahlen einbegriffen. Die Zahl der Erwerbslosen betrug damals 1 249, das sind 15,9 Prozent der Erwerbspersonen. Von den 7 864 Erwerbspersonen entfielen auf Land- und Forstwirtschaft 477, auf Industrie und Handwerk 4 184, auf Handel und Verkehr 1 999, auf öffentlichen Dienst und private Dienstleistungen 717 und auf häusliche Dienste 487 Personen.

Nach der Berufsstellung gliederten sich die Erwerbspersonen wie folgt: Selbständige Berufstätige (einschließlich Beamte und Angestellte in leitender Stellung) 1 347, mithelfende Familienangehörige 407, Beamte 38[illegible], Angestellte 1 472, Arbeiter 3 773 und Hausangestellte 480. Die Zahl der Beamten umfaßt auch die Soldaten und die Zahl der Arbeiter auch die Heimarbeiter und Hausgewerbetreibenden. (Nachdruck verboten.)

EN vom 10.1.1935

Elmshorner Nachrichten

„Pinneberger Kreisblatt“

Elmshorner Zeitung

84. Jahrgang. Dienstag, den 15. Januar 1935. Nr. 12.

Großer deutscher Sieg an der Saar!

90,5 vom Hundert aller gültigen Stimmen für Deutschland.

Die Saar ist deutsch!

EN vom 15.1.1935

Wintersonnenwende des Elmshorner Jungvolks.

O Am Sonnabend, dem 22. 12., feierte das Elmshorner Jungvolk das Fest der Wintersonnenwende. Um 16 Uhr ließ der Stammführer den Stamm auf dem Wechselplatz antreten. Dann wurde durch die Stadt nach Sibirien marschiert. Hier war schon am Nachmittag ein großer Holzstoß errichtet worden. Als angetreten war, wurde der Stoß entzündet. Der Stammführer *Huckfeldt* hielt die Feuerrede. Er führte u. a. aus:

„Unsere heutige Sonnenwendfeier stellen wir unter das Wort: **Das Leben muß hart sein, um groß sein zu können!** Meine Kameraden! Wir sind heute hier am Feuer zusammengekommen, um das Fest der Wintersonnenwende zu begehen. Genau wie unsere Väter, die alten Germanen, sich um diese Zeit am lodernden Feuer zusammenfanden und Rechenschaft abhielten über das Vergangene, so wollen wir bis zur Sommersonnenwende zurückblicken. In den Sommerferien ging der Stamm mit 56 Mann, zumeist Unterführern, auf Fahrt nach Oberschlesien. Diese Jungen nahmen vier Wochen Entbehrungen auf sich, und verzichteten auf alle Annehmlichkeiten des Lebens zugunsten der Gemeinschaft.

Es ist der Zeitpunkt gekommen, wo sich die schwachen Elemente in Deutschland breit machen, und über alles etwas zu nörgeln und zu meckern haben. Die Spießer kritisieren die Gesetze, die unsere Reichsregierung zum Wohle unseres Vaterlandes erläßt, und jene Herren am Biertisch wollen den Aufstieg Deutschlands verleugnen. Diese Nichtskönner und ewigen Kritikaster verbreiten die unglaublichsten Dinge über unsern Führer und unsere Regierung, aber es ist bewiesen, daß alles *erlogen und erfunden* ist. Nörgeln und kritisieren kann jeder, aber etwas besser machen kann keiner von ihnen. Unsere Aufgabe ist es, gegen diese Elemente Front zu machen, und jeden Gerüchteverbreiter zur Anzeige zu bringen. Wir lassen nicht die Einheit Deutschlands durch jene staatsfeindlichen Elemente zerschlagen. Die Hitlerjugend trägt heute den Blutwimpel des Jahres 1923, sie hat die Tradition der Kampfjahre übernommen. Die große Linie und Aufgabe steht klar vor uns. Es heißt, eine Gemeinschaft, die politische, soldatische Haltung besitzt, zu bilden. Die Flammen des heutigen Sonnenwendfeuers sollen uns Symbol sein und uns verpflichten, Adolf Hitler ewige Treue zu halten."

Zum Schluß wurden einige Lieder gesungen. Dann marschierten wir zurück.

EN vom 24.12.1934

Plakat für die Sammlung des Winterhilfswerkes (WHW)

EN vom 11.12.1934

EN vom 19.10.1934

EN vom 4.12.1934

Das Ergebnis der Saar-Abstimmung wurde auch in Elmshorn mit großen Umzügen der NS-Formationen und einstündigem Kirchenglockengeläut gefeiert. Am Abend sollte ein großer Fackelmarsch durch die Straßen stattfinden, deren Haus- und Wohnungsfenster illuminiert wurden. Auf dem Marktplatz wurde dann dieser Abend mit einer Ansprache von Ortsgruppenleiter Max Mohr geschlossen.

Parteiamtliche Mitteilung

Ortsgruppenleitung Elmshorn

Bekanntmachung für alle Einwohner Elmshorns

Wie bereits durch den Reichspropagandaleiter Pg. Dr. Goebbels bekanntgegeben, finden heute abend aus Anlaß des Bekanntwerdens des Saarabstimmungsergebnisses in allen deutschen Städten Kundgebungen statt

In Elmshorn wird diese Kundgebung wie folgt durchgeführt:

1. Alle Teilnehmer an der Kundgebung stehen um 7.45 Uhr abmarschbereit auf dem Schützenplatz,
2. an den Ausmarsch nehmen teil:
   a) Die Formationen der SA., SS. und HJ.
   b) Die PO.
   c) Der Arbeitsdienst
   d) Deutsche Arbeitsfront
   e) NSBO.
   f) Außerdem können teilnehmen alle Vereine, Verbände usw.

An dieser Kundgebung können selbstverständlich alle Einwohner, die einer Formation nicht angehören, teilnehmen. Die Teilnahme ist durchaus freiwillig; lediglich für die Formationen und die PO. ist Dienst angeordnet. Die PO. tritt geschlossen pünktlich 19¼ Uhr vor dem Parteilokal Stüben an. Die NSBO. 19¼ beim Haus der Arbeit. Die Fahnen sind mitzuführen

Spätestens 20 Uhr Abmarsch vom Schützenplatz zum

Fackelzug

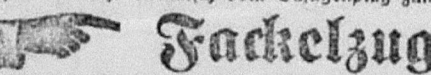

der sich durch folgende Straßen bewegen wird: Turnstr., Sandberg, Flamweg, Lornsenstr., Adolfstr., Gärtnerstr., Schlageterstr., Adolf Hitlerstr., Holstenstr., Königstr., Mühlenstr., Mühlendamm, Kaltenweide, Roonstr., Amandastr., Friedensstr., Bauerweg, Panjestr., Königstr., Kaiserstr., Friedrichstr., Margaretenstr., Ollnsstr., Reichenstr., Osterfeld, Kaiserstr., zum neuen Marktplatz

Dort nimmt alles kurz Aufstellung. Der Ortsgruppenleiter **Max Mohr** schließt die Kundgebung mit einer kurzen **Ansprache**

Die Bevölkerung wird gebeten, die Fenster zu illuminieren

Der Organisationsamtsleiter
gez. Letje

Der SS.-Standortführer
gez. Geisler

Der Standortführer der SA.
gez. Breitfeld

Die Deutsche Arbeitsfront
gez. Geisler

EN vom 15.1.1935

Am 28. Januar 1935 erließ der Reichserziehungsminister Rust Richtlinien zum Rassekundeunterricht an den deutschen Schulen.

„Es gilt daher,

1. *Einsicht zu gewinnen in die Zusammenhänge, die Ursachen und die Folgen aller mit Vererbung und Rasse in Verbindung stehenden Fragen,*
2. *Verständnis zu wecken für die Bedeutung, welche die Rassen- und die Vererbungserscheinungen für das Leben und Schicksal des deutschen Volkes und die Aufgaben der Staatsführung haben.*
3. *In der Jugend Verantwortungsgefühl gegenüber der Gesamtheit des Volkes, d.h. den Ahnen, den Lebenden und den kommenden Geschlechtern, zu stärken, stolz auf die Zugehörigkeit zum deutschen Volk als einem Hauptträger des nordischen Erbgutes zu wecken und auf den Willen der Schüler in der Richtung einzuwirken, dass sie an der rassischen Aufarbeitung des deutschen Volkstums bewusst mitarbeiten.*

Diese Schulung von Sehen, Fühlen, Denken und Wollen soll nach der Verordnung bereits auf der Unterstufe einsetzen, so dass entsprechend dem Willen des Führers kein Knabe und kein Mädchen die Schule verlässt, ohne zur letzten Erkenntnis über die Notwendigkeit und das Wesen der Blutreinheit geführt zu sein." (32)

Rassekundeunterricht an der Bismarckschule Elmshorn. Foto: Gerhardt Cordts. Privatarchiv Kirschninck

Bei der Versammlung der *NS-Kriegsopferversorgung* im „Carlstal" am 7. Februar hielt ein Herr Salchow einen Vortrag über *„Der Arbeitsdienst im neuen Deutschland"*. Hierin sagte er u.a.:

„(...) In den Arbeitsdienstlagern werde der Nationalsozialismus in reinster Form gelebt. Heute seien 250.000 junge deutsche Männer im Freiwilligen Arbeitsdienst organisiert. Ganz Deutschland sei eingeteilt in 30 Gaue; Schleswig-Holstein sei Gau 7. 6000 junge Arbeitsdienstwillige seien in Schleswig-Holstein untergebracht. Heute sei der Arbeitsdienst noch freiwillig. Bis Oktober dieses Jahres würden noch Freiwillige eingestellt. Nach Beendigung der Dienstzeit erhalte jeder Arbeitsdienstfreiwillige einen Arbeitspass. Auf diesen Pass hin werde er von jedem Arbeitsamt bevorzugt in Arbeit gebracht. Das Ziel sei eine allgemeine deutsche Arbeitsdienstpflicht! Unser Volk sei schwach geworden. Die jungen Leute von heute sein größtenteils Schwächlinge. Bei einer militärischen Musterung seien früher 50 bis 60% der jungen Männer dienstfähig gewesen, heute seien höchstens 15 bis 16% dienstfähig. Das käme von den Entbehrungen, die das junge Geschlecht während und nach dem Krieg erlitten habe. Der Arbeitsdienst erziehe in jeder Beziehung. Die Wehrtüchtigkeit der Jugend solle im Arbeitsdienst wiederhergestellt werden. Ferner solle der Wehrwille geweckt werden. Krieg sei nicht schön, aber wenn es trotz des Friedenswillens unseres Führers nicht anders sein könne, wenn wir überfallen würden, dann solle die Jugend dabei sein. Die Waffe des Arbeitsdienstes sei der Spaten. Der Arbeitsdienst solle keine Konkurrenz für die Handwerker sein. Er wolle nur das Gelände bereiten, auf dem der Handwerker sein Brot verdienen könne. Die Arbeit des Freiwilligen Arbeitsdienstes sei Arbeit auf weite Sicht (Landgewinnung an der Westküste). Neben der Arbeit werde fleißig Sport getrieben. Der Wehrwille werde durch die nationalsozialistische Erziehung geweckt. Diese Erziehung habe ein Endziel: wenn die jungen Leute das Arbeitsdienstlager verlassen, dann seien sie Nationalsozialisten geworden, ganz gleich, in welchem politischen Lager sie früher gestanden hätten. Führer im Freiwilligen Arbeitsdienst könne nur der sein, der auf Vorrechte verzichte und Pflichten auf sich nehme. Die jungen Leute würden im Lager zu echten, wahren Deutschen erzogen. Sie würden eingeführt in die Schönheiten unseres deutschen Vaterlandes. Die "Geheimnisse" des Arbeitsdienstes seien: Erziehung zur Gemeinschaft und Kameradschaft. Auch die Führer schlafen auf dem

Strohsack und essen das gleiche Essen wie die Mannschaft. Das gebe den jungen Leuten Vertrauen zu den Führern. Die Führer müssen an das glauben, was sie tun, sonst nütze ihre ganze Arbeit nicht. Wer einmal im Arbeitsdienstlager gewesen sei, komme immer gerne wieder." (33)

Die DAF war die größte Organisation im nationalsozialistischen Deutschland. Allein in Elmshorn gehörten ihr 8000 Mitglieder an. Ab Februar 1935 wurde der DAF-Bezirk Elmshorn nach dem Vorbild der NSDAP-Organisation in Blocks und Zellen eingeteilt, wobei eine DAF-Zelle bis zu 160, ein Block bis zu 25 Personen umfasste.

„(...) Es entsteht schon eine Zelle der DAF, wenn nur zwei Blocks vorhanden sind. Für den Fall jedoch, dass nur ein Block zustande kommt, wird dieser einer benachbarten Zelle angeschlossen.
Die Zellenwalter sind in ihrem Bereich für alle Fragen verantwortlich, unterstehen jedoch direkt dem Ortswalter. Die Zellenwalter der DAF werden mit den Blockleitern der PO. (Anm.: Parteiorganisation) in Verbindung treten, um die Blockwalter der DAF zu bestimmen. Die Neueinteilung wird wahrscheinlich zum 1. April durchgeführt sein, so dass dann die Zellenwalter die Marken usw. im „Haus der Arbeit" empfangen und an die Blockwalter weitergeben, die das Kassieren derjenigen Mitglieder vornehmen, denen die Beträge nicht in ihrem Betrieb abgezogen werden. Die besondere Aufgabe der Blockwalter aber ist neben dem Inkasso - dass nicht einmal sehr viel Mühe machen wird, da der Block ja nur höchstens 25 Mitglieder umfasst - mit den Volksgenossen in nähere Verbindung zu treten, sich mit ihnen über diese und jene Frage zu unterhalten und ihre ganze Lebenseinstellung zu beobachten. Die politische Schulung der Zellen- und Blockwalter wird wohl die Partei selbst übernehmen. Da in Elmshorn 58 Blocks der PO. bestehen, werden 58 Zellenwalter der DAF ernannt werden müssen, die schon zum größten Teil in der gestrigen Versammlung vorgeschlagen wurden. Die Bestätigung wird durch das Personalamt der NSDAP erfolgen." (34)

Wie in diesem Artikel genannt, ist die Hauptaufgabe der Blockwalter die Überwachung und Beobachtung der Mitglieder. Durch die geringe Anzahl von nur 25 Personen, waren die Blockwalter ganz nah an der *„Stimme des Volkes"*.

Abweichende Meinungen konnten zu schnellen Konsequenzen führen.

In seiner Rede auf der Feier *„Ein Jahr Opferarbeit in Elmshorn“* gab Bürgermeister Krumbeck einen Überblick über die Motive und die Geschichte der Opferarbeit. Zu den bewältigten und auch zukünftigen Aufgaben sagte er:

„(...) Auch der materielle Erfolg hat sich in unserem Stadtbild überall offensichtlich ausgewirkt, u.a. wurden folgende Arbeiten in Angriff genommen und auch zum größten Teil bereits beendet:
Der Rathausgarten, eine Grünanlage am Hafenamt, Anlagen am Mittelweg und Am Gehölz, Arbeiten im Köhnholzer Forst, Rasenflächen am Moordamm und Gerlingsweg, Entwässerungs- und Planierungsarbeiten in Langenmoor, Planierungsarbeiten in der Ansgarstraße, Grünflächen am Lönsweg und in der Süderstraße, Arbeiten am Planschbecken hinter der Friedrichstraße, Planierungsarbeiten an der Schauenburger Straße und auf dem städtischen Bauhof, Grünanlagen beim Arbeitsamt, an der Rehmkestraße und vor der Schule Sandberg und so weiter. (...)“ (35)

Elmshorner Nachrichten
„Pinneberger Kreisblatt“
Elmshorner Zeitung
Horster Nachrichten
Freitag, den 1. März 1935.
Nr. 51.
Die Heimkehr der Saar in's Mutterland.
Der Führer in Saarbrücken zum Freiheitstag der Saar.

EN vom 1.3.1935

Wie im ganzen Deutschen Reich, wurde auch die Rückkehr der Saar in Elmshorn ausgiebig gefeiert. Nachdem an allen Schulen am Vormittag Feiern stattgefunden hatten, wurde am späteren Vormittag auch auf dem Marktplatz eine Kundgebung abgehalten. Elmshorns Häuser und Geschäfte waren zu einem großen Teil geschmückt, um 10.15 Uhr ertönten die Fabriksirenen und die Kirchenglocken und alle Verbände waren aufmarschiert und mit einem Fackelmarsch durch die Stadt und mit einem großen Zapfenstreich endete die Veranstaltung. (36)

84. Jahrgang. Montag, den 18. März 1935. Nr. 65.

Allgemeine Wehrpflicht in Deutschland!

Die Ketten von Versailles gesprengt! Wieder ein Vaterland in Ehre und Freiheit!

Zur Proklamation des Führers.

Das Diktat von Versailles zerrissen!

Gesetz für den Aufbau der Wehrmacht.

Begeisterte Aufnahme des Führer-Aufrufs. Ein historischer Beschluß des Reichskabinetts.

EN vom 18.3.1935

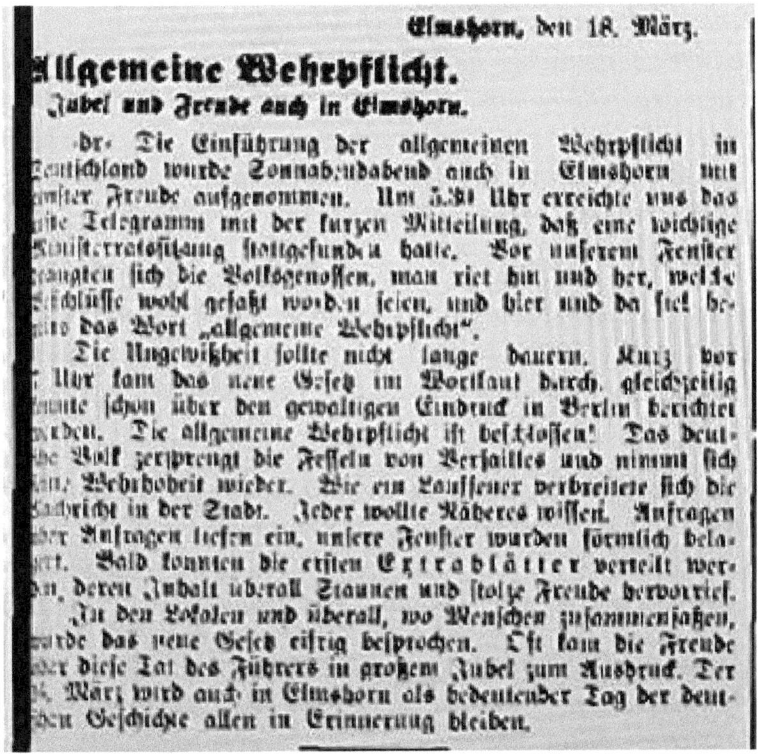

Elmshorn, den 18. März.

Allgemeine Wehrpflicht.

Jubel und Freude auch in Elmshorn.

-dr- Die Einführung der allgemeinen Wehrpflicht in Deutschland wurde Sonnabendabend auch in Elmshorn mit lauter Freude aufgenommen. Um 5.30 Uhr erreichte uns das erste Telegramm mit der kurzen Mitteilung, daß eine wichtige Ministerratssitzung stattgefunden hatte. Vor unserem Fenster drängten sich die Volksgenossen, man riet hin und her, welche Beschlüsse wohl gefaßt worden seien, und hier und da fiel bereits das Wort „allgemeine Wehrpflicht“.

Die Ungewißheit sollte nicht lange dauern. Kurz vor 7 Uhr kam das neue Gesetz im Wortlaut durch, gleichzeitig konnte schon über den gewaltigen Eindruck in Berlin berichtet werden. Die allgemeine Wehrpflicht ist beschlossen! Das deutsche Volk zersprengt die Fesseln von Versailles und nimmt sich seine Wehrhoheit wieder. Wie ein Lauffeuer verbreitete sich die Nachricht in der Stadt. Jeder wollte Näheres wissen. Anfragen über Anfragen liefen ein, unsere Fenster wurden förmlich belagert. Bald konnten die ersten Extrablätter verteilt werden, deren Inhalt überall Staunen und stolze Freude hervorrief.

In den Lokalen und überall, wo Menschen zusammensaßen, wurde das neue Gesetz eifrig besprochen. Oft kam die Freude über diese Tat des Führers in großem Jubel zum Ausdruck. Der 16. März wird auch in Elmshorn als bedeutender Tag der deutschen Geschichte allen in Erinnerung bleiben.

EN vom 18.3.1935

Die Einführung der „allgemeinen Wehrpflicht“ fiel zusammen mit der Feier des „Heldengedenktag“ am 17. März, der mit Ansprachen und Umzügen der Formationen durch die Stadt gefeiert wurde. (37)

Am 23. März 1935 hat Reichserziehungsminister Rust einen Erlass über die Schülerauslese an den höheren Schulen herausgegeben.

„Bei der Auslese an den höheren Schulen hat die liberalistische Grundhaltung der vergangenen Zeit zu einer einseitigen Bevorzugung der rein verstandesmäßigen Anlagen geführt und die für die volksführenden Berufe nicht minder wichtigen körperlichen und charakterlichen Kräfte so wie die rassischen Werte vernachlässigt. Durch diese Art der Auslese wurde der einseitig intellektuelle und frühreife Schüler im Übermaß gefördert, während rassenbiologisch wertvollere und volksgebundenere Teile der deutschen Jugend oft zurückblieben. Der Führer und Reichskanzler hat demgegenüber immer wieder eine Auslese gleichmäßig nach körperlichen, charakterlichen und geistigen Gesichtspunkten gefordert. Diesem Ziel tragen die vom Reichserziehungsminister Rust geschaffenen grundlegenden Bestimmungen über die Schülerauslese an den höheren Schulen Rechnung.

In diesen Bestimmungen wird als Aufgabe der höheren Schule bezeichnet, dem körperlich, charakterlich und geistig besonders gut veranlagten Teil der deutschen Jugend so zu erziehen, dass er fähig wird, später in gehobenen oder führenden Stellen unser politisches, kulturelles und wirtschaftliches Volksleben maßgebend mitzugestalten.

(...) In dem Abschnitt über die körperliche Auslese wird bestimmt, dass Jugendliche mit schweren Leiden, durch die die Lebenskraft stark herabgesetzt ist und deren Behebung nicht zu erwarten ist, sowie Träger von Erbkrankheiten nicht geeignet sind und daher nicht in die Höhere Schule aufgenommen werden.

Jugendliche, die eine dauernde Scheu vor Körperpflege zeigen, werden von den höheren Schulen verwiesen. Ebenso führt ein dauerndes Versagen in den Leibesübungen, das sich vor allem in Mangel an Willen zu körperlicher Härte und Einsatzbereitschaft äußert, zur Verweisung.

Hinsichtlich der charakterlichen Auslese wird bestimmt, dass von der Schule zu vermeiden ist, wer durch sein allgemeines Verhalten in und außerhalb der Schule gröblich gegen Anstand und Sitte verstößt oder fortgesetzt gegen Kameradschaftlichkeit und Gemeinschaftssinn verstößt. Dasselbe geschieht bei dauernden Verstößen gegen Zucht und Ordnung und gegen Ehrlichkeit.

Von Interesse sind dann noch folgende Bestimmungen:

Entscheidend für die geistige Auslese ist nicht die Summe angelernten Wissensstoffes, sondern die geistige Gesamtreife.

Über die völkische Auslese heißt es:

Arische Schüler dürfen hinter nichtarischen nicht zurückgesetzt werden. Es ist daher nicht angängig, an Nichtarier irgendwelche Vergünstigungen zu geben, so lange sie arischen Schülern versagt werden.

Schüler, die die Volksgemeinschaft oder den Staat wiederholt schädigen, sind von der Schule zu verweisen.

Die Aufnahme in die Sexta findet auf Grund eines Gutachtens der Grundschule und einer schriftlichen, mündlichen und körperliche Eignungsprüfung an der Höheren Schule statt.

(...) Bei allen aussondernden Maßnahmen auf Grund mangelhafter geistiger Leistungen sind die körperlichen und charakterlichen Fähigkeiten voll mitzuwerten. Wenn der Schüler hervorragende Führereigenschaften besitzt und getätigt hat, ist besonders wohlwollend zu verfahren.

Diese Bestimmungen stellen eine sorgfältig abgewogene grundlegende Maßnahme dar, die geistig Unzulänglichen oder charakterlich Wertlosen von der Höheren Schule fernzuhalten und gleichzeitig den rassisch und charakterlich Wertvollen, langsamer Reifenden den Zugang zu den volksführenden Berufen zu ermöglichen." (38)

Am 29. März wandte sich die NS-Frauenschaft in Elmshorn an alle Hausfrauen mit einem Aufruf:

„An den Sonntagen am Ende dieses Monats wird die Konfirmation so manchen schulentlassenen Mädchens gefeiert, das vor der nicht ganz leicht zu beantwortenden Frage steht: „Was nun?". Sehr viele Mädchen haben ganz im Gegensatz zu früher wieder Lust zur Erlernung des Haushalts. Auch und gerade für

diejenigen, die einen Beruf ergreifen wollen, wird es immer nützlich sein, zunächst einmal mindestens ein Jahr lang sich mit Hausstandsdingen zu beschäftigen.

Diesem weiblichen Nachwuchs eine Ratgeberin und Helferin sein zu wollen, sollte der Wunsch jeder deutschen Hausfrau sein, stellt sie sich doch damit in den Dienst der Allgemeinheit, denn es ist für die Wiedergesundung unseres Volkes von ausschlaggebender Bedeutung, dass alle seine Frauen und Mädchen wenigstens ein Mindestmaß an hauswirtschaftlicher Bildung genießen.

Darum deutscher Hausfrau, ist die Einrichtung des Anlernjahres geschaffen worden. Hier hast du Gelegenheit, ein junges Menschenkind auf seinen Beruf als Hausfrau und Mutter mütterlich vorzubereiten.

Jeder gut geführte deutsche Haushalt kommt hierfür in Frage; und jedes deutsche Mädchen, das gesund, lernwillig und für die häusliche Gemeinschaft geeignet ist, ist zugelassen. Es handelt sich nicht um die sogenannte „häusliche Lehre", die zwei Jahre umfasst und deren Ziel die Ergreifung der Hauswirtschaft als Beruf ist, sondern das junge Mädchen lebt ein Jahr lang bei freiem Unterhalt in der Familiengemeinschaft (also schlicht um schlicht). Natürlich soll nun nicht eine bezahlte Kraft entlassen werden, um ein Mädchen von 14 - 16 Jahren anzulernen. Die Einstellung soll zusätzlich geschehen, ist aber auch dort möglich, wo bisher aus finanziellen Gründen kein bezahltes Mädchen gehalten werden konnte und die Gefahr einer Überlastung des Mädchens nicht besteht. Die Wäsche des Mädchens wird im Anlernhaushalt gereinigt, auch muss dieser die Krankenkassenbeiträge bezahlen. Die steuerlichen Erleichterungen bei Einstellung von Hausgehilfinnen finden Anwendung.

Das Mädchen soll alle Hausarbeit, einfaches Kochen, Waschen und Bügeln einfacher Wäsche, ausbessern und die Erledigung kleiner Einkäufe sowie möglichst den Umgang mit Kindern erlernen. Einmal in der Woche ist es zum Besuch der hauswirtschaftlichen Berufsschule anzuhalten.

Deutsche Hausfrauen, seid stolz, dass ihr Euer Wissen und Können in den Dienst am Volke stellen könnt. Meldet Euch beim Arbeitsamt oder bei der Abteilung Volkswirtschaft-Hauswirtschaft der NS-Frauenschaft bei Frau G. Kortüm, Elmshorn, Kaltenweide 165." (39)

Am 28. März hielten das „Deutsche Jungvolk“ (DJ) einen Elternabend ab, auf dem der Stammführer Huckfeldt über die Ziele der HJ sprach:

„(...) Der heutige Abend soll uns zeigen, wie notwendig eine gute Zusammenarbeit zwischen Elternhaus und HJ ist. Es liegt nicht im Interesse der Jungenführer, das Elternhaus zu untergraben, sondern es ist ihr Wunsch, mit der Elternschaft zusammenzuarbeiten. Die Jungen sind nicht nur Glieder der Familie, sondern auch Glieder des Volksganzen, und darum hat auch das Volk ein Anrecht auf die Jungen. Deutschland will, dass die Jungen zu Nationalsozialisten und ganzen Kerls erzogen werden. Sowohl das Elternhaus als auch die HJ sind Träger der nationalsozialistischen Erziehung. Wir werden mit allen Kräften zu einer Gesundung des Familienlebens beitragen. Wir wollen aber eine kämpferische, einsatzbereite Jugend. Erzieher und Führer müssen zusammenstehen, müssen Hand in Hand arbeiten, als Diener des Volkes. Der kämpferischen, nationalsozialistischen Lehrerschaft reichen wir in Verehrung die Hand. Lasst uns alle gemeinsam das gewaltige Werk Adolf Hitlers aufbauen. Wir wollen über unsere gemeinsame Arbeit die Worte setzen: Nichts für uns - alles für Deutschland!“ (40)

Der Bund deutscher Mädchen hielt ihren Elternabend einen Tag später am 29. März statt. (41)

EN vom 1.4.1935

Erholungswerk des Deutschen Volkes

Hitlerfreiplatzspende

Der Reichsschatzmeister der NSDAP hat die Werbung der Freiplätze für die Hitlerspende der NS-Volkswohlfahrt übertragen.

Es ergeht daher an alle Deutschen Volksgenossen und Volksgenossinnen in diesem Jahre erneut der Ruf, für die Hitlerfreiplatzspende Freiplätze auf dem Lande, in kleinen Städten, in Kurorten, im Gebirge und an der See für die treuesten Kämpfer unseres Führers zur Verfügung zu stellen.

Millionen von Deutschen Menschen, die in Not und Elend verfallen waren, für die das Leben seinen Zweck verloren hatte, konnte durch die nationalsozialistische Idee im Dritten Reich ein neuer Weg in die Zukunft gewiesen werden, der ihnen das Leben wieder lebenswert gestaltete.

Die Opferbereitschaft des Deutschen Volkes, die der ganzen Welt Achtung und Anerkennung abringt, ist der Grundpfeiler für die aufwärtssteigende Entwicklung im Reiche.

Das Dritte Reich ist das Ergebnis härtester Einsatzbereitschaft für die nationalsozialistische Idee. Die Blutopfer der Bewegung sind ihre Meilensteine. Niemals werden wir imstande sein, unseren Dank an die unentwegten Fahnenträger des Kampfes, besonders an die SA, SS, NSKK, PO und an die Hitler-Jugend auch nur im entferntesten abzutragen. Diesen Wegbereitern des Dritten Reiches gilt es die Treue zu halten. Niemand darf sich vergessen fühlen, jeder muß für unsere alten Kampfgenossen ebenso einsatzbereit sein, wie jene es im Kampf um die Macht für uns waren.

Wiederum gilt es, die nationalsozialistische Gesinnung des Deutschen Volkes zu beweisen. Jeder, der irgendwie in der Lage ist, stifte einen Ferienfreiplatz für hilfs- und erholungsbedürftige Angehörige der Bewegung.

Die NS-Volkswohlfahrt wird in diesen Tagen die Freiplatzwerbung für die Hitlerspende aufnehmen. Niemand entziehe sich dem Appell, sondern jeder betrachte es als einen Vorzug, für seinen treuesten Bruder und Volksgenossen durch die Tat einzutreten.

Hilgenfeldt

Hauptamtsleiter des Hauptamtes für Volkswohlfahrt

Das Protektorat für die Hitlerfreiplatzspende haben übernommen:

Stellvertreter des Führers Rudolf Heß, Reichsminister Dr. Frick, Reichsminister Dr. Goebbels, Reichsminister Darré, Reichsminister Seldte, Stabschef der SA Lutze, Reichsführer der SS Himmler,
Korpsführer des NSKK Hühnlein, Reichsjugendführer v. Schirach, Vorsitzender des Deutschen Gemeinde-
tages, Oberbürgermeister Fiehler, Bundesführer des Deutschen Reichskriegerbundes „Kyffhäuser“, Oberst
a. D. Reinhardt, Reichsfrauenführerin Gertrud Scholtz-Klink, Reichsärzteführer Dr. Wagner.

EN vom 3.4.1935

Das Thema Erziehung und Bildung griff auch die zweite Ausgabe der HJ-Sonderseite, *„Neues Geschlecht"*, vom 5. April 1935 auf, die in unregelmäßigen Abständen in den EN erschien. In dem Artikel *„Das gehört doch zur Allgemeinbildung"* zeigte der Autor das Wunschbild von einem nationalsozialistischen Jugendlichen auf:

„(...) Heute können wir die vielgepriesene allgemeine Bildung nicht brauchen. In Zeiten, als es Deutschland gut ging, mag sie richtig gewesen sein. jetzt aber, wo das deutsche Volk um sein Dasein kämpfen und ringen muss, ist eine harte, soldatische Erziehung notwendig. Es muss eine Jugend erzogen werden, die, wenn sie ins Leben hineintritt, das harte Leben zu meistern versteht. Das ist heute aber unmöglich durch idealistische Schwärmer, es ist nur möglich durch eine harte, kämpferische Jugend, die einen unerschütterlichen Glauben an die Zukunft des deutschen Volkes besitzt. Den Kampf um unseren deutschen Lebensraum werden wir nie gewinnen mit Philosophen und Schwärmern, sondern nur mit ganzen Männern, mit harten Kämpfern. Die nationalsozialistische Erziehung wird diesen deutschen Menschen schaffen. (...)

Nicht Allgemeinbildung mehr, sondern nationalsozialistische Erziehung, d.h. Erziehung der deutschen Jugend zu nationalsozialistischen Kämpfern, zu Sozialisten und Kameraden, Erziehung zu Menschen, die den verfluchten Standesdünkel und Klassenhass überwunden haben, deren heiligste Wille es ist, mitzukämpfen und mitzuarbeiten am Aufbau des nationalsozialistischen Dritten Reiches. Diese Menschen soll die nationalsozialistische Erziehung schaffen. (...)" (42)

Neben der Arbeitsbeschaffung gehörte auch die Schaffung von Wohnraum zu den vordringlichsten Zielen in Elmshorn. In Elmshorn fehlten Mitte 1935 zwischen 300 – 400 Wohnungen. (43) Ein Projekt zur Eigenheim- und Wohnungsbeschaffung stellte die Errichtung der Saarlandsiedlung dar:

„Die Stadt Elmshorn beabsichtigt bekanntlich in diesem Jahre, das von ihr zum Jahr des Wohnungsbaus erklärt worden ist, im nordwestlichen Stadtgebiet an der Besenbecker-Straße die Errichtung von 50 Doppelhäusern unter dem Namen „Saarlandsiedlung". Jede Wohnung wird nach dem vorgesehenen Plan 3 Zimmer,

Küche, Waschküche, 2 Kellerräume und Stall erhalten. Zu ihr wird außerdem ein 600 bis 1000 Quadratmeter großer Garten gehören. Die Kosten für eine derartige Wohnung nebst Garten werden sich auf annähernd 6500 Reichsmark belaufen. Von dieser Summe hat jeder Siedler 1000 RM Eigenkapital zur Verfügung zu stellen. Er wird dann sofort mit der Erbauung Eigentümer. Es ist damit also jedem Elmshorner Volksgenossen die Gelegenheit gegeben, in den Besitz eines Eigenheims und einer eigenen Scholle zu kommen. Für den Rest der Bausumme wird auf dem Grundstück eine Hypothek bestellt werden, die von dem Siedler verzinst und abgetragen werden muss. Die monatlichen Zinsen und Abtretungen werden sich anfangs auf knapp 30 RM belaufen, was dem Mietzins einer Dreizimmerwohnung gleichkommen würde. Mit der Zeit wird sich dieser Betrag aber infolge der Abtragungen notgedrungen ermäßigen. Ist der Siedler nicht in der Lage, den Betrag von 1000 RM aufzubringen, so muss er sich verpflichten, ihn mindestens innerhalb eines Zeitraums von 3 Jahren zu beschaffen. Sobald er diesen Betrag bezahlt hat, wird er Eigentümer der Siedlung. Es liegt also in seinem eigenen Interesse, die 1000 RM sobald wie möglich aufzubringen, da er dann freier Herr auf eigener Scholle ist. (...)" (44)

Der Geburtstag Adolf Hitlers wurde von den nationalsozialistischen Formationen am 20. April auf der Elmshorner Rennbahn mit einem Aufmarsch und zwei Ansprachen von Tierarzt Dr. Albers und dem Ortsgruppenleiter Max Mohr gefeiert. (45)

Wie die Nationalsozialisten den Begriff „Rasse" verstanden, zeigte ein Aufsatz von Dr. Gros, Leiter des Rassepolitischen Amtes der NSDAP, die dieser in den EN veröffentlichte.

Seit der Nationalsozialismus die Führung in Deutschland übernommen hat, hört man sehr oft und an allen möglichen Stellen über Rasse sprechen. Nicht, daß da eine neue Wissenschaft entstand, tat der alten Welt weh, sondern daß aus dieser Wissenschaft heraus und über sie hinaus eine neue weltanschauliche Haltung wuchs, die zu einer wirklich echten Revolution der Seele und des Geistes führen mußte. Das Wort Rasse wird heute noch in einem doppelten Sinn gebraucht. Einmal versteht man darunter all die Anlagen und Eigenschaften körperlicher und geistiger Art, die am Menschen erblich sind, im Gegensatz zu den Anlagen, die er etwa während seines Lebens erwirbt. In diesem Sinn bedeutet Rasse ungefähr ebensoviel wie Erbe, Anlagen überhaupt. Daneben aber wird das Wort dann noch im eigentlichen und wichtigsten Sinne für ganze Menschengruppen gebraucht, die sich durch den gemeinsamen Besitz gleicher Erbanlagen von anderen Menschengruppen unterscheidet.

Wichtiger als die Einflüsse der Umwelt sind die erblichen Anlagen, die der Einzelne oder ein ganzes Volk mitbekommt. Wer nicht die Anlage zu einem starken oder kräftigen oder großen Körper ererbt hat, der wird durch keine noch so gute Ernährung oder keinen noch so guten Sport jemals groß und kräftig werden können. Alle Schulbildung und alle geistige Erziehung kann nur da den Menschen etwas nützen, wo sie von sich aus als erbliche Anlage einen klaren Verstand und einen hellen Kopf mitbringen.

So ist jeder einzelne Mensch in seiner körperlichen wie in seiner geistigen Art weitgehend durch die erblichen Anlagen bestimmt, die wir von unseren Eltern, Großeltern und Vorfahren überkommen und unsere eigene Arbeit an uns selbst oder aber auch Erziehungsarbeit der Menschen aneinander kann immer nur erbliche Anlagen unterstützen oder ihre Auswirkung ein wenig erschweren. Sie kann aber niemals einen Menschen im Grunde anders machen, als er von Geburt her ist, weder zum Guten noch zum Schlechten. Die Vererbungswissenschaft hat uns diese Tatsache an einer Fülle von Beispielen nachgewiesen.

Was wir sind, an Leib und an Seele, das haben wir von den Generationen vor uns ererbt. Und wenn wir nach 60 oder 80 Jahren Leben auf dieser Welt einmal nicht mehr da sein werden, dann werden dieselben Anlagen in unseren Kindern und Kindeskindern weiter fortleben und fortwirken. Und so sehen wir dann ganz plötzlich ganz deutlich den großen Strom des Blutes vor unseren Augen, der durch die Jahrhunderte und Jahrtausende der Geschichte fließt und in Wahrheit das Volk der Deutschen darstellt.

Alles, was wir leisten und vermögen, sind keineswegs allein unsere Leistungen, sondern nichts weiter als die Auswirkungen der Anlagen, die wir als Erbe mitbekommen. Wir selbst aber sind in der Gegenwart nur die Träger und Hüter dieses Bluterbes der Deutschen, denen Stolz auf diese Aufgabe, aber zugleich auch Bescheidenheit vor ihr geziemt.

Und als der Weg für eine etwa angestrebte Verbesserung der Menschheit oder des Volkes sehen wir nicht mehr die wirtschaftliche oder geistige Besserstellung an sich, sondern nur den großen nationalsozialistischen Grundsatz der Auslese der Tüchtigsten von uns.

In seinem eigentlichen Sinn finden wir das Wort der Rasse, indem wir etwa von der nordischen oder von der mongolischen Rasse oder von sonst einer Rassengruppe in der Menschheit sprechen. Die Menschen von dieser Welt sind nicht gleich. Sie sind schon äußerlich verschieden, die einen schwarz, die anderen rot, die dritten gelb oder weiß, und innerhalb dieser großen Gruppen hat uns die Wissenschaft eine ganze Anzahl besonderer Rassen aufgezeigt.

Aber die Unterschiede zwischen den Rassen beschränken sich nicht auf das Körperliche und Aeußerliche. Sie greifen auch auf den Charakter, auf die geistigen und seelischen Anlagen über.

Das alles hat man ja auch gestern gewußt. Aber an eins hat man gestern nicht gedacht: daran, daß auch diese körperlichen und geistigen Rassenunterschiede erblicher Natur sind und damit niemals durch Einflüsse von außen her geändert werden können.

Man versteht, daß diese Anschauung von gestern eine
bedeutsame politische und weltanschauliche Folgerung in
birgt: wenn die Unterschiede zwischen den Völkern und Ra
auf dieser Welt nur äußerliche Zufälligkeiten sind, dann k
man sie überwinden, indem man mit fortschreitender Zivil
tion allmählich diese äußeren Verschiedenheiten in der sozia
und kulturellen und geographischen Lage überwindet und a
gleicht. Und so hat man denn gestern ganz konsequenterw
sich eingebildet, man würde etwa den Unterschied zwischen d
Europäer und dem Neger durch die Gründung von Missio
schulen, durch die Zivilisierung Afrikas, durch die Ausbild
des Negers auf europäische Universitäten ausgleichen kön
und damit am Ende die Gegensätze überwinden, die da heute n
zu bestehen scheinen. Und den gleichen Gedanken hat man n
allen Seiten hin verfolgt. Am Ende kam man ganz logisch
der Auffassung, die Menschheit könne auf diese Weise we
stens geistig ganz gleich und einheitlich gemacht werden und
mit stehe dann auch in staatlicher, in politischer und wirtsch
licher Hinsicht der Weg zu einem Einheitsstaat in der W
offen. Die Bestrebungen der Internationale auf allen Gebie
waren nichts weiter als die Auswirkung dieses Grundgedank

Ich glaube, jetzt wird uns allen klar sein, weshalb d
Mächte der alten Zeit gegen den Begriff der Rasse einen er
terten Kampf gefochten haben. Denn die Rassenkunde le
uns nun eben, daß alle wesentlichen Unterschiede zwischen V
kern und Rassen auf dieser Welt erblicher Natur sind, da
der direkten Einwirkung unserer Erziehungs- und Bildun
systeme ein für allemal entzogen und deshalb für Mensc
unüberwindlich.

Die Rassen sind verschieden, weil ihr Blut verschieden
wie man im Volksmund sagt, nicht, weil etwa die Zivilisat
an der einen Stelle schon weiter vorgeschritten sei als an
anderen und damit müssen wir als Menschen uns abfinden,
wir uns mit jedem Naturgesetz auf Erden abzufinden hab
Das heißt aber, daß jedes Streben nach internationalen Kult
und Staats- oder Religionssystemen im Grunde falsch und zwe
los ist, denn es läßt die großen Rassengesetze außer acht, die
Schöpfer selbst der Menschheit als bindende Norm v
geschrieben hat.

EN vom 16.4.1935

Kaum waren die Feierlichkeiten zum Geburtstag Hitlers vorbei, näherte sich der nächste Festtag: der 1. Mai als „Tag der nationalen Arbeit“, an dem eine große Jugendkundgebung mit einem Aufmarsch stattfand, an der auch die werktätige Jugend teilnahm. Die Leitung für den Aufmarsch lag bei der Hitlerjugend. (46) Der Tag war bis in die Details vorgeplant. Am 26. April 1935 veröffentlichten die EN die Ablaufpläne. Es sollten alle Straßen und Häuser in Elmshorn mit Girlanden und Grün geschmückt sein. Industrielle, Gewerbetreibende und Bauern sollten einen Festwagen schmücken und am Festtag in Berufskleidung und Handwerkszeug teilnehmen.

Festtagsabzeichen „Tag der nationalen Arbeit 1935. Webfund.

Jeder Elmshorner sollte an diesem Tag das Festtagsabzeichen tragen, das man für 20 Pfg. erwerben konnte. *„Jeder Deutsche, Groß und Klein, trägt das Festabzeichen des Tages der nationalen Arbeit.“*

Der Tag gliederte sich folgendermaßen:

6 – 7 Uhr	Weckruf, durchgeführt von sämtlichen Spielmannszügen der Stadt in allen Stadtteilen.
8 – 10 Uhr	Jugendkundgebung. Teilnahme aller Mitglieder der HJ und BDM, außerdem alle übrigen Jungen und Mädels, die nicht der HJ angehören. Lehrlinge sollen in Berufskleidung unter Führung des Obermeisters antreten. Um 7.45 Uhr muss alles angetreten sein. 8 Uhr Eröffnung der Kundgebung, anschließend Übertragung der Feierlichkeiten aus Berlin. Danach wurden die Sieger des örtlichen Reichsberufswettkampfes geehrt.
11.30 – 14.30	Massenkundgebung der gesamten Bevölkerung, *„wobei selbstverständlich jedem die Teilnahme freigestellt wird"*, mit anschließendem Festzug durch die Stadt. Ende des Festzuges gegen 14.30 Uhr.
Ab 20 Uhr	in mehreren Lokalen Elmshorns offizielle Feiern und Tanz.

Das Gastgewerbe sollte den 1. Mai für sich auf den 2. Mai schieben, da der 1. Mai Hauptarbeitstag sein wird. (47)

Die Spannungen zwischen Elternhaus und Hitlerjugend nahm immer mehr zu, so dass im Reichsverwaltungsblatt Ausführungen erschienen sind, die die EN am 25. April unter dem Titel *„Elternrecht und Hitler-Jugend"* veröffentlichten:

„Spannungen zwischen Elternhaus und Hitlerjugend, die sich in den unzähligen Reibungen des Alltags ausdrücken, sind, soweit nicht in Einzelfällen politischer Gegensatz der Eltern in Frage kommt, nicht in der politischen Seite der HJ begründet. Sie folgen aus dem Wesen des Jugendbundes, der als solche mit seinem umfassenden Anspruch auf den jungen Menschen in Widerspruch zu den Elternrechten tritt. Das „Los vom Elternhause", das zu jedem echten Jugendbund gehört, verhindert eine gegenseitige Durchdringung, wie sie sich bei Schule und HJ anbahnt. Die Spannung darf aber keinen Gegensatz zwischen Elternhaus und HJ

entstehen lassen. Das wäre für beide ein Unglück, außerdem auch unbegründet, denn das Elternhaus kann die Berechtigung einer politischen Jugendbewegung heute ebenso wenig leugnen wie die Schule, während die HJ von ihrem politischen Ideengehalt her das Familienleben achten muss.

In der elterlichen Gewalt hat das Elternhaus der HJ gegenüber die gesetzlichen Machtmittel in der Hand. Da ein Organisationszwang zugunsten der HJ nicht besteht, entscheiden die Eltern allein darüber, ob ihr Kind überhaupt in die HJ eintreten darf. Gegen den Willen der Eltern können weder die HJ noch das Kind den Eintritt in den Bund erzwingen. Allerdings darf man den moralischen Druck einer so machtvollen Organisation nicht unterschätzen. Auch müssen sich die Eltern die Folgen der Zugehörigkeit und Nichtzugehörigkeit ihrer Kinder zur HJ für deren Zukunft klarmachen. Der Hinweis darauf und sonstige mittelbare Beeinflussungsmöglichkeiten reichen in der Regel aus, Einwände zu zerstreuen. Wenn in besonders krassen Fällen die Eltern willkürlich den Eintritt verbieten, würde die Anwendung des § 1666 BGB (Missbrauch des Rechtes der Sorge für das Kind durch die Eltern) in seiner erweiterten Auslegung helfen.

Ist der junge Mensch Mitglied der HJ geworden, so steht der elterlichen Gewalt die Organisationsgewalt des Bundes gegenüber. Man kann es den Eltern nicht verübeln, dass sie weiter die Augen offen halten; denn die Führung in der HJ liegt meist in der Hand anderer Jugendlicher. Andererseits kann die HJ Einmischungen in ihren inneren Betrieb von außen her selbstverständlich nicht brauchen. Im Interesse der ungestörten Arbeit der HJ muss man eine gewisse Beschränkung der elterlichen Gewalt über das Kind in der HJ anerkennen, wenn auch kein völliges Ruhen der Gewalt. Wie weit die Beschränkung geht, lässt sich allerdings nur im Einzelfall entscheiden.

Anlass zu Reibungen zwischen der elterlichen Gewalt und der Organisationsgewalt der HJ gibt vorwiegend die zeitliche und körperliche Beanspruchung der Jugend durch den Bund. Da die zahlreichen Einzelfamilien nicht „bündnisfähig" sind, haben Staat und Schule in Vereinbarungen eingegriffen. Diese Vereinbarungen erkennen das Recht der Familie auf das Kind ausdrücklich an und enthalten auch Normen über die zulässige zeitliche Beanspruchung der Jugend an Abenden und Sonntagen. Je schärfer die Abgrenzung in diesen Vereinbarungen wird, desto weniger Anlass hat das Elternhaus, seine Gewalt im Rahmen der HJ zu gebrauchen. Die HJ geht auch selbst auf die elterlichen Einwände ein, z.B. will sie mit der Einrichtung ärztlicher Aufsicht unsachgemäßer Überanstrengung ihrer Angehörigen vorbeugen. Begründeten Beschwerden wird sie immer Rechnung tragen.

Macht das Elternhaus - begründet oder unbegründet - seine Gewalt geltend, indem z.B. dem Kind die Teilnahme an einer Veranstaltung verboten wird, so ist die HJ rechtlich machtlos. Hiergegen ist nichts zu sagen, wenn die Maßnahme im Interesse des Kindes oder der Familie notwendig oder durch einen Übergriff der HJ gerechtfertigt ist. Ist die Maßnahme des Elternhauses unberechtigt, so muss sich die HJ durch Verhandlungen mit den Eltern zu helfen suchen. Die Eltern müssen sich darüber klar sein, dass sie sich durch solche Eingriffe auch politischer Missdeutung aussetzen könnten. Jedenfalls hat die HJ den erfreulichen Grundsatz, für Übergriffe der Eltern das Kind nicht büßen zu lassen.

Für eine Schiedsstelle ist zwischen Elternhaus und HJ kein Platz. Der kleine Ärger des Alltags lässt sich so doch nicht beseitigen und die persönlichen Angelegenheiten, um die es sich in solchen Fällen handelt, vertragen nicht die Aufrollung vor Außenstehenden. Die Entscheidungen würden außerdem immer zu spät kommen, wenn der kleine Anlass zum Streit längst wieder vergessen ist. Dies sind beide Teile, den friedlichen Ausgleich zu suchen und die Spannung zwischen Elternhaus und Hitler-Jugend immer wieder neu zu überwinden." (48)

Dieser Text zeigt in schonungsloser Offenheit, dass die Mitgliedschaft in der Jugendorganisation nicht mehr freiwillig, sondern dass sich die HJ auf dem Weg zu einer Zwangsorganisation befand. Es wurden nicht nur die Eltern hinter den Führungsanspruch der HJ zurückgesetzt, sie befanden sich auch in der Rechtfertigungspflicht. Sie hatten zu begründen, weshalb das Kind nicht in die HJ bzw. weshalb das Kind nicht an der Veranstaltung teilnehmen durfte. Es wurde auch direkt mit Folgen für die Kinder und für die Eltern gedroht:

„Auch müssen sich die Eltern die Folgen der Zugehörigkeit und Nichtzugehörigkeit ihre Kinder zur HJ für deren Zukunft klarmachen." und

„Wenn in besonders krassen Fällen die Eltern willkürlich den Eintritt verbieten, würde die Anwendung des § 1666 BGB (Missbrauch des Rechtes der Sorge für das Kind durch die Eltern) in seiner erweiterten Auslegung helfen.“ Und

„Die Eltern müssen sich darüber klar sein, dass sie sich durch solche Eingriffe auch politischer Missdeutung aussetzen könnten.“

Gerade die Andeutung über politische Missdeutung stellt eine scharfe Warnung dar, in Zeiten, wo jede Kritik als Nörgelei bezeichnet wird und die Betreffenden als *Kritikaster* und außerhalb der Volksgemeinschaft Stehende bezeichnet werden. Diese Drohungen waren als Terror zu bezeichnen. Es wird den Eltern letztlich die Verfügungsgewalt über die Kinder genommen. Ein Mittel, die „Eltern zu überzeugen“ waren auch Hausbesuche durch HJ-Führer und auch Lehrer wurden eingespannt, durch Besuche Einfluss auf die Elternentscheidungen zu nehmen. (49)

Die Drohungen steigerten sich, versteckt oder offen, immer mehr und die Eltern mussten in der letzten Konsequenz Misstrauen gegenüber den eigenen Kindern entwickeln. Dieses wurde offen von den Nationalsozialisten geschürt.

-h.- **Kindermund tut Wahrheit kund.** Ist da in Elmshorn ein kleiner Hitlerjunge, der sich einen Drachen bauen will. Er geht zur Mutter und bittet sie um Geld für Zutaten. Die Mutter gibt ihm das Geld und gleichzeitig einen guten Ratschlag. Sie sagte ihm, daß er wegen der Zutaten ja nicht ganz zur Stadt brauche, sondern sie beim Nachbarn kaufen könne. Der Nachbar, ein Großhändler, ist aber Jude. Da sagt der Hitlerjunge zu seiner Mutter: „Wer beim Juden kauft, ist ein Volksverräter!“ Darauf „langt“ die Mutter ihm eine. Der Junge kommt draußen bei seinen Geschwistern und Spielkameraden an und ist noch ziemlich gekränkt. Auf Nachfrage erhalten sie zur Antwort: „Mutter wird nie eine Volksgenossin, die muß einmal ins KZ.“ Dieser Junge hatte sich die Lehren seines Gefolgschaftsführers gut gemerkt und handelte auch danach.

EN vom 24.7.1935

„Kindermund tut Wahrheit kund. Ist da in Elmshorn ein kleiner Hitlerjunge, der sich einen Drachen bauen will. Er geht zur Mutter und bittet sie um Geld für die Zutaten. Die Mutter gibt ihm das Geld und gleichzeitig einen guten Ratschlag. Sie sagte ihm, dass er wegen der Zutaten ja nicht ganz zur Stadt brauche, sondern sie beim Nachbarn kaufen können. Der Nachbar, ein Großhändler, ist aber Jude. Dann sagt der Hitlerjunge zu seiner Mutter: „Wer beim Juden kauft, ist ein Volksverräter!“ Darauf „langt“ die Mutter ihm eine. Der Junge kommt draußen bei seinen Geschwistern und Spielkameraden an und ist noch ziemlich gekränkt. Auf Nachfrage erhalten Sie zur Antwort: „Mutter wird nie eine Volksgenossin, die muss einmal ins KZ.“ Dieser Junge hatte sich die Lehren seines Gefolgschaftsführers gut gemerkt und handelt auch danach.“ (50)

Am 26. April fand der erste Mütterschulungskurs in Elmshorn statt. (51)

Der Feiertag des deutschen Volkes.

Zum Tag der Arbeit am 1. Mai.
Einiges Volk.

EN vom 30.4.1935

Der 1. Mai 1935 begann wie geplant mit einem Aufmarsch der HJ, der Rundfunkübertragung von Goebbels Rede in Berlin, dem Umzug der verschiedenen Verbände, Firmen und Berufe durch die Stadt, der feierlichen Übernahme der Jungmädel in den BDM auf dem Sportplatz und klang aus in den verschiedenen Gasthäusern. (52)

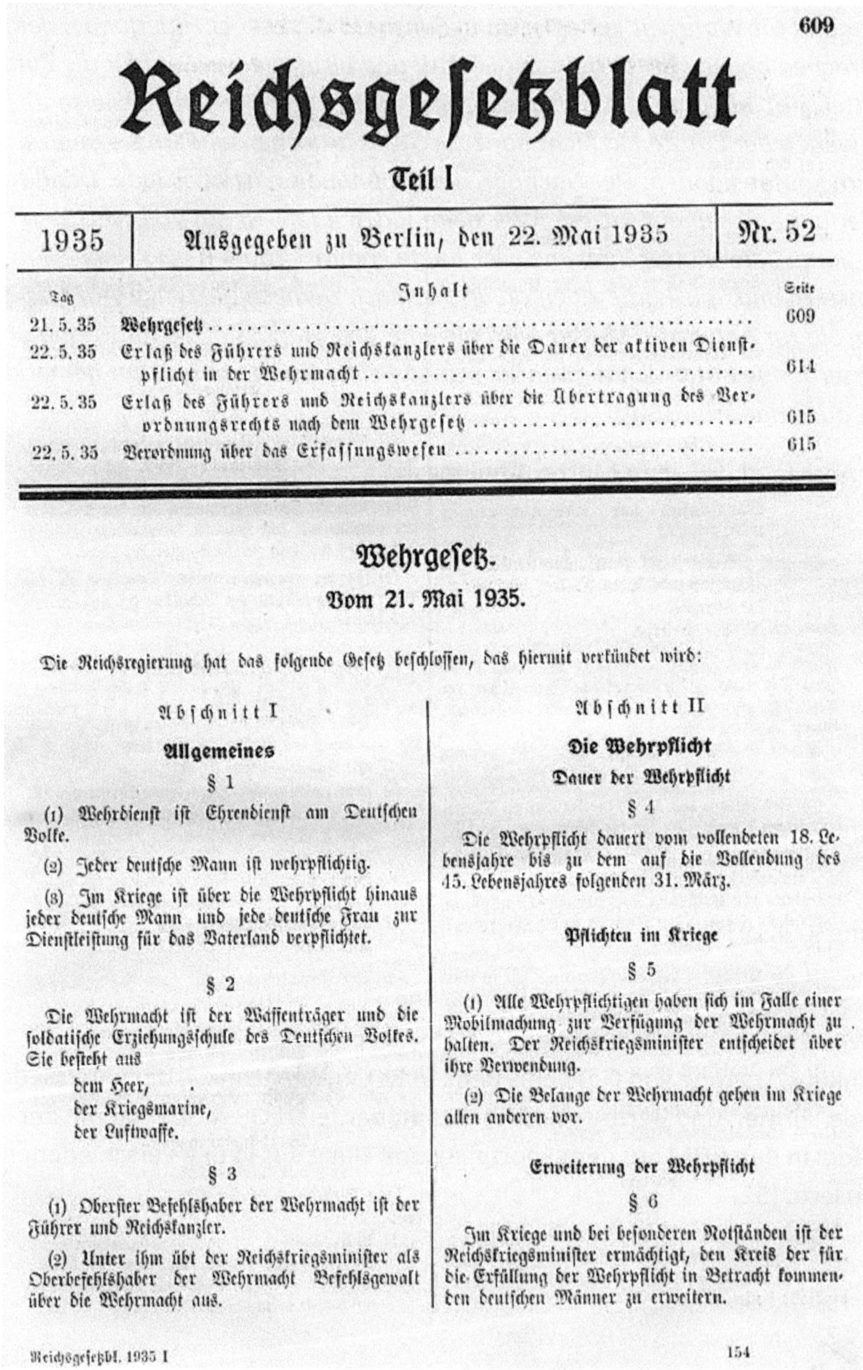

609

Reichsgesetzblatt

Teil I

1935	Ausgegeben zu Berlin, den 22. Mai 1935	Nr. 52

Inhalt

Wehrgesetz.

Vom 21. Mai 1935.

Die Reichsregierung hat das folgende Gesetz beschlossen, das hiermit verkündet wird:

Abschnitt I

Allgemeines

§ 1

(1) Wehrdienst ist Ehrendienst am Deutschen Volke.

(2) Jeder deutsche Mann ist wehrpflichtig.

(3) Im Kriege ist über die Wehrpflicht hinaus jeder deutsche Mann und jede deutsche Frau zur Dienstleistung für das Vaterland verpflichtet.

§ 2

Die Wehrmacht ist der Waffenträger und die soldatische Erziehungsschule des Deutschen Volkes. Sie besteht aus

dem Heer,
der Kriegsmarine,
der Luftwaffe.

§ 3

(1) Oberster Befehlshaber der Wehrmacht ist der Führer und Reichskanzler.

(2) Unter ihm übt der Reichskriegsminister als Oberbefehlshaber der Wehrmacht Befehlsgewalt über die Wehrmacht aus.

Abschnitt II

Die Wehrpflicht

Dauer der Wehrpflicht

§ 4

Die Wehrpflicht dauert vom vollendeten 18. Lebensjahre bis zu dem auf die Vollendung des 45. Lebensjahres folgenden 31. März.

Pflichten im Kriege

§ 5

(1) Alle Wehrpflichtigen haben sich im Falle einer Mobilmachung zur Verfügung der Wehrmacht zu halten. Der Reichskriegsminister entscheidet über ihre Verwendung.

(2) Die Belange der Wehrmacht gehen im Kriege allen anderen vor.

Erweiterung der Wehrpflicht

§ 6

Im Kriege und bei besonderen Notständen ist der Reichskriegsminister ermächtigt, den Kreis der für die Erfüllung der Wehrpflicht in Betracht kommenden deutschen Männer zu erweitern.

Reichsgesetzbl. 1935 I

154

Scan aus dem Deutschen Reichsgesetzblatt 1935, Teil 1. Nr. 52. S. 154. https://commons.wikimedia.org/wiki/File:Deutsches_Reichsgesetzblatt_35T1_052_0609.jpg

Am 22. Mai 1935 wurde das neue Wehrgesetz veröffentlicht. Damit entledigten sich die Nationalsozialisten der im Vertrag von Versailles festgelegten Beschränkung der Truppenstärke des deutschen Reichsheeres, der die Anzahl der Reichsheersoldaten auf 100.000 Mann und 15.000 Mann Reichsmarine beschränkte. Schwere Artillerie und Panzer waren dort ebenso verboten wie der Besitz von Unterseebooten und Luftstreitkräften sowie ein Generalstab. Am 22. Mai 1935 erschien der Wortlaut in den EN. (53)

Wir wollen fliegen!

Aufruf zur Luftfahrt-Werbewoche 26. Mai — 2. Juni.

Der Deutsche Luftsport-Verband veranstaltet in der Zeit vom 26. Mai bis 2. Juni 1935 im ganzen Deutschen Reich die diesjährige Luftfahrt-Werbewoche.

Mehr als andere Nationen hat Deutschland das Recht und die Pflicht, Luftfahrt zu treiben, denn Deutschland als das Ursprungsland der Fliegerei hat infolge der Fesseln von Versailles einen großen Vorsprung der anderen Nationen wieder einzuholen und

Luftfahrt tut not!

Als der Friedensvertrag von Versailles den deutschen Flug in Ketten legte, waren es deutscher Fliegergeist und eiserner Wille, die im Glauben an die Zukunft der deutschen Fliegerei den motorlosen Flug, den deutschen Segelflug, schufen. Alle großen Erfolge sind nur möglich durch Opfer. Opfer des einzelnen für die Fliegerei und Opfer des gesamten Volkes für die große und schöne Sache der deutschen Luftfahrt. Die Luftfahrt-Werbewoche ruft deshalb jeden einzelnen Volksgenossen auf:

Hilf auch du mit an der Erfüllung der Aufgaben des Deutschen Luftsport-Verbandes, auf daß die deutsche Jugend fliege und der deutsche Luftsport ein Volkssport werde.

Spendet für den deutschen Flugsport!

Werdet Mitglied im Deutschen Luftsport-Verband!

Der Führer der Flieger-Landesgruppe 3.

EN vom 25.5.1935

Veranstaltungen

der Flieger-Ortsgruppe Elmshorn e. V. anläßlich der Luftfahrtwerbewoche vom 26. Mai bis 2. Juni folgendes:

Sonntag, den 26. Mai:	Eröffnung der Luftfahrtwerbewoche durch ein Wecken. Ausstellung von Segelflugzeugen an verschied. Stellen der Stadt
Dienstag, den 28. Mai:	Werkstattbesichtigung mit Baubetrieb
Mittwoch, den 29. Mai:	Desgleichen. Besichtigung von 20–22 Uhr. (Die Besichtigung der Werkstatt ist frei.) Die Werkstatt befindet sich in der Möbelfabrik Bartke Söhne, Neuestraße
Freitag, den 31. Mai:	Film-Vortrag im „Holsteinischen Hof", es spricht Achim von Winterfeld über „Deutschland zur Luft". Eintritt: Schüler u. Erwerbslose RM 0.10, Erwachsene RM 0.20. Beginn 20½ Uhr
Sonnabend, den 1. Juni:	Ausstellung von Segelflugzeugen an verschied. Stellen der Stadt
Sonntag, den 2. Juni:	Desgleichen

Am Sonnabend, dem 1. Juni und Sonntag, dem 2. Juni, findet eine Haus- und Straßensammlung statt

Hilf mit, Deutschlands Jugend muß fliegen! Besucht unsere Veranstaltungen

Flieger-Ortsgruppe Elmshorn e. V.

EN vom 25.5.1935

EN vom 6.6.1935.

„Hadern und Sorgen laß fahren dahin – Nur Kampf um das Leben bringt wahren Gewinn. Hilf unserm Staat durch Deine Tat als Mitglied der NS-Volkswohlfahrt.

Landrat Duvigneau sandte am 7. Juni an die Bürgermeister die Abschrift einer Nachricht des Regierungspräsidenten:

„Die Reichsjugendführung hat für die Pfingsttage im gesamten Reich ihren Streifendienst eingesetzt, der feststellen soll, welche Gruppen an den Feiertagen wandern und wer sich diszipliniert oder undiszipliniert verhält. Dieser Einsatz wird von der Reichsjugendführung zentral geleitet und soll eine Übersicht und genaue Unterlagen für spätere Maßnahmen verschaffen. Durch einen Dienstbefehl sind die Angehörigen der nationalsozialistischen Jugendverbände angewiesen worden, den HJ-Streifen Auskunft über ihre Zugehörigkeit zu geben und die Ausweise vorzulegen. Bei nicht-nationalsozialistischen Gruppen soll nur festgestellt werden, welcher Jugendorganisation die Wandergruppe angehört, weiterhin Ziel, Zahl und Alter der Teilnehmer.

Der HJ-Streifendienst ist nicht berechtigt, gegen nicht-nationalsozialistische Wandergruppen einzuschreiten. Es ist von der R.J.F. lediglich beabsichtigt, festzustellen, gegen welche Vorkommnisse evtl. später vorgegangen werden muss. Bei diesem ersten Versuch soll jedes Einschreiten vermieden werden und ist Anweisung an die Streifendienstführer ergangen, Zwischenfälle unter allen Umständen zu vermeiden.

Die Gebietsführungen und die Streifendienstführer sind von der RJF. angewiesen worden, Fühlung mit den Polizeizentralen vorher aufzunehmen, damit der HJ-Streifendienst mit der Polizei Hand in Hand arbeiten und diese zur eventuellen Unterstützung herangezogen werden kann. Die Polizeibehörden sollen nur dann einschreiten, wenn sich eine Störung der öffentlichen Ruhe und Ordnung ergibt, keinesfalls aber dann, wenn sich die nicht-nationalsozialistischen Jugendgruppen weigern, den HJ-Streifen Angaben zu machen.

gez. Dr. Geschke“ (54)

Nationalsozialistische Deutsche Arbeiterpartei
Gau Schleswig-Holstein

Anschrift der Gaugeschäftsstelle: Nationalsozialistische Deutsche Arbeiterpartei, Gauleitung Schleswig-Holstein, Kiel, Gauhaus / Fernruf: Kiel 5880
Postscheckkonto der Gauleitung: Hamburg Nr. 14973 unter Wilhelm Sieh, Kiel

Kreis Pinneberg
Ortsgruppe Elmshorn
Fernruf: 3120
Bankkonto: Spar- und Leihkasse der Stadt Elmshorn

Elmshorn, den 8. November 1935.
Adolf-Hitler-Str. 58

An den

Stadtarchiv 001.03.31.50.01.44 Hilfspolizei

Mitte Juni 1935 feierte die NSDAP-Ortsgruppe Elmshorn ihr 10-jähriges Bestehen. Es erschien eine Festschrift mit Aufsätzen zur Geschichte in der Zeit der Weimarer Republik und den ersten drei Jahren. (55) Die EN brachte hierzu Sonderseiten mit Auszügen. (56)

10 Jahre NSDAP. Elmshorn.
Landeshandwerksmeister, Kreisleiter Pg. Ferd. Schramm, Halstenbek, MdR., spricht zur Bevölkerung Elmshorns und Umgegend.

EN vom 21.6.1935

Über die erste Zeit nach der Machtergreifung berichtete Hans Letje:

„(...) In diesem Geiste wurde auch nach der Machtübernahme an die der Partei nunmehr zufallenden neuen Aufgaben herangegangen. Diese neuen Aufgaben wachsen noch heute von Tag zu Tag.

Die Organisation, die in der Kampfzeit ausreichte, musste bald vergrößert werden, galt es doch jetzt, jeden einzelnen Volksgenossen zu erfassen und auf den richtigen Weg zu bringen.

So erfolgte zunächst im Sommer 1933 und 1934 die endgültige Einteilung der Ortsgruppe, die das Stadtgebiet Elmshorn umfasst, in 16 Zellen und 58 Blocks, die von den Zellen- und Blockleitern betreut werden. Sie sind die direkten Verbindungsmänner des Führers zu Bevölkerung. Sie sind nicht zu verwechseln mit dem Block- und Zellenwaltern der NSV und DAF. Diese bearbeiten das zwar überaus wichtige Spezialgebiet der NSV und der DAF, die Zellen- und Blockleiter der Partei jedoch sind für alle Sachgebiete und politischen Belange ihres Bezirks zuständig. Diese umfangreiche Arbeit kann natürlich nur dann gelöst werden, wenn die Zellen- und Blockleiter laufend über alle Vorkommnisse im Staat, Stadt und Bewegung unterrichtet werden, da wir auf allen Gebieten Ratschläge und Fingerzeige geben müssen. Jeder einzelne Volksgenosse wende sich daher vertrauensvoll an den für seinen Straßenbezirk zuständigen Block- oder Zellenleiter, damit der Führung die Möglichkeit gegeben ist, die Nöte und Sorgen kennen zu lernen und soweit die Möglichkeit hierfür besteht, für sofortige Abänderung zu sorgen, bzw. entsprechende Vorschläge der zuständigen Stelle zu unterbreiten. (…)“ (57)

Letje beschrieb des weiteren die Zuständigkeiten und Aufgaben der einzelnen Ämter in Elmshorn. (58)

Am 22. und 23. Juni wurde das Fest mit einer NSDAP-Mitgliederversammlung, einer Kundgebung und Aufmarsch und Umzug begangen.

EN vom 21.6.1935

Sonnenwende. Sprung der Jugend durch das Feuer. EN vom 22.6.1935

Am 27. Juni 1935 wurde per Gesetz die Arbeitsdienstpflicht eingeführt. War bis zu diesem Zeitpunkt dieser Dienst ein pro forma freiwilliger, wandelte er sich jetzt. Er wurde eine Pflicht und wurde zu einem Ehrendienst stilisiert, der Arbeiter bekam keinen Lohn:

„(...) Zunächst wird die Arbeitsdienstpflicht der männlichen Jugend eingeführt, während die Arbeitsdienstpflicht der weiblichen Jugend einer besonderen gesetzlichen Regelung vorbehalten bleibt.

Im Anschluss an das Gesetz über die Einführung der Arbeitsdienstpflicht hat der Führer verfügt, dass die Arbeitsdienstpflicht ein halbes Jahr beträgt. Die Stärke des Arbeitsdienstes soll während des nächsten Dienstjahres vom 1. Oktober 1935 bis 30.

September 1936 einschließlich des Stamm- und Dienstpersonals 200.000 Mann nicht überschreiten. Mit dieser Zahl werden in zwei Schichten ungefähr alle Tauglichen des Jahrganges 1915 zum Arbeitsdienst eingezogen werden können. Der freiwillige Eintritt in den Arbeitsdienst ist bereits vom vollendeten 17. Lebensjahre an möglich, um denjenigen, die in diesem Alter aus der Schule oder aus der Lehrzeit ausscheiden, sofort den Eintritt in den Arbeitsdienst zu ermöglichen.

Nach §1 des Gesetzes ist der Arbeitsdienst Ehrendienst am deutschen Volke. Wer freiwillig oder ausgehoben zum Arbeitsdienst kommt, kann und darf nicht für sich selbst besondere materielle Vorteile erwarten. Für seinen Dienst und seine Arbeit erhält er keinen Arbeitslohn. Dienst und Arbeit gilt der ganzen Volksgemeinschaft. Von jedem Einzelnen wird selbstloser Einsatz seiner ganzen Kraft verlangt.

Die Dienstpflicht umfasst alle gesunden jungen Deutschen - Männer und Frauen. Die Vorschriften über die Dienstpflicht der weiblichen Jugend bleibt noch besonderer Regelung vorbehalten, da der Frauenarbeitsdienst weder nach der Zahl seiner Führer noch nach dem Aufbau seiner Verwaltung in der Lage ist, plötzlich mehrere hunderttausende Mädchen im Pflichtarbeitsdienst aufzunehmen.

Vom männlichen Arbeitsdienst wird der Geburtsjahrgangs 1915

einberufen. Die Hälfte zum Oktober 1935, die andere Hälfte zum 1. April 1936. Die Einberufung richtet sich nicht nach dem Monat seiner Geburt. Die Dienstzeit dauert vorläufig sechs Monate. (...)

In Zukunft soll jeder junge Deutsche eine Zeit lang in ernster Arbeit den Spaten führen und wirtschaftliche Werte für die Gesamtheit des Volkes schaffen. Wie groß diese Werte sind, zeigt schon die bisherige Tätigkeit des Freiwilligen Arbeitsdienstes, insbesondere bei den Bodenkultivierungen. (...)" (59)

Die Hitlerjugend von Elmshorn bekam am 3. Juli mit einer feierlichen Einweihung ein eigenes Heim in der Turnhalle der Adolf-Hitler-Schule. (60)

Die erneute Verschärfung des Umgangs mit den Juden deutete sich in der Mitte des Jahres 1935 an. Hier wurden von zwei Amtsgerichten die Hochzeit von „arisch-jüdischen Mischehen“ verhindert. Interessant war die Begründung des Amtsgerichts von Wetzlar:

„(...) Formalrechtlich sei zwar die Eheschließung zwischen einem Deutschblütigen und einer Jüdin nicht verboten, so führte das Gericht aus, aber eine solche Ehe widerspreche der nationalsozialistischen Rechtsauffassung. Danach habe jeder Einzelne seine innere Haltung und seine äußere Lebensführung allein auf das Wohl des Volkes auszurichten und sich dessen Belangen unterzuordnen. Diese Rechtsanschauung sei bindendes Recht des Dritten Reiches. (...)“ (61)

Kein Kommunist darf Kinder erziehen.

* Die Nationalsozialistische Parteikorrespondenz nimmt zu dem kürzlich ergangenen Urteil eines Amtsgerichts, das einem kommunistisch eingestellten Vater die Sorge für sein Kind entzogen hat, Stellung und schreibt unter der Ueberschrift „Kein Kommunist darf Kinder erziehen“ folgendes:

Ein Vater, früherer Angehöriger der KPD., hatte sich bis zuletzt in kommunistischem Sinne betätigt, war schließlich deswegen verhaftet und zu Freiheitsstrafe verurteilt worden. Seinen sieben Jahre alten Sohn hatte er bis dahin nicht taufen lassen, vielmehr begonnen, ihn in atheistischem Sinne zu erziehen, auch in seinem Sinne politisch zu beeinflussen. Das Gericht hat diesem Vater die Sorge für die Person seines Kindes gemäß Paragraph 1666 BGB. entzogen. Dabei ist es davon ausgegangen, daß gegenüber einem Mißbrauch des Erziehungsrechtes Maßnahmen immer dann eingeleitet werden können und müssen, so lange noch Zeit zu einer Aenderung der Erziehung ist. Das ist richtig und auch stets anerkannt worden. Darüber hinaus hat das Gericht mit hocherfreulicher Deutlichkeit festgestellt,

daß heute weder eine gegen den Nationalsozialismus gerichtete Erziehung geduldet werden könne, noch eine atheistische.

Hierzu hat das Gericht betont, daß der Nationalsozialismus religiös eingestellt sei und eine religiöse Unterweisung schon der Kinder deshalb notwendig sei, weil sie sich diejenigen Kenntnisse erwerben müssen, auf Grund deren sie später einmal selbst darüber entscheiden könnten, ob und in welchem Sinne sie sich religiös betätigen wollen. Wie sehr das Amtsgericht Berlin-Lichterfelde mit dieser Entscheidung das Richtige getroffen und mit seinen Gründen überzeugt hat, ergibt sich schon daraus, daß sein Beschluß rechtskräftig geworden, also nicht einmal von dem betroffenen Vater angegriffen worden ist.“

EN vom 13.7.1935

Verhaftungen wegen rasseschänderischer Beziehungen mit Juden.

Dresden, den 17. Juli. Wie jetzt bekannt wird, sind seit Ende 1934 in Sachsen auf Anordnung des sächsischen Innenministeriums 14 Frauen und ein Mann wegen rasseschänderischer Beziehungen mit Juden in Schutzhaft genommen worden. Die jüdischen Partner dieser „Verbindungen" wurden, soweit es sich um Ausländer handelt, des Reiches verwiesen. Die übrigen sind einem Konzentrationslager zugeführt worden.

Das ist jetzt schon der zweite Fall, in dem ehrvergessene, jeden Gefühles für Anstand und Stolz bare Menschen darüber belehrt werden mußten, daß sie nicht ungestraft die Anschauungen des deutschen Volkes mit Füßen treten dürfen.

Man müßte annehmen, daß die Aufklärungsarbeit der NSDAP. auch dem letzten Volksgenossen die Augen über die Gefahren geöffnet hat, die dem deutschen Volk von Juden drohen. Wer nicht begreifen will, daß sich jeder den im nationalsozialistischen Staate bestehenden Gesetzen unterzuordnen hat und danach sein Verhalten Juden gegenüber einrichtet, der muß sich damit abfinden, daß ihm aus seiner staats- und volksfeindlichen Haltung schwere Unannehmlichkeiten erwachsen.

Wenn aber deutsche Mädchen sich soweit vergessen, „Liebesverhältnisse" mit Juden einzugehen, so muß solch ehrloses und pflichtvergessenes Verhalten mitleidlos bestraft werden, um damit zugleich abschreckend auch auf diejenigen zu wirken, die das Gebot der Stunde immer noch nicht verstanden zu haben scheinen.

In Breslau wurden bekanntlich sieben Mädchen, die „Verhältnisse" mit Juden unterhielten, in Schutzhaft genommen.

EN vom 20.7.1935

Am 25. September 1933 wurde in den EN das neue *„Kennzeichen für ein deutsches (arisches) Geschäft"* vorgestellt:

„(...) Jedes deutsche Unternehmen sollte es sich dringendst angelegen sein lassen, die Verleihung dieses von den beiden genannten Organisationen herausgegebenen Schildes möglichst zu beantragen. Es kommt darauf an, dem Käufer immer und immer wieder einzuhämmern, dass er nur in einem solchen Geschäft seine Einkäufe zu tätigen hat, das durch Aushang dieses Schildes gekennzeichnet ist (...)" (62)

Kennzeichen für ein nichtjüdisches Geschäft.
EN vom 25. 9.1933

In der Folgezeit erschienen in der Innenstadt überall diese Schilder, aber auch welche mit den Aufschriften *„Kauft nicht bei Juden!"*. (63) Dennoch wurden diese Schilder nicht in dem Maße beachtet, wie es sich die Nationalsozialisten wünschten. In den *„Politischen Lageberichten"* der Kieler Staatspolizeistelle für den Regierungsbezirk Schleswig, die für ganz Schleswig-Holstein galten, klagte diese über die *„Unbelehrbarkeit der christlichen Bevölkerung, nicht beim Juden zu kaufen"*. (64)

Diese Klage war auch am 18. April 1935 bei einem Appell der NS-Formationen anlässlich des 10. Jahrestages der NSDAP in Elmshorn auf dem Versammlungsplatz der Adolf-Hitler-Schule (65) von Ortsgruppenleiter Max Mohr zu hören:

„(...) Es sei eine bürgerliche Bequemlichkeit in unsere Reihen eingedrungen. Augenblicklich mache es große Schwierigkeiten, alte Kämpfer in den Betrieben unterzubringen. Es sei aber unsere Pflicht, denen zu danken, die früher für uns gekämpft hätten. Es sei beschämend, dass Leute, die das Braunhemd trügen, Juden in ihren Betrieben beschäftigen. Als Träger der öffentlichen Ordnung sollten wir diszipliniert sein, aber solche SA-Männer hätten nichts anderes verdient, als dass man ihnen das Braunhemd vom Leibe reiße. Ihre Handlungsweise sei Treubruch und Verrat an der Bewegung. Die Verankerung der Idee des Führers müsse in jeder Organisation so fest sein, dass derartige Verfehlungen nicht mehr in den Reihen der SA. vorkommen könnten. Das Volk müsse sich darüber klar werden, dass es den Kampf aufnehme gegen diese Elemente, die es los sein wolle. Wir hätten die Verpflichtung, den Kampf gegen diese Elemente so zu führen, dass der Staat nicht einzugreifen brauche. So lange eine Mehrheit des Volkes diesen Parasiten ihr Geld in die Geschäfte bringe, werde eine Minderheit auch mit Gewalt nichts ausrichten

können. Die Presse habe die Verpflichtung, in den Kampf gegen die Juden einzugreifen. Außer den offiziellen Tatsachenberichten müsse sie aus eigener Initiative Artikel über die Judenfrage bringen und so den Kampf gegen Juda vorantreiben (...)" (66)

Deutlich kamen in diesem Artikel die Schwierigkeiten zutage, die die Nationalsozialisten nicht nur in der Bevölkerung, sondern auch in den eigenen Reihen hatten. Die Mehrheit der Elmshorner Bevölkerung verfolgte noch nicht die Ziele der Propaganda. Rudolf Baum, der in Elmshorn einen Papiergroßhandel betrieb, bestätigte, dass seine Geschäfte trotz allem noch erfolgreich waren. (67) Dennoch ließen die Einnahmen der jüdischen Geschäfte und Betriebe allmählich immer mehr nach. Es kam aber zu Stockungen an Anlieferung und Absatz. (68)

Am 20. Juli 1935 fand die Richtfeier von 28 Häusern mit 56 Wohnungen in der Siedlung Koppeldamm statt. (69)

Der erste Musterungstag nach dem neuen Wehrgesetz fand in Elmshorn am 31. Juli in der Adolf-Hitler-Schule statt. (70)

Reichswettkampf der SA,
Leo Baeck Institute, r (f)
DD 232.5 A7 1963 [V.8].

Einen Machtfaktor stellte die SA seit dem „Röhm-Putsch“ im Juni 1934 nicht mehr dar. Viktor Lutze (1890-1943), Röhms Nachfolger als Stabschef, der selbst durch Denunziationen zur Aktion gegen ihn beigetragen hatte, unternahm seit 1938 erfolglose Versuche, die Wehrmacht zur Ausschaltung der SS und Himmlers zu bewegen. Im SA-Dienst traten nun Wehrsport und andere Formen vormilitärischer Ausbildung in den Vordergrund. Dazu spielte die SA nach wie vor bei den vielen Parteifeiern, Aufmärschen und Sammlungen als Staffage eine Rolle. Einen großen Auftritt hatte die Organisation nochmals am 13. September 1936 auf dem Nürnberger "*Parteitag der Ehre*", wo neben 20.000 SS-Leuten, 10.000 NSKK- und 2.600 NSFK-Angehörigen auch 75.000 SA-Männer in der Luitpoldarena antraten. Die SA war nun in Altersklassen eingeteilt: In die aktive SA mit den Männern zwischen 18 und 35 Jahren, in die aktive SA-II der 36 bis 45-Jährigen und der körperlich schwächeren jüngeren Jahrgänge und in die SA-Reserve der älteren SA-Leute. (71)

Anfang August 1935 standen die Reichswettkämpfe der SA-Verbände in Elmshorn an:

„Wenn die SA und ihr Wirken sich im letzten Jahr aus organisatorischen Gründen mehr oder weniger im Hintergrund alles politischen Geschehens abwickelte, so bestätigt das nicht die Annahme verschiedener andersgesonnener Kreise, die immer noch in der Hoffnung schweben, dass das Dritte Reich bald am Ende sei, dass die SA nunmehr ihrer Aufgaben entledigt sei. Der vom Führer angeordnete Reichswettkampf der SA beweist uns, dass die SA nach wie vor der lebendige Garant von Staat und Bewegung ist und es niemals ein nationalsozialistisches Deutschland ohne SA geben wird.

Durch den Reichswettkampf ist nun der Öffentlichkeit Gelegenheit gegeben, sich von den Leistungen der SA zu überzeugen. Die Stürme des Sturmbanns IV 265 werden sich am 2.8.35, abends 7 Uhr, einer Prüfung der Gruppe Leibesübungen unterziehen. Am Sonntag, den 4.8, morgens 9 Uhr, findet in Sibirien eine Einsatzübung und anschließend gegen 11 Uhr eine Propagandafahrt durch Elmshorn statt.“ (72)

„Am Morgen des ersten Augustsonntages war unser Sturm 21 R 31 um 7 Uhr auf der Rennbahn angetreten, um im Rahmen des Reichswettkampfes der SA die angesetzte Propagandafahrt und die damit verbundenen Einsatzübungen durchzuführen.

Der Himmel war ein wenig bedeckt, aber das tat unserer Stimmung keinen Abbruch, galt es doch, wieder einmal aktiv tätig zu sein, um der Öffentlichkeit den alten Kampfgeist der SA aufs Neue vor Augen zu führen. Die einzelnen Trupps nahmen sofort Aufstellung, die Stärke wurde festgestellt und mit strengem Blick prüften die Vorgesetzten die Ordnungsmäßigkeit der Dienstkleidung. Vor allem galt es, das „Maul" zu halten; denn S.M. der „Prüfer" waltete bereits seines Amtes. Inzwischen trafen die für unseren Sturm bestimmten drei Lastwagen ein. Die Ausstattung dieser Propagandafahrzeuge war tadellos, die Beschriftung vorbildlich. So las man folgende Schlagzeilen:

Trug und Tücke, fremdes Wesen - SA kehrt aus mit scharfen Besen.

SA - Todfeind der Reaktion - Es lebe der Führer!

Den Juden haben wir´s geschworen - Mit Hitler für die Freiheit.

All Juda, Rom, Groß-Orient - SA ihre Feinde kennt.

Seht hier das jüngste Bastardblatt - SA noch harte Arbeit hat ...

Fotografen, Kinooperateur und Berichterstatter hatten alle Hände voll zu tun, um die Vorbereitungen zum Start in Wort und Bild festzuhalten.

Nachdem der Sturmbannführer eine kurze, kernige Ansprache gehalten hatte, wobei er übrigens betonte, dass unserem Sturm in Anbetracht seiner guten Schießleistungen seitens der Standarte statt einer Zigarre ein Löffel Honig zuteil geworden sei, wurde der Befehl zum Aufsitzen gegeben. In wenigen Minuten war alles verstaut, wobei sich herausstellte, dass die Stärke unseres Sturmes grösser war, als man ursprünglich erwartet hatte; denn ein Teil fand keinen Platz mehr und musste zurückbleiben. Etwa 7.30 Uhr setzen sich unsere Autos in Bewegung. Unterwegs ließen wir mit nie erlahmender Kraft unsere Kampflieder erschallen, darunter das von unserem lieben Obersturmführer Bruhn verfasste Sturmlied mit dem aus Ausklang: „... im Kampfe der Idee für die NSDAP ...“ Weiter ging es über Bockholt, Offenau, Voßloch nach Barmstedt. Hier erwartete uns um 8 Uhr der Sturm 22 mit ebenfalls 3 Propagandawagen, der dann die Führung übernahm. Die Prüfungskommission und die Kameramänner in ihren Flitzern waren eifrig bemüht, uns unterwegs des Öfteren scharf unter die Lupe zu nehmen und wir mussten uns deshalb kolossal vorsehen und so manche „liebe Gewohnheit“ verkneifen.

In Heede wurde Halt gemacht. Die 22er bekamen Befehl zum Geländedienst, während wir nach längerer Pause unsere Fahrt fortsetzten. Um 8.30 Uhr erreichten wir Hemdingen, wo sich uns das erste Hindernis in den Weg stellte. Die Landstraße war versperrt durch zwei Bauernwagen. Zwischen beiden befanden sich Ackergeräte und Landmaschinen, alles durch Stricke und Drähte miteinander verbunden. In lautlosem Eiltempo machte sich der Einsatztrupp der ersten Lastautos an die Arbeit und in wenigen Minuten konnte die Straße für den Verkehr freigegeben werden. Diese außergewöhnlich schnelle und exakte Ausführung wurde vom Prüfer lobend anerkannt; denn hierbei wird bekanntlich die Zeit und das zackige Auf- und Absitzen gewertet. Doch ebenso prompt kam der Befehl zur Weiterfahrt. Schon nach kurzer Strecke, es war beim Bauern Claußen an der Chaussee nach Bevern, mussten wir abermals ein Hindernis aus dem Weg räumen. Diesmal war es ein vollbeladener Torfwagen. Es galt, ihn von der Straße auf einen Hof zu schieben, um ihn nach Passieren der Stelle auf seinen ursprünglichen Platz zurückzubringen. Gleichzeitig waren wir vor die Aufgabe gestellt, den Wagen unserer Filmleute flott zu machen. In Null Komma nix wurde auch diese Arbeit erledigt. In fröhlicher Fahrt ging es mit Gesang weiter über Bevern, Kölln-Reisiek, Langelohe, Hainholz nach Lieth, wo die letzte und schwierigste Straßensperre beiseite geräumt werden musste. Zwei Wagen, überbrückt durch eine eiserne Egge, mit besonders dicken Drähten an allen Ecken und Kanten verschnürt, machten uns viel Kummer und Arbeit. Unter Zuhilfenahme von Spezialwerkzeugen gelang es uns in verhältnismäßig kurzer Zeit, auch dieses Rätsel zu lösen. Im Anschluss daran, etwa um 10 Uhr, begannen für uns die Einsatzübungen, so z.B. die Entsendung eines Spähtrupps unter Sicherung von zwei Schützenketten gegen einen vom Feind besetzten Wald, Absperrung eines Dorfes usw., die in dreiviertel Stunden beendet waren.

Nun folgte der Rest der Propagandafahrt über Uetersener Chaussee, Friedrich-, Kaiserstraße bis zum neuen Marktplatz.

Hier nahmen die Stürme 21 und 22 nochmals Aufstellung. Obersturmführer Bruhn hielt eine zündende und mahnende Ansprache, die in einem Sieg Heil auf unseren Führer und unser geliebtes Vaterland ausklang.

Nach einem Vorbeimarsch in Truppkolonnen fand die wuchtige SA-Kundgebung, die in allen Einzelheiten vorzüglich geklappt hatte, ihr Ende.

Es steht zweifellos fest, dass die Elmshorner SA jederzeit einsatzbereit ist, besonders dann, wenn es gilt, doppelt auf der Hut zu sein." (73)

Eine ähnliche Beschreibung gab es von dem Marinesturm 5/55 und dem Nachrichtenmarinesturmbann IV/265. (74)

Die NS-Frauenschaft veranstaltete an ihrem Pflichtabend am 9. August ein öffentliches „*Volkssingen*" auf der Insel im Liether Park. Im Gegensatz zu den Gesangsauftritten der Gesangsvereine war dieses „*Volkssingen*" kein Gesangvortragsabend, sondern die Zuhörer wurden mit einbezogen. Gesungen wurden Volkslieder. (75)

Aufruf

an die Elmshorner Bevölkerung

zum

Jungbannsportfest am 24./25. 8. 1935.

Seit einiger Zeit künden Plakate in allen Straßen unserer Stadt von dem bevorstehenden Jungbannsportfest des deutschen Jungvolks.

2000 der jüngsten Soldaten Adolf Hitlers

werden in Elmshorn zum Wettkampf antreten.

Einwohner Elmshorns!

Wir wollen unseren jüngsten Mitkämpfern einen **würdigen und festlichen Empfang** bereiten und zur Begrüßung und Ehrung unsere Häuser schmücken mit den Fahnen des Dritten Reiches.

Auch für die **Einquartierung** und **Verpflegung** unserer jüngsten Gäste wollen wir sorgen, indem wir ihnen **Privatquartier** zur Verfügung stellen.

Wir bitten jede Elmshorner Familie, die dazu in der Lage ist, einen oder mehrere Jungen für die Nacht von Sonnabend, den 24./Sonntag, den 25. August, aufzunehmen.

Die Blockleiter der Partei und die Elmshorner Jungens werden in diesen Tagen bei der Einwohnerschaft vorsprechen, um die Quartierfrage zu regeln.

Jeder Elmshorner wird seine Verbundenheit mit den jüngsten Pionieren des Dritten Reiches zeigen.

Heil Hitler!

Der Bürgermeister gez. Krumbeck. **Der Ortsgruppenleiter der NSDAP.** gez. Max Mohr.

EN vom 13.8.1935

2000 Mann Einquartierung in Elmshorn.

„—" Die Ortsgruppenleitung Elmshorn der NSDAP. berichtet über die zum 24. August 1935 bevorstehende Einquartierung. Diesmal sind es nicht SA.-Männer, SS.-Männer oder Angehörige der Wehrmacht, nein, die jüngsten Soldaten Adolf Hitlers, **Jungbann 1/31** (Niederelbe) des deutschen **Jungvolks**, werden in Elmshorn einrücken. Sie wollen zum Wettkampf antreten, und ihre Leistungen unter Beweis stellen. Wer wird da uninteressiert beiseite stehen; wenn diese Jugend, die Deutschlands Zukunft ist, antritt. Jeder, der irgendwie dazu in der Lage ist, wird gerne einem oder mehreren Jungen **Quartier** geben. Eine Selbstverständlichkeit und **Ehrenpflicht für jede Elmshorner Familie**. Wo kein Bett zur Verfügung steht, nehmen die Jungens gerne mit einem Sofa oder einer Chaiselongue fürlieb. Wie echte Kameraden wollen wir die Jungens bei uns in Elmshorn aufnehmen, wie es die deutsche Volksgemeinschaft erfordert.

In den nächsten Tagen werden die Zellen- und Blockleiter der Partei sowie Elmshorner Jungens wegen der Quartierbeschaffung bei den Elmshorner Familien vorsprechen. Es ist deshalb zweckmäßig, daß sich die einzelnen Volksgenossen darüber klar werden, ob sie einen Jungen aufnehmen können, damit die Abwicklung der Quartierregelung reibungslos und schnell vor sich gehen kann. Die Zuweisung erfolgt auf Quartierschein durch die Zellenleiter der Partei. Für ordnungsmäßige Abwicklung ist daher gesorgt.

Es wird in jeder Zelle ein Quartierbüro, und im Haus der Arbeit ein Hauptquartier-Büro eingerichtet. Standort der Zellenquartierbüros wird noch rechtzeitig bekanntgegeben.

EN vom 14.8.1935

Aufmarsch der 2000

Jungbannsportfest in Elmshorn

„Wie Soldaten des Führers"

Aufmarsch der Einheiten auf dem Sportplatz.

Vorbeimarsch: Von links nach rechts: Oberbannführer Meuforth, Gebietsführer Wilhelm Kohlmeyer, Gebietsjungvolkführer Hans Stert.

EN vom 26.8.1935

NSDAP. - Ortsgruppe Elmshorn

An die Elmshorner Bevölkerung!

Am Freitag, dem 23. Aug. 1935, 20,30 Uhr, in der Reithalle erstattet in einer

Groß-Kundgebung

Bürgermeister Krumbeck seinen 2. Rechenschaftsbericht über die Kommunalarbeit und gibt einen Ausblick über die künftigen Pläne

Jeder Volksgenosse ist zu dieser Kundgebung herzlichst eingeladen

Der Ortsgruppenleiter

EN vom 21.8.1935

Seinen zweiten Rechenschaftsbericht gab Bürgermeister am 23. August in der Reithalle ab. Neben dem Rückblick auf das vergangene und dem Ausblick auf geplante Projekte im bevorstehenden Jahr nutzte Krumbeck die Gelegenheit, um gegen die *„Nörgler, Kritikaster und anderen Staatsfeinde“* vorzugehen:

„(...) Wir können uns den Luxus parlamentarischer Spielereien, wie sie früher üblich waren, einfach nicht leisten, weil dabei Kräfte vergeudet werden, auf die es schließlich ankommt. Für uns kann es sich nur darum handeln, nach sorgfältiger und vom Allgemeinwohl bestimmter Überlegung einen Entschluss zu fassen und diesen Entschluss dann in konsequenter Weise durchzuführen.

Das Verständnis für diese Arbeitsweise ist leider noch nicht allgemein vorhanden. Zu stark steckt mancher Volksgenosse noch in liebgewordenen Gewohnheiten aus einer vergangenen Zeit, die - bequem und ohne innere und äußere Kämpfe erworben - ihn vor inneren Auseinandersetzungen und vor Verantwortung bewahren. Bei solcher Einstellung kommt es natürlich gar zu leicht, dass ein solcher Volksgenossen zu Handlungen oder Urteilen kommt, die auch nicht das mindeste Verständnis für die elementarsten Grundsätze des nationalsozialistischen Staates zeigen. Diese Volksgenossen sind nicht auf einen Stand beschränkt, sie gehören vielmehr allen Volksschichten an und sind umso unverständiger, als sie bei den Umstellungen, welche die Zeit mit sich bringt, Gewohnheiten aufgeben müssen oder gar gewisse „gesellschaftliche" oder wirtschaftliche Nachteile in Kauf nehmen müssen.

Wir kennen diesen von mir geschilderten negativen Typus alle. Wir wissen, dass zu ihm diejenigen gehören, die in seliger Unbekümmertheit noch „Guten Morgen" oder „Guten Abend" sagen und bei der Begrüßung auf der Straße ihre Hand den altgewohnten Gang zu Hut oder Mütze gehen lassen. Wir haben nur ein leichtes Lächeln für diese Sonderlinge und haben unsere helle Freude daran, wenn sie bei einem rechten lauten und frohen „Heil Hitler" unsererseits in arge Verlegenheit geraten. Wir kennen auch unsere Freunde vom Stammtisch und aus dem Kegelclub, die in bierseliger Freude oder Trauer lokalpolitische Dinge debattieren und dabei wohl ausnahmslos zu Urteilen gelangen, die der wahren Dynamik der kampffrischen Tätigkeit nicht gerecht werden. Gelegentlich ärgert man sich auch über ein solches Urteil, wenn nämlich ein solcher Bierbürger z.B. meint, die Arbeiter werden heutzutage doch etwas reichlich stark poussiert. Nicht klarer als durch diesen Schnack kann solch ein Mensch zum Ausdruck bringen, dass er wie ein Säugling den großen Vorgängen dieser Zeit gegenübersteht. Sieht dieser Mann denn nicht, dass wir um die Seele des deutschen schaffenden Menschen ringen und dass die Entscheidung dieses Kampfes Deutschlands Schicksal bedeutet. (...)

Anders ist die kleine Schar der Böswilligen zu beurteilen. Ihnen gegenüber ist kein Bedauern, sondern härteste Gegnerschaft angebracht. Ungeheuerliche Schuld haben die wenigen fanatischen Kommunisten auf sich geladen, die bis in den Herbst 1934 hinein arme Volksgenossen veranlassten, Beiträge an verbotene politische Organisationen zu zahlen. Sie werden, soweit sie sich nicht der Strafe durch den irdischen Richter entzogen haben, härteste Bestrafung zu gewärtigen haben. Auch die Verführten werden ihre Tat schwer büßen müssen, da sie die amtlichen Warnungen des nationalsozialistischen Staates nach der Machtübernahme in den Wind geschlagen haben. Wir alle tragen das Schicksal der zu Hause gebliebenen Frauen und Kinder mit und werden nach Kräften sorgen, es zu erleichtern; andererseits aber wissen wir, dass das Recht des Staates die härteste Anwendung des Gesetzes erfordert. Wir hoffen, dass die Strafverhandlung in diesem Jahre erfolgt, damit Klarheit über das endgültige Schicksal geschaffen wird.

Man sollte meinen, dass das Beispiel der im Herbst verhafteten Kommunisten für alle Staatsfeinde eine hinreichend deutliche Warnung gewesen wäre. Gerade in der allerletzten Zeit mussten wir sehen, dass einige Radikalisten aus dem anderen Lager einen unangebrachten Betätigungsdrang verspürten, der Ihnen eine Woche Schutzhaft und ein Strafverfahren eintrug, das demnächst vonstatten geht. Auch unter diesen Männern sind einige „seltsame Heilige", denen man eine gewisse Überspanntheit und Selbstüberhebung zugute halten mag, einige sind aber auch darunter, die als systematische Hetzer gebrandmarkt werden müssen. Wenn ausgerechnet diese kurz nach ihrer Entlassung anfangen, freche Briefe zu schreiben, so will ich ihnen hier kurz und bestimmt einmal folgendes sagen: Wir lassen uns von Männern, die den Führer als Freimaurer verdächtigt haben, nicht verhohnepipeln; sollte man uns weiter reizen, so werden wir diese Burschen gewaltig über ihr ungehobeltes Maul fahren. (Großer Beifall.) (…)" (76)

Jüdische Volksschulen.

Berlin, den 10. September. (Eigener Dienst.) Der Reichserziehungsminister Rust hat eine Regelung getroffen, die vom ganzen deutschen Volke dankbar begrüßt werden wird. Auf Grund der Erhebungen über die rassepolitische Zugehörigkeit der Volksschüler ist festgestellt worden, daß zwei Drittel des deutschen Judentums augenblicklich in den deutschen Großstädten ansässig ist. Da nun der gemeinschaftliche Unterricht zwischen deutschen und nichtarischen Volksschülern zu Unzuträglichkeiten führt, da insbesondere der rassefremde jüdische Schüler einen Fremdkörper im Staat bildet, wird

in den Volksschulen vom 1. April 1936 ab eine völlige Trennung nach Rassen durchgeführt.

Sobald 20 jüdische Kinder vorhanden sind, kann eine besondere jüdische Volksschule eingerichtet werden. An diesen Volksschulen soll der Unterricht durch jüdische Lehrer erteilt werden, die vom nationalsozialistischen Staat abgebaut wurden und Pension beziehen. Selbstverständlich wird über diese Schulen eine straffe Staatsaufsicht durchgeführt. Es muß natürlich verhindert werden, daß hier sich neue Zersetzungserscheinungen bilden. In diese jüdischen Schulen kommen diejenigen Kinder, bei denen entweder beide Eltern oder ein Elternteil jüdischer Rasse ist. Die sogenannten Vierteljuden werden in diesen Schulen nicht aufgenommen, sondern bleiben in deutschen Schulen. Der Hauptgesichtspunkt bei dieser Maßnahme ist, daß eine rassische Uebereinstimmung zwischen Lehrer und Schülern hergestellt werden soll.

EN vom 11.9.1935

Anzeige des antisemitischen Hetzblattes „Der Stürmer". EN vom 4.9.1935

Am 5. September fuhren 30 Hitlerjungen aus Elmshorn mit einem Sonderzug zum Reichsparteitag nach Nürnberg. (77)

Elmshorner Nachrichten

„Pinneberger Kreisblatt"

Elmshorner Zeitung — Horster Nachrichten

Sonderbeilage: „Aus der engeren Heimat"

Druck und Verlag von Emil Koch, Elmshorn.

Der Bezugspreis der „Elmshorner Nachrichten" beträgt monatlich 1,80 RM, frei ins Haus zuzüglich Bestellgeld. Drahtanschrift: „Nachrichten" Elmshorn. Fernsprecher: Elmshorn Nr. 2334.

Anzeigenpreis für die fünfgespaltene Millimeterzeile oder deren Raum 10, an bevorzugter Stelle 30 Rpf. Geldwirtschaftliche Anzeigen, Familienanzeigen und -Beilagen, Platzvorschriften usw. nach Tarif. Hinweise unter „Geschäftliches" 10 Rpf.

84. Jahrgang. — Dienstag, den 10. September 1935. — Nr. 211.

Der Parteitag der Freiheit.

Auch Frankreich für Sühnemaßnahmen? — Ein englischer Vorschlag: Gemeinsames Völkerbundsmandat über Abessinien. Abessinische Truppen beziehen Verteidigungsstellungen. — Italiens neuer Botschafter beim Führer.

EN vom 10.9.1935

Am 14. September sprach Hitler vor 50.000 HJ- und Jungvolk-Angehörigen auf dem Reichsparteitag im Nürnberger Stadion:

„Deutsche Jugend! Zum dritten Mal seid ihr zu diesem Appell angetreten, über 54.000 Vertreter einer Gemeinschaft, die von Jahr zu Jahr größer wurde. Das Gewicht derer, die ihr in jedem Jahre hier verkörpert, ist immer schwerer geworden. Nicht nur zahlenmäßig, nein, wir sehen es: wertmäßig. Wenn ich mich an den ersten Appell zurückerinnere und an den zweiten, und diesen heutigen damit vergleiche, dann sehe ich dieselbe Entwicklung, die wir im ganzen anderen deutschen Volksleben heute feststellen können:

Unser Volk wird zusehends disziplinierter, straffer und strammer und die Jugend beginnt damit. (Beifall)

Das Ideal des Mannes auch in unserem Volk ist nicht immer gleich gesehen worden. Es gab Zeiten, sie liegen scheinbar weit zurück und sind uns fast unverständlich, da galt als das Ideal des jungen deutschen Menschen der sogenannte bier- und trinkfeste Bursche. Heute, da sehen wir mit Freude nicht mehr den bier- und trinkfesten, sondern den wetterfesten jungen Mann, den harten jungen Mann. Wir sehen heute nicht mehr im damaligen Bierspießer das Ideal des deutschen Volkes, sondern in Männern und Mädchen, die kerngesund sind, die straff sind.

Was wir von unserer deutschen Jugend wünschen, ist etwas anderes, als es die Vergangenheit gewünscht hat. In unseren Augen, da muss

der deutsche Junge der Zukunft schlank und rank sein, flink wie die Windhunde, zäh wie Leder und hart wie Kruppstahl. (Stürmischer Beifall)

Wir müssen einen neuen Menschen erziehen, auf dass unser Volk nicht an den Degenerationserscheinungen der Zeit zu Grunde geht.

Es kommt eine Zeit, da wird das deutsche Volk mit einer hellen Freude auf seine Jugend sehen, da werden wir alle ganz ruhig, ganz zuversichtlich in unsere alten Tage hineingehen in der tiefinnersten glücklichen Überzeugung, in dem glücklichen Wissen:

Unser Lebenskampf ist nicht umsonst. Hinter uns da marschiert es schon nach. Und das ist Geist von unserem Geiste, das ist unsere Entschlossenheit, unsere Härte, das ist die Repräsentation des Lebens unserer Rasse. (Stürmischer Beifall)

Nichts ist möglich, wenn nicht ein Wille befiehlt, dem immer die anderen zu gehorchen haben, oben beginnend und ganz unten erst endend. Und das ist neben der körperlichen Ertüchtigung die zweite große Aufgabe.

Es ist der Ausdruck eines autoritären Staates, nicht einer schwachen, schwätzenden Demokratie, eines autoritären Staates, bei dem jeder stolz ist, gehorchen zu dürfen, weil er weiß, ich werde, wenn ich befehlen muss, genauso Gehorsam finden. Deutschland ist kein Hühnerstall, in dem alles durcheinanderläuft und jeder gackert und kräht, sondern wir sind ein Volk, das von klein auf lernt, diszipliniert zu sein. (Stürmischer lang anhaltender Beifall) Wenn die anderen uns nicht verstehen, dann kann uns das gleich sein. (Begeisterte Zustimmung) Es ist noch nie das Schlechteste auf der Welt gewesen, was die meisten nicht verstanden haben. Im Gegenteil. Wir haben nicht die Hände in den Schoß gelegt und erklärt: Es ist nichts mehr zu machen. Nein: Doch ist etwas zu machen und wir haben es gemacht! (Stürmische Beifallsbekundungen)

Und ihr, meine Jungen und meine Mädchen, ihr seid die Zeugen, dass diese Idee im Deutschen Reich lebendig geworden ist. Wir sind keine Raufbolde, wenn uns die übrige Welt in unserer Disziplin verkennt, können wir nicht helfen. Aus dieser

Disziplin werden für die Welt weniger Händel entstehen, als aus dem parlamentarisch-demokratischen Durcheinander der heutigen Zeit. (Stürmischer Beifall und Heilrufe) Mögen auch die anderen uns auf unserem Wege in Ruhe lassen. (Brausender Beifall) Das ist der einzige Vorbehalt, den wir für unsere Friedensliebe aufstellen müssen: Keinem etwas zuleide zu tun und von keinem ein Leid erdulden! (Tosende Beifallskundgebungen)

Wenn wir so dem deutschen Volk den Lebensweg zeichnen und festlegen, dann wird, glaube ich, auch in anderen Völkern das Verständnis für eine so anständige Gesinnung allmählich kommen und wachsen und man wird uns vielleicht da und dort aus diesem inneren Verständnis heraus brüderlich die Hand reichen.

Nie aber wollen wir vergessen, dass Freundschaft nur der Starke verdient und der Starke gewährt. Und so wollen wir uns denn stark machen, das ist unsere Losung. (Langanhaltende jubelnde Begeisterung) Und dass dieser Wunsch in Erfüllung geht, dafür seid ihr mit verantwortlich. Ihr seid die Zukunft der Nation, die Zukunft des Deutschen Reiches. (Mit grenzenloser Begeisterung bereiten die Jungen und Mädel dem Führer nicht endenwollende Ovationen.)" (78)

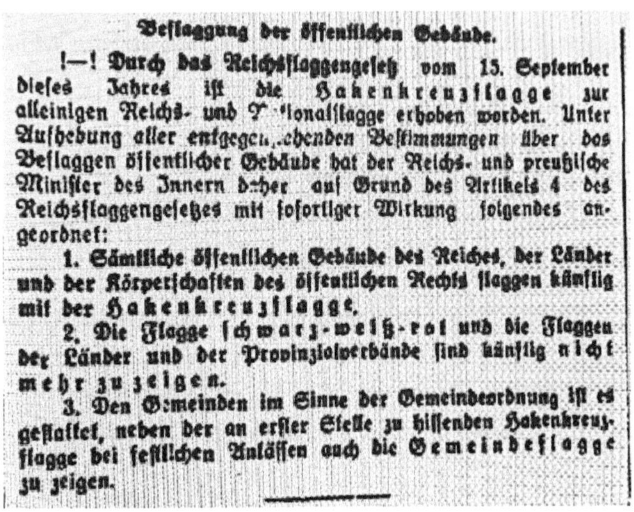

Beflaggung der öffentlichen Gebäude.

!—! Durch das Reichsflaggengesetz vom 15. September dieses Jahres ist die Hakenkreuzflagge zur alleinigen Reichs- und Nationalflagge erhoben worden. Unter Aufhebung aller entgegenstehenden Bestimmungen über das Beflaggen öffentlicher Gebäude hat der Reichs- und preußische Minister des Innern daher auf Grund des Artikels 4 des Reichsflaggengesetzes mit sofortiger Wirkung folgendes angeordnet:

1. Sämtliche öffentlichen Gebäude des Reiches, der Länder und der Körperschaften des öffentlichen Rechts flaggen künftig mit der Hakenkreuzflagge.

2. Die Flagge schwarz-weiß-rot und die Flaggen der Länder und der Provinzialverbände sind künftig nicht mehr zu zeigen.

3. Den Gemeinden im Sinne der Gemeindeordnung ist es gestattet, neben der an erster Stelle zu hissenden Hakenkreuzflagge bei festlichen Anlässen auch die Gemeindeflagge zu zeigen.

EN vom 19.9.1935

Da die Gefahr bestand, dass die Jugendlichen, die am Staatsjugendtag (jeden Sonnabend) vom Schulbesuch befreit waren, schulische Nachteile erfahren mussten, ordnete Reichsminister Frick am 14. September an, dass an diesen Tagen die nichtbefreiten Schüler nur eine nationalpolitische Schulung in der Schule erhalten sollten. (79)

Am 25. September wurden die letzten Freiwilligen des Arbeitsdienstes entlassen. Am 1. Oktober traten die ersten Arbeitsdienstpflichtigen ihren Dienst in allen Arbeitsdienstlagern Deutschlands an. (80)

Studiendirektor Kienast vom Lyzeum verkündete im September den Eltern, dass in Elmshorn zu Ostern 1936 eine dreijährige Frauenschule eröffnet werden sollte.

„(...) Der Schulleiter führte aus, dass es heute nur noch zwei Wege der höheren Mädchenbildung gäbe. Der erste Weg sei der durch die Oberstufe eines Oberlyzeums, einer Studienanstalt oder einer Höheren Knabenschule. Dieser Weg führe die Mädchen zum Abiturientenexamen und eröffne ihnen den Zugang zu allen, auch den akademischen Berufen. Wenn aber das Mädchen, ohne Schaden an Körper und Seele zu nehmen, seine Staatsprüfung bestanden habe, stehe es praktisch vor dem nichts, da alle Berufe überfüllt seien und ihm außerdem die Männer vorgezogen wurden. Hierbei sei eine fast rein theoretische Ausbildung ohne Rücksicht auf die Eigenarten der Geschlechter einfach vom Jungen auf das Mädchen übertragen worden.

Um der weiblichen Jugend aus ihrer Not zu helfen, hat sich die Regierung entschlossen, eine neue Möglichkeit der höheren Mädchenbildung in der ein-bzw. dreijährigen Frauenschule zu schaffen. (...) Von nun an unterscheidet sich also der Ausbildungsweg der Mädchen scharf von dem der Knaben.

Der Lehrplan der neuen Anstalt weist neben den theoretischen Fächern wie Religion, Geschichte, Deutsch, die naturwissenschaftlichen und den mathematischen Stunden, eine zweite Hälfte praktischer Fächer wie Kochen, Haus-, Garten-, Nadelarbeit, Beschäftigungslehre, Säuglings- und Kinderpflege, Gesundheitslehre und Turnen auf.

Die Bildungsaufgabe der F.S. besteht darin, durch stete wechselseitige Durchdringung von Dienst und Einsicht die Mädchen in ihrer Gesamthaltung, ihrem Wissen und Können so zu erziehen, dass sie befähigt werden, das Lebensschicksal ihres Volkes sinnvoll handelnd mitzugestalten und auf den Schaffensgebieten der deutschen Hausfrau und Mutter vorbildlich zu wirken. (…)" (81)

Es folgte eine Auflistung von Berufen, die das die Frauenschule durchlaufende Mädchen bei Erfolg ausüben konnte.

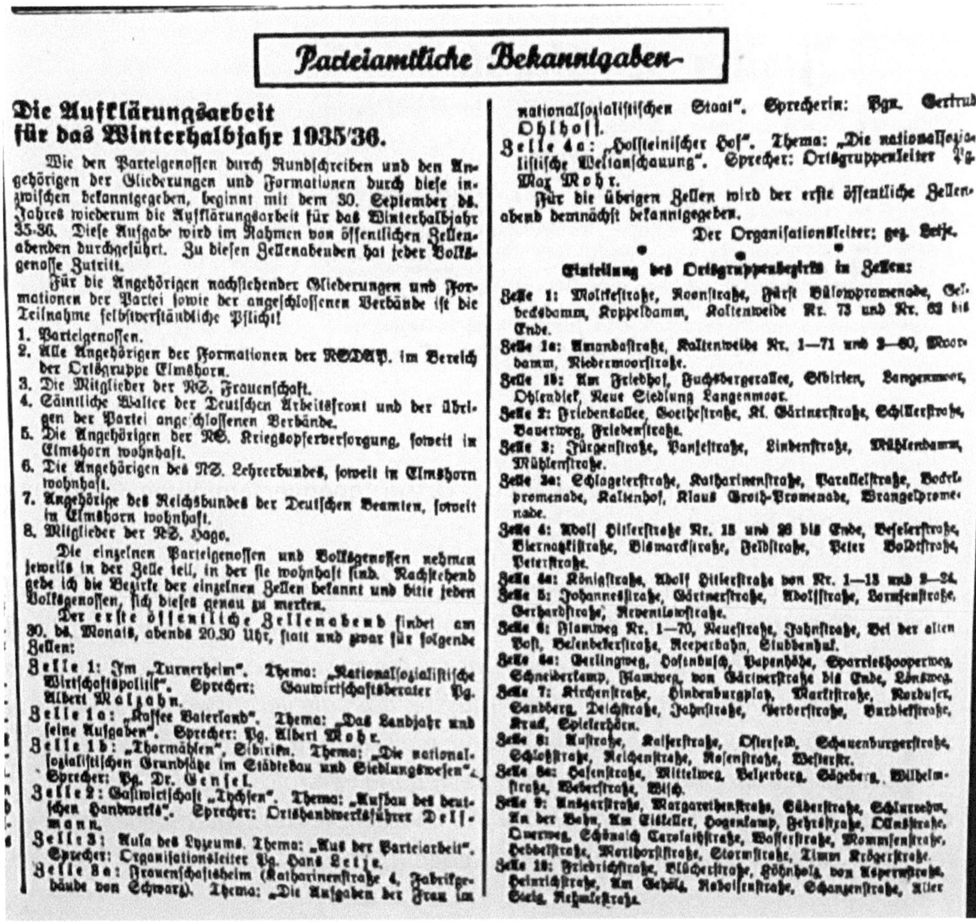

Parteiamtliche Bekanntgaben

Die Aufklärungsarbeit für das Winterhalbjahr 1935/36.

Wie den Parteigenossen durch Rundschreiben und den Angehörigen der Gliederungen und Formationen durch diese inzwischen bekanntgegeben, beginnt mit dem 30. September ds. Jahres wiederum die Aufklärungsarbeit für das Winterhalbjahr 35-36. Diese Aufgabe wird im Rahmen von öffentlichen Zellenabenden durchgeführt. Zu diesen Zellenabenden hat jeder Volksgenosse Zutritt.

Für die Angehörigen nachstehender Gliederungen und Formationen der Partei sowie der angeschlossenen Verbände ist die Teilnahme selbstverständliche Pflicht!

1. Parteigenossen.
2. Alle Angehörigen der Formationen der NSDAP. im Bereich der Ortsgruppe Elmshorn.
3. Die Mitglieder der NS. Frauenschaft.
4. Sämtliche Walter der Deutschen Arbeitsfront und der übrigen der Partei angeschlossenen Verbände.
5. Die Angehörigen der NS. Kriegsopferversorgung, soweit in Elmshorn wohnhaft.
6. Die Angehörigen des NS. Lehrerbundes, soweit in Elmshorn wohnhaft.
7. Angehörige des Reichsbundes der Deutschen Beamten, soweit in Elmshorn wohnhaft.
8. Mitglieder der NS. Hago.

Die einzelnen Parteigenossen und Volksgenossen nehmen jeweils in der Zelle teil, in der sie wohnhaft sind. Nachstehend gebe ich die Bezirke der einzelnen Zellen bekannt und bitte jeden Volksgenossen, sich dieses genau zu merken.

Der erste öffentliche Zellenabend findet am 30. ds. Monats, abends 20.30 Uhr, statt und zwar für folgende Zellen:

Zelle 1: Im „Turnerheim". Thema: „Nationalsozialistische Wirtschaftspolitik". Sprecher: Gauwirtschaftsberater Pg. Albert Malzahn.

Zelle 1a: „Kaffee Vaterland". Thema: „Das Landjahr und seine Aufgaben". Sprecher: Pg. Albert Mohr.

Zelle 1b: „Thormählen", Sibirien. Thema: „Die nationalsozialistischen Grundsätze im Städtebau und Siedlungswesen". Sprecher: Pg. Dr. Gensel.

Zelle 2: Gastwirtschaft „Tochsen". Thema: „Aufbau des deutschen Handwerks". Sprecher: Ortshandwerksführer Dellmann.

Zelle 3: Aula des Lyzeums. Thema: „Aus der Parteiarbeit". Sprecher: Organisationsleiter Pg. Hans Letze.

Zelle 3a: Frauenschaftsheim (Katharinenstraße 4, Fabrikgebäude von Schwarz). Thema: „Die Aufgaben der Frau im nationalsozialistischen Staat". Sprecherin: Pgn. Gertrud Ohlhoff.

Zelle 4a: „Holsteinischer Hof". Thema: „Die nationalsozialistische Weltanschauung". Sprecher: Ortsgruppenleiter Pg. Max Mohr.

Für die übrigen Zellen wird der erste öffentliche Zellenabend demnächst bekanntgegeben.

Der Organisationsleiter: gez. Letze.

• • •

Einteilung des Ortsgruppenbezirks in Zellen:

Zelle 1: Moltkestraße, Roonstraße, Fürst Bülowpromenade, Gelbecksdamm, Koppeldamm, Kaltenweide Nr. 73 und Nr. 62 bis Ende.

Zelle 1a: Amandastraße, Kaltenweide Nr. 1—71 und [illegible]—80, Moordamm, Niedermoorstraße.

Zelle 1b: Am Friedhof, Fuchsbergeralle, Sibirien, Langenmoor, Ohlendiek, Neue Siedlung Langenmoor.

Zelle 2: Friedensallee, Goethestraße, Kl. Gärtnerstraße, Schillerstraße, Bauerweg, Friedenstraße.

Zelle 3: Jürgenstraße, Panjestraße, Lindenstraße, Mühlendamm, Mühlenstraße.

Zelle 3a: Schlageterstraße, Katharinenstraße, Parallelstraße, Bockelpromenade, Kaltenhof, Klaus Groth-Promenade, Wrangelpromenade.

Zelle 4: Adolf Hitlerstraße Nr. 15 und 26 bis Ende, Beselerstraße, Biernatzkistraße, Bismarckstraße, Feldstraße, Peter Boddestraße, Peterstraße.

Zelle 4a: Königstraße, Adolf Hitlerstraße von Nr. 1—13 und 2—24.

Zelle 5: Johannesstraße, Gärtnerstraße, Adolfstraße, Lornsenstraße, Gerhardstraße, Reventlowstraße.

Zelle 6: Flamweg Nr. 1—70, Neuestraße, Jahnstraße, Bei der alten Post, Besenbekerstraße, Reeperbahn, Sandberg.

Zelle 6a: Gerlingweg, Hafenbusch, Papenhöhe, Sparrieshooperweg, Schneiderkamp, Flamweg von Gärtnerstraße bis Ende, Lönsweg.

Zelle 7: Kirchenstraße, Hindenburgplatz, Marktstraße, Nordufer, Sandberg, Deichstraße, Jahnstraße, Berberstraße, [illegible], Kraut, Spielerhöfen.

Zelle 8: Austraße, Kaiserstraße, Osterfeld, Schauenburgerstraße, Schloßstraße, Reichenstraße, Rosenstraße, Westerstr.

Zelle 8a: Hafenstraße, Mittelweg, Belzerberg, Gögeberg, Wilhelmstraße, Weberstraße, Wisch.

Zelle 9: Ansgarstraße, Margarethenstraße, Süderstraße, Schlurrehm, An der Bahn, Am Eiskeller, Hogenkamp, Gehrsstraße, Ollnsstraße, Querweg, Schönaich Carolathstraße, Wasserstraße, Mommsenstraße, Hebbelstraße, Meriborstraße, Stormstraße, Timm Krögerstraße.

Zelle 10: Friedrichstraße, Blücherstraße, Göhnholz, von Aspernstraße, Heinrichstraße, Am Gehölz, Nebelsenstraße, Schanzenstraße, Alter Steig, Nehmlestraße.

Zelleneinteilung der Stadt Elmshorn. EN vom 24.9.1935

Parteiamtliche Bekanntgaben

Die in der Ausgabe vom Dienstag, dem 24. September 1935, aufgeführte Einteilung des Ortsgruppenbezirks in Zellen wird hierdurch berichtigt und ergänzt:

Zelle 1b: Philosophenweg, Schinkelstraße.
Zelle 2: Fritz-Reuter-Straße, Lessing-Straße.
Zelle 4a: Holstenstraße.
Zelle 6a: Sonneck.
Zelle 7: Turnstraße.
Zelle 9: Kalberhorn.
Zelle 10: Eichstraße.

Zelleneinteilung der Stadt Elmshorn. Ergänzung. EN vom 24.9.1935

Ziviler Luftschutz.

Das vom Reichskabinett am 26. Juni 1935 verabschiedete Luftschutzgesetz bestimmt in seinem § 2, daß

alle Deutschen,

also auch die Frauen, zu Maßnahmen, die zur Durchführung des Luftschutzes erforderlich sind, herangezogen werden können. Hierzu gehört die Vorbereitung und Schulung der Bevölkerung für die Aufgaben des Luftschutzes. Es wird erwartet, daß jeder verantwortungsbewußte Deutsche der Aufforderung zur Teilnahme an einem Abendlehrgang des Reichsluftschutzbundes freiwillig nachkommt. Mitarbeit am Ausbau der nationalen Landesverteidigung ist nicht nur das Recht, sondern auch die moralische Pflicht eines jeden arischen Volksgenossen.

Der stellv. Bürgermeister der Stadt Elmshorn.
gez. Max Mohr.

EN vom 4.10.1935

Um den Einkauf bei Juden ging es auf der Ortsgruppenversammlung der NSDAP im Oktober 1935 im „Carlstal“:

„Pg. Letje: (...) *Das Gerüchtemachen sei nach wie vor in Elmshorn beliebt. So habe kürzlich jemand behauptet, die Stadtverwaltung Elmshorn habe beim Juden Max Meyer eine Schreibmaschine gekauft. Das sei ein so schwerer Vor-wurf, der, wenn er zu Recht bestände, zur Folge haben müsste, dass die verantwortlichen Männer sofort von ihren Posten abberufen würden, weil sie dann gegen die elementarsten Grundsätze der nationalsozialistischen Bewegung verstoßen hätten. An dem Gewäsch sei selbst verständlich kein wahres Wort. Die Gerüchtemacher aber werde man unnachsichtig zur Verantwortung ziehen (...)*“ (82)

Ortsgruppenleiter Hans Letje.
Aus 10 Jahre NSDAP Elmshorn.
1925-1935. o.O. o.J.

Hans Letje. o.J. Aus: Beiträge
a.a.O., Bd. 26, S. 141

Ortsgruppenleiter Mohr versuchte, die Parteimitglieder auf eine gemeinsame Linie einzuschwören:

„Die Elmshorner Ortsgruppe habe eine konsequente Richtung in der Judenfrage eingenommen. Volksgenossen, ja auch Parteigenossen hätten dafür nicht allemal das nötige Verständnis gehabt. Erst kämen aber die Forderungen des Parteiprogramms und dann erst alles andere, sonst solle man sich nicht als Nationalsozialist bezeichnen. Es sei eine Genugtuung, dass die Juden keine Staatsbürger seien und dass von Gesetzes wegen die Rassenschande unter Strafe gestellt sei. Mitglied der Bewegung sein, verpflichte zur besseren Achtung der Gesetze, als wenn man nur ein einfacher Volksgenosse sei (...)“ (83)

In der zweiten Novemberhälfte führte die Hitlerjugend eine große Werbeaktion in den Schulen statt.

„(...) Der Regierungspräsident ersucht die Lehrerschaft, darauf hinzuweisen, dass die Arbeit der Hitler-Jugend in ihren Gliederungen (DJ, BDM und Jungmädel) in jeder Weise gefördert wird. Ferner ordnet er an, dass die Schulen seines Bezirks folgendermaßen an der Werbeaktion seines Bezirks mitwirken:

1. In der Zeit vom 16. bis 30. November wird in der Schule eine würdig umrahmte Schulkundgebung durchgeführt, die für das Verständnis der Aufgabe der HJ werben soll. Ein HJ-Führer soll über Aufgaben und Ziele der Staatsjugend sprechen. Zwecks Festsetzung dieser Kundgebung und der näheren Einzelheiten setzen sich die zuständigen Bannführer mit den Kreisschulräten in Verbindung.

2. Innerhalb der genannten Zeit wird in jeder Klasse vom Lehrer unter dem Thema „Staatsjugend" eine Unterrichtsstunde durchgeführt, die ebenfalls im Dienste der Werbung für die HJ steht. In lebendiger und anschaulicher Weise sollen Wesen und Bedeutung der Hitler-Jugend erörtert werden mit dem Ziele, bei den nicht organisierten Schülern Verständnis und Bereitschaft für den Dienst in der Staatsjugend zu wecken.

Die vorstehenden Anordnungen können auch auf die Mädchenschulen nach Maßgabe der von örtlicher Stellen des BDM vorgesehenen Aktionen ausgedehnt werden. Sie verstehen sich nur für Schüler und Schülerinnen, die das 10. Lebensjahr vollendet haben.

Bis zum 15. Dezember dieses Jahres ist über die Durchführung der Anordnungen zu berichten." (84)

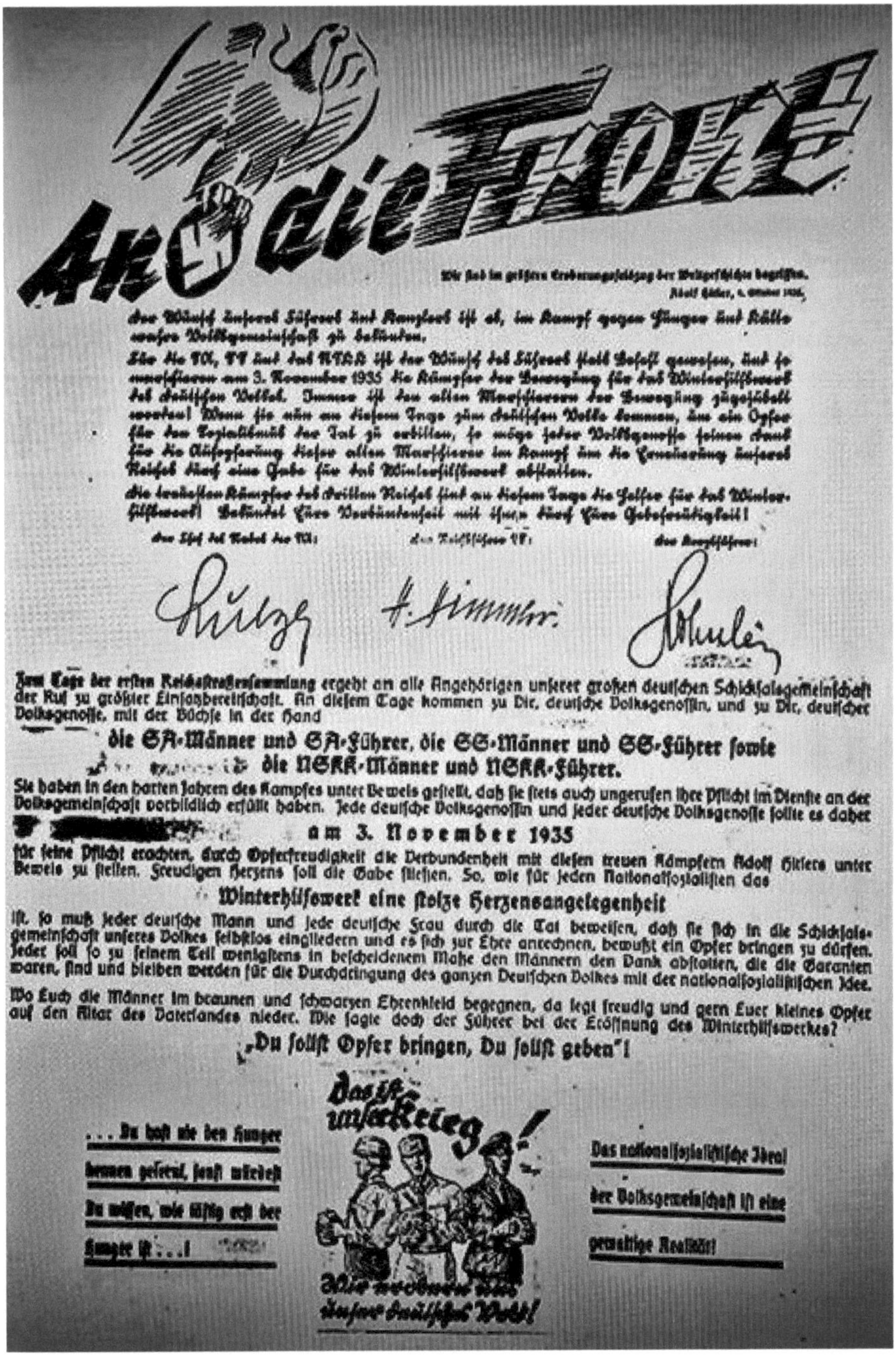

An die Front

Wir sind im größten Eroberungsfeldzug der Weltgeschichte begriffen.
Adolf Hitler, [illegible] Oktober 1935.

Der Wunsch unseres Führers und Kanzlers ist es, im Kampf gegen Hunger und Kälte wahre Volksgemeinschaft zu bekunden.

Für die SA, SS und das NSKK ist der Wunsch des Führers stets Befehl gewesen, und so marschieren am 3. November 1935 die Kämpfer der Bewegung für das Winterhilfswerk des deutschen Volkes. Immer ist den alten Marschierern der Bewegung zugejubelt worden! Wenn sie nun an diesem Tage zum deutschen Volke kommen, um ein Opfer für den Sozialismus der Tat zu erbitten, so möge jeder Volksgenosse seinen Dank für die Aufopferung dieser alten Marschierer im Kampf um die Erneuerung unseres Reiches durch eine Gabe für das Winterhilfswerk abstatten.

Die treuesten Kämpfer des Dritten Reiches sind an diesem Tage die Helfer für das Winterhilfswerk! Bekundet Eure Verbundenheit mit ihnen durch Eure Gebefreudigkeit!

Der Chef des Stabes der SA: Lutze — Der Reichsführer SS: H. Himmler — Der Korpsführer: Hühnlein

Zum Tage der ersten Reichsstraßensammlung ergeht an alle Angehörigen unserer großen deutschen Schicksalsgemeinschaft der Ruf zu größter Einsatzbereitschaft. An diesem Tage kommen zu Dir, deutsche Volksgenossin, und zu Dir, deutscher Volksgenosse, mit der Büchse in der Hand

die SA-Männer und SA-Führer, die SS-Männer und SS-Führer sowie die NSKK-Männer und NSKK-Führer.

Sie haben in den harten Jahren des Kampfes unter Beweis gestellt, daß sie stets auch ungerufen ihre Pflicht im Dienste an der Volksgemeinschaft vorbildlich erfüllt haben. Jede deutsche Volksgenossin und jeder deutsche Volksgenosse sollte es daher [redacted]

am 3. November 1935

für seine Pflicht erachten, durch Opferfreudigkeit die Verbundenheit mit diesen treuen Kämpfern Adolf Hitlers unter Beweis zu stellen. Freudigen Herzens soll die Gabe fließen. So, wie für jeden Nationalsozialisten das

Winterhilfswerk eine stolze Herzensangelegenheit

ist, so muß jeder deutsche Mann und jede deutsche Frau durch die Tat beweisen, daß sie sich in die Schicksalsgemeinschaft unseres Volkes selbstlos eingliedern und es sich zur Ehre anrechnen, bewußt ein Opfer bringen zu dürfen. Jeder soll so zu seinem Teil wenigstens in bescheidenem Maße den Männern den Dank abstatten, die die Garanten waren, sind und bleiben werden für die Durchdringung des ganzen Deutschen Volkes mit der nationalsozialistischen Idee.

Wo Euch die Männer im braunen und schwarzen Ehrenkleid begegnen, da legt freudig und gern Euer kleines Opfer auf den Altar des Vaterlandes nieder. Wie sagte doch der Führer bei der Eröffnung des Winterhilfswerkes?

„Du sollst Opfer bringen, Du sollst geben"!

... Du hast nie den Hunger kennen gelernt, sonst würdest Du wissen, wie lästig er der Hunger ist ...!

Das ist unser Krieg!

Wir werben um unser deutsches Volk!

Das nationalsozialistische Ideal der Volksgemeinschaft ist eine gewaltige Realität!

Plakat WHW 1935. EN vom 1.11.1935.

Im November begann erneut die Werbung für das diesjährige Sammeln am 3. November für das Winterhilfswerk (WHW). Die EN brachten ein Plakat, dass die Sammelaktion durch SA-, SS- und NSKK-Männer ankündigte:

Am 9. November fand die Gedenkfeier an den Marsch auf die Feldherrnhalle in Elmshorn mit einer Feierstunde an den Gräbern der verstorbenen Elmshorner Nationalsozialisten Wilhelm Ladwig, Johann Göttsche, Hans Lüneburg, Walter Krause und Hinrich Plambeck unter Teilnahme sämtlicher Gliederungen der Partei (SA, SA-Reserve, SS, Marine-SA, NSKK, Motor-SA, HJ, DJ, BDM, Luftschutz und Technische Nothilfe statt. (85) Abends fand noch eine Versammlung im „Carlstal" statt. (86)

„Als Langemarck-Mythos oder Mythos von Langemarck wird ein politischer Mythos bezeichnet, der die im Deutschen Reich betriebene Verklärung einer verlustreichen militärischen Auseinandersetzung während des Ersten Weltkriegs zum Inhalt hatte. Die Oberste Heeresleitung kommentierte die Ereignisse vom 10. November 1914 einen Tag darauf mit einem folgenreichen Bericht, der von fast allen deutschen Zeitungen auf der Titelseite abgedruckt wurde:

„Westlich Langemarck brachen junge Regimenter unter dem Gesange ‚Deutschland, Deutschland über alles' gegen die erste Linie der feindlichen Stellungen vor und nahmen sie. Etwa 2000 Mann französischer Linieninfanterie wurden gefangengenommen und sechs Maschinengewehre erbeutet." – Kommuniqué der OHL, 11. November 1914.

Der Bericht war offensichtlich propagandistisch formuliert und wurde von großen Teilen der deutschen Öffentlichkeit unkritisch aufgenommen und löste die Entstehung eines Mythos über den heldenhaften Opfergang junger Soldaten aus: „Das Entstehen des Langemarck-Mythos ist das erste bedeutende Beispiel verschiedener erfolgreicher Versuche in diesem Krieg, militärische Niederlagen in moralische Siege umzudeuten." (87)

Die Deutschen von „Langemarck".

Nicht zum erstenmal stürmte deutsche Jugend singend in den Tod.

NSK. In diesen Tagen jährt sich wieder jenes gewaltige Ringen um den flandrischen Boden, das in dem Sturm auf Langemarck seinen Höhepunkt fand, und das symbolhaft geworden ist für den höchsten Einsatz deutscher Jugend.

Es geschah im vierten Monat des großen Krieges, daß das deutsche Volk zum erstenmal in einem Bericht von der Kampffront von dem Heldentum seiner jungen Kriegsfreiwilligen vernahm. Und jene Kunde, die besagte, daß „westlich Langemarck junge Kriegsfreiwilligen-Regimenter aus ihren Gräben hervorbrachen und unter dem Gesang „Deutschland, Deutschland über alles" die feindlichen Stellungen stürmten und sie nahmen", ließ zugleich die ganze Welt aufhorchen. Die deutsche Jugend stürmte singend! Das wurde von da ab zum Begriff, zum Mythos des „Geistes von Langemarck".

Und doch: dieser damalige Heeresbericht birgt — geschichtlich sowohl, wie seinem wahren völkischen Wert nach gesehen — Mängel, ja, sagen wir Fehler in sich. Denn nicht erst am 10. November 1914 war es, daß junges deutsches Blut mit dem Bekenntnis „Deutschland, Deutschland über alles" Flanderns Erde tränkte. Nicht nur im alles vorwärts reißenden Sturmangriff klang dieses Bejahen aus jungen deutschen Herzen.

War es doch so: die singend durch Flandern marschierende deutsche kriegsfreiwillige Jugend sang auch, als sie unmittelbar zur Schlacht antrat. Gleich die ersten Schlachttage, die im letzten Drittel des Monats Oktober mit unerhörter Wucht einsetzten, waren furchtbar. Die deutsche Jugend hatte ein Lied auf den Lippen. Sie sang dieses Lied auch noch, als schon nach zwei, drei Tagen dieser blutigsten aller Feldschlachten weit, weit über die Hälfte von ihnen tot und verwundet die Walstatt bedeckte. Sie sang trotzdem wieder, als sie am 10. November abermals stürmte.

So hätte denn der damalige, so berühmt gewordene Heeresbericht eigentlich besagen müssen, daß wieder und trotz der bisherigen so blutig verlaufenen Schlachttage auch am 10. November 1914 Kriegsfreiwillige beim Sturmangriff „Deutschland, Deutschland über alles" sangen.

Wo das Deutschland-Lied zuerst aufklang, ob bei Becelaere oder Poelkapelle, bei Langemarck, Dixmuiden oder Gheluvelt, bei Bixschoote, Mangelaere oder Passchendaele — niemand weiß es. Nur wissen wir, daß an der ganzen Front in Flandern die jungen deutschen Kriegsfreiwilligen, die dort im Oktober 1914 die mit größter Wucht entwickelte englisch-französische Umfassungsoffensive vernichteten und hierdurch das deutsche Westheer vor der Umflügelung bewahrten, das Deutschland-Lied sangen.

So wissen wir heute, daß sich die deutsche kriegsfreiwillige Jugend von 1914 mit einem Lied auf den Lippen zur Schlacht reihte. Daß sie in dieser Entscheidungsschlacht sang, ja, daß sie selbst dann noch sang, als sie, schon nach den ersten Stürmen furchtbar verblutet, nun in schnell ausgeworfenen Erdlöchern im Hagel der Granaten aushalten mußte. Und daß unser Deutschland-Lied wiederum aufklang, als diese Jungen aus ihren Gräben zu neuen Stürmen hervorbrachen.

Und diese Jungen waren nicht nur eine Masse, eine engumgrenzte Volksschicht. Nein, bei Langemarck war die Jugend des ganzen Volkes. Denn die Armee der Kriegsfreiwilligen-Regimenter von Langemarck (die ganze Schlacht, die 1914 im Ypernbogen tobte, ist das „Langemarck" der deutschen Jugend), setzte sich aus jungen Deutschen aller Stämme, Stände und Schichten zusammen: der Handwerker stand neben dem Handlungsgehilfen und Landmann, der Gymnasiast neben dem gelernten und ungelernten Arbeiter, der Student neben dem Bergmann und Beamtenanwärter. Wohl hat die Studentenschaft im Gedenken an ihre kriegsfreiwilligen Kommilitonen die Erinnerung an „Langemarck" in den dunklen Jahren nach 1918 wachhalten können. Daraus ergab sich, daß man im Zusammenhang mit „Langemarck" eine zeitlang nur von den Studenten sprach. In Wahrheit aber wurde das Blutopfer von „Langemarck" aus dem ganzen Volke gebracht.

Ich sagte Entscheidungsschlacht. Denn: jener junge Offizier im Großen Generalstab, der das Erbe eines Moltke und eines Schlieffen in sich trug und verkörperte — und dies durch sein späteres Feldherrentum bewies —, erkannte, daß Deutschland zu wenig seiner wehrhaften Männer unter den Fahnen hatte. In seiner Heeresvorlage forderte er als Chef der Aufmarschabteilung deshalb die wirkliche allgemeine Wehrpflicht, der Wehrpflicht, die allen wehrfähigen Deutschen das Recht gab, Land und Volk im Falle eines Krieges zu verteidigen. Der Wahnsinn des Parlamentarismus mit seinen dunklen Hintermächten zerschlug diese völkische Forderung.

Da kam der Krieg. Zwar führte der harte Wille des gleichen Soldaten, dessen Mahnen die Dunkelmächte so verhängnisvoll abgefangen und abgebogen hatten, die Kraft und die Wucht deutscher Soldatentapferkeit bei Tannenberg zu herrlichem Siege. Die Notwende für die Front und das Land im Osten war da. Aber aus dem Siegeszug der deutschen Armeen im Westen wurde Stillstand und Rückzug gemacht. Jetzt traten die Feinde an, um Deutschland durch ein Umfassen seines Westheeres den Todesstoß zu geben: „Der Wettlauf zum Meere" begann. Das deutsche Volksheer aber war an den Fronten gefesselt. Die Folgen des Vorkriegsverbrechens zeigten sich: Deutschland hatte keine ausgebildeten Soldaten mehr! Da warf sich die Jugend des deutschen Volkes dem Feind entgegen. Diese deutschen Jungen fingen mit ihren Leibern den Vernichtungsschlag auf, zerschlugen ihn und retteten durch ihr Blutopfer Armee, Volk und Heimat. So sühnte die Jugend die schwere Schuld der Alten.

Ja, die deutsche Jugend von 1914, herbeigerufen durch ihr Blut und zusammengeströmt in dessen Fluten, ging singend in die Schlacht. Sie sang auch dann noch, als sie sah, als sie sehen und erkennen mußte, daß sie trotz ihres Blutopfers den entscheidenden Sieg nicht an sich reißen konnte. Es war die herrliche deutsche Volksseele, die sie singen hieß. Und dem Erwachen dieser Volksseele, das in dem ganzen Aufbruch des August 1914 liegt, setzte sie damit gleichsam die Krone auf. Diese Jugend konnte in jenen Stunden eben nur einen Glauben haben, nur eines, das sie aufhielt, nur eins, das ihr über alles ging: Deutschland! Sie hatte nur ein Bekenntnis im Herzen: Deutschland! Ihr Blut hieß sie in der erfüllten Todesgefahr ihres Volkes dieses für sie heiligste Bekenntnis ablegen: Deutschland, Deutschland über alles!

Ja, das Bluterbe aus Urväter Zeiten in seiner ganzen bedingungslosen Reinheit, in der ganzen Größe seiner nordisch-germanischen Art brach in dieser Todesgefahr hervor. Jäh war all das, was seit Jahrhunderten die Reinheit der deutschen Seele zu verschütten und zu entarten drohte. Klar und rein bekannte die Volksseele der Jungen in der Stunde höchster Not: Deutschland — Deutschland über alles!

Damit ist dieses Geschehen, das wir in den Begriff „Langemarck" kleiden, zur Notwende der deutschen Seele geworden. Das Alte und Morsche und ihrer Art Fremde schüttelten sie ab. Zur Saat für das neue Deutschland wurde das Blut der Jugend von 1914. Denn jene heilige Flamme völkischen Erwachens ist nicht mehr erloschen. Mit ihr formte und schmiedete ein starker Wille in unbeirrtem Vorwärtsschreiten zwanzig Jahre später dieses neue Deutschland. Nun ist es wieder hell über den Gräbern von „Langemarck". Die Toten dort sind wieder unter uns. Und die Jugend heute, die Jugend des im völkischen Staat geeinten Volkes, hat das ewig verpflichtende Erbe der jungen Helden von „Langemarck" angetreten. Und so wird das sich ewig verjüngende deutsche Volk dieses Erbe nun immer mit klarem Wissen in sich haben.

Wilhelm Treyße.

EN vom 9.11.1935

Im November kam es zu einer Neuregelung für Beamtenanwärter durch den Reichsinnenminister. Der Minister betonte,

„(...)dass nach geltendem Recht nur Beamter werden darf, der die Gewähr bietet, dass er jederzeit rückhaltlos für den nationalsozialistischen Staat eintritt. Zur Verwirklichung des nationalsozialistischen Staatsgedankens sei es erforderlich, dass in Zukunft diejenigen, die Beamte werden wollen, schon von Jugend auf in der nationalsozialistischen Weltanschauung erzogen worden sind. Der Führer und Reichskanzler werde bestimmen, in welcher Weise diese Schulung zu erfolgen hat. Bis zum Erlass dieser Bestimmung sei zu fordern, dass Bewerber um Beamtenstellen, die nach dem 31. Dezember 1935 das 16. Lebensjahr vollenden, mit Erfolg der Hitler-Jugend angehört haben. In Zukunft seien deshalb nur solche Bewerber anzunehmen oder diejenigen, die aus der Wehrmacht als Offiziere oder Soldaten mit Versorgungsberechtigung entlassen sind. Ausnahmen bedürfen der Zustimmung des Reichsinnenministeriums im Einvernehmen mit dem Stellvertreter des Führers. Die Gemeinden und sonstigen einer staatlichen Aufsicht unterstellten Körperschaften des öffentlichen Rechts sollen entsprechend verfahren." (88)

Die „*Nürnberger Gesetze*" vom September 1935 schlossen die Juden von großen Teilen des öffentlichen Lebens aus. Dennoch gab es christliche Mitmenschen, die diese Trennung nicht beachteten. Mit der Zeit aber wirkte sich die Propaganda und der Terror gegen die jüdischen Mitbürger aus. Zu welchen Konsequenzen es führen konnte, wenn man sich nicht an die Forderungen der Partei hielt, zeigte ein Artikel in den EN:

„Die öffentliche Anprangerung wegen des Umgangs mit Juden.

Frankfurt a. d. Oder, den 12. November. Das Landgericht Frankfurt a. d. Oder hatte sich mit einem interessanten Rechtsstreit zu beschäftigen, dem eine öffentliche Anprangerung im „Stürmer" zu Grunde lag. Der Tatbestand war kurz folgender: Die 35jährige H. Sch. in Fürstenwalde fand ihren Namen eines Tages in den „Stürmer"-Kästen unter der Rubrik „Volksgenossen, die den Umgang mit Juden pflegen oder in jüdischen Geschäften kaufen" mit dem Zusatz „Duzfreundin der Jüdin Regina W.". Das Landgericht in Frankfurt a. d. Oder hat den Antrag der Angeprangerten auf

Erlass einer einstweiligen Verfügung auf Entfernung dieser Bemerkung in den „Stürmer"-Kästen auf Kosten der Antragstellerin abgewiesen.

In der Begründung des Urteils heißt es u.a.: Es gilt als eine selbstverständliche Ehrenpflicht eines jeden Volksgenossen, dass er auch in seinem persönlichen Verkehr mit Juden die erforderliche Zurückhaltung an den Tag legt und sogar persönliche Freundschaften mit ihren Treuebindungen der Treuepflicht gegen das eigene Volk zum Opfer bringt. Diese Forderung entspringt nationalsozialistischer Weltanschauung, die auf der geschichtlichen Erkenntnis fußt, dass die Juden als rassisch artfremdes Volk der Spaltpilz der Zersetzung - Ferment der Dekomposition (Mommsen) - der Kulturvölker sind, in denen sie leben. Deshalb ist es Aufgabe eines jeden Volksgenossen, überall das Seine zu tun, um den jüdischen Einfluss im öffentlichen Leben zurückzudrängen. Hierzu bedarf es aber auch der gesellschaftlichen (sozialen) Anschließung gegen den einzelnen Juden. Die öffentliche Verbreitung der Tatsache, dass die Antragstellerin zu den Personen gehört, die Umgang mit Juden pflegen und dass sie eine Duzfreundin der Jüdin Regina ist, stellt lediglich eine wahre Tatsache dar und ist deshalb nicht als Beleidigung anzusehen. Eine Schadenersatzpflicht der Antragsgegnerin entsteht daher nicht und demzufolge auch kein Unterlassungsanspruch der Antragstellerin." (89)

Diese „Rechtsprechung" zeigte Erfolge. Die Grüße an Juden auf der Straße wurden weniger und auch nur noch versteckt gezeigt. Dieses lag jedoch nicht nur an den Christen, sondern auch an den jüdischen Mitbürgern, die ihre ehemaligen Freunde und Bekannten nicht in Schwierigkeiten bringen wollten. Bald zeigten sich, bis auf wenige enge Freunde, die Elmshorner Bürger den Juden gegenüber passiv.

Als Frau Lötje 1935 hochschwanger war, bat sie ihre frühere Hebamme um Hilfe bei der bevorstehenden Entbindung. Als Antwort bekam sie von der Hebamme zu hören, sie helfe keinem Juden. Schließlich fand Frau Lötje doch noch eine Hebamme, der die Religion ihrer Klientin nichts ausmachte. (90)

Auf der anderen Seite gab es auch Beamte, die, obwohl sie Parteigenossen waren, doch versuchten, die jüdischen Mitbürger zu schützen. Der Polizeibeamte H. besuchte eines Tages den Pferdehändler William Oppenheim, durchsuchte die

Wohnung und beschlagnahmte verschiedene Gegenstände. Einen Tag später fand in derselben Wohnung eine Hausdurchsuchung der Gestapo statt. Nachdem diese gegangen waren, kam H. zurück und erklärte, davon erfahren zu haben. Er gab daraufhin die beschlagnahmten Gegenstände zurück. (91)

Am 15. November wurde der Bismarckschule die Hitlerjugend-Fahne verliehen, da über 90 Prozent der Schüler der HJ angehörten. Standortführer Pump und Schuldirektor Humpf hielten die Reden. Die EN berichtete:

„Dann sprach der Unterbann- und Standortführer Pump zu seinen Kameraden: „Wenn heute das Gebiet Nordmark eine Aufklärungs- und Werbeaktion durchführt, so stehen wir hier an dieser Schule schon vor einer vollendeten Tatsache. Die Schülerschaft der Bismarckschule hat sich fast restlos zur Jugend Adolf Hitlers bekannt, und als Zeichen dessen wird ihr heute die HJ-Fahne verliehen, die Fahne der Jugend, die in schweren Kampfjahren sich um das weißgestreifte Banner der HJ scharte und Seite an Seite mit SA und SS im fanatischen Glauben an den Führer und an Deutschland einen harten Kampf kämpfte. Opfer über Opfer hat diese Jugend gebracht und 21 ihrer Besten sind unter der Fahne der Hitlerjugend auf dem Felde des Kampfes um Deutschland gefallen. So erlebten wir den 30. Januar 1933 und wurden zur Staatsjugend. Die vielen Jugendbünde mussten zerschlagen werden und aufgehen in der Gemeinschaft der HJ. Die HJ hat diese Aufgabe mit ihrer jungen Führerschaft gelöst. Unsere Fahne ist für uns nicht nur ein Stück Tuch, sondern sie ist uns heilige Verpflichtung. Wer unsere Vater angreift, greift uns ab und wir kennen nur einen Feind: den Feind unserer Fahne!" - Mit einem Fahnenspruch und unter dumpfem Trommelwirbel stieg dann die Fahne der Hitlerjugend am Mast empor.

Direktor Humpf dankte in seiner Ansprache für die Verleihung der Fahne und wies darauf hin, das HJ und Schule gemeinsam einen neuen deutschen Menschen schaffen sollten. „In der HJ wird am besten der Sozialismus der Tat gepflegt", führte er aus. „Dort gibt es keine Unterschiede zwischen Ständen und Klassen, der Volksschüler, der höhere Schüler und Jungarbeiter marschieren Seite an Seite. Die Fahne soll uns Verpflichtung sein zu weiterem restlosem Kampf mit Adolf Hitler für Deutschland." In seiner Schlussansprache hob der Standortführer dem Wunsche Ausdruck, dass bald auch den anderen Elmshorner Schulen die HJ-Fahne verliehen werden könne. Mit einem Sieg-Heil auf den Führer und auf die ewige revolutionäre deutschen Jugend und dem Fahnenlied der Hitlerjugend wurde die kurze, aber erhebende Feier geschlossen.“ (92)

Am 27. November 1935 führte Elmshorn eine Verdunkelungsübung durch. Bei dieser Übung ermahnte man die Bevölkerung ausdrücklich, die Fehler bei der vorigen Verdunkelung zu vermeiden.

„(...) An der Übung beteiligen sich auch die öffentlichen Betriebe, die Verkehrsmittel und die Industriewerke. Die Verdunkelung setzt schlagartig um 9 Uhr abends ein und endet pünktlich um 10 Uhr. Anfang und Ende der Luftschutznachtübung wird - wie bei der letzten derartigen Übung - durch Geheul sämtlicher verfügbarer Fabriksirenen angekündigt. Die Straßenbeleuchtung wird sofort ausgeschaltet. Die Industriebetriebe haben ihre Betriebe so zu verdunkeln, dass kein Lichtschein von außen zu sehen ist und an die Einwohnerschaft ergeht die Aufforderung, Sorge für völlige Verdunkelung ihrer Wohnungen zu tragen. Pflicht aller Luftschutzhauswarte ist es, für absolute Verdunkelung ihres Hauses oder Hausblocks besorgt zu sein.

Bei der letzten Übung fielen besonders eine größere Anzahl hell erleuchteter Dachfenster, wahrscheinlich die Kämmerlein der Koch- und Hausmamsellen und Fenster nach den Höfen hin belegener Wohnungen und Gaststätten, störend auf. Es handelt sich nicht um eine bloße Sport-, sondern um eine sehr ernste Veranstaltung. Es ergeht daher auch in diesem Falle eine allgemeine Anordnung, gerade Dachfenster abzublenden. Kein einziger Lichtschein, der auf Vorhandensein menschlicher Wohnungen hindeutet, darf nach außen hin sichtbar sein. Radfahrer haben für diese Stunde, ohne sich der Gefahr einer Bestrafung auszusetzen, die Beleuchtung ihrer Räder abzustellen und die Räder zu schieben. Kraftfahrzeuge und sonstige Fuhrwerke haben für die Zeit der Verdunkelung in der Fahrtrichtung hart rechtsseitig am Kantstein zu halten. Mit abgeblendeten Lichtern dürfen nur Ärzte, Sanitäter, Feuerwehr und Post das Verdunkelungsgebiet durchfahren. Die Straße ist von jeglichem Fußgängerverkehr freizuhalten. Durchgelassen werden nur solche, die mit der Bahn wollen oder zu einem Arzt oder einer Apotheke müssen.

Wenn Kraftfahrzeuge mit Standlicht oder Positionslampen ausgerüstet sind, können für unumgänglich nötige Fahrten diese Lampen eingeschaltet werden; andernfalls muss die Beleuchtung durch dickes blaues Papier abgeblendet werden, das durch einen Querschlitz von 5 Millimeter Breite und 10 Zentimeter Länge einen matten Lichtschein durchlässt. Dieser Querschlitz sollen sich etwa 20 - 25 Millimeter und Lichtkegelmitte befinden. Dasselbe gilt gegebenenfalls für Fahrräder.

Eine Haftpflicht des Staates und der Gemeinde kann von diesen Fahrern bei Unfällen, die durch die Verdunkelung entstehen, nicht hergeleitet werden. Jeder Einwohner möge sich des Ernstes dieser Übung bewusst sein und einer unliebsamen Bekanntschaft mit Polizei oder SA-Patrouille vorbeugen." (93)

Diese Übung verlief besser als die vorige:

„(...) Um 9.30 Uhr setzte der „melodische" Klang der Sirenen ein, eine noch lauter und dringlicher, wie die andere. Und man musste staunen, wie schlagartig die Verdunkelung der Straßen einsetzte. Alle Straßenlaternen waren gleichzeitig erloschen bis auf einige, die widerspenstig waren. Aber diese waren auch bald gelöscht, denn die Arbeiter und Angestellten der Betriebswerke waren auf dem Posten, obgleich sie verhältnismäßig große Bezirke zu betreuen hatten. Auch der Bahnhof war während dieser Zeit verdunkelt. Man konnte aber deutlich die Fahrten der Rangierlokomotive verfolgen, die mit Licht fuhr. Sehr interessant war es, wie schnell die großen Betriebe erloschen. Wo eben noch ein helles Haus stand, war jetzt tiefe Dunkelheit. Auch in den Privathäusern verschwand alles Licht, nur nicht so pünktlich, wie bei den Straßenlaternen und wie in den großen Betrieben. Einige mussten durch die Streifen der SA und des Arbeitsdienstes an ihre Pflicht erinnert werden. Interessant war die Beleuchtung der Landstraßen. Man sah in der Dunkelheit einen Lichtkegel sich immer dichter an die Stadtgrenze heranschieben. An einer bestimmten Stelle, meistens bei der Stadtgrenze, erloschen diese Lichtkegel, weil hier die Posten standen und die Autofahrer aufmerksam machten, dass sie nicht weiter mit Licht fahren dürften. Während dieser Übung ging mit großem Krach in den verschiedenen Stadtteilen „Bomben" nieder und gemahnten an den Ernst, der solch einer Übung beizulegen ist. Um 9.50 Uhr gaben die Sirenen das Zeichen, dass die „Gefahr" vorüber war. Sehr schnell strahlten die Lichter in den Betrieben und Wohnungen wieder auf, der Verkehr setzte wieder ein. Der Reichsluftschutzbund, Ortsgruppe Elmshorn, kann mit dem Verlauf der Verdunkelungsübung zufrieden sein, es hat alles gut geklappt. Bei der nächsten

Übung werden auch die jetzt noch vorgekommenen „Kinderkrankheiten" überstanden sein." (94)

Am 16. Dezember 1935 fand erneut eine Luftschutzübung statt, dieses Mal aber nicht für die Bevölkerung, sondern für die Einsatzkräfte des Sicherheits- und Hilfsdienstes und des Selbstschutzes nach vorangegangenem Planspiel der Unterführer. Um das Weihnachtsgeschäft nicht zu stören, war dieses Mal keine Verdunkelung angeordnet worden. Angenommen wurden Brände, drohende Einstürze, Kampfstoffvergiftungen, Gasrohrbrüche usw. Der Sicherheits- und Hilfsdienst bestand aus Polizei, Feuerwehr, Technische Nothilfe, Sanitätskolonne, Entgiftungs- und Instandsetzungsdienst. (95)

Aufruf.

An die Eltern im Kreise Pinneberg.

Noch nicht drei Jahre seit der Machtübernahme durch den Führer und seine Männer sind ins Land gegangen und schon stehen 6 Millionen Jungen und Mädel unter der Fahne der Hitler-Jugend.

Hier steht der Arbeiterjunge neben dem Sohn des Fabrikbesitzers, denn hier ist der Platz aller, und erlebt mit gläubigem Herzen die große und herrliche Gemeinschaft der HJ. Können Sie es vor sich selbst und vor Ihren Kindern verantworten, daß diesen das „große Erlebnis der Hitler-Jugend" vorenthalten bleibt?

Der Staat braucht ganze Männer und tapfere Frauen, die durch die Schule der Hitler-Jugend gegangen sind.

Sie sind Schuld daran, wenn Ihre Kinder einmal sagen: Warum durfte ich nicht mitarbeiten am Neubau der Nation und des Staates?

In diesen Tagen ruft die HJ.:

Hinein in die Hitler-Jugend!

Sorgen Sie dafür, daß Ihre Kinder dem Ehrendienst am jungen Staat nicht fernbleiben.

NSDAP. Kreis Pinneberg. gez. **Schramm**, Kreisleiter.
Der Führer der Standarte 265. gez. **Brauer**, Standartenführer.
Duvigneau, Landrat des Kreises Pinneberg.
Kreisschulrat des Kreises Pinneberg. gez. **Mag.**
Der Führer des Bannes 31. gez. **Behrmann**, Unterbannführer, m. d. F. b.
Der Führer des Jungbannes I 31. gez. **Purfürst**, Fähnleinführer.
Die Führerin des Untergaues 31. gez. **Annelise Ludwig**, Mädelgruppenführerin.
Die Führerin des JM.-Untergaues 31. gez. **Irmi Grünbauer**, JM.-Gruppenführerin.

EN vom 30.11.1935

Die Bauersfrau muß Kinder wollen.

Eine bedeutsame Gerichtsentscheidung.

§—§ Die vom Reichsjustizminister herausgegebene Zeitung „Deutsche Justiz" teilt zum Kapitel Familienrecht eine bedeutsame Entscheidung des Landgerichtes **Köslin** mit (3. R. 59. 35), wonach die Ablehnung einer Bäuerin, in der Ehe Kinder zu gebären, eine derartig schwere eheliche Verfehlung darstellt, daß sie als Ehescheidungsgrund im Sinne von § 1568 BGB. angesehen werden muß. In dem vorliegenden Einzelfall hatte nach Zeugenaussagen die Frau gesagt, was sie denn mit Kindern solle. So dumm wäre sie nicht. Das Gericht stellt dazu fest, daß die Frau in dieser Anschauung den heutigen Anschauungen vom Wesen der Ehe im schwersten Maße zuwiderhandele. Gerade den Bauern als der Blutquelle des Volkes sei die hohe Pflicht auferlegt, diesen Blutstrom nicht zum Versiegen zu bringen. Die Frau eines Bauern müsse gewillt sein, an der Erreichung dieser Ziele ihr Teil beizutragen. Durch die Scheidung der Ehe im vorliegenden Falle müsse dem Mann die Möglichkeit gegeben werden, sich **eine andere Frau zu suchen**, die von den heutigen Anschauungen über die Ehe mehr durchdrungen sei als seine bisherige Gattin. Die Frau wurde bei der Ehescheidung als **schuldiger** Teil erklärt.

EN vom 2.12.1935

Wer wird Reichsbürger?

Der Begriff des jüdischen Mischlings. Die Mitglieder europäischer Minderheiten

X Das Reichsbürgergesetz und das Blutschutzgesetz verfolgen nicht, wie Reichsminister Dr. **Frick** in der Deutschen Juristen-Zeitung darlegt, den Zweck, die Angehörigen der **jüdischen** Rasse nur um ihrer Rassezugehörigkeit willen schlechter zu stellen. Die **Lebensmöglichkeit** soll den Juden in Deutschland **nicht abgeschnitten** werden. Das deutsche Schicksal aber gestaltet in Zukunft lediglich das deutsche Volk.

Das Reichsbürgergesetz unterscheidet zwischen dem „Staatsangehörigen" und dem „Reichsbürger". **Reichsbürger** ist nur der Staatsangehörige, dem der Vollbesitz der politischen Rechte und Pflichten zusteht. Grundsätzlich kann niemand Reichsbürger werden, der nicht deutschen oder artverwandten Blutes (deutschblütig) ist; ferner aber muß er durch sein Verhalten den Willen und die Eignung zum Dienst am deutschen Volke bekunden. Da die Deutschblütigkeit eine Voraussetzung des Reichsbürgerrechts bildet, kann **kein Jude Reichsbürger** werden. Dasselbe aber gilt auch für die Angehörigen anderer Rassen, deren Blut dem deutschen Blut nicht artverwandt ist, z. B. für **Zigeuner** und **Neger**.

Das deutsche Blut bildet keine eigene Rasse.

Das deutsche Volk setzt sich vielmehr aus Angehörigen verschiedener Rassen zusammen. Allen diesen Rassen aber ist eigentümlich, daß ihr Blut sich **miteinander verträgt** und eine Blutmischung — anders wie beim nichtartverwandten Blut — keine Hemmungen und Spannungen auslöst. Dem deutschen Blut kann daher unbedenklich auch das Blut derjenigen Völker gleichgestellt werden, deren rassische Zusammensetzung der deutschen **verwandt** ist. Das ist durchweg bei den **geschlossen in Europa** siedelnden Völkern der Fall. Das **artverwandte** Blut wird mit dem deutschen nach jeder Richtung hin **gleich** behandelt. Reichsbürger können daher auch die Angehörigen der in Deutschland wohnenden **Minder-**
verurteilt sind, oder in ähnlichen Fällen gemacht werden.

Das Reichsbürgerrecht wird durch Verleihung des **Reichsbürgerbriefes** erworben. Die Voraussetzungen für den Erwerb im einzelnen werden noch festgelegt werden. Es muß aber jetzt bereits hervorgehoben werden, daß entgegen anderslautenden Gerüchten **nicht** daran gedacht ist, die Verleihung des Reichsbürgerrechts etwa **nur auf die Mitglieder** der **NSDAP.**, also einen Bruchteil der deutschen Staatsangehörigen, zu beschränken. Es ist vielmehr in Aussicht genommen, die

große Masse des deutschen Volkes zu Reichsbürgern

zu machen. Ausnahmen werden nur bei solchen Personen, die sich gegen Reich oder Volk vergeben, die zu Zuchthausstrafen verurteilt sind, oder in ähnlichen Fällen gemacht werden.

Die endgültige Verleihung des Reichsbürgerrechts wird noch geraume Zeit auf sich warten lassen, da sie von der Erledigung einer umfangreichen Verwaltungsarbeit abhängig ist.

Anschließend erörterte Reichsminister Dr. Frick noch einmal den **Begriff „Jude"**, wie er sich aus den neuen gesetzlichen Vorschriften ergibt, um dann fortzufahren: Auch

der Begriff des jüdischen Mischlings

ist mit allgemein gültiger Wirkung festgelegt worden. Dabei wurde davon ausgegangen, daß Personen, die **drei** volljüdische **Großelternteile** besitzen, unbedenklich als Juden betrachtet werden können, da sie ihrer Blutzusammensetzung nach überwiegend zum Judentum tendieren. Auf der anderen Seite müssen Personen

mit nur geringfügigem jüdischen Bluteinschlag als Deutsche behandelt werden.

Mischlinge sind danach diejenigen Personen, die von **einem** oder von **zwei** der Rasse nach volljüdischen **Großelternteilen** abstammen. Im Interesse einer Verwaltungserleichterung ist bestimmt, daß ein Großelternteil ohne weiteres als volljüdisch gilt, wenn er der jüdischen Religionsgemeinschaft angehört hat; ein Gegenbeweis ist dabei ausgeschlossen.

Die Mischlinge erfahren grundsätzlich eine **besondere Behandlung**. Da sie nicht Juden sind, können sie nicht den Juden, da sie nicht Deutsche sind, können sie nicht den Deutschen gleichgestellt werden. Sie haben zwar daher grundsätzlich die Möglichkeit, das Reichsbürgerrecht zu erwerben, dagegen bleiben sie den **Beschränkungen unterworfen**, die in der bisherigen Gesetzgebung und den Anordnungen der NSDAP. und ihrer Gliederungen ausgesprochen sind. Ihnen ist daher auch in Zukunft **weder** der **Zugang** zum **Beamtentum** und verschiedenen anderen Berufen eröffnet, noch können sie Mitglied der NSDAP. oder ihrer Gliederungen sein. In wirtschaftlicher Hinsicht sind sie dagegen den deutschblütigen Personen vollständig gleichgestellt.

EN vom 2.12.1935

Deutschblütige Hausangestellte

in jüdischen Haushalten.

(—) Bei dem Reichs- und preußischen Ministerium des Innern gehen ebenso wie bei vielen anderen Behörden zahlreiche Anträge ein, die Befreiungen von dem Blutschutzgesetz und dessen erste Ausführungsverordnung anstreben, wonach Juden keine weiblichen Staatsangehörigen deutschen oder artverwandten Blutes unter 45 Jahren neueinstellen und unter 35 Jahren weiterbeschäftigen dürfen.

Viele dieser Anträge beruhen auf irriger Auslegung der Vorschriften. Ein Haushalt ist nur dann jüdisch im Sinne der Vorschriften, wenn ein jüdischer Mann Haushaltungsvorstand ist oder der Hausgemeinschaft angehört. Als Mann in diesem Sinne ist nur anzusehen, wer über 16 Jahre alt ist; ein Haushalt, in dem nur Frauen oder Kinder jüdisch sind, fällt also nicht unter das Gesetz. Weibliche Staatsangehörige deutschen oder artverwandten Blutes, die am 16. September 1935 in einem jüdischen Haushalt beschäftigt waren, können in diesem Haushalt bleiben, wenn sie bis zum Jahresschluß das 35. Lebensjahr vollendet haben werden; sie dürfen aber nicht in einem anderen jüdischen Haushalt angestellt werden.

Anträge auf Befreiung von diesen Vorschriften haben grundsätzlich keine Aussicht auf Erfolg und sind daher zwecklos, sofern nicht ganz außergewöhnliche Umstände vorliegen. Etwaige Anträge sind zu richten an die untere Verwaltungsbehörde, in deren Bezirk der jüdische Haushalt sich befindet. Soweit Anträge bereits bei anderen Behörden eingegangen sind, werden sie mit größter Beschleunigung den zuständigen Behörden zugeleitet. Wer bereits einen Antrag bei einer anderen als der zuständigen Behörde eingereicht hat, braucht ihn demnach nicht zu wiederholen.

EN vom 7.12.1935

Die größte Verhaftungswelle von Kommunisten gab es 1934 in Elmshorn. Sie richtete sich gegen ein Netzwerk der Roten Hilfe der Kommunistischen Partei, die im Untergrund und trotz größter Repression aktiv war und Hilfen für Angehörige von Verhafteten organisierte. Gegen insgesamt 269 Personen aus dem Kreis Pinneberg und vor allem aus Elmshorn wurde verhandelt. 261 Angeklagte wurden verurteilt, an erster Stelle aus dem Umfeld der verbotenen Kommunistischen Partei, aber auch der Sozialdemokraten, Gewerkschafter und Unabhängigen. Bei den zu Zuchthaus Verurteilten handelte es sich um Angehörige aller Altersgruppen, auch um Greise und um Mütter mit kleinen Kindern. (96)

Am 13. Dezember 1935 wurden von dem 3. Strafsenat des Preußischen Kammergerichts in Hamburg die ersten Urteile gegen Elmshorner Kommunisten um Johannes Offenborn gesprochen.

Hierbei erhielten:

Johannes Offenborn, Langelohe	8 J. Zuchthaus	10 J Ehrenrechtsverlust
Heinrich Rostock, Langelohe	8 J. Zuchthaus	10 J Ehrenrechtsverlust
Richard Jürgensen, Elmshorn	8 J. Zuchthaus	10 J Ehrenrechtsverlust
Johannes Britten, Uetersen	6 J. Zuchthaus	6 J Ehrenrechtsverlust
Wilhelm Gadde, Elmshorn	6 J Zuchthaus	6 J Ehrenrechtsverlust
Johann Modrow, Elmshorn	4 J Zuchthaus	4 J Ehrenrechtsverlust
Max Wulff, Elmshorn	4 J Zuchthaus	4 J Ehrenrechtsverlust
Bruno Weidemann, Elmshorn	2 J 6 M Zuchthaus	3 J Ehrenrechtsverlust
Frau Rostock	1 J Gefängnis	(97)

Im zweiten Prozess wurden verurteilt:

Hans Hachmann	5 J Zuchthaus	5 J Ehrenrechtsverlust
Viktor Andersen	4 J Zuchthaus	4 J Ehrenrechtsverlust
Nikolai Witt	4 J Zuchthaus	4 J Ehrenrechtsverlust
Hans Schulz	4 J Zuchthaus	4 J Ehrenrechtsverlust
Heinrich Duschek	4 J Zuchthaus	4 J Ehrenrechtsverlust
Rudolf Huxholt	1 J 6 M Zuchthaus	
Wilhelm Foth	1 J 3 M Gefängnis	
Walter Bösecke	1 J Gefängnis	(98)

Im 3. Prozess wurden verurteilt:

Emma Weber, geb. Hunold, Lieth	4 J Zuchthaus	4 J Ehrenrechtsverlust
Max Delfs, Lieth	3 J 6 M Zuchthaus	4 J Ehrenrechtsverlust
Hugo Harder, Elmshorn	3 J 6 M Zuchthaus	4 J Ehrenrechtsverlust
Bernhard Seidel, Elmshorn	3 J 6 M Zuchthaus	4 J Ehrenrechtsverlust
Paul Wegner, Elmshorn	3 J Zuchthaus	3 J Ehrenrechtsverlust
Franz Wegner, Elmshorn	3 J Zuchthaus	3 J Ehrenrechtsverlust
Wilhelm Pieper, Lieth	2 J Zuchthaus	2 J Ehrenrechtsverlust
Fritz Maaß, Elmshorn	2 J Zuchthaus	2 J Ehrenrechtsverlust
Otto Sadowski, Elmshorn	2 J Zuchthaus	2 J Ehrenrechtsverlust
Alfred Rößler, Lieth	2 J Zuchthaus	2 J Ehrenrechtsverlust
Heinrich Hunold, Lieth	2 J Zuchthaus	
Simon Mesch, Langelohe	2 J Zuchthaus	(99)
Adolf Nowak, Lieth	5 J Zuchthaus	5 J Ehrenrechtsverlust
Paul Busch, Lieth	3 J 6 M Zuchthaus	4 J Ehrenrechtsverlust
Alfred Armbrust, Lieth	3 J Zuchthaus	3 J Ehrenrechtsverlust
August Klemenz, Lieth	2 J 6 M Zuchthaus	3 J Ehrenrechtsverlust
Hermann Schmarbeck, Elmshorn	4 J Zuchthaus	4 J Ehrenrechtsverlust
Johannes Sommer, Lieth	3 J 6 M Zuchthaus	4 J Ehrenrechtsverlust
Walter Dramsch, Lieth	2 J Gefängnis	
Peter Hasenberg, Elmshorn	2 J Gefängnis	
Ida Stein, geb. Kalbe, Lieth	1 J Gefängnis	(100)

Im 4. Prozess wurden verurteilt:

Ferdinand Schulz	4 J Zuchthaus	4 J Ehrenrechtsverlust
Fritz Möller	3 J 6 M Zuchthaus	3 J Ehrenrechtsverlust
Hinrich Weber	3 J Zuchthaus	3 J Ehrenrechtsverlust
Richard Herrlich	2 J 6 M Zuchthaus	
Helmut Pletzin	2 J 6 M Zuchthaus	
August Mohr	2 J 6 M Zuchthaus	
Paul Franz	2 J 6 M Zuchthaus	
Marie Trensch, geb. Zernikow	2 J 6 M Zuchthaus	
Hermann Rathjen	2 J 6 M Zuchthaus	
Max Mohr	2 J 6 M Zuchthaus	(101)

Anfang April 1936 erfolgten die nächsten Urteile:

Heinrich Trojahn, Hainholz	5 J Zuchthaus
Willy Notnagel, Hainholz	4 J Zuchthaus
Karl Larsen, Hainholz	4 J Zuchthaus
Wilhelm Kohlhof, Hainholz	3 J Zuchthaus
Hermann Bernhold, Hainholz	3 J Zuchthaus
Adolf Oellerich, Hainholz	2 J 6 M Zuchthaus
Hermann Kolster, Hainholz	2 J 6 M Zuchthaus
Wilhelm Brömmer, Hainholz	2 J 6 M Zuchthaus
Nikolaus Jürgensen, Hainholz	2 J 6 M Zuchthaus

Josef Grochowski, Hainholz	2 J 6 M Zuchthaus
Max Tietjens, Hainholz	2 J 3 M Zuchthaus
Anna Trojahn, Hainholz	2 J Zuchthaus
Fritz Möller, Elmshorn	2 J Zuchthaus
Heinrich Hagenah, Hainholz	2 J Zuchthaus
Detlef Gripp, Hainholz	2 J Zuchthaus
Hermann Will, Elmshorn	3 J 6 M Zuchthaus
Albert Böttcher, Elmshorn	3 J Zuchthaus
Willy Rohlf, Elmshorn	3 J Zuchthaus
Karl Wiesenberg, Elmshorn	3 J Zuchthaus
Ernst Peters, Elmshorn	2 J 6 M Zuchthaus
Wilhelm Mohr, Elmshorn	2 J 6 M Zuchthaus
Ernst Karlau, Hemdingen	2 J 6 M Zuchthaus
Hermann Altvater, Elmshorn	2 J 6 M Zuchthaus
Rudolf Stick, Elmshorn	2 J 6 M Zuchthaus
Erwin Lange, Elmshorn	2 J Zuchthaus
August Lange, Elmshorn	2 J Zuchthaus
Frieda Will, Elmshorn	1 J 3 M Gefängnis
Arthur Danker, Elmshorn	3 J Zuchthaus
Erich Krämer, Elmshorn	3 J Zuchthaus
Hans Langheim, Elmshorn	3 J Zuchthaus
Ernst Schadendorf, Elmshorn	2 J 6 M Zuchthaus

Heinrich Krüger, Elmshorn	2 J 6 M Zuchthaus
Johann Okonowski, Elmshorn	2 J 6 M Zuchthaus
Arthur Geißler, Elmshorn	2 J 6 M Zuchthaus
Hermann Kähler, Elmshorn	1 J Zuchthaus
Ernst Rathje, Elmshorn	6 J Zuchthaus
Wilhelm Meier, Elmshorn	4 J Zuchthaus
Wilhelm Brandt, Elmshorn	2 J 6 M Zuchthaus
Wilhelm Lentfer, Elmshorn	2 J 6 M Zuchthaus (102)

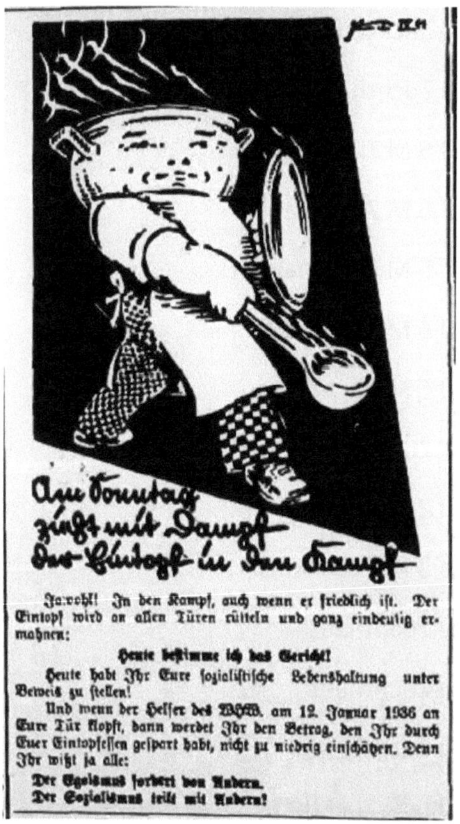

Jawohl! In den Kampf, auch wenn er friedlich ist. Der Eintopf wird an allen Türen rütteln und ganz eindeutig ermahnen:

Heute bestimme ich das Gericht!

Heute habt Ihr Eure sozialistische Lebenshaltung unter Beweis zu stellen!

Und wenn der Helfer des WHW. am 12. Januar 1936 an Eure Tür klopft, dann werdet Ihr den Betrag, den Ihr durch Euer Eintopfessen gespart habt, nicht zu niedrig einschätzen. Denn Ihr wißt ja alle:

Der Egoismus fordert von Andern.
Der Sozialismus teilt mit Andern!

EN vom 8.1.1936

Auf einer Tagung der Gesamtvertretung der deutschen Richter, Staatsanwälte und Rechtspfleger wurden folgende Leitsätze vorgestellt:

„(...) 1. Der Richter ist nicht als Hoheitsträger des Staates über den Staatsbürger gesetzt, sondern er steht als Glied in der lebendigen Gemeinschaft des deutschen Volkes. Es ist nicht seine Aufgabe, einer über der Volksgemeinschaft stehenden Rechtsordnung zur Anwendung zu verhelfen oder allgemeine Wertvorstellungen durchzusetzen, vielmehr hat er die konkrete völkische Gemeinschaftsordnung zu wahren, Schädlinge auszumerzen, gemeinschaftswidriges Verhalten zu ahnden und Streit unter Gemeinschaftsgliedern zu schlichten.

2. Grundlage der Auslegung aller Rechtsquellen ist die nationalsozialistische Weltanschauung, wie sie insbesondere in dem Parteiprogramm und den Äußerungen des Führers ihren Ausdruck findet.

3. Gegenüber Führerentscheidungen, die in die Form eines Gesetzes oder einer Verordnung gekleidet sind, steht dem Richter kein Prüfungsrecht zu. Auch an sonstigen Entscheidungen des Führers ist der Richter gebunden, sofern in Ihnen der Wille, Recht zu setzen unzweideutig zum Ausdruck kommt.

4. Gesetzliche Bestimmungen, die vor der nationalsozialistischen Revolution erlassen sind, dürfen nicht angewandt werden, wenn ihre Anwendung dem heutigen gesunden Volksempfinden ins Gesicht schlagen würde. Für die Fälle, in denen der Richter mit dieser Begründung eine gesetzliche Bestimmung nicht anwendet, ist die Möglichkeit zu schaffen, eine höchstrichterliche Entscheidung herbeizuführen.

5. Zur Erfüllung seiner Aufgaben in der Gemeinschaft muss der Richter unabhängig sein. Er ist nicht an Weisungen gebunden. Unabhängigkeit und Würde des Richters machen geeignete Sicherungen gegen Beeinflussungsversuche und ungerechtfertigte Angriffe erforderlich. (...)“ (103)

Der „Völkische Beobachter“ brachte im Januar 1936 einen Aufsatz über die „Arbeit der Geheimen Staatspolizei“ (Gestapo), den die EN abdruckten:

„(...) Die vorbeugende Tätigkeit der Geheimen Staatspolizei besteht in erster Linie in der umfassenden Beobachtung der Tätigkeit aller Staatsfeinde im Reichsgebiet. Da die Geheime Staatspolizei neben den ihr in erster Linie obliegenden Vollzugsaufgaben diese Beobachtung der Staatsfeinde nicht in dem notwendigen Maße durchführen kann, tritt ihr ergänzend der Sicherheitsdienst des Reichsführers SS, der vom Stellvertreter des Führers als der politische Nachrichtendienst der Bewegung eingesetzt wurde, zur Seite und stellt damit einen großen Teil der von ihnen mobilisierten Kräfte der Bewegung in den Dienst der Staatssicherheit.

Die Geheime Staatspolizei trifft aufgrund der Beobachtungsergebnisse gegen die Staatsfeinde die erforderlichen polizeilichen Vorbeugungsmaßnahmen. Die wirksamste Vorbeugungsmaßnahme ist zweifellos die Freiheitsentziehung, die in der Form der „Schutzhaft" verhängt wird, wenn zu befürchten ist, dass die freie Betätigung der betreffenden Personen in irgendeiner Weise die Staatssicherheit gefährden werde. Die Anwendung der Schutzhaft ist durch Richtlinien des Reichs- und preußischen Ministers des Innern und durch ein besonderes Haftprüfungsverfahren der Geheimen Staatspolizei so geregelt, dass - soweit es die Aufgabe des vorbeugenden Kampfes gegen die Staatsfeinde zulässt - entsprechende Garantien gegen einen Missbrauch der Schutzhaft gegeben sind. Vor allem aber hat die einheitliche Erziehung der Praxis bei allen Behörden der Geheimen Staatspolizei hat dazu geführt, dass die Erfolge der Anwendung der Schutzhaft die gelegentlich nicht zu vermeidenden Härten unendlich aufwiegen.

Während kurzfristige Schutzhaft in Polizei- und Gerichtsgefängnissen vollzogen wird, nehmen die der Geheimen Staatspolizei unterstehenden Konzentrationslager diejenigen Schutzhäftlinge auf, die für längere Zeit aus der Öffentlichkeit herausgenommen werden müssen. Den größten Stamm der Insassen der Konzentrationslager bilden diejenigen kommunistischen und sonstigen marxistischen Funktionäre, die nach den gemachten Erfahrungen in Freiheit sofort ihren Kampf gegen den Staat wieder aufnehmen würden.

Weitere polizeiliche Vorbeugungsmaßnahmen gegen staatsfeindliche Bestrebungen bestehen in der Auflösung von Verbänden, in dem Verbot und der Auflösung von Versammlungen und Zusammenkünften, in dem Verbot von Schriften aller Art und dergleichen.

In der Anwendung der polizeilichen Vorbeugungsmaßnahmen ist die Geheime Staatspolizei ein notwendiges Instrument in der Hand der Staatsführung, durch das der Wille der Staatsführung überall da durchgesetzt werden kann, wo andere Zweige des Staatsapparates sich nicht durchsetzen können oder nicht eingesetzt werden sollen.

Da auch der NSDAP und ihren Führern durch gesetzliche Bestimmungen ein besonderer Schutz gewährt wird, obliegt der Geheimen Staatspolizei auch die Verfolgung von Delikten gegen diese Gesetze und der vorbeugende Schutz der Partei und ihrer Führer. (...)" (104)

Der 30. Januar wurde in allen Schulen mit einer Gedenkveranstaltung gefeiert. (105)

Das Frauenbild der Nationalsozialisten zeigt deutlich der Aufsatz *„Was soll unsere Tochter werden!"* in den EN:

„Schulentlassung steht wieder einmal für viele jungen deutschen Mädels nahe bevor. Und immer stärker drängt sich die Frage in den Vordergrund: „Was beginne ich, wenn meine Schulzeit vorbei ist?"

Es wird immer Mädels in unserem Lande geben, die durch eine starke, ausgesprochene Begabung, verbunden mit Fleiß und Energie, hingewiesen werden auf die Ergreifung eines wissenschaftlichen oder auch künstlerischen Berufs. Doch immerhin, dies sind Sonderfälle, die immer nur dann Geltung haben, wenn eben eine Sonderbegabung, eine tatsächliche Berufung also, zum Durchbruch drängt.

Aber alle unsere vielen anderen, alle unsere jungen Mädels, die sich, stärker als von allem anderen, angezogen fühlen, von den natürlichen Betätigungsgebieten der Frau, von dem Schalten-und-Walten-Dürfen im Haus und am Herd, im Kreise der Kinder, oder darüber hinaus auch noch im Garten, im Hof, auf den Feldern?

Gerade für diese jungen Mädchen bieten sich heute ausgezeichnete Möglichkeiten.

Da ist zunächst zu nennen,

das hauswirtschaftliche Jahr.

Es ist sehr zu begrüßen, wenn unsere Mädels gleich nach der Schulentlassung Gelegenheit suchen, in einem Haushalt, unter Anleitung einer bewährten Hausfrau, ein hauswirtschaftliches Jahr durchzumachen. Die Haushaltungen, die sich bereit erklären, ein Mädel für das hauswirtschaftliche Jahr aufzunehmen, werden auf ihre Eignung überprüft von den Sachberaterinnen der NS-Frauenschaft und des Deutschen Frauenwerks. In ihrer Freizeit mit dem jungen Mädel Gelegenheit geboten, an den Zusammenkünften des BDM teilzunehmen. Ein kleines Taschengeld wird zumeist gezahlt.

Ferner seien die jungen Mädchen hingewiesen auf die zweijährige

hauswirtschaftliche Lehre.

Auch diese wird durchgemacht in einem Haushalt, dessen Hausfrau von der Sachberaterin in der NS-Frauenschaft und dem Deutschen Frauenwerk für geeignet befunden wurde. Die hauswirtschaftliche Lehre schließt nach zwei Jahren mit einer Prüfung ab. Besteht das Mädel diese Prüfung, so erhält sie das Prädikat „Geprüfte Hausgehilfin". Während der zweijährigen hauswirtschaftlichen Lehre wird ein Taschengeld gewährt.

Die städtische Haushaltspflegerin

für die Anstellungsmöglichkeiten in größeren Betrieben, z.B. Sanatorien, Internaten, Kinderheimen usw. vorliegen, wird in einem fünfjährigen Ausbildungsgang geschult. Im Allgemeinen ist bei der Wahl dieses Berufes eine abgeschlossene Schulbildung mit erlangter mittlerer Reife nachzuweisen, doch können auch Mädels mit abgeschlossener Volksschulbildung zugelassen werden. Sie haben dann vor Eintritt in den Haushaltspflegerinnenlehrgang eine schulwissenschaftliche Prüfung nachzuholen. Die Ausbildung gliedert sich wie folgt: Zunächst wird ein Jahr lang eine Haushaltungsschule besucht. Dann folgen drei Praktikantinnenjahre, von denen das erste in einem Familienhaushalt, das zweite möglichst in einem größeren ländlichen Betrieb, und das dritte in einem großen städtischen Betrieb, z.B. Krankenhaus, abzuleisten ist. Während dieser drei Praktikantinnenjahre wird überall ein

Taschengeld gezahlt. Abschließend wird dann im fünften Jahr der „Haushaltspflegerinnenlehrgang" besucht.

Die Landhilfe

weist zahlreichen Mädels, die gesund, kräftig und arbeitsfroh sind, ein Betätigungsfeld, dessen Betreuung für Deutschland in volkswirtschaftlicher Hinsicht von größter Bedeutung ist. Denn die Landhilfe stellt den deutschen Bauern weibliche Arbeitskräfte, an denen es seit Jahrzehnten zu mangeln begann, aus den Reihen unserer deutschen Jugend zur Verfügung. Mädels, die zur Landhilfe wollen, werden zunächst einem Umschulungslager zugewiesen, um mit allen Arbeitsgebieten einer ländlichen Haushaltung vertraut zu werden. Während der 8 Wochen, die die Mädels im Lager verbringen, gehen sie bereits täglich einige Stunden zum Bauern, um überall mit zuzugreifen. Während der übrigen Zeit des Tages erhalten Sie im Lager weitere eingehende praktische und theoretische Unterweisung. Anschließend an die Ausbildung im Umschulungslager folgt eine Tätigkeit im bäuerlichen Betrieb für die Dauer von 10 Monaten. Für diese Tätigkeit erhält das Mädel ein monatliches Entgelt. Dann ist das Landhilfejahr herum. Mädels, die Freude an der Arbeit auf dem Lande gefunden haben, finden nun gute Möglichkeiten, diesem Beruf treu zu bleiben.

Über die Landhilfe ist bei der Abteilung Berufsberatung des Arbeitsamtes ebenso genaue Auskunft zu erhalten, über den

Frauenarbeitsdienst.

Es ist selbstverständlich, dass kein Mädel, das das erforderliche Mindestalter von 18 Jahren erreicht hat, versäumen wird, sich zum Eintritt in den Frauenarbeitsdienst, diese große, schöne Schule der Nation, zu melden." (106)

Am 7. März 1936, dem Heldengedenktag, rückten drei Bataillone der deutschen Wehrmacht in die entmilitarisierte Zone im Rheinland, die im Versailler Vertrag festgelegt worden war. Sie errichteten Garnisonen in Aachen, Trier und Saarbrücken. Dieses stellte einen Bruch des Versailler Vertrages dar. Um diesen Schritt zu legitimieren, setzten die Nationalsozialisten für den 29. März 1936 eine

Reichstagswahl an, mit der das deutsche Volk sein Einverständnis zur Rheinlandbesetzung geben sollte. Wie bei der Novemberwahl von 1933 gab es nur eine Einheitsliste der NSDAP, andere Parteien waren nicht zugelassen. Die jüdische Bevölkerung war durch die Nürnberger Gesetze von 1935 von der Wahl ausgeschlossen.

Am 18. März fand in Elmshorn die erste Wahlveranstaltung im „Carlstal“ statt, auf der ein Herr Bischof aus Bordesholm einen Überblick über die Weimarer Zeit und der Zeit nach 1933 aus nationalsozialistischer Sicht vortrug. (107)

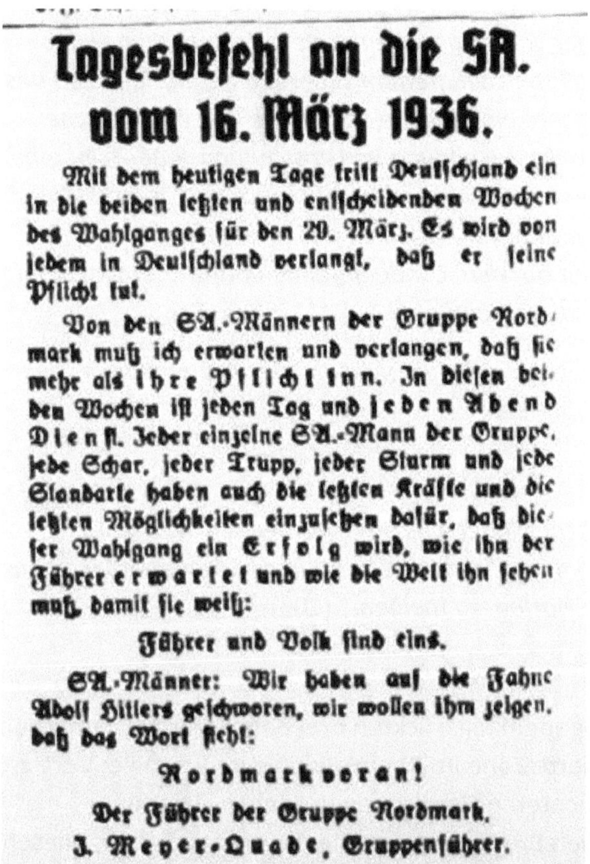

Tagesbefehl an die SA. vom 16. März 1936.

Mit dem heutigen Tage tritt Deutschland ein in die beiden letzten und entscheidenden Wochen des Wahlganges für den 29. März. Es wird von jedem in Deutschland verlangt, daß er seine Pflicht tut.

Von den SA.-Männern der Gruppe Nordmark muß ich erwarten und verlangen, daß sie mehr als ihre Pflicht tun. In diesen beiden Wochen ist jeden Tag und jeden Abend Dienst. Jeder einzelne SA.-Mann der Gruppe, jede Schar, jeder Trupp, jeder Sturm und jede Standarte haben auch die letzten Kräfte und die letzten Möglichkeiten einzusetzen dafür, daß dieser Wahlgang ein Erfolg wird, wie ihn der Führer erwartet und wie die Welt ihn sehen muß, damit sie weiß:

Führer und Volk sind eins.

SA.-Männer: Wir haben auf die Fahne Adolf Hitlers geschworen, wir wollen ihm zeigen, daß das Wort steht:

Nordmark voran!

Der Führer der Gruppe Nordmark.
J. Meyer-Quade, Gruppenführer.

EN vom 18.3.1936

Was niemand fertigbrachte:

Das schaffte der Führer!

Die Zahl der aufliegenden Schiffe im Hamburger Hafen betrug:

Am 1. März 1932:	166 Schiffe	mit	728 396	Bruttoregistertonnen
Am 1. März 1933:	155 Schiffe	mit	547 809	Bruttoregistertonnen
Am 1. März 1934:	52 Schiffe	mit	227 240	Bruttoregistertonnen
Am 1. März 1935:	24 Schiffe	mit	71 595	Bruttoregistertonnen
Am 1. März 1936:	8 Schiffe	mit	31 199	Bruttoregistertonnen

Das bedeutet Arbeit und Brot für viele Tausend Seeleute, Werft- und Reedereiangestellte und ist ein Zeichen für die Neubelebung der deutschen Wirtschaft und ihrer Beziehungen zur Welt. Was niemand fertigbrachte, das schaffte der Führer

Dem Führer die Treue!

EN vom 20.3.1936

Reichstag für Freiheit und Frieden

Wahlkreis ____

Nationalsozialistische Deutsche Arbeiterpartei

Adolf Hitler

Heß Frick Göring Goebbels ◯

EN vom 21.3.1936

Am 22. März folgte die Großveranstaltung mit dem Reichsbauernführer Darré auf der Elmshorner Rennbahn. In seiner Rede kam er u. a. auch auf den Bolschewismus zu sprechen:

„(...) Wir sehen im Bolschewismus nicht eine politische Idee, eine nationale Ausdrucksform eines Volkskörpers, sondern eine Pest, die man ausrotten muss! (Stürmischer Beifall)

Mit dem russischen Volke hat der Bolschewismus, der nichts anderes ist als das Mittel des Judentums zur Verwirklichung seines Weltherrschaftsstrebens, ganz und gar nichts zu tun. Diese Pest kann man nicht ausrotten, wenn man mit ihr aus einer Schüssel isst! (Stärkste Zustimmung)“ (108)

EN vom 23.3.1936

-h.- Die bevorstehende Wahl macht sich in Elmshorn immer mehr bemerkbar. Es ist jetzt wohl keine Straße in der ganzen Stadt, die nicht ihr Transparent erhalten hat. Man findet auf allen Transparenten schlagkräftige Wahlparolen, die ihren Eindruck nich verfehlen werden. Die Transparente vermehren sich in den Straßen von Tag zu Tag. So eifrig ist selten vor einer Wahl gearbeitet worden. Die Zellenleiter finden in ihren Zellen und Blocks immer noch freie Plätze, wo Plakate oder Transparente ins Auge fallen. Kaum ist so ein Platz entdeckt, hängt auch schon ein Plakat dort. Jeder will an seinem Teil dazu beitragen, daß die Wahl ein voller Erfolg wird. Möge diese eifrige Arbeit belohnt werden und alle die, die bisher noch abseits standen, aufgerüttelt werden, daß sie am Sonntag den Weg zur Urne antreten.

EN vom 25.3.1936

Elmshorner Nachrichten

„Pinneberger Kreisblatt“

Elmshorner Zeitung — Horster Nachrichten

Sonderbeilage: „Aus der engeren Heimat“

85. Jahrgang. — Montag, den 30. März 1936. — Nr. 76.

Ein Sieg, wie die Welt noch keinen sah!

Das Bekenntnis des Volkes.

99 Prozent aller Stimmen für den Führer.

Der Wahltag in Elmshorn.

-tw- Heller Sonnenschein weckte morgens die Schläfer. Es war wie eine Gnade Gottes, daß zwischen düsteren, regendrohenden Tagen der 29. März ein Frühlingstag war, wie er nicht schöner hätte sein können. Da flatterten die Hakenkreuzbanner doppelt hell, und als freudiges Erkenntnis ging es durch das ganze Volk, der Himmel ist mit dem Führer und seinem gewaltigen Werk.

Um 7 Uhr weckten Spielmannszüge die Schläfer. Bald belebten sich die Straßen, die Angehörigen der Formationen strebten ihren Sammelplätzen zu. Um 8.30 Uhr setzten sich die Wagen der NSKK. zur Propagandafahrt in Bewegung, *wovon* einige Lastwagen mit Musik und Sprechchören, den Abschluß bildeten die hellen Fanfaren des Jungvolkes. Andere Stürme fuhren auf Lastwagen kreuz und quer und lenkten durch schrille Hupen, durch Sprechchöre usw. die Wähler auf ihre vaterländische Pflicht.

Als erste zogen die vaterländischen Verbände und die NS. Kriegsopferversorgung unter Vorantritt einer Musikkapelle zur Wahlurne. Das Wahlgeschäft setzte gleich nach 9 Uhr flott ein. Die Autos des Wahldienstes hatten fleißig zu tun, die Kranken heranzuholen. In den Wahlbüros wurde sorgfältig kontrolliert, wer noch nicht gewählt hatte, damit die Säumigen rechtzeitig noch an die Wahlurne geholt werden konnten. Bis um 12 Uhr mittags hatten durchschnittlich schon 70 Prozent gewählt. Vor den Schulen der Adolf Hitlerstraße, wo vier Wahllokale untergebracht waren, herrschte besonders lebhafter Betrieb. Es war ein ewiges Kommen und Gehen. Man traf Bekannte, unterhielt sich über den voraussichtlichen Ausgang der Wahl und freute sich über das prächtige Wahlwetter. So ging der Tag hin in merklicher Spannung, in der aber schon die Zuversicht mitschwang, daß der Führer einen Sieg erringen werde, wie ihn die Welt noch nicht gesehen hat.

Um 18 Uhr war Schluß der Wahl. Etwa eine Stunde später trafen die ersten Wahlergebnisse *aus Elmshorn ein, die vor unseren Fenstern* von einer großen Menschenmenge erwartet wurden.

Das Elmshorner Wahlergebnis.

—o— Das Elmshorner Wahlergebnis finden unsere Leser ausführlich, auch nach den einzelnen Bezirken verteilt, in tabellarischer Uebersicht an anderer Stelle des Blattes. Es sind für die Liste und damit für den Führer abgegeben 11 436 Stimmen, gegen die Liste und ungültig 752 Stimmen. Dies Ergebnis erscheint, verglichen mit anderen Städten und dem Reichsdurchschnitt nicht günstig; aber man muß die Verhältnisse in Betracht ziehen, unter denen in Elmshorn der Kampf aus- und durchgefochten wurde. Hier hieß es, auf allerschwerstem Gelände vorzustoßen, eine der stärksten gegnerischen Bastionen zu erstürmen. Zieht man Vergleiche mit früheren Wahlziffern, so ist auch in Elmshorn durchaus ein Erfolg nicht ausgeblieben. Rechnen wir es in Prozenten um, so haben für die Liste und den Führer diesmal in Elmshorn gestimmt 93,83 Prozent, gegen die Liste und ungültig sind 6,17 Prozent. *Und wie war es früher, bei der letzten Volksabstimmung 1934?* Damals stimmten für den Führer nur 82,05 Prozent, und es waren noch 17,5 Prozent gegnerische Stimmen *vorhanden*. Hier liegt eine starke Verbesserung des Stimmverhältnisses vor. Die Nein-Stimmen haben um 64,8 Prozent abgenommen. *Das ist ein verhältnismäßig großer Erfolg*, der hervorgeht aus den Taten des Führers, aber auch zuzuschreiben ist den Kräften, die in der Leitung der Bewegung in unserer Stadt lebendig, taten- und schaffensfroh sind. Alles ist nur v e r h ä l t n i s m ä ß i g zu beurteilen. An einer Stelle ist es leicht, an anderer schwer. Wenn man die Ursachen, die Gründe kennt — für den Wissenden ist dies genug gesagt — dann kann man das Elmshorner Ergebnis, im allerschwersten Kampf erstritten, nur ansehen mit aller Anerkennung des großen Fortschrittes gegen früher. Wir können nicht solche Wahlergebnisse aufweisen, wie z. B. in Bokelseß mit 51 : 0 oder noch größer im Verhältnis wie Ellerhoop mit 393 : 0, Heede mit 319 : 0, Osterhorn mit 142 : 0 und andere mehr. In Elmshorn sind andere Widerstände zu überwinden, wie in solchen Orten, wo sich die Verhältnisse aus sich selbst zur Gesundung entwickeln, wo sie bisher schon immer gesund waren. In Elmshorn ist ein schwerer Grabenkampf zu führen gegen hartnäckigste, verbissenste, zersetzende Elemente, ein Kampf von Sappe zu Sappe, von einem Schaufelstich zum anderen. Und trotzdem ist hier nicht nur Terrain gewonnen, die letzten noch gebliebenen Gegner und ihre Anhänger, sie schwinden dahin, sie sind nur noch ein Ueberbleibsel, ein kleines Etwas einer *verblassenden, versinkenden Vergangenheit*. Vorwärts im Sturmangriff, vorwärts, fast den letzten Gegner überrennend, hat es überall geholfen. Vorwärts sind auch wir in Elmshorn gekommen. *Der Angriff, der gestern hier geführt* wurde, hat auch uns einen großen Sieg gebracht und was als Gegner blieb, es sind die letzten kleinen Trümmer einer besonders hier einst starken, herausfordernden, verneinenden, volksschädigenden, volksverräterischen Truppe.

EN vom 30.3.1936

Am Wahlabend fand eine NSDAP-Mitgliederversammlung im „Carlstal“ statt. Ortsgruppenleiter Mohr gab das Wahlergebnis bekannt und kritisierte aber in seiner Rede, dass einige Mitbürger es nicht für nötig hielten, zur Wahl zu gehen:

„(...) Für die Abseitsstehenden könne man nur ein mitleidiges Lächeln haben. Wenn er sich überlege, dass es einzelne Geschäftsleute gebe, z.B. ein Bäcker, der kein Transparent anbringen wollte, oder auch ein pensionierter Beamter, der es nicht für nötig hielt, überhaupt zur Wahl zu gehen, so wisse er nicht, ob es sich lohne, viel Aufhebens davon zu machen. Das Ergebnis sei zu groß, als dass man sich mit diesen Leuten noch weiter beschäftige. Es gelte jetzt, Abstand von diesen Leuten zu halten. Ein junges Mädchen z.B. habe die Bewilligung des Ehestandsdarlehens beantragt, habe sich aber nicht verpflichtet gefühlt, zur Wahl zu gehen. Da müsse man sich doch unwillkürlich fragen, wo da die Konsequenz bleibe. Man könne doch nicht die Einrichtungen des Staates für sich in Anspruch nehmen, um gleichzeitig völlige Interessenlosigkeit für den Staat an den Tag zu legen. Leider könnte man sich mit den Neinwählern nicht auseinandersetzen, weil man sie nicht kenne. Wer nicht die wenigen Schritte zum Wahllokal machen und seine Pflicht dem Staat gegenüber erfüllen wolle, solle auch die Rechte des Staates nicht genießen. Eine Mehrheit von 99 Prozent habe es nicht nötig, sich von dem 1 Prozent auf der Nase herumspielen zu lassen. (...)“ (109)

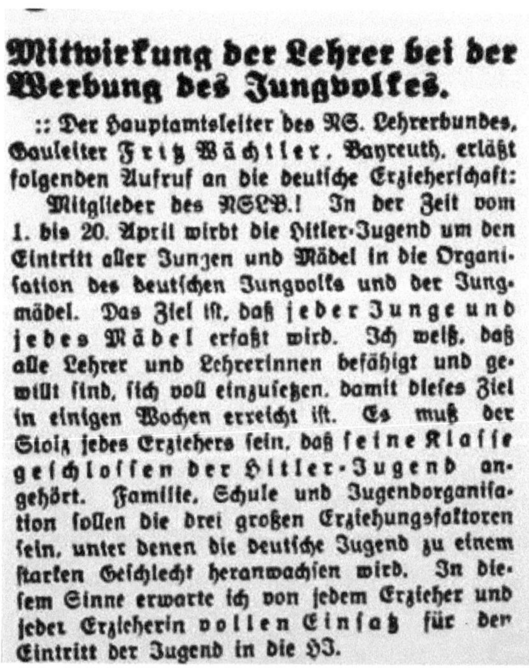

Mitwirkung der Lehrer bei der Werbung des Jungvolkes.

:: Der Hauptamtsleiter des NS. Lehrerbundes, Gauleiter Fritz Wächtler, Bayreuth, erläßt folgenden Aufruf an die deutsche Erzieherschaft:

Mitglieder des NSLB.! In der Zeit vom 1. bis 20. April wirbt die Hitler-Jugend um den Eintritt aller Jungen und Mädel in die Organisation des deutschen Jungvolks und der Jungmädel. Das Ziel ist, daß jeder Junge und jedes Mädel erfaßt wird. Ich weiß, daß alle Lehrer und Lehrerinnen befähigt und gewillt sind, sich voll einzusetzen, damit dieses Ziel in einigen Wochen erreicht ist. Es muß der Stolz jedes Erziehers sein, daß seine Klasse geschlossen der Hitler-Jugend angehört. Familie, Schule und Jugendorganisation sollen die drei großen Erziehungsfaktoren sein, unter denen die deutsche Jugend zu einem starken Geschlecht heranwachsen wird. In diesem Sinne erwarte ich von jedem Erzieher und jeder Erzieherin vollen Einsatz für der Eintritt der Jugend in die HJ.

EN vom 6.4.1936

Am 19. April wurden im ganzen Reich Jungvolkjungen und Jungmädel in die jeweilige Organisation und die 14-jährigen Pimpfe in die HJ mit einer feierlichen Verpflichtung aufgenommen.

„Die Verpflichtungsformeln für HJ und Jungvolk.

Die Feiern zur Aufnahme der 10- und 11jährigen in das Jungvolk und zur Überführung der 14jährigen in die Hitlerjugend fanden im ganzen Reich am Sonntag, dem 19. April statt. Für beide Feiern waren durch die Reichsjugendführung besondere Verpflichtungsformeln festgesetzt.

Heute wollen wir diese Verpflichtungsformeln und den Verlauf der Verpflichtungsfeierlichkeiten nachholen.

Nach einer kurzen Feier mit Lied, Sprechchor und Fanfaren ward zuerst die Überführung der 14jährigen Jungvolkjungen und Jungmädel in die Hitlerjugend bzw. in den BDM vorgenommen. Der HJ-Führer sprach dann das Gelöbnis vor: „Kameraden, die ihr heute, zum Geburtstag unseres Führers Adolf Hitler, in die Hitlerjugend eingegliedert werdet, ihr habt zu geloben:

Ich gelobe, dem Führer Adolf Hitler treu und selbstlos in der Hitler-Jugend zu dienen.

Ich gelobe, mich allezeit einzusetzen für die Einigkeit und Kameradschaft der deutschen Jugend.

Ich gelobe Gehorsam dem Reichsjugendführer und allen Führern der HJ.

Ich gelobe bei unserer heiligen Fahne, dass ich immer versuchen will, ihrer würdig zu sein, so wahr mir Gott helfe!“

Jungvolk und Jungmädel sprachen jedes einzelne Gelöbnis nach und der HJ-Führer schloss mit den Worten: „Somit übernehme ich euch als verantwortlicher Hitler-Jugend-Führer in die Reihen der Hitler-Jugend.“

Es folgte die Aufnahme der neuen Pimpfe in das Deutsche Jungvolk. Der Jungvolk-Führer spricht zu Beginn dieser Feier die Schwertworte des DJ:

„Jungvolkjungen sind hart, schweigsam und treu. Jungvolkjungen sind Kameraden, der Jungvolkjungen Größtes ist die Ehre." Dann sprach er den Jungen das Gelöbnis vor: "Ihr, die ihr heute am Vortag des Geburtstages des Führers als neue Jugendgenossen in unsere Reihen kommt, sprecht mir nach:

Ich verspreche, im Deutschen Jungvolk allzeit meine Pflicht zu tun in Liebe und Treue zum Führer und unserer Fahne, so wahr mir Gott helfe!"

Nach der Aufnahme der Pimpfe nahm die Jungmädelführerin die Aufnahme der Jungmädel vor mit folgender Verpflichtungsformel: „Jungmädel sein, heißt: in selbstloser Kameradschaft stehen und selbstverständliche Zucht im Diensttun üben.

Ihr, die ihr heute am Vortag des Geburtstags des Führers als neue Jugendgenossen in unsere Reihen kommt, sprecht mir nach:

Ich verspreche, in der deutschen Jungmädelschaft im BDM allzeit meine Pflicht zu tun in Liebe und Treue zum Führer und zu unserer Fahne, so wahr mir Gott helfe!"

Der HJ-Führer brachte im Anschluss an das Gelöbnis das Sieg-Heil auf Führer und Reich aus." (110)

In den ersten Jahren 1933 bis 1936 versuchten die Nationalsozialisten vor allem durch Werbung für die Hitlerjugend die Mitgliederzahl zu steigern. Hierbei setzten sie zum einen auf den psychologischen Druck bei Jugendlichen, dabei sein zu wollen und nicht außen vor zu stehen, auf positive Bilder wie Sport, romantische Lagererlebnisse, Abenteuer, Möglichkeiten von Ausflügen und Reisen und auch auf Möglichkeiten, mit Motorrädern, Segelflugzeugen und Segelbooten zu fahren.

Wenn auch diese Werbung scheinbar im Vordergrund stand, wurden doch sehr schnell die wahren Ziele bekannt. Es wurden die anderen Jugendverbände verboten, der militärische Drill in der Hitlerjugend nahm zu, der Druck auf die Nichtorganisierten nahm stetig zu.

Dem Aufruf, ihre Kinder in einer Organisation der Hitlerjugend anzumelden, kamen 1936 so viele Eltern nach, dass die Organisation überfordert war. Daher ließ Baldur von Schirach ein Aufnahmeverbot für die Jugendverbände bis zum April 1937 verhängen. (111)

Das „Fest der Hausfrau".

!—! Man soll die Feste feiern, wie sie fallen. Eben hat man die Osterfeiertage hinter sich und den mit Ostereiern überladenen Magen mit einiger Mühe wieder in Ordnung gebracht, so fällt man in ein neues „Fest". . . . Pfingsten meinen Sie, o nein, soweit sind wir noch nicht. Bis dahin haben wir noch gut einen vollen Monat Zeit! In der Zwischenzeit liegt nun noch ein anderes Fest, das allerdings nicht mit Eiern und neuen Kleidern gefeiert wird. Dieses auch alljährlich wiederkehrende Fest nennt sich schlicht und einfach „Scheuer-Fest". Es ist an keinen festen Tag gebunden, jeder feiert es, wie es ihm am besten liegt. Aber innerhalb eines Zeitraumes von 40 Tagen, in der Zeit zwischen Ostern und Pfingsten, muß es gefeiert werden. Je früher, desto besser, denn hat man es hinter sich, je größer wird die Freude auf die kommenden Festtage.

Zum Scheuerfest hat man weder im Frack noch einfachen Abendanzug zu erscheinen, der schlechteste Anzug, den man auftreiben kann, ist gerade gut genug. Diese Feiertage beginnen im allgemeinen damit, daß man alles Tragbare aus einer Stube in die andere bringt und hier dann noch übereinander stellt. Und nun wird in der leeren Stube geschrubbt und gewienert, daß das Wasser nur so spritzt. Und so geht es mit allen Stuben. Sollten Sie gar etwas suchen, was sie unbedingt gebrauchen müssen, dann finden sie es bestimmt nicht, weil es in irgendeiner Schublade, die einfach unerreichbar ist, oder sonst irgendwo ganz unten liegt.

Für die Hausfrau bedeuten diese Tage eine ungeheure Stärkung ihres Machtbereichs. Wenn nämlich die Stuben im neuen Glanze erstrahlen, lichte Gardinen vor den Fenstern hängen (das ist der höhere Sinn dieses Festes), dann sagt sie mit stolzem Bewußtsein: „Hier, das ist meine Arbeit, sieht es jetzt nicht ganz anders in der Wohnung aus?" Und die „Transportarbeiter", die sich aus den gesamten männlichen Bewohnern zusammensetzen, haben nur beizupflichten, oder sie tun es schon aus „politischen Gründen".

Feiern ist ja schön, aber es darf auch nicht zu viel werden. Denen, die noch nicht dieses schöne Fest in diesem Jahr gefeiert haben, wünschen wir vergnügte Festtage.

EN vom 22.4.1936

Am 24. April wurde der *„Amnestieerlass“* von Adolf Hitler in den EN veröffentlicht. Hiernach wurden amnestiert

„diejenigen Fälle, in denen sich der Täter im Übereifer im Kampf für den nationalsozialistischen Gedanken hat hinreißen lassen. Ausgenommen sind vorsätzliche Handlungen, durch die der Tod eines Menschen herbeigeführt worden ist, sowie Handlungen, bei denen die Art der Ausführung oder die Beweggründe eine gemeine Gesinnung des Täters erkennen lassen. (...)“

Diese Taten, wie auch politische Nörgler (nur leichtere Fälle) und Schwätzer, Beleidigungen Adolf Hitlers, Straftaten im Vollrausch und Bagatelldelikte fielen unter die Amnestie. (112)

Der 1. Mai 1936 begann mit einer Großkundgebung aller Schulen auf dem Festplatz der Adolf-Hitler-Schule in der Schulstraße um 8 Uhr, die Hauptkundgebung um 12 Uhr. Nach einer Rede von Ortsgruppenleiter Max Mohr hörten die Anwesenden eine Rundfunkübertragung der großen Maifeier aus Berlin mit der Adolf Hitler-Rede. Anschließend zog ein Umzug durch die Straßen Elmshorns, der wieder auf dem Festplatz endete. (113)

Am 8. Mai referierte die Ortsgruppenfrauenschaftsleiterin Frl. Ohlhoff auf dem Pflichtabend der Elmshorner NS-Frauenschaft und erklärte u.a.:

„Es gibt keinen größeren Adel für die Frau, als Mutter der Söhne und Töchter zu sein. Es ist der Mutter selbstverständlich, zu sorgen und zu pflegen und die Kindheit zu behüten. Erst der Erwachsene versteht die Mutter ganz. Völlig besitzt sie das Kind, der heranwachsende Mensch sucht anderswo Verständnis, um dann später wieder zurück zu finden. Die echte Mutter denkt nicht an sich, sie steht zurück, innerlich jederzeit bereit, wieder helfend einzugreifen. (...)

Wir sehen in der Frau die ewige Mutter unseres Volkes. Die Welt der Frau ist klein, aber sie muss fest sein, wenn die große Welt bestehen soll. Anknüpfend an das Heldentum der altnordischen Frau hat der Nationalsozialismus die Frau zurückgeführt ins Haus. Ihr Schicksal ist verbunden mit der Heimat. Ihr ist es vorbehalten, auch aus dem harten Leben ein schönes Leben zu machen unter Verzicht auf Luxus.“ (114)

Ab dem 1. Juni wurden zur Aushebung des Rantzauer Sees auch der Elmshorner Arbeitsdienst eingesetzt:

Neues vom „Rantzauer See".

Ab 1. Juni wird der Elmshorner Arbeitsdienst mit eingesetzt.

•—• Die Arbeiten am Rantzauer See schreiten rüstig vorwärts. Das Werk wird als eine der größten Arbeitsmaßnahmen bezeichnet, die der Arbeitsdienst in der Provinz außer den Landgewinnungsarbeiten an der Nordsee in Angriff genommen hat.

Der See wird 8,5 Hektar groß oder — um mit landläufigen Ausdrücken zu sprechen — 17 Tonnen bezw. 34 Morgen groß. Ab 1. Juni werden *zwei Züge des Elmshorner Arbeitsdienstes* mit eingesetzt werden, um nach Möglichkeit die Arbeit bis zum Jahresschluß zu beenden. Die Stärke der Arbeitsdienstmannschaft, die täglich aus dem Barmstedter Lager zur Arbeitsstelle ausrückt, hält sich im Durchschnitt auf 130 Mann. Hierzu kommen die von dem Tiefbauunternehmer Dany gestellten Stammarbeiter. Für die Monate Juni bis September, in denen der Elmshorner Arbeitsdienst zur Verfügung steht, sollen *Doppelschichten* geleistet werden. Die Arbeiter des einen Lagers arbeiten in der Morgenschicht und die anderen Arbeiter in der Nachmittagsschicht. Von 160 000 Kubikmeter Erde, die zu bewegen sind, sind heute etwa zwei Drittel bereits aus dem Becken herausgehoben und auf die niedrig gelegenen Krückauwiesen aufgebracht. Im Durchschnitt beträgt die Erhöhung der Wiesenländereien 70 Zentimeter. Dadurch wird eine Entwässerungstiefe der Ländereien erreicht, die trotz der Erhöhung des Staues um 20 Zentimeter während der Sommerzeit voll ausreichend ist, um die landwirtschaftliche Kultur aufrecht zu erhalten.

EN vom 23.5.1936

Der Oberste SA-Führer
Der Stabschef

Berlin W. 8, den 18. Mai 1936

Zum Nordmarktreffen 1936!

Zum zweiten Male marschieren die Männer der nordmärkischen Sturmabteilungen zum Nordmarktreffen auf. Gemeinsam mit den Männern der SS, des NSKK und der staatlichen Organisationen werden sie in ritterlichen Kampfspielen den Geist unter Beweis stellen, durch den das heutige Deutschland geworden ist.

Der alte SA-Geist, in dem Hunderte ihr Leben und Tausende ihr Blut für Deutschlands Freiheit gaben, findet seinen sichtbarsten Niederschlag in der weltanschaulichen und körperlichen Einsatzbereitschaft der Männer.

Diese Einsatzbereitschaft, fußend auf dem Glauben an den Führer, auf Opfermut, Ehre und Treue, muß immer wieder geübt, muß immer wieder exerziert werden: geistig und körperlich. Nur so wird es möglich sein, das schwere Werk, das der Führer begann über Beginn und Werden zur Vollendung zu bringen.

Es wird vollendet werden, solange für diese Idee Männer bereit sind zu kämpfen und zu sterben.

Das ist der SA-Geist!

Lutze

Stabschef

EN vom 23.5.1936

Plakette Nordmarktreffen 1936. Webfund

. Jahrgang.

[N]ordmarktreffen in Kiel; 45000 SA.-Männer marschieren.

[…] belgischen Wahlen; deutscher Wahlprotest in Eupen-Malmedy. – Wieder 34 Kilometer Reichsautobahn fertig.

[…] Putschgerüchte in Wien. — Sowjetunion als Dum-Dum-Lieferant? — Der Negus auf der Fahrt nach London.

EN vom 25.5.1936

Wie gefährlich es sein konnte, wenn sich Jugendliche nicht anpassten, zeigte eine Gerichtsverhandlung vor dem Sondergericht in Altona:

„Es waren nur zwei Mädchen, die heute auf der Anklagebank des Schleswig-holsteinischen Sondergerichts in Altona Platz nehmen mussten. Sie hatten sich als ganz gefährliche Hetzerinnen in dem Betriebe entpuppt, in dem sie seit Jahren in Elmshorn tätig waren, ja, sie hatten sogar versucht, durch fortwährendes Lachen und Ablenken der Arbeitskameraden den Gemeinschaftsempfang der Führerrede vom 27. März zu stören. Die eine der Angeklagten stammt aus einer kommunistischen Familie, die andere hat überhaupt noch keine eigene Meinung und fühlt sich anscheinend wohl, wenn sie irgendetwas nachplappern kann und so die Aufmerksamkeit der anderen auf sich zieht. Sie möchte gern im Mittelpunkt stehen. Jetzt vor Gericht sehen sie ein, dass sie falsch gehandelt haben und möchten gerne ihre Tat ungeschehen machen. Aber Strafe muss sein, auch von urteilsunfähigen Mädchen kann sich der Staat seine Ordnung nicht stören lassen. Der Vorsitzende des Schleswig-Holsteinischen Sondergerichts wählte auch hier den richtigen Weg. Er verurteilte sie zu zwei Monaten Gefängnis und stellte ihnen bei einwandfreier Führung Straferlass nach 3 Jahren in Aussicht, er führte Ihnen das Ungehörige ihres Tuns vor Augen. Gerade dem Mann, dem sie Schwierigkeiten machen möchten, haben Sie es zu verdanken, dass sie überhaupt noch in Arbeit stehen. Er ist es gewesen, der wieder Ordnung in das Chaos brachte, das Deutschland zu vernichten droht. Er war es aber auch, der durch seine Amnestie vom 23. April es ermöglichte, dass die Strafe ausgesetzt werden kann. Die milde Verurteilung ist zum Teil auch deswegen erfolgt, weil die Mädchen vorzügliche Arbeiterinnen sind und sie auch von älteren Kameradinnen, die vor einiger Zeit wegen Hetzereien entlassen wurden, im schlechten Sinne beeinflusst worden sind."
(115)

Am 1. August 1936 wurden in Berlin die Olympischen Spiele durch Adolf Hitler eröffnet. Sie dauerten bis zum 16. August. Im Vorfeld dieser Spiele hielten sich die Nationalsozialisten mit ihren Repressalien und Terrormaßnahmen etwas zurück. Sie fürchteten negative Artikel in der ausländische Presse und wollten auf die wichtige propagandistische Wirkung der Olympischen Spiele keinen Schatten werfen.

Jahrgang. Montag, den 3. August 1936. Nr. 179.

XI. Olympische Spiele Berlin 1936

Der Führer eröffnet die Olympischen Spiele.

Jubel in der Olympiastadt. — Aufmarsch der Kämpfer aus aller Welt.

In wenigen Zeilen.

Vom 20. August bis zum 9. September findet in der Festhalle im Bachsaal in Fra

EN vom 3.8.1936

Vom Juli 1936 bis zum April 1939 wurde in Spanien der Spanische Bürgerkrieg zwischen der demokratisch gewählten Regierung der Zweiten Spanischen Republik („Republikanern") und den rechtsgerichteten Putschisten unter General Francisco Franco („Nationalisten") ausgetragen. Mit Unterstützung und nach militärischer Intervention der faschistischen bzw. nationalsozialistischen Verbündeten aus Italien und Deutschland siegte das Bündnis aus konservativen Militärs, katholischer CEDA, den Karlisten und der faschistischen Falange. Diesem Sieg folgte das Ende der Republik in Spanien und die bis zum Tode Francos 1975 anhaltende franquistische Diktatur. Hierbei wurde auch die Legion Condor eingesetzt. Die Legion Condor war ein deutscher Luftwaffen-Verband im Spanischen Bürgerkrieg, der ohne deutsche Uniformen oder Hoheitszeichen eingesetzt wurde. Er kämpfte unter General Francisco Franco auf der Seite der gegen die spanische Republik putschenden Nationalisten. Er wurde 1936 unter strengster Geheimhaltung mit Freiwilligen aufgebaut, griff in mehrere bedeutenden Schlachten ein und hatte maßgeblichen Anteil am Sieg der Putschisten. Seine Existenz wurde sowohl von der NS-Regierung des Deutschen Reiches als auch von spanischer Seite bis 1939 geleugnet. Während des Einsatzes begingen mehrere der deutschen Offiziere Kriegsverbrechen. (116)

Die blutigen Wirren des Bürgerkrieges in Spanien haben sieben deutsche Menschenleben gefordert

Die kleine 7jährige

Johanna Immhoff

fiel in Santander einem vorsätzlichen Attentat zum Opfer

Heinz Voß

aus Hamburg erlag seinen durch Schießereien im kommunistischen Stadtteil von Gijon erlittenen Verletzungen

Parteigenosse

Hans Hahner

fiel beim Transport Verwundeter in Barcelona einer Kugel zum Opfer

In Barcelona wurden die Parteigenossen und Arbeitsfrontkameraden

Wilhelm Gätje

Hellmuth Hofmeister

Günther Swalmius-Dato

und der Volksgenosse

Treitz

feige von kommunistischen Horden erschossen

Tief erschüttert trauert das ganze deutsche Volk diesseits und jenseits der Grenzen um diese jungen Menschen, die sterben mußten, nur weil sie Deutsche waren. Der infernalische Haß des völkerzerstörenden Bolschewismus, der nicht einmal vor Kindern Halt macht, brachte diesen jungen Deutschen den Tod.

Während in Berlin die Olympia-Glocke die Jugend der Welt zum friedlichen Kampf ruft und eine ganze Nation die Völker der Erde gastlich empfängt, wütet in dem befreundeten Spanien der rote Terror.

Während im Dritten Reich Friede und Ordnung herrscht und Menschen aus allen Erdteilen in festlicher Stimmung sich zur Abhaltung der Olympischen Spiele zusammengefunden haben, ereilte in Spanien sieben deutschen Menschen ein grausames Schicksal. Das Gastrecht des Landes, das sie niemals verletzten, konnte sie nicht schützen.

Wir auslandsdeutschen Nationalsozialisten senken unsere Fahne vor diesen Toten. Vier Parteigenossen, Kämpfer für die Idee Adolf Hitlers unter ihren deutschen Kameraden, sind aus den Reihen der Auslands-Organisation gerissen worden. In dieser schweren Stunde gedenken wir in stummer Trauer der Angehörigen, denen der Bolschewismus ihre Liebsten nahm.

Im Geiste Wilhelm Gustloffs tragen wir auslandsdeutschen Nationalsozialisten die Fahne weiter!

Ernst Wilhelm Bohle

Gauleiter der Auslands-Organisation der NSDAP.

EN vom 8.8.1936

Am 24. August wurde die zweijährige Wehrpflicht in Deutschland verkündet:

85. Jahrgang. Dienstag, den 25. August 1936. Nr. 198.

Zweijährige Dienstpflicht in Deutschland!

Der Führer und Reichskanzler verordnet:

dnb. Berlin, 24. August

Der Führer und Reichskanzler hat folgenden Erlaß über die Dauer der aktiven Dienstpflicht in der Wehrmacht vom 24. August 1936 unterzeichnet:

Zum Paragraphen 8 des Wehrgesetzes vom 21. Mai 1935 (R. G. Bl. I Seite 609) verordne ich unter Aufhebung meines Erlasses vom 22. Mai 1935 (R. G. Bl. I Seite 614):

Die Dauer der aktiven Dienstpflicht bei den drei Wehrmachtsteilen wird einheitlich auf zwei Jahre festgesetzt.

Der Reichskriegsminister und Oberbefehlshaber der Wehrmacht erläßt die erforderlichen Ausführungs- und Uebergangsbestimmungen.

Berchtesgaden, den 24. August 1936.

Adolf Hitler
v. Blomberg

EN vom 25.8.1936

Im August veröffentlichte die Partei einen Artikel in der „Norderneyer Badezeitung“ (NBZ), in dem der Lebensweg eines jungen Deutschen geschildert wird:

„Nach der Verlängerung der militärischen Dienstpflicht vollzieht sich der Lebenslauf des jungen Deutschen in folgenden Etappen: mit 6 Jahren Eintritt in die Schule, mit 10 Jahren Eintritt in das Jungvolk, mit 14 Jahren Eintritt in die Hitlerjugend bzw. Staatsjugend, mit 18 Jahren evtl. Eintritt bzw. Berufung in die Partei und in die SA, mit 19 Jahren Arbeitsdienst, der zur Zeit auf 6 Monate festgelegt ist, mit 20 Jahren Eintritt in die Wehrmacht, mit 22 Jahren Vollendung der Dienstpflicht. Für Besucher der Höheren Schulen wird an das Abitur, das in der Regel mit 19 Jahren gemacht wird, sich der Arbeitsdienst und die Wehrpflicht unmittelbar anschließen, so dass der Beginn des Studiums erst mit 22 Jahren möglich sein wird (das einjährigen

Vorrecht ist bekanntlich abgeschafft). Allerdings kann in zweijähriger Dienstzeit die Ausbildung zum Reserveoffizier sehr weit gefördert werden." (117)

Kampf den Elendswohnungen!

!:! In Elmshorn befinden sich noch zahlreiche sogenannte Elendswohnungen, die wegen ihrer Lage und Beschaffenheit als zum dauernden Aufenthalt von Menschen völlig ungeeignet angesehen werden müssen. Es handelt sich dabei zur Hauptsache um Räumlichkeiten, die nach dem Kriege meistens ohne baupolizeiliche Erlaubnis in feuchten Kellerräumen oder auf engen Hausböden in unzulänglicher Weise zu Wohnzwecken hergerichtet worden sind und in keiner Weise den baupolizeilichen Vorschriften entsprechen.

Im Interesse der Volksgesundheit liegt es, daß diese sogenannten Elendswohnungen recht bald wieder verschwinden. Es fand daher kürzlich eine Besichtigung der in Frage kommenden Räumlichkeiten durch einen dazu eingesetzten städtischen Ausschuß unter Hinzuziehung des Haus- und Grundeigentümervereins statt. Beanstandet wurden vorerst diejenigen Elendswohnungen, die in jeder Hinsicht gesundheitsschädlich sind und den baupolizeilichen Vorschriften in gröbster Weise zuwiderlaufen. Den Grundstückseigentümern mußte in diesen Fällen aufgegeben werden, die Wohnungen innerhalb einer angemessenen Frist räumen zu lassen und nicht wieder zu Wohnzwecken zu vermieten.

EN vom 2.9.1936

Der Nürnberger Reichsparteitag 1936, der *„Reichsparteitag der Ehre"*, wie ihn die Nationalsozialisten nannten, fand vom 8. – 14. September statt. Wie in jedem Jahr gab es einen „Tag der Jugend", an dem Adolf Hitler zu den vor ihm aufmarschierten Jugendlichen sprach:

„Meine deutsche Jugend! Ihr habt das Glück, Zeugen einer ebenso bedeutenden wie großen Zeit zu sein. Das ist nicht allen Geschlechtern beschieden gewesen. Wenn ich an die Jugend meiner eigenen Zeit und an die meiner eigenen Jugend zurückdenke, dann kommt diese mir wahrhaft leer vor gegenüber dem, was die heutige Zeit und in ihr auch die heutige Jugend erfüllt, was die heutige Zeit an Aufgaben stellt und was für Aufgaben auch der heutigen Jugend gestellt werden. Es ist wirklich wunderbar, in einem solchen Zeitalter zu leben und in ihm wachsen und werden zu dürfen.

Das, was wir heute sind, sind wir geworden kraft der Beharrlichkeit unseres eigenen Willens! Die Vorsehung gibt dem Starken, Tapferen, Mutigen, Fleißigen, Ordentlichen und Disziplinierten auch den Lohn für seine Opfer. Jahrelang hat dieses Deutschland nicht gelebt, aber, das, was heute vor uns steht, das ist nun wieder Deutschland! (Jubelnde Heilrufe der Zehntausende.)

Was würde aber die Arbeit sein, wenn sie gebunden wäre an die Vergänglichkeit einer Generation. Indem wir Jahrzehnt um Jahrzehnt für Deutschland kämpften, sind viele unter uns weiß und grau geworden. Eine wundersame alte Garde war das, meine Kameraden. Ich bin einer der wenigen Glücklichen der Welt, der höchste Treue, höchste Kameradschaft, höchste Opferwilligkeit kennenlernen durfte. (Stürmische jubelnde Heilrufe.)

Die Jahre des Kampfes sind aber nicht spurlos an dieser alten Garde vorübergegangen. Aber Ihr Geist ist immer lebendig geblieben, wie ihr Glaube immer unerschütterlich war: Es muss uns doch gelingen! Deutschland wird wieder auferstehen! (Stürmische Heilrufe.)

Und nun sehen wir in Deutschland überall die große Zeit des Weckens, die Zeit der Erhebung, die Zeit des Schaffens und der Arbeit. Aber das ist noch nicht allein der Garant der dauernden und damit wirklichen Auferstehung. Dass Deutschland sich wiedergefunden hat, das fühle ich, das sehe ich im Blick auf euch.

Vielleicht ist das das größte Wunder unserer Zeit: Bauten entstehen, Fabriken werden gegründet, Straßen werden gezogen, Bahnhöfe errichtet, aber über all dem wächst ein neuer deutscher Mensch heran! (Stürmischer Beifall.) Wenn ich euch, erfüllt vom glücklichsten Empfinden, ansehe, wenn ich eure Blicke finde, dann weiß ich: mein Lebenskampf ist nicht umsonst gekämpft, das Werk ist nicht umsonst getan! In seinen jungen Trägern wird es weiterleben, und eine würdige Generation wird einst für unsere Ablösung bereitstehen.

Um uns ist heute eine bewegte Zeit. Aber wir klagen nicht. Zu kämpfen sind wir gewohnt, denn aus dem Kampf sind wir gekommen. Wir wollen die Füße fest in unsere Erde stemmen, und wir werden keinem Ansturm erliegen. Und Ihr werdet vor mir stehen, zur Seite und hinter mir und werdet unsere Fahnen hochhalten! Dann mag unser alter Widersacher versuchen, gegen uns anzutreten und sich wieder zu erheben. Er mag sein Sowjetzeichen vor sich hertragen - Wir werden in unserem Zeichen wieder siegen! (Minutenlange Beifallsstürme und Huldigungen für den Führer erfüllen das Stadion.)" (118)

Propagandakarte und Plakette Reichsparteitag 1936 in Nürnberg

Aufmarsch 1935 Reichsparteitag Nürnberg. Leni Riefenstahl „Triumph des Willens“

Reichsparteitag 1936: „Aufmarsch der Hitler-Jugend im Stadion“

Reichsparteitag 1936: „Aufmarsch des Jungvolks“. Ansichtskarte

Reichserziehungsminister Rust kündigte am 30. September an, dass ab Ostern 1937 die dreizehnjährige durch eine zwölfjährige Schulzeit ersetzt werden sollte. Es wäre aber noch nicht entschieden, ob das eine Jahr bei der Grundschulzeit oder bei der höheren Schule gekürzt werde. Der folgende Arbeitsdienst solle ein halbes Jahr betragen und dann folge der zweijährige Wehrdienst. Interessant waren die Argumente für die Reform:

„(...) Es ist bekanntlich das Bestreben des nationalsozialistischen Staates, die rassisch wertvollen Elemente der Bevölkerung in die Lage zu versetzen, sich rechtzeitig zu verheiraten und eine Familie zu gründen. Wenn die jungen Leute durch die Schule, durch den Arbeitsdienst und Wehrdienst und durch die Berufsausbildung in Gestalt eines Universitätsstudiums zu lange brauchen, ehe sie in die Lage kommen, eine Familie zu gründen, dann wird dadurch den bevölkerungspolitischen Bestrebungen der Nationalsozialistischen Staatsführung entgegengearbeitet. (...)"

Auch in der Berufsausbildung standen Veränderungen an:

„Dr. Ley hat seine Absicht dahin kundgegeben, dass jeder junge Deutsche heute gewissermaßen eine Grundlehre durchlaufen soll. Er soll zunächst einmal die beiden Grundstoffe Eisen und Holz gründlich kennenlernen, bevor er seine Berufswahl trifft und an die Berufsausbildung herangeht. Diese Aufbauarbeit der Deutschen Arbeitsfront ist durch eine große Not unserer Jugend ins Leben gerufen worden. Wenn es auch gelungen ist, wesentlich mehr Lehrlinge als früher einzustellen, so besteht doch die beunruhigende Tatsache, dass allein in diesem Jahr 60.000 Jugendliche keine Lehrstellen haben finden können. Andererseits klagt die Wirtschaft über den Mangel an Facharbeitern, ein Mangel, der sich wahrscheinlich in den nächsten Jahren angespanntester Arbeit auf allen Gebieten des inneren Wiederaufbaues immer stärker bemerkbar machen wird. Hier klafft eine Lücke, die unbedingt ausgefüllt werden muss, und wir dürfen sicher sein, dass sie ausgefüllt werden wird. Dr. Ley ist mit Recht der Auffassung, dass es nicht angängig ist, wenn mindestens ein Zehntel unseres Arbeiternachwuchses in Bezug auf die Berufsausbildung „fehlgeleitet" wird. (...)" (119)

Jahrgang 1936 rückt in den Arbeitsdienst ein.

„—" Wieder verlassen tausende junger Männer die Schule, Arbeitsplatz, Familie und Heim, um in den Arbeitsdienst zu gehen. Wieder sind auf den Meldeämtern, auf Straßen und Bahnhöfen die Scharen und marschierenden Kolonnen der in die Lager einrückenden Dienstpflichtigen zu sehen. Noch ehrt sie nicht die erdbraune Tracht des Reichsarbeitsdienstes, noch tragen sie nicht den Spaten. Mit Koffern und Paketen bewegen sich die „Neuen" in langen bunten Zügen durch die Straßen. Singend marschieren sie, von Freunden und Bekannten begleitet, zu den Bahnhöfen und in die Lager, die ihnen für das nächste halbe Jahr Unterkunft und Heim sein werden.

Vielen wird der Tausch des Federbettes mit dem Strohsack, des Anzuges mit der Einheitstracht, des Familienkreises mit der Lagergemeinschaft, der Schule und des Berufes mit der einfachen und harten Handarbeit in Schlick, Sand und Moor hart vorkommen, aber die Zahl derjenigen, die bereits einem nationalsozialistischen Verband angehört haben, insbesondere der HJ., ist ständig im Wachsen begriffen und erleichtert das Einleben im Lager mit seinen notwendigen Geboten der Ein- und Unterordnung.

Am 1. Oktober dient die erste Hälfte des Jahrganges 1916 unter der Fahne des Reichsarbeitsdienstes. Ihm fällt die schöne und verantwortungsvolle Aufgabe zu, den hohen Ausbildungsstand des Reichsarbeitsdienstes zu halten, mit dem der Jahrgang 1915 auf dem Reichsparteitag der Ehre zu glänzen vermochte.

Auch in unser Arbeitsdienstlager „General v. Bonin" rückte heute kurz nach 12 Uhr der neue Jahrgang ein. Von den Führern am Bahnhof abgeholt, marschierten sie zum erstenmal geschlossen durch die Königstraße, Holstenstraße, Adolf-Hitler-Straße nach dem Lager. Hier wurden sie sofort truppweise eingeteilt und mit ihrem Truppführer bekanntgemacht. Dieser erledigte dann mit seinen Leuten die Meldeformalitäten und anschließend ging es zum Sachenempfangen. Eingerückt sind in unser Lager 117 Mann, die zum größten Teil aus Altona kommen.

EN vom 1.10.1936

Wieder Pfundsammlung.

!! Die Pfundsammlung zum Besten der Kinderküche Elmshorn beginnt in diesem Jahr am Mittwoch, dem Tage nach der Eröffnung des Winterhilfswerks 1936/37 durch den Führer.

Wie im Vorjahre werden auch in diesem die Zellen- und Blockwalterinnen der NS. Frauenschaft, sowie Mitglieder der NSF. und des Deutschen Frauenwerkes die einzelnen Haushalte besuchen und die Quittungen zur Einzeichnung vorlegen. Die Zeichnungen geschehen auf die vom Spender gewünschten Geschäfte (Kaufleute, Schlachter und Gemüsewarenhändler). Die Geschäfte rechnen dann mit den Hausfrauen ab. Von den Quittungen verbleibt das Doppel dem Spender.

Durch diese Art der Sammlung wird zweierlei erreicht, einmal eine Unterstützung des Handels — wenn es im einzelnen auch nicht große Summen bringt, so wurden doch im Ganzen im letzten Jahr etwa 6000 RM. in Elmshorn durch diese Sammlung umgesetzt. Zweitens wird der Küche ermöglicht, die Waren abzurufen, die sie für die Versorgung braucht. Außerdem werden aus den Beständen der Kinderküche noch für alte Leute Pakete gepackt.

Die Sammlung dauert bis zum kommenden Sonnabend und wir hoffen, daß das gute Ergebnis des Vorjahres noch überboten werden kann.

EN vom 6.10.1936

Nörgelei über die Bewegung — Scheidungsgrund.

DNB. Durch dauernde Nörgeleien eines Volksgenossen über die Mitarbeit seines Ehegatten in der Bewegung kann die Ehe zerrüttet werden. Das ist ein Rechtsgrundsatz, den das Landgericht Halberstadt in einer Entscheidung aufgestellt hat, die in der amtlichen „Deutschen Justiz" bekanntgegeben wird. Das Gericht hatte in dem vorliegenden Fall durch persönliches Anhören der Parteien die Ueberzeugung gewonnen, daß der Ehemann ein typischer Nörgler ist, der seit Jahr und Tag durch fortgesetzte Sticheleien seiner Frau wegen der Zugehörigkeit zur NS. Frauenschaft das Leben unerträglich gemacht hat. Wiederholt hatte der Mann die Einrichtungen der Frauenschaft als Kaffeeklatsch, Kaffeekränzchen und ähnlichen Ausdrücken bezeichnet. Einmal hatte er auch, als der kleine Junge des Ehepaares jemanden mit „Heil Hitler" begrüßte, empört gesagt: „Mein Junge soll nicht Heil Hitler, sondern guten Tag sagen." Auch die Tatsache, daß der Mann inzwischen sein Unrecht eingesehen und schriftlich ausdrücklich bekannt hatte, konnte das Gericht nicht davon abbringen, die Ehe aus Verschulden des Mannes zu scheiden. Dabei bemerkte es, daß jeder Volksgenosse zu seinem kleinen Teil zur Mitarbeit am Aufbauwerk des Führers verpflichtet sei, und daß niemand dem, der ehrlich mitzuarbeiten bestrebt sei, daraus einen Vorwurf machen dürfe. Diese Pflicht gelte im besonderen Maße für Ehegatten.

EN vom 12.10.1936

Am 9. November wurde im Stadttheater der Toten vom 9. November 1923 gedacht. (120)

Während der „Opfermahlzeit" der Zellen 4 und 5 erwähnte Bürgermeister Krumbeck, dass die Arbeitsbeschaffungsmaßnahmen die Zahl der Opferarbeiter verringert hat. In der schlimmsten Zeit hatte Elmshorn 450 Opferarbeiter, 1935 nur noch 320 und im Sommer 1936 nur noch 40 Arbeiter. Jetzt wäre die Zahl wieder auf 130 gestiegen, so dass eine weitere Betreuungsarbeit noch nötig wäre. (121)

Der Redner des Zellenabends der Zelle 1 war Kreisleiter Schramm. (122)

Im Dezember 1936 verabschiedete der Reichstag das *Gesetz über die Hitlerjugend*, dass die Grundsätze der Hitlerjugend festlegte. Es legte fest, dass alle jungen Deutschen *„körperlich, geistig und moralisch im Geiste des Nationalsozialismus erzogen"* würden.

„Mit dem Gesetz vom 1. Dezember 1936 wurde der Beitritt zur HJ-Pflicht und die HJ somit von einer Partei- zur einer Staatsorganisation. Die Zielsetzung der Hitler-Jugend bezog sich nicht nur auf die politisch-ideologische, sondern auch auf die körperliche Ausbildung, die zunehmend paramilitärische Formen annahm und Ideale wie Willensstärke, Gefolgschaftstreue und unbedingte Pflichterfüllung betonte." (123)

„Gesetz über die Hitlerjugend

vom 1. Dezember 1936

Von der Jugend hängt die Zukunft des Deutschen Volkes ab. Die gesamte deutsche Jugend muss deshalb auf ihre künftigen Pflichten vorbereitet werden.

Die Reichsregierung hat daher das folgende Gesetz beschlossen, das hiermit verkündet wird:

***§ 1.** Die gesamte deutsche Jugend innerhalb des Reichsgebietes ist in der Hitlerjugend zusammengefasst.*

***§ 2.** Die gesamte deutsche Jugend ist außer in Elternhaus und Schule in der Hitlerjugend körperlich, geistig und sittlich im Geiste des Nationalsozialismus zum Dienst am Volk und zur Volksgemeinschaft zu erziehen.*

***§ 3.** Die Aufgabe der Erziehung der gesamten deutschen Jugend in der Hitlerjugend wird dem Reichsjugendführer der NSDAP übertragen. Er ist damit "Jugendführer des*

Deutschen Reiches". Er hat die Stellung einer Obersten Reichsbehörde mit dem Sitz in Berlin und ist dem Führer und Reichskanzler unmittelbar unterstellt.

***§ 4.** Die zur Durchführung und Ergänzung dieses Gesetzes erforderlichen Rechtsverordnungen und allgemeinen Verwaltungsvorschriften erlässt der Führer und Reichskanzler.*

Berlin, den 1. Dezember 1936.

Der Führer und Reichskanzler
Adolf Hitler

Der Staatssekretär und Chef der Reichskanzlei
Lammers“ (124)

Am 25. März 1939 wurden zu diesem Gesetz noch zwei Durchführungsverordnungen erlassen.

Am 4. Dezember wurde die geplante zwölfjährige Schulzeit mit sofortiger Wirkung eingeführt. Für die Oberstufenschüler gab es Übergangsregelungen. Die Schüler der Unterprima hatten am Ende des Schuljahres ihre Reifeprüfung abzulegen. Für die Schüler der Oberprima wurde das Abitur auf den Februar vorverlegt und die schriftliche Prüfung ausgesetzt. (125)

Die Mitgliederversammlung der NSDAP fand am 7. Dezember im „Carlstal“ statt. Die Rede hielt Ortsgruppenleiter Mohr, der die Parteimitglieder zu innerer Geschlossenheit und zur Mitarbeit aufrief. Er warnte weiterhin vor der Gefahr durch den Bolschewismus, die nicht nur weltanschaulich, sondern auch militärisch groß sei. Dieser Gefahr wäre nur ein durch Aufrüstung starkes Deutschland gewachsen. (126)

SS.-Männer sollen tüchtige Hausfrauen heiraten.

Durch ein Abkommen zwischen der Reichsfrauenführerin und dem Reichsführer SS. ist vereinbart worden, daß den Verlobungs- und Heiratsgesuchen der SS.-Angehörigen an das Rasse- und Siedlungshauptamt der Reichsführung SS. eine Bescheinigung über die Teilnahme der Braut an einem Mütterschulungslehrgang oder eine Bestätigung des Reichsmütterdienstes im Deutschen Frauenwerk beizufügen ist, daß sie auf allen Gebieten, die die deutsche Hausfrau und Mutter beherrschen muß (Haushaltsführung, Gesundheitsführung einschließlich Säuglingspflege, auch Erziehungsfragen, Heimgestaltung und Volksbrauchtumspflege) bereits eine hinreichende Schulung erfahren hat. Die Nachprüfung erfolgt bei den einzelnen Kreisfrauenschaften durch deren Sachreferentinnen und soll im allgemeinen in Form einer Aussprache vor sich gehen. Etwaige Lücken auf dem einen oder anderen Gebiet können durch Einzellehrgänge von vierzehntägiger Dauer in den Mütterschulen des Deutschen Frauenwerks, von denen im Reich zur Zeit 150 bestehen, ausgefüllt werden. Auf dem Lande und in kleinen Städten, die keine ständigen Mütterschulen haben, finden Wanderlehrgänge statt, so daß auch dort die Möglichkeit der Schulung gegeben ist.

Einer gründlichen Gesamtausbildung auf allen hausmütterlichen Gebieten dienen die Reichsschulen des Reichsmütterdienstes, in Berlin-Wedding, in Oberbach in der Rhön, Husbäke bei Edewecht und in Oeynhausen. Die letztgenannte Reichsschule soll im besonderen der Ausbildung der SS.-Bräute zur Verfügung gestellt werden. Ein Lehrgang an einer solchen Reichsmütterschule dauert vier Wochen. Die Anmeldung hierzu erfolgt bei der zuständigen NS.-Frauenschaft, kann aber auch direkt beim Reichsmütterdienst der Reichsleitung des Deutschen Frauenwerks erfolgen. Der Verpflegungssatz einschließlich der Unterrichtsgelder in allen Mütterschulen ist so niedrig gehalten, daß jeder deutschen Frau die Teilnahme möglich ist.

Das Abkommen zwischen dem Reichsführer SS. und der Reichsfrauenführerin über die Schulung der SS.-Bräute zeigt erneut, welcher Wert vom neuen Reich auf die berufliche Ertüchtigung der deutschen Frau und Mutter gelegt wird. Heiraten heißt nicht, sich der Verantwortung entziehen, sondern vielmehr höchste Verantwortung auf sich nehmen!

EN vom 11.12.1936

HJ. wirbt für den Landdienst.

Auch Du wirst
ein ganzer Kerl –
im Landdienst der HJ

EN vom 22.12.1936

Die „Nürnberger Gesetze“ vom 15. September 1935

Am 26.April 1935 kündigte Reichsinnenminister Frick (1) eine Neufassung des Staatsbürgerrechts an. Die Staatsbürgerschaft solle

„mit einer weihevollen Vereidigung auf die deutsche Volksgemeinschaft, auf das Deutsche Reich und seinen Führer verliehen und den Unwürdigen und Staatsfeinden abgesprochen werden.“ (2)

Parallel zu den Versuchen der Schaffung eines neuen Reichsangehörigengesetzes verliefen die Bemühungen einer Trennung von *„arisch-jüdischen“* Paaren.

Schon am 4. November 1933 wurden in Hamburg-Wilhelmsburg ein Jude und eine 20jährige christliche Verkäuferin der Polizei durch SA-Angehörige übergeben. Die SA hatte herausgefunden, dass die beiden ein Verhältnis unterhielten. Der jüdische Mann kam in Schutzhaft.

Die „Elmshorner Nachrichten“ merkten hierzu an:

„Die Polizei weist alle, die es angeht, eindringlich darauf hin, dass gegen eine solche Rassenschändung in Zukunft, auch solange das geplante Gesetz noch nicht besteht, aufs schärfste eingeschritten wird. Dem fremdrassigen, wie dem deutschen Teil, der seine deutsche Rassenehre so schamlos preisgeben kann, droht das Konzentrationslager oder Schutzhaft in einer Fürsorgeerziehung.“ (3)

Die Polizei gab hiermit eindeutig einen Gesetzesbruch zu. Da sie sich auf kein bestehendes Gesetz und auch auf keinen Erlass stützen konnte, handelte sie gegen das Recht und beging damit eine kriminelle Handlung. Dieses war aber kein Einzelfall! Bis 1935 konnte man in den EN von einer ganzen Reihe solcher Fälle lesen, immer verbunden mit an „arisch-jüdische“ Paare gerichtete Drohungen.

„Wer nicht begreifen will, dass sich jeder den im national-sozialistischen Staate bestehenden Gesetzen unterzuordnen hat und danach sein Verhalten Juden

gegenüber einrichtet, der muss sich damit abfinden, dass ihm aus seiner staats- und volksfeindlichen Haltung schwere Unannehmlichkeiten erwachsen.

Wenn aber deutsche Mädchen sich soweit vergessen, „Liebesverhältnisse" mit Juden einzugehen, so muss solch ehrloses und pflichtvergessenes Verhalten mitleidlos bestraft werden, um damit zugleich abschreckend auch auf diejenigen zu wirken, die das Gebot der Stunde immer noch nicht verstanden zu haben scheinen." (4)

Es bleibt aber festzuhalten: obgleich in diesem Artikel „bestehende Gesetze" angesprochen wurden, gab es solche in Bezug auf „rassenschänderische" Beziehungen noch nicht!

Am 26. Juli 1935 kündigte Reichsinnenminister Frick die Vorbereitung eines Gesetzes gegen „*Mischehen*" an und forderte die Standesbeamten auf, „*Aufgebote und Eheschließungen zwischen Ariern und Juden bis auf weiteres zurückzustellen.*" (5)

Die angekündigten Gesetze, das „*Reichsbürgergesetz*" und das „*Gesetz zum Schutze des deutschen Blutes und der deutschen Ehre*", kurz „Blutschutzgesetz" genannt, wurden am 15. September 1935 auf dem Nürnberger Reichsparteitag vom Reichstag angenommen. (6)

Die Nürnberger Gesetze

Welche Eheschließungen sind zulässig und verboten?

(Von Med.-Rat Dr. Krueger, Meiningen.)

Trotz vieler Veröffentlichungen in der Tagespresse über die Frage, welche Ehen zwischen Deutschblütigen, Juden und Mischlingen geschlossen werden dürfen, herrscht hierüber noch allgemein große Unklarheit. Vor allem werden die Begriffe „Deutschblütig", „Rassejude" und „Mischling" oft nicht ganz richtig verstanden.

Deutschblütig ist jeder, der vier deutschblütige Großeltern nachweisen kann.

Rassejude ist, wer vier jüdische Großeltern hat.

Mischlinge gibt es drei Arten:

1. Mischlinge, die unter ihren vier Großeltern einen Juden (oder eine Jüdin) haben. Das sind Vierteljuden. Wir nennen sie Mischlinge zweiten Grades.
2. Mischlinge, die unter ihren vier Großeltern zwei Juden (oder Jüdinnen) haben. Das sind Halbjuden. Wir nennen sie Mischlinge ersten Grades.
3. Mischlinge, die unter ihren vier Großeltern drei Juden (oder Jüdinnen) haben. Diese werden nach dem Gesetze den Volljuden gleichgestellt und als solche angesehen.

Wir unterscheiden also zwischen fünf verschiedenen Arten von Menschen:

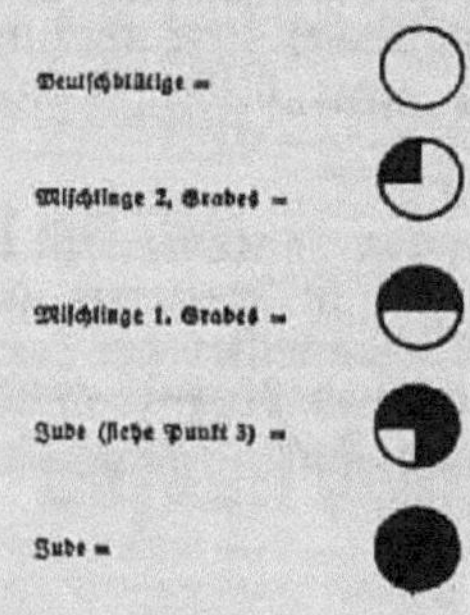

Zwischen diesen 5 verschiedenen Arten von Männern und von Frauen sind 5 mal 5 = 25 verschiedene eheliche Verbindungen möglich. Jede solche Verbindung ist hier durch einen Strich zwischen den 2 Kreisen dargestellt. Das Gesetz teilt diese 25 Verbindungen in 4 Gruppen.

1. Zulässige Ehen

Nach den Bestimmungen der Nürnberger Gesetze sind folgende Ehen zugelassen: (siehe obige Zeichen)

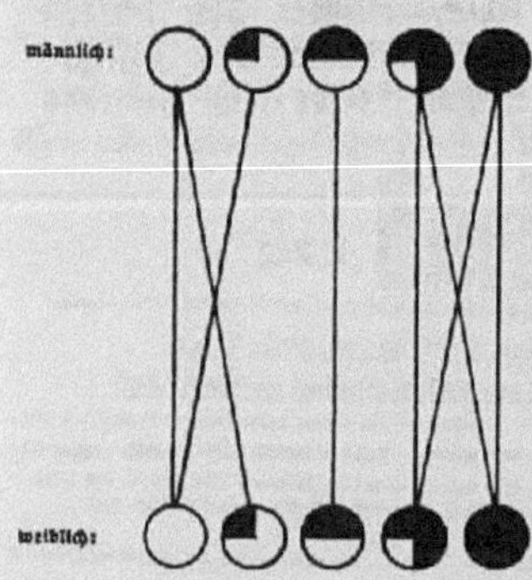

2. Bedingt zulässige Ehen

In diesen Fällen wird der jüdische Mischling zum Juden!

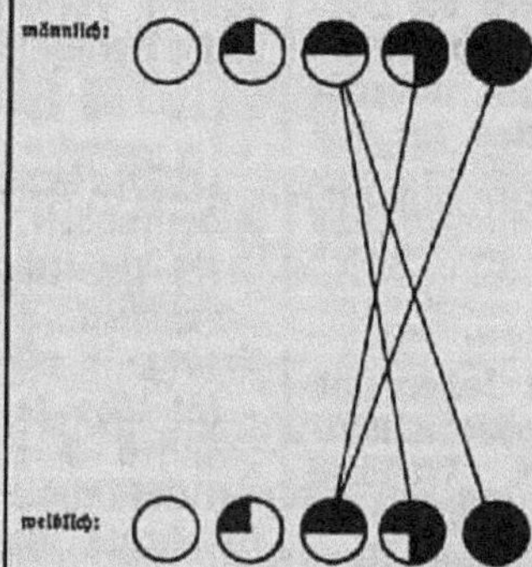

3. Mit besonderer Genehmigung zulässige Ehen

Diese Ehen bedürfen der Genehmigung des Reichsministers des Innern und des Stellvertreters des Führers oder der von ihnen bestimmten Stelle. Bei der Entscheidung sind insbesondere zu berücksichtigen die körperlichen, seelischen und charakterlichen Eigenschaften des Antragstellers, die Dauer der Ansässigkeit seiner Familie in Deutschland, seine oder seines Vaters Teilnahme am Weltkrieg und seine sonstige Familiengeschichte.

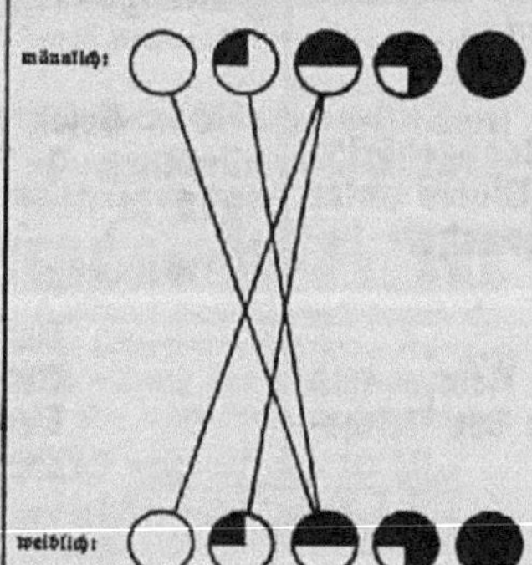

Wer dem Stürmer die Treue hält, hält sie dem Volke!

4. Verbotene Ehen

Eheschließungen dieser Art sind durch die Nürnberger Gesetze verboten.

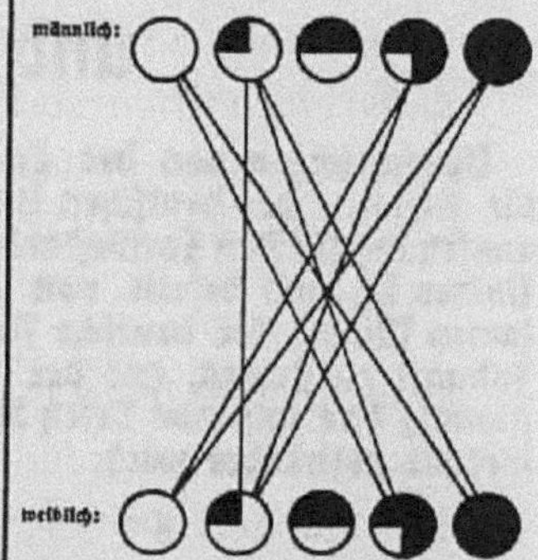

Geht nicht zu jüdischen Ärzten!

Sittlichkeitsverbrecher Dr. Alexander in Altona

Seit 15 Jahren warnt der Stürmer die deutschen Frauen: „Geht nicht zu jüdischen Aerzten!" An vielen Hunderten von Beispielen haben wir den Wahrheitsbeweis dafür erbracht, daß sich jede deutsche Frau und jedes deutsche Mädchen in größte Gefahr begeben, wenn sie die Hilfe eines Judenarztes in Anspruch nehmen. Tausende und Abertausende von deutschen Frauen hat der Jude in seiner Eigenart als Arzt schon geschändet und verdorben für alle Zeiten. Wohl hat das nationalsozialistische Deutschland einem großen Teil dieser jüdischen Verbrecher schon das Handwerk gelegt. Aber immer noch gibt es bei uns jüdische Aerzte, die in ihrem Beruf nur ein geeignetes Mittel sehen, Rassenschande zu begehen.

In Altona wirkte der praktische Arzt Dr. med. Abraham Alfred Alexander. Im Sommer 1935 kam zu ihm ein junges Mädchen in die Praxis. Es wußte nichts von einer Judenfrage. Es wußte auch nicht, daß der Jude im nichtjüdischen Mädchen nur ein Tier sieht, mit dem er tun kann, was er will. Und so kam, was kommen mußte. Jud Alexander vergewaltigte das Mädchen mehrmals.

Die Verbrechen des jüdischen Arztes wurden der Polizei bekannt. Jud Alexander kam in Haft und hatte sich nunmehr vor der Großen Strafkammer 1 des Altonaer Landgerichts zu verantworten. Er wurde wegen schwerer Sittlichkeitsverbrechen zu 2 Jahren Zuchthaus und 4 Jahren Ehrverlust verurteilt.

Die Judenfrage lernt man kennen durch den Stürmer

„Zulässige Ehen"! Medizinalrat Dr. Krueger erläutert die Nürnberger Gesetze in der antisemitischen Hetzzeitschrift „Der Stürmer".

Aus: Projekt, a.a.O.

Elmshorner Nachrichten

„Pinneberger Kreisblatt"

Elmshorner Zeitung — Horster Nachrichten

Sonderbeilage: „Aus der engeren Heimat"

Montag, den 16. September 1935. — Nr. 216.

Drei neue Staatsgrundgesetze von höchster politischer Bedeutung.

Denkwürdige Reichstagssitzung in Nürnberg: Die Hakenkreuzflagge ist Reichsflagge.

Bedeutsame Führer-Rede im Reichstag: Ernste Warnung an Litauen.

Drei neue Gesetze vom Reichstag angenommen: Reichsflaggengesetz, Reichsbürgergesetz, Gesetz zum Schutze deutschen Blutes.

In wenigen Zeilen.

EN vom 16.9.1935

Gesetz zum Schutze des deutschen Blutes und der deutschen Ehre

Durchdrungen von der Erkenntnis, daß die Reinheit des deutschen Blutes die Voraussetzung für den Fortbestand des deutschen Volkes ist, und beseelt von dem unbeugsamen Willen, die deutsche Nation für alle Zukunft zu sichern, hat der Reichstag einstimmig das folgende Gesetz beschlossen, das hiermit verkündet wird.

§ 1

(1) Eheschließungen zwischen Juden und Staatsangehörigen deutschen oder artverwandten Blutes sind verboten. Trotzdem geschlossene Ehen sind nichtig, auch wenn sie zur Umgehung dieses Gesetzes im Auslande geschlossen sind.

(2) Die Nichtigkeitsklage kann nur der Staatsanwalt erheben.

§ 2

Außerehelicher Verkehr zwischen Juden und Staatsangehörigen deutschen oder artverwandten Blutes ist verboten.

§ 3

Juden dürfen weibliche Staatsangehörige deutschen oder artverwandten Blutes unter 45 Jahren nicht in ihrem Haushalt beschäftigen.

§ 4

(1) Juden ist das Hissen der Reichs- und Nationalflagge und das Zeigen der Reichsfarben verboten.

(2) Dagegen ist ihnen das Zeigen der jüdischen Farben gestattet. Die Ausübung dieser Befugnis steht unter staatlichem Schutz.

§ 5

(1) Wer dem Verbot des Paragraphen 1 zuwiderhandelt, wird mit Zuchthaus bestraft.

(2) Der Mann, der dem Verbot des Paragraphen 2 zuwiderhandelt, wird mit Gefängnis oder mit Zuchthaus bestraft.

(3) Wer den Bestimmungen der Paragraphen 3 oder 4 zuwiderhandelt, wird mit Gefängnis bis zu einem Jahr oder mit Geldstrafe oder mit einer dieser Strafen bestraft.

§ 6

Der Reichsminister des Innern erläßt im Einvernehmen mit dem Stellvertreter des Führers und dem Reichsminister der Justiz die zur Durchführung und Ergänzung des Gesetzes erforderlichen Rechts- und Verwaltungsvorschriften.

§ 7

Das Gesetz tritt am Tage nach der Verkündung, § 3 jedoch erst am 1. Januar 1936 in Kraft.

Nürnberg, 15. September 1935.

Der Führer und Reichskanzler.
Der Reichsminister des Innern.
Der Reichsminister der Justiz.
Der Stellvertreter des Führers.

Das Gesetz zum Schutze des deutschen Blutes und der deutschen Ehre. 2. Gesetz der Nürnberger Gesetze vom 15. Sept. 1935. Aus: Freimark / Kopitzsch, a.a.O.

Durch das *„Reichsbürgergesetz“* (7) erfolgte eine Einteilung aller Deutschen in „Staatsangehörige“ und „Reichsbürger“. „Reichsbürger“ konnte nur sein, wer „arischen Blutes“ war und da nur er der Träger der politischen Rechte sein sollte, stellte das Gesetz eine Deklassierung der Juden dar.

Das *„Gesetz zum Schutze des deutschen Blutes und der deutschen Ehre“* (8) verbot die Eheschließung zwischen Juden und Nichtjuden und stellte sie unter schwere Bestrafung. Ebenso war der außereheliche Geschlechtsverkehr zwischen Angehörigen beider Gruppen verboten.

Dieses Gesetz „legalisierte“ nur die schon lange vorher geübte Praxis. Weiterhin bestimmte es, dass Juden weibliche Staatsangehörige „deutschen oder artverwandten Blutes“ unter 45 Jahren nicht in ihrem Haushalt beschäftigen durften.

„Ungleich einschneidender griff das zweite Gesetz in das Leben der jüdischen Deutschen ein. Sein Titel wie sein Inhalt stellten Satz für Satz eine rassistische Provokation dar, eine Diffamierung der jüdischen Deutschen in einer Weise, aus der die verlogenen Rassenlügen des Wochenblattes von Julius Streicher (9) deutlich durchschimmerten (...)

Das alte Märchen der Rassisten, wonach dem deutschen Volk von seinen jüdischen Mitbürgern biologisch, geistig und moralisch Degeneration und historische Fäulnis droht, wurde in den Rang einer Staatsdoktrin erhoben.“ (10)

Die *„Nürnberger Gesetze“* vollzogen die Trennung von Juden und Nichtjuden im privaten Bereich. Sie stempelten die jüdischen Mitbürger zu Personen minderen Rechts ab. Aber noch ging aus den Gesetzen nicht eindeutig hervor, wer eigentlich ein Jude war. Die Definition wurde in der *„Ersten Verordnung zum Reichsbürgergesetz“* am 14. November 1935 gegeben. (11)

Danach fiel unter den Begriff „Jude“ jeder Bürger, der *„von mindestens drei der Rasse nach volljüdischen Großeltern abstammt.“*

Um den Begriff „Rasse“ in diesem Zusammenhang schließlich noch vollends ad absurdum zu führen, hatten die Nationalsozialisten bestimmt, dass Großeltern dann als „volljüdisch“ galten, wenn sie der jüdischen Religionsgemeinschaft angehörten. Haben ursprünglich christliche Großeltern den Glauben gewechselt, sind sie also zum jüdischen Glauben konvertiert, so galt der Enkel als der „Rasse" nach „volljüdisch". Ferner galt als Jude derjenige Bürger, der nur von zwei „volljüdischen" Großeltern abstammte, aber mit einem Juden verheiratet war oder der jüdischen Religion angehörte.

„Auf eine Definition des „deutschen und artverwandten Blutes" verzichtete die Verordnung. Mit gutem Grund: Nach Abschluß des „Antikominternpaktes" (12) mit Japan sah sich die Naziregierung auf Vorhaltung der japanischen Regierung genötigt, auch Japaner als Angehörige „artverwandten" Blutes anzuerkennen, damit Verbindungen zwischen Angehörigen der befreundeten Nationen nicht unter die diskriminierenden Bestimmungen des „Arierparagraphen" fielen." (13)

Nach dem „Blutschutzgesetz" mussten die „arischen" weiblichen Hausangestellten unter 45 Jahren zum 1. Januar 1936 die jüdischen Haushaltungen verlassen. Da die Hausangestellten in Elmshorn zumeist zu ihren jüdischen Familien ein sehr gutes Verhältnis besaßen, verließen sie ihre Stellungen nur sehr ungern. Auch die jüdischen Arbeitgeber entließen sie nur mit großem Bedauern. Dieses war keine Ausnahme! So hielten es die „Elmshorner Nachrichten" für nötig darauf hinzuweisen:

„Alle Hausgehilfinnen (...) müssen ohne Rücksicht darauf, ob bei den Behörden ein Antrag der Hausgehilfin oder des Dienstherrn auf Verbleib in ihrer Stellung vorliegt, am 31.12.1935 aus ihren Stellungen ausscheiden, sofern nicht im Einzelfalle die Genehmigung zum Verbleib in ihrer Stellung bis zum 31.12.1935 erteilt ist (...)" (14)

Wer wird Reichsbürger?

Der Begriff des jüdischen Mischlings. Die Mitglieder europäischer Minderheiten

X Das Reichsbürgergesetz und das Blutschutzgesetz verfolgen nicht, wie Reichsminister Dr. Frick in der Deutschen Juristen-Zeitung darlegt, den Zweck, die Angehörigen der jüdischen Rasse nur um ihrer Rassezugehörigkeit willen schlechter zu stellen. Die Lebensmöglichkeit soll den Juden in Deutschland nicht abgeschnitten werden. Das deutsche Schicksal aber gestaltet in Zukunft lediglich das deutsche Volk.

Das Reichsbürgergesetz unterscheidet zwischen dem „Staatsangehörigen“ und dem „Reichsbürger“. Reichsbürger ist nur der Staatsangehörige, dem der Vollbesitz der politischen Rechte und Pflichten zusteht. Grundsätzlich kann niemand Reichsbürger werden, der nicht deutschen oder artverwandten Blutes (deutschblütig) ist; ferner aber muß er durch sein Verhalten den Willen und die Eignung zum Dienst am deutschen Volke bekunden. Da die Deutschblütigkeit eine Voraussetzung des Reichsbürgerrechts bildet, kann kein Jude Reichsbürger werden. Dasselbe aber gilt auch für die Angehörigen anderer Rassen, deren Blut dem deutschen Blut nicht artverwandt ist, z. B. für Zigeuner und Neger.

Das deutsche Blut bildet keine eigene Rasse.

Das deutsche Volk setzt sich vielmehr aus Angehörigen verschiedener Rassen zusammen. Allen diesen Rassen aber ist eigentümlich, daß ihr Blut sich miteinander verträgt und eine Blutmischung — anders wie beim nichtartverwandten Blut — keine Hemmungen und Spannungen auslöst. Dem deutschen Blut kann daher unbedenklich auch das Blut derjenigen Völker gleichgestellt werden, deren rassische Zusammensetzung der deutschen verwandt ist. Das ist durchweg bei den geschlossen in Europa siedelnden Völkern der Fall. Das artverwandte Blut wird mit dem deutschen nach jeder Richtung hin gleich behandelt. Reichsbürger können daher auch die Angehörigen der in Deutschland wohnenden Minder- verurteilt sind, oder in ähnlichen Fällen gemacht werden.

Das Reichsbürgerrecht wird durch Verleihung des Reichsbürgerbriefes erworben. Die Voraussetzungen für den Erwerb im einzelnen werden noch festgelegt werden. Es muß aber jetzt bereits hervorgehoben werden, daß entgegen anderslautenden Gerüchten nicht daran gedacht ist, die Verleihung des Reichsbürgerrechts etwa nur auf die Mitglieder der NSDAP., also einen Bruchteil der deutschen Staatsangehörigen, zu beschränken. Es ist vielmehr in Aussicht genommen, die

große Masse des deutschen Volkes zu Reichsbürgern

zu machen. Ausnahmen werden nur bei solchen Personen, die sich gegen Reich oder Volk vergangen, die zu Zuchthausstrafen verurteilt sind, oder in ähnlichen Fällen gemacht werden.

Die endgültige Verleihung des Reichsbürgerrechts wird noch geraume Zeit auf sich warten lassen, da sie von der Erledigung einer umfangreichen Verwaltungsarbeit abhängig ist.

Anschließend erörterte Reichsminister Dr. Frick noch einmal den Begriff „Jude“, wie er sich aus den neuen gesetzlichen Vorschriften ergibt, um dann fortzufahren: Auch

der Begriff des jüdischen Mischlings

ist mit allgemein gültiger Wirkung festgelegt worden. Dabei wurde davon ausgegangen, daß Personen, die drei volljüdische Großelternteile besitzen, unbedenklich als Juden betrachtet werden können, da sie ihrer Blutzusammensetzung nach überwiegend zum Judentum tendieren. Auf der anderen Seite müssen Personen

mit nur geringfügigem jüdischen Bluteinschlag als Deutsche behandelt werden.

Mischlinge sind danach diejenigen Personen, die von einem oder von zwei der Rasse nach volljüdischen Großelternteilen abstammen. Im Interesse einer Beweiserleichterung ist bestimmt, daß ein Großelternteil ohne weiteres als volljüdisch gilt, wenn er der jüdischen Religionsgemeinschaft angehört hat; ein Gegenbeweis ist dabei ausgeschlossen.

Die Mischlinge erfahren grundsätzlich eine besondere Behandlung. Da sie nicht Juden sind, können sie nicht den Juden, da sie nicht Deutsche sind, können sie nicht den Deutschen gleichgestellt werden. Sie haben zwar daher grundsätzlich die Möglichkeit, das Reichsbürgerrecht zu erwerben, dagegen bleiben sie den Beschränkungen unterworfen, die in der bisherigen Gesetzgebung und den Anordnungen der NSDAP. und ihrer Gliederungen ausgesprochen sind. Ihnen ist daher auch in Zukunft weder der Zugang zum Beamtentum und verschiedenen anderen Berufen eröffnet, noch können sie Mitglied der NSDAP. oder ihrer Gliederungen sein. In wirtschaftlicher Hinsicht sind sie dagegen den deutschblütigen Personen vollständig gleichgestellt.

EN vom 15.11.1935

Anmerkungen

Januar - März 1933 Machtergreifung

1) EN vom 30.1.1933
2) EN vom 31.1.1933
3) EN vom 30.1.1933
4) Name ist dem Autor bekannt
5) Name ist dem Autor bekannt
6) EN vom 31.1.1933
7) EN vom 2.2.33
8) EN vom 1.2.1933
9) EN vom 2.2.1933
10) EN vom 2.2.1933
11) EN vom 3.2.1933
12) EN vom 6.2.1933
13) EN vom 6.2.1933
14) EN vom 6.2.1933
15) https://de.wikipedia.org/wiki/Rote_Hilfe_Deutschlands
16) EN vom 8.2.1933
17) Name dem Verfasser bekannt
18) Name dem Verfasser bekannt
19) Name dem Verfasser bekannt
20) Tagebuch des A.B., Name dem Verfasser bekannt
21) EN vom 18.2.1933
22) Stadtarchiv 001.03.31.50.01.38 Dienstvorschriften Polizei 1898-1937
23) EN vom 21.2.1933
24) EN vom 22.2.1933
25) EN vom 22.2.1933
26) EN vom 22.2.1933
27) EN vom 23.2.1933
28) EN vom 24.2.1933
29) EN vom 25.2.1933
30) EN vom 27.2.1933
31) Stadtarchiv 001.03.31.50.01.44 Hilfspolizei

32) Eingegangen 10. Mai; Stadtarchiv 001.03.31.50.01.44 Hilfspolizei
33) Stadtarchiv 001.03.31.50.01.44 Hilfspolizei
34) Stadtarchiv 001.03.31.50.01.44 Hilfspolizei
35) Stadtarchiv 001.03.31.50.01.44 Hilfspolizei
36) EN vom 24.2.1933
37) https://de.wikipedia.org/wiki/Reichstagsbrand
38) Zitiert nach Hans-Ulrich Thamer, Der Nationalsozialismus, Stuttgart, Reclam, 2002, ISBN 3-15-017037-0, S. 119.
39) Zitiert nach Hans-Ulrich Thamer, Der Nationalsozialismus, Stuttgart, Reclam, 2002, ISBN 3-15-017037-0, S. 119.
40) Bericht des Chefs der preußischen politischen Polizei, Rudolf Diels im Rückblick aus dem Jahr 1949. Auf: germanhistorydocs.ghi-dc.org.
41) EN vom 1.3.1933
42) EN vom 1.3.1933
43) EN vom 2.3.1933
44) EN vom 2.3.1933
45) Krumbeck, Chronik, a.a.O., S.38ff
46) EN vom 3.3.1933
47) EN vom 6.3.1933
48) EN vom 6.3.1933
49) EN vom 6.3.1933
50) EN vom 8.3.1933
51) EN vom 6.3.1933
52) EN vom 6.3.1933
53) EN vom 6.3.1933
54) EN vom 6.3.1933
55) EN vom 8.3.1933
56) EN vom 8.3.1933
57) EN vom 9.3.1933
58) EN vom10.3.1933
59) https://germanhistorydocs.org/de/deutschland-nationalsozialismus-1933-1945/verbot-der-freien-gewerkschaften-sa-maenner-besetzen-das-gewerkschaftshaus-am-engelsufer-in-berlin-2-mai-1933); Vgl.

https://www.verdi.de/ueber-uns/idee-tradition/jahrestage-gedenktage/++co++ccdff626-16be-11e2-8351-0019b9e321cb
60) EN vom 10.3.1933
61) https://de.wikipedia.org/wiki/Schwarz-Wei%C3%9F-Rot
62) EN vom 10.3.1933
63) EN vom 10.3.1933
64) EN vom 10.3.1933
65) EN vom 10.3.1933
66) EN vom 11.3.1933
67) EN vom 10.3.1933
68) EN vom 11.3.1933
69) EN vom 11.3.1933
70) EN vom 13.3.1933
71) EN vom 13.3.1933
72) EN vom 13.3.1933
73) EN vom 13.3.1933
74) EN vom 13.3.1933
75) EN vom 16.3.1933
76) EN vom 18.3.1933
77) EN vom 20.3.1933
78) Deutsches Reichsgesetzblatt Band 1933 Teil I, Nr. 24, Seite 135
79) RGBl. Band 1933, Teil I, S. 136
80) EN vom 20.3.1933
81) EN vom 22.3.1933
82) EN vom 21.3.1933
83) EN vom 22.3.1933
84) EN vom 23.3.1933
85) EN vom 24.3.1933
86) EN vom 23.3.1933; Die Schleswig-Holsteinische Erhebung war eine von der Mehrheit der Staaten des Deutschen Bundes unterstützte politische und militärische Auseinandersetzung der deutschen Nationalbewegung in den Herzogtümern Schleswig und Holstein mit dem Königreich Dänemark. Sie dauerte von 1848 bis 1851 – deswegen die dänische Bezeichnung

Treårskrigen („Dreijahreskrieg"). Die während des Krieges in den Herzogtümern gebildete provisorische schleswig-holsteinische Regierung wurde von den meisten Staaten außerhalb des Deutschen Bundes nicht anerkannt. Die Erhebung vom März 1848 wurde zum Ersten Schleswig-Holsteinischen Krieg; der Deutsch-Dänische Krieg von 1864 wird deswegen auch als Zweiter Schleswig-Holsteinischer Krieg bezeichnet. (Wikipedia)

87) EN vom 23.3.1933

88) EN vom 23.3.1933

89) https://de.wikipedia.org/wiki/KZ_Dachau

90) EN vom 25.3.1933

91) EN vom 25.3.1933

92) EN vom 27.3.1933

93) Der Begriff A-fonds-perdu-Beitrag (französisch: als verlorener Beitrag) wird im schweizerischen und liechtensteinischen Subventionswesen verwendet. Er bezeichnet Beiträge, meist Investitionsbeiträge oder Sanierungsbeiträge, auf deren Rückzahlungspflicht die öffentliche Hand von vornherein verzichtet. Im Unterschied dazu werden auch „bedingt rückzahlbare" und „rückzahlbare" Darlehen gewährt.

94) EN vom 30.3.1933

95) Reichsgesetzblatt 1933 I, S. 153-154.

96) Reichsgesetzblatt 1933 I, S. 173.

97) EN vom 1.4.1933

98) LAS Abt. 309 Nr. 22930

99) https://de.wikipedia.org/wiki/Landesf%C3%BCrsorgeheim_Gl%C3%BCckstadt; vgl. auch: Reimer Möller: Schutzhaft in der Innenstadt. Das KZ Glückstadt 1933/34. In: „Siegeszug in der Nordmark." Informationen zur Schleswig-Holsteinischen Zeitgeschichte Heft 50(2008), S. 96–111.

100) EN vom 1.4.1933

Der Boykott der jüdischen Geschäfte, Ärzte und Rechtsanwälte vom 1. April 1933

1) Zur Geschichte der Juden in Elmshorn gibt es zahlreiche Bücher von Harald Kirschninck. Vgl. die Bibliografie. Über die Geschichte der Elmshorner Juden s. a. im Band 2: Kirschninck, Harald: Die Geschichte der Juden in Elmshorn. 1918-1945. Band 2. Norderstedt 2017.
2) Foerder, Ludwig: SA-Terror in Breslau. in: Schoenberner, Gerhard (Hrsg.): Wir haben es gesehen. Hamburg 1962. S. 18ff.
3) Krausnick, Helmut: Judenverfolgung. in: Buchheim, Hans: Anatomie des SS-Staates. Bd. 2. 2. Aufl. Freiburg 1979. S. 258.
4) EN vom 11.3.1933
5) Zum Parteiprogramm der NSDAP s. u.a.: Hofer, Walther (Hrsg.): Der Nationalsozialismus. Dokumente 1933 - 1945. Frankfurt a.M. 1974. S. 28ff.
6) Adam, Uwe Dietrich: Judenpolitik im Dritten Reich. Düsseldorf 1972. Tübinger Schriften zur Sozial- und Zeitgeschichte 1. S.46.
7) Reichsbund jüdischer Frontsoldaten: gegründet 8. Febr. 1919. Zweck: Wahrung soldatischer Tradition (gegründet auf Heimat- und Glaubensbewusstsein), Kameradschaftspflege, Betreuung jüdischer Kriegsopfer, körperlicher Ertüchtigung der Mitglieder., Siedlungsbestrebungen. Der Reichsbund umfasste 30.000 Mitglieder in 16 Landesverbänden und über 350 Ortsgruppen. Zeitschrift: Der Schild. nach: Philo-Lexikon, a.a.O.
8) EN vom 27.3.1933
9) EN vom 27.3.1933
10) EN vom 31.3.1933
11) EN vom 29.3.1933
12) Vossische Zeitung v. 31.3.1933, zit. n.: Comité des Délégations Juives: Die Lage der Juden in Deutschland 1933. Das Schwarzbuch/ Tatsachen und Dokumente. S. 302ff.
13) EN vom 1.4.1933
14) Die „EPA" (Einheits-preis-Artikel) wurde nach dem Krieg zur „Kepa".
15) Ecke Marktstraße/ Flamweg

16) Wilhelm Grezesch: Wilhelm Grezesch (geb. 1. Mai 1906 in Neidenburg; gest. 13. Juli 1941 in Kurne, UdSSR). Grezesch besuchte von 1912 bis 1913 die Volksschule in Neidenburg, danach die Volksschulen in Elmshorn im Kreis Pinneberg (Provinz Schleswig-Holstein) und Langelohe. Von 1921 bis 1923 absolvierte er eine Gärtnerlehre in Elmshorn. Anschließend arbeitete er als Gärtnergehilfe in der Mecklenburgischen Schweiz, in Bayern, im Rheinland und in Holstein. Von 1928 bis 1931 war Grezesch als Betreiber eines Gartenbaubetriebes in Elmshorn selbständig. Seit dem Herbst 1931 war er erwerbslos. 1926 trat Grezesch, der sich seit 1924 in der Deutschvölkischen Freiheitsbewegung in Mecklenburg betätigte, in die Nationalsozialistische Deutsche Arbeiterpartei (NSDAP, Mitgliedsnummer 9.456) und in der Sturmabteilung (SA) als Truppführer ein. 1932 wurde er Führer der Schutzstaffel (SS-Nr. 38.051) in Elmshorn. Grezesch war mit seinem Elmshorner SA-Sturm am 17. Juli 1932 Teilnehmer des Werbemarsches, der den Altonaer Blutsonntag zur Folge hatte. Eine Woche später wurde Grezesch bei einer nationalsozialistischen Demonstration in einem Elmshorner Arbeiterviertel verletzt. Die Gestapo machte später den Führer des Elmshorner Roten Frontkämpferbundes, Max Wriedt, für den Angriff auf Grezesch verantwortlich. Wriedt wurde im Januar 1935 im KZ Fuhlsbüttel zu Tode gefoltert.[1] In der Nacht zum 1. August 1932 wurden auf Gaststätten in Elmshorn, Uetersen und Barmstedt Handgranatenanschläge verübt. Eines der Anschlagsziele war ein Parteibüro der KPD.[2] Grezesch wurde am 21. November 1932 vom Sondergericht beim Landgericht Altona als einer der Hauptschuldigen der Anschläge zu sechs Jahren Zuchthaus verurteilt. Wenige Tage vor der Urteilsverkündung wurde Grezesch bei der Reichstagswahl im November 1932 als Kandidat der NSDAP für den Wahlkreis 13 (Schleswig-Holstein) in den Reichstag gewählt, dem er bis zum März 1933 angehörte. Sein Mandat konnte er allerdings erst nach seiner Haftentlassung am 7. Dezember 1932[3] antreten. Im Juni 1933 wurde Grezesch kommissarischer Vorsitzender der Freien Turn- und Sportvereinigung Elmshorn.[4] 1935 heiratete er. Spätestens 1936 war er Chef der 7. Kompanie der „Leibstandarte SS Adolf Hitler“. In der SS wurde er mehrfach befördert,

zuletzt am 1. Juni 1939 zum Sturmbannführer Grezesch starb kurz nach dem deutschen Angriff auf die Sowjetunion im Sommer 1941. Zuletzt im Rang eines Sturmbannführers der Waffen-SS, hatte er seit 1. Juli 1941 als SS-Führer zur besonderen Verwendung der Aufklärungsabteilung der „Leibstandarte SS Adolf Hitler" angehört.
Q: 1) Rudi Arendt: Der Arbeiter Max Wriedt: In Fuhlsbüttel zu Tode gefoltert. In: Elmshorner Nachrichten, 28. Februar 2012 (Abgerufen am 14. August 2013). 2) Jürgen Brüggemann: Antifaschistischer Widerstand und Arbeiterbewegung in Elmshorn bei www.stolpersteine-elmshorn.de (Abgerufen am 14. August 2013). 3) Elmshorner Nachrichten vom 7. Dezember 1932. 4) Folker Schmerbach: Das Gemeinschaftslager Hanns Kerrl für Referendare in Jüterbog 1933-1939, 2008, S. 65.
Zitiert nach: https://de.wikipedia.org/wiki/Wilhelm_Grezesch

17) EN vom 1.4.1933
18) vgl. z.B.: Hauschildt, Dietrich: Juden in Kiel im Dritten Reich. Staatsexamensarbeit. Kiel 1980.
19) Aussagen v. Frau Harder, und Frau Andresen
20) Aussage von Emil Buchner
21) vgl. Krausnick, Helmut: Judenverfolgung. in: Buchheim, Hans: Anatomie des SS-Staates. Band 2. 2.Aufl. Freiburg 1979. S. 260.
22) Aussage von Rudolf Baum, Sohn des Kultusbeamten David Baum.
23) Drobisch, Klaus u.a.: Juden unterm Hakenkreuz. Verfolgung und Ausrottung der deutschen Juden 1933 - 1945. Berlin 1973. S. 83.
24) Krausnick, a.a.O., S. 260
25) Adam, a.a.O., S. 68
26) Lage der Juden, a.a.O., S. 312 f.

April – Juli 1933 Sicherung der Macht - Gleichschaltung

1) EN vom 2.4.1933
2) EN vom 3.4.1933
3) EN vom 3.4.1933
4) EN vom 4.4.1933
5) EN vom 3.4.1933 und 4.3.1933
6) EN vom 5.4.1933
7) https://ausstellungen.deutsche-digitale-bibliothek.de/ns-presse/#s13
8) EN vom 7.4.1933
9) https://de.wikipedia.org/wiki/Gesetz_zur_Wiederherstellung_des_Berufsbeamtentums
10) EN vom 8.4.1933
11) EN vom 8.4.1935
12) EN vom 8.4.1933
13) EN vom 8.4.1933
14) EN vom 10.4.1933
15) EN vom 10.4.1933
16) EN vom 12.4.1933
17) EN vom 11.4.1933
18) EN vom 12.4.1933
19) EN vom 12.4.1933
20) EN vom 10.4.1933
21) EN vom 12.4.1933
22) EN vom 12.4.1933
23) EN vom 13.4.1933
24) EN vom 15.4.1933
25) EN vom 15.4.1933
26) EN vom 18.4.1933
27) EN vom 15.4.1933
28) EN vom 21.4.1933
29) EN vom 15.4.1933
30) EN vom 18.4.1933
31) EN vom 18.4.1933

32) EN vom 20.4.1933
33) EN vom 20.4.1933
34) EN vom 20.4.1933
35) EN vom 20.4.1933
36) EN vom 24.4.1933
37) EN vom 20.4.1933
38) Stadtarchiv 001.03.31.50.01.44 Hilfspolizei
39) Stadtarchiv 001.03.31.50.01.44 Hilfspolizei
40) EN vom 22.4.1933
41) EN vom 22.4.1933
42) EN vom 24.4.1933
43) EN vom 26.4.1933
44) EN vom 26.4.1933
45) EN vom 26.4.1933
46) EN vom 29.4.1933
47) EN vom 2.5.1933
48) EN vom 3.5.1933
49) EN vom 3.5.1933
50) EN vom 29.4.1933
51) EN vom 24.5.1933
52) EN vom 5.5.1933
53) EN vom 9.5.1933
54) EN vom 6.5.1933
55) Vgl.: Kaliski, Julius: Freiwilliger Arbeitsdienst. In: Sozialistische Monatshefte. 38. Jg., Heft 6, 1932, S. 500–503.
56) Vgl. Paul, Wolfgang: Das Feldlager. Jugend zwischen Langemarck und Stalingrad. Tatsachenbericht, Heyne Taschenbuch Nr. 5791. München 1980, S. 154.
57) https://de.wikipedia.org/wiki/Freiwilliger_Arbeitsdienst
58) EN vom 6.3.1933
59) EN vom 24.3.1933
60) EN vom 8.4.1933
61) EN vom 6.5.1933

62) EN vom 11.5.1933
63) RGBl I S.285
64) https://de.wikipedia.org/wiki/Gesetz_zum_Schutze_der_nationalen_Symbole
65) RGBl. I S. 921
66) RGBl. I 1933. S. 31
67) Ebenda
68) Ebenda
69) EN vom 12.5.1933
70) EN vom 12.5.1933
71) EN vom 13.5.1933
72) EN vom 15.5.1933
73) EN vom 19.5.1933
74) EN vom 23.5.1933
75) https://de.wikipedia.org/wiki/Albert_Leo_Schlageter
76) EN vom 29.5.1933
77) EN vom 26.5.1933
78) geb. 28.2.1893 in Kehrberg/Pommern, gest. 30.8.1967 in Hamburg
79) Sauer, Bernhard, „Roßbach, Gerhard" in: NDB-online, veröffentlicht am 01.07.2022, URL: https://www.deutsche-biographie.de/121476162.html#dbocontent
80) Dietmar Süß: Tod aus der Luft. Kriegsgesellschaft und Luftkrieg in Deutschland und England. Siedler, München 2011. S.45.
81) https://de.wikipedia.org/wiki/Reichsluftschutzbund
82) EN vom 20.5.1933
83) EN vom 26.5.1933
84) EN vom 14.7.1933
85) EN vom 29.8.1933
86) https://de.wikipedia.org/wiki/Deutsche_Christen
87) https://www.dhm.de/lemo/kapitel/ns-regime/innenpolitik/deutsche-christen.html
88) EN vom 22.5.1933
89) Stadtarchiv 001.03.31.50.01.44 Hilfspolizei

90) Stadtarchiv 001.03.31.50.01.61 Bettler Landstreicher 1910-1938
91) zit. nach: http://www.geschichtswerkstatt.lurup.de/armut.htm
92) zit. nach: http://www.geschichtswerkstatt.lurup.de/armut.htm
93) zit. n.: http://www.geschichtswerkstatt.lurup.de/armut.htm
94) zit. n.: http://www.geschichtswerkstatt.lurup.de/armut.htm
95) Stadtarchiv 001.03.31.50.01.61 Bettler Landstreicher 1910-1938
96) EN vom 1.6.1933
97) EN vom 1.6.1933
98) EN vom 1.6.1933
99) EN vom 2.6.1933
100) EN vom 2.6.1933
101) EN vom 2.6.1933
102) Norderneyer Badezeitung (NBZ) vom 20.5.1933
103) EN vom 9.8.1933
104) Deutsche Turnerschaft
105) EN vom 3.4.1933
106) EN vom 7.4.1933
107) Vossische Zeitung vom 18.5.1933
108) Der Begriff „Arier“ stammt aus der Linguistik, nicht aus der Anthropologie. „Arya“ war ursprünglich die Bezeichnung für die zu einer Sprachfamilie gehörenden Völker Indiens, Pakistans, Afghanistans und Persiens. Sie wurde von Sprachwissenschaftlern auf Slawen, Romanen, Kelten und Germanen ausgedehnt, die ebenfalls zum indogermanischen Sprachkreis gehören. nach: Sievers, Leo: Juden in Deutschland. Die Geschichte einer 2000jährigen Tragödie. Gütersloh o. J. S. 220.
109) EN vom 13.10.1933
110) Kirschninck, Harald: Die Geschichte der Juden in Elmshorn. 1918-1945. 2 Bände. Norderstedt 2017.
111) Aussage Herr Christian Rostock und Frau Rostock
112) EN vom 2.6.1933
113) EN vom 24.5.1937
114) EN vom 8. Juni 1933
115) EN vom 8. Juni 1933

116) EN vom 9. Juni 1933
117) EN vom 12. Juni 1933
118) EN vom 9. Juni 1933
119) EN vom 13. Juni 1933
120) EN vom 17.6.1933
121) EN vom 22. Juni 1933
122) EN vom 27. Juni 1933
123) EN vom 28. Juni 1933
124) EN vom 5.7.1933
125) EZ vom 13.7.1933
126) EN vom 29. Juni 1933
127) EN vom 4. Juli 1933
128) EN vom 26.7.1933
129) RGBl Teil I Nr. 86, 25. Juli 1933
130) EN vom 4.7.1933
131) EN und EZ vom 7.7.1933
132) EN vom 4.9.1933
133) EZ vom 3.7.1933
134) EZ vom 5.7.1933
135) EZ vom 3.9.1933
136) https://de.wikipedia.org/wiki/Deutsche_Arbeitsfront
137) EN vom 11.7.1933
138) EZ vom 5.7.1933
139) EZ vom 6.7.1933
140) Sehr ausführlich beschrieben in Wikipedia: Reichskonkordat – Wikipedia
141) EN vom 11.7.1933
142) EN vom 12.7.1933
143) EN vom 5.7.1933
144) EZ vom 12.7.1933

Juli 1933 – August 1934 Sicherung der Macht durch Verführung und Terror

1) EN vom 12.7.1933
2) EN vom 14.7.1933
3) EN vom 14.7.1933
4) EN vom 18.7.1933
5) EN vom 18.7.1933
6) EN vom 24.7.1933
7) EZ vom 24.7.1933
8) Polizeiakten Stadtarchiv 001.03.31.50.01.44 Hilfspolizei, vgl. S.39f
9) EN vom 29.7.1933
10) EZ vom 28.7.1933
11) EZ vom 8.8.1933
12) EN vom 17.8.1933
13) EZ vom 16.8.1933
14) EZ vom 15.8.1933
15) EZ vom 15.8.1933
16) EZ vom 31.8.1933
17) EN vom 31.8.1933
18) EN vom 1.9.1933
19) EN vom 8.9.1933
20) EN vom 9.9.1933
21) EZ vom 8.9.1933
22) Fröhlich, Elke (Hrsg.): Die Tagebücher von Joseph Goebbels. München 1998.
23) Gesetz über das Winterhilfswerk des Deutschen Volkes (RGBl 1, S.995) vom 1. Dezember 1936
24) Vorländer, Herwart: Die NSV. Darstellung und Dokumentation einer nationalsozialistischen Organisation. 1988. S. 237
25) EN vom 31.10.1933
26) https://de.wikipedia.org/wiki/Pfundspende

27) Zolling, Peter: Zwischen Integration und Segregation – Sozialpolitik im Dritten Reich am Beispiel der NSV in Hamburg. (Diss.) Frankfurt/M. 1986, S. 170.
28) Lorenz, Ina u. Berkemann, Jörg: Die Hamburger Juden im NS-Staat 1933 bis 1938/39. Göttingen 2016, Bd. 3, S. 317
29) EN vom 13.9.1933
30) DHV= Deutschnationaler Handlungsgehilfenverband
31) NSBO = Nationalsozialistische Betriebszellenorganisation
32) EN vom 17.10.1933
33) EN vom 17.10.1933
34) EN vom 27.10.1933
35) EN vom 14.12.1933
36) Herwart Vorländer, NS-Volkswohlfahrt und Winterhilfswerk des deutschen Volkes, In: Vierteljahrshefte für Zeitgeschichte, Jahrgang 34 (1986), Heft 3, S. 341–380. S. 347–348.
37) nach: https://de.wikipedia.org/wiki/Nationalsozialistische_Volkswohlfahrt
38) EN vom 11.8.1933
39) EN vom 18.9.1933
40) Franz W. Seidler: Das Nationalsozialistische Kraftfahrkorps und die Organisation Todt im Zweiten Weltkrieg. In: Vierteljahrshefte für Zeitgeschichte. 32/1984, S. 626
41) Verordnung zur Änderung der Verordnung über das Verhalten im Straßenverkehr. In: Reichsgesetzblatt, Jahrgang 1943, Nr. 55, Tag der Ausgabe: Berlin, 31. Mai 1943, S. 334.
42) nach: https://de.wikipedia.org/wiki/Nationalsozialistisches_Kraftfahrkorps
43) EZ vom 13.9.1933
44) EN vom 9.8.1933
45) EN vom 7.9.1933
46) EN vom 6.9.1933
47) EN vom 6.9.1933
48) EN vom 25.9.1933
49) EN vom 27.9.1933
50) EZ vom 28.9.1933

51) EN vom 2.10.1933
52) EZ vom 2.10.1933. Dieser Beitrag wurde wortgleich am 4. Oktober in den EN veröffentlicht.
53) EN vom 13.10.1933
54) Die folgenden Tabellen stammen von Hans Lohmann, der die Festschriften des EMTV nach Jüdischen Mitgliedern durchgearbeitet hat, und mir freundlicherweise seine Ergebnisse zur Verfügung stellte.
55) N. Mendel = Neumann Mendel
56) Röschmann, J.: 75 Jahre Elmshorner- Männerturnverein. 1860-1935. Elmshorn 1935. S. 21.
57) Möller, Rudolf: De Öllersrieg. 1890 - 1920. ungedr.
58) Aussage Herr Rostock und Frau Rostock
59) EN vom 2.6.1933
60) EN vom 5.2.1934
61) EN vom 14.10.1933
62) EN vom 16.10.1933
63) vgl.: https://de.wikipedia.org/wiki/Reichstagswahl_und_Volksabstimmung_November_1933
64) Bericht einer Elmshorner Nationalsozialistin, EN vom 24.10.1933
65) EN vom 24.10.1933
66) EN vom 30.10.1933
67) Das Konzentrationslager Kuhlen war ein frühes Konzentrationslager in Kuhlen bei Rickling in Schleswig-Holstein. Es bestand vom 18. Juli 1933 bis 27. Oktober 1933. Bei den Inhaftierten handelte es sich meist um Kommunisten und Sozialdemokraten.
68) EN vom 1.11.1933
69) EZ vom 9.11.1933
70) EN und EZ vom 2.11.1933
71) EN vom 6.11.1933
72) EN vom 9.11.1933
73) EN vom 10.11.1933
74) EN vom 12.2.1934

75) EN vom 12.2.1934
76) EN vom 8.11.1933
77) EN vom 10.11.1933
78) EN vom 11.11.1933
79) EN vom 10.11.1933
80) EN vom 10.11.1933
81) EN vom 16.11.1933
82) EN vom 6.11.1933
83) EN vom 14.11.1933
84) EN vom 18.11.1933
85) EN vom 18.11.1933
86) EN vom 18.11.1933
87) EZ vom 15.11.1935
88) EZ vom 30.11.1933
89) EN vom 20.11.1933
90) EN vom 23.11.1933
91) nach Wikipedia: Deutsche Arbeitsfront – Wikipedia
92) EN vom 30.11.1933
93) 30.11.1933
94) EN vom 5.12.1933
95) EN vom 1.12.1933
96) EZ vom 6.12.1933. Dieser Artikel erschien zeitgleich auch in der EN.
97) EN vom 7.12.1933
98) EN vom 7.12.1933
99) EN vom 12.12.1933
100) EN vom 12.12.1933
101) EN vom 14.12.1933
102) EN vom 16.12.1933
103) EZ vom 1812.1933
104) EN vom 23.12.1933
105) EN vom 23.12.1933
106) EZ vom 8.1.1934
107) EN vom 5.1.1934

108) EN vom 29.12.1933; vgl. S. (244 ff.)

109) EZ vom 8.1.1934, Ministerialrat Dr. Gütt, Berlin, Reichsministerium des Innern

110) EZ vom 9.1.1934

111) EN vom 8.1.1934

112) EN vom 10.1.1934

113) EN vom 13.1.1933

114) EN vom 19.1.1934

115) EN vom 22.1.1933

116) EN vom 10.2.1933

117) EZ vom 23.1.1934

118) Schreiben des Bürgermeisters an die Polizeibehörde vom 10. Juni 1933. Stadtarchiv 001.03.31.50.01.61 Bettler Landstreicher 1910-1938

119) Brief Bgm. Krumbeck an Landrat in Pinneberg. Stadtarchiv 001.03.31.50.01.61 Bettler Landstreicher 1910-1938

120) Name gekürzt

121) Brief von Amtsgerichtsrat Schatzmann an Bgm. Krumbeck vom 15. Januar 1934. Stadtarchiv 001.03.31.50.01.61 Bettler Landstreicher 1910-1938

122) Name gekürzt

123) Freiwilliger Arbeitsdienst

124) Name gekürzt

125) Erwiderung Bgm. Krumbeck vom 17. Januar 1934. Stadtarchiv 001.03.31.50.01.61 Bettler Landstreicher 1910-1938

126) EN vom 27.1.1934

127) EN vom 26.1.1934

128) EN vom 27.1.1934

129) Anne Schaude, 2021, in: https://www.gedenken-nt.de/dokumente/block-zellenleiter-teil-1

130) EN vom 30.1.1934

131) EN und EZ vom 31.1.1934

132) Wikipedia, https://de.wikipedia.org/wiki/Gesetz_%C3%BCber_den_Neuaufbau_des_Reichs

133) EZ vom 3.2.1934
134) EN vom 10.2.1934
135) EN vom 16.2.1934
136) EN vom 11.2.1934
137) EN vom 22.2.1934
138) EN vom 16.2.1934
139) Hanns Kerrl (* 11. Dezember 1887 in Fallersleben; † 14. Dezember 1941 in Paris) war ein deutscher nationalsozialistischer Politiker. Er übte unter anderem die Ämter des Preußischen Landtagspräsidenten, preußischen Justizministers vom 21. April 1933 bis zum 22. Juni 1934 und Reichsministers für die kirchlichen Angelegenheiten (Reichskirchenminister) ab 1935 aus; in letzterem war er verantwortlich für die Gleichschaltung der Kirchen im Deutschen Reich. Seit Juni 1935 auch Leiter der Reichsstelle für Raumordnung, wurde er spöttisch der Minister für Raum und Ewigkeit genannt. (https://de.wikipedia.org/wiki/Hanns_Kerrl)
140) EN vom 22.2.1934
141) EN vom 24.2.1934
142) EN vom 26.2.1934
143) nach https://de.wikipedia.org/wiki/Kraft_durch_Freude
144) EN vom 19.2.1934
145) EN vom 10.2.1934
146) EN vom 13.3.1934
147) EN vom 19.3.1934
148) EN vom 20.3.1934
149) EN vom 23.3.1934
150) EN vom 10.3.1934
151) EN vom 10.3.1934
152) EN vom 28.3.1934
153) Seifert, Johannes: Pinneberg zur Zeit des Nationalsozialismus. VHS-Geschichtswerkstatt. Pinneberg 2000. S. 200-204
154) https://de.wikipedia.org/wiki/Reichsberufswettkampf
155) EN vom 9.4.1934
156) EN vom 7.4.1934

157) vgl. Kirschninck, Harald: Die Fahne ist mehr als der Tod. Die Geschichte der Hitler-Jugend in Elmshorn. Band 1. Norderstedt 2023. S. 283-286
158) Hein Godenwind, Staatsarchiv der Freien und Hansestadt Hamburg, Deutsche Digitale Bibliothek. Nach https://de.wikipedia.org/wiki/Hein_Godenwind_(Schiff,_1902)
159) EN vom 9.4.1934
160) EN vom 10.4.1934
161) Weiß, Hermann: Adolf-Hitler-Freiplatzspende, in: Enzyklopädie des Nationalsozialismus, Klett-Cotta, Stuttgart 1997, S. 348., zit. n. Wikipedia
162) EN vom 11.4.1934
163) EN vom 12.4.1934
164) https://de.wikipedia.org/wiki/Hilfswerk_Mutter_und_Kind
165) EN vom 13.4.1934
166) EN vom 21.4.1934
167) EN vom 2.5.1934
168) EN vom 2.5.1934
169) Ebenda
170) EN vom 2.5.1934
171) EN vom 19.5.1934
172) EN vom 25.5.1934
173) https://de.wikipedia.org/wiki/Aktion_gegen_Miesmacher_und_Kritikaster
174) EN vom 13.6.1934
175) Norderneyer Badezeitung (NBZ) vom 14.6.1934
176) EN vom 22.6.1934
177) Der Marsch Nr. 1 in F-Dur (WoO 18) von Ludwig van Beethoven, bekannt als Yorckscher Marsch oder Marsch des Yorckschen Korps (Armeemarsch II, 103; Armeemarsch II, 37; Heeresmarsch II, 5), ist einer der berühmtesten deutschen Militärmärsche. Wikipedia
178) EN vom 25.6.1934
179) EN vom 26.6.1934
180) vgl. Sauer, Bernhard in: https://www.historisches-lexikon-bayerns.de/Lexikon/R%C3%B6hm-Putsch_(30._Juni_1934)
181) EN vom 2.7.1934

182) Nationalsozialistische Betriebszellen-Organisation
183) EN vom 21.7.1934
184) Deutsches Reichsgesetzblatt Band 1934 Teil I, Nr. 89, Seite 747
185) EN vom 7.8. und 8.8.1934

August 1934 – Dezember 1936 Ausgrenzung und ...

1) EN vom 2.8.1934
2) EN vom 22.8.1934
3) EN vom 27.8.1934
4) EN vom 27.8.1934
5) EN vom 28.8.1934
6) EN vom 7.9.1934
7) EN vom 10.9.1934
8) EN vom 12.9.1934
9) EN vom 9.10.1934
10) EN vom 6.10.1934
11) EN vom 8.10.1934
12) EN vom 10.10.1934
13) EN vom 11.10.1934
14) Name gekürzt. EN vom 27.10.1934
15) EN vom 29.11.1934
16) EN vom 1.11.1934
17) EN vom 9.11.1934
18) EN vom 10.11.1934
19) EN vom 22.11.1934
20) EN vom 28.11.1934
21) NBZ vom 6.12.1934
22) RGBl Jg. 1933, Teil I, Nr. 24, vgl. S. 87f. Verordnung zur Abwehr heimtückischer Diskreditierung der nationalen Regierung
23) EN vom 7.12.1934

24) EN vom 13.12.1934
25) EN vom 13.12.1934
26) vgl. Kirschninck, Harald: Die Geschichte der Juden in Elmshorn. 1918-1945. Band 2. Norderstedt 2017.
27) EN vom 19.12.1934
28) vgl. Wikipedia, https://de.wikipedia.org/wiki/Reinhold_J%C3%BCrgensen
29) Meyer, Gertrud: Nacht über Hamburg, Bericht und Dokumente 1933-1945. Frankfurt/M. 1971. Zit. n. Biel, Bert C. in: https://www.spurensuche-kreis-pinneberg.de/spur/reinhold-jurgensen-kpd-reichstagsabgeordneter/
30) Biel, Bert C. in: https://www.spurensuche-kreis-pinneberg.de/spur/reinhold-jurgensen-kpd-reichstagsabgeordneter/
31) EN vom 22.12.1934
32) EN vom 28.1.1935
33) EN vom 7.2.1935
34) EN vom 19.2.1935
35) EN vom 27.2.1935
36) EN vom 2.3.1935
37) EN vom 18.3.1935
38) EN vom 25.3.1935
39) EN vom 29.3.1935
40) EN vom 30.3.1935
41) EN vom 30.3.1935
42) EN vom 5.4.1935
43) EN vom 6.6.1935
44) EN vom 6.4.1935
45) EN vom 23.4.1935
46) EN vom 23.4.1935
47) EN vom 26.4.1935
48) EN vom 25.4.1935
49) www.dhm.de/archiv/ausstellungen/lebensstationen
50) EN vom 24.7.1935
51) EN vom 30.4.1935
52) EN vom 2.5.1935

53) EN vom 22.5.1835
54) Brief Duvigneau an Bgm. Krumbeck vom 7.6.1935). Stadtarchiv 001.03.31.50.01.19 Polizeirecht SA SS 1933 – 1942
55) Chronik 10 Jahre a.a.O., vgl. Kirschninck, Harald: Der Kampf um Elmshorn. Elmshorn im Nationalsozialismus im Spiegel der Elmshorner Zeitungen 1920 – 1933. Band 1. Norderstedt 2024
56) EN vom 21.6.1935,22.6.1935, 24.6.1935
57) Letje, Chronik, a.a.O., S.31f.
58) Letje, Chronik, a.a.O., S.33-36.
59) EN vom 27.6.1935
60) EN vom 3.7.1935
61) EN vom 4.7.1935
62) EN vom 25.9.1933
63) Aussage v. Frau Lötje, geb. Lippstadt
64) Landesarchiv Schleswig: LAS 410,290. Bericht für Monat Februar. Zit. nach: Hauschildt, Dietrich: Juden in Kiel im Dritten Reich. Staatsexamensarbeit. Kiel 1980.
65) Adolf-Hitler-Schule = Realschule am Propstenfeld
66) EN v.19.7.1935
67) Aussage v. Rudolf Baum
68) Aussage Frau Andresen
69) EN vom 22.7.1935
70) EN vom 31.7.1935
71) Nach: https://www.historisches-lexikon-bayerns.de/Lexikon/Sturmabteilung_(SA),_1921-1923/1925-1945#Die_weitere_Rolle_der_SA_bis_zum_Kriegsausbruch
72) EN vom 1.8.1935
73) EN vom 5.8.1935
74) Ebenda
75) EN vom 6.8.1935
76) EN vom 24.8.1935
77) EN vom 6.9.1935
78) EN vom 16.9.1935

79) EN vom 19.9.1935
80) EN vom 23.9.1935
81) EN vom 24.9.1935
82) EN vom 15.10.1935
83) EN vom 15.10.1935
84) EN vom 6.11.1935
85) EN vom 9.11.1935
86) EN vom 11.11.1935
87) zit. n.: https://de.wikipedia.org/wiki/Mythos_von_Langemarck
88) EN vom 7.11.1935
89) EN vom 13.11.1935
90) Aussage Fr. Lötje
91) Aussage William Oppenheim
92) EN vom 15.11.1935
93) EN vom 23.11.1935
94) EN vom 28.11.1935
95) EN vom 17.12.1935
96) nach: https://schmidt-oldesloe.de/spd150/abwehr3.html
97) EN vom 13.12.1935
98) EN vom 17.12.1935
99) EN vom 9.1.1936
100) EN vom 14.1.1936
101) EN vom 30.1.1936, die nachfolgenden Prozesse verurteilten Personen aus Tornesch, Uetersen u. anderen Orten
102) EN vom 3.4.1936
103) EN vom 16.1.1936
104) EN vom 28.1.1936
105) EN vom 30.1.1936
106) EN vom 25.2.1936
107) EN vom 18.3.1936
108) EN vom 23.3.1936
109) EN vom 31.3.1936
110) EN vom 25.4.1936

111) EN vom 28.5.1936
112) EN vom 25.4.1936
113) EN vom 2.5.1936
114) EN vom 8.5.1936
115) EN vom 31.7.1936
116) nach Wikipedia: (https://de.wikipedia.org/wiki/Spanischer_B%C3%BCrgerkrieg und https://de.wikipedia.org/wiki/Legion_Condor
117) NBZ vom 27.8.1936
118) EN vom 14.9.1936
119) EN vom 1.10.1936
120) EN vom 10.11.1936
121) EN vom 16.11.1936
122) EN vom 24.11.1936
123) https://germanhistorydocs.org/de/deutschland-nationalsozialismus-1933-1945/gesetz-ueber-die-hitler-jugend-1-dezember-1936.pdf
124) RGBl I 1936 Nr. 113 vom 3.12.1936
125) EN vom 4.12.1936
126) EN vom 8.12.1936

Die „Nürnberger Gesetze" vom 15. September 1935

1) Frick, Wilhelm: 12.3.1877 - 16.10.1946 (hingerichtet); wegen Beteiligung am Hitler-Putsch 1923 als Leiter der Polit. Abteilung des Polizeipräsidiums München entlassen und vom bayer. Volksgericht zu Festungshaft verurteilt; ab 1924 nat.-soz. Abgeordneter des Reichstags u. 1928 Fraktionsführer; 1930/31 thüring. Staatsminister, 1933 - 1943 Reichsinnenminister, dann Reichsprotektor für Böhmen und Mähren; 1946 vom Internationalen Militärgericht zum Tode verurteilt. nach: Lexikon-Institut, a.a.O.
2) EN vom 29.4.1935
3) EN vom 8.11.1933
4) EN vom 18.7.1935

5) Pätzold, Kurt: Faschismus. Rassenwahn. Judenverfolgung. Eine Studie zur politischen Strategie und Taktik des faschistischen deutschen Imperialismus (1933 - 1935). Berlin 1975. S. 260.
6) EN vom 16.12.1935
7) RGBl 1935, I. S.1146
8) RGBl 1935, I. S.1146ff
9) Gemeint ist die Zeitschrift „Der Stürmer".
10) Pätzold, Kurt: Faschismus. Rassenwahn. Judenverfolgung. Eine Studie zur politischen Strategie und Taktik des faschistischen deutschen Imperialismus (1933 - 1935). Berlin 1975. S. 260.
11) RGBl 1935. I. , S. 1333 ff.
12) Antikomminternpakt: Am 25.11.1936 zwischen Deutschland und Japan geschlossener Pakt gegen die „Zersetzung und Vergewaltigung der bestehenden Staaten" durch die Kommunistische Internationale. Dem Pakt traten bei: Italien (1937), Mandschukuo, Ungarn (1939), Spanien (1939), Bulgarien, Kroatien, Finnland, Dänemark, Nanking-China, Rumänien, Slowakei (1941).
13) Drobisch, Klaus u.a.: Juden unterm Hakenkreuz. Verfolgung und Ausrottung der deutschen Juden 1933 - 1945. Berlin 1973. S. 147
14) EN vom 28.12.1935

Chronik 1925 - 1936

27. Februar 1925	Neugründung der NSDAP nach Entlassung Hitlers aus der Haft
1. März 1925	Gründung des Gaues Schleswig-Holstein (Gauleiter Hinrich Lohse)
13. Juni 1925	Gründung der Ortsgruppe Elmshorn
	Hermann Kober (Ortsgruppenleiter)
	Alma Bruhn (Kassenführerin)
	Bernhard Bruhn
	Waldemar Stüben
Seit 1926	Wilhelm Grezesch und Emil Mohr im bewaffneten Kampf
25. März 1926	Auflösung des Werwolfs
28. April 1926	Rede von Joseph Goebbels im Stadttheater
1926/27	Wilhelm Grezesch (Ortsgruppenleiter)
Anfang 1927	Aufstellung eines SA-Sturmes (Sturmführer Herbert Hartmann)
Sommer 1928	Wilhelm Grezesch zog nach Trier
	Neuer Ortsgruppenleiter Grude
7. März 1929	Schlacht in Wöhrden
9. März 1929	Umzugs- und Demonstrationsverbot für Schleswig-Holstein
24. Oktober 1929	Schwarzer Freitag (New Yorker Börsencrash)

Ende 1929	Wilhelm Grezesch zurück aus Trier, wurde neuer Ortsgruppenleiter
1930	Waldemar Stüben stellte SA-Reserve auf
11. Februar 1930	Wöhrden Prozess
11. Juni 1930	Uniform-Verbot, „Braunhemdenverbot“
September 1930	Gründung der Hitlerjugend Elmshorn (HJ) durch Helmut Gerson
Frühjahr 1931	Gründung der Ortsgruppe „Deutscher Frauenorden“,
	Leiterin Alma Bruhn, später Frau Ohlhoff
4. April 1931	2. Uniformverbot Schleswig-Holstein
Sommer 1931	Geschäftsstelle mit Zeughaus der NSDAP eingerichtet
1.Mai 1931	Gründung der Nationalsozialistischen Betriebsorganisation Ortsgruppe Elmshorn mit 12 Betriebszellen in Elmshorner Fabriken
6. Juni 1932	Tumulte bei Haftentlassung von Wilhelm Grezesch
17. Juni 1932	Uniform- und Demonstrationsverbot aufgehoben
17. Juli 1932	Altonaer Blutsonntag
18. Juli 1932	Erneutes Demonstrationsverbot
24. Juli 1932	Schlacht in der Ollnsstraße
1. August 1932	Handgranatenanschlag in der Reichenstraße
30. Januar 1933	„Machtergreifung“ Adolf Hitlers

1.2.1933	Regierungsprogramm Adolf Hitlers
1.2.1933	Reichstag auf Wunsch Hitlers von Reichspräsident von Hindenburg aufgelöst
2.2.1933	Demonstrationsverbot für Kommunisten
4.2.1933	Notverordnung zum Schutze des deutschen Volkes. Durch die Verordnung des Reichspräsidenten „zum Schutze des Deutschen Volkes" wurden die Grundrechte der Weimarer Verfassung, insbesondere Versammlungs- und Pressefreiheit eingeschränkt
5.2.1933	Auflösung aller Gemeindevertretungen in Preußen und die Neuwahl aller Stadt- und Gemeindevertretungen am 12. März
20.2.1933	Erlass: Polizei sollte „nationale Bewegung" fördern. Gegen staatsgefährdende Personen und Kommunisten wurde Schusswaffeneinsatz erlaubt.
24.2.1933	Aufstellung der „Hilfspolizei" aus den Verbänden der SA, SS und dem Stahlhelm
27.2.1933	Reichstagsbrand
5.3.1933	Reichstagswahl vom 5. März 1933. Ergebnis: NSDAP 43,9 %, SPD 18,3 %, KPD 12,3 %, Zentrumspartei 11,2 %, DNVP 8 %
12.3.1933	Stadtverordnetenwahl Elmshorn
10.3.1933	Durchsuchung des Gewerkschaftshauses in Elmshorn
21.3.1933	Verordnung zur Abwehr heimtückischer Diskreditierung der nationalen Regierung
21.3.1933	Nationaler Feiertag in Elmshorn

21.3.1933	Kommissarischer Bürgermeister Christan Spieler
24.3.1933	Ermächtigungsgesetz „Gesetz zur Behebung der Not von Volk und Reich“
28.3.1933	Anregung der Schaffung eines KZs durch Bgm. Spieler
31.3.1933	Gesetz zur Gleichschaltung der Länder und Gemeinden
1.4.1933	Boykott jüdischer Geschäfte
7.4.1933	Durch das Zweite Gesetz zur Gleichschaltung der Länder mit dem Reich wurden bis auf Preußen in allen Ländern Reichsstatthalter eingesetzt.
7.4.1933	Gesetz zur Wiederherstellung des Berufsbeamtentums
8.4.1933	Erstes Arbeitslager in Elmshorn (FAD)
9.4.1933	Umbenennung Schulstraße in Adolf-Hitler-Straße
9.4.1933	Umbenennung Alter Markt in Hindenburg-Platz
11.4.1933	Gründung BDM Ortsgruppe Elmshorn
21.4.1933	Es wurden keine Juden und Marxisten mehr in den EMTV aufgenommen. An der Einführung eines Arierparagrafen wird beim Elmshorner Männerturnverein (EMTV) gearbeitet.
21.4.1933	Rudolf Heß wurde von NSDAP-Führer Adolf Hitler zu seinem Stellvertreter in Parteiangelegenheiten ernannt.
21. 4.1933	In Preußen wurde von Reichskanzler Adolf Hitler eine neue Staatsregierung ernannt. Ministerpräsident wurde Hermann Göring, der gleichzeitig auch Justizminister wurde.
21.4.1933	Wahl von Christian Spieler zum Bürgermeister

25.4.1933	Gesetz gegen die Überfüllung deutscher Schulen und Hochschulen
26.4,1933	Erlass des kommissarischen preußischen Innenministers Hermann Göring zur Bildung des Geheimen Staatspolizeiamtes
29.4.1933	Hermann Göring gründete den Reichsluftschutzbund, der seine Mitglieder über luftschutzmäßige Vorbeugung, Brandbekämpfung, den Schutz vor Gasangriffen, Erste Hilfe und das Meldewesen ausbildete.
1.5.1933	Feiertag der nationalen Arbeit
2.5.1933	Durchsuchung des Elmshorner Gewerkschaftshauses. Die Gewerkschaften wurden in Deutschland verboten. Die SA besetzte Gewerkschaftshäuser und verhaftete Mitglieder.
10.5.1933	Gründung der „Deutschen Arbeitsfront" (DAF) als Einheitsverband der Arbeitnehmer und Arbeitgeber mit dem Vermögen der zerschlagenen Gewerkschaften. Das Streikrecht wurde zugleich abgeschafft.
14.5.1933	Eröffnung der Volkshochschule in Elmshorn
19.5.1933	Gesetz zum Schutze der nationalen Symbole
19.5.1933	„Ermächtigungsgesetz" vom Preußischen Landtag angenommen.
23.5.1933	Luftschutzübung des Ekkehard-Trupps
29.5.1933	Erlass des preußischen Innenministers: Polizei sollte inhaftierte Personen nicht mehr selbst vernehmen, sondern diese an die SA und SS zur Vernehmung ausliefern.

21.6.1933	Der Stahlhelm, Bund der Frontsoldaten, wurde in die NSDAP und ihre Unterorganisationen eingegliedert.
22.6.1933	Reichsinnenminister Wilhelm Frick (NSDAP) verbot die SPD und erklärte den Ausschluss ihrer Mandatsträger aus den Volksvertretungen.
24.6.1933	Sommersonnenwende, „Fest der Jugend“
29.6.1933	Bürgermeister Christian Spieler verließ Elmshorn
30.6.1933	Neues Reichsbeamtengesetz erlassen, das den Arierparagrafen in das Beamtengesetz einführte
2.7.1933	Aufnahmesperre NSDAP
4.7.1933	Berufung zum Nachfolger Spielers: Karl Krumbeck
5.7.1933	Die Reichsleitung der Deutschen Zentrumspartei gab deren Selbstauflösung bekannt.
6.7.1933	Amtsantritt Karl Krumbeck zum kommissarischen Bürgermeister
11.7.1933	Regierung verkündete, Revolution wäre beendet. Reichsinnenminister Wilhelm Frick (NSDAP) erklärte in einem Rundschreiben an alle Reichsstatthalter und Landesregierungen „die deutsche Revolution“ für „abgeschlossen“. Die „gesetzmäßige Aufbauarbeit“ werde gefährdet, wenn „weiterhin noch von einer Fortsetzung der Revolution oder von einer zweiten Revolution geredet würde“.
14.7.1933	Die NSDAP wurde durch das „Gesetz gegen die Neubildung von Parteien“ zur einzigen erlaubten politischen Partei.
8.8.1933	Einführung des „deutschen Grußes“ an Elmshorner Schulen
15.8.1933	Auflösung Hilfspolizei. Fortbestand im Geheimen.

26.8.1933	Ein Erlass des preußischen Kultusministers Bernhard Rust erklärte die Hitlerjugend (HJ) neben Schule und Elternhaus zur dritten Erziehungsinstanz.
29.8.1933	Errichtung einer Luftschutzschule in Elmshorn
30.8.-3.9.1933	Nürnberger „Reichsparteitag des Sieges“
13.9.1933	Eröffnung „Erste Winterhilfsaktion gegen Hunger und Kälte“ des Winterhilfswerkes (WHW) durch Hitler
15.9.1933	In Deutschen Reich begann eine Aktion gegen den NS-Kitsch. Kulturverwalter der NSDAP beschlagnahmten alle noch zum Kauf angebotenen Gebrauchsgegenstände mit NS-Symbolen.
19.9.1933	Die Polizei begann im gesamten Deutschen Reich mit einer Großaktion gegen das „Bettlerunwesen“. Allein in Hamburg wurden 1350 Bettler aufgegriffen, und sofern sie arbeitsfähig waren, dem freiwilligen Arbeitsdienst überstellt.
22.9.1933	Das „Reichskulturkammergesetz“ wurde verkündet. Die Reichskulturkammer wurde bald ein wichtiges Instrument der nationalsozialistischen Kulturpolitik und der Gleichschaltung aller Bereiche des Kulturlebens einschließlich der Presse.
30.9.1933	1. Eintopfsonntag in Elmshorn
4.10.1933	Der Schieß-Erlass vom 17. Februar des preußischen Ministerpräsidenten Hermann Göring wurde erneuert. Polizeibeamte sollten danach auf Verteiler illegaler Flugblätter, die auf Anruf nicht stehenblieben, sofort schießen.
13.10.1933	Gleichschaltung EMTV. Keine Juden und Marxisten mehr im Verein.

19.10.1933	Die deutsche Reichsregierung teilte dem Völkerbund in Genf formell den Austritt aus der Weltorganisation mit.
12.11.1933	Volksabstimmung über den Austritt Deutschlands aus dem Völkerbund
1.12.1933	Gesetz zur Sicherung der Einheit von Partei und Staat
13.12.1933	Die Beachtung des Führerprinzips an den höheren Schulen wurde vom preußischen Kultusminister Bernhard Rust befohlen. Die Lehrerkonferenzen durften den Rektor bei seinen Entscheidungen nur noch beraten.
1.1.1934	Arbeitsdienstpflicht
1.1.1934	Das bereits am 14. Juli 1933 im nationalsozialistischen Deutschland verabschiedete Gesetz zur Verhütung erbkranken Nachwuchses trat in Kraft.
18.2.1934	Erste „Kraft durch Freude“-Fahrt von Elmshorn nach Blankenburg-Wernigerode
23.3.1934	Entführung des Hamburger Journalisten Dr. Wolfgang Frank ins Elmshorner Stadttheater.
31.3.1934	Verschmelzen von „Elmshorner Nachrichten“ und „Elmshorner Zeitung“
20.4.1934	Erster Spatenstich zum Bau des Rantzauer Sees in Barmstedt
27.5.1934	Überführung der Turnerjugend in die Hitlerjugend
7.6.1934	Einführung des „Staatsjugendtag“ unter dem Motto: „Der Samstag gehört der Staatsjugend“
30.6.1934	„Röhm-Putsch“ – Verhaftung und Ermordung des SA-Führers Ernst von Röhm

1.7.1934	Einweihung der Jugendherberge im Liether Wald
1.8.1934	Zusammenlegung der Ämter des Reichskanzlers und des Reichspräsidenten in der Person Hitlers
2.8.1934	Tod von Reichspräsident Paul von Hindenburg
11.8.1934	1. Staatsjugendtag in Elmshorn
1.9.1934	Führer und Reichskanzler Adolf Hitler (NSDAP) ordnete an, dass die Motor-SA in das nationalsozialistische Kraftfahrkorps (NSKK) eingegliedert und dem Führer direkt unterstellt wurde. Leiter des NSKK wurde SA-Obergruppenführer Adolf Hühnlein.
4.9.-10.9.1934	Nürnberger „Reichsparteitag des Willens“
4.12.1934	Großrazzien der Gestapo in Elmshorn, Barmstedt, Pinneberg, Uetersen und Umgebung. Wdhlg. am 18.12.1934. Es wurden rund 330 Frauen und Männer verhaftet.
15.1.1935	Reichserziehungsminister Bernhard Rust hatte den Erlass über „Vererbungslehre und Rassenkunde in den Schulen“ vom 13. September 1933 auf das ganz Deutsche Reich ausgedehnt. Der Schüler sollte lernen, dass „die wichtigste Eigenschaft seines Volkes die Rasse ist“.
30.1.1935	Die „Deutsche Gemeindeordnung“ führte auf kommunaler Ebene das Führerprinzip ein. Demokratische Elemente wie die Bürgermeisterwahl oder Abstimmungen im Ratsgremium wurden abgeschafft, die maßgebliche Stellung der NSDAP fest verankert.
17.2.1935	Im Deutschen Reich wurde der Achtstundentag als verbindliche Arbeitszeit eingeführt.

26.2.1935	Einführung eines Arbeitsbuches per Gesetz. Es galt als amtlicher Ausweis über Bildung und berufliche Entwicklung sowie als Kontrollmittel.
1.3.1935	Rückkehr der Saar. – In Saarbrücken war mit einem feierlichen Akt die Übergabe des vom Völkerbund verwalteten Saarlandes an das Deutsche Reich begangen worden.
16.3.1935	Allgemeine Wehrpflicht wurde eingeführt
21.5.1935	Wehrgesetz.
26.6.1935	Mit dem Gesetz für den Reichsarbeitsdienst wurde für Männer und Frauen zwischen 18 und 25 Jahren die halbjährige Reichsarbeitsdienstpflicht eingeführt.
26.6.1935	Das Reichskabinett hatte das „Luftschutzgesetz" verabschiedet. Damit war das staatliche Luftschutzsystem begründet worden.
27.6.1935	Einführung der Arbeitsdienstpflicht
10.8.1935	Reichsinnenminister Wilhelm Frick hatte die Standesämter im Deutschen Reich angewiesen, keine „arisch-jüdischen Mischehen" mehr zu schließen bis zur endgültigen gesetzlichen Regelung.
10.9.-16.9.1935	Nürnberger „Reichsparteitag der Freiheit"
15.9.1935	„Reichsbürgergesetz" und das „Gesetz zum Schutze des deutschen Blutes und der deutschen Ehre"
18.9.1935	Ein Erlass von Reichserziehungsminister Bernhard Rust hatte den Samstag im Deutschen Reich zum „Staatsjugendtag" bestimmt. An diesem unterrichtsfreien Tag sollten alle Schüler eine „Staatspolitische Erziehung" erhalten.

13.10.1935	Von der Reichsjugendführung wurde ein Gesundheitspass für sämtliche Angehörige der Hitlerjugend (HJ) eingeführt. Der Aufnahmetag in die HJ war einheitlich auf den 20. April (Geburtstag von Adolf Hitler) festgelegt worden.
18.10.1935	In Berlin wurde das „Gesetz zum Schutz der Erbgesundheit des deutschen Volkes", das sogenannte Ehegesundheitsgesetz, bekanntgegeben. Vor der Eheschließung war ein sogenanntes Ehetauglichkeitszeugnis vorzulegen, das vom Gesundheitsamt ausgestellt wurde.
7.11.1935	Der 1918 gegründete Soldatenbund „Stahlhelm" war wegen seiner Konkurrenz zur SA von Reichsinnenminister Wilhelm Frick endgültig aufgelöst worden. In der Begründung für diesen Schritt hieß es, der „Stahlhelm" sei ein Sammelbecken staatsfeindlicher oder die Partei ablehnender Elemente.
13.12.1935	Erste Urteile im „Offenborn-Prozess". Weitere Urteile am 17.12.1935, 9.1.1936, 14.1.1936, 30.1.1936 und 3.4.1936 (aufgeführt sind nur Elmshorner Angeklagte)
1.1.1935	Nur noch Mitglieder der Hitlerjugend sollen in Deutschland für die Beamtenlaufbahn zugelassen werden.
7.3.1936	Deutschland kündigte die Verträge von Locarno und Truppen der Wehrmacht besetzten das entmilitarisierte Rheinland (Rheinlandbesetzung).
10.3.1936	Der Führer und Reichskanzler Adolf Hitler ordnete die Aufstellung eines „Nationalsozialistischen Reiterkorps" (NSRK) an. Alle 18- bis 20-jährigen SS-Mitglieder mussten dem Reiterkorps angehören.

29.3.1936	Die Reichstagswahl 1936 fand zugleich mit der Volksabstimmung zur Rheinlandbesetzung statt. Zugelassen für diese Scheinwahl war nur eine Einheitsliste der NSDAP.
9.4.1936	Alle Jungen und Mädchen der Jahrgänge 1922–1926 wurden von der deutschen Reichsjugendführung aufgefordert, geschlossen in das deutsche Jungvolk und die Jungmädel bis zum 20. April 1936 einzutreten.
Ostern 1936	Gründung einer dreijährigen Frauenschule in Elmshorn
24.4.1936	Amnestie-Erlass für NS-Straftäter
25. 5.1936	Weil das Werbeziel bereits erreicht war, wurde für die Hitlerjugend bis zum 20. April 1937 eine allgemeine Aufnahmesperre verhängt.
1.8.1936 – 16.8.1936	Olympische Spiele in Berlin
7.8.1936	Reichsarbeitsminister Franz Seldte ordnete an, dass ab dem 1. September kein Arbeiter oder Angestellter, der Arbeitsbuch pflichtig war, ohne die Vorlage eines Arbeitsbuches beschäftigt werden durfte.
24.8.1936	Verkündung der Zweijährigen Wehrpflicht
8.9.-14.9.1936	In Nürnberg fand bis zu 14. September der achte Reichsparteitag der NSDAP, der „Parteitag der Ehre" statt.
1.12.1936	Die Hitler-Jugend (HJ) wurde durch das „Gesetz zur Hitlerjugend" offiziell zur „Staatsjugend" erklärt.
4.12.1936	Ab Ostern 1937 wird die dreizehnjährige durch eine zwölfjährige Schulzeit ersetzt
4.12.1936	Abschaffung des „Staatsjugendtages"

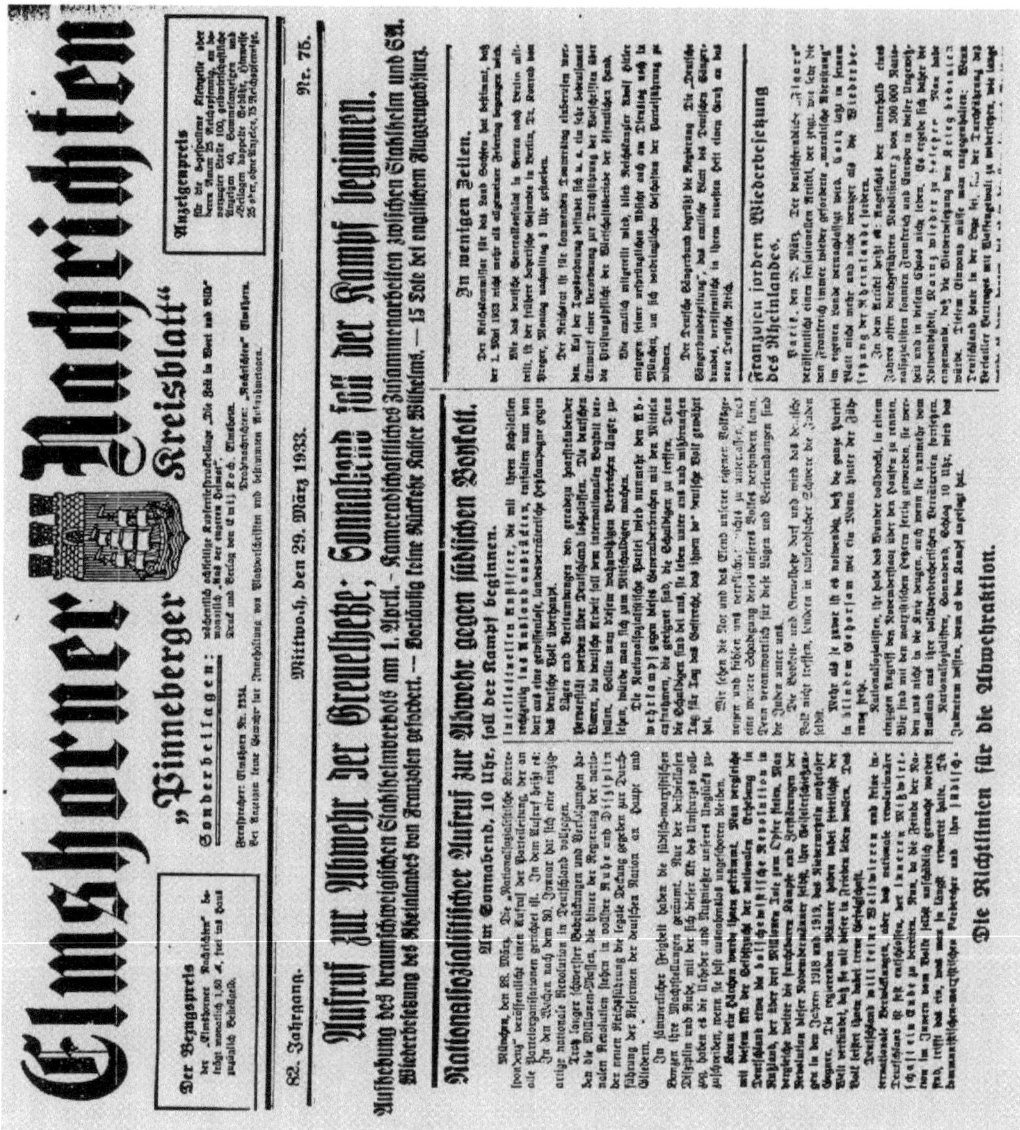

Elmshorner Nachrichten

„Pinneberger Kreisblatt“

Der Bezugspreis der „Elmshorner Nachrichten“ beträgt monatlich 1,80 ℳ, frei ins Haus zuzüglich Bestellgeld.

Sonderbeilagen: wöchentlich achtseitige Kupfertiefdruckbeilage „Die Zeit in Wort und Bild“ monatlich „Aus der engeren Heimat“.
Druck und Verlag von Emil Koch, Elmshorn.
Fernsprecher: Elmshorn Nr. 2334. Drahtnachrichten: „Nachrichten“ Elmshorn.
Bei Anzeigen keine Gewähr für Innehaltung von Platzvorschriften und bestimmten Aufnahmetagen.

Anzeigenpreis für die 8-gespaltene Kleinzeile oder deren Raum 25 Reichspfennig, an bevorzugter Stelle 100, geldwirtschaftliche Anzeigen 40, Sammelanzeigen und Beilagen doppelte Gebühr, Hinweise 25 oder, ohne Anzeige, 75 Reichspfennige.

82. Jahrgang. Mittwoch, den 29. März 1933. Nr. 75.

Aufruf zur Abwehr der Greuelhetze; Sonnabend soll der Kampf beginnen.

Aufhebung des braunschweigischen Stahlhelmverbots am 1. April. – Kameradschaftliches Zusammenarbeiten zwischen Stahlhelm und SA. Wiederbesetzung des Rheinlandes von Franzosen gefordert. — Vorläufig keine Rückkehr Kaiser Wilhelms. — 15 Tote bei englischem Flugzeugabsturz.

Nationalsozialistischer Aufruf zur Abwehr gegen jüdischen Boykott.

Am Sonnabend, 10 Uhr, soll der Kampf beginnen.

München, den 28. März. Die „Nationalsozialistische Korrespondenz“ veröffentlicht einen Aufruf der Parteileitung, der an alle Parteiorganisationen gerichtet ist. In dem Aufruf heißt es:

In den Wochen nach dem 30. Januar hat sich eine einzigartige nationale Revolution in Deutschland vollzogen.

Trotz langer schwerster Bedrückungen und Verfolgungen haben die Millionen-Massen, die hinter der Regierung der nationalen Revolution stehen in vollster Ruhe und Disziplin der neuen Reichsführung die legale Deckung gegeben zur Durchführung der Reformen der deutschen Nation an Haupt und Gliedern.

In jämmerlicher Feigheit haben die jüdisch-marxistischen Bonzen ihre Machtstellungen geräumt. Nur der beispiellosen Disziplin und Ruhe, mit der sich dieser Akt des Umsturzes vollzog, haben es die Urheber und Nutznießer unseres Unglücks zuzuschreiben, wenn sie fast ausnahmslos ungeschoren bleiben.

Kaum ein Härchen wurde ihnen gekrümmt. Man vergleiche mit diesem Akt der Selbstzucht der nationalen Erhebung in Deutschland etwa die bolschewistische Revolution in Rußland, der über drei Millionen Tote zum Opfer fielen. Man vergleiche weiter die furchtbaren Kämpfe und Zerstörungen der Revolution dieser Novembermänner selbst, ihre Geiselerschießungen in den Jahren 1918 und 1919, das Niedermetzeln wehrloser Gegner. Die regierenden Männer haben dabei feierlichst der Welt verkündet, daß sie mit dieser in Frieden leben wollen. Das Volk leistet ihnen dabei treue Gefolgschaft.

Deutschland will keine Weltwirren und keine internationale Verwicklungen, aber das nationale revolutionäre Deutschland ist fest entschlossen, der inneren Mißwirtschaft ein Ende zu bereiten. Nun, da die Feinde der Nation im Innern vom Volke selbst unschädlich gemacht worden sind, trifft das ein, was man ja längst erwartet hatte. Die kommunistischen-marxistischen Verbrecher und ihre jüdisch-intellektuellen Anstifter, die mit ihren Kapitalien rechtzeitig ins Ausland ausrückten, entfalten nun von dort aus eine gewissenlose, landesverräterische Hetzkampagne gegen das deutsche Volk überhaupt.

Lügen und Verleumdungen von geradezu haarsträubender Perversität werden über Deutschland losgelassen. Die deutschen Waren, die deutsche Arbeit soll dem internationalen Boykott verfallen. Sollte man diesem wahnwitzigen Verbrechen länger zusehen, würde man sich zum Mitschuldigen machen.

Die Nationalsozialistische Partei wird nunmehr den Abwehrkampf gegen dieses Generalverbrechen mit den Mitteln aufnehmen, die geeignet sind, die Schuldigen zu treffen. Denn die Schuldigen sind bei uns, sie leben unter uns und mißbrauchen Tag für Tag das Gastrecht, das ihnen das deutsche Volk gewährt hat.

Wir sehen die Not und das Elend unserer eigenen Volksgenossen und fühlen uns verpflichtet, nichts zu unterlassen, was eine weitere Schädigung dieses unseres Volkes verhindern kann. Denn verantwortlich für diese Lügen und Verleumdungen sind die Juden unter uns.

Die Boykott- und Greuelhetze darf und wird das deutsche Volk nicht treffen, sondern in tausendfacher Schwere die Juden selbst.

Mehr als je zuvor ist es notwendig, daß die ganze Partei in blindem Gehorsam wie ein Mann hinter der Führung stehe.

Nationalsozialisten, ihr habt das Wunder vollbracht, in einem einzigen Angriff den Novemberstaat über den Haufen zu rennen. Wir sind mit den marxistischen Hetzern fertig geworden, sie werden uns nicht in die Knie beugen, auch wenn sie nunmehr vom Ausland aus ihre volksverbrecherischen Verrätereien fortsetzen.

Nationalsozialisten, Sonnabend, Schlag 10 Uhr, wird das Judentum wissen, wem es den Kampf angesagt hat.

Die Richtlinien für die Abwehraktion.

In wenigen Zeilen.

Der Reichskommissar für das Land Sachsen hat bestimmt, daß der 1. Mai 1933 nicht mehr als allgemeiner Feiertag begangen wird.

Wie das deutsche Generalkonsulat in Genua nach Berlin mitteilt, ist der frühere bayerische Gesandte in Berlin, Dr. Konrad von Preger, Montag nachmittag 5 Uhr gestorben.

Der Reichsrat ist für kommenden Donnerstag einberufen worden. Auf der Tagesordnung befindet sich u. a. ein sehr bedeutsamer Entwurf einer Verordnung zur Durchführung der Vorschriften über die Prüfungspflicht der Wirtschaftsbetriebe der öffentlichen Hand.

Wie amtlich mitgeteilt wird, blieb Reichskanzler Adolf Hitler entgegen seiner ursprünglichen Absicht auch am Dienstag noch in München, um sich vordringlichen Geschäften der Parteiführung zu widmen.

Der Deutsche Sängerbund begrüßt die Regierung. Die „Deutsche Sängerbundeszeitung“, das amtliche Blatt des Deutschen Sängerbundes, veröffentlicht in ihrem neuesten Heft einen Gruß an das neue Deutsche Reich.

Franzosen fordern Wiederbesetzung des Rheinlandes.

Paris, den 28. März. Der deutschfeindliche „Figaro“ veröffentlicht einen sensationellen Artikel, der zeigt, wie sehr die von Frankreich immer wieder geforderte „moralische Abrüstung“ im eigenen Lande vernachlässigt wird. Coty läßt in seinem Blatt nicht mehr und nicht weniger als die Wiederbesetzung der Rheinlande fordern.

In dem Artikel heißt es: Angesichts der innerhalb eines Jahres offen durchgeführten Mobilisierung von 300 000 Nationalsozialisten könnten Frankreich und Europa in dieser Ungewißheit und in diesem Chaos nicht leben. Es ergebe sich daher die Notwendigkeit, Mainz wieder zu besetzen. Man habe eingewandt, daß die Wiederbesetzung den Krieg bedeuten würde. Diesem Einwand müsse man entgegenhalten: Wenn Deutschland heute in der Lage sei, [illegible] der Durchführung des Versailler Vertrages mit Waffengewalt zu widersetzen, wie lange [illegible]

Elmshorner Nachrichten (EN) vom 29. März 1933

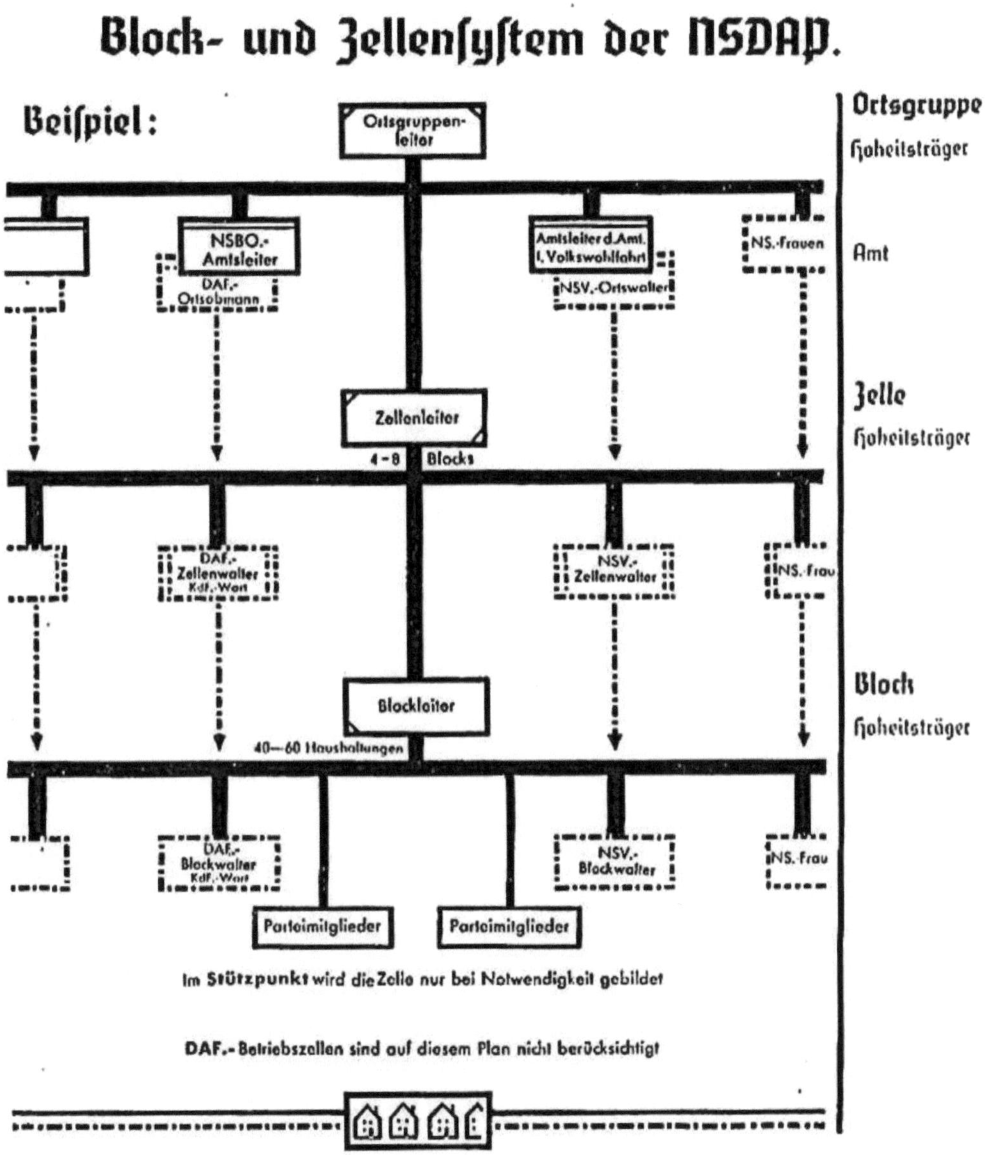

Block- und Zellensystem der NSDAP (Reichsorganisationsleiter der NSDAP: Organisationsbuch der NSDAP. 4. Auflage. München 1937.)

Die Arbeit der Geheimen Staatspolizei.

„Eine der am meisten beredeten und am wenigsten gekannten Einrichtungen des nationalsozialistischen Staates" wurde dieser Tage die Geheime Staatspolizei in einem Aufsatz des „Völkischen Beobachters" genannt. Wir entnehmen dem Aufsatz die folgenden Abschnitte:

Der Staat darf sich nicht damit zufrieden geben, bereits begangene Verbrechen des Hoch- und Landesverrats aufzuklären und die Täter zu bestrafen. Viel wichtiger ist, der Begehung derartiger Straftaten vorzubeugen und damit die Wurzeln dieser dem Staate drohenden Gefahren zu vernichten. Deshalb ist ein weiteres großes Aufgabengebiet der Geheimen Staatspolizei die vorbeugende Bekämpfung aller dem Staate und der Staatsführung drohenden Gefahren.

Mag die Verfolgung politischer Delikte die Aufgabe der Kriminalpolizeien aller Zeiten und aller Länder gewesen sein — auch der Weimarer Staat hatte in den Abteilungen I A seiner Polizeibehörden eine solche auf politische Delikte spezialisierte Kriminalpolizei —, so ist eine Geheime Staatspolizei als vorbeugendes Kampfinstrument gegen die dem Staate drohenden Gefahren ihrem Wesen nach unlösbar mit dem nationalsozialistischen Führerstaat verbunden. Denn seit der nationalsozialistischen Revolution ist jeder offene Kampf und jede offene Opposition gegen den Staat und gegen die Staatsführung verboten. Die Gegner des Führers und der nationalsozialistischen Idee sind aber, insbesondere soweit sie im Auftrage ausländischer Zentralen im Reich tätig waren und sind, mit dem Verbot ihrer Organisationen und ihrer Zeitungen keineswegs beseitigt worden, sondern haben sich lediglich in andere Formen des Kampfes gegen den Staat zurückgezogen. Wo die Regierungen des demokratisch parlamentarischen Systems gegnerische Parteien, Fraktionen und Kampfbünde in der Oeffentlichkeit sich betätigen sahen, muß der nationalsozialistische Staat die unterirdisch gegen ihn kämpfenden Gegner in illegalen Organisationen, in getarnten Vereinigungen, in den Zusammenschlüssen wohlmeinender Volksgenossen und selbst in den eigenen Organisationen der Partei und des Staates aufspüren, überwachen und unschädlich machen —, und zwar bevor sie dazu gekommen sind, eine gegen das Staatsinteresse gerichtete Handlung wirklich durchzuführen. Diese Aufgabe, mit allen Mitteln den Kampf gegen die geheimen Staatsfeinde zu führen, wird keinem Führerstaat je erspart bleiben, weil immer die staatsfeindlichen Mächte von ihren auswärtigen Zentralen her irgendwelche Menschen in diesem Staate sich dienstbar machen und zum unterirdischen Kampf gegen den Staat einsetzen werden. Aus diesem Grunde ist ein Kampfinstrument gegen diese Staatsfeinde für jeden Führerstaat eine organische Notwendigkeit, die nicht ohne schwerste Gefahr vernachlässigt werden darf.

Die vorbeugende Tätigkeit der Geheimen Staatspolizei besteht in erster Linie in der umfassenden Beobachtung der Tätigkeit aller Staatsfeinde im Reichsgebiet. Da die Geheime Staatspolizei neben den ihr in erster Linie obliegenden Vollzugsaufgaben diese Beobachtung der Staatsfeinde nicht in dem notwendigen Maße durchführen kann, tritt ihr ergänzend der Sicherheitsdienst des Reichsführers SS., der vom Stellvertreter des Führers als der politische Nachrichtendienst der Bewegung eingesetzt wurde, zur Seite und stellt damit einen großen Teil der von ihm mobilisierten Kräfte der Bewegung in den Dienst der Staatssicherheit.

Die Geheime Staatspolizei trifft auf Grund der Beobachtungsergebnisse gegen die Staatsfeinde die erforderlichen polizeilichen Vorbeugungsmaßnahmen. Die wirksamste Vorbeugungsmaßnahme ist zweifellos die Freiheitsentziehung, die in der Form der „Schutzhaft" verhängt wird, wenn zu befürchten ist, daß die freie Betätigung der betreffenden Personen in irgendeiner Weise die Staatssicherheit gefährden werde.

Die Anwendung der Schutzhaft ist durch Richtlinien des Reichs- und preußischen Ministers des Innern und durch ein besonderes Haftprüfungsverfahren der Geheimen Staatspolizei so geregelt, daß — soweit es die Aufgabe des vorbeugenden Kampfes gegen die Staatsfeinde zuläßt — ausreichende Garantien gegen einen Mißbrauch der Schutzhaft gegeben sind. Vor allem aber hat die einheitliche Erziehung der Praxis bei allen Behörden der Geheimen Staatspolizei dazu geführt, daß die Erfolge der Anwendung der Schutzhaft die gelegentlich nicht zu vermeidenden Härten unendlich aufwiegen.

Während kurzfristige Schutzhaft in Polizei- und Gerichtsgefängnissen vollzogen wird, nehmen die der Geheimen Staatspolizei unterstehenden Konzentrationslager diejenigen Schutzhäftlinge auf, die für längere Zeit aus der Oeffentlichkeit herausgenommen werden müssen. Den größten Stamm der Insassen der Konzentrationslager bilden diejenigen kommunistischen und sonstigen marxistischen Funktionäre, die nach den gemachten Erfahrungen in Freiheit sofort ihren Kampf gegen den Staat wieder aufnehmen würden.

Weitere polizeiliche Vorbeugungsmaßnahmen gegen staatsfeindliche Bestrebungen bestehen in der Auflösung von Verbänden, in dem Verbot und der Auflösung von Versammlungen und Zusammenkünften, in dem Verbot von Schriften aller Art und dergleichen.

In der Anwendung der polizeilichen Vorbeugungsmaßnahmen ist die Geheime Staatspolizei ein notwendiges Instrument in der Hand der Staatsführung, durch das der Wille der Staatsführung überall da durchgesetzt werden kann, wo andere Zweige des Staatsapparates sich nicht durchsetzen können oder nicht eingesetzt werden sollen.

Da auch der NSDAP. und ihren Führern durch gesetzliche Bestimmungen ein besonderer Schutz gewährt wird, obliegt der Geheimen Staatspolizei auch die Verfolgung von Delikten gegen diese Gesetze und der vorbeugende Schutz der Partei und ihrer Führer.

Die Aufgaben der Geheimen Staatspolizei können nur von Menschen erfüllt werden, die ganz in der nationalsozialistischen Weltanschauung leben und die die Verwirklichung der nationalsozialistischen Idee als das eigene Lebensziel betrachten. Deshalb ist es das Bestreben der Führung der Geheimen Staatspolizei, aus den Angehörigen der Geheimen Staatspolizei nicht nur einen einwandfrei und erfolgreich arbeitenden Behördenapparat, sondern ein weltanschaulich und kameradschaftlich fest in sich geschlossenes Staatsschutzkorps neuer Prägung zu schaffen. Das äußere Zeichen dieser inneren Geschlossenheit ist die schwarze Uniform der SS., die schon heute von einem großen Teil der Beamten und Angestellten der Geheimen Staatspolizei getragen wird.

Alle Angehörigen der Geheimen Staatspolizei sind sich bewußt, daß ihnen mit dem steten Kampf gegen die negativen und zerstörenden Erscheinungen die schwerste, aber zugleich einer der ehrenvollsten und notwendigsten Aufgaben im nationalsozialistischen Staate auferlegt ist. Sie fühlen sich bewußt als der Schnittpunkt von Staat und Bewegung, indem sie bestrebt sind, als tadellos arbeitender Behördenapparat die Anordnungen der Staatsführung und die Verwirklichung der Gesetze reibungslos zu vollziehen, — indem sie sich aber zugleich als der Teil der nationalsozialistischen Bewegung fühlen, der noch heute Brust an Brust mit den Gegnern der Kampfzeit ringt, und so die Erfolge der nationalsozialistischen Revolution verteidigt.

Die Geheime Staatspolizei weiß, daß sie sich mit ihrer Arbeit, in der sie unmittelbar und mittelbar zahllosen Menschen weh tun muß, weder Liebe noch Dank gewinnt. Sie erstrebt ebensowenig äußere Anerkennung und Ehrung.

EN vom 28.1.1936

Deutschland macht mit dem Sterilisierungsgesetz Weltgeschichte! Das ist das Urteil eines ausländischen Gelehrten von Weltruf über das deutsche Gesetz zur Bekämpfung erbkranken Nachwuchses, das am 1. Januar 1934 in Kraft getreten ist.

Dieses Gesetz ist von einschneidender Bedeutung für die gesamte Zukunftsentwicklung des deutschen Volkes. Wer das Gesetz und die wichtigsten Teile seiner Begründung liest, wird überrascht sein von der unangreifbaren Folgerichtigkeit seiner Gedanken. Jeder Deutsche muß den Wortlaut dieses Gesetzes und das ihm zugrundeliegende Material kennen und begreifen.

Die dritte Aufklärungsschrift „Gesunde Eltern — gesunde Kinder", die die N.S. Volkswohlfahrt im Rahmen der bevölkerungspolitischen Aufklärungsaktion herausbringt, gibt diese Möglichkeit. Sie vermittelt in unterhaltsamer Form alles Wissenswerte und Wichtige über diese Frage. Verbände und Vereine beziehen sie in Sammelbestellungen durch die Ortsgruppen der N.S.D.A.P. Einzelexemplare werden an jedem Postschalter im ganzen Deutschen Reich für 10 Pf abgegeben.

EN vom 8.1.1934

Wen soll ich heiraten?

Suche Dir einen lebenstüchtigen Gefährten aus einer erbgesunden Familie deutschen Blutes.

Wen darf ich nicht heiraten?

Das Ehegesundheitsgesetz verbietet eine Ehe zwischen einem gesunden Verlobten ◯ und

a ● einem Verlobten, der an einer mit Ansteckungsgefahr verbundenen Krankheit leidet, die eine erhebliche Schädigung der Gesundheit des anderen Teiles oder der Nachkommen befürchten läßt.

b ◍ einem Verlobten, der entmündigt ist oder unter vorläufiger Vormundschaft steht.

c ◍ einem Verlobten, der, ohne entmündigt zu sein, an einer geistigen Störung leidet, die die Ehe für die Volksgemeinschaft unerwünscht erscheinen läßt.

d ◍ einem Verlobten, der an einer Erbkrankheit im Sinne des Gesetzes zur Verhütung erbkranken Nachwuchses leidet.

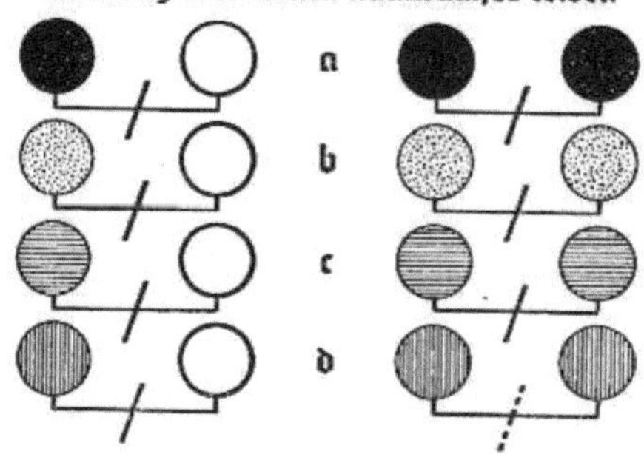

Das Gesetz verbietet ferner die Eheschließung der unter a-d Genannten untereinander.

Ausnahme § 1, Abs. 2: Ein Verlobter, der an einer Erbkrankheit im Sinne des Gesetzes zur Verhütung erbkranken Nachwuchses leidet, Fall d kann einen unfruchtbaren Verlobten heiraten.

Diagrammdarstellung des Ehegesundheitsgesetzes (Quelle: Reichsorganisationsleiter der NSDAP (Hg.): Organisationsbuch der NSDAP. 4. Auflage. München 1937, S. 536.)

NS-Propaganda-Schaubild. Aus: https://www.spurensuche-kreis-pinneberg.de/spur/martha-weidmann-opfer-der-euthanasie/

Elmshorn, den 22. Juni 1936.

Betr. ortsüblichen Stundenlohn ungelernter Arbeiter und Arbeiterinnen in Elmshorn.

Da die Löhne nicht in den verschiedenen Betrieben gleich sind, habe ich in Nachfolgendem die Löhne der hauptsächlichsten Industriezweige aufgeführt.

Es werden gezahlt:

1.) Gerbereien

ungelernte Arbeiter im Alter	von 16-17	Jahren,	0.31 RM.
"	17-18	"	0.341/2 "
"	18-20	"	0.551/2 "
	über 20	"	0.70 "
" Arbeiterinnen	von 16-17	"	0,271/2 "
"	17-18	"	0,31 "
"	18-20	"	0,371/2 "
	über 20	"	0.45 "

2.) Steingutfabrik

ungelernte Arbeiter	0,55 - 0,57 RM.
" Arbeiterinnen	0,341/2 - "
Anfangslohn für letztere	0,321/2 "

3.) Fleischwarenindustrie.

Hilfsarbeiter im Alter von	20-22	Jahren	0,67 RM.
über	22	"	0,75 "
unter	20	"	0,59 "
Wenn sie sich nach 1/2 jähriger Arbeitszeit bewährt haben und über	22	"	0,79 "
Arbeiterinnen unter	20	"	0,64 "
über	22	"	0,71 "

4.) Margarineindustrie.

Stadtarchiv 001.03.31.50.01.11 Polizeiakte Bescheinigungen Beglaubigungen

4.) Margarineindustrie .

Arbeiter	0,92 1/2	RM.
Arbeiterinnen	0,61 1/2	„
5.) Mühlenarbeiter	0,75	„
6.) Bauarbeiter	0,85	„

Vfg.

1) Folgende Bescheinigung dem Amtsgericht senden :

Bescheinigung !

Unter Bezugnahme auf die Anfrage des Amtsgerichts von 11. 6.1936 -Gen.G.12 - wird hiermit bescheinigt, dass nach den getroffenen Feststellungen der ortsübliche Stundenlohn

a) eines ungelernten Arbeiters etwa 0.70 RM

und b) einer ungelernten Arbeiterin etwa 0.50 RM

beträgt.

Elmshorn, den 24. Juni 1936

Der Bürgermeister

als Ortspolizeibehörde.

Im Auftrage :

Riemer

2) ZdA.

Stadtarchiv 001.03.31.50.01.11 Polizeiakte Bescheinigungen Beglaubigungen

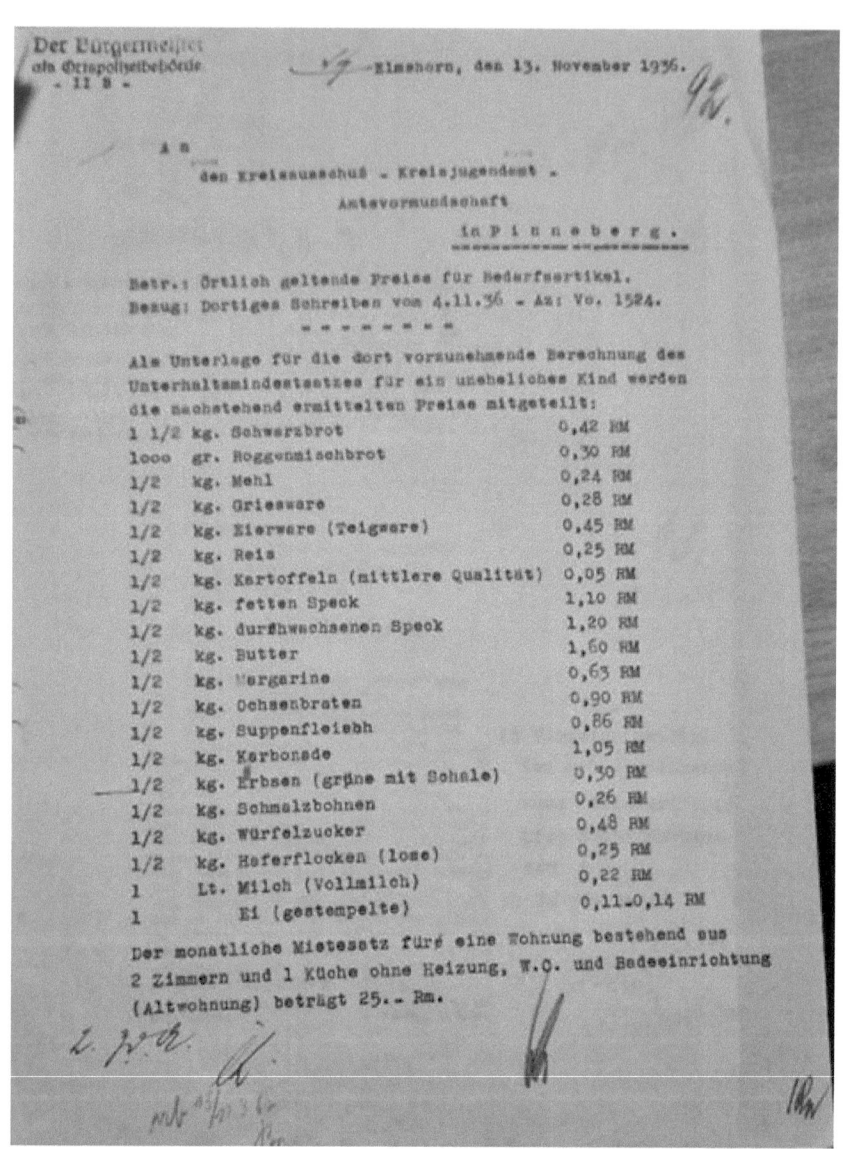

Der Bürgermeister
als Ortspolizeibehörde
- II B -

Elmshorn, den 13. November 1936.

An

den Kreisausschuß - Kreisjugendamt -

Amtsvormundschaft

in P i n n e b e r g .

Betr.: Örtlich geltende Preise für Bedarfsartikel.
Bezug: Dortiges Schreiben vom 4.11.36 - Az: Vo. 1524.

- - - - - - - -

Als Unterlage für die dort vorzunehmende Berechnung des Unterhaltsmindestsatzes für ein uneheliches Kind werden die nachstehend ermittelten Preise mitgeteilt:

1 1/2	kg.	Schwarzbrot	0,42 RM
1000	gr.	Roggenmischbrot	0,30 RM
1/2	kg.	Mehl	0,24 RM
1/2	kg.	Grieswaro	0,28 RM
1/2	kg.	Eierware (Teigware)	0,45 RM
1/2	kg.	Reis	0,25 RM
1/2	kg.	Kartoffeln (mittlere Qualität)	0,05 RM
1/2	kg.	fetten Speck	1,10 RM
1/2	kg.	durchwachsenen Speck	1,20 RM
1/2	kg.	Butter	1,60 RM
1/2	kg.	Margarine	0,63 RM
1/2	kg.	Ochsenbraten	0,90 RM
1/2	kg.	Suppenfleisch	0,86 RM
1/2	kg.	Karbonade	1,05 RM
1/2	kg.	Erbsen (grüne mit Schale)	0,30 RM
1/2	kg.	Schmalzbohnen	0,26 RM
1/2	kg.	Würfelzucker	0,48 RM
1/2	kg.	Haferflocken (lose)	0,25 RM
1	Lt.	Milch (Vollmilch)	0,22 RM
1		Ei (gestempelte)	0,11-0,14 RM

Der monatliche Mietesatz für eine Wohnung bestehend aus 2 Zimmern und 1 Küche ohne Heizung, W.C. und Badeeinrichtung (Altwohnung) beträgt 25.- Rm.

Stadtarchiv 001.03.31.50.01.76

Geheime Staatspolizei
-Staatspolizeistelle-
f.d.Reg.Bez.Schleswig
B.Nr.II/Pe. 9085/36.

Kiel, den 1. Dezember 1936.

An
die Aussendienststellen Altona, Flensburg, Eckernförde
und Oldenburg/Holst.,
die Grenzdienststelle Niebüll,
die Herren Landräte des Bezirks,
die Polizeiverwaltung Neumünster
sowie alle Ortspolizeibehörden
über die Herren Landräte.

Betrifft: Kommunistische Agenten unter der Maske des Bettlers.
Vorgang: Ohne.
Anlagen: ./.

In der Bevölkerung einer Grosstadt ist es aufgefallen, dass mit
dem Einsetzen des Winterhilfswerkes die Bettler wieder stärker
in Erscheinung treten. In den wenigsten Fällen soll es sich
um richtige Bettler, sondern um kommunistische Agenten handeln,
die von Haus zu Haus ziehen und beim Betteln erklären, sie bekämen nichts vom Winterhilfswerk, trotzdem sie erwerbslos seien.
Zweifellos handelt es sich hier um eine Sabotage des Winterhilfswerks, denn ganz offenbar wollen die getarnten Kommunisten das
Vertrauen der Bevölkerung zum WHW. erschüttern und die Gebe-
freudigkeit untergraben. Es sei aufgefallen, dass es diesen
"Bettlern" garnicht darauf ankäme, dass sie etwas erhielten.
Wo sie vorsprächen, begännen sie, auf das WHW zu schimpfen.
Ich bitte um eingehende Feststellung, weitere Beachtung und
Mitteilung, ob dort Ähnliches beobachtet worden ist.
Fehlanzeige ist nicht erforderlich.

gez. Dr. G e s c h k e .

Beglaubigt:
Ehmsen
Kanzleiangestellte.

Stadtarchiv 001.03.31.50.01.61 Bettler Landstreicher 1910-1938

Abkürzungen

AHS	Adolf-Hitler-Schule
BDM	Bund Deutscher Mädel (in der HJ)
Bf.	Bannführer
Bmf.	Bannmädelführerin
DAF	Deutsche Arbeitsfront
DJ	Deutsches Jungvolk (in der HJ)
DJH	Deutsches Jugendherbergswerk
DNVP	Deutschnationale Volkspartei
EK	Eisernes Kreuz
FAD	Freiwilliger Arbeitsdienst
FHJ	Flieger-HJ
Flak	Flugzeugabwehrkanone
Gbf.	Gebietsführer
Gestapo	Geheime Staatspolizei
Gf.	Gauführerin
Gff.	Gefolgschaftsführer
Gmf.	Gebietsmädelführerin
Hbf.	Hauptbannführer
Hgf.	Hauptgefolgschaftsführer
HJ	Hitlerjugend

Hjbf.	Hauptjungbannführer
HJL	HJ-Leistungsabzeichen
Hmf.	Hauptmädelführerin
Jbf.	Jungbannführer
Jg./Jgg.	Jugendgenosse(n)
Jgn./Jggn.	Jugendgenossin(nen)
JM	Jungmädelbund (in der HJ)
Jmgf.	Jungmädelgauführerin
K-Schein	Kriegsausbildungsschein der HJ
KdF	Kraft durch Freude
Kdo.	Kommando
Kf.	Kameradschaftsführer
KK-Gewehr	Kleinkalibergewehr
KLV	Kinderlandverschickung
KPD	Kommunistische Partei Deutschlands
kv.	Kriegsverwendungsfähig
KWHW	Kriegswinterhilfswerk
LS	Luftschutz
Lw.	Luftwaffe
MB	Mädelbund (d.i.BDM)
Mgf.	Mädelgruppenführerin
MHJ	Marine-HJ

Napola	Nationalpolitische Erziehungsanstalt
NHJ	Nachrichten-HJ
NPEA	Nationalpolitische Erziehungsanstalt (umgangssprachl. Napola)
NSF	Nationalsozialistische Frauenschaft
NSFK	Nationalsozialistisches Fliegerkorps
NSJ	Nationalsozialistische Jugend
NSKK	Nationalsozialistisches Kraftfahrkorps
NSLB	Nationalsozialistischer Lehrerbund
NSS	Nationalsozialistischer Schülerbund
NSV	Nationalsozialistische Volkswohlfahrt
OT	Organisation Todt
Pg.	Parteigenosse
Pol.	Polizei
RAD	Reichsarbeitsdienst
RAnz.	Reichsanzeiger
RGBl.	Reichsgesetzblatt
RJF	Reichsjugendführer
RK	Reichskanzlei
RLB	Reichsluftschutzbund
RM	Reichsmark
RMBl.	Reichsministerialblatt

RMVP	Reichsminister(ium) für Volksaufklärung und Propaganda
RNSt.	Reichsnährstand
RSHA	Reichssicherheitshauptamt
SA	Sturmabteilung
Schf.	Scharführer
SD	Sicherheitsdienst der SS
	Sowjetische Militäradministration in Deutschland
SRA	Streifendienst-Angehöriger
SRD	Streifendienst der Hitlerjugend
SS	Schutzstaffel
SS-TV	SS-Totenkopfverbände
SS-VT	SS-Verfügungstruppe
StdF	Stellvertreter des Führers
uk	unabkömmlich
WE-Lager	Wehrertüchtigungslager
WHW	Winterhilfswerk
z.b.V.	zur besonderen Verwendung (Verfügung)
z.V.	zur Verfügung

Quellenverzeichnis

Chronik „10 Jahre NSDAP. 1925-1935“. Festschrift. Elmshorn 1935.

Comité des Délégations Juives: Die Lage der Juden in Deutschland 1933. Das Schwarzbuch/ Tatsachen und Dokumente.

Elmshorner Nachrichten (EN), seit 1943 „Holsteiner Nachrichten“ (HN)

Elmshorner Zeitung (EZ) bis März 1934 erschienen

Landesarchiv Schleswig LAS Abt. 309 Nr. 22930

Landesarchiv Schleswig: LAS 410,290. Bericht für Monat Februar.

Norderneyer Badezeitung

Philo-Lexikon, a.a.O.

Pinneberger Tageblatt (PT)

Reichsgesetzblatt (RGBl) I 1933, Nr. 24

Reichsgesetzblatt (RGBl) I 1933, Nr. 86, 25. Juli 1933

Reichsgesetzblatt (RGBl) I 1933, S. 31

Reichsgesetzblatt (RGBl) I 1933 S. 33

Reichsgesetzblatt (RGBl) I 1933, S. 136

Reichsgesetzblatt (RGBl) I 1933 S. 141

Reichsgesetzblatt (RGBl) I 1933, S. 153-154.

Reichsgesetzblatt (RGBl) I 1933, S. 173.

Reichsgesetzblatt (RGBl) I 1933, S.285

Reichsgesetzblatt (RGBl) I 1933 S. 479

Reichsgesetzblatt (RGBl) I 1933, S. 921

Reichsgesetzblatt (RGBl) I 1933 S. 1016

Reichsgesetzblatt (RGBl) II 1933 S. 679

Reichsgesetzblatt (RGBl) I 1934, Nr. 89, Seite 747

Reichsgesetzblatt (RGBl) I 1935 S. 154.

Reichsgesetzblatt (RGBl) I 1935, S. 1146

Reichsgesetzblatt (RGBl) I 1935, S. 1333 ff.

Reichsgesetzblatt (RGBl) I 1936 vom 1. Dezember 1936

Reichsgesetzblatt (RGBl) I 1936 Nr. 113 vom 3.12.1936

Reichsgesetzblatt (RGBl) 1943, Nr. 55, S. 334.

Staatsarchiv der Freien und Hansestadt Hamburg. Deutsche Digitale Bibliothek: Hein Godenwind.

Stadtarchiv 001.03.31.50.01.03

Stadtarchiv 001-03.31.50.01.04 Polizeiverwaltung Ortspolizei

Stadtarchiv 001.03.31.50.01.19 Polizeirecht SA SS 1933 – 1942

Stadtarchiv 001.03.31.50.01.38 Dienstvorschriften Polizei 1898-1937.

Stadtarchiv 001.03.31.50.01.40 Anstellung Polizei 1921-1947

Stadtarchiv 001.03.31.50.01.44 Hilfspolizei

Stadtarchiv 001.03.31.50.01.61 Bettler Landstreicher 1910-1938

Stadtarchiv 001.03.31.50.01.73

Stadtarchiv 001.03.31.50.01.76

Stadtarchiv Norderney

Vossische Zeitung vom 18.5.1933

Vossische Zeitung vom 31.3.1933

http://www.landesarchiv-bw.de/sixcms/detail.php?template=hp_artikel&id=9338&id2=8455&sprache=de.

Bildverzeichnis

S. 9 Archiv Christiane Orgis

S. 10 Archiv Christiane Orgis

S. 60 Chronik 10 Jahre NSDAP Elmshorn, a.a.O., S. 31

S. 63 Chronik 10 Jahre NSDAP Elmshorn, a.a.O., S. 31

S. 70 https://www.spurensuche-kreis-pinneberg.de/wp-content/uploads/2013/02/ehemaliges-Gewerkschaftshaus-1024x660.jpg

S. 72 Wikipedia, gemeinfrei.

S. 97 Bundesarchiv, Bild 102-14899 / Georg Pahl / CC-BY-SA 3.0

S.104 United States Holocaust Memorial Museum, Washington, Gemeinfrei, https://de.wikipedia.org/wiki/KZ_Dachau

S. 119 Postkarte. Webfund.

S. 121 Per Koopmann, Beiträge, a.a.O.

S. 122 Per Koopmann, Beiträge, a.a.O.

S. 124 Chronik 10 Jahre NSDAP Elmshorn, a.a.O.

S. 124 Paul et al., Menora und Hakenkreuz, a.a.O.

S. 124 Bruhns et al, a.a.O.

S. 161 Webfund.

S. 162 Webfund.

S. 174 Stadtarchiv 001.03.31.50.01.73. Polizeiakten.

S. 188 German History in Documents and Images, <https://germanhistorydocs.org/de/deutschland-nationalsozialismus-1933-1945/ghdi:image-5197> [07.06.2024]. © Deutsches Historisches Museum

S. 237 Bobell, a.a.O.

S.246 Gemeinfrei, https://commons.wikimedia.org/w/index.php?curid=10893915

S. 256 Flagge der Deutschen Arbeitsfront. Webfund. Gemeinfrei

S. 287 Bundesarchiv Bild 183-1987-0410-501

S. 287 Webfund.

S. 296 Webfund.

S. 298 Stadtarchiv Norderney.

S. 299 Webfund

S. 302 Seifert, Johannes: Pinneberg zur Zeit des Nationalsozialismus. VHS-Geschichtswerkstatt Pinneberg. S. 176

S. 303 Wikipedia. Gemeinfrei

S. 303 Wikipedia. Gemeinfrei

S. 324 Louis Mendel. o.J., o.O.

S. 324 Louis Mendel als Feuerwehrmann. o. J. o. O.

S. 357 Pinneberger Tageblatt 28.3.1934. Seifert, a.a.O.

S. 357 Axmann, Artur, Das kann doch nicht das Ende sein. 1995, Verlag S. Bublies, S. 90/91.

S. 359 Webfund.

S. 435 https://creativecommons.org/licenses/by-sa/4.01933.

S. 445 Chronik 10 Jahre NSDAP Elmshorn, a.a.O.

S. 461 Ansichtskarte. o.O., o.J.

S. 463 Bundesarchiv, Bild 183-R17289 / CC-BY-SA 3.0

S. 473 Gemeindechronik Halstenbek, Halstenbek 1991. Von https://www.spurensuche-kreis-pinneberg.de/spur/kreisleitung-der-nsdap-ab-1936/

S. 497 https://upload.wikimedia.org/wikipedia/commons/thumb/a/aa/Stolperstein_Reinhold_J%C3%BCrgensen.png/1024px-Stolperstein_Reinhold_J%C3%BCrgensen.png. Eingelassen 14.8.2008.

S. 497 https://www.spurensuche-kreis-pinneberg.de/spur/reinhold-jurgensen-kpd-reichstagsabgeordneter/

S. 501 Plakat für die Sammlung des Winterhilfswerkes (WHW). o.O.,o.J.
S. 504 Gerhardt Cordts. Privatarchiv Kirschninck
S. 518 Webfund

S. 524 Reichsgesetzblatt 1935, Teil 1. Nr. 52. S. 154.

S. 528 Stadtarchiv 001.03.31.50.01.44 Hilfspolizei

S. 535 Leo Baeck Institute, r (f) DD 232.5 A7 1963 [V.8]

S. 547 Projekt, a.a.O.

S. 548 Freimark / Kopitzsch, a.a.O.

S. 556 Chronik 10 Jahre NSDAP Elmshorn. 1925-1935. o.O. o.J.

S. 556 Beiträge a.a.O., Bd. 26, S. 141

S. 590 Webfund.

S. 597 Webfund.

S. 597 Webfund.

S. 598 Webfund.

S. 598 Webfund.

S. 599 Ansichtskarte. Webfund.

S. 645 Elmshorner Nachrichten (EN) vom 29. März 1933

S. 646 Block- und Zellensystem der NSDAP (Reichsorganisationsleiter der NSDAP: Organisationsbuch der NSDAP. 4. Auflage. München 1937.)

S. 647 Elmshorner Nachrichten (EN) vom 28. Januar 1936

S. 648 Elmshorner Nachrichten (EN) vom 8. Januar 1934

S. 649 Diagrammdarstellung des Ehegesundheitsgesetzes (Quelle: Reichsorganisationsleiter der NSDAP (Hg.): Organisationsbuch der NSDAP. 4. Auflage. München 1937, S. 536.)

S. 650 NS-Propaganda-Schaubild. Aus: https://www.spurensuche-kreis-pinneberg.de/spur/martha-weidmann-opfer-der-euthanasie/

S. 651 Stadtarchiv 001.03.31.50.01.11 Polizeiakte Bescheinigungen Beglaubigungen

S. 652 Stadtarchiv 001.03.31.50.01.11 Polizeiakte Bescheinigungen Beglaubigungen

S. 653 Stadtarchiv 001.03.31.50.01.76

S. 654 Stadtarchiv 001.03.31.50.01.61 Bettler Landstreicher 1910-1938

Internetverzeichnis

http://www.geschichtswerkstatt.lurup.de/armut.htm

https://ausstellungen.deutsche-digitale-bibliothek.de/ns-presse/#s13

https://de.wikipedia.org/wiki/Aktion_gegen_Miesmacher_und_Kritikaster

https://de.wikipedia.org/wiki/Albert_Leo_Schlageter

https://de.wikipedia.org/wiki/Deutsche_Arbeitsfront

https://de.wikipedia.org/wiki/Deutsche_Christen

https://de.wikipedia.org/wiki/Freiwilliger_Arbeitsdienst

https://de.wikipedia.org/wiki/Gesetz_%C3%BCber_den_Neuaufbau_des_Reichs

https://de.wikipedia.org/wiki/Gesetz_zum_Schutze_der_nationalen_Symbole

https://de.wikipedia.org/wiki/Gesetz_zur_Wiederherstellung_des_Berufsbeamtentums

https://de.wikipedia.org/wiki/Hanns_Kerrl

https://de.wikipedia.org/wiki/Hein_Godenwind_(Schiff,_1902)

https://de.wikipedia.org/wiki/Hilfswerk_Mutter_und_Kind

https://de.wikipedia.org/wiki/Kraft_durch_Freude

https://de.wikipedia.org/wiki/KZ_Dachau

https://de.wikipedia.org/wiki/Landesf%C3%BCrsorgeheim_Gl%C3%BCckstadt;

https://de.wikipedia.org/wiki/Legion_Condor

https://de.wikipedia.org/wiki/Mythos_von_Langemarck

https://de.wikipedia.org/wiki/Nationalsozialistische_Volkswohlfahrt

https://de.wikipedia.org/wiki/Nationalsozialistisches_Kraftfahrkorps

https://de.wikipedia.org/wiki/Pfundspende

https://de.wikipedia.org/wiki/Reichsberufswettkampf

https://de.wikipedia.org/wiki/Reichskonkordat

https://de.wikipedia.org/wiki/Reichsluftschutzbundhttps://de.wikipedia.org/wiki/Reichstagsbrand

https://de.wikipedia.org/wiki/Reichstagswahl_und_Volksabstimmung_November_1933

https://de.wikipedia.org/wiki/Rote_Hilfe_Deutschlands

https://de.wikipedia.org/wiki/Schwarz-Wei%C3%9F-Rot

https://de.wikipedia.org/wiki/Spanischer_B%C3%BCrgerkrieg

https://germanhistorydocs.org/de/deutschland-nationalsozialismus-1933-1945/gesetz-ueber-die-hitler-jugend-1-dezember-1936.pdf

https://schmidt-oldesloe.de/spd150/abwehr3.html

https://www.deutsche-biographie.de/121476162.html#dbocontent

https://www.dhm.de/archiv/ausstellungen/lebensstationen

https://www.dhm.de/lemo/kapitel/ns-regime/innenpolitik/deutsche-christen.html

https://www.gedenken-nt.de/dokumente/block-zellenleiter-teil-1

https://www.historisches-lexikon-bayerns.de/Lexikon/R%C3%B6hm-Putsch_(30._Juni_1934)

https://www.historisches-lexikon-bayerns.de/Lexikon/Sturmabteilung_(SA),_1921-1923/1925-1945#Die_weitere_Rolle_der_SA_bis_zum_Kriegsausbruch

https://www.spurensuche-kreis-pinneberg.de/spur/reinhold-jurgensen-kpd-reichstagsabgeordneter/

Literaturverzeichnis

Adam, Uwe Dietrich: Judenpolitik im Dritten Reich. Düsseldorf 1972. Tübinger Schriften zur Sozial- und Zeitgeschichte 1.

Buchheim, Hans: Anatomie des SS-Staates. Bd. 2. 2. Aufl. Freiburg 1979.

Drobisch, Klaus u.a.: Juden unterm Hakenkreuz. Verfolgung und Ausrottung der deutschen Juden 1933 - 1945. Berlin 1973..

Enzyklopädie des Nationalsozialismus, Klett-Cotta, Stuttgart 1997.

Foerder, Ludwig: SA-Terror in Breslau. in: Schoenberner, Gerhard (Hrsg.): Wir haben es gesehen. Hamburg 1962.

Fröhlich, Elke (Hrsg.): Die Tagebücher von Joseph Goebbels. München 1998.

Hauschildt, Dietrich: Juden in Kiel im Dritten Reich. Staatsexamensarbeit. Kiel 1980.

Hofer, Walther (Hrsg.): Der Nationalsozialismus. Dokumente 1933 - 1945. Frankfurt a.M. 1974.

Kaliski, Julius: Freiwilliger Arbeitsdienst. In: Sozialistische Monatshefte. 38. Jg., Heft 6, 1932.

Kirschninck, Harald: Der Kampf um Elmshorn. Elmshorn im Nationalsozialismus im Spiegel der Elmshorner Zeitungen 1920 – 1933. Band 1. Norderstedt 2024

Kirschninck, Harald: Die Fahne ist mehr als der Tod. Die Geschichte der Hitler-Jugend in Elmshorn. Band 1. Norderstedt 2023.

Kirschninck, Harald: Die Geschichte der Juden in Elmshorn. 1918-1945. Band 2. Norderstedt 2017.

Krausnick, Helmut: Judenverfolgung. in: Buchheim, Hans: Anatomie des SS-Staates. Bd. 2. 2. Aufl. Freiburg 1979.

Lorenz, Ina u. Berkemann, Jörg: Die Hamburger Juden im NS-Staat 1933 bis 1938/39. Göttingen 2016, Bd. 3.

Meyer, Gertrud: Nacht über Hamburg, Bericht und Dokumente 1933-1945. Frankfurt/M. 1971.

Möller, Reimer: Schutzhaft in der Innenstadt. Das KZ Glückstadt 1933/34. In: „Siegeszug in der Nordmark." Informationen zur Schleswig-Holsteinischen Zeitgeschichte Heft 50(2008)

Möller, Rudolf: De Öllersrieg. 1890 - 1920. ungedr.

Pätzold, Kurt: Faschismus. Rassenwahn. Judenverfolgung. Eine Studie zur politischen Strategie und Taktik des faschistischen deutschen Imperialismus (1933 - 1935). Berlin 1975. S. 260.

Paul, Wolfgang: Das Feldlager. Jugend zwischen Langemarck und Stalingrad. Tatsachenbericht, Heyne Taschenbuch Nr. 5791. München 1980, S. 154.

Röschmann, J.: 75 Jahre Elmshorner- Männerturnverein. 1860-1935. Elmshorn 1935.

Sauer, Bernhard, „Roßbach, Gerhard" in: NDB-online.

Schoenberner, Gerhard (Hrsg.): Wir haben es gesehen. Hamburg 1962.

Seidler, Franz W.: Das Nationalsozialistische Kraftfahrkorps und die Organisation Todt im Zweiten Weltkrieg. In: Vierteljahrshefte für Zeitgeschichte. 32/1984.

Seifert, Johannes: Pinneberg zur Zeit des Nationalsozialismus. VHS-Geschichtswerkstatt. Pinneberg 2000.

Sozialistische Monatshefte. 38. Jg., Heft 6, 1932

Süß, Dietmar: Tod aus der Luft. Kriegsgesellschaft und Luftkrieg in Deutschland und England. Siedler, München 2011.

Thamer, Hans-Ulrich: Der Nationalsozialismus, Stuttgart 2002.

Vierteljahrshefte für Zeitgeschichte, 34/1986. Heft 3.

Vierteljahrshefte für Zeitgeschichte. 32/1984.

Vorländer, Herwart: Die NSV. Darstellung und Dokumentation einer nationalsozialistischen Organisation. 1988.

Vorländer, Herwart: NS-Volkswohlfahrt und Winterhilfswerk des deutschen Volkes, In: Vierteljahrshefte für Zeitgeschichte, Jahrgang 34 (1986), Heft 3.

Weiß, Hermann: Adolf-Hitler-Freiplatzspende, in: Enzyklopädie des Nationalsozialismus, Klett-Cotta, Stuttgart 1997.

Zolling, Peter: Zwischen Integration und Segregation – Sozialpolitik im Dritten Reich am Beispiel der NSV in Hamburg. (Diss.) Frankfurt/M. 1986.

Bibliografie Kirschninck

www.kirschninck.de

Kirschninck, Harald: Beth ha Chajim. Haus des ewigen Lebens. Ein Besuch auf dem jüdischen Friedhof von Elmshorn. Norderstedt 2019.

Kirschninck, Harald: Der Kampf um Elmshorn. Elmshorn im Nationalsozialismus im Spiegel der Elmshorner Zeitungen 1920 – 1933. Band 1. Norderstedt 2024

Kirschninck, Harald: Der Zug ohne Wiederkehr. - Deportation jüdischer Mitbürger von Elmshorn. Norderstedt 2017.

Kirschninck, Harald: Die Fahne ist mehr als der Tod. Die Geschichte der Hitlerjugend von Elmshorn. Band 1. Norderstedt 2023.

Kirschninck, Harald: Die Fahne ist mehr als der Tod. Die Geschichte der Hitlerjugend von Elmshorn. Band 2. Norderstedt 2023.

Kirschninck, Harald: Die Geschichte der Juden in Elmshorn. 1685-1918. Band 1. Norderstedt 2017.

Kirschninck, Harald: Die Geschichte der Juden in Elmshorn. 1918-1945. Band 2. Norderstedt 2017.

Kirschninck, Harald: Gebt uns vier Jahre Zeit! Elmshorn im Nationalsozialismus im Spiegel der Elmshorner Zeitungen. 1933 – 1936. Band 2. Norderstedt 2025.

Kirschninck, Harald: Juden in Elmshorn, Teil 1: Diskriminierung. Verfolgung. Vernichtung, Elmshorn 1996. (Beiträge zur Elmshorner Geschichte. Band 9).

Kirschninck, Harald: Juden in Elmshorn, Teil 2: Isolierung. Assimilation. Emanzipation. Elmshorn 1999. (Beiträge zur Elmshorner Geschichte, Band 12).

Kirschninck, Harald: Nordseebad Norderney ist judenfrei. Die Geschichte der Juden von Norderney von der Niederlassung bis zur Deportation. Norderstedt 2020.

Kirschninck, Harald: Und sie werden nicht mehr frei ihr ganzes Leben! Die Geschichte der Hitlerjugend auf der Nordseeinsel Norderney. Norderstedt 2022.

Kirschninck, Harald: Was können uns die Gräber erzählen? Biografien und Geschichten hinter den Grabsteinen des jüdischen Friedhofes von Elmshorn. Band 1. Norderstedt 2019.

Kirschninck, Harald: Was können uns die Gräber erzählen? Biografien und Geschichten hinter den Grabsteinen des jüdischen Friedhofes von Elmshorn. Band 2. Norderstedt 2019.

Kirschninck, Harald: Was können uns die Gräber erzählen? Biografien und Geschichten hinter den Grabsteinen des jüdischen Friedhofes von Elmshorn. Band 3. Norderstedt 2019.

Kirschninck, Harald: Wo sind sie geblieben? Biografien und Geschichten der Juden von Norderney. Band 1. A-K. Norderstedt 2020.

Kirschninck, Harald: Wo sind sie geblieben? Biografien und Geschichten der Juden von Norderney. Band 2. L-Z. Norderstedt 2020.

Aufsätze:

Kirschninck, Harald: Albert Hirsch. In: Arbeitsgemeinschaft „Stolpersteine für Elmshorn". Elmshorn 2008.

Kirschninck, Harald: Beth ha Chajim - Zur Geschichte des jüdischen Friedhofes in Elmshorn. in: Stadt Elmshorn (Hrsg.): Beiträge zur Elmshorner Geschichte. Band 3. Elmshorn 1989

Kirschninck, Harald: Beth ha Chajim – Das Haus des ewigen Lebens. Die Geschichte des jüdischen Friedhofes in Elmshorn. In: Schleswig-Holsteinischer Heimatbund (Hrsg.): Schleswig-Holstein. Kultur. Geschichte. Natur. Sonderdruck zum Schleswig-Holstein Tag 1998. Husum 1998. S. 68 f.

Kirschninck, Harald: Die Juden in Elmshorn während des Dritten Reiches. in: Bringmann/Diercks: Die Freiheit lebt. Antifaschistischer Widerstand und Naziterror in Elmshorn und Umgebung 1933 - 1945. 702 Jahre Haft für Antifaschisten. Frankfurt 1983.

Kirschninck, Harald: Die Juden in Elmshorn während des Dritten Reiches. in: Heimatverband für den Kreis Pinneberg e.V. (Hrsg.): Jahrbuch für den Kreis Pinneberg 1984. Pinneberg 1983.

Kirschninck, Harald: Die Jüdische Gemeinde Elmshorn. in: Lorenzen-Schmidt (Hrsg.): Bei uns.... 1933 - 1945. Eine Broschüre zur gleichnamigen Ausstellung. Engelbrechtsche Wildnis 1983.

Kirschninck, Harald: Elmshorn. Zur Geschichte des Friedhofes. In: www.alemannia-judaica.de/schleswig_holstein_friedhoefe.htm

Kirschninck, Harald: Karl Löwenstein. John Löwenstein. Selma Levi, geb. Löwenstein. In: Arbeitsgemeinschaft „Stolpersteine für Elmshorn". Elmshorn 2008.

Kirschninck, Harald: Niederlassung in Itzehoe. In: Ritter / Fischer (Hrsg.): Jüdische Kultur. Steinburger Jahrbuch 2002. 46. Jg. Itzehoe 2001. S. 114 – 130.

Kirschninck, Harald: „Wer beim Juden kauft, ist ein Volksverräter!". Der Untergang der jüdischen Gemeinde Elmshorn. In: Gerhard Paul / Miriam Carlebach (Hrsg.): Menora und Hakenkreuz. Zur Geschichte der Juden in und aus Schleswig-Holstein, Lübeck und Altona 1918 – 1998. Neumünster 1998. S. 283 – 296.

Kirschninck, Harald: Wo sind sie geblieben? Wohin Elmshorner Juden von den Nationalsozialisten verschleppt wurden. In: Arbeitsgemeinschaft „Stolpersteine für Elmshorn". Elmshorn 2008.

Kirschninck, Harald: Zur Geschichte der Jüdischen Gemeinde Elmshorn bis 1869. in: Stadt Elmshorn (Hrsg.): Beiträge zur Elmshorner Geschichte. Band 1. Elmshorn 1987.

Kirschninck, Harald: Zur Geschichte der Jüdischen Gemeinde Elmshorn. Teil II. Von der Emanzipation bis zur Vernichtung. in: Stadt Elmshorn (Hrsg.): Beiträge zur Elmshorner Geschichte. Band 2. Elmshorn 1988.

Stichwortverzeichnis